U0044564

思想觀念的帶動者

文化現象的觀察者

本土經驗的整理者

生命故事的關懷者

心靈工坊 PsyGarden

Holistic

探索身體，追求智性，呼喊靈性

攀向更高遠的意義與價值

是幸福，是恩典，更是內在心靈的基本需求

企求穿越回歸眞我的旅程

凱龍星：靈魂的創傷與療癒

Chiron and The Healing Journey

作者—梅蘭妮．瑞哈特（Melanie Reinhart）

譯者—魯道夫

目錄

contents

第三部　星盤上的凱龍

第四部　時代精神

【第三版序】

現今的凱龍主題

在準備本次改版時，一開始我鎖定的任務，是要將天文學界與理解凱龍（Chiron）有關的新發現包括進來：一項有趣相對來說也比較簡單明確的工作。然後我才發現，接下來的任務不只比起一開始的要大得多，而且比原本預期的更吸引我。在我更新最後一個部分，也就是第四部「時代精神」時，頓時發覺從本書初版於一九八七至八八年間以來，這個世界發生的變化竟如此巨大。不過或許這樣的劇變是很貼切的：這次改版工作，開始於凱龍位在水瓶座時，在土星與天王星對分之時完成；而初版完成時，這三個行星在射手座後段形成合相，並且同時合相於「銀河中心」的位置。

過去這二十幾年以來，「健康」，或者也可以說「不健康」，不只成為一個政治性的議題，而且本身也被「商品化」，受到有力產業和藥商藥廠的既得利益入侵，不論是公然為之，還是暗中行事。為自己的生理、情緒、心智、精神的健全負起責任，在過去這些年來，竟然可以是某種激進的政治主張與行動；反觀諸種法律的規定以及制度化的醫療實務，則常是在支持或甚至創造出令人不健康的條件。同樣也是在這段期間，在與個人電腦有關的科技與技術的推波助瀾之下，文化變遷非常迅速。如今，很容易就可以找到某件重要事件不同版本的真相，不論是屬於過去久遠的歷史，還是最近剛發生的時事。這個「資訊時代」儘管提供了強而有力的工具，來向大眾灌輸特定意見或者進行國家控制，不過它同樣也能協助我們，看穿集體的妄想與偏見——包括最重要的，與醫藥議題有關的妄想與偏見。今日，具有關鍵地位的凱龍主題，以一種極為引人注目，而且確實人人都有機會親眼一睹的程度，在世界舞台上真實演出。「療癒之旅」不再只是個抽象的觀念，而是在許多層次上都受到強烈關注的實際需求。

本次改版新增了天文學上的凱龍的段落，並以柯伊伯帶的發現，還有它的象徵意涵為要點；同時也包含許多新發現的「半人馬族」星體，特別會提到其中兩個星體。這次我將凱龍的星曆表刪去，改以其他一些或許對讀者來說，更不容易取得的技術性資訊代替。自從網際網路時代來臨後，多數讀者都有能力找到種種曆書資料，而相關資源在參考書目的部分也有詳列。關於守護的討論在這個版本中也被我大幅修改，另外，某些一般論述性的內容也已加以濃縮，或者重新改寫。

凱龍的「形態場」（morphic field）在過去二十年來，因為受到許多占星師與占星學家的施肥灌溉而得到滋養；他們依照自己親身的體驗，探究凱龍的過程究竟是如何發生作用，並且樂於互相交換彼此的看法。對更早之前的版本還有印象的讀者，將會發現在此次改版之下，本書的廣度深度都已有所擴增，也提出許多新想法、新的示例星圖，並且在必要的地方對前面版本的內容素材做進一步的釐清。不過，除了更加強調傳承自先人的事物在理解凱龍時的重要性之外，其他無論是基本的釋義、關連性及詮釋性的意旨，這些在實質上依然保持一致。

最後要提到的是，我將一些建議的句子，安放在本次改版全文各處，鼓勵讀者為療癒自己的過程做點事，為此還額外附上了許多有助益的參考資源。無論是凱龍的意義，或者占星學中所談論的一切，只有在連結到自身療癒之旅的實際過程時，它們才會真正「活過來」。

【中文版序】

陰陽的能量與智慧

在我寫下這篇《凱龍星：靈魂的創傷與療癒》中文版序時，幾乎可以說是欣喜若狂。回想一九八九年，當本書最初由英國企鵝出版社出版時，我完全無法想像它會有發行中文版的一天！

首先，同時也是最重要的，我要誠摯地感謝魯道夫老師，以及以王桂花總編為首、心靈工坊出版社諸位努力認真的譯者與編輯；像他們這樣一個充滿熱忱並且全心投入的團隊，真是我夢寐以求都不可得。當魯道夫老師邀請我去香港與台灣授課時，我才驚訝地發現到，原來中文世界裡也有人對西方占星學感到興趣。有關這點我在一開始還覺得有些奇怪，不過後來我想通了，這就跟許許多多的西方人，鑽研學習源自西方以外的靈修法門是一樣的道理，它們可能來自近東、中亞，甚至是遠東！說穿了我自己也是這樣的西方人，從青少年起就已經對東方的哲學智慧、宗教信仰，以及關於神聖與奧祕的儀式，產生了歷久不衰的興趣。尤其，能在表面上的差異之下，尋找出彼此相同的基礎，最是讓我感到醉心不已。

在成行以前，我曾老實向魯道夫老師說，對中華文化一無所知的我，非常擔心會因此冒犯到這裡的人們。對此，他提醒我事實並非如此；他說他以前聽我在課堂上引用《易經》，而且也知道我曾經跟一位中國師父學過氣功；此外，他還跟我說，凡是懂得《易經》原理的人，就懂得中華文化的深層基礎。雖然對於《易經》，我絕對稱不上了解透澈，只是一個對它心懷感激的學生，不過它確實從剛上大學以來，就一路陪著我走到這裡。所以，魯道夫老師的回答，實在讓我放下了心裡的一塊大石頭。

我們或許可以把凱龍一半人、一半馬的意象，也當作是「道家」的一個象徵。凱龍動物的部分，是將我們與大地連結的能量；與此同時，聖者、智者，也就是凱龍人性的部分所扮演的角色，代表的是我們與上天能量的連結。在《易經》裡，像這樣結合天與地之力量的卦象是第十一・泰卦：陽在下，陰在上。泰卦也有平安順利、平靜安祥的意思，而占星學上的凱龍，代表的便是當我們在追尋恆久安平時，所會遭遇到的苦難與紛擾經驗。我們從接收（陰）來自上天的能量，為的是可以本於智慧與慈悲之心在人世間做出行動（陽）。希望本書中文版的發行，能有助於這樣的結合。

【譯序】

豐盛的學習過程

第一次在占星學當中接觸凱龍，大約是我十八歲的時候，當時的一本翻譯自日文的占星書籍，用一種宿命與業力的觀點來討論這個象徵著來自前世傷痛的小行星。對於前世今生議題一直很小心的我，很快地在看完一遍之後就把它拋在腦後。一直到二〇〇三年來到了倫敦進入「倫敦占星學院」求學，遇到了梅蘭妮老師，才發現這一個之前因為宿命論被我拋在腦後的小行星，有著如此巨大的影響力，甚至被心理占星學中心列入教材當中。於是我開始大量地涉略關於凱龍的書籍，而梅蘭妮老師的《凱龍星：靈魂的創傷與療癒》一書成為我最愛不釋手的占星巨著。

如同許多晚進發現的行星與小行星，凱龍在占星學界仍是一門新的學問，從被發現之始到今日，凱龍仍未走完它的黃道旅程，仍有許多值得我們觀察學習與討論的地方。凱龍象徵著我們內心當中需要關注照護的地方，也是人類介於天與地之間的中道位置的象徵，就如同我們在面對傷痛時，如何關注照護卻又不沉溺在傷痛之中；如何享受傷痛帶來的豐盛禮物，卻又不驕傲到無視於傷痛的存在。生命當中遇到缺憾與遺棄的時刻，遇到協助他人關照他人傷痛的時刻，都讓我們想起凱龍這位神祕導師的智慧。

梅蘭妮老師用一生追尋凱龍與人馬小行星在占星學當中的定義，也如同凱龍一般謙虛低調，雖然貴為倫敦三大占星名校的教師，她卻總是親切隨和地與學生們打成一片，分享她的生命與占星經驗；就算是身為占星權威，你都仍能在許多占星課程或研討會的場合，看到她認真地在台下像學生般專心聽講，光是這一點就值得我們學習。這一次受到心靈工坊邀請，翻譯梅蘭妮老師的巨著，讓我再一次地隨著大師的腳步追尋凱龍的蹤影，這不僅是一個莫大的榮幸，更是一個豐盛的學習過程，希望華人占星學界的朋友也能夠一同從中受益無窮。

【導言】

自我發現與療癒之旅

凱龍所呈現的，是智慧與深情的體悟，使我們得見自己其實與一切造物相繫相牽——正因為如此，凱龍的訊息和啟示，可說從來沒有像此刻一般，對我們顯得如此重要。這體悟可以說是「療癒」的基礎概念，是使「不全得為完整」，從而凱龍所彰顯的是一種重要且刻不容緩的體驗，激勵也推動著我們在靈性層面上的覺醒。以此為基礎，意識得以綻放、治療獲得支持、奇蹟則得到見證。以此為基礎，我們也因而有力量，去面對存在於自身、他人，以及不可否認的，存在於整個世界的黑暗和苦痛。半人馬的題旨：一半是動物，一半是人類——代表著一段深度的轉變階段或過渡時期，不論那是我們以個人還是以群體的身分去經歷；另一方面，凱龍〔譯註一〕的行進過程則特別展現出我們遭遇的苦難，並且指出我們需要加以釋放、需要得到的治癒是什麼。未來，會站在一個我們對它一無所知的地方招手；每當為了這個未知的未來，必須放手交出我們熟悉知曉的過去時，一場在臨界點上發生的內心交戰就此展開。我們會躊躇猶豫，直到澄淨自己的內心，釐清了想法，蓄積足夠勇氣，才繼續前進，不論這會花掉多少時間。這趟旅程的目的地不是別的，正是與我們自己最真實的本質，不斷達至更深的連結；真我一直都在，只是有時我們看不清楚。

人類所定居的，是複雜與令人驚豔的多重宇宙

打從一九七七年發現凱龍星以來，地球以及地球上的人們都有了巨大的改變；與此同時，天文新發現紛擁而出，其數量之增加有如發生了一次大爆炸。天文學家們再也不需在冰霜酷寒的晚上，於繁星遍布的蒼穹下坐上整夜，而是蟄伏房間室內，投身於電腦和無線電波望遠鏡之上。他們借助紅外線光譜，代替肉眼凝望人力無法觀測的九天之域。然而在那段時期的新發現，如今已是平凡無奇之事：小行星（Asteriods）〔譯註二〕、類冥星體（Plutoids）〔譯註三〕、半人馬小行星（Centaurs）〔譯註四〕、柯伊伯帶星體（Kuiper Belt Objects）〔譯註五〕、離散星體

譯註一　給第一次接觸占星學或希臘神話的讀者：本書的主題凱龍（Chiron），亦屬於半人馬族（Centaurs）。

譯註二　為一種太陽系天體之類別，與行星一樣繞太陽運行，但其質量與體積比行星小上許多。

譯註三　關於此種天體之性質，根據國際天文聯會（IAU）之描述，乃類似冥王星之太陽系星體。但其中文譯名尚未統一。

譯註四　為一種小行星類別，特別以希臘神話中之半人馬命名，因為它們同時呈現出行星與慧星的特徵。

譯註五　柯伊伯帶位在海王星軌道之外的黃道面上，有天文學家認為應該將冥王星認定為柯伊伯帶內的小行星。

（Scattered Disk Objects）〔譯註六〕，一個一個如瀑布般傾瀉至人們眼前。新的銀河系，事實上甚至是新的宇宙，蜂擁來到天文的圖像之中。我們人類所定居的，不再是一個結構單純、不值得大驚小怪的太陽系，也不再是一個單一但無所不包的宇宙，而是個複雜到叫人驚異不已的「多重宇宙」。**單就其重塑世人宇宙觀的程度而言，當前我們身處的時代足以和哥白尼革命年代相提並論**。隨之而來的是，我們與個人自我體驗的連結關係，恐怕從來沒有如此重要過。人類越是努力「向外」探求得越遠，就越需要將這發現之旅「向內」走得越深，以維持平衡。《翠玉錄》〔譯註七〕裡這樣說著：「天上之為此，人間亦如是。此即『一』之奧祕。」〔註1〕此處的「一」之所以為「一」，在我們所居住的這個多彩多姿、五花八門的世界裡，就展現為：發生於「人間」的變化，會與發生於「天上」的變化一同出現，而且反之亦然。凱龍代表的進程可以讓人正確認識到這個「一」的價值所在；它的形象恰好是在描述這個「一」。

正當本次改版之時，冥王星開始了它經過摩羯座（以回歸黃道為準）的行運週期。另外，它在二〇〇六年「降級」〔譯註八〕所引起的爭議，回響依舊未停。一如我們將於下一章中所見，關於冥王星和其他天體，科學的天文界提出的「後設言論」〔註2〕（metalogue）是如此令人嘆為觀止，特別是其中的凱龍星，以及它新被發現的同伴們：誕生自柯伊伯帶的半人馬小行星。與此同時，「發現凱龍星」此一事件已經發生土星回歸，帶來某種「成年」的意味，使得本次改版回顧似乎可說得上是正是時機。

更高層次的整合

凱龍星被發現於土星與天王星的軌道之間，顯示出它就有如一個入口、一座門庭，是位於已知世界與未知世界之間的起點，是真正的開始之處，也是意識的成長與擴張；它吸引著我們做一次悟性與體認上的「量子躍進」。凱龍所代表的占星視野，不只包含土星與天王星所顯示的道理，而且還將其超越，指向一個更高層次的整合。一方面，生命是一個不曾間斷的改變過程（天王星）；另一方面，我們所生活的世紀，是由各種互相切割分離的格式、結構與限制所組成（土星），因此而生的複雜糾結，各種力量的互不妥協、互不讓步，都是我們非得處理不可的議題——也於是會有苦痛產生。當我們自身的秉性，使我們無法按照事物原本的樣貌去接受它們（土星）；當我們渴望要求事物需有所改變（天王星），因此而來的摩擦扞挌，確實會

譯註六　位於離散盤（Scatterd Disk）之星體，離散盤是比柯伊伯帶更外側，而物質集散較稀薄，並且範圍開始偏離黃道帶的區域。

譯註七　Emerald Tablet，據傳是一篇刻在石碑上的銘文。是歐洲傳統煉金術及奧祕學的重要經典，確切之作者及成書年代不詳，但幾乎可以肯定至少在中世紀前。

譯註八　指該年國際天文聯會決議將冥王星劃歸為「矮行星（亦稱：侏儒行星）」。

是我們開始對自己的問題下手的「臨界點」；而剛好，在古典太陽系系統中，正是土星界定了已知行星的「界限」。

心靈，會出落在這具體的時空點之中，是由「天命」（Fate）假手父母與祖先之影響，以及社會與經濟的條件所致；另一方面，我們由前世帶至這一世的修為、業力、抉擇，也發揮了決定作用。話雖如此，心靈的本體並不受限，它是不固定、一直處在變化中、會受到成熟睿智的抉擇影響而有所改變的。對此，我們可以在物理層面發現一個有用的類比：所有物質若不是由粒子，便是由波構成——端看我們以什麼角度觀察。一張張的星圖，呈現出此刻每個人需要或可以據以努力的內容；儘管它的樣貌在出生那一刻就被「固定」，它依然是個正在不停展開揭露的進程，而行運和推運的週期則是它的路標。這裡，有著一個神祕的相互關係，因為我們也會用各種吻合自己出生星圖的核心圖案的風格與方式，來回應這趟靈魂旅程。

與凱龍星的發現同時，包括占星學以及其他範圍廣泛的文化領域在內，都將深層心理學的觀點整合進自身。在占星學界，丹恩·魯德海爾（Dane Rudhyar）首開這樣的先河。隨後，麗茲·格林（Liz Greene）、史蒂芬·阿若優（Steven Arroyo）、霍華·薩司波塔斯（Howard Sasportas），還有其他多位占星師的著作，更加擴展這個發展方向。雖然如此，這一切的淵源卻扎根在距今大約千年，由前人所為的種種嘗試裡，例如像出自托勒密之手的《百節集》（*Centiloquy*），以及日後馬希里歐·費希諾（Marsilio Ficino）的作品。凱龍的進程所注重著，不在於做出診斷，不在於描述病理特徵，而是關心我們如何與自身體驗「相處」，從中得到什麼體會，又對它做何運用。真正的療癒，已無關乎方法、技巧甚至結果。「修理」這種西方技術文化的思考模式，會被靈魂與精神的實存，也會被我們療癒之旅的過程裡，所遭遇的那些更有深度的奧祕所超越。那些會傷害我們、帶給我們痛苦的事物，縱然可以盡力設法去事先排除、去迴避或去否認，然而我們倒也可以要求自己刻意去處理它們，並從它們身上獲得助力。這樣一來，我們便可說是在讓自己成為一件煉金術作品，是踏上英雄之旅，是在尋找著哲人石或者消失的王國。巧妙處理運用我們自身的經驗，會讓我們將生命看得更加透澈，也更容易去承擔、接納它，從而凱龍是在講演這樣的進程：

……靈魂的行動與星體的動作，都隸屬於「必然」。當靈魂從她（「必然」）的椅腳經過，她膝上的紡錘也正統領著行星的動作。發生在靈魂與星體上的那些事，都是織在同一匹布上……〔註3〕

通往自身迷宮中心的路徑

現下，發現凱龍星的新鮮感正在逐漸散去，對凱龍的初期研究成果，卻能讓人看見它們經得起時間的考驗。將凱龍整合進自己研討範圍的占星師，人數還在持續增加。他們發現，針對我們行動的「療癒」面向，凱龍時常可以提出異常準確的說法。每當我們遭逢到種種絕境，譬如失去重要事物、受到他人忽視甚至遺棄、承受痛苦折磨，或者每當我們經歷那如同一頭撞進五里霧中，不知身在何處又不知如何是好的情況，凱龍星以及其他半人馬星的行運常常提供占星學上的路標，協助我們找到通往自身迷宮中央的路徑；他們給的就像是某種讓我們可以依循的「阿麗雅德妮之線」（譯註九），幫助我們在經過一段陣痛期後以新姿態再度現身。

一段療癒的過程常常開始於凱龍的行運；始於我們（不論是經由何種啟發）能以憐憫之心，見證自己或他人所受到的苦難。假如我們只是拚命想要改善自己、滿足崇高的理想標準，與此同時卻不去處理我們的痛苦，就無法來到這個起點。療癒的目標並非讓人再也不會感到苦痛，從此快活舒適；它毋寧是為了將我們重新導回領悟之旅的正途上。療癒，勢必會改變我們的生命，而我們之所以會抗拒它，或許正是因為我們抗拒改變。

開始研究凱龍至今，此事對我來說變得很明顯：秉持耐性與毅力，接納承受一切好壞順逆、留心於現況為何，而不過度強求——這些在療癒之旅裡，通常會是前進的有力推手。因為嚮往「事情該是怎樣」的想法，是將實際上正在經歷的現實置之不理，這麼做根本不會有效，反而常常適得其反。我認為這是凱龍告訴我們的重要教訓。有用的不是概念和理論上的考量，是誠心而且真正的面對自己。就像神話主題所呈現的：自我對於盡力去控制事物是如此極度渴望；然而我們之發現藏在自己當中那不朽的存在，也就是我們的「神性」，則是在當它現身協助我們的時候。

探索至如此之深的旅程，更勝那些人人都可以現學現賣的老生常談。當然他人的親身經驗跟想法，確實也能啟迪我們、令我們感動，並且構成我們自身進化過程的一部分；然而凱龍示意我們，親自踏上自己獨一無二的領悟之旅，那才是我們此生的意義。過程中，我們將會遇上許許多多無法思量的情境、自相矛盾的事物、回答不了的問題。不過，「不疑有他」會扼殺靈魂的可能性，當人容許了「不確定」，心才會敞開。每當我們認為想到了「唯一且正確的解答」，我們正不自覺地將自己置放在自己沒有意識到的希望與恐懼之中。真正的、更深層的確定感，帶給靈魂的是平靜；它雖無法言喻，卻不會被誤認。凱龍代表的旅程，就是在不以證明它、展示它為必要的前提下，去學會信任這個過程。

譯註九 Ariadne's thread，阿麗雅德妮是希臘神話中米諾國王的女兒。勇士昔修斯（Theseus）前來欲殺死牛頭怪物米諾陶洛斯（Minotaurus），阿麗雅德妮給了他一團絲線，讓他在迷宮中完成任務後找得到路回來。亦因為此喻，所以前一句的迷宮是找出往中央的路（為了尋找牛頭怪），而不是往外。

學習相信自己的內在嚮導

本書於第一部中敘述與凱龍有關的新天文學資訊。敬請各位讀者以詩人的耳目來閱讀這個段落，讓天體具有的象徵意涵可以訴諸你的直觀。不需要追問某事某物究竟意義為何，倒不如先認為我們就是活在一個富有意義的宇宙，然後**等候這個宇宙向我們說話**。經由審思眼前的事實，我們應用上自己所擁有的、看穿事物表面的能力，於是乎，專屬於個人的「意義」，便會從中顯現。

第二部是探索與凱龍和半人馬族有關的神話、原型般的形象，以及其他流傳的故事，從各種不同的方向加以詳細闡述。我打算將這個部分作為一個資源庫，收藏與凱龍旅程之身、心、靈面向有所關連的意象、連結和題材。浸淫於它們之中，可以激發我們的能力，從自己的觀察與體驗之中學到東西。理查・塔那斯（Richard Tarnas）對這個學習過程所做的描繪十分出色：

> 源自難以理解的複雜、難以置信的力量、無從想像的美好——那神聖的訊息，是占星學界持續不懈的研究，讓人類的意識得以體會其強烈的暗示。讓擲地有聲的「同時性」（徵兆與事件在時間上的連結），反覆去挑戰一個人有限的理性框架；藉此，他（她）對宇宙的視野也就會逐漸開始，向與超然事物的親密接觸敞開。〔註4〕

第三部是筆者觀察人們生命中實際顯現的凱龍樣貌後所做的選輯，或許讀者會對其中某些部分覺得心有戚戚焉。然而，這裡的內容不是想要成為一份解釋凱龍的配方食譜。「解釋」在這裡沒有那麼大的用處，還不如讓占星的基本要素（像是星座、宮位、相位）擔任一面透鏡，用它來替這股能量聚焦：一股以治癒傷痛為目的，本於同情憐憫，而去探究追問後所引出的能量。我認為，那些古典行星在星圖反應的個人「心理—靈魂」進程中，也應受到上述方式的看待。在凱龍身上下的工夫，會帶領我們超越「性格學」、超越「非得弄對不可」的狹隘框框，進入一個萬事萬物都有助我們領悟的領域。我們不再需要一架靈魂過濾器或一套心理教條。我們需要的是依其樣貌、如其所示地尊重我們的親身經驗。將我們的苦痛接納進我們的意識之中，這會引動一次治癒的過程，並且在之後帶來釋放；本書正是基於這樣的精神，呈現這些透過宮位、星座和相位等架構，而對凱龍所做的觀察結果。

要了解凱龍到足夠的深度，好讓它最終能真正成為占星學的基本元件之一，需要我們每一個人都與它進行一趟屬於個人的旅行。凱龍代表的是一種新興精神，是面對苦痛時的悲憫心懷，是達觀獨立，是學習相信自己內在導師或嚮導的一段不間斷過程。我們的注意力是向著自己的內心，因為我們所需要的、關於治癒以及關於靈魂的知識，要從那裡去獲得。苦痛只是會消逝離去的現象，相對地，與真我本質的聯絡交往，程度卻會累積增加。

第四部我將之命名為「時代精神」，探討在這段期間內所有發生的歷史過程中所揭示的凱龍主題。如果我們想要真正擁抱一個超越二元對立的現實，就不能認為我的苦難與我周遭世界的苦難有所不同。我們的內心世界並非與它所置身的環境脈絡分離。觸摸自身的悲痛，會使我對任何地方、任何人的悲痛都有能力去將心比心。同樣地，容許他人的喜悅也能感染到我，會幫助我感受自己的喜悅。基於這樣的道理，「我」內心的平靜與療癒，也就是「每個人」的平靜與療癒。禪師阿姜查（譯註十）曾經說過：「在泡好一盞茶之間，我止干息戈。」療癒的功課，不光是為了有所作為或者修理訂正。它在平靜中能發揮最大的效力——在我們接納了超越個人的痛苦、來自天地萬物的提示的時候。以此為出發點，才比較有機會展開恰當的行動。

筆者希望，本書可以催生由凱龍所代表的自我發現過程，並且為每一位借用占星學做為嚮導，陪伴其進行內在旅程的人，提供有用的幫助。願所有閱讀本書的人，可以從他們在凱龍身上所下的工夫中，得到跟我有幸經歷過一樣多的益處；並願這樣的益處能夠一路分享流傳下去。

譯註十 是一位已故的泰國高僧（1918-1992）。

原文註

註1　這是我本人在鑽研過一些譯文（其中有希臘文、拉丁文與阿拉伯文）之後，所選擇的譯法。

註2　這個「後設言論」指的是「我們所談論的對象在談論時也正在漸漸形成產生」。見Gregory Bateson, *Mind and Nature: A Necessary Unity*.

註3　James Hillman, *On the Necessity of Abnormal Psychology: Ananke and Athene*, 收錄於Facing the Gods, p. 35, n40.

註4　Richard Tarnas, *Prometheus the Awakener*, pp.115-116.

第一部

天文學

【第一章】

變動的太陽系

上之為此，下亦如是

夜空，同為天文學者與占星師所愛，是名副其實的「太陽的對立面」。當我們觀看天上景觀，睜眼凝視的這面通往黑暗的「小窗」，它之所以會存在，純粹就是因為我們恰好處在地球陰影的範圍內：處在太陽光的「背面」。人類與天空的關係，本身就是一個相當貼近真實的遠古符碼，象徵我們接受指引的需要——無論那是因為茫然於如何在這個四季更迭的塵世裡生活，抑或是發自我們靈魂深處的需求。午夜時，太陽來到星圖中「天底」的位置；然而當我們望向黑暗，不論這黑暗是夜空中的還是心中的那一片，占星學的傳說與智慧是我們古老的良伴，它讓「午夜時的太陽」也能閃耀，以一種曖曖內含的光亮。藉由研究凱龍及半人馬族，我們接軌上一個對所有人都具有深刻意義，全新向我們展開的意識面向。如同我們將在本章中見到的，當我們知道透過符號思維的濾鏡去觀看，天文學本身也將顯現出許多層次的意義，分別與我們對這些天空中新伙伴的理解有關。

天文世界裡的新發現都誠屬重大事件，它代表人類的認知範圍又出現了擴張。榮格認為人類的意識是實現「宇宙創造」（Creation）時所不可或缺的。在這個意義上，我們都是「發生」（becoming）過程的共同創造者，一如我們也都是這個過程的受造者。「人與人之間彼此連結」是個天天都在向我們展現的現實，無論我們看到的是它高尚或者難堪的一面；而當我們感覺到自己身處之時空是多麼地浩瀚無垠時，隔開人與我的「泡泡」就會隨之破裂。用心理及人文占星學之父丹恩・魯德海爾的話來說：

整座科學研究的「華廈」——有悖於傳統上恆久且一致的概念——如今都在支持此一體現：所有生命之總合，乃是一個動態的變化過程，任何實存都無法自外於此。受十九世紀之人盲從而頌揚的思想——從那思想世界的斷垣殘壁中，我們親眼見證古老概念重新現身：那些過去曾經擔任人類知識基石，長達數千年之久的概念。〔註1〕

目前數量正激增不已的天文新發現，以及對已知星體（例如冥王星）的重新分類；這些關乎天上的事，它們所照映者，是發生於地球這端、就算直接以「巨變」稱之也不嫌誇張的事件，不論它們是發生在社會層面、政治領域，或者維持著我們人類存在的生態系統。不過，我們犯不著落入這樣的錯誤，認為是天上的事情「造成了」這些事件，否則就見樹不見林了。混亂與破壞、質疑與挑戰，通常就緊跟在意識得到拓展的前後到來，或者與它一同發生；也就是當我們原本的理解，讓位給全新的、更深刻的體會之時。

凱龍星的發現

凱龍星的名字，取自希臘神話中那隻名為凱龍的半人馬。西元一九七七年，由黑爾天文台（位於加州帕薩第納）的查爾斯．柯瓦（Charles T. Kowal）發現。雖然早在一八九〇年代，就有匯集自世界各地天文台的攝影紀錄，它卻一直躲過人們的注意。或許是因為那段時間人類還沒有做好準備，回應凱龍所代表與呈現的演進歷程。就像那則真偽不明的故事裡所描述的土著，沒發現入侵者的大船向岸邊行來，當時的我們也不知道那些照片的意義；我們的意識或許還沒調整好頻率，使其跟凱龍帶入我們眼前的事物合拍。

凱龍星首次被人注意，是在一九七七年的十一月一日，太平洋標準時間（譯註一）大約上午十點左右，地點是加州的帕薩第納；研究人員當時正在檢視十月十八日的幻燈片，事情就這麼發生了。不過，有幾位二十世紀的占星師，在比這日期還更早一些的時候，就已經預測有「某樣東西」快被發現了。丹恩．魯德海爾在土星和天王星之間預設了一個「更高的月亮」。查爾斯・傑尼（Charles Jayne）預測，一九七五年將會有一個新行星，在它自己的南交點或北交點附近被發現，公轉週期大約是五十年；凱龍星被發現的位置是在它南交點不到四度的地方，離預測的發現時間只晚了二年，而它的公轉週期確確實實就是五十年半（五〇・五年）。以上，已經足夠讓我們不致忘記一個占星學承襲的傳統：它會時時調整自己，與不斷出現的宇宙新資訊融合，而且會遍及這些新資訊的所有不同面向。

凱龍星的位置、大小、行為模式，都與眾不同。要視為小行星，它太大了；要作為行星，它又太小。它在太陽系的位置也不符合波德定律（Bode's Law）（註2）。深感困惑的天文學家們一開始創造了一個新詞：「類行星」（planetoid），意即「像是行星」，作為凱龍星的類別。「行星」這個詞的英文字源，是取自希臘文中「漫遊隨行之人」的拼法；而在天文學上，凱龍星沿著一條向黃道急劇傾斜的橢圓型軌道漫步流浪。於是尤有甚者，怪人、外人、流浪者、獨狼、孤鳥等這些形象，很快就為人們所提及，成為凱龍在占星學上的重要意義。它確實可說是「浪人中的浪人」。

讓我們簡短地探討一下代表凱龍初次出現的星圖，日期時間如圖一所示。這張星圖用一種

譯註一　就是加州所使用的時區，為格林威治時間減去八小時。

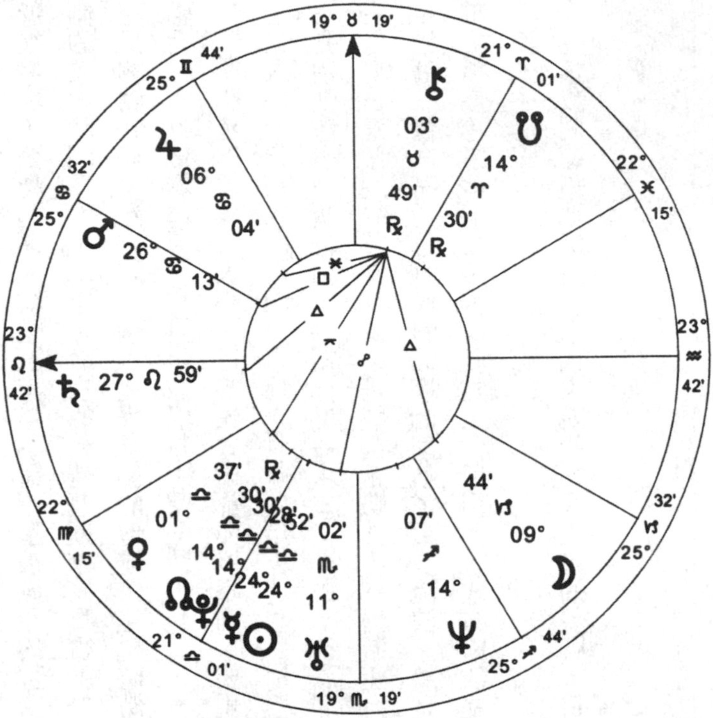

圖一　凱龍出現在幻燈片上。一九九七年十月十八日；上午九點〇八分（世界時間）；加州・帕薩第納

有趣到不能再更有趣的方式，將本書之後將會處理的某些主題濃縮於其中。星圖裡最引人注意的特徵，是冥王星與北交點的完全合相，兩者都在天秤座的14度30分。除此之外，一九九六年的二月四日，當凱龍在被發現後首度來到其近日點時，它進入天秤座14度18分的位置：一個與前述幾乎一模一樣的角度。

莎比恩符號系統

（Sabian Symbol）〔譯註二〕給天秤座15度訂定的象徵

是：「首尾相接、環繞成圈的路徑（Circular Paths）」。雖然會馬上令人聯想到行星的軌道，不過它也寓懷著所謂「主題再現」的過程。此般重新檢視與重新修訂自我，常構成某段療癒過程的一部分，同時也被當成一項技巧，用在某些歷史悠久的靈修或宗教功課上。經由冥想式的反思，自我生命歷程的時間順序會變得越來越清晰，從而將可能被困在過往「圈圈」裡的能量予以釋放。那些我們情緒上的「未了之事」固然都會有逼上前來的時候，但我們也會有個契機迎來解放我們的真知灼見。另一方面，身為人類，我們有著深層的生物需求，依循合乎自然韻律的循環之道過活：入睡與清醒、活動與休息。合乎自然的循環，我們的生理健康當能得到維持；而靈魂內的「循環」，則將我們的過去、現在與未來交織成一塊。

因此，一條環狀路徑，既是象徵延續連貫的符號，也代表恆久不停的更新。同樣它也意味著，我們日積月累而成的習慣或許已經構成限制，失之於狹隘，有必要加以破除了。這一點，在凱龍本身的星圖中，是由木星指出的；木星進入自己的得利星座巨蟹座，暗示與「過去」產生積極、正面、帶來助益的連結，此外還有情感上大方慷慨的態度，以及「幸運的得到釋放

譯註二　莎比恩符號系統是由美國占星師愛德蒙的創建，他將黃道上的每一個度數賦予一句相當詩意的描述，普遍被許多神祕學占星師所採用。

（無論有形或無形）」。相對於木星的得利，入了巨蟹座的火星則處於失利，並且被禁錮在代表「隱密影響力」的第十二宮。身為天底所入星座的共同守護星之一，火星在這個位置暗示著需要讓自己意識到，帶給自己挫敗感的，其實是自己的情緒「迴圈」；並且察覺其中所隱藏的基本模式為何——若對此置之不理，最終有可能會引發認為自己一無是處的感覺。

金星是整張星盤中受到強調的行星，它位在天秤座，同時進了與金星自己有關的宮位。這代表著無論物質方面或者精神方面的資源與價值，它們是有如生產行為的「原料」一般，由上天交付給我們，應該好好管理照料的資賦。而凱龍星被發現時，位置是在自己星圖中的金牛座，以及代表視野、意義、精神啟發的第九宮，正好回應了此一主題。如此看來，它提醒我們珍惜重視的「資源」乃是：**讓自己能夠獲取並接受指引的這種專屬於自己的能力**。固然，這種能力可以透過良師、透過各種類型的教誨，由外在得到培養、強化或者激發。不過，凱龍標示著一種內在的技巧，幫助我們循著可以獲得智慧與益處的方向，來處理自己的種種體驗。要做到如此，難保不需要我們對地底世界（Underworld）的風格與模式，有一定的熟悉與了解。這意思是說，需要超越「將現實理解為二元彼此對立」此一主宰亞伯拉罕諸宗教（譯註三）的概念；需要對我們自身內在所體驗到的一切「負起責任」，而不是將其投射在諸如「惡魔」或「上帝」這類因襲不變的形象上。此處，可以將凱龍和半人馬族行星視為一幅素描，替我們約略繪出一個過程。藉由這個過程，我們不只學習到「能看見黑暗中的事物」（冥王星在第二宮），也學到如何理解土元素的風格（凱龍在金牛座）。

發現凱龍星的不久之前，太陽與水星正好產生上合相（Superior Conjunction）。按照傳統說法，當這顆「眾神的信使」如此靠近太陽時，稱之為「燃燒」，有著燃燒殆盡的意涵。雖然如此會妨礙到實際的決策行為或者其他類似事物，但我們必須考慮另外一層意義：把正在發生的合相所屬的種類也納入考量。如果是下合相（Inferior Conjunction），時值水星逆行，亦即它和太陽處於地球的同一側，於是我們或許可以做出這般想像：水星正在接近那團巨大無比的光，默不作聲地收下他被吩咐的指示。這又令我們聯想到煉金術的版畫，將赫密士（莫丘里）〔譯註四〕繪成豎起食指、放在唇前，擺出一副深不可測、保持緘默，守口如瓶的祕密姿態。是以，藉由對事態評估衡量、做出相應的調整校正，以及妥善處理內在的衝突，太水下合相會帶給我們一個醒悟的契機。從下合相起經過數週後，水星會與太陽分別處於地球的對立兩側。由於水星絕對不會達到太陽的正對面，從占星學的角度上來講，太水上合相便承擔了太水對分相

譯註三　猶太教、基督教、伊斯蘭教，這三個一神論的世界主要宗教皆奉亞伯拉罕為先祖和先知，故英文中就運用亞伯拉罕來稱呼它們。

譯註四　Mercury，是西方世界替水星取名的淵源。源自希臘神話中一位主神，赫密士（Hermes）是其希臘原名，而莫丘里（也就是後世延用的水星之名）則是它在羅馬神話中的版本。

的意涵，此意涵究其根本，就是**經由察覺且認清對立面，而獲得對己身的了悟**。是以，一樣是藉由評估、調整、處理內在衝突，太水上合相會帶來一個達到上述這種看清自己的契機。於是我們看到了前方的道路，並且經驗到那些先前在下合相時播下的種子所結成之果實。

一九七七年九月五日，正值凱龍星被發現的前幾週，水星與太陽在處女座12度39分達到下合相。莎比恩符號系統以「經過一段充滿破壞的日子後，有位強而有力的政治家，向大眾對穩定秩序的強烈需求做出回應，克服了狂亂失控的政治亂象」，來描述這個度數。這個意象提醒著我們，需當訴諸我們每一個人擁有的獨特能力，否則我們就會變得不知思考、只知盲目於展現出領袖魅力的人——對於我們身處的時代而言，這是多麼貼切啊！

一九七七年十月十九日，太水上合相出現在天秤座25度33分。在金星守護之下，它提出的要求是：對我們擁護的價值以及我們投入精力的對象作一番重新思考。此外它也遙指先前下合相時所埋下的結果或後果。莎比恩符號系統對於這個度數的說法，其所強調的主題是認識並且擁抱對立面：「秋天的一片葉，讓遠行的朝聖者對生死之謎有所頓悟。」（註3）

對此，魯德海爾的詮釋將重點放在對大自然奧妙的感受力，以及能夠穿透自然界事物循環的表面，看見靈性生命更高層律動的洞察力。討論至此，我們又再次回到了那「循環之路徑」！假如我們按照順序解讀這段太水合相所牽涉的兩個符號，水星這位信使正在提醒我們的，或許是一套經得起時間考驗的危機處理方式。循環的道路，不論它在塵世，還是在天國中，都會提供我們一個合乎自然的方法，在一段混亂時期後能恢復秩序、取得平衡、建立架構。無論此番真知灼見是否能在我們身處的社會中獲得實踐，我們都可以用個人的方式依循這些循環而動。

柯伊伯帶與半人馬族小行星

一九九〇年代初，天文學家發現我們的太陽系，是被一個由物質構成、裡頭充滿了新天體、外觀好比一片巨大圓盤的帶狀區間環繞著。它被命名為「柯伊伯帶」，紀念大約在一九五〇年時就首度提出它存在的比利時天文學家柯伊伯。有學者用「太陽系起源的原始殘餘物」〔註4〕來說明柯伊伯帶，認為它含有物質是源自形成太陽系的原始星雲。除此之外，行為模式與凱龍星近似的星體，也在這段期間發現於太陽系內，並且被神來一筆地以半人馬族命名——很有可能並非出於刻意，但卻有著再適合也不過的符號意義！

於是凱龍星被回溯歸入這一族星體，成為首顆半人馬族小行星，也是這一族的標準類型。打從它被發現以來，凱龍前後被重新分類了好幾次，直到現在它都還同時保有三種不同的名目身分：既是小行星編號2060，也是慧星編號95P/凱龍，又可以叫做星體UB1977。此外，在說到類行星、短週期慧星、半人馬星、小型行星以及柯伊伯帶星體時，依舊都還會提到凱龍星。這

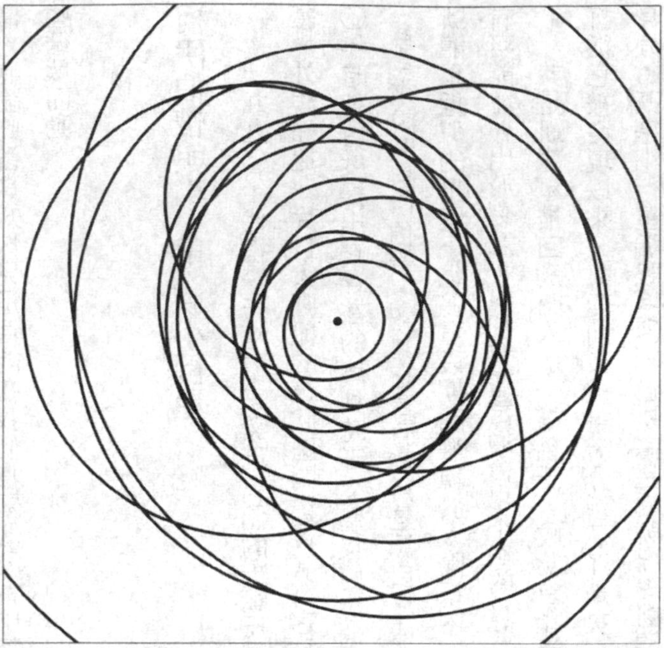

圖二　半人馬族星體之軌道—中央的正圓形是木星的軌道

很恰巧地展現出占星學上的半人馬族，是如何拒絕受到太過狹隘的定義所限制。話說回來，柯伊伯帶一發現後，一群名實相符的半人馬族小行星隨之開始現身〔註5〕。於是，曾經是獨自一人，作為天空中異類的凱龍，再度與他的族人重逢。

以天文學而論，這些新發現的星體與凱龍共有一些關鍵特徵：它們都擁有非常橢圓的軌道，並且劇烈地向黃道傾斜。它們的軌道也與土星、天王星、海王星裡頭至少一個以上的行星軌道相交〔註6〕。將半人馬小行星軌道繪製出來，就像是一張以太陽為中心圍繞、混亂中透露著優雅、延伸不只一個面向的蜘蛛網。那蛛絲穿前過後，宛若有具天梭，在木星與冥王星之間的夜空中，織起具有意識的金絲銀線。強烈而深刻的映照出這些星體在星圖上的職務：**它們擔任著整合外行星能量的媒介**。

命名

負責替新天體命名和編號的協會，一般稱為「國際天文聯會（International Astronomical Union, IAU）」。不過，很少有人知道，國際天文聯會是以占星學家的建議為基礎，替幾個半人馬族小行星命名。當時，科學界與占星界之間，那些年代久遠的衝突不睦，在談笑風生的討論交流中被擱下了，讓後者順利提供前者半人馬族之寓意所象徵的實在對象，有如聯絡左右腦的功能與職掌，或者理性與直覺兩種知覺模式的結合。贊恩・史坦（Zane Stein）、羅伯特・馮賀倫（Robert von Heeren）、狄特・寇曲（Dieter Koch）、璜・雷畢拉（Juan Revilla）、菲利浦・席德維克（Philip Sedgwick），還有包括筆者在內的其他許多占星界人士，都曾參與過最初幾個半人馬族小行星的命名討論，而後繼的討論現在也還在繼續〔註7〕。此外，我們之中特別鑽研相關領域者，曾向聯會提供一份名單，上面有超過八十個神話中曾經記載的半人馬名。就這些名字所代表的意義，所進行的實證性質與占星性質之研究，也會做成文件資料轉交給聯會的布萊恩．馬斯登（Brian Marsden）博士，作為一次非常特殊的共同合作。

向中心而去

半人馬族小行星沿著它們橢圓型的軌道，往內向著太陽移動，然後再往外向著冥王星而去——現在我們知道：後者座落於柯伊伯帶裡頭更為深遠的地帶。它們最靠近太陽（近日點）和最遠離太陽的位置（遠日點），兩者差距非常遙遠。因此，在某些黃道星座裡它們會待上好一段時間，而在另一些黃道星座裡卻是快速通過。學界目前的看法是，半人馬族小行星生成自柯伊伯帶內，可能是受到海王星的重力吸引，才被拉進我們的太陽系裡面。另外，在柯伊伯帶確立之後，海王星便被認定為太陽系最外側的行星。

就象徵意義而論，其實這說起來有道理：海王星的公轉軌道，是除了金星以外，最接近完美圓型的，而海王星也被說成是金星的「高八度音」。海王星在占星學裡的意涵，雖然包括渴望靈魂與精神層面的完滿無缺，卻也代表著當我們想要實現這種完滿的希望，投射到這個由肉身與形體構成、既不完美又不永恆的世界時，由自己所編織出的種種幻想和錯覺。追求靈性完滿的渴望常會吸引我們對「靈魂以肉體來到世間的」〔譯註五〕（incarnation）產生興趣，並且在歷經幻想「破滅」之後，最終依然驅使我們更加接近自身的「中心」。對他人的痛苦感到關心，也會吸引我們更貼近「生命」，就像佛教構思的世界裡，立誓在普渡全體眾生前都不會停下腳步的菩薩。

太陽象徵著「在內中的光芒」，是位於中心的整合要件，其他一切皆繞著它公轉。**冥王星的勢力範圍則是地底世界**，是陰森黑暗但蘊含可能性的遙遠所在。既是孕育新生的子宮，也是接受遺體的墓穴。逝者的幽靈在這裡接受淨化，做重生的準備。夜空黑暗，上頭卻有點點繁星，提醒我們恆長的生命正圍繞在我們四週，就像身負植物新生命的種子，在看不見的地底悄悄發芽一樣。在有關世界的神話裡，洞穴、深淵、幽壑，全都是進入地底世界的入口原型。這層關係就好比星圖與星圖中的凱龍和半人馬族。從它們的行運就能清楚看見，某些事物原本藏於視線之外，而那些讓我們能與其遭遇的經驗，常常都與凱龍和半人馬族之提點準確對應。

在繼續討論與地底世界之連結前，讓我先對發現於一九九〇年代初的兩個半人馬族小行星，做個簡短的意義介紹。在凱龍之外，就屬這兩顆行星在星圖上的角色特性與意義內涵，被發展得最為完整〔註8〕。讀者對於自己的、雙親的，以及更上代遠祖們的星圖中這兩顆星的位

譯註五　Incarnation在基督教意中描述耶穌或神靈以肉體降臨世間，此為轉化「道成肉身」的概念，去除其基督教脈絡後所為的理解與中譯。

置，只要略下一點工夫，就不難對它們有個大致的認識，因為它們的運行速度非常緩慢，而且對我們之中的大多數來說，在它們所落入的星座，都可以見到有外行星於近期出現重大行運，不是合相便是對分相。針對這些所進行的研究，將能很清楚地呈現出這兩顆星的主題（註9）。

佛魯斯（Pholus）：蓋子被掀開來

第二顆半人馬族小行星佛魯斯，發現於一九九二年。它公轉所需時間大約是九十年，因此公轉一圈會與第三次土星回歸幾乎同時。佛魯斯的作用所對應者，乃是如此情況：以某個小小事件為始，若不是向外界，便是向內心世界觸發了一連串強烈的連鎖反應；這些反應最終會造成一次快速或突然的階段轉換，若非轉換環境，就是轉換了心境。在希臘神話裡，佛魯斯在酒神戴奧尼索斯身旁，負責掌管神聖的酒瓶。後者也是狂歡之神，祂的慶典通常是以大醉與混亂著稱，有時候還以暴力事件收場。與此類似，佛魯斯也可能代表「演變至失去控制的一連串事件」，而且面對如此情況，人們所能做的，往往只有採取一些最基本的措施，然後等待狂潮退去而已。

佛魯斯掌管的酒，必須先等候四個世代才能打開。從而佛魯斯在占星學中，常常是在強調令某些已經進行許久的事物重見天日，不論我們原本對其是否知悉。有時候，那代表一些很具體的作為，是我們該去完成的，譬如努力寬恕他人，或者去某位死者墓前放花致意〔譯註六〕；但多數時候，它只單純要求我們在心中正視前人的痛苦。其他與佛魯斯相關的主題則包括：破除自己沉陷耽溺的既定模式、與靈魂伴侶的連繫、「孿生子喪失」併發症〔註10〕、產前創傷，以及釋放被壓抑之能量。

佛魯斯的父親乃是塞利納斯（Silenus），是敘述眾神故事之神。他有驢子的耳朵和尾巴，令人想起莎士比亞劇作《仲夏夜之夢》裡頭「巴頓」〔譯註七〕這個角色。確實，我們可以將佛魯斯視為「吟遊詩人精神」的象徵；但同樣地，它也代表將單純的事實渲染誇大、妝抹增飾的傾向。古早時候，保存部族傳統故事的人，是最原初的史家，也是守護部族神話傳承的說書人。在這個意義上，只要是屬於傳奇、神話、故事的範疇，全都混入一層佛魯斯的色彩。而星盤裡佛魯斯影響很明顯的人，則可以把吟遊詩人般的天賦展露無遺，只要這天賦沒有被他們接受的教育給抹殺掉。佛魯斯也是擔任英雄和眾神的代理，從事祭典儀式的先知及預言家。它在占星學裡象徵的天賦，是能夠在實際行動還沒有採取之前，就看穿情境中潛在的能量會因為該行動發生如何的改變。或許這正是「洞察力」的真正意義。

譯註六　這是英美世界的重要禮俗。

譯註七　Nick Bottom，因為這個角色可以把自己的頭變成驢子。

涅瑟斯（Nessus）〔譯註八〕：一切到此為止

第三顆被發現的半人馬族小行星，公轉一週約需一百二十一年，剛好略低於冥王星公轉期間的一半。它與權力濫用的議題有關，也帶有關於「祖先」的意涵。它的意涵常常不會僅限於表面，而是深入我們整個家族譜系植根的下層土壤——正是在這個深層之處，個人的故事受到了社會集體議題（例如經濟制裁、戰爭、飢荒、種族歧視）的衝擊影響。涅瑟斯帶給我們機會，去理解並且解放令我們感覺到無力無助、遭人利用，或者受到欺壓的深層認知模式。它也能映照出與虛偽欺騙、操控擺弄、以及與暴力有關的深層黑暗材質。這些事情，或許對這樣的人而言特別重要：其所接受、涵養的文化傳統，是歸屬於社會上的少數族群，或者曾經因為族群或政治原因而遭受迫害的人。

涅瑟斯的作用可以為我們將無法理解的束縛劃上句點，不論那束縛是將我們與某人、某地，還是與某種情境綑綁在一起。確實，我們開始能夠針對自己的羈絆進行心理分析、做做「切斷束縛的運動」，還能夠緊緊抓住其實是會燙傷人的自由狀態，一刻都不放手——然而，唯有當這些努力能與靈魂深處的發展程度同步同調，它們最終才有辦法帶來深層的釋放。果真能夠如此，通常與涅瑟斯脫不了關係，得到的療癒也是無庸置疑的。涅瑟斯的活化作用，是在事情真正抵達終點、全部完成，或者躍升到另一層次的時候一併到來，此時一切達到了轉捩點，釋放於是發生。而有時候，必須經過更繁多、更難受的勞苦煩惱，待至狀況一塌糊塗、失去秩序的程度累積攀升到頂點時，轉化才會出現。

虛假的天真與幼稚的期望，其結束便是由涅瑟斯的行運所標誌。如此一來，更深的智慧也會接著得到開啟。涅瑟斯與皮膚發癢、發熱的狀況有時候會互相牽扯，像是溼疹、蕁麻疹、帶狀皰疹以及過敏。這一點反應了希臘神話裡的故事情節。涅瑟斯企圖侵犯海克力斯的妻子戴安奈拉（Deianeira），海克力斯於是向涅瑟斯射了一箭；就在涅瑟斯倒地將死之前，他給了戴安奈拉一罐用自己之血與精液製成的「愛情藥水」，聲稱那可以讓海克力斯永不變心。後來，當戴安奈拉感到自己在丈夫心中地位動搖時，便悄悄地將藥水塗在海克力斯的上衣上。結果那藥水有毒，它凶猛地燒蝕海克力斯的皮膚。受不了痛楚的海克力斯，將自己投身柴堆火葬，並且懇求宙斯給他一個解脫。這個結局所蘊含的意義頗耐人尋味；正如我們在下一章中將會看到的，海克力斯這位英雄，是個比乍看之下還要複雜許多的人物；而這令人悲哀的結局，同時是他歡喜榮登奧林匹斯山而入眾神之堂的轉機，是他一生辛苦奮鬥和苦難折磨的終點，更是他完成那著名的「十二件苦差事」後的完結篇。

譯註八 亦有稱其為「毒龍星」者。

在黑暗中看見

再回到天文學的圖象，我們可以發現，冥王星與半人馬族小行星的公轉軌道，有一些相同的重要特徵。它非常橢圓。軌道向黃道的傾斜角很大。也都穿過海王星的公轉路徑（上一次發生在一九七九至一九九九年間）。**將凱龍與其他半人馬族星體視為來自冥王星國度的密使、特務或者逃亡人士，會是個很有幫助的想法**。當我們就冥王、凱龍以及半人馬族在個人生命歷程中，或甚至於在歷史的演進過程裡，所不停發揮的「心理—靈性」作用做個觀察，它們彼此的共鳴關係就會立刻浮現於我們眼前。它們令那些深藏的、發生於內裡之處的過程無所遁形。這些過程與發展的性質，有一些確實是屬於「其他次元」。其他的那些則是與先人（「逝者的幽靈」）、後人、沒有得到哀悼或讚頌者，或沒有獲得實際展現的潛能有關——凡此，或許還依然在「天上」的先人之境，不為人所察知地活躍著。話說，凡是那些未償還的、未兌現的、不曾受到彌補、不曾得到救贖的、沒有得到轉化與改善，而亟需被赦免與釋放的，若不留心加以處理，適足以慢慢地變成一種「毒」。這一點，也是深層心理學的領域，一門由佛洛伊德以及許多後繼者加以揭露的學問。凱龍與半人馬族能賦予我們能力，讓我們懷抱著同情心看穿這片「黑暗」複雜多層的本質——那也是靈魂內中最深度的轉化，其所進行與發生的核心之處。有時伴隨著這些轉化發出的光，我們會因此看見一些寧可不要看見的事物。然而，那勉強自己睜眼凝視的勇氣，換來的絕不會是徒勞無功。

冥王星的象徵者與被象徵者，之間的比擬關係實為天衣無縫。神祕的冥王乃是「地底世界之主」；而在天上，冥王星是大型柯伊伯帶星體之首，也就是「柯伊伯帶之王」；天上之為此，人間亦如是。冥王星，還有凱龍跟其他半人馬族星體，都不應當被理解為行星。它們隸屬於不同層次，乃是代表超脫個人自我意識之外的起始經驗——在深層的療癒、暗底的轉變化形，以及靈魂的沿革變遷等過程之中，積累生成的經驗。它們代表的是一種跨越文化，超越個人的意識；既是理性，也是直觀；並非以理論空談為本，而是由個人以自己特有的方式，感知宇宙之真實所發出的共鳴與回響，以此得到的內容為基礎。而那超越了歷史與時間的「常在哲學」〔譯註九〕，其與我們每個人之間的關係連結，也受到它們的支持與強化。

挾持、釋放、後設言論

二〇〇六年八月，國際天文聯會重新修訂行星的定義，從而也將我們的太陽系做了一番改

譯註九 perennial philosophy，常有人譯為「永恆哲學」，原指存在一種具有普世價值的最終真理，並且可於任何人類文明中發現。

造整形。雖然帶來了混亂與爭議，聯會的這次決定事實上也徹底體現前面所討論的象徵內涵。一連串充滿戲劇性的重要世俗事件，伴隨這次決定同時問世；而這些事件與在科學天文學界內部，由於冥王星被「降級」而接續採取的一些舉動，正好產生了一種猶如神話故事般的對應性。如同前面提到過的，「後設言論」這個源自古希臘語的詞，意思是「我們正在言說的對象，同時也正在生成。」從而它指稱了：「言語與事件之共同出現。」二〇〇六年八月二十三日，重新定義行星的議題來到最終討論階段，也就是在這一天，國際媒體發布了一則令人震驚的報導。有位名喚娜塔莎・卡普斯基（Natascha Kampusch）的少女，在經過長期綁架監禁之後，終於重獲自由：兇手自我了結生命，少女人質得以脫逃。誘拐、綁架、強擄進入地底世界，這類主題的原型是以神話中的冥王黑帝斯（Hades，也就是冥王布魯托的希臘版本）為要角——他劫走了少女波塞芬妮（Kore／Persephone）〔譯註十〕。事情發生於一九九八年三月，娜塔莎在上學途中遭到沃夫岡・普利克羅皮爾（Wolfgang Priklopil）綁架。**那天正是凱龍進入運行當中的「停滯狀態」**〔譯註十一〕；隨之而來的八年，娜塔莎就被關在一間地牢般的小房間裡。然而，儘管她血色蒼白、體重過輕，但當娜塔莎再度現身於人前時，卻展現出驚人的智力與溝通能力。

注意在娜塔莎的出生星盤上，凱龍與行星之間那些為數眾多的相位。太陽水瓶座，入牡羊座的木星與入射手座的火星形成正三分相〔譯註十二〕，兩者也都與凱龍有相位；這樣的她，在自由後立刻設立了一個慈善基金會，將她自大眾媒體方面獲得的大筆款項，投注在幫助非洲婦女的志業上。冥王常常也被稱為「財富之主」，而在她的星盤上，這句話可不只是漂亮的修辭而已。數目龐大的金錢馬上被牽連進來，世人甚至在娜塔莎本人做好準備要道出當時的一切之前，就已經擁有她的故事了。可以看到，她位於雙子座的凱龍，與南北交點形成T型相位；而她異常傑出的清楚表達能力，或許也是一個掩飾她內心困惑的面具。娜塔莎首次的媒體訪問，於二〇〇六年九月六日播出，**該日冥王星正處於靜止**。儘管，媒體在此轟動事件的餘波階段施加於她的壓力，有可能令其於囚禁期間經歷的創傷更形惡化，不過娜塔莎的應對之道則是：她於二〇〇八年親自主持自己掛名的談話節目，在節目上訪談那些經歷過特殊情境或事件的人。她公開表示自己的目的是在展現人類靈魂的回復彈性。而我們也可作如此看待：這是她欲從媒體手中重新取回自身權能的勇敢嘗試——那個從她脫逃之刻起，就接著再將她變為等同於其手中人質的媒體。此處，凱龍代表的主題：傷害與療癒，被巧妙地展現出來，兩者錐心而深刻地

譯註十　與Hades一樣，Persephone的中譯名有非常多版本。又，古希臘有時僅稱其為「少女」，因此古希臘文的「少女」Kore，也成為其名稱之一。

譯註十一　由於行星與地球的公轉速率不同，在地球上觀測行星時，會在「視覺上」出現順行、停滯、逆行的樣態。

譯註十二　容許度（角距）低於一度之內的相位。

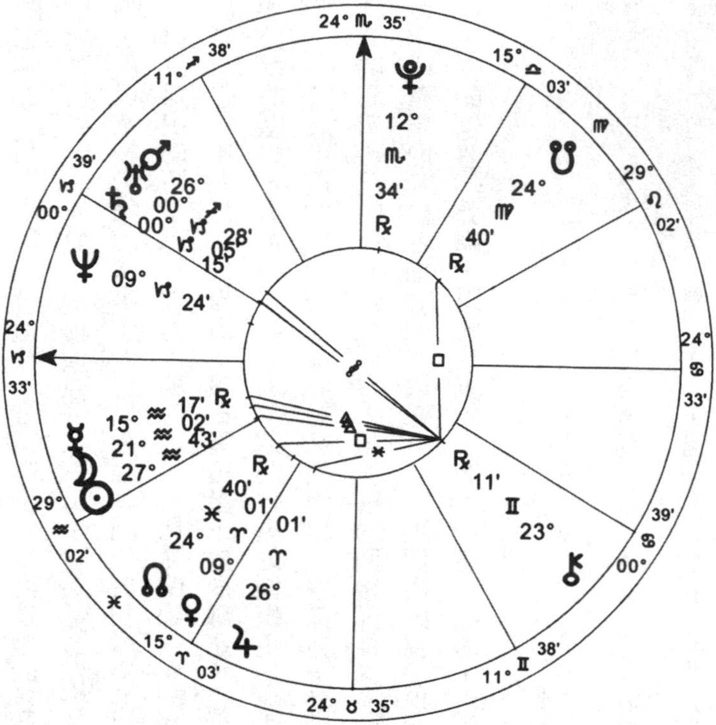

圖三：娜塔莎·卡普斯基

彼此交織。另一方面，普利克羅皮爾於當年九月八日入殮，**緊接在冥王星結束靜止之後**；下葬地點保密，並且使用假名，藉以避免破壞茲事之人。他的故事，以最令人吃驚的方式與冥王星降級一事對應：地底世界之主，被放逐至地下與無名之中。相關事件的占星學意涵，在本書第九章會有進一步的探討。

形貌正在變化——接下來呢？

二〇〇六年八月初，太陽系的成員名單曾經短暫地擴充至十二個行星，然而經過一番激辯之後，這套模型復又遭到推翻（註11）。此刻（二〇〇九年年中），「官方版本的」太陽系，是由太陽、通常可見行星，加上天王星與海王星構成。新建立的分類：「矮行星」，包含冥王星、卡隆（譯註十三）星（註12）、席瑞絲（譯註十四）星、天文編號UB313（伊莉絲）（譯註十五），再加上一些較為妾身未明，但受到不少傑出天文學家主張編入的星體。冥王星依舊是柯伊伯帶裡頭最「年長」，可能也是最具有指標意義的星體（註13），因而我們所使用的象徵體系依然站得住腳。這些「決定」，在當時的天文學界確實掀起一股爭議，而到了二〇〇六年九月初，當佛魯斯做最後一次的入境射手座，「蓋頭便完全被掀開了」！

占星學始於用肉眼觀察橫越夜空的行星，時至今日，我們占星學家平時應用的核心資料，依然是由可見行星構成。在這些「古典行星」之外，有肉眼不可見的天王星和海王星。毫無疑

譯註十三　Charon，希臘神話中，冥王黑帝斯治下的船夫，負責擺渡死者越過冥河。
譯註十四　Ceres，即穀神星，名字取自羅馬神話中，掌管作物收成的農業女神。
譯註十五　Eris，希臘神話中之不和女神（紛爭女神），那顆引發爭戰的「金蘋果」即出自她手。

問，占星學家將繼續運用冥王星，不過或許也會一併借助由凱龍和其他半人馬族星體的能量，所提供的更加深刻的理解。它們替形形色色、未曾被主要行星顧及的人類體驗，送上一套能夠對其加以表徵的符號語言。如同前面曾提到過的，當發生於我們內在與外在的事件，其情況在程度上開始變得詭譎難解、逾越現實時，若是利用凱龍和半人馬族星體，搭配其他傳統行星，常可將事態的行進軌跡做個異常準確的掌握。

在占星學的範疇裡，我們只能就「被打磨進靈魂」的事物著手施力（註14）。那是我們與上界之間活生生的、並且正在進行中的關係——透過我們的肉身、理智、心性，告知我們此生的任務為何，並且將其從理論轉為身體力行。不論何者，某天或許會有新的星體進入我們的內太空，「拜訪」我們一段時間。因而我們對凱龍和其他半人馬族星體所下的工夫，同樣也是在替如何處理所有各式各樣、可能會在未來出現的新星體，發展一套標準模型。雖然在理解與解讀星盤時，「化繁為簡，多不如少」的道理一樣顛撲不破，然而若是我們自己與這些新星體的故事或符號語言，其間存在的關係連結越是精彩豐富，當我們在鑽研自己或他人的星盤時，就越是有能力聆聽到這些新星體的話語——只要它們有意開口訴說。

太陽系地誌的重新改寫，這不是史上第一次，也不會是最後一次。認知的門扉已經開啟，身為占星學的熱愛者，是否能夠明智地運用種種將會持續到來的新資訊，乃取決於我們自己。

原文註

註1　Dane Rudhyar, *The Pulse of Life*, p.1-2. 請注意在*The Sun is also a Star* (1981)一書中，他便已準確描述了現在正在發生的轉變。

註2　一七七二年時，天文學者波德注意到行星與太陽之間的距離，可以用一個數學關係來描述。根據這個法則準確地預測了天王星的位置，之後海王星也在距離預測間距8.75個天文單位（AU）的地方發現。但是冥王星與凱龍星都不符合波德法則。不只如此，它們也都擁有極為橢圓的軌道，而與其前一行星的軌道出現交錯。

註3　Rudhyar, *An Astrological Mandala*, p.188.

註4　引自*New Scientist*裡一篇發表發現柯伊伯帶的文章，日期不詳。

註5　參見http://en.wikipedia.org/wiki/Centaur_(minor_planet)

註6　關於這一點，最著名的例外是Chariklo，中文意譯為女凱龍星，它進入天王星的運行範圍，卻沒有與它的軌道相交。女凱龍在神話中是凱龍的妻子；在天文學中，一般認為女凱龍星擁有半人馬族小行星中最固定的軌道，而凱龍星的軌道則是最不固定的。

註7　關於這些早期對話、為數大量的文件檔案，主要請見www.zanestein.com；亦請見www.centaurresearchproject.de。

註8　關於它們的神話故事與意義，更完整的探討請參見Reinhart, *Saturn, Chiron and the Centaurs*。

註9　請借助參考書目中介紹的資源，確認半人馬族小行星在你星圖中的位置。

註10　有頗高比例的雙胞胎胎兒，會有其中一個在懷孕階段死亡。參見Dr. Elisabeth Bryan, *Twins, Triplets and More*, p.5-6.

註11　參見http://en.wikipedia.org/wiki/2006_redefinition_of_planet

註12　冥王星與卡隆星實際上構成一組雙星系統。因此，古來歷書上冥王星的位置，呈現的是這兩顆星公轉距離的「中數平均值」，意思也就是說，那是位在這兩顆星之間，無實體的、空白的、中洞的「地方」。冥王星之意涵所擁有的象徵作用，可說與天文學完全呼應。

註13　參見http://en/wikipedia.org/wiki/Dave_Jewitt

註14　Richard Tarnas於英國占星學會一九九四年研討會（於坎特伯里舉行）專題小組之討論發言。

第二部

神話的形象

【第二章】

薩滿信仰

我們的知覺，樹起警戒的高牆，在牆外的某處……我們荒野的一面、獵者的一面、探索追尋的一面，正等待回到這邊來。——勞倫斯·凡·德·普司特爵士（Sir Laurens van der Post）〔註1〕

根源

本書的主角有一面是用形形色色、多彩多姿，並且在前希臘時期就已存在的典故作為媒材，將其混合交織形成的豐富背景，古典希臘神話裡頭的凱龍故事，其前身就在這面背景裡頭。凱龍乃是象徵「靈性的部分」與「本能的部分」，這兩者間的衝突與決裂所能得到的和解與癒合。以此為原型，許多在我們內心中彼此爭戰的對立關係，皆可一一循例，試著將其撫平治癒。西元前七五〇年前後，正值大部分希臘神話作品經由赫西俄（Hesiod）與荷馬（Homer）筆下問世之時，上述的決裂與對立，亦已來到了制度層面——社會和宗教的形式體例，於此時由父權制取代了先前的母權制。

在此之前，包括今日之歐洲與近東的廣大地域上，依然存在著種類眾多且形式殊異的「母神（譯註一）」崇拜。母神，既為「繁殖養育之能力」以及「生命之本能面向」的同義詞，因而壓迫抑制對母神的崇拜，也意味著女性逐漸遭到一般性的貶低與輕視。另一方面，隨著基督教及其他亞伯拉罕宗教（除基督教外，還有伊斯蘭教和猶太教）的問世，屬於塵世這端，那感官與感性的世界，被放逐至魔鬼治下；而魔鬼，是上帝的敵人。上述轉變帶來的後續影響十分顯而易見：生態系統的破壞、物種的滅絕、對女性以及其他少數族群（他們都扮演了「被驅逐者」的角色）的迫害。因此，如果我們想延請神話中的凱龍，再次開口向我們說些金玉良言，就必須挖掘得更深，繼續回溯到更早以前，直至石器時期，人類意識萌生的開端，因為凱龍故事的起源就盤據於此。

譯註一　Great Mother，此處字面上雖然沒有強調，但其內涵通常為「大地」之母（稍有別於「天母」觀）。又，因學界文獻影響，中文常有將其譯為「大母神」者。

神話及古代民間傳說中的「馬」

身為半人馬一族，凱龍有著馬形的下半身軀幹和四腿，人類的上半身軀幹和雙手。馬，作為象徵「豐富」的符號，帶給人的聯想是原始生命力以及出於本能的能量——一股發自原始生理需求，狂野但有機會加以馴服的內心驅力。在沒受到限制的時候，馬兒那種衝刺突進的動作，令人聯想到任意隨興並且樂在其中的「性展現」，但同樣也會讓人感到其中有某種狂熱與瘋狂。而當牠們安上轡頭，處在控制之下，代表的則是本能天性受了教養，能量得到紀律與意識的引導，以及「人」與自己「動物」的部分達到和諧。以馬為祭拜對象，是許多比希臘時期更早遠的文化所具有的特徵。舉例來說，在麥錫尼（Mycenae），傳說是半人馬一族之母的狄米特（Demeter）女神，形象便是馬頭人身〔譯註二〕；她的祭司必須去勢，並且穿著女性服裝。另外，在北非以及黑海周圍的亞馬遜部族〔譯註三〕，祭拜以母馬為外形的女神；據說她們也是最先馴服馬匹的民族〔註2〕。未經許可進入該族領地的男性，會被當成母馬女神的祭品。

打從史前時代，馬在不列顛就已是神聖的動物；講到古代祈求豐收的儀式就不能不提到馬，而且牠也讓人聯想到再生、重生。在愛爾蘭，最遲到西元第十二世紀，異教的拜馬信仰都還與基督教並存〔註3〕。歷任愛爾蘭國王在接任王位之前，皆要象徵性地經由那匹白色神馬「伊波娜〔譯註四〕」獲賜新生。在此值得一提的是，羅伯特．格瑞夫斯（Robert Graves）將伊波娜視為等於那位馬頭女神狄米特〔註4〕。虔誠的伊波娜信徒，曾以一面灰白的山坡，雕出她巨大的身形，位址就在柏克夏（Berkshire）的悠芬騰（Uffington）；直到今日，依然可見那青翠的山丘襯托出明亮的白土〔譯註五〕。馬在不列顛民間傳統習俗裡頭扮演了重要角色，其中有些一直存留至今。舉例來說：莫理斯舞（morris dance）舞者所持的玩具馬，有時候也被稱為大頭馬，主要的造型是在竿子上裝上木製馬頭——顯示出自古以來，馬就與祈求豐收的儀式脫不了關係。〔譯註六〕二〇〇八年時，相關單位公布了如下的計畫：要在肯特郡的田野間，樹起一座比帝國大廈還高的巨型白馬雕像。它預計名為「南方天使」，將為這些自古以來便存在於意象層面的關連性，擔當一座擁有實體存在的代表。

在斯堪地那維亞地區，英勇戰士的喪禮儀式不可少了馬匹；英雄的坐騎通常會當作獻祭，

譯註二　至於到了希臘神話裡，她是農業與收穫女神，但並非半人馬族之母，亦不見馬頭形象。

譯註三　Amazons，在希臘神話中的描述，她們是個全由女戰士構成的部族。

譯註四　Epona，可能是流行範圍唯一一個突破不列顛地區，而進入羅馬帝國領域的古凱爾特人信仰（時間約西元一至三世紀期間），惟其形象後來從白馬，演變為騎馬或由馬伴隨之人形女神。

譯註五　這個地景就被稱為「悠芬騰白馬」（Uffington White House），是該處有名的尋古景點。

譯註六　除此例以外，本書舊版另有一例，雖新版加以刪除，但譯者認為讀者錯過甚為可惜，故收錄於此：「威爾斯鄉間，每年從聖誕到新年的歲末期間，會有像中國舞龍舞師的『舞馬』，與狂歡過節的人們一同挨家挨戶地傳報佳音。」

與主人一起下葬，因為人們相信主人還需要乘坐牠登上天堂。馬常與世界樹，亦即生命之樹的故事伴隨出現——連結人界、人界之上的上層靈界，以及人界之下的地底世界（也就是死者國度）的神木。希臘時代的藝術，也常會將半人馬與一截松枝一同呈現；再度傳達出生與死的連結。北歐大神奧丁（Odin），在他尋求智慧的歷險途中，曾經刺傷自己，同時倒吊在世界之樹上，任血流淌九天九夜〔譯註七〕；古北歐語管這棵偉大的白樺樹叫「Yggdrasil」，「drasil」既可指「執行吊刑之樹」，亦可指「馬」。倒吊於樹的意象，在塔羅牌「倒吊人」這張卡片上也能發現。倒吊人是塔羅中暗示「這是一段精神接受試煉的期間」或者暗示「啟始階段」的主牌之一；每當生命或生活變得一團混亂，我們需要的是靜靜順從內在的發展進程——通常，會是在相對孤立（與人隔絕）的狀態下——等待那能解放我們於難題困擾之中的洞見出現。至於「Yggr」，則是「亡靈之主」，擁有此一封號的奧丁，腳下所跨的那匹八腿神馬，令人聯想到下文將提到的西藏「風馬」。

在受吠陀思想影響的印度，乾闥婆（Ghandarvas）可說是印度版本的半人馬族，產生自大地之母（Earth Mother）與雄馬陽具的一場「染血婚禮〔譯註八〕」〔註5〕——於是有了將馬作為祭品，並且將其肢解，切下陽具，畢恭畢敬埋在聖地供奉，以確保豐年到來的儀禮。據聞乾闥婆法術高強，醫術精湛，擅於音樂與舞蹈，不過就像半人馬族一樣，大也做得出不擇手段自一家之主手中奪走少女的事。乾闥婆所呈現者，正是基督正教神父制度中黑暗與陽具崇拜的那一面。此外，據說乾闥婆也代表了靈魂組成中，歷經不同轉世而仍保持不變的那個部分〔註6〕。

在許多文化裡，馬都會出現在傳統巫術的降靈儀式中，不論是準備一匹真馬，或者是運用一些象徵性的手法。馬在其中的作用是描繪薩滿巫師元神出竅時，陷入乩狂的神遊過程，亦可幫助薩滿巫師達到默希亞・伊里亞德（Mircea Eliade）所稱的：「層次上的突破」——從這個世界，通往其他世界〔註7〕。馬，就跟薩滿巫師一樣，是兩個世界之間的橋樑：有形有體的世界以及看不見之事物的世界。馬將亡者運往隔世，並且讓薩滿巫師有辦法找出誤闖此世的邪靈。馬乃是和喪葬有關的動物，是一場「精神盛典」，是嚮導或者領路之人。在中亞，薩滿巫師在試著召回遊魂時，會在左近栓一匹馬，當馬兒抖動，便表示魂回來了。許多當地過去的儀式在進行時常會燃燒白馬之毛，藉以召喚這種神獸。時至今日，當地薩滿巫師依然有人會以母馬皮氈作為坐墊；也有可能用馬頭裝飾的棒子敲鼓，或者是用跨坐在棒子上的姿態跳舞，藉以幫助自己進入出神狀態。此刻，馬頭棒子便象徵當薩滿巫師神遊於體外，進行通靈、預言或發功治病等任務時的坐騎。

譯註七　經由這樣，祂習得了著名的盧恩文字（Rune）。

譯註八　關於乾闥婆之生成，除作者所述之外，古印度經典亦有許多不同的說法。而乾闥婆在印度宗教及文化中之形象，亦有人形或半人半鳥，並非全都是半人半馬的型態。又，乾闥婆為音譯，雖有婆字，但並非女性，乃是男神。

藏傳佛教中，「風馬」（藏語為「Lung-ta」）是一種會飛的八腿駿馬，代表著第五元素：「空」（譯註九），而與其他四個主要方位皆可連結。這一點，對我們使用四元素系統的西方人而言，細想起來特別有意思。「四」是從「表象」得來的數字。而「五」在這裡則涉及「超越」，同時也表示已經認識到心智這個有利於覺知與體悟的要素。風馬會將祈禱與願望從人間帶往天上，也常常被畫在祈願旗（譯註十）上。身上背有可以實現願望的證道珠寶，風馬替人帶來了振奮精神、回復活力，並且掃除障礙的能量。在蒙古與西伯利亞地區較古早的薩滿文化裡，風馬是個人力量（由正確的生活方式所增長）與自然能量，達到某種特定的平衡與和諧時會出現的吉兆；它是一隻「靈獸」，可以協助巫師辦事。凱龍，便是代表那匹發自我們生命意識，令我們有能力循序達到天人合一境界的風馬。同時，它也是我們在追求醒悟的旅程中得到的一座福分寶庫；透過它，我們又可轉而將福分呈獻給他人。

以上所有這些各種各樣的源流，通通匯進一株核心的「軸根」。這軸根深深滲透，直入人類心理原型的領域，爾後萌發滋養出凱龍的故事，一如其於古希臘時代所描寫的那樣。半人馬的意象：「人與獸對立的雙方，被牢牢捆在一起」，描述著天國與塵世兩者的關係。是故此刻，我們將再度與薩滿巫師邂逅——他是「受傷的醫者」此一原型形象的來源。

歷史與文化觀點下的薩滿信仰

根據歷史研究，薩滿信仰鼎盛於約當舊石器時代的狩獵與採集社會。雖然，實際施行的細節會隨地方與文化不同而異，不過其含意具有根本的一致性，而此一致性對理解凱龍來說關係甚大。薩滿信仰可以視為一種原始宗教，地球上大抵每一個文化，都可以發現有薩滿信仰的痕跡。肯恩·威爾伯（Ken Wilbur）在他那本《自伊甸而上》（*Up From Eden*）中，用「有如颱風一般」（typhonic）這個說法，來形容任何一種呈現出半為人性、半為獸性的形象。另外，他也用這個說法來敘述盛行於距今大約二十萬至五萬年前的人類意識類型，而神話中的凱龍形象，也明顯衍生自這種古老的意識類型。這提供了我們一條線索，幫助我們理解凱龍在星圖上所具有的占星意義。它告訴我們：一套古老世界觀再度浮現，那是靜靜潛藏在每個個別的心靈底層，並且要求我們重新加以擁抱、繼續推敲琢磨、再度整合入內的一套世界觀。

譯註九 Space，中文同樣寫作空，但此處之「空」，與其他佛教宗派所討論之「空」（例如有名的：「色即是空、空即是色」一句裡頭的「空」）有所不同。又，藏傳佛教的支派中，雖有第五元素之說法，但是否由風馬來象徵「第五」元素，值得再做深入探討。

譯註十 名為「風馬旗」，常有五色，可插於屋頂，亦可口唸頌詞，親手揮舞，稱為「放風馬」。

「颱風型」的知覺特徵跟薩滿巫師的養成過程一樣，都與直接去感受與經驗那座位於我們經由感官所知覺到的萬事萬物之下，為一切擔當基礎的「力場」有關。理性的意識專長於區分、辨視、分析及切割事物。與此相對，「颱風型」的意識是全體性的，並且有能力憑藉直覺，直接得知某一事件的個人意涵為何，同時對於生命整體——包括肉身死亡之後的領域——亦能直接領會其光輝所在，以及體會它與其他生命互相連結的真實性。這在理性通常的範疇裡，是無法得到認知的。不過，就因為它更貼近直觀，更融合宇宙的詩意，使得它有能力順利擁抱彼此互斥的矛盾對立；反觀一直以來，充塞於牛頓—笛卡兒式世界觀中，那種線性式的西方理性觀念，對這類矛盾或許可說是全然束手無策。

因此，由歷史觀之，薩滿信仰的時代，是以一種埋藏在整體中的自性感（sense of self）為其特徵。家族、先人以及非人為的「自然世界」（包括動物界），都涵納在此處所謂整體之內，進一步而言，就是指「生命的全體」，包含在各式各樣的宇宙論裡頭被指稱為「神」者，以及棲身在其他實存面的存有。在這樣的脈絡下，「個體性」不會是一個以孤立隔絕為內容的現象；這種「個體性」**是在與社群的關係中**，**個人的或是超越個人的關係中**，取得其存在、擁有其價值。我們所處在的這個工業化的西方式社會，靈魂生病的原因，正是在於缺乏這些多重意義的相互連結；而靈魂之病弱，亦也已經造成各類生理、心理疾病的增生。對此，榮格一針見血地指出：

科學式的理解模式發展成熟後，我們的世界也隨之逐漸脫離「人性」。人，覺得自己在宇宙之中被孤立，原因在於他不再與自然有關，而且業已失去那種自己與自然現象「不知不覺合而為一」的感覺。這些事物已經慢慢喪失它們的象徵意涵：雷聲不再是哪位神祇的怒吼，閃電也不再是祂報復的武器；河裡沒有神靈、樹不是智慧的化身、山洞裡也不住著厲害的妖怪。如今，岩石、森林、獸群，都不會向人說話，反過來人也不會向它們說話，因為不再相信它們能夠傾聽。人與自然的接觸已然不在，隨之而去的還有人那深邃的情感能量——由上述之象徵關連性所提供的能量。〔註8〕

天職：危機和召喚

薩滿巫師是這樣的一個人：由於個人在宗教上的體驗，或者由於親自看到神明向其展現的神祕異象，而形成一股力量和急迫性，促使他（或她）開始與部落族人劃出界線；換言之，「神諭」已經「實現」，「賦予萬事萬物一種神聖性質的、那個遠比眼前世界更深層、更奧祕的東西，從某處混了進來，成為真實。它不只散布於外在世界，同時也進入個人自身的內在經驗」〔註9〕。儘管薩滿巫師自外於族人，當他接下這項使命後，他在族人內部會受到高度尊崇。

而且經由負責醫療、仲裁、占卜、預知等工作，他對社群也有頗具分量的影響力。薩滿巫師把他看到的預知內容告訴部落，不論那是一則警告，或是某個美好的將來。藉由其預言，人民的精神生活也能補充活力、重獲新生。也有一些薩滿巫師是經驗豐富、技術高超的藥師、醫師或產婆。以祖魯人為例，「欄莊」（kraal）（也就是族人的群居處）的首領，會身兼族裡的祭司，並且與一位占卜師或先知，一同商量如何保衛全體血族的福祉。在辛巴威，任何一個傳統紹納人（Shona）家族裡頭，都會有一位靈媒，幫助全族將生者與死者之間的相互關係維持在和諧狀態；他們認為這一點對於「健康」而言至為重要，不論是土地還是生活於土地之上的人的健康，也不論是有形的、身體上的強健，抑或是無形的、精神上的健全（註10）。

於是，薩滿巫師守護著一項傳統，亦即：能與大多數人都無法通達的神聖領域直接接軌的這項遺緒。也於是，他是一位守護者，守護全族人民靈魂的歷史。特定的知識，可以從前任薩滿巫師傳給後任。前任者個人內在旅程的記錄，也可以藉由許多不同的手段形式，包括繪畫、音樂、舞蹈、故事，而傳遞給後繼者。不過，薩滿巫師內在體驗的要義，以及此一要義所具有的那股能帶來轉變的衝擊力，對當事人身為一個個體而言，則是獨一無二，因此沒有辦法予以直接傳遞——然而學習內在經驗的管道，的確能夠經由與良師益友的互動而打開。同樣地，神話裡凱龍的題旨，也在呈現此一導師的角色。

暗示一個人未來將成為薩滿巫師的徵兆，可以出現在他任何歲數。通常這種自然發生的徵兆，是伴隨著生理上或心理上，或兩者皆有的嚴重疾病一併出現。候選者在小時候，可能就已經是較為神經質、沉默寡言、害羞內向、不與人來往，而且給人感覺似乎經常在做著白日夢。他或她可能在身體上會有殘疾、畸形，或者為癲癇之類的困擾所苦。事實上，今日有許多人患了被貼上可怕標籤的疾病，例如：亞斯柏格症候群、慢性疲勞症候群，或者運動神經元疾病，假如他們活在不同時代、不同地方，或許會成為薩滿巫師的候選人也不一定。非洲許多傳統社會裡，要是慣常的治療方法（通常是使用草藥）對某個疾病不生效果，人們就把薩滿巫師請來看看。如果他認定這病乃是要患者成為薩滿巫師的徵兆，他會代表正在試圖佔據患者生命的靈，向當事人交涉；假設，當事人同意之後將成為靈在世間的媒介、願意接受擔任薩滿巫師一職，怪病便可隨之痊癒〔註11〕。

隨著候選人的薩滿巫師養成過程日漸深入——換言之，也就是「啟程」邁向薩滿巫師天職的「入門」過程——一併而來的是他或許要與正常生活脫鉤，並且退出日常世界。這種決裂可能會發生好幾次，時間前前後後拖得很久。舉例來說，在南非，要成為一位合格的桑果瑪（sangoma），亦即當地的預言者兼醫者，需要花上大約七年的時間，專心一意、全神貫注的投入修習過程才行。在任何一個信仰薩滿的傳統文化裡，薩滿巫師的選候人都必須有一段時間，在心理上、生理上與精神上經歷極度嚴苛的試煉；用西方的詞彙來形容的話，那是一場深入無意識領域的「夜海旅程（譯註十二）」。對他過去的「我」來說，他已經死了；現在的他是與精神靈魂的世界、與自然狀態的世界融合為一——如此，是訓練他在未來可以扮演不同世界的中介者，以及「不同物種之間的溝通管道」（註12）。他必須要有能力穿梭死者國度，然後平安歸返，這樣才能習得（或者增進）未來他在替社群服務時，不可不具備的實務技能。

一場受苦受難、死亡、重生與歸返的旅程

在我們內在旅程的神話領域，其實是超越時間與空間，而且或許是在夢中、在異象中，以及在不同的意識狀態中為我們所經歷。有不少文化都會將迷幻或麻醉性的植物，用在典禮或節慶上，以求能帶來出神或狂喜的狀態。這類植物本身就被認為具有神聖性，它們等同於薩滿巫師平時交融的神靈，而這些神靈即是薩滿巫師內在修習的師法對象。從外在世界而論，帶有神聖性的地點、朝拜神祇的場所，都會強而有力地喚醒那層供其自我修練的內在境域。這些地方也被當成是神靈真正的住所，不論是善神或惡靈。又，養成期間需要接受的考驗，亦有可能是貨真價實的肉體酷刑或心理折磨。

踏上這趟修練旅程的時刻為何？其「信號」可能是下列意象：交叉路口、分界、子宮般的出入口、洞口，或者像是穴窩、石室，地底廣場等這類型的空間。心理進行重生的階段，屢屢

會喚起我們關於身體上或其他層面的回憶，或者是引發一些與處在子宮時期、以及隨後出生過程相關的間接反應〔註13〕。隨之而來的，是一個沉潛、孕育或者籌劃、構思的階段；我們這位未來的薩滿巫師，在這段期間、在他下到「死」的境界時，有可能會罹患生理或心理上的疾病，抑或兩者皆有。他可能會受召與妖魔作戰，可能要忍受各式各樣的心靈磨練，或者與曾經佔據過他、攻擊過他的靈正面遭遇。死的意象，可以是象徵舊時的世界觀、可以是一種過去的自我構思，或者也可以是象徵一段替「重生」騰出空間，而瀕臨消逝的生命階段。

舉例來說，薩滿巫師可能會看到自己被妖怪或被飢餓的精靈，啃食到只剩骨頭的異象；他可能覺得自己的腸子被換成了水晶；他可能感到肉體遭受凌虐、被焚燒或被肢解。不過，如果一切進行順利，最終他會復活；而那些害人的神靈，不管是從動物、祖先、原型（archetypal）而來——或者究其實際，是心理現象——之後便可以成為他的盟友，協助他執行他的工作，因為他已經擁有了「在吞噬與被吞噬者之間，熔鑄在死亡與靈魂裡的契約」〔註14〕。關於這一點，我們能在藏傳佛教中的「施身法」（Chöd practice）裡頭看到一些直接的遺緒。施身法是關乎將我們自身的「惡魔」轉化的一個過程，借助的方法是餵養它們大徹大悟的極樂甘露；而此甘露，則

譯註十一　night sea journey，用來形容向意識以外的內在深處進行探索。

是在主持法會的仁波切協助之下，將自己肉身受到肢解之情景化為具象時，始可得到（註15）。

在與自然力量聲息相通的時候，薩滿巫師就像是一座橋樑，連繫著「實在」（reality）的兩個不同層次。對他來說，何時該返回這個世界，其信號可能是夢到了，或冥想到了鳥，或任何會飛的形體；而當他的靈魂回到身體裡時，就完成了一次「新生」或「重生」。聖山頂峰、太陽中心，以及其他五花八門、千姿萬態、但皆與「向中心聚集」、「重新形成關連」、「再度成為其中的一員」、「對立之和解」有關的意象，都會在他回歸的階段登場。世界樹，或者是位於宇宙正中央的「世界軸心（譯註十二）」，象徵著令地底世界、日常世界以及天上各界，彼此和諧交替的核心；而這些界域在薩滿巫師的內在旅程期間都會向其打開。

經歷養成期間脫離群體的日子以後，薩滿巫師必須歸返，擔負起他的天命，在社會之中服務眾人。因為如果在靈的國度逗留太久，或許就會沒辦法憑自己的力量回來了。養成階段的完成，雖然能用大費周張、細節繁複的儀式加以彰顯，然而唯有得到社群成員的認可，才能讓一個人有資格成為大家眼裡的薩滿巫師：

薩滿巫師……之所以使用自己的心靈能力，與其說是出於個人的理由，不如說那理由來自社會——只要他（或她）還關心眾人以及眾人的福利。（註16）……薩滿巫師是被訓練成深諳平衡之道；能夠在對立的邊界上充滿確信的進出，卻不破壞雙方均勢；能從混亂之中創造出秩序。

「中間界」於是仍舊可說是個夢：一個能由作夢者塑造的夢。〔註17〕

繪製薩滿地圖

自古以來，薩滿巫師常要做一件事，就是對地底世界的風土樣貌勤加記錄與涉獵〔註18〕。許多在薩滿巫師眼中，只要經過正確處理，就可以發揮某種治療潛力的異常意識狀態，常被今日的主流文化打成是病態；它們被貼上標籤、被用藥物或負面的態度加以抑制，最後或許真的轉化為身體方面的疾病。當代人們正在承擔的痛苦，是因為欠缺一套具有彈性的、心理上與靈魂上的地形圖；畢竟在這個交易至上、技術至上與消費至上的世界，這種圖誌確實不見蹤跡。反過來說，正是出於需要這種索引工具，才促使世界各地的人們，出發去經歷他們自己個人的靈魂發現之旅。

在太過拘泥於表面意義的宇宙論裡（像是在許多視自己為正統的宗教中可以見到的），天堂與地獄是死後的領域；人被送往那裡，一去就是永恆。這些意象擁有的「終局性質」創造出

譯註十二　axis mundi，是一種世界或宇宙中心的概念，可以是任何有形或無形物，也可以是「人」（或神）；世界樹即可視為一種世界軸心的代表。具有支撐或連結世界各部的意義。

絕對的必要性，嚇得人們必須確保在天堂裡有自己的位子——主要是藉由遵守自己宗教的誡命，或者（有時候是同時加上）國家的規定。由於缺乏任何一種「靈魂並不中斷」的概念，說來也就沒有重新來過的機會，於是一言一行，隨著它的後續因果，最後帶來的不是天堂就是地獄。這樣一來，就產生了高度的存在焦慮。與此相對，若是採取比較富有神話色彩的觀點，就可以認為天堂或地獄乃是**不具時間因素**、沒有具體物質的次元。這些界域固然任由死後的靈魂穿梭，不過它們也能被薩滿巫師的養成過程，或是被意識界限的擴張所觸及。它們的本質是在陪伴靈魂進行演化之旅，而不是用永遠的咒罰來恐嚇靈魂（註19）。換句話說，天堂與地獄同時並存在我們自己的意識之中。它們並非是「未來的」，毋寧是位於這個多面向的「現在」。我們與自身生命體驗的聯繫方式與內容，會直接左右我們於此時此地所體驗到的是「天堂」還是「地獄」。

在典型的薩滿觀點裡，世界分成三個領域。我們在「中間界」過著塵世生活，它是三者中唯一受到線性時間與三度空間之規則限制的一個。位在其他領域之上的是「諸重天」，位在其他之下領域的則是「諸重陰間」。將這種觀點與我們的占星模型加以連結，我們就能把包括土星在內的可見行星，視為是優先與「中間界」有關；將天王星和海王星視為象徵「諸重天」；而冥王星、凱龍星和半人馬族星體，則替我們接連「諸重陰間」。

心理與發展的視角

從受孕到分娩，我們在子宮內經歷的生理發展，能夠概括描述許多我們古老的過往演化特徵，正可謂「個體的發展史會重塑種系的發展史」〔註20〕。若就意識而論，則有這樣的類比關係：在我們開始體驗到自己是一個個別、獨立的個體之前，我們原始的意識模式還保留著如同前面所描述的「颱風型」的色彩。在「我們就是中心」的奇妙宇宙裡，內與外是融合為一的；我們的情緒和觀感形成一道天衣無縫的網，脆弱無力與無所不能的相反感覺在裡頭交互輪替著。嬰兒所體驗到的生命，依然是生命原型的完整力道：人們與原初的神魔同在，而那些神與魔正是「真實世界」投射在我們心中的縮影。於是此處，我將把「颱風型」這個詞額外用來描述從受胎起，經過懷孕、分娩，一直到大約三歲的這段期間，主宰一個人的意識模式。

颱風型的意識通常在語言能力發展之後就會逐漸消逝，不過這個出現在個人生命中認知結構成形以前的階段，而具有上述神聖意義的意識層面，它往往會經由大病或身體上的巨大痛苦經驗重新躍上檯面——然而，並非只有透過這種方式，我們才能見識到它。在由凱龍示意的療癒過程中，我們也會獲得邀請，觸摸這片神祕而有力的地帶，亦即這不曾間斷過的醒悟模式。它支持著正在形成的個體性，但不是一種與自身根源斷裂，而是從中復生的個體性。我們自我意識之結構的牢固性，也是此時會用到的活水源頭，同時我們對這些原初起源的察知，也讓我們有能力與它們的巨大能量取得聯繫，而非只是畏懼它，或者任其宰割、完全受它驅策。於是，如此一來，我們乃得到釋放。

是以，薩滿傳統的範本，再加上它古老的意識模式，往往形成一組意義集團，對應到：傷口、創傷、衝突，以及當事人上述的早期階段遭到剝奪的事件。我們對「個體性」的感覺，有部分是透過與「他者」的遭遇而得到發展——當我們發現到：這位「他者」並不會聽從於我們自我那神奇又無所不能的「力量」。面臨到一個我們無法控制的「宇宙」而因此產生的焦慮與挫折感，是專屬於成熟長大的過程，以及當我們從一個統一的意識範野，轉換至更為分殊的複數思想模式時所特有的；認知和語言能力都在此期間得到發展，但是其中大部分的時間，那發展都有可能會是痛苦的。在我們自己的凱龍的行運期間，我們於此早期階段中所受到的創傷或無法化解的難題，會開始要求獲得我們的關切或照料、處理。此外，若能理解以下這點，對我們將大有助益：無論是我們經驗到自己的內在獲得釋放，或者是我們擴張了自己意識的界線，這些過程都有可能在同時間（或者在日後）將那些痛苦重新帶回來——那些源自我們的過去，比牙牙學語的階段還要更早，就已經遭受到的痛苦——無論我們是否願意承認它們。隨著我們轉換到新的醒悟階段，我們同樣會也向那些一直在逃避或者一直在壓抑的往事張開雙臂。當苦難將心房打開，許多不同層面的經驗隨即湧入，而我們越是維持理解的彈性，療癒的效果也就越深入。

總結來說：薩滿式的意識，以及它獨特的「先於『個人』意識之出現，而浸淫於天性和本能之中的狀態」〔註21〕，會伴隨著一段由危機與苦痛所推動的內在旅程一同出現。它可以是一段序曲，是通往個體性發展的新的一步，或者是迎接個人命運的具體顯示。每位療癒旅程的旅人，都有其獨一無二的目的和終點，不過若能得「上帝保祐」，這旅程總能以此兩者告終：重新取回某種先前失去的、個體的自性（self）；以及透過獻身於一個更遠大的目的，而實現這個自性。薩滿巫師這項天職，就是一個為了部落的利益，而將自己交付給此一過程的機會——無論這究竟需要他做到些什麼。對某些人來說，諸如「感到有如一個無助的嬰兒般」這類貶低自己的經驗，說不定會是必要的：它可以和好高騖遠的理想以及過於老成的心態形成互補。對其他人來說，意識得到擴張或人生視野有所轉換，這種向上提升的經驗也說不定會成為他們仰仗的力量，協助他們平衡那些根深蒂固，卻又有時候不自覺會主動去抱持的苦痛、無助感、任意犧牲自我、或者甚至於把自己變成被害者的狀況。如半人馬的形象那般，接納融合我們自己內在的對立——這，即是我們聽到的呼喚。

失神的技巧

默希亞．伊里亞德將薩滿界定為一種「失神的技巧」〔註22〕。「失神」就如它字面所示，意思是「從自身抽離，或者處於一種不在中心、失去平衡的狀態」。它的英文ecstacy，是源自古希臘文，意思是「轉移至他處」。讓我們「重新定位」或「重新融入狀況」的階段，會在與凱龍有關的行運時發生；在這種時候，我們或許會經歷到有如心神出竅般的經驗，或者我們的「中心」會「跑掉」。原本我們將它當作是自我世界觀、自我生命、生活，或自我概念的那些「中心」，會變得不再合適、不再恰當；而在等待新中心出現的時候，我們可能會需要認真承認：自己這時候是失去平衡的。那些遺忘許久的記憶、那些受到壓抑的痛楚、那些造成創傷的回憶——若我們知道它們可能將被重新「啟動」，其實能夠幫助我們辨別何時該採取行動，何時又該三思而後行；何時該開口說話，何時又該保持沉默。此外，正面接受自己類似於失神的體驗，可以供給靈魂養分，並且推動阻塞或僵化的能量。

半人馬型的意識

在他那本《自伊甸而上》裡，肯恩．威爾伯亦描述了一種他稱之為「半人馬型」的意識模式。凱龍與這種意識模式十分切合，而這點並非只是在於名稱上的巧合。威爾伯將比較精細複雜化的半人馬型意識，與更為古老的、完全基於本能而生的颱風型意識做了對比。如此之下，關鍵乃是在：身心的「重新整合」，而這一點正是與凱龍相關的重要主題。於是乎，半人馬型的意識，指的是一種不偏廢以下兩者的能力：一是已然分殊化的理性思考；另一則是直觀的察覺、體會到：那處於我們感官所能認知的範圍以外、統一而非分化的力場，與我們之間的連結相繫。我們並不是單純只與其中一種模式攜手，因為「再次接觸『颱風』，將其與自己的心智統合，以便最終把兩者都超越是一回事；至於再次接觸之後，就停留在『颱風』的模式，則完全是另一回事。」〔註23〕

今日的薩滿之道

薩滿巫師同時代表了醫者與祭司在歷史上的樣貌，也是位於社群集體心靈深處，一個具有原型性質的身影。從而，他的樣貌、他的身影，在對個體性追本溯源的研究裡，會一直不斷地活躍下去，像是一道從史前就留在我們集體文化中，也留在我們個體生命歷程中的印記。這道遠古時代的底層，往往會在我們的醒悟之旅中浮現，將我們其實感受得到的、那種與世間萬事萬物彼此相互連結的感覺，正面呈獻給我們。這層基底，也讓我們拾回快樂歡欣的感覺，令我們重新知道尊敬自然世界的偉大——一個包括可見以及不可見的自然，而且無論如何，我們都是身處其中的自然。薩滿巫師這個天職，是替整個部落提供一個精神層面的根本核心。不過隨著一宗獨大之宗教的到來與發展，並且挾其制度、財富、神職統治和政治文宣的威力，薩滿巫師的位置也就被趕到一旁了。不論在過去或現在，信仰薩滿的社會在性質上幾乎都是部落式的，在那樣的社會中，人的生活與自然有著非常親密的關係。

如今，人類所有的文化體系，其與自然的關係都處於分崩離析的狀態，並且在眾多已經出現裂縫的宗教、社會、家族傳統及習俗中掙扎不知所措；尚無需提及因為各式各樣的原因，所造成的戰爭、天災與混亂失序。隨著大型組織的宗教在各處都發生令其形象破滅的事件，許多獨立的個人開始發現到自己與薩滿典範之間的新連結，開始重新探訪人類精神靈性的古老根源，以此揭開新的自我發展與新的成長序幕。發現凱龍星這位「天空上的薩滿巫師」，這件事日後在人們眼中，將會把它對應到一段以巨大痛苦為其特徵的歷史，但人們也將會知道，應該把此階段視為意識覺醒的助力。凱龍代表了**變遷與啟程**，不論是對個人或是對群體、社會而言。不過，必須注意的是：個人生命中所經歷到的薩滿體驗，不必然就是其人日後將以醫療為職業的預兆。毋寧是說，隨那些經驗而到來的，是意識覺醒的一個開端，而這正與它們之於薩滿巫師的意義相同。我們處理苦痛的歷程，才是此處的重點。在這個意義上，每一個人都有一份關於「醫治」的天職。

宗教信仰的英文religion，衍生自拉丁文的re-ligo，後者是一個動詞，意為重新接合、重新統一、重新連結，或綁在一起。薩滿巫師，是倚仗著他與更廣大（不論有形或無形的）生命整體的個人連結，才有能力回過頭來為整個部落執行或發揮上述這些關於宗教的意義。當律法、經文、教條，變得更優先於個人對「神聖」本身的體驗，最終所剩下的，便只是一個因襲而無法對其過問的宗教信仰，並且隨著時間經過，被改造得越來越不健康，越來越不契合它身處於其中的社會在信仰方面的需求。於是，這種宗教的主要功能，也許就是擔當社會控制的工具，抑或用馬克斯的名言來說：是「人民的鴉片」。基本教義論與教條主義的色彩日增；經文上的律法只以字面解釋，然後透過罪惡感和被逐出教團的恐懼而獲得貫徹；人們為了令其他人接受自己偏好的上帝模樣，竟然不顧一切到迫害甚至殺害其他人。歷史上多的是這類的例子，我們所處的當代也不例外。儘管說區域性或經濟上的爭議與芥蒂，每隔一段時間就驅使人們彼此爭戰，然而為了徵召人民替這種政治性質的原因出征，往往會有某種宗教、哲學、或理念性的論點遭到當權者剝削利用。

在這種已然成為一種建制的宗教框架之中，自我啟示和個人醒悟皆可能遭到打壓；同時，要向個人「靈知」（gnosis）的內在面向敞開心胸，通常也會使人陷入四面楚歌、必須「逆流而上」的處境（用比較奧妙的比喻來說）。不過，與今日顯而易見的基本教義風潮並行，我們也可看到以下現象正在發生：不同宗教間的彼此生養；那曾經遭到摒棄、「原始」但一直以某種形式（可見於藏傳佛教、密教、北美印第安信仰、威卡教（譯註十三）、凱爾特基督教（譯註十四）

譯註十三　Wicca，（某個意義上）是一種新興的以古老巫術為基礎的宗教，盛行於英美。威卡這個字Wicca即脫胎自巫術witchcraft。

譯註十四　Celtic Christianity，自中世紀起，即成形於愛爾蘭和不列顛，參雜許多當地傳統異教元素的基督教類型。

——以上僅為其中數例）保留住薩滿信仰遺緒的宗教元素，又重新獲得接納；新教派的孳生等於是在對迄今為止不可爭論的教條爭議發出質疑；還有，許許多多人不再公開表明自己屬於某一宗教立場，凡此都在表徵這種個人與「神聖靈性」重新連結的需要。於是，如今有各種全新的宇宙論誕生，更有許多人正在逐漸接納那些與即將來臨的時代深切相關的願景與展望。

此處，半人馬的意象變得極度適切。凱龍的療癒之旅，讓我們有能力發展出一種根植於情感與知覺的意識，其中既有理性，同時亦有直觀。「低劣的半部」：曾經我們把它投射在動物界，或者投射在其他同為人類的種族身上——現下我們將把它收回；同樣，「高尚的半部」，假如曾被我們授予給良師、益友、宗教上的權威、大師——我們也將從他們那裡取回。我們讓自己回到自己，讓我們與天堂和地獄都有相繫，讓能量在它們之間川流不息。在對一切生命之神聖性的感觸裡，我們狂歡狂喜、沉醉著迷。

原文註

註1 *Wilderness – A Way of Truth*，收於C.A. Meier等合著，*A Testament to the Wilderness*, p.57.

註2 Barbara G. Walker, *The Woman's Encyclopaedia of Myths and Secrets*, p.24.

註3 Robert Graves, *The White Goddess*, p.384.

註4 關於此一典禮的描述說明，請參照前註。

註5 Barbara G. Walker，前揭書，p.412.

註6 *New Larousse Encyclopaedia of Mythology*, pp.342-3.

註7 Mircea Eliade, *Shamanism: Archaic Techniques of Ecstasy*.

註8 Carl G. Jung, *Man and his Symbols*, p.85.

註9 Joseph Campbell, *The Masks of God: Primitive Mythology*, pp.252-3.

註10 若欲進一步探討此一主題，以及辛巴威近年發生的慘痛衰落之間的關連，請參見凱龍入雙魚座的段落。

註11 對養成過程的第一手報導，參見Joan Halifax, *Shamanic Voices*。

註12 Joan Halifax, *Shaman: The Wounded Healer*, p.13.

註13 參見Stanislav Grof的作品。

註14 Halifax, *Shaman: The Wounded Healer*, p.13.

註15 參見 Tsultrim Allione, *Feeding Your Demons*.

註16 Halifax, Shaman: *The Wounded Healer*, p.7.

註17 同前註，p.94。

註18 關於北美原住民文化的例子，參見同前註，p.66-9。

註19 *The Tibetan Book of the Dead*一書裡頭，有關於亡故的靈魂之旅的細節描述。藏傳佛教吸收了當地古老

的苯教信仰中的一些元素。關於這一點的詳細論述，請參見Tsultrim Allione的作品。

註20 Ken Wilber, *Up From Eden*, p.27, 引述Arieti, S.

註21 同前註，p. 233.

註22 Eliade，前揭書，p. 4.

註23 Wilbur，前揭書，p. 327n

【第三章】

古希臘神話

半人馬

關於凱龍與神話生物半人馬族之間的關係，有各式各樣不同的記載。有的說法認為凱龍是半人馬族的元祖，在這些故事裡，凱龍若不是位居半人馬族的祭司和統治者，就是僅只於前來尋求半人馬族後人的陪伴，一起熱飲喧譁、尋歡作樂。不過，有一些別的說法提到，凱龍是由克羅諾斯（Kronos，羅馬神話的Saturn，也就是土星）與女精靈菲呂拉（Philyra）所生；與此同時，半人馬族乃是仙陶洛斯〔譯註一〕的後代。仙陶洛斯是阿波羅與絲蒂比（Stilbe）的兒子；或

譯註一　Centaurus，平常中文皆直接將其稱為「半人馬」——嚴格來說無論是「半人馬族（Centaur）」或「半人馬」，都屬於某種意譯，而不是音譯。固然，Centaurus這個個體的名字，直接表明牠與半人馬族Centaur的等同關係（譬如Centaur乃Centaurus所出），本書此處刻意使用音譯，免得造成像這樣的難解之語：半人馬是半人馬（族）的祖先。

者另有一說，他是伊克西翁（Ixion）和涅菲勒（Nephele）的兒子。希臘神話所描述的古希臘世界裡，多的是一群群半人馬族；許多志向遠大的英雄，都在與半人馬族作戰中證明自己的了不起。傳聞瑟薩利（Thessaly）的佩利翁山（Mount Pelion）是半人馬族的家園，他們與較有文明的拉比斯人（Lapiths）常常交戰，甚至有說法認為，就是這些拉比斯人發明了馬勒轡頭〔註1〕。

伊克西翁的故事可以跟凱龍具體的家系源由，做個頗有意思的對比。伊克西翁原本要娶艾翁尼斯（Eioneus）的女兒狄亞（Dia）為妻，並且承諾會給未來的丈人一筆厚禮作為新娘的聘金。之後伊克西翁邀請這對父女出席一場宴會，卻在路上安排了陷阱，將艾翁尼斯活活燒死。宙斯免除了這件弒親惡行的罪孽，並且將他帶到自己的居所。不久之後，伊克西翁又開始盤算要勾引宙斯的妻子赫拉，然而他的邪惡陰謀早就被宙斯知曉了。宙斯按照赫拉的模樣，將一朵雲變成一位女子來引誘他動手。就這樣，伊克西翁被抓姦在床，而宙斯罰他一邊負責滾動火輪穿越天空，一邊不停重複唸著「不可忘恩負義」，如此永遠不能停歇。宙斯變出的那朵雲被取名為涅菲勒，半人馬族即誕生於她與伊克西翁的交合〔譯註二〕。尼克·費歐倫薩（Nick Fiorenze）指出，這樣的血統影響了半人馬族，乃是野蠻而不受控制的群落；反觀，如果採取先前說法的其中一種，凱龍乃出自克羅諾斯（土星），顯示凱龍所關係到的，乃是個體化的過程〔註2〕。不過，我們也可以將伊克西翁必須滾動的火輪，視為「世界軸心」的代表，是關於「推動與啟始」的輪子；半人馬族的這層面貌，正好可以用來象徵你我的一種境況：困在「令自己深陷其中的既定模式」的這個「烈火之輪」中而無法自拔，於是不停重複一樣的錯誤，猶如身縛世界之輪上，沿其所經之處，一路受烈火的煎熬——我們心中明白，邁向啟蒙之路、進入靈魂覺醒之旅以前，這即是我們身處的境況。當我們準備好了要對自己的內在生命負起責任，我們才流進屬於「土星」的脈流，而這個轉捩點，也是占星學上的凱龍所要描繪的十字路口。

羅伯特．格瑞夫斯採取的是比較寫實的觀點，將半人馬族描述成一支古老的騎馬游牧民族，居住在古代世界希臘大陸的範圍以外〔註3〕。歐亞游牧民族的確曾經騎在馬上，在蒙古、中亞、土耳其和東歐之間遷徙，這為下面這種觀點提供了一些支持：半人馬族，是用來象徵被古希臘文化之太陽神思維所取代的古早薩滿世界觀。有趣的是，那支操伊朗語，發源自喀爾巴阡山東部的薩爾馬提亞人（Sarmatians），據說在西元一世紀的時候，被人帶到英格蘭來戍衛哈德良長城（Hadrian's Wall）〔譯註三〕。與薩爾馬提亞人一同到來的，還有他們的飛龍軍旗；而且，有些人認為，他們令人生畏、戰技精良的騎馬戰士，啟發了騎士規範的出現，後者並於日後盛行於歐洲有幾百年之久。

譯註二　也有別的說法是：他們所生下的孩子乃是Centaurus，Centaurus再生出半人馬族。

譯註三　是一道橫貫不列顛島的長城，由羅馬帝國皇帝Hadrian，為了防衛北方民族的入侵，於西元122年下令興建，故得此名。標示羅馬帝國控制下的不列顛島的最北境。

凱龍的起源

現在讓我們轉向專屬於凱龍的故事。他是女精靈菲呂拉——歐西恩諾斯（Oceanus）與特提絲（Tethys）〔譯註四〕之女——與克羅諾斯（土星）所生的兒子。菲呂拉與克羅諾斯是在瑟薩利初遇，當時他正在那裡搜索自己甫出生的兒子宙斯：宙斯的生母，也就是克羅諾斯的妻子瑞亞（Rhea）〔譯註五〕，因為害怕克羅諾斯又把自己的小孩吞掉，所以把宙斯藏了起來。菲呂拉把自己變成一匹母馬（與「馬頭女神狄米特」形成對照），試著要躲過一直以來熱烈想得到她的克羅諾斯。然而，克羅諾斯反過來變成一匹公馬，成功騙得菲呂拉與他交配。這次交合最終讓菲呂拉生下一個孩子：半人馬凱龍，下身和腿部是馬、上身和手部是人。看到這個樣子，菲呂拉嚇壞了，她向眾神祈求，把她變成什麼都好，就是不要當這個怪物的母親，於是眾神依其所願，將她變成了一棵椴樹〔註4〕。就這樣，凱龍遭到母親的遺棄，不過不久之後，他被牧羊人家拾獲，將他帶到阿波羅那裡，由阿波羅扶養長大。如此這般，儘管凱龍生存了下來，但打從最初，他就是個被流放的人；他也從出生起，就受了此生第一個傷：被自己的母親拒斥。

故事在這裡就已經出現一個有趣的觀點。在古希臘關於眾神起源的傳說中，凱龍的誕生有個獨一無二的意義：他是第一個不是經由直接近親相姦所得到的後代。他父系那邊所有的先人，都是從母子或是兄弟姐妹之間的交合而來。菲呂拉算來是克羅諾斯的姪女，不過屬於不同的種族，她是女精靈。因此，雖然他們依舊是親戚，但是血緣上比較疏遠。於是，凱龍打破了原本的「母體」（matrix）；個體性透過一個關於破裂與流放的過程——同時也是一個「啟始」的過程——而得到確立。從凱龍的故事裡，我們既看到因此而生的痛苦，也看到了啟程的決心。

深受古希臘人崇敬的太陽神阿波羅，是凱龍的養父與導師。身為音樂、占卜、預言、詩歌，以及醫藥之神的阿波羅，同時也是青春、俊美、智慧與正義的高貴表率，他替人類淨化罪孽與惡行，以其神力保護人類免於野獸和疾病的侵襲。此外他也是狩獵之神，而且還能夠對違背祂的人帶來瘟疫與詛咒。他是阿提密絲（Artemis）的哥哥（阿提密絲統領所有動物與野地，並且主管女人的成人禮），也教給人類有關植物醫病功能的神聖知識。

在阿波羅的教導之下，凱龍後來也成為了一位智者、先知、醫生、教師以及音樂家。各地的國王會將兒子送到凱龍那裡，讓這些王子學習他們在接下未來角色時所該要擁有的

譯註四 歐西恩諾斯是希臘神話裡原始的海洋之神，特提絲則是他的配偶。他們在荷馬作品中為眾神之祖，但在較多人接受的赫西俄《神譜》中，他們則是泰坦十二神之一。

譯註五 也是十二泰坦神之一，是克羅諾斯的姐姐和妻子，被視為是古希臘眾神之母。

領導才能。凱龍是許多知名希臘英雄的導師，其中包括傑森（Jason）〔譯註六〕、阿奇里斯（Achilles）、海克力斯、阿斯克勒皮歐斯（Asklepios）。他什麼都教，從騎馬、射箭、打獵、兵法、藥草（以上全是求生之道），到倫理學、音樂、宗教儀禮以及最初的自然科學〔註5〕。關於凱龍實行醫療與占卜之事，有著為數眾多的記載，其中一段著名軼事與泰勒佛斯（Telephos）有關。泰勒佛斯被凱龍送給佩留斯（Peleus）的矛所傷，當他發現這個傷怎樣都好不了時，只好請教阿波羅神諭，而他所得到的回答是「**此傷唯有其源由才能醫治**」。

凱龍的傷

凱龍得到「受傷的醫者」這個名號的由來，出自他全部故事中的一個核心片段。這段故事有幾個不盡相同的版本流傳至今。其中一個講到：某日海克力斯去到半人馬佛魯斯居住的洞穴拜訪，佛魯斯拗不過這位英雄客人的再三要求，打開了他那罈著名的美酒，然而外頭那些野蠻半人馬們，一聞到酒香便開始躁動發狂了起來，於是在隨之而起的一陣兵荒馬亂中，一支海克力斯發出的箭射在了凱龍的腿上。凱龍並不會死去，他是一個「半神」〔譯註七〕；但他也找不出辦法治癒這次的傷。這個傷勢就這樣伴隨著他，渡過他漫長的餘生。不過如同我們將會見到的，他的苦處最終還是得到解決。另一個版本的故事則是說：有隻受傷的半人馬掙扎爬進凱龍的洞裡尋求庇護，在試著伸出援手的時候，凱龍自己也不小心受毒箭所傷，而被永無止歇的劇痛所擊倒〔註6〕。

請注意，凱龍之所以受傷並不是他的錯；以及，凱龍的傷是在他動物的那半身，這點強調了我們那動物性的身體，其存在有多脆弱。這個傷勢也可看作與此現象對應：我輩這些塵世之人，是如何地費心費力，使出「海克力斯」一般的力量傷害我們神聖的大地，只為了滿足我們集體的貪得無厭。這結果就是：身為一個物種，我們在世上的存續，變得不再那麼確切無疑了。話說回來，既然海克力斯是個眾所皆知，典型的希臘英雄，就讓我們更仔細地探討他的故事。

海克力斯與英雄的種種

在比古典時代還要更早的希臘，英雄崇拜跟死者崇拜一樣，在早前原始時代裡，具有類似

譯註六 「金羊毛」故事的主要英雄，亦即伊阿宋（Easun）：傑森是英文拼法與發音，伊阿宋則是拉丁文，而其源頭皆是古希臘文。

譯註七 demigod，這是指擁有神一般的性質，而不是指他一半是神一半是人——凱龍的父母都是神，而且具有一半神之血統的阿奇里斯是會死的。

於對眾神之信仰的意義；而且相對於古老的祖先崇拜，它是一個信仰上的演進。因為生前偉大的行為而被敬為英雄的人，其墳墓所在，常常成為活體獻祭和各種繁複的哀悼儀式的場地。沒有獲得平息的幽靈，它的憤怒可以引來嚴重的禍害，不過，它也有可能給在自己墓前誠心乞求的人一些好處。如此看來，「英雄」最初負有某種薩滿巫師所擔任的職責：是生者與死者之間的中介。然而，英雄這個形象，逐漸演變成僅限於它字面的意義，成為一種如何在這個世界上走一遭的理想方式：要做出種種「超越人類」的嘗試，避免自己變得無足輕重、遭到這個世界遺忘。如此，人類的自我（ego）將英雄這個原型挪為己用，而這常常也帶來悲慘的後果：看看由我們當代生動呈現，對名人的偶像崇拜行為吧！

海克力斯是凡間女人阿爾克門妮（Alcmene），與奧林匹斯至高之神宙斯所生的兒子。宙斯的元配赫拉對海克力斯當然恨之入骨，畢竟只要一看到他，就勢必想起丈夫在外頭拈花惹草。海克力斯還是個躺在搖籃裡的嬰兒的時候，有天晚上，赫拉派了隻蛇要去咬死他。然而海克力斯展現出他身上神的血統，掐死了來害他的蛇，而且自己毫髮無傷。可是，赫拉持續不斷、毫不容情地持續折磨海克力斯，讓他最後發了瘋，殺掉自己全家老小；他之所以接受那著名的「十二件任務」，正是為了贖罪。

海克力斯也是凱龍的學生，傷到凱龍的那支毒箭則是由九頭蛇（Hydra）血之所淬製——九頭蛇是在海克力斯十二件任務中所遭遇到的一個對手怪物，這個任務常與天蠍座的原型連結：當時，海克力斯每砍下牠一個頭，就會有更多顆長出來，這提供了我們一個非常強而有力的形象，反映出當代表我們陰暗面的地底世界遭到忽視、壓抑，或者當我們以太過不近人情的方式面對它時，它將會變成一隻多麼頑強糾纏、打死不退的野獸。海克力斯最後還是打敗了九頭蛇，把它僅剩的那顆不死之頭埋在一個大石頭下，並且把牠的毒液拿來做自己的箭毒，就是其中的一支箭射傷了凱龍。因此，凱龍的傷正代表了關於那些被壓抑的事物的再度浮現，以及那些當我遭遇自己內在的「九頭蛇」之毒時所感受到的苦痛。這讓人想起了佛教「三毒」的說法：貪、瞋、癡。另一個故事版本中，海克力斯是用跪下身去，把九頭蛇掀到半空中的方式將其擊敗，然後才把牠最後一顆頭埋起來（註7）；或許，我們需要以謙卑的態度，留意九頭蛇所象徵的道理：藉由智慧的醒悟，告訴自己留點空間給它——唯有如此，才能轉化它那毀滅性的力量。

非常有意思的是，海克力斯最終是因為半人馬涅瑟斯而引來自己的死期，這在之後會做更進一步的敘述。我們所見到的凱龍，他與太陽式的英雄原則之間有種奇特的關係。他的性命為阿波羅所救，後者教給他許多能力與技藝，而他再傳授給他的年輕門徒。然而正是這些英雄學生裡的一位傷了他。就他是一位受傷的局外人，就他深深連結的乃是「大地」的奧祕而論，凱龍幾乎是「英雄的相反」；他不受別人崇拜，是由他服務別人。

凱龍與普羅米修斯：釋放

因為自己的傷，凱龍承受無法停歇的痛苦，而極有可能他也因為這種「久病」而成為良醫；從事醫療工作的人，不論是正統或替代性的醫療領域，常常也會出現這種情況。這種「好不了的傷」也是一種寫照，描繪著反覆不停出現、似乎永遠無法獲得解決的模式，儘管當事人已經持續不斷在設法改善、尋找治療與改變的可能。**英雄部分的終止之處，就是凱龍進程的開展之處**。無論我們的能力有多強，都必須承認，所有的治療、釋放、施惠、和解以及救贖，它們之得以發生，憑藉的都是那「神聖之源」（Divine Source）。不過，雖然不是單憑我們就能使它們發生，我們也不至於完全無能為力，我們可以參與自己的療癒過程，也可以藉由替自己的生命建立恰當的背景條件，以及進行能夠支持療癒過程的精神學習，而促發它的到來。美好妙事，常常以預料之外的方式，而且必然是按照它自己的時機來到。

話說回頭，藉由一次「命運的交換」，凱龍最後終於從自己的折磨中獲得釋放。交換的另一方是普羅米修斯，他因為嘲弄宙斯，後來又盜火給人類，於是被宙斯綁在一顆巨石上作為懲罰；每一天，都有隻獅鷲，也就是一種像老鷹般的巨鳥（譯註八），把他的肝（由木星（譯註九）支配）啄出來，不過他的肝會再生，所以普羅米修斯也承受著持續的折磨。宙斯下令，除非有不死的生命同意去到塔爾塔洛斯（譯註十）代替他的位置，否則不會釋放普羅米修斯。海克力斯向宙斯提出凱龍的苦衷，終於讓宙斯點頭答應這場交換。

常常，要在有某個人，能夠真正讓他或她自己，設身處地站在我們的位置上，因此看到了我們的苦難以後——或者是倒過來，由我們設身處地站在他人的位置上——苦難的轉化與釋放才會發生。療癒，是發生在當我們能夠帶著了悟之心，「去到」我們或他人受到傷害的場域。除卻這件事以外，我們並不一定需要將療癒工作全部包辦。當然，請注意，傷害凱龍的海克力斯，也在凱龍的自我治療中出了一份力量，象徵「英雄之道」裡的英勇與堅忍，如何也能為進行療癒之旅的人所用，成為達成旅途目的的助力。是的，在我們費力渡過自己的苦痛時，其實需要許多看不見的英雄行徑提供援手。凱龍依約接替普羅米修斯的位置，最後終於死去；九天之後，宙斯將他升上天空成為半人馬座，再度使他成為永生。這個巨大的星座，就坐落在南半球天空的要角「南十字架」之上，常常被人們用來導航——一個與「找出我們的道路」有關的象徵性關連。

在阿波羅的幫助下，海克力斯一箭射穿了獅鷲的心臟，這也是個發人省思的意象。兇猛獵食的怪鳥，可以看作象徵心靈具有毀滅性的一面，它不停生出負面的想法，掠攫、吞食我們的

譯註八　griffon，常亦寫作griffin，鷲（鷹）頭而獅身，通常有翅而會飛。

譯註九　Jupiter，就是宙斯的羅馬名。

譯註十　Tartarus，是希臘神話裡，地底世界的一個地方。

創造力以及講求意義的能力。這些高高盤旋在上的怪物，因為心臟被開了洞才遭到驅散，而心臟在占星學上則與由太陽主宰的獅子座有關，此處正好由阿波羅代表。從這可以看到一項功課，是關於尊敬自己內在之光，讓它把光亮投向遮蔽了我們的視線，而使我們看不清楚它的事物。

讓我們對普羅米修斯的故事做一番更仔細的省視。普羅米修斯是伊阿佩特斯（Iapetus，他是一位泰坦神）和克萊門妮（Clymene）之子。據說，是普羅米修斯用泥土與水捏成形，然後給女神雅典娜吹口氣，賦予它們生命，於是創造出第一批人類。一開始，普羅米修斯被描寫成是惡作劇與騙子的始祖，下定決心要讓眾神上他的當。不過一段時間以後，他的形象發展成是對文明發展做出巨大貢獻的英雄、為了情操高貴的偉業而身受痛苦折磨、為人類而戰的鬥士與救星，還將許許多多的技術教給人類。宙斯一開始便對人類充滿輕蔑，想要將他們消滅，再創造出更好的種族；或許他是在嫉妒普羅米修斯創造者的角色。要不是因為普羅米修斯代人類向宙斯懇求，宙斯不會放人類一馬。在一齣咸認為由艾斯克勒斯（譯註十一）所作，名為「被釋放的普羅米修斯」的劇作中，歌隊用這首悲歌表達普羅米修斯的兩難困境：

你這大膽犯上的普羅米修斯，
是啊，再怎麼痛苦，你的靈魂
都不肯退讓一步；

可你的話語啊，裡頭的自由太多了。

之後，普羅米修斯回應：

喔，站在痛苦的牢牆外面，
說教給裡頭受難的人聽，
這還不簡單？〔註8〕

普羅米修斯曾經受邀仲裁過一件爭議：有一頭人類獻祭的牛，牠哪些地方該留給眾神，哪些該留給人類？普羅米修斯先把牛皮剝下來，用它做了兩個袋子。其中一個袋子，他把最好的肉都放進去——但是他很狡滑地，在外頭用沒人想要的牛胃把肉包起來；另一個袋子，他放進牛骨跟牛雜〔譯註十二〕，把它們藏在一片作為誤導之用、鮮嫩多汁的肥肉下面。當宙斯上了當，

譯註十一 Aeschylus，西元前525-456年，有古希臘三大悲劇作家之名的其中之一，也是年代最早的一位。
譯註十二 西方有許多文化是不吃動物內臟的。

選到不好的袋子，普羅米修斯笑得可開懷了。怒不可遏的宙斯，把火從人間收回神界，藉以懲罰普羅米修斯。普羅米修斯覺得自己有責任要替人類取回火，畢竟人類是他親手所創的造物。他靠著火把的照明，悄悄潛回奧林匹斯，偷到了寶貴的火種，把它藏在茴香葉柄之中，再輕手輕腳地摸出奧林匹斯，把火種帶回給人類。

當宙斯發現普羅米修斯的傑作後，祂用泥土做了一個漂亮的女人，替她取名叫潘朵拉，然後再讓她帶上那著名的「災難之盒」。宙斯將潘朵拉送給普羅米修斯的弟弟艾皮米修斯（Epimetheus），卻遭到他的拒絕，因為普羅米修斯早就警告過弟弟，不可以接受宙斯贈送的禮物。又被將了一軍的宙斯生氣了，於是將普羅米修斯鏈在一塊巨石上，安排兀鷹般的獅鷲折磨他，作為宙斯祂至高無上地位的終極展現。普羅米修斯堅持在那裡，完全不願退讓，直到凱龍與他交換位置為止。

「盜火」雖然是一個著名的神話主題，盜火故事的前半段卻或許沒有那麼廣為人知。人們常常過度簡化，把普羅米修斯想成單純為人類帶來意識啟蒙的人。然而，從故事的前半段可以看到，事情其實要更複雜些。普羅米修斯所訴說的是一個具有內在矛盾的真理：在人類的本性中，儘管似乎是有奮力追求意識覺醒的面向，但是因此而引起的自我轉化，也許會在我們的內在燒起一道道的火焰，而當我們承受這烈火的煎熬時，才發現這代價可能很高。

這也正是為什麼，探尋你受苦受難的意義，就是在探尋你生命的意義。你所追尋的，是屬於你自己生命的更高格局，而這個追尋會向你指出：何以受傷的醫者是「自性」（Self）的原型，是「自性」在世間流傳最廣的面貌之一，也是能帶來真正療癒的所有步驟的原點〔註9〕。

普羅米修斯也象徵，隨著我們發現自己的虛榮與浮誇，進而戒除它們的同時，始得逐漸顯露的靈魂成長過程。在這個過程中，無可避免地經歷到的痛苦，會讓我們知道謙卑，也能令我們針對自己和他人所承受的這種痛苦，發展出慈悲的憐憫之情——也就是說，這層痛苦陶冶了我們對人性的理解。也有可能，為了彰顯我們的靈魂以及身而為人的本性，我們必須與社會所擁護的價值（土星）分道揚鑣。同樣地，如此所造成的餘波盪漾，對我們心中那塊汲汲於尋求贊同、安全感以及歸屬感（即使它們意味著必須順從）的部分而言，亦足可帶來相當痛苦的傷害。事實上，這種「不停把『土星』向外投射到他人身上」的「天王星」傾向，若我們能夠從內心去認清並且承認它，就是它最主要的解藥！

這種……將一個人從無意識的束縛中釋放的動作，它在某個層面上，是人類的反叛行動中一次非凡的傑作……本質上，它就等於是從眾神處偷來火種的行為。從更高的層次來看，這種盜取是由原型所下的命令，而那原型乃是普羅米修斯。占星學，是普羅米修斯的火種〔註10〕。

今日，水瓶座，這個由土星與天王星共同守護的黃道星座，與普羅米修斯的故事已經產生了關連性〔註11〕。既然我們身處在即將進入「水瓶時代」〔譯註十三〕的臨界點，或許凱龍星的發現也並非是意外：他是一個身為宇宙的助產士，迎接我們進入到正在形成與浮現的新世界觀、新的技術以及新的社會形態。在這個轉換階段，「受傷的醫者」這個原型樣式已經重新成型，而普羅米修斯或許也可以被視為是我們這個世代的領導精神——他代表了一個清楚而明確的肯認：需要高舉我們的人類價值，無論其代價為何。他是個體性如何奮力擺脫種種壓迫力量（不論這些壓迫力量，是源於出世還是入世的各種價值信仰）之鎖鏈桎梏的縮影。普羅米修斯是對文明產生貢獻的英雄，他給人類帶來新的事物，而凱龍處理的則是在加速變遷的過程中，人所感受到的痛苦與煩惱。

凱龍與普羅米修斯的交換，將兩人一齊從各自的苦難中釋放。普羅米修斯自由了，條件是他必須永遠戴著一只鐵指環，以及一頂柳葉編織的頭冠。指環，作為釋放普羅米修斯的條件，其意義在於讓他想起這段飽受折磨的禁錮時光，同時也代表了身為人類，我們需要一些適宜恰當的限制。凱龍被發現的位置是介於土星與天王星之間，其實也在告訴我們同樣的事。土星是擁有「環」的行星，它意味著格律與傳統，亦即社會的組織結構，也意味著「保持」與「維繫」的要求；天王星則代表了以自由、進步，還有個體性之名，對組織結構與既存現狀，進行破壞或反抗。在這樣的脈絡下，凱龍象徵著一個**內化**的號令者，它既懷有對社會層級的責任感，又意識到人類道德觀之極限何在，可是它也致力於個人的成長與對他人的付出。

柳，則是整體而言與死亡巫女息息相關，特別是與赫卡娣（Hecate），她甚至就住在一座由柳樹環繞的島上。普羅米修斯戴上代表她的頭冠，標示著他的「啟程」。同樣地，凱龍也必須前往地底世界：死亡巫女所在的國度，爾後才升上天空。雖然在希臘神話裡，黑帝斯是男性的神，不過死者國度原先是一塊屬於大地之母的地域。因此，普羅米修斯的接受處罰和受到免刑，與凱龍的死亡和復活，兩者所帶有的根本意義其實相同。宙斯和黑帝斯，都是凱龍的同父異母兄弟；宙斯統領的奧林匹斯、黑帝斯統領的地底世界，在兩者符號意象的交叉之處，凱龍與普羅米修斯的故事達到了一個完整的圓。普羅米修斯重新獲得自由，凱龍則找到了他尋求已久的療癒；在這場交換中，雙方都從各自永無休止的受苦受難中得到了解脫。

牛頭怪與迷宮

牛頭怪是另一個混血生物，他通常的形象是一個長著公牛頭的男人，不過有時候也會被

譯註十三 Age of Aquarius，是以春分點繞行黃道所定的分類，以春分點進入水瓶座稱為水瓶時代，其進入時間各家占星學派及占星師的預測頗有差距，可以相差到數百年以上。不過，對人類文明的時間尺度來說，現在仍可說是「即將」進入水瓶時代。

描述成一種與半人馬有異曲同工之妙的生物：下身是公牛、上身是人類，頭上再戴著牛角裝飾〔註12〕。在字源學上，可以看到見有一截拉丁字根的線索，將半人馬（Centaur）與牛頭怪（Minotaur）這兩個英文字串連起來，如下所示：

Centaur = cen - taur

Cen = 是圓、球、地球的中心，

是透視法中的消失點、是軸心、是樞鈕（源自拉丁文的centrum）

Taur= 公牛：Taurus

在古希臘文中，半人馬這個字拼為*kentavros*，它還有其他的意思，一是像蜜蜂或蠍子這類生物身上的刺針，另外則是圓規的針尖（繞著它就能畫出一個完美的圓）〔註13〕。消失點、樞鈕與軸心這類的概念，跟凱龍與毒箭的故事具有強烈的共鳴。療癒這件事，是要進到我們那座由苦難構成之迷宮的最核心，然後還要再引領我們回到迷宮外面。這又是一個關於死亡與重生、關於薩滿式的「落陰」與「回陽」的意象。另外，有鑒於半人馬族可能原本乃是某支古老的游牧民族，那麼從「集中到中心」聯想到「把牲畜圈集起來」，或許不會太說不過去。**依照這樣的道理，Centaur這個字，就可以解讀成「圈集牛群的人」**〔譯註十四〕。

牛頭怪住在迷宮的中心，而且每隔一段時間就必須為他獻上少男少女。在阿麗雅德妮的協助之下，英雄昔修斯成功將他消滅：她給了昔修斯一團線，讓他邊往迷宮深入時邊把線團展開，如此一來便可以在殺死牛頭怪之後，找到走出迷宮的道路〔註14〕。注意，這隻牛頭怪的名字叫做阿斯提里翁（Asterion），意思是「與星星有關」或「如星星一般」，而我們的銀河，外形正是層層螺旋盤旋，並且據說有一群黑洞聚集在它的中心處——此情此景不禁讓人想到，迷宮的中央，棲息著一隻牛頭怪；也讓人想起消失點或軸心的意象，一如那聲名遐邇的「蟲洞」——一個供我們進入另一個次元的點。

在人類身體軀幹中，肚臍是丹田一帶的中心，該處在精微體（subtle body）〔譯註十五〕中負責包含以及調節的脈輪〔譯註十六〕，是與意志力、對身體的感覺、扎根立基等有關，而恐懼、貪婪、渴望、競爭心態也一樣位在這裡。同樣地，為了找出我們內心中真正的「立基之處」，我

譯註十四　先將由cen代表的center，從「集中」解為「集合」，再把taur代表的「牛」的意思拉進來。這裡指的是電影中那種騎著馬在畜群外圍繞圈子，讓牠們聚集起來不會亂跑，或往該前進的方向去的人。

譯註十五　是印度瑜伽關於人體的概念中的一種「身」或「能」的層次，亦有人譯為「靈體」。

譯註十六　Chakra，在印度瑜伽中，是分布於人體中各個部位的能量中樞，並與生命的其他層面，譬如情緒、心理、病氣、性格等等都會產生關係，有時候亦被稱為「氣卦」。此處所提到的，即以肚臍（或丹田）命名的臍輪（或丹田輪）。至於脈輪原文的發音「查克拉」，近年來則相當流行於庶民動漫文化中。

們需要擁有能夠一路探險遊歷，直到自身內在迷宮的中央，然後再安然回返的能力。對此，凱龍和半人馬族便是我們的嚮導，替我們把需要加以照亮，也就是將有必要加以啟發的東西「圈集」起來，或是替我們把焦點集中到它們之上，藉此在「意識」的光線下將它們弄個明白。「殺」這個概念，來到心輪（譯註十七）的時候，會讓位給另外一個心境過程：這個過程既包括、又突顯了上述那些比較「低」的能量，與此同時這個過程也用一種較為深刻，不過並不需要真正實踐它們的方式，來理解這些能量。於是，我們那些更高貴、更偉大的理想，反而正是以這些能量，作為其最關鍵的活力基礎。

雖然從歷史上以及就直接內容而論，牛頭怪的故事是來自古時候拿活生生的公牛獻祭的信仰或崇拜儀式，不過它依然可以提供我們一個象徵內在醒悟過程的隱喻。事實上，針對許多古代的宗教儀式，我們若從以下角度出發，便能得到更清楚的理解：隨著人類的「意識」發展得越來越精緻，就越來越沒有驅力要去執行會傷害到他者的儀式。殺傷生命的劍漸漸變成一個隱喻，用來象徵那刺穿迷障的洞察力；塔羅牌裡的寶劍牌組所呈現的圖像，便是一個例子。凱龍催動的發展過程，有助於我們從原本死抓著不放的表面意義抽身，藉此將能量予以釋放，或者同化到自身裡頭。我們把向外投射出去的「惡魔」，從外界帶回自己的「家中」。我們試著與那些張牙舞爪、狼吞虎嚥的怪物相處；那是從我們對真相的拒絕承認中所生成的怪物——關於我們自身之脆弱的真相。如此將只剩下一種能量：「一切造物」本身的脈動力，而我們也是其中的一份子。

我們在但丁的「煉獄」（譯註十八）裡也可以找到牛頭怪與半人馬族，看守著煉獄中與地獄地位相同的區域，也就是七層地獄的第一層：施暴於他人者應去的地方。成千上萬的半人馬們，在煉獄的這個區域的周圍，踏著布滿破岩碎石的路徑巡邏著：就好像圍繞在傳統七大行星軌道外，那條柯伊柏帶裡頭的星體一樣！從心理學的角度來看：我們曾經受到傷害之處，同時也是我們會在不知不覺中，會去施加報復、會去製造更多傷害的地方，也就是具有破壞潛能的能量儲存蓄積之所在；而我們其實可以將上面所提到的視為一種寫照，映照出對於這種具有破壞可能的能量，進行查探、定位，然後加以轉化的過程。頂輪是從海底輪（譯註十九）算來第七個脈輪，位於頭頂的上方，不過並不在我們的肉身範圍內。當頂輪打開的時候，我們在個人層次上所實踐的、懷抱著愛所為的接納與承擔，也會隨之成熟，結成超越個人意義的平安喜樂、大智大慧、天人合一的經驗果實。

譯註十七 承前註，亦即位在心臟的脈輪，故稱心輪。

譯註十八 但丁是十三、十四世紀時代的作家，西方文學上極重要的人物。在其代表作《神曲》裡頭，分別對「地獄」、「煉獄」和「天堂」有重要的描寫。

譯註十九 位於會陰處的脈輪，中文通常稱海底輪，英文則稱其為「根輪（root chakra）」。脈輪的順序為由下（海底輪）向上。

女性的形象

最後，讓我們來探究一些在凱龍故事中曾經描繪到的女性形象，特別是以他的妻子和女兒為重點。一九九七年的二月，有顆新的半人馬族星體被人發現，並且依凱龍妻子之名，取名為凱莉克蘿（譯註二十）。把她自己當時的位置，也就是獅子座的6度4分，在發現她的事件星圖裡標示出來，這張星圖就出現了六角星形的圖案——描述著在男性與女性之間、天與地之間，和睦而協調的互換。此星也與七個脈輪的中心點心輪有關。此外，按照上面闡述的字源研究，我們也可以將其視為一個能與「半人馬」這個意象的意義，產生聯想與關連性的象徵符號。

身為雜交而成的生物，半人馬族通常沒有生育力，不過凱龍與凱莉克蘿這對夫妻是個例外。凱莉克蘿在故事裡扮演的角色，比較是不言而喻，並沒有直接寫明，而我們或許可以這樣想像：在凱龍長期承受傷好不了的痛苦日子裡，有她在旁照顧，讓他有能力繼續履踐擔任他人導師與醫者的天命。

於是乎，半人馬凱莉克蘿也代表了「照護看顧他人或自己的苦痛」的能力：讓生命可以繼續走下去，而且儘管受到折磨所苦，卻還是能夠開花結果。這種態度恰好就是解藥，解那種非要追求盡善盡美的心態的毒；投入但不張揚、專注在該做的事情上、謙遜退讓、容讓忍耐——藉此，它支撐著我們進行療癒。凱莉克蘿不厭其煩的容忍與堅守著傷者，她的陪伴與注視帶著慈悲的憐憫，她提供的滋養默默不說一語；如此，她所傳達的包容與感懷，提供了那些我們自

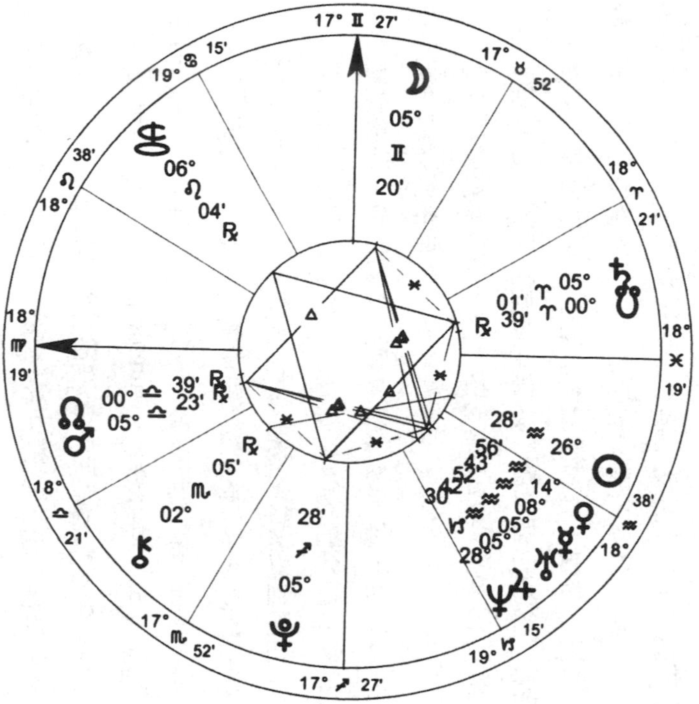

圖一　凱莉克蘿（女凱龍星）的發現

已在面對逆境與苦難之時，或許同樣可能有效培養出來的品性，於是也有助深層的療癒過程發生。

同樣也請注意，在發現凱莉克蘿的事件星圖上，太陽位於水瓶座的26度28分——跟凱龍與海王星在二〇一〇年二月的合相（26度14分）是一模一樣的度數。這個度數的莎比恩符號，描繪的是一盆在古老的陶碗中生長的紫羅蘭。

譯註二十　Chariklo，中文常直譯為「女凱龍星」。

自傳統以來，紫羅蘭一直意味著謙抑與鐘愛，也就是深度與謙卑這兩種品性；另一方面，那盆陶碗則呈現了實在與包含的特質。

凱莉克蘿是那些代表淡水之女精靈，也就是奈亞德女神（Naiads）中的其中一位。女精靈（譯註二十一）是具有部分神力的生命，而她們與「性」之間的連結性，如今還保留在「女性性慾抗進／女色情狂」（nymphomania）這個字中。在希臘神話的時代，人們認為她們是慈悲為懷的精靈，除了會行神諭之事外，亦會預言、為人治療、看護農作和家畜。然而有時候，對於她們看上的凡間男人而言，女精靈也代表了危險——譬如像塞倫（Sirens），或者斯拉夫神話中的羅薩爾克（Rusalki）：據說她們會引誘沒有警覺到她們身分的男人，走進自己的水之墓地裡。不過，就我們目前的討論來說，需要注意的部分是：女精靈形象的發展暗暗指向一股能量，它雖然植根於本能，同時卻也從為人類效勞與付出的行為中展現出來；在這個意義上，它與半人馬族的形象是多麼相似。

榮格的學生兼情婦湯妮．伍爾芙（Toni Wolff），曾經描述四種對女性心理來說具有核心地位的原型類型，而前兩個彼此構成一組對照的乃是「母親」與「藝妓（譯註二十二）」（註15）。「母親」專注於照料他人，而與她相對的類型「藝妓」則是「女人」，是情色性愛方面的伴侶。有趣的是，這兩者在凱莉克蘿的形象上都可以看得到：她是凱龍的配偶，也是他孩子的媽媽。接著下去，湯妮．伍爾芙論述到另外一對類型，已經在近代變得越來越重要（註16）：「通靈者」

（Mediumistic）和「亞馬遜」（Amazon）。這兩種形象，都不是把重點放在生活與生命的本能層面，也不是放在與男性的關係上；另一方面，這兩種形象都在凱龍女兒與孫女的故事裡頭成為要角。通靈的女性可以讓他人無意識裡的想法與感受，滲透進入自己的心靈，從而讓這些想法與感受更容易得到表達——雖然有時候，這麼做的後果會是場災難。這種女性形象常常給人一種脫離現實、猶如身處另外一個世界的感覺，並且帶有一股歇斯底里的氣息，亦可能會不由自主地陷入複雜而混亂的情緒糾葛之中。但真正成熟的「通靈者」，則能夠將其經由直觀直覺而頓悟到的智慧，以及她在幻見、靈視方面的先知天賦展現出來。「通靈者」形象的另一端「亞馬遜」，則是代表能夠自己讓自己感到「充足」，並且奮力不懈地去實現自己。然而，這種「亞馬遜」黑暗的一面，也可以是頤指氣使、跋扈凌人、傲慢自大，甚至傾向於奪取、傷害他人的能力與資產（去勢），或者迴避進入人與人的關係。

凱龍與凱莉克蘿有個女兒，她的名字有許多不同版本，例如恩戴絲（Endeis）、提亞（Thea）、提蒂絲（Thetis），不過最常見的則是優琵〔譯註二十三〕。她因為預言凱龍有天將會

譯註二十一　nymphs，意譯，亦有人會稱其「仙女」，另外則有人音譯為寧芙（或其他類似發音）。

譯註二十二　Hetaira，是古希臘時代擁有舞蹈、音樂等技藝，藉由取悅（包括透過有代價的性服務）社會上流人士來過生活的女人。

譯註二十三　Euippe，常見到的希波Hippo(Hippe)，也是凱龍之女的名字的另一個版本。

放棄自己的不死之身，而惹惱了她的父親；這就好像凱龍的爸爸克羅諾斯得到了預言，說有朝一日他的小孩中會有一位起來推翻他一樣。優琵是女神阿提密絲的打獵伙伴，而且天生就是位預言家；這兩人正好同時是「亞馬遜」與「通靈者」這組形象的鮮明寫照。亞歷山大的革利免〔譯註二十四〕將優琵視為歷史初期一位重要的自然科學家與占星師〔註17〕。無論如何，優琵後來因為懷了一位風神艾歐勒斯〔譯註二十五〕的孩子〔註18〕，很害怕父親凱龍跟她的「大姐頭」阿提密絲女神會因此而生氣，於是向她的叔叔波賽頓（Poseidon，也就是海王星的希臘原名）尋求庇護。優琵在生下女兒墨拉妮（Melanippe）後，就被升上天空成為現在我們稱為佩嘉索斯（Pegasus）的星座，也就是「飛馬座」。

墨拉妮的故事，以從她先祖那裡就已出現的主題：「自小被遺棄」作為開端，之後更是一波未平一波又起。她先是被波賽頓騙上床，還被改了個名字叫阿爾妮（Arne），於是被她盛怒的監護人德斯蒙特斯（Desmontes）變成了瞎子，再把她關在一座廢棄的墳墓裡。她所生下的雙胞胎兒子也被帶走，丟棄在山坡上任他們自生自滅。當然這兩個小男孩，就跟他們的祖父，同時也跟神話與傳說裡歷久不衰的情節一樣，被牧羊人撿到以後扶養長大。在波賽頓向兩兄弟洩露他們與天神相關的身世之後，他們終於回來解救母親，並且讓她恢復視力。在這些情節裡我們可以看到一個類比，不只與成為薩滿巫師一職時需要經歷的養成考驗對應，也令人將目光指向宙斯回來推翻克羅諾斯一事。

亞馬遜部族與阿提密絲關係密切；這位女神是阿波羅的雙胞胎妹妹，阿波羅則是凱龍的養父。她們的名字常常將「ippe」或「ippo」這個音節包括進去：它在古希臘文裡的意思是「馬」，因之「Euippe」（優琵）意思就是「（雌）良馬」，而「Melanippe」（墨拉妮）則是「（雌）黑馬」。有一群身披獸甲、手持半月型盾牌的女戰士，她們的武器是長矛與弓箭，而她們的勛章則是崇敬月亮女神的雙面斧紋章（註19）——聽到這些關於她們的描述後，古希臘人的想像力都隨之燃燒了起來。雖然在古希臘藝術作品裡頭找不到這樣的畫面，不過傳說亞馬遜女戰士會把自己右邊乳房燒掉或割掉，以求拉弓的時候能更迅速方便（註20）。據說她們也是第一個馴服以及孵育馬匹成功的人；她們騎著馬上陣，也將馬兒當作儀式祭禮，獻給阿提密絲女神。

儘管阿提密絲的職掌，包括破處、懷孕及分娩等層面，她身邊隨行的女祭司與少女們，還是被要求必須是生理上的處女，當然也禁止懷孕生子。因此，阿提密絲的意義與其是孕婦，不如說是產婆；是「任何層面之一切『發生』過程」的「養母」；是所有母親的「母親」。主動而活躍、強而有力、變化形態，這些乃是她能量的特徵；除此之外，她的能量更是代表了不受傳統與社會規範，也不受婚姻關係拘束，那生生不息、與自然同源的生育力。阿提密絲最為人

譯註二十四　Clement of Alexandria，西元二至三世紀間的早期基督教神學家，基督神學中所謂亞歷山大學派的代表人物。

譯註二十五　Aeolus，在希臘神話中，總共有三人都是這個名字，又都是風神，所以這裡才會特別說「一位」。

所知的動物故事是大母熊（拉丁名：Ursa Major），這隻大熊是繁星之首，也是世界軸心的守護者（譯註二十六）。野外世界的女主人、百步穿楊女射手、動物的女主人，阿提密絲的這些稱號，也反應出她會賜予信徒的能力。

「亞馬遜」是英雄式的女性形象，它協助女人達致自主式的自我圓滿。而不是溫順說著父親這樣告訴她，或是生命中的其他男人這樣告訴她的價值觀與立場態度；也不是依賴他們，由他們來替她表現出自己內在的男性（陽性）面。就發展的角度而言，跨過青春期的界線、月經初潮這個血腥的開場，宣布了生理方面的生育力就此展開。然而這個隱喻，對於女性心理上的所有階段與層次（而其中的內容，是個人創造力苦思該如何表現的），都能發揮比喻作用。不論是從發展與生理的角度，還是從藝術與文化的角度，這個轉變的意思，都是代表了就此將阿提密絲的隨從們，將那個野性而未經馴服的處女，以及將那個只有女人存在的世界拋在腦後。擁有生育力所帶來的相關後續結果，無論在哪個層面上，都是隱含了要變得成熟、要滋養他人，並且要負起我們自己在這個世界上的責任。

女人或許會被展現出她自己內心裡凱龍特質的男人所吸引；導師、教師、上人、智者，或者還有「受傷的人」等這一類的氣息。她可能會生出的孩子所具備的特質、天賦才能、受過的傷害以及其他方面的可能訊息——也就是她可能投射到這個對象身上的事物——可以從她星盤上凱龍的位置得到暗示；至於它們會不會也與孩子個人的秉性一致，則是不一定的事。這些由凱龍代表的關係，內容可能呈現高度的緊張狀態，常常很明顯地出現互相傷害和彼此失望的情形，然而這些關係也有可能為內在醒悟的進程開啟一段加速的階段；凱龍之進入我們生命，採取的可能會是這樣的一個形式：他化身為一個人，在不經意中扒開了我們最深層的傷處，而將我們猛然丟進自我生命旅程的下一個階段。

無論一個女人有沒有生小孩，她在家族系譜裡的位置都會具有意義。雖然我們的生物結構被設計成有能力去「生育」，而且我們的天生本性也會把我們拉向那個方向，然而我們「更高的自性」或許有著不同的計畫，要交給我們身上照顧他人的能力去實行。如果是這樣的情況，就需要替那些堆積起來的大量能量改道，也許就把它們導向去從事某種類型的薩滿式職業，一種並非向外、而是向內發展的職業。有許多沒有孩子的女人，投身於治療家中的長輩甚至是祖先的行動，用慈悲與了悟之光，讓先人的故事得見天日。如果我們把整個家族設想成是一條溪流，當它流到我們這邊時，前面的段落裡或許會有阻塞、停滯的地方，它們是沒有得到解決的痛苦與煩惱，需要被人了解、需要加以釋放。傳統的社會認為，我們與祖先之間實際交錯的關

譯註二十六 牠是阿提密絲的箭下亡魂，因為牠原是宙斯所愛的女人所變，被赫拉下令獵殺，後來宙斯將她升為大熊座，是中國所謂北斗七星所在的星座。

係，是他們提供了我們讓生命得以在其中經歷靈魂發展的一具肉身。不過，一個承認所有生命與存在，都是交互關連與牽動的世界觀，則會認為：關照著不論過去、現在還是未來，其中任何一個層面、任何一個對象的療癒行動，它對全體的生命——一樣不論過去、現在、未來——都能帶來助益〔註21〕。

原文註

註1　A. R. Hope Moncrieff, *Classic Myth and Legend*.

註2　參見www.lunarplanner.com

註3　Robert Graves, *Greek Myths, Vols. 1 & 2*.

註4　根據格林兄弟的作品，此樹之花，能使英雄陷入著了魔的沉睡中，亦即「讓他失了魂」，或者令他失去意識。這預示了凱龍所代表的「個體性之重新甦醒」的主題。從古典時代起，椴樹花就被當作恢復劑使用；內側樹皮則被用作書寫的書簡；將此樹皮撕成長條，就成了占卜用的道具。凱龍這個名字來自希臘文的cheir，意思是「手」，而他的女兒則是一位女先知。

註5　笛子與矛的發明，有時候被歸功給凱龍；同樣地，因他著手為天空繪製「地圖」，也被認為是幾個星座的發現者。參見Lantero，前揭書。

註6　Grant and Hazel, *Who's Who in Classical Mythology*.

註7　Alice Bailey, *The Labours of Hercules*, p67-68.

註8　Aeschylus, *Prometheus Bound*, PP.26, 28.

註9　Marie-Louise von Franz, *Puer Aeternus*, p.114.

註10　Tarnas, 前揭書，p.116.

註11　此以史蒂芬．阿若優與麗茲．格林尤甚。理查．塔那斯則提出或許我們將天王星取錯了名字，應該將它稱為普羅米修斯（星）才對的看法。

註12　參見：*Liber Floridus*（手抄本），藏於法國Chantilly的Conde博物館；以及由Malcolm Miller翻譯的*Notre-Dame de Chartres: The Enigma of the Labyrinth*這本小書（作者有多位）中所做的描繪。

註13　感謝Dieter Koch提供我相關資訊。

註14　這段故事的背景，在凱龍入雙魚座的章節會再提及。

註15　參見Toni Wolff, *Some Thoughts on the Individuation of Women*，出自*Spring*期刊，1941年，頁90。亦可參見Nor Hall, *The Moon and the Virgin*, London, The Women's Press, 1980.

註16　同前註，p.93.

註17　Clement of Alexandria, *Stromata xv; Ante-Nicene Fathers, Vol II*, p.317；參考自Erminie Lantero, *The Continuing Discovery of Chiron*, p.30-31.

註18　Graves在*The Greek Myths, Vol. I*, 頁161處談到，風神艾歐勒斯（Aeolus）把優琵騙上床涉及到一個意義，就是父系家長制的希臘民族艾歐人（Aeolians，意思就是風神族），奪取了前希臘民族的馬崇拜文化。

註19　此處之雙頭斧labyris這個字，與迷宮labyrinth這個字脫不了關係。

註20　F. M. Bennett, *Religious Cults Associated with the Amazons*.

註21　讀者當參考佩瑪．丘卓（Pema Chödrön）所傳授的藏傳佛教的「施受法」。她在許多著作和錄音都對它做過詳細說明，但最值得參考的是《與無常共處》（*Comfortable with Uncertainty*，心靈工坊出版）一書。

第三部

星盤上的凱龍

【第四章】凱龍的主題

貼近星盤上的凱龍

探索完凱龍神話的起源，現在就讓我們轉移目光，看看凱龍在個人的星盤裡為我們顯現出哪些重大的主題。由於凱龍本身不是行星，在開始對它進行解讀時，我們需要的不是去建構一套固定不變的定義，而是思索它保持動態而蘊含能量的變化過程。除了這點以外，在我們以思辨的方式，著手解析星盤裡的資訊時，不妨也留下一點空間，給那些凌駕在我們有限的「詮釋」能力之上，屬於直覺、直觀性質的指引。要明白：我們拿在手上，正試著要去考慮推敲的星圖，它們每一個**都代表著一個活生生的生命**，一個擁有實際存在的人生，是某個精神性的實存，具體呈現於一副血肉之軀的皮囊裡——面對它向我們展現的一切，我們不得不抱持該有的敬畏之心。於是，方法層面的健全，若與思辨視野的開闊，產生絲絲入扣的結合，當足以培養出一種以療癒為主旨的解盤態度。我們也該無時無刻，都意識到自己是**如何**以及**為何**動腦詮釋，這不只有助於讓我們的想法更清晰明瞭，還能增添慈悲同理的元素。魯道夫．史坦納（Rudolf Steiner）就對這種態度，做出既美妙動人，又鏗鏘有力的說明；他鼓勵任何一位探索真理、追求真相的人，「不要試圖透過理智要求的思考推論，來認定事情究竟有何意義；要讓故事自己娓娓道來。」〔註1〕

那些會在我們靈魂當中，逐漸呈現出原本埋藏住的樣貌的事情，只有在我們察覺到它們所留下的蹤跡，並且願意循線追尋，這個時候凱龍才開始在我們的理解中鮮活起來。這些內在體驗或許會在星圖的種種要素中，或許會在當事人展現於外的人生裡，留下它們的「腳印」，於是我們的跟蹤與逼近，就能得到豐盛的成果，正如荒野裡尋跡追捕的獵人，自有他的機會可以滿載而歸。我們消聲匿跡悄悄前進，張望四周感覺一切，解讀我們鎖定的獵物所留下的種種跡象，為的是找到良機，可以屏氣凝神，靜待目標的出現。而以下將提到的「凱龍的星盤配置」，就是一種定位模式，將屬於我們的療癒之旅，它在星圖中的「蹤跡」給標示出來。因此，一個人的人生歷程與凱龍有關的領域，當我們對其中所發生的點點滴滴進行深思，通常可以從中揭露出一連串獨特的意義鎖鏈——而它的獨特是在於裡頭的傷害與治療，其實可以視為是出自同一個源頭。所以，讓我們好好運用熟悉的關於宮位與星座的意義，並且**留意那些看起來再理所當然、再平凡無奇也不過的部分**，如此一來，我們就可以見到凱龍之於個人的意涵與重要性，得到的清楚展示。

很顯然地，下一節「凱龍的星盤配置」將會提到的主題，並不是每一個都會在個人的生命裡明白顯現出來。儘管如此，它們裡面如果有任何一個，確實強而有力地展示於個人的生命之中，此時從出生星圖以及行運的角度來探究凱龍所發揮的影響為何，就能夠協助我們透過直覺而得知：是什麼樣的根本意義，潛藏在當事人的某段人生經歷（或者是某個重大的事件、某次超越個人境界的體驗、或者某個與痛苦不適有關的無限循環）之下。總之，大原則就是：把我們的注意力，聚集在星盤上「凱龍的星盤配置」所透露出的要素，並且以一種保留空間與可能性的方式來思考它們，就會讓指引的洞見有機會浮現於我們眼前。

接下來的章節裡，為求簡明，本書將使用「凱龍的星盤配置」這個說法，來表示「所有與凱龍具有關連性的占星要素」。以下的清單能夠協助你記錄、蒐集以及整理相關的星盤資訊，而這些資訊將有助於集中你的注意力，並且刺激你發揮自己的直覺能力。

凱龍的星盤配置

一、凱龍座落的星座

有些時候，這會表達出非常符合該星座原型層次的意義，許多在本書之中用做實例的星圖便是如此，你可以實際印證一番，相信會帶給你不少樂趣。對一些你熟悉的歷史人物或者當代名人，如果你有他們的星盤，也可以拿出來查看端詳，或者乾脆先猜一猜他們的凱龍是落在什麼星座。此外，也可以查一查你最喜歡的演員、作家或藝術家的凱龍——你會大吃一驚，原來它這麼明顯！

二、凱龍落入的星座的支配（守護）行星，然後是此守護行星所在星座，以及這個星座的支配行星，並且可以如此繼續推演下去。

舉例來說，假如凱龍是位於牡羊座，那麼火星就可能展現出凱龍代表的主題，這也表示你能夠參考「凱龍與火星之相位」的章節，來獲得一些想法。接著，要是這個火星落入的是巨蟹座，你同樣可以思考一下巨蟹座的課題。而既然巨蟹座由月亮守護，就請經由凱龍的各種主題所提供的觀點，來鑽研月亮這個行星，以此推演下去。研究凱龍的時候，在星盤上這樣子追隨著足跡打轉是一個非常有意思的方法。**另外，永遠都要記得回到你正在解讀的這張星盤的主人身上，參照他在真實人生所遭遇的境況。**

三、所有與凱龍形成相位的行星或軸點。

記得，考慮相位的時候要讓容許度保持一定的彈性，並且嚴守那個最簡單明瞭的原則：**角**

距越接近的相位，該相位的主題就容易有更清楚的顯現。若圖方便，可以試著拿你在分析土星時所使用的容許度，做為理解凱龍的出發點。先從角距最緊密的相位開始，然後逐漸放寬範圍。如果你已能在某人的生命裡，看見或感受到凱龍的運作正在發酵，你甚至可以把那些容許度非常大的相位都當作是相當重要的，這點在第九章會有更清楚的說明。記得：任何形成特定角度的兩個行星，彼此必然處於某種「相關係」（phase relationship）；這一點在它們所構成的度數，與各種存在於三百六十度圓周內的圖形相位吻合時，更是會得到強調，並且成為注目的焦點。

四、凱龍所在的宮位

思索星盤的宮位這件事，就好比是觀看萬花筒裡的各種圖形，在那裡不斷變化更替一樣；各種不同層次的意義，一開始看起來或許互不相干，然而出現在其中一層的意義變化，或者當事人對某層意義的深刻理解，足以對發生在其他層次上的事情帶來影響。當凱龍也牽扯於其中的時候，更是特別值得關注。因為，面對我們生命經驗中某個特定領域裡的苦難、不安與衝突，有時候我們從占星學裡所得到的理解，正好能夠帶領我們，直接來到埋藏在它們之下的問題核心。

舉個例子，說不定有個凱龍在第十宮的人，會因為他（或者是她）與同事間的相處一直問題不斷，而來尋求占星師的「職場諮詢」。身為占星師，當然會知道第十宮除了職業以外，也反應著與母親的關係，於是我們或許會懷疑或者甚至向當事人詢問：這讓你煩惱的職場狀況，會不會與母親這個主題有任何形式的關連？答案常常會是肯定的。如果可以認知並且願意對自己承認屬於某個層面的事實，就能幫助我們解決另外一個層面出現的問題。要進入療癒之門，可以有不同的方向。真正體現凱龍精神的處理方式，應該是一方面要去理解當事人的內在世界讓事情一再地於外在重演，另一方面則透過巧妙的手段，來正視當事人因此面臨的外在情境。如此一來，才能讓客觀情境的意義完整浮現。譬如，這個職場上的人際衝突，是否表示該是時候揮揮衣袖，找一份新的工作？或者它是要讓人學習，如何在人際關係中謹守自己的立場？還是兩者都是？

五、凱龍所屬的宮位界線（宮頭）所落入的星座，以及該星座的守護行星。

例如，假設凱龍位在一個界線落入巨蟹座的宮位，那麼圍繞著這個人的月亮，也就是巨蟹座的守護行星，周遭的星盤狀態，或許也會呈現出與凱龍有關的主題，即使凱龍本身是位於雙子座。

六、如果你在解盤時會使用中點（譯註一），需注意以凱龍為中點而湊成一組的任何行星組合。

譯註一 midpoints，是漢堡學派（Hamburg School）發展出來的技法。先將兩行星或基本點之間的黃經相加除以二的位置，並由此位置為起點起算，每隔45度的點，所得到的一共八個中點；漢堡學派認為，行星或四角宮起點（或北交點），進入兩行星的中點時，會受到強烈的影響。

譬如，就算月亮與火星沒有形成相位，不過凱龍座落的位置，是在他們直接或間接的中點上，他們就被湊成一組，而且有很大的可能，會展現出帶有凱龍色彩的主題。若以月亮與火星為例，實際可能展現出的情況，常常包括以下這些：與母親或其他女性角色（月亮）間存在著衝突（火星）；對弱點（月亮）抱持不容情面、毫不寬待的攻擊態度（火星）；情緒反應明顯（月亮），以及衝動或急率地行動（火星）；推動與鼓吹（火星）人們對女性議題（月亮）的支持與肯定，並且在相關事務中擔任導師、領袖或者是帶來療癒的人。

「土星——天王星」以及「先人」

前面提過，凱龍發現於土星與天王星之間，而且在向自己的近日點移動時會穿過土星的軌道，使得凱龍也會在木星與土星之間逗留一段時間。對照神話來看，天王星烏拉諾斯是原初時代，代表「天」的神；他被自己的兒子克羅諾斯，也就是土星，給割去陽具，然後克羅諾斯又得到神諭，告訴他日後會輪到他被自己的兒子推翻。於是克羅諾斯下定決心，要防止神諭警告之事發生；每當自己的孩子一出生，他便馬上將他們吞進肚子裡。另一方面，正好也是在搜尋剛出生的宙斯時，克羅諾斯開始對菲呂拉動了念頭，後者日後便成了凱龍的母親。克羅諾斯始終找不到宙斯的下落；他被瑞亞藏得很好，還有三位女精靈祕密地撫養他長大，其中一位就是那親切慈愛的「山羊」女精靈阿瑪爾西亞〔譯註二〕。宙斯長大之後實現了神諭的內容，在波賽頓和黑帝斯的協助之下推翻了父親的統治：他以一道閃電擊斃克羅諾斯，然後將他禁錮在地底世界的塔爾塔拉斯。

如此說來，當凱龍還在母親懷裡時，他的父親克羅諾斯正在努力設法，防範自己的命運走向神諭預先宣告的結果，也就是努力嘗試「阻礙事情發展的進程」，試圖避免那無法避免的定數。於是，個人星盤上的凱龍，可能是反映出我們從父母那兒接手過來，繼續背在身上的「遺緒」——它或許既是重擔，也是折磨（土星）；不過它同時也代表著將這些承襲先人而來的「成分」，以全新的、富有創造性的方式，吸納到我們自己的生命中，然後加以超越（天王星）。就跟神話裡頭一樣，凱龍座落的宮位，常常暗示了那個宮位所代表的生命領域，會出現難題、糾紛、拒絕、排斥，或者其他任何形式的「否定」；然而，它同樣也開啟了這樣的可能性：由此而生的苦難，其實也帶來滿是希望的結果。只要我們找到一個不同的方式，讓心中的能量可以獲得表達；而在這麼做的同時，我們也實現了自己的命運。譬如，某個凱龍在第五宮的人，她或許無法擁有自己的小孩，不過卻可能是許多青年學子在學業或心靈上的導師，就如

譯註二　Amaltheia或Amalthea，這個字在古希臘文中，就帶有「照顧女神」的意思。她的名字與「山羊」連在一起，有兩種起源說法，一說是她曾化為山羊，用自己的奶來哺育宙斯，另一說則是她有豢養羊群，用羊群之奶來餵養宙斯。

神話裡的凱龍一樣。

「家族先人所遺留下來的事物」這個主題，在理解凱龍與半人馬族星體時，常常佔有重要地位，尤其是在凱龍與土星形成相位的時候。它可能是種遺願，化身為一些未完成或無法實現的希望與夢想，從而當事人也不知道，或者沒有察覺到它的由來。它也可能代表一股心理壓力，因為某些類型的個人特質，多少世代以來都以透過犧牲他人來取得發展，而暗自增加累積的壓力。這些造成不少影響的狹隘與偏執，也許會想尋求獲得釋放，或者想重新取得平衡，於是說不定會透過家族中的「異類」或「局外人」而表現出來。先人當初那些未曾得到解決的創傷，或是那些長久不見停歇的痛苦，或許只有其中某些特定的部分，才會被我們繼承下來；無論如何，在輪到我們去與這些創傷與痛苦打交道時，它們就將構成我們本身療癒之旅的一部分。有關這個主題的進一步思考，請另外參考討論凱龍回歸的部分。

我曾經遇過一位凱龍位在第二宮、天秤座，並且與位在第八宮、牡羊座的太陽和月亮，一起形成對分相的女士。當初她是在父母雙方處於嚴重衝突的時候受孕，至於衝突的主因則顯然就是為了金錢（第二宮）。相應於此，她養成了否定、迫害自我的內在心理模式，而且有好長的一段時間，都無法擺脫父母獲得獨立。在這個過程中，她所面臨的明顯「妨礙」，就是沒有能力，或者其實是自己拒絕運用內在所擁有的資源（凱龍在第二宮），來達到自我獨立這個目標。每當她牡羊座的太陽想要開始付諸行動，或者想要接下什麼挑戰，月亮的回應就是用批評與挑剔自己，或者用負面、破壞性的情緒反應來粉碎它們。因此在一開始，她的月亮與太陽各自所展現的原則，是彼此處於交戰狀態——就跟她父母當初的狀態一樣。此處太陽與月亮的合相，暗示的是父母沒有分居，繼續共同生活，是兩個緊緊綁在一起而爭執衝突的人。這位女士很容易出現偏頭痛的症狀，剛好吻合牡羊座支配身體中的頭部這件事。然而，當行運的凱龍來到與她出生星盤上凱龍彼此對分的位置，她開始學起武術，生活也逐漸有了轉變。到了最後，她還自己開班授課了起來。武術的訓練賦予她一個契機，除了去平衡她內在爭戰不已的那些相位以外，還可藉由一種既專注（太陽牡羊）又追求美感（凱龍在天秤座）的方式（武術）來表現那些相位；除此之外，這種方式與她的肉體息息相關（凱龍在第二宮，與月亮對分），並且也能夠平衡內含於她生命本質中，那些難以察覺的能量暗流（第八宮）。至於以提升個人身體健康與和諧為主旨的武術教學，則是典型帶有凱龍色彩的職業。

在我們身處的現代，任何一種由土星所代表的結構與組織，都在面臨崩解毀壞。外在世界的安全，或者遭到動搖，或者出現破碎；熟知的一切受到了威脅；我們的「緩衝地帶」也已經不復存在。甚至，我們之中看起來最「天王星」部分，似乎也在心裡要求某種合適的「土星」，希望透過與它的對抗，來界定我們自己；而要是土星代表的具體事物在這對立之下碎裂崩塌，我們的「天王星」就會開始啟動一段自我轉化的過程，這時候我們便會感到原本未曾察覺的某種自我認同方式，開始面臨到了挑戰。失序的社會也會惡化個人不穩定的狀態，個人的不穩定則能提供精神層面加速成長的機會，只不過它也可能是意味著心理方面的崩潰——而有些時候，這兩者其實是同義。一開始感覺像是壞事，但也可能如塞翁失馬般，最後成了好事；然而禍兮福兮，最後的答案也可能正好相反。因此，如果我們能夠抑制自己，不要對某個情境做出過於僵化的評估，那些更深刻、更底層的意義，才有可能浮現出來，給我們意想不到的驚喜。這正是一種「土星——天王星」的發展過程！

我們可以將發現凱龍星視為一個預告，揭示當前這段「重新定向」時期的來臨，或許它還代表著新思維萌芽階段必然伴隨的痛苦——一種不再「非此即彼」，而是「既如何又如何」的新思維。如果我們過於認同土星的原則，就有可能變得僵化刻板，而且也會害怕（甚至是到完全不敢於）去主張或者表達自己的個體性；任何外在環境或者內在心境的轉變，我們可能都會覺得備感威脅，以至於必須極力保護自己以免受到傷害，如此一來，我們便很可能會劃地自限，故步自封。另一方面，假設是天王星的觀點在強烈主宰著我們的生命，我們或許會對「轉變」有深深的渴望，甚至在不明究裡、不管心中是否有此意願之下，便急忙順從轉變；當這樣的傾向太過強烈，就無法整合在轉變之中可以得到的寶貴體驗；說不定，我們是在強迫自己擁抱變化，接受新的理念、新的洞見，卻沒有辦法處理自己心中的悲傷和悔恨，結果到了最後還是困於其中，找不到出路。

凱龍象徵一種獨一無二的結合：結合土星所著眼的「過去」、個人限制、物質世界與精神世界的法則或規範，以及天王星所代表的眼界、遠見、思緒清晰、潛在的能力或能量。而且，我們也確實握有機會，把這樣的組合直接帶到我們的生活當中，將它在社會領域（木星）裡頭表達出來——正是在這個領域，存在於我們身上那慷慨、高尚的精神，那為他人貢獻服務的渴望，會自然而然促使著我們，尋找出一些改變現況的辦法。凱龍的道路，是那條「中道」，是當我們不做多想，真心投入我們打從心底知道是自己必須去做的事情的時候，自然而然就會走上的道路；走在這條中道上，無論何時我們都不會感到強迫，只有內心的平安與寧靜，即便身陷重重激擾與騷亂之中。如果這條路代表的，是要我們溫柔呵護自身承擔的苦難與痛楚，這樣也無妨！如果它代表的是我們要勇於冒險、要賭上一賭，一樣也無妨！我們追求的是當個「真實」的人，而不是「完美」的人。

已經有幾位研究者，其中包括首先注意到這項原則的贊恩·史坦，都發現星圖上土星與天王星的中點，是一個對於凱龍非常「敏感」的點。請你找出這個中點：方法只要將土星與天王星之間的最短距離，依黃道度數除半即可。

一、**在這個中點上，假如有某個行星或軸點**，此時它就有如是與凱龍形成相位一樣。例如，有位天頂位在土星與天王星中點的女士。她遇過的一位「天眼通」曾經告訴她，日後她會以醫療治癒他人為職業；與天眼通的這次遭遇發生在她十四歲，「行運凱龍與出生凱龍」四分相的時候。接下來的二十年左右，也就是直到她迎來「行運凱龍——出生凱龍」對分相為止，她都在努力尋找出某種辦法，來讓自己可以真心接納這個令她感到沉重與負擔（土星），並且不斷與它反抗（天王星）的議題。

二、假如這個中點受到行運相位的觸動，尤其是合相，不過也包含其他任何一種強硬相位：此時，凱龍的主題有可能會被觸動，開始運作發展。如果是凱龍本身，透過行運或推運而啟動了這個中點，凱龍在該星盤中所呈現的議題就會來到我們注目的焦點之下。例如，除了可能會出現對既存結構的翻轉顛覆（天王星），除了裹足不前、不知所措，以及各種受苦受難的經驗（土星）以外，常常也會出現治癒這些議題的特殊契機。如果，在出生星圖上的星盤配置，凱龍本身就位於土星與天王星的中點，道理也同樣適用，而且他或她的人生，亦有可能強烈沾染上典型凱龍主題的色彩。〔註2〕

成為個體、不朽之意義、內在的導師

我們可以將「個體性」描述成：我們內在固有的本性向自己與他人**顯露展開**的過程。就好像一隻小貓咪，牠長大以後不會變成一隻狗，也不會變成袋鼠，而是成為一隻貓。就占星學來說，星圖中出現的所有要素，沒有任何一個是單憑它就能代表當事人「個體化」的過程。整張星圖的全部，才是我們生命歷程的反映；它就如同一面反射出心靈的鏡子，不只映照出它有意識和無意識的面向，同樣也映照出**我們進入占星這門學問，為的是要對什麼下工夫、是要對什麼努力探究。**

話雖如此，那些與凱龍有關的要素，對於驅使我們成為獨立個體的力量來說，將會是具有特殊意義的觀察焦點。看那半人馬弓上的箭頭，它既有痛苦的意思，卻也代表著超越。催促我們成為個體的壓力，可以為我們帶來禮賜、帶來機會；不過禍福相倚，在追求自我的過程中，路上也有陷阱，也有看不見的危險或艱難。可以說，無論凱龍出現在何處，都會帶來一個將事情「外部化」，也就是「往外面丟」的傾向，而那些被丟出去的，正是需要由我們透過象徵意義的協助，把它「拿回到自己之中」的事情。這樣子不停「往外丟」，結果很可能是陷入一場永無止歇的掙扎抵抗；我們一直嘗試想要治癒自己，一直試圖取得我們覺得非常欠缺匱乏的東西，然而那些只不過是我們基於錯誤或偏差的基礎，而誤以為能夠緩解我們痛苦的東西。即使投身於社會、專業、政治等議題，即使是像這些讓我們能夠正視與面對集體共同議題的行動，或許裡頭也都摻雜著試圖透過投入這些行動，來讓我們內在的苦痛得到一些投射性的、替代性的治療。放棄這類型的抗爭與掙扎，正好呼應於凱龍放棄自己半神的地位；隨後而來的，則是他讓不死不朽的自己，在性質上接受一次實質的變化。這樣的變化，正符應於透過直接對我們自己的生命經驗進行省思，來找出那條不假外求的**內在出路**。

凱龍的星盤配置，描述的是專屬於某人自己的「路徑」；阿拉伯文中「道」這個字「tariqa」，剛好就表達出這層意義。伊斯蘭蘇非教派（譯註三）的傳統，一群群的門徒會聚集在導師身邊；這位導師身上具體呈現了某些特質，讓人可以從他身上看見某條特別的「通往神聖的道路」，於是學生們追隨這位師者，希望透過他的言教身教，讓自己也能在這條道路上身體力行。對某些教團來說，與真主的關係可以透過音樂來尋求，另一些教團則是主張透過哲學思考，還有別的教團則是認為應該透過行動與實踐；凡此種種，不一而足。以此為例，如果某人選擇要拜某位大師為師，或者奉行某個靈修派別，他可能會將凱龍星盤配置所描述的特徵，投射到這位大師或者教團身上，從而凱龍的星盤配置便可以進一步用來描述他與師父或教友之間的後續關係，會帶給他什麼樣的經歷和體驗。

凱龍將我們帶向那位**內在導師**，帶向那位我們打從一開始就應該擁戴效忠的對象——是這個內在於我們的「存在」，指引著我們的旅途。我們也可以將它理解為一個「超越我們自己的自己」，一個「更高的自性」，而它所行走的那條道路，其實就是生命本身；我們若要跟隨它的領導，加不加入某個特定的靈修教團，並不是必要的條件。當占星學上的要素圍繞在凱龍周圍構成一定群組時，它們可能象徵著在這位內在導師的授業之下，現身於我們面前的測試、考驗，甚至是嚴峻無比的磨練。重大的危機（或轉機）、重要的學習經驗，固然可以反應在星盤中任何一個要素上，不過在詮釋與解讀這些危機與經驗的方式中，還是以凱龍的星盤配置為基準最為合適，因為凱龍描繪著我們從自己生活經驗中學到了什麼，而且是怎麼學的。傷口，會成為智慧的容器；在我們蚌肉一般柔弱軟嫩的部分上頭，帶來陣陣痛楚的砂礫，最終也會成為一顆珍珠。

舉例來說，凱龍位在射手座的人，可能會在他們追尋生命意義的過程中，經歷許多曲曲折折、峰迴路轉。他們那不知哪來的熱忱、他們在路途上橫衝直撞地「跌跤」，還有他們追尋不到時的失望與沮喪，都有可能會惹得身邊的朋友煩躁生氣，然而他們依然堅持著要繼續追尋下去。一直到他們始終無法從任何外在事物身上找到恆久不變的意義後，這整個尋找與質問的過程終於為他們帶給這樣的理解：說不定並沒有什麼終極的意義，因為意義是個體添加於某個體驗或感受上的主觀標記，不是有什麼本質的、固有不變的東西可由人去追捕與抓取。於是對於旅程這回事，他們有了超越原來的理解，有了一種玄祕的體會：**旅途、旅人以及終點，三者其實是一體的**。他們在這整個尋求意義的過程中所得到的智慧和領悟，不只對自己有益，也會嘉

譯註三 Sufism，伊斯蘭教的一支教派，嚴守教派的生活規範，透過冥想與下面介紹的師徒制，追求以真主為基礎的精神層面的提升，具有強烈的神祕主義（mysticism）色彩。

惠他人。因為，如果我們不能或不願傾聽內在導師的聲音，這時候他（或她）就可能悄悄地從背後掩上身來，接管我們對自己的主導權；然後，舉例來說，或許我們會變得好為人師，或者我們會變成一個聽不進他人勸言的人。

再用凱龍位於天蠍座的人來舉例；這樣的人或許會把自身經驗，用「那是一場生死交關般的掙扎」這樣的觀點來詮釋。在這樣的鬥爭中，獲勝的只有一方，輸的一方就只得敗亡；有一方具備所有的美好良善，另一方則是確切無疑的罪大惡極。他們深信生命本身正在虎視眈眈，想要抓住、佔有他們；他們也確信自己的毀滅性質太過強烈，因而無法安全地待在所愛的人身邊；然而，他們其實也努力試著要去駁斥自己這些潛伏於深層的信念。有個冥王星色彩的內在導師，我們當然會正面遭遇到死亡的真實性，以及各種轉化的奧祕。經由如此，我們學習到了既不要不去承認心中那些帶有毀滅性的衝動與慾望，也不要讓自己耽溺於其中無法自拔；不再覺得他人的消極與負面是自己的責任，也學會身處在自己的情緒經驗之中但依然站穩腳跟。那些凱龍在天蠍座的人，時常會受託來陪伴他人邁向死亡，倚仗他們的智慧和天性，給臨終者一個安寧的照料。

我們已經看到，凱龍是如何在地底世界死去之後，化身為天上的半人馬座，另有一說則是化為射手座，而成為不朽。人們經常會培養或自然形成一些會對它全神貫注，或者執迷不已的事物。從凱龍的方位所在，可以得到對這些事物清楚而生動的描述——人們會想要**做**某件事，或將自己**化身**為某些事，是因為那會讓他們變得聰明、富裕、有名，以及受到人們的敬重和喜愛。換句話說，那會讓他們成為不朽。在這個「個人」日漸遭到消解否定，「科層體制」越來越威脅個體自由的時代裡，誰不想要成為人見人愛的明星？就像先前提到的，凱龍座落的位置，展現出我們希望自己所是的，或者我們將會變成的是哪一種「明星」——無論那是我們自己想要的，抑或比較是在他人眼中的我們自己。知名人士的星盤也向我們揭示出，凱龍是多麼頻繁地以一種令人會心一笑、甚至是讓人甚感驚奇的準確度，描繪出究竟是什麼東西，讓星盤的主人如此享有盛名或惡名昭彰，如此備受推崇或讓人恐懼萬分。

讓我舉一個例子，魯道夫．瓦倫提諾（譯註四），他的凱龍與月亮合相在天秤座，一同落入第七宮；此外，他的凱龍也與位在金牛座、第二宮的水星形成八分之三相，與雙子座、第三宮的冥王星形成三分相，以及與位在巨蟹座、第四宮，彼此合相的木星和火星形成了四分相。他被人們推崇為「默片時代最佳的螢幕情人（凱龍在天秤座）」；於是凱龍與水星，加上與雙子座的冥王星形成的相位，在這裡便象徵著透過「無聲」而發揮的力量。他所擁有的那股性吸引力

譯註四　Rudolph Valentino，1895-1926，默片電影時代最富盛名的偶像演員，一九二〇年代的男性性感象徵，擁有「拉丁情人」的稱號（因為他原籍義大利，而這點是作者所謂「異國情調」的由來）。以三十一歲的年紀英年早逝，更為他代表的形象注入許多力道。

（凱龍與冥王星有相位），裡頭既具備優雅氣質又帶有異國情調（凱龍位於金星守護的天秤座），令女性影迷為之瘋狂（凱龍與月亮有相位，並且進入第七宮：令**他人**歇斯底里！）；而他死後被後人擁立為名副其實的「偶像」，成為近似信仰與崇拜行為的對象，這則是凱龍與木星有相位的典型展現。

阿弗烈德·希區考克(譯註五)，有著與天王星合相於射手座，並且與水星四分相於處女座的凱龍。希區考克的名聲，來自他氣氛殘酷而冷血（凱龍與天王星有相位）的恐怖片，內容常常描繪驚世駭俗，扭曲變態的心理面向（凱龍與水星四分相）；他所寫的劇本，總有聰明機巧而經過精確計算的劇情設計（凱龍與水星有相位，一起落入處女座）；身為眾所皆知的驚悚大師，挑起觀眾強烈的恐懼是他的才能（凱龍與水星的相位，在這裡呈現為「離經叛道」或「以騙人為樂甚至是為生」的人），手段則是向觀眾暗示山雨欲來、將現未現的暴力（凱龍位於射手座，在這裡意味的是偏向負面的可能性）。

凱龍位在雙子座、第八宮的D·H·勞倫斯(譯註六)，儘管起初他的書常受到出版審查的控制，甚至還被焚毀過，依舊他還是得到了「性解放先驅」的名號。他能夠清楚而明確地表達出（雙子座）存在於性愛交融中的某種神聖意義（第八宮），不論是它在個人還是超越個人面向（凱龍在雙子座）的神聖意義。而且，他也長期為肺部（雙子座）毛病所苦。勞倫斯的星盤（在第一百七十九頁）在接下來的數章中，還會有更詳盡的探討。

丹尼斯·尼爾森（譯註七）的凱龍在天秤座、第十二宮。他是謀殺了十五個人的兇手，手法通常是將人勒死，然後肢解他們的屍體。由於被害者都是孤單一人、無依無靠，在酒吧裡被他相中後行兇，因此裡頭竟然只有一位被人留意到不知為何無故失蹤了——很遺憾地，這種令人感到悲哀的情況，正好讓人聯想到第十二宮所具有的意義。以他為主角的傳記，有著一個讓人觸目驚心的書名：《為了不孤單而殺》（*Killing for Company*）（凱龍在天秤座）。無論是他的被害人、他物色被害人的地點，還是他殘殺被害人的方式，全都在性質上呈現出第十二宮的特色；而他詞藻過分華麗，混淆現實與幻想的寫作風格，也是第十二宮的表現。另外，凱龍在天秤座這一點，也表現在他評斷事情以及審查自我上的不涉感情：他硬是將自己也放到天秤的正義天平上面論罪。

譯註五 Alfred Hitchcock，1899-1980，是二十世紀的電影「驚悚（懸疑）大師」，在美國電影學會所評選的百年百大驚悚電影中，他一個人就入選了九部作品（而且在前七名中就囊括三名），足見其在影壇的地位。

譯註六 D. H. Lawrence，1885-1930，是二十世紀英國最重要的作家之一。基於他本身的文學及哲學思想理念，他在小說中不只不迴避情慾與性愛的描寫，甚至就以此為重要元素之一，這在他的時代當然少見，而且不被允許，他的作品一度被禁，最後終於透過司法途徑得到放寬，成為英國的出版言論自由史上的重要事件。《查泰萊夫人的情人》是勞倫斯在我國較為知名的作品。

譯註七 Dennis Nilsen，生於1945年，是英國二十世紀後半最重大與殘忍的連續殺人事件兇手。他至少謀殺十五被害者（皆為成年及未成年的男性），並且有肢解分屍，以及姦屍的情事，

就像上面這些例子，凱龍常常描繪出一個人可能將畢生投注於什麼樣的事上，不論是正面還是負面，只要那些志業可以構成一個象徵，讓他覺得自己因此能被他人或後世記得、奉為英雄，能讓他得到名聲、成為不朽，或者真的即使不能流芳百世，也要遺臭萬年。然而，從心理的觀點來看，無論我們所做所為是什麼，總是有可能得到他人的證成、擁護、稱讚或詆毀；唯獨，在這趟靈魂之旅中，那些因為是透過主體所得到經驗與感受，所以也是將會一直延續存在下去的經驗與感受，卻是要在個人自身內在的深處找尋。我們內在潛藏的能量會以什麼方式或風格展現於外在世界，這不是單靠星盤就能夠推導論斷；甚至事與願違，我們內在旅程的無常、它的變易更替，可能只有極為少數的人才有辦法察覺，而且說不定可供察覺的只是一些細微的蜘絲馬跡，而完全沒有明顯可辨的線索。凱龍的位置，講述著我們對人生志業的企圖心，訴說著我們會從那個領域的事物上，感覺到一股真實不虛的驅力，感覺到想在這些一輩子持續投入與奉獻的事業裡，呈現我們真正的自我，表達我們真正獨立而特殊的個體性。然而，由於死亡的恐懼而激發，那想要得到自我或他人肯定的渴望，或者也可以說是想要成為「不朽」的渴望，卻有可能構成我們在追求自我、實現自我的過程中的重擔。我們對不朽的渴望，有許多種展現於外的方式；要孩子跟自己的姓、為了復活而將身體做成木乃伊、興建巨大廣闊的墳墓與靈寢、創造比自己的生命活得更久的藝術作品——這些全都是一句句的證詞，證明我們多麼難以接受肉體的死亡是個不變的定局。此處，儘管或許算是一種扭曲的形式，不過我們又看到了一種普羅米修斯式的開創衝動，渴望**在自己生而為人的性質中**，找到若非努力便難以察覺，不受線性時間維度、不受肉體死去腐朽的局限，永遠持續閃爍不會熄滅的那道神性之光。

醫者、傷人者、受傷者

受傷的醫者，是個很有渲染力的形象，很容易就會被拿來為凱龍在星盤中的星盤配置做出連結。不過，關於凱龍的主題在真實人生中的具體呈現，那些我們所做的觀察以及我們得到的心得，如果真要靠這個形象做到真實而完整的象徵，那麼就必須再將一個要素考慮進來，也就是榮格所指出的：「一個在神話裡不變的道理：受過傷的傷人者，是療癒的媒介，而承受傷痛的人，會是那個除去傷痛的人。」(註3)將「傷人者」這個身分補進凱龍「醫者與受傷者」的形象，常常會讓原本撲朔迷離，不知如何藉由凱龍來理解的具體事態，變得豁然開朗。舉例來說，前面提到的丹尼斯．尼爾森，我們在他的星盤上會看到凱龍在第十二宮裡，與上升點形成緊密的合相。在他的情形裡，傷人者，也就是殺人犯，是明顯而直接的形象，不過他的傳記同樣揭露出許多令人難以招架的詳情，是關於他本身所受到的種種傷害，以及他對「承受傷痛的人」日益增加的認同感。這個「承受傷痛的人」的意義，既有清楚明確的對象，也就是那些被他殺死的被害者，同時也意味著他身為有罪之人的角色。他在自己的刑事審判過程中，曾經寫道：「我想要讓其他人看到我正在承受痛苦。我不喜歡痛苦，不過現在大家似乎都希望我吃頓苦頭。」（註4）。

凱龍這種兼具三重意義的形象，在神話裡同樣得到清楚的描繪：一開始先是拒絕他的母親，後來又被他自己的學生所傷。在剛誕生之時，我們就受了貨真價實的「傷」：剪斷臍帶之前，要先抽血；至於後續那些與母親在心理上分離的階段，造成的痛苦程度可能不比它輕。可是，我們最終或許會回首那些曾經傷害我們的人事物，然後試圖讓心中因為理解諒解與同情憐憫而產生的療癒之光，指引我們成熟到足以超越或放下它們。當我們能夠認清而且承認**是我們內心中的東西在傷害著我們與他人**，經由這樣而得到釋放的能量，或許會在意想不到的時候，以意料之外的方式，成為我們的助力。「傷人者」在我們的療癒過程中，掌握了一個重要的關鍵——只要我們能夠找出那個位於我們內在的「傷人者」究竟何在（註5）。

凱龍可以描述在我們早年受到了什麼性質的傷害，以及這些傷害帶給我們的主要影響。譬如說，如果凱龍與木星有相位，那麼這個人的早年成長背景通常不只會是「受宗教影響」這麼簡單而已，而是還可能意味著與宗教有關的強烈衝突、重大議題。它們大聲擾嚷，吵著要獲得解決，而與此同時，在這些衝突與議題裡頭，或許還遍布著由受傷、破碎的父母子女關係所產生的心理糾結。我所認識的一位女士，她雙子座的木星與射手座的月亮對分，兩者一同與位在雙魚座、第二宮的凱龍形成四分相。她與關係甚為緊密的母親曾經經歷過嚴重的衝突（凱龍與月亮有相位），因為母親有著強烈的信仰傾向，而女兒卻沒辦法對此有所共鳴。母親在女兒還是小孩的時候，就向她介紹新世紀與東方色彩的宗教，並且鼓勵她往這個方向發展；可是女兒後來對此做出了反抗，以致於完全拒絕任何與信仰或者靈性有關的事物（超越理性的木星位在雙子座）。然而，當她來到第一次「凱龍－凱龍」的四分相，為了這個議題而飽受困擾與折磨的她，終於理解到她必須找出別的方式，讓自己能夠張開雙臂，擁抱從母親那裡承襲而來，那股對靈性的渴望（凱龍位於雙魚座），還有自己在人生哲理方面不斷面臨的困惑與慌亂。發生這個心境轉變的時間點，行運的凱龍正好與她雙子座的木星產生合相。之後，經過一段時間的探索搜尋，她決定投入某支內觀修行的門派：當時剛好是「凱龍－凱龍」的對分相，也就是她星盤上的變動星座大十字完全到位的時候。這個修練法門所帶來的自在靜定，以及它對吐納、觀息、覺知的強調，果然是個適合她的途徑，讓她能夠釋放出深藏的慈悲之心——一份來自雙魚座凱龍的禮物。

凱龍的星盤配置，常常敘述出是什麼東西將一個人連結到他（或她）自己的內在傷痛，而且也常常提供當事人一條透過它就有可能通往或得到療癒的路徑。例如，凱龍在雙子座或者在第三宮，又或者是凱龍與水星有相位的人，可能會覺得語言對他而言非常具有療癒效果，不論那是書面的文字還是說出的話語；溫暖親切的文字話語，馬上就有可能讓他們感動得流淚，或者馬上就能軟化、打動、說服他們敞開心房。同樣地，他們或許在童年時期，曾經因為內容帶有惡意的言語，尖銳的用字、人身攻擊的批評、兄弟姐妹間的爭吵等等諸如此類的溝通，而反覆受到傷害。寫寫日記、將自己沉浸在詩詞歌賦裡，以及讓自己每當靈感或情緒一來就執筆抒發，甚至是從事鼓舞人心的寫作，都可以為這些人帶來深層的治療。

凱龍的星盤配置還可以為我們描寫一個人可能會需要向他人提供什麼性質的療癒。就這一點來說，這個人是否從事醫療領域的職業並無分別，因為療癒是一種天生的特質，比起某種技術或手法，它更像是一股自然而然、由內在向外界發散的溫度。譬如凱龍在巨蟹座的人，就非常能夠為他人設身處地的著想，或是對他人感同身受的體諒。凱龍在處女座的人，則是可能擅於透過簡單而實際的舉動，展現出強烈的善意與關懷，例如親自替重病在家休養的朋友帶來一袋雜糧，而不是寄一張早日康復的慰問卡。再舉個例子，有一位凱龍位在第十宮並與土星形成相位的女士，覺得自己在早年生長環境中，面對來自他人（尤其是母親）一些嚴厲以及壓迫的態度，曾經帶給她相當的痛苦。她離家很早，反抗社會、排斥社會，甚至在店裡順手牽羊而被逮捕——她覺得自己被土星代表的原則所傷，於是藉由藐視法律，試圖反過來傷害這種土星原則。當她進入行運凱龍對分出生凱龍時，她開始在日間照護中心服務，負責處置未成年緩刑人。按照她對我說的話，她面對那些孩子的方式，就是土星直接、正面展現的典型模樣。她總是跟我談到設定規範、限制以及誠實坦白的必要性，認為這麼做可以替她負責照顧看管的青少年提供適當合宜的界線。一度被土星原則傷害的她，已經變得能夠淬鍊出土星原則裡的正面性質，用在這種療癒性質的服務工作上。

最後，既然凱龍也象徵著位於一個人「內在之中的傷人者」，它同樣也可以指出，我們是如何不小心施加傷害在其他人身上，或者如何在已經有所壓抑之下，依然不經意地向他人傳達帶有攻擊性的意念。關於這一點，我們在丹尼斯．尼爾森的星盤上，可以看到一個色彩鮮明的範例。隨著凱龍落入天秤座、第十二宮，他極度渴望與某個別人，能在親身感受的方面，經由音樂與酒精之助，達到完完全全的融合。這是一個典型的第十二宮式的夢想，幻想著消滅那造成人與人之間，彼此歧異疏離的「個人性質」，對這樣的想法而言，這是最高程度的合而為一；就這樣，他一路追求實現這個夢想的方式，直到決定藉由把活生生的個體殺死來達成。在他的審判過程之中，曾經逃過尼爾森毒手的被害者，作證描述在他們剛見面相識的時候，他其實是友善、討人喜歡，並且很好相處（凱龍在天秤座）的一個人，甚至在試圖殺害一名女性獵物而沒有成功之後，還曾經安慰情緒焦慮不安的她。

歷史重演？百般努力卻又徒勞無功？

在我們的心靈中，那些與凱龍的星盤配置有所關連與歸結的區塊或領域，可能會是非常脆弱、容易受到傷害的位置。就像凱龍為我們指出了那些我們可能已經受傷的地方，同樣地，它也會指出若不是我們擔心將會受傷，就是我們實際上正在經歷其他類似的情境。這告訴我們：在我們靈魂中有某個領域，依然需要並且尋求得到治療。於是它也讓我們聯想到那一把「由它所造成的傷口，也由它來治癒的刀劍」，也就是說：或許恰好就是要透過我們擔心害怕的對象本身，療癒才會到來。有位凱龍在處女座、第十一宮的女士，對於身處在團體之中感到恐懼，舉凡工廠的同事、學習小組的同學，甚至到了最後，就連社交性質的團體，她都覺得越來越可怕、越來越讓她討厭與不自在。她寧可抽身離去，不然就是甘願扮演局外人的角色。她只要一開口就是「可是，關於什麼什麼事，那又要如何說？」的質問。在她內在想要挑戰權威的需求（凱龍在第十一宮），總是不由自主地讓她在團體裡做出這樣的事情，即便她的個性其實脆弱又容易受傷，也即便她心中其實也很懼怕。結果到了最後，她每每覺得自己不被他人所接受，而且她也覺得別人沒有道理接受這樣的自己。在某次心理治療期間，情況呈現得很清楚：她在自己家裡就是這個樣子；在她內心的最深處，覺得家人好像看不到她，也無法接受她，而她也只是儘量遵照家裡教給她的，那些帶有處女座色彩的價值觀，譬如控制自己的情緒，以及其他類似「合宜的」要求與標準——然而它們展現或者著重的，卻是處女座特質中相當負面的面向。之後她用相同的方式，對這樣的自己和世界提出反抗，得到的卻是同樣的回應；每回，當她與團體人群扯上關係，尤其是那些基於相同主旨而聚集的團體，這種模式就會重新出現。後來，隨著她不再漠視自己心底對家人所抱持的深層忿怒，以及正視內心對於得到他人接納的根本需求，事情變得不一樣了。當行運的凱龍與她出生星圖上的凱龍，形成了位於這個行運循環末期的四分相時，她開始接受訓練，讓她能在團體中與人一起工作，也開始在小型團體（凱龍在第十一宮）中教起手工藝（凱龍在處女座）——這些就有如一種心理層面的復健，好比要從手術這類的生理創傷中復原的人，也會去從事的復健運動。

另外一個與凱龍的星盤配置有關的模式，則是由看起來明顯是徒勞的努力，以及白費力氣後的失敗結果，所構成的某種迴圈——身陷於這種迴圈之中的我們，既無法達到成功，又不可能放棄。凱龍那位血緣疏遠的後裔西緒弗斯（Sisyphus），愚蠢到竟然把黑帝斯禁錮在人間（譯註八），於是直到阿瑞斯（譯註九）插手此事，將黑帝斯送回地底為止，任何人都不會死亡。西緒弗斯的**傲慢自大**，最後終於由一項同樣也是聞名於世的永久刑罰來加以約束：他必須將一顆巨石推上山丘，但是每次當他來到山頂，巨石就會滾下山去，然後他就得從山腳開始重新再來，推石上

譯註八　被西緒弗斯禁錮的神，另有一個說法是死神塔納托斯（Thanotos）。有鑒於西緒弗斯是對前來索命的神進行詐騙，而黑帝斯是掌管地府的冥王，並非負責死亡的死神，不應由他前來索命，而且冥王不在（比起死神不在），跟「人不會死」這件事的關係沒有那麼絕對，如此看來似乎以此說法較為正確。

譯註九　Ares，希臘神話中的戰神，有一種說法是，由於西緒弗斯的舉動讓人皆不死，這麼一來阿瑞斯便失去了決鬥殺敵的樂趣：對手都不會死了，所以他才決定插手。另外也有一種說法是說，由於人皆不死，沒有人願意祭祀冥王黑帝斯，所以宙斯才命阿瑞斯去釋放死神。

山。對於「不知自己如此掙扎的意義何在」的感覺來說，這真是非常鮮明的形象；沒有任何付出讓人覺得值得、沒有任何目標達成得了，也沒有任何努力可以帶來收穫的果實。那些與我們的凱龍星盤配置產生了意義關連的奮鬥與掙扎，雖然表面上看起來徒勞無功，但我們卻仍堅持不懈的原因是，有的時候它們其實是「保護」某種事物的方法，保護某種實際上已經「死去」，只以某個虛空的軀殼、某個深信不疑的美麗幻想，或者某個深陷於其中的夢魘等等這類形式繼續存在的事物。或許某個完美的理想、虔誠的信念，或者是雄心萬丈的壯志，無論如何已經不切時宜、淪為過氣；又或者，某段關係、某段生涯，可能已經走完一遭來到了終點。面對此情此景，如果我們做不到忍痛放手的話，反而會讓我們生活的其他面向與領域，看起來也會像是「死了」一樣。

凱龍的星盤配置時常敘述著一連串會重複出現的事件、模式以及情境，儘管我們已經盡力去改變現況，也不一定能夠避免歷史重演。它們就是賴在那裡，而我們也覺得自己沒有能力收拾整治它們。然而，我們不一定非要收拾整治不可，倒是可以嘗試與它們「共處」，在它們身上下點工夫。一旦我們能夠以真誠的慈悲與憐憫，打從心裡接受它們，這種深入最底處的理解與體諒，或許就能協助我們將能量釋放，然後我們也就能夠邁開步伐，前往旅途的下一站。它們就像戰火留在身上的陳年舊傷，或許依舊三不五時就帶給我們一些疼痛，但就如榮格所說，我們沒有辦法完全治癒心理情結，不過我們確實有辦法在心理層面上成長得足夠成熟，而不致被它們所困。在企圖要與我們所受的痛苦切斷關係時，若是一味使用鐵腕手段，想強行衝破這些痛苦施加在我們身上的局限，便會啟動這些不斷循環再現的掙扎與對抗。就像神話裡頭描述的凱龍故事一樣，凱龍的星盤配置會呈現出有哪些地方，可能會是我們努力設法要在其中加以改善的，但是卻一直無法成功，因而終究需要放棄這場爭鬥，放手讓更深層的療癒過程為我們指出道路。這條道路，或許沒辦法領著我們抵達我們認為自己需要的那些事物，不過它將會領著我們抵達靈魂需要我們體驗感受的那些事物。

在我們的生命裡，任何事物都具有被當成「病症」的可能性。舉例來說，古希臘人曾經將「貧窮」視為一種治得好的疾病，「患者」於是有資格被帶到阿斯克勒庇俄斯（譯註十）神廟接受治療。我有一位凱龍位在第一宮的客戶，她的土星與月亮合相在第四宮，而與凱龍形成四分相。這位客戶的問題是沒辦法讓居家狀況維持在自己希望的樣子：她有五個小孩，讓她的家裡總是又髒又亂，於是她動不動就會被激怒，或者是感到挫折、罪惡感以及無力感。多年來她一直拚命掌控，想要讓家裡變得整潔有秩序，結果還是不如人意。然而當她最後終於願意承認，她發現這其實是件超出自己能力範圍的苦差事——這時候她便馬上明白，她所需要的只不過是

譯註十　Asklepios，是古希臘神話中的醫神。

花錢請人來協助她打掃整理就好！她不是沒有錢請人，卻從來沒有想到可以這樣做；她那頑固倔強的獨立性格（凱龍在第一宮），阻礙了她去認知並且承認自己一個人沒辦法做得來。土星合相月亮，又都與凱龍有相位，在這裡是暗示她會否定自己的需求；另外，這也代表了她從原生家庭承襲了許多繁重而惱人的「應該要如何」，使得她覺得必須要一個人用有效率的方式管家，這點就是她的責任，而且只要達不到這樣的標準，就是她的失敗。所以，如同前面所講的，就算是失敗好了，一旦她能夠承認「我失敗了」，明顯又簡單的解決之道也就自動浮現。而且不只這樣，她還明白到，她那些挫折感的真正來源其實是忿怒：對藏於她**內心之中**那種自我壓抑的態度，所感到的忿怒。正是這樣，讓她一直身陷某種必須要去完成的責任裡頭無法掙脫。至於她的罪惡感，實際上則是來自於她花了太多的時間，試圖掌控家中秩序，以致於根本沒什麼力氣與時間能讓她跟先生和孩子們一起相處。

上面所談到的種種奮鬥與掙扎，它們是否真的是白費力氣，答案依舊是開放的：它取決於我們如何界定自己人生的目的。身為旁觀者，我們並不知道，其他人所做的奮鬥是否是一場徒勞，因為我們無從得知，在那個人的「自性」或「內在導師」的心裡，懷得究竟是什麼意圖，是要教給那個人什麼東西。凱龍一方面迂迴進出土星的軌道，一方面貼近得幾乎碰到天王星的軌道；這件事足以提醒我們，即便我們在有些時候，的確能夠做出某種「量子躍進」，將我們的過往毅然決然地拋在腦後，然而在靈魂之內，還是有一些其他的過程與發展，需要足夠的時間才能開花結果。療癒，有它自己的時程，也有它自己的要求。

也有一些模式是跨時代反覆出現的，這些模式同樣常常揭示在凱龍的星盤配置上。如果有一天，你突然發覺到，在自己的生命之中有某種不斷重複呈現的模式，並且發現它也出現在你家族先人身上，這時候，一開始的反應通常是種惱羞成怒般的憤慨，此外也可能是恐懼，或者冒出無藥可救了的想法；於是緊接著而來的，若不是某種絕望與放棄的情緒，那麼便可能是一定要拚了命對抗它，打敗這個循環模式的決心。然而，不論是上述哪一種態度，都不會帶來任何形式的深層治療——雖然說，投注我們身上擁有的能力去逞逞英雄、全力一搏，以求可以突破克服暫時性的阻礙，這有時候也不失為是一件必要的事。無論如何，**基本的原則還是：某類事物，之所以會回到起點或者再三出現，只有一個理由，那就是它還沒完結**。換個說法，歷史反覆重演，是一段療癒過程本來就有的一部分。不要害怕對自己說出這件事，依照它是什麼、就是什麼的精神來描述它、設想它——這樣可以幫助我們，不致於去和我們真正感知或理解到的東西，做出不必要的抵抗與爭鬥。不過，儘管理解正在發揮作用的心理動力是什麼，的確有可能帶來某些幫助，然而我們沒辦法直接處理屬於先人的「素材」；出於這樣的原因，我們一定需要其他層次的療癒行動。假如有什麼源自先人的東西是需要獲得安息的，那麼可以這麼說：我們就需要給它一場體面的「葬禮」。猶如墓誌銘般的日記書寫，從某個意義上可以稱之為典禮、朝聖或致意的事物，為它所做的祈禱、療癒，以及追溯族譜家系的研究等等；凡此種種，全都能在靈魂之旅的這個部分，帶來促發轉變的效果。

己所不能，施於他人

凱龍往往標示出我們能夠為了他人去做，然而卻無法為自己去做的事。同樣的道理出現在神話的何處，相信讀者很清楚就可以看到：儘管能夠醫治他人，凱龍卻沒辦法治好自己的傷。舉個實例，有時候凱龍與水星有相位的人，不管是面對任何狀況，都可以做出整理、釐出秩序，讓情況變得清楚分明——然而，當他們面對自己的思緒的時候，卻成了例外。每個人都認為他們不只聰明，又富有原創性，除了他們自己以外。許多凱龍落入第一宮的人，都覺得自己缺乏完成個人目標的意志力，而不曉得他們在他人眼裡是多麼堅強的人。我還知道有位凱龍與金星合相的女士，總覺得自己長得很醜，然而人們對她的美貌可是既讚賞又羨慕。

這些奇怪的落差與盲點，都可以在與凱龍有關的資訊中找到。有時候，隱藏在它們背後的，是某種形態的「儘管無所不能，但卻不能舉起自己」，從而我們不停努力，試著能為他人提供那些其實是我們自己內心深處需要得到的療癒。與此同時，我們卻無能為自己的內在解除武裝，使得我們有能力提供給別人的療癒，卻無法被自己接受。又有時候，這些落差與盲點所揭露出的內心領域，是那些我們極度缺乏「自己是值得的」等這類的感受。也有時候，它們是指出那些我們試著要保護自己，免於受到他人嫉妒的地方。另一方面，這些盲點與落差，也可以用「失衡」與「古怪」來理解；而它們其實也提供當事人某種機會，讓他們在充分認知到自身所受的傷，以及所面臨的局限的同時，可以按照自己清楚的意志，做出別出心裁而具有開放性的選擇。關於這件事，還有另一種理解方式：儘管我們有著自我懷疑、手足無措的感覺，但靈魂深層能量發出的光芒，恰好就是在我們對於自己的無足輕重了解得很清楚的位置，如此才能照亮射穿迷惘的黑暗。因為最終或許我們會有能力，將這種感受也一併加以釋放。

舉個例子，有位女士的凱龍與月亮對分，她對於自己無法懷孕這件事，感到極為痛苦而無法釋懷。不過她和丈夫都決定接受這個事實，不嘗試醫生建議的各種醫學介入手段，包括服用助孕藥物。他們最後決定領養那些來自破碎家庭的孩子，並且也真的能夠給予許多孩子慈愛與負責的親情照顧。這個例子讓人想起凱龍的那個主題：陶冶他人的才能德性，還有培育他人在任何層面上的成長——就像凱龍既是阿波羅的養子，後來也成為許多古希臘英雄的養父一樣。

再多舉一個例子，有位凱龍落在牡羊座、第六宮的女士，給人一種意志力過人，而且在工作場合中非常自動自發、積極進取的觀感。然而她卻發現自己簡直被學開車這件事嚇壞了。於是她發覺到，當自己是在**代替他人，或者身為別人的代表時**，就能展現出主動性，但如果是為了她自己就不行；而開車以一種抽象的手法為她指出了這件事。在了解到當時的工作沒辦法賦予她什麼空間，讓她從事心中所渴望的、為他人提供更具療癒色彩的服務以後，她終於有辦法重新評估自己的處境。最終，她決定轉換跑道，開始替某個以身障人士為對象的基金會負責組織與籌劃的工作（第六宮）。

陰影與極端

作為心理學的術語，「陰影」表示那些位於我們意識知覺後面（或者之下）的事物；它們常常與我們慣常的行為模式，以及與我們對自我的構思與想像大異其趣、互相對立背反；它也常常包含了形成於發展階段，或者根源自雙親而一直未曾得到解決的心理議題。陰影也可能是在暗示一直沒有獲得發展，因此不曾在我們的生命中實際呈現的潛能。對於我們自我意識（ego）的結構，還有對於我們賦予自我的界定與定義而言，這樣的陰影打從一開始，就意味著一種威脅！於是，經常在我們能夠看見陰影之前，就先看到各種憂慮、害怕、忿怒，或者企圖消滅陰影。我們心中的陰影，雖然最開始它只是面積不知多大，底層不知多深，似乎帶點悠久色調的一塊黑影，不過當它被某種激烈的情緒給釋放出來而攤在陽光下時，也就代表這時候它正在被當事人投射到他人身上；又或者，它是經由某種不受控制的反應，給投射到某個特定的個人、特定的價值觀、特定的種族，以及其他諸如此類的對象身上。沒有任何單一的占星要素能夠為我們全然描繪出陰影的樣貌。因為星盤上任何一個部分，都有可能是受到壓抑，或者都有可能是沒有被意識到的部分，於是從表面上看起來，它們只是理所當然地「不存在那裡」。其實所謂的陰影，也許就是存在於我們與他人身上的某個面向，一個我們最常輕易對它做出錯誤、糟糕、邪惡的評價，或者為它感到羞愧、可恥，因此嚴加排斥與否定的面向。

如同我們在前面已經看到的，只要是涉及到凱龍，就有三個同進同出的形象在那裡：醫者、受傷者、傷人者。如果僅就特定的某人來觀察他或她的人生，這三個形象中通常會有一個比另外兩個還明顯，於是這另外兩個就成了難以被察覺到的形象，也可以說，就成了陰影的一部分。三者之中，往往可以見到是「醫者」的形象得到比較顯著的發展。當然，「醫者」不會只象徵這個人確實就以醫療相關的職業維生。這樣一個形象乃是透過一個概括籠統的手法，來指稱一個為他人服務、效勞或提供幫助的人。好比神話裡的凱龍，既是智者、也是別人的養父與導師，還是自己小孩的父親。經由教育的陶冶過程，以及對人情世故的學習，我們於是能成為有教養的文明人，而社會也鼓勵我們持續修身養性，追求更崇高偉大的才幹與品德。換句話說，我們深層的痛苦，還有我們原本擁有的傷害他人的能力，或許就這樣在過程中被拋在腦後。然而，為了從自己的痛苦中「倖存」，或者為了遏制這些痛苦，我們可能會以自己的「下半身」為代價，發展出另一個「上半身」；道理就像凱龍，上半身是一位有智慧的醫者，下半身卻是一匹受傷的動物。於是乎，我們可能會讓自己變得彬彬有禮、世故練達、打扮講究且舉止高雅，或者成為理想崇高、充滿高貴情操的人士，然而卻完全忽略了一直在我們下面，我們賴以立足的這匹受傷的動物，直到有某種形式的疾病或危機，強迫我們不得不思考自己內在有形或無形的痛楚為止。與此相對，也有一些人決定全然認同自己那動物半身的意象，以更高雅的德性作為代價，讚美提升「放縱任性、過度沉溺、暴力貪婪以及好與人爭」的面向，任其發展而不受理性的調和或磨練。不論是這兩種失衡中的哪一種，最後都不免導致痛苦。

在某些人的星圖中，凱龍表現出「受傷者」的形象；這些人比較傾向於認同自己靈魂或心靈中，那些受了傷、沒有得到健全發展，或者被拋棄、被驅逐的面相，也有可能是去認同那些生來就有令人遺憾的心理或生理殘疾的人。這些人當中，有的可能會有如是自身社會的「局外人」，另外也可能是整個社會的犧牲者或代罪羔羊；這或許會使得他們一生中有許多時間都待在處置機構或醫院。有個如今依舊留存在人們心理層面的古代習俗：為了讓眾人免受災厄，必須把「惡意」或「霉氣」轉移到某隻作為祭品的動物，甚至是人的身上，讓祭品去承擔。作法則是遵循一定的儀式，將祭品殺死，或者放逐到荒野裡去。印度北部曾經用馬來進行這樣的祭典，或許還有別的地方也有過，這為凱龍提供了一層人類學方面的聯想。

有些時候，「傷人者」會是最外顯的形象，此時當事人可能要付出極大的精力，不是去壓抑它，就是去實際表現它，無論何者，都難免帶來悲慘的結果。單憑星圖，我們很少會有機會確定在凱龍這三個面貌中，哪一個會最強力主宰當事人的生命，特別是三者的比重也有可能會隨著時間而出現變動。理想狀態下，在我們剛過五十歲，也就是在「凱龍回歸」到來之前，這三個具有原型意義的面貌，會讓我們全部遇上，一一成為我們的生命經歷，並且屆時我們也應當有能力整合它們，而不是依舊任其各自分離。吉姆．瓊斯（Jim Jones）一生的事業，是以「大善人」（醫者）為始，卻以「殺人者」和「被殺者」為終（譯註十一）。其實，那些犯下殘酷暴行並且也受到應有制裁的人，同一時間也成為群體的代罪羔羊。我們在報紙新聞上閱讀著所謂的「恐怖」事端，看到所謂的「惡人」被繩之以法而感到寬心，同時或許默默在心裡覺得正義得到伸張，自己本身的清白純潔也得到確保。然而，那些施加痛苦給他人的人，他們的行動屢屢是在對著他們自己所背負的痛苦做出回應。凱龍代表的過程，或許能終結這種不斷重複、難以停止的循環。

附身起乩與誇大膨脹

在許多不同文化裡都可以見到的薩滿信仰傳統裡，「附身起乩」的現象一開始在象徵薩滿巫師受選的重病期間，以及在他隨後的養成階段中，具有非常核心的意義。之後，它也是薩

譯註十一　1931-1978，美國宗教家，一開始曾在正統的基督教派中供職，熱心助人，但因反對種族歧視（助人的醫者）而遭時人排斥。後來自創教派，但是隨著時間經過，其行動與路線越來越激進，最後發生與世俗秩序的直接衝突，促使他先命令追隨的信徒自殺（殺人者），再用手槍結束自己的生命（殺「人」者／被殺者）。

滿巫師在進行治療與預言等委託時，會使用的必要技巧之一。在古希臘時代，疾病的症狀被視為是出於某位神祇之手，於是為了促成治療過程發生，自然有必要找出隱藏在病症後面的是哪位神祇，並且對祂獻上敬意，致敬的方法或許是透過呈上祈禱頌文，或許是舉辦典禮儀式，又或許甚至要表示自己願意奉這位神祇為主人，服侍祂一定時間。不過這與「驅魔」不是同一件事，在驅魔的時候我們所做的嘗試，是為了趕走、驅逐某個東西；相對地，起乩附身所描述的行為，更像是有意識地與某個正在要求得到我們正視與承認的東西，主動建立起彼此之間的**關係**。

當我們看著出生星圖上的凱龍，常常可以看到這些古老的原則與意象，雖然的確表示出某個現象，但對此現象我們卻百思不得其解。例如，有些時候，某個與凱龍形成相位的行星，可能會對當事人的人生發揮非常強大的主宰力，然而它在星圖上卻不一定有得到明顯的強調。這種時候，該行星與凱龍之間的相位種類，似乎還沒有相位角距的緊密度來得重要。有鑒於凱龍代表的是我們受傷之處——在這樣的地方，那道將我們與「集體潛意識」和「原型範疇」分隔開來的「膜」，厚度是非常之薄；於是乎，其他行星懷有的原型層面，正好有可能從這裡穿透灌注到我們個人的生命之中，無論是化為我們的天賦優勢，還是不利條件，或者常常是兩種皆有。

拿瑪莉蓮．夢露(譯註十二)作為例子，她的凱龍與天頂合相，兩者都在金牛座，並且也都與第九宮、牡羊座的金星合相。這個金星，是她星盤上唯一一個與凱龍形成相位的個人行星，除此以外就是在獅子座、第一宮的海王星與凱龍成三分相，以及在巨蟹座、第十一宮的冥王星與凱龍成五分相。夢露這個人，被圍繞在她身邊那種由電影工業建立起來，令人感到印象深刻無比，同時又帶有強烈金星色彩的明星刻板印象所吞噬（凱龍與海王星有相位），恰足以掩蓋隱藏於她內心的痛苦。她為全世界描述、展示並且演出（凱龍與天頂有相位）「美神與愛神」的模樣（凱龍與第九宮的金星有相位），卻在自己個人的感情關係裡承受極大的不快樂。甚至還有人臆測，她是因為捲入了重要政治人物的性醜聞而遭到謀殺（凱龍與冥王星有相位）。她的童年時期大部分時間都在孤兒院渡過，必須不停面對人際關係的斷裂與不完整（凱龍與金星有相位）；之後，她又被建構她外在形象的那些人無情地剝削：又一個與凱龍——金星相位有關連的災難。另外，當行運的凱龍於一九八七年間，與（當時已經過世的）夢露出生星盤上的雙子座太陽產生合相時，葛洛莉亞．史坦能（譯註十三）宣布，不久後她將要出版的一本夢露生平傳記，將會把所得收益捐出，用來創立一個協助「深度受創兒童」的基金會。這是一個與「愛之女神」的螢幕形象非常切合的禮讚，曾經也是這個形象藏起了它身後那位受傷的小女孩。

譯註十二　1926-1962，身為二十世紀電影及流行文化中的性感象徵，其名聲透過文化與媒體的跨國流通，即使在臺灣也有許多人知道，幾乎無需多做介紹。

譯註十三　Gloria Steinem，生於1934年，為美國著名的女權運動者。

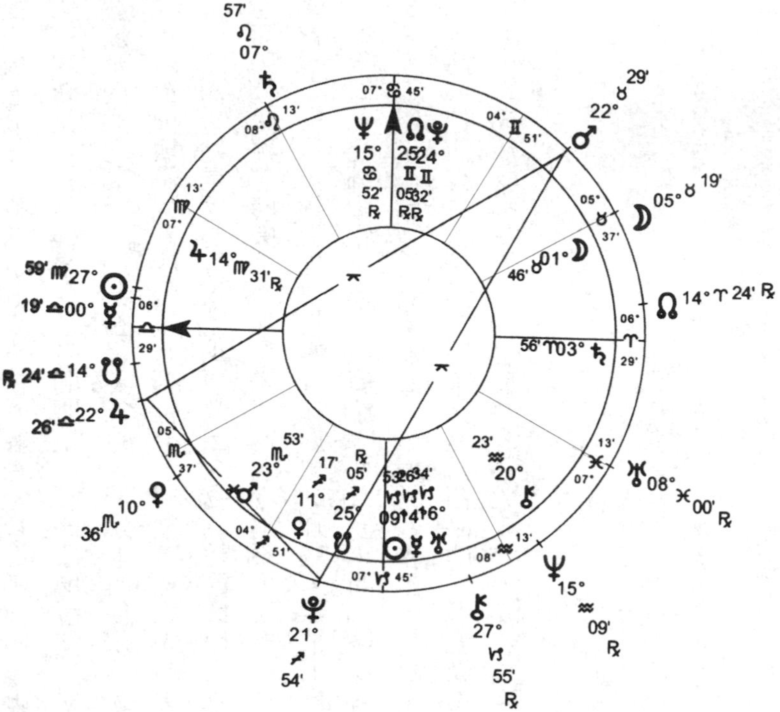

圖一　內輪：西蒙·威森塔爾；外輪：他逝世當天正午形成的上帝手指

行星若與凱龍形成相位，那麼這個行星就有可能化身某種栩栩如真的形象，強烈驅使著某個人的一舉一動，宛如這個人被它「附身」了一般。而儘管在他人眼中或許很明顯，當事人說不定無法察覺到這一點。著名的「納粹獵人」（譯註十四）西蒙．威森塔爾（譯註十五），有著入第五宮、水瓶座的凱龍，與位在天蠍座、第二宮的火星成四分相，並且與位在雙子座、第九宮的冥王星成三分相。他以一個「代理人」的身分，為族群全體從事復仇，實現施加懲罰給兇手的工作（凱龍與火星、冥王星有相位），並因此而聞名於世。然而他在描述自己的感受時，內容與自己所扮演的角色十分抽離（凱龍位於水瓶座），只是單純指出要是他沒有選擇做這件事，他可能在老早以前就會被那些強烈的負面情緒給弄到崩潰了。在他去世的當天，有個行運的上帝手指圖形相位形成，構成上帝手指的每一個點，都與他出生星盤上的凱龍產生緊密的相位，而且所謂的上帝手指「釋放點」（譯註十六），剛好就落在他出生星盤上的火星上！這個行運的上帝手指是以運行到金牛座的火星為頂點，以天秤座的木星和射手座的冥王星為兩側端點。這些都在告訴我們：他已經從他身上那項「火星—冥王星」式的使命中得到了釋放。

同樣地，在我們身上各種形式的「誇大膨脹」，譬如那些我們死守的極端，我們喜歡向他

譯註十四 致力於追查納粹黨人的身分與有罪證據，力求能發動訴訟將他們以戰爭罪行與其他非人道行為定罪，因此而有這樣的外號。這不是一個真正的「職業」，事實上由於幾近無償，而且不受強權政府的「真心支持」，能夠繼續下去的納粹獵人微乎其微。

譯註十五 Simon Wiesenthal，1908-2005，猶太裔奧地利人，歷經大屠殺而倖存的被害者，脫難後幾乎畢生致力於蒐證工作，協助拘捕以及定罪不少在逃的納粹戰犯，以及推動反納粹運動的工作，歷經取笑甚至是生命威脅而不退卻，1977年時曾有一個大屠殺事件的紀念組織以他的名字命名。

譯註十六 是指上帝手指頂點行星的正對面的點。

人展現的浮誇，或者無意之間在心裡把自己當成是某位虛構人物，無論它們是隱藏在內，還是大喇喇地表現於外，都可能經由凱龍展示出來。牽涉到凱龍星盤配置的行運，有時候會帶來這種經驗：「某個假扮的神聖、虛構出來的不可侵犯的形象，突然間意外地破滅、墜跌，讓人體會到原來一點也沒有那麼偉大，原來形象的主人也有凡人都有的脆弱、無能為力，以及能夠被事物所傷害。」與此同時，我們也可能在相關領域裡，被要求去完成某件我們本來認為不可能做到的事。關於上面所說，克里斯多福．李維可以作為一個非常切題的範例。以「超人」最廣為人知的他，凱龍是在魔羯座，與太陽和水星形成四分相，並且也與在獅子座、合相於上升點的冥王星，以及在金牛座、第十宮的木星，各自形成八分之三相。他在電影裡所飾演的「超人」扮相，廣受觀眾的喜愛與崇拜，然而李維本人卻在一九九五年時，因為從馬背上摔下來，造成脊椎斷裂，全身癱瘓。意外發生的那一天，行運的凱龍來到處女座，正好與他出生星圖上的木星，形成完完全全的正三分相。在那之後，李維付出非常大的努力進行長期復健（凱龍在魔羯座），因而在治療上達成近乎奇蹟般的進展，甚至於能夠成功地再度從事與電影有關的工作，不論是幕前的演出還是幕後的執導部分。此外，他還創立了「克里斯多福．李維基金會」（凱龍與第十宮的木星有相位），將宗旨放在為脊椎傷害所造成的癱瘓尋找更好的治療方法。他將自傳命名為《沒有不可能的事》，恰好能表現出凱龍與木星有相位的意義。說實在的，「超人」這個角色不會只是螢幕上虛構的幻夢而已，因為世人將會記得李維這個人就像超人一樣，戰勝了難以實現的或然率，而且為世界留下了一筆能夠幫助更多人的財富。

轉世與輪迴

確實，凱龍所反應的，也可能是將「轉世」與「輪迴」連結起來的歷程。有一種看法是：靈魂在經過一段時間待在其他存在層次，做好下一次投胎轉世的準備以後，是靈魂本身「選擇」了讓它肉身受孕的父母；另外也有說法是，是靈魂被當時成孕的肉身給牽引過去。無論如何，個別的靈魂會帶著來自於其他時空，那些尚未獲得解決的個人經驗的斷簡殘篇，來到這一世之中；此外，也會帶著先前取得的天賦與智慧前來。這也隱含著一件事，那就是一個個別的靈魂，即便經過了多少次不同的轉世，它依然是同一個而且具有連續性的靈魂。不過，除了這種靈魂連續的概念外，還有另一種關於「輪迴」的觀點，特別著重於時間的「非線性」；在這種理論模型裡，「時間」中的每一個瞬間，全都是「永恆的當下」，於是並沒有個別靈魂「穿過」時間可言，也就沒有所謂連續性問題。不過，隨著我們週期性並且暫時性地參與其中，也的確有一個宇宙恆常的展現在我們面前。就是在這個意義的宇宙裡，我們一般理解的「個體性」無疑不是一直連續，而是消解融化，回到那個可以說是不斷「重新凝固」的整體性裡，然後再形成新的「個體」，這或許也可說是一種連續性的意義。換句話說，並不是我們背負著這個「漫長的過去」穿越過時間；這段漫長的過去並不是「我們的」，毋寧該說我們是被「選中」，與它共渡這段人生的。

在比較深層的心靈層面上，我們每一個人都會加入「人的經驗」的永恆累積過程；一樣，當來到了這些心靈的底層層面，我們也都是集體潛意識的一份子；更不用說在這段旅途中，我們每個人都只是個「凡人」（註6）。我們被召來與它一同努力的那些主題，之所以強烈給人一種它們是私密而且專屬於個人的感覺，是因為我們全都是人生大戲的一員。此處，生命與靈魂是否具有連續性，並不是問題所在；那種屬於個人的感覺會出現，關鍵其實在於：我們理解生命連續性的方式，是一件極度只關係到個人的事。是以，在出生星圖上，凱龍常常會標示出一整套衝擊力非常激烈的議題與主題，是我們從「別的地方」帶過來要在這裡解決的；這些經驗與感受，就是迫切需要直接解決的課題。

凱龍的行運，則經常顯示出來自前世的夢想、思想以及幻想。就某種心理學的觀點而言，把「前世」的素材當作是一些象徵與符號，是很有用的作法，只要這麼做可以為我們身為諮商師本身，或者是為帶來這些前世素材的客戶，組織出更合理意義的象徵系統。這樣子的看法，並不是在否認或者挑戰相關的形上學說法，它主要是想提供一個機會，讓我們可以藉此理解與整合經驗所具有的意義。從別的存在層次被帶到此世來的，那些尚未獲得解決的經驗，無論此世留存住的碎片是什麼，它們都會有個傾向，會依照在此世曾經感受過的創傷經驗一模一樣的方式，來排列它們的形狀外觀。這種過程可以視為是對佛洛伊德「強迫性重複」的概念所做的某種延伸，只不過在這種延伸說法裡，那些啟動「重複」的事件，雖然隸屬於此世，但它們其實是在「此世之前」就已經啟動的某個過程的一部分；而同樣地，這些事件在療癒或解決之道成為可能之前，會一直持續累積它的強度與力道。

來自前世的回憶或許會充滿戲劇性，或者非常迴異於此世的一切，而且有時候會很難對它們進行統整融合。然而，將經驗（或感受）解釋成是來自某段前世，可能會讓我們身陷於這份經驗本身的迷人魅力，而忘了要將能量接回這一世，以作為療癒的基礎。常常，某段與這一世有關係的情感上的痛苦，當它發生的時候由於太過強烈與巨大，令我們實在無法承受，這時心靈就會做出某種抵償動作，將這份痛苦移到具連續性的那個靈魂層面，然後另外製造出一段「漂亮」的內在經驗，以保護我們至少有一段時間不受痛苦感受的傷害。然而，這種保護作用並不是整個過程的目的。前世的經驗，可能是要預告我們某些極為重要，與我們這一世的人生所隱含的脆弱之處息息相關的事情；於是乎，緊跟著各種徵象，認真詮釋它們的暗示，會是最能帶給我們幫助的作法。穿透這些象徵與詮釋的層面，而顯現於我們眼前的東西，它們之所以可貴，不只是因為提供給我們資訊，還因為它是釋放阻塞能量的途徑，至於能量阻塞的影響與結果為何，當事人一定感受得很清楚。

有一位凱龍位於第十宮的女士，深深相信自己在某段前世裡是古埃及皇室的成員。她覺得自己一定是做了什麼糟糕的事情，才會讓她從高高在上的人生重重摔落，讓她在這一生只能時時為了錢的事情費心費力，默默無聞地住在市內一間簡陋的公寓，周遭有千百萬人卻沒有一個知道她高貴的出身。這讓她非常沮喪洩氣，而且執意要找出自己前世到底造過什麼孽。在對自己的奇想做了一段時間的努力後，她終於不再單純只以權力和地位為標準來評斷自我的價值，也終於能將那些替她帶來苦惱的想法化解開來。她看待自己的這個「皇族」形象，代表了她想要「成就的目標」，可是這樣一種目標，實際上卻阻礙了她去成就真正符合她能力的事，最後她就開始把「皇族」的形象看作是她的自我尊嚴、給人的觀感以及自我充足感等這些內在心性的代表象徵。在她對自我價值的看法開始進化以後，世俗觀點定義的成敗問題，以及由此而生的種種困擾，馬上就對她失去部分的衝擊力度，同時她也漸漸開始會設定與完成一些比較實在的目標。

一位執業的占星師不免遇到會有客人帶著這種與前世有關的諮詢內容，前來尋求討論、釐清以及確認。採取象徵與現實並用的諮商方法及態度，能讓占星師接近目標所在的內心區域：它或許是被這種前世內容給藏匿住，而實際上是與此世的苦痛有關。當需要加以處理的是具體的人際關係時，這種觀點可能會特別有用。著名的心靈導師拉姆．達斯（Ram Dass），非常喜歡對我們耳提面命這件事：在一個個有別於此時此地的時空裡，我們很有可能全都是彼此的母親、父母、姐妹、兄弟、殺人者、被害人，或者其他形形色色的關係！

史坦尼斯拉夫・葛羅夫（譯註十七）提出的「濃縮經驗體系」（COEX）說法，也可以在這個複雜糾結的領域發揮不錯的效用。他發現，某個人在生命中遭遇到的一些重大主題，在許多其他不同的經驗領域中，事實上甚至可說是在許多其他不同的「次元」裡，都可以看見關於它們的回響或呼應。舉例來說，對重要的行動拖拖拉拉，因而常常促使事態變得更加複雜或困難，這樣一種心態模式可能跟這個人的「家世」有關，並且也會在之後反覆出現；也就是說，同樣的模式在這個人雙親（或者其中一位）以及某些家族先人的生命過程中，或許也可以看得到；它可能會出現在某段前世的生命情節裡，也可能是「發生在」我們這一世的人生中。當我們處在一段療癒過程的時候，就有可能「進入」某個「濃縮經驗體系」，然後與它共同努力。這個「進入」，從上述提到的任何入口都可行，因為原本就沒有某個單一的「起因」，會是我們必須先把它找出來才行的。這樣的思考模型，可以帶領我們超越那種蔚為典範的牛頓式因果關係；後者在靈魂的發展歷程中，一旦被不當應用的時候，所創造出的麻煩與問題，常常比它所能解決的更多。

譯註十七　Stanislav Grof，生於1931年，捷克人，是「超個人心理學（transpersonal psychology）」的奠基者之一。

犧牲

犧牲這個主題，可能會經由凱龍宮位與星座的位置分布，而呈現於相關連的事物之中。類似的事件，可能是被迫與某個我們認為自己沒有它就活不下去的事物分離，於是促使我們在突然之間踏上一段自我內在的旅程。例如，對於凱龍落在天蠍座的人而言，意識到自己失去地位或權力，不論那是出於意外還是自己主動的選擇，都會是他們生命中很常見的主題。又例如，若是凱龍位於第七宮，那麼失去一段重要的親密人際關係，或許便是開啟內在旅程的緣由。對某位凱龍在雙子座的女士來說，由於父母無法繼續負擔她的學費，自己又未能成功取得獎學金補助，以致於必須中斷大學學業，這件事在她心裡就有如世界末日。經過了很長一段時間的徬徨困惑、不知自己該怎麼辦之後，她終於決定學習手語，之後也從事與聾啞人士有關的工作。就這樣，從這些在言語溝通能力上有障礙或損壞的人們身上，她展現出自己位於雙子座的凱龍。於是乎，她所感受發生在自己身上的那種「失學」、那種「教育方面有所障礙」的感覺，便獲得了轉化。

有時候，被犧牲的祭品是由命運本身安排的，然而有些人卻決定要由他們主動選擇，在這種情形之下，結果有時候不只會令周遭的親朋好友，或許連他們本人都會對自己的選擇大吃一驚。凱瑞尼〔譯註十八〕指出，活人獻祭主要是獻給居住在佩利翁山的佩留斯，從而駁斥了也會獻給凱龍作為崇敬之意的可能性(註7)。然而，提供活人獻祭給原始神祕時代的諸神是當時普遍的習俗，凱瑞尼並沒有提出任何理由，說明他為什麼認為凱龍是個例外——除了這樣子可以強調凱龍品格的偉大以外。我想，如果對發生於凱龍行運期間的事件進行審慎仔細的思考，倒是可以提供我們理由來將「犧牲」這個暗喻包括進來，成為凱龍主題的一員。

許多社會的傳統習俗裡，都有過使用人類或動物獻祭的歷史。時至今日，非洲和印度依然還有這樣的儀式，而且世界上多半還有不少地區也是如此。雖然用活體獻祭的觀念，會讓我們覺得毛骨悚然、不敢面對，然而基督教的聖禮卻是相同東西的「象徵版本」；包括所謂的「食生肉禮」，也就是食用神的身體（這種典禮，曾經是戴奧尼索斯(譯註十九)的那些著名儀式中的一部分）。鮮血祭祀所構成的隱喻結構，它在我們內心的位置，比我們所願意承認的還要貼近表面。只是在基督教彌撒(譯註二十)裡，儀式為我們引見的神聖能量，是藉由對象徵符號的彰顯，而不是透過某些實際作為而產生。然而，盛行於天主教教會內部的性侵陋習，其嚴重與殘害人心之程度於近年來廣受揭露，這件事免不了讓人注意到：只去「演出」一個儀式，而不去理解儀

譯註十八　Kerenyi，1897-1973，本身是一位古典哲學學者，不過同時是現代研究古希臘神話的重要奠基者之一。

譯註十九　Dionysius，是古希臘神話中的酒神，有許多充滿神祕與狂熱性質的典禮儀式都與祂有關。

譯註二十　在這裡，「基督教」與「彌撒」都是廣義詞，不特指天主教或基督教，也不限於哪個教派或儀禮內容。

式的深層含意，這樣子會帶來什麼危險。

進行「犧牲」祭典的理由多的不得了，不過有幾個基本原則，是即使跨越各種不同文化，也都經常可以發現的。就心理層面的探討而言，這些原則對我們十分重要。祭品的犧牲，可能是要替有所求的人們討得神明的歡心，希望可以藉此獲得祂們的恩惠，或者在覺得祂們生氣的時候用來安撫祂們。牲禮，也可以用來產生或者消除神聖性。換句話說，如果有什麼東西變得太過神聖，它必須要成為祭品，以回復生命的平衡；另一方面，當某個東西「失去元神」的時候，或許可以透過犧牲祭品來將之帶回。就以上而言，犧牲，「就在於透過被犧牲者的居中調節」，也就是說，透過那個在祭禮的過程中要被摧毀的東西，「來建立一個神聖世界與世俗世界之間的溝通途徑」（註8）。它是一種對能量的集中與注目的過程，而這個過程所設計要來達成的目的，遠比典禮本身要來得重大。

就心理層面而言，當我們心理變得不平衡，譬如當我們之中有個部分以全體為代價來成就自身發展的時候，「犧牲」這個暗喻結構就會開始啟動；這時候，打個比喻來說，心靈可能會安排一場宰殺肥牛的祭典，而那些我們原本在心裡抱持的計畫、志向以及自我形象等等，都需要讓它們在這場祭典裡死去，好讓其他的東西可以為了我們的「完整」而活下來。我們甚至會讓自己做出犧牲自己最珍愛的東西的事，祈求這麼做可以讓別的東西「起死回生」；不然就是我們會做出犧牲自我的舉動，以求可以替其他人提供支持與援助。我見過有個凱龍在牡羊座的人，當她進入凱龍回歸的時候，生了一場非常嚴重的病。到了後來她才承認，她心裡一直想要離開自己的丈夫。對於自己所想像的離婚以後會造成的一切影響感到擔心，包括擔心丈夫如果沒有她該怎麼辦，使得她害怕犧牲掉這場婚姻——是這些擔心害怕，多少促成了這場大病。最後她終於決定將她的婚姻真正地「獻祭」。

認真面對情緒與感受，理解我們那些負面衝動所顯露的究竟是什麼真心的需求，這會賦予人非常深層的精神力量。譬如，有位凱龍在處女座的女士，平日一邊擔任兼職祕書，一邊發展按摩及另類療法的個人工作：這些都是典型的處女座型職業活動。當行運的凱龍與她出生星圖上的凱龍進入散消的四分相，她感受到強大的壓力，非常想要把她的祕書工作給「幹掉」，然而她知道自己沒辦法這樣做，因為她還有兩個小孩要養。後來她對情況做了更仔細的評估審視，於是了解到可以把自己在祕書工作中展現出來的，在組織方面的技巧與基本功，整合應用到她的按摩工作中。與此同時，想要「幹掉」祕書工作的渴望，發揮了讓她在情緒層面上與這份工作切割的功用，因而也讓她有辦法重新領引內心能量的走向。要是她直接把心中渴望的衝動以行動化為實際，二話不說就辭職，說不定要花上很長一段時間她才會想起，如果要讓這份按摩工作足以支撐家裡的經濟，自己所需要的正是在過去那份祕書工作中一直都在運用的能力。由此可見，從「殺戮」的表面底下所顯示出來的需求，其實是與她內在的自尊感有關。只要她繼續誤將這種**需求**或自尊感的議題，關連到還沒實現的全職按摩師的選擇，她的能量就會受到侵蝕破壞；忿怒與不耐將會是最終的結果。

自殺的想法偶爾會在凱龍星盤配置受到行運強烈影響的期間浮現出來。而且，要是行運一併觸動了許多星圖上的行星的話，就更是如此。這段期間，某個種類、某種意義的變化，正在努力試圖要「發生」。於是，如果我們心中有非常迷戀、非常依附，或者不知不覺將自己投射認同於某些事物身上，當它因為面臨變化，而不得不「死去」的時候，我們可能會原封不動的把這種感覺拿過來，感受成是我們自己想要自殺。有位凱龍在天蠍座的女士，當行運的冥王星與自己的凱龍合相時，感覺到想自殺的念頭；在她對自己究竟想要「犧牲」的是什麼，做了更深層的檢查之後，發現那原來是她看待自己的舊有觀點：主要是諸如「我很差勁」以及「人生不值得活」這類的態度。儘管近來有一些非常正面的經驗，向她指出她並不是這樣的人，事實證明（又或者正是因為遇上了這些經驗，才向我們證明了這件事）：她自己其實非常害怕放棄由這種舊觀點所帶來的痛苦，對於讓新看法能在自己的生命裡落地生根這件事感到極為恐懼。

另外一個例子，則是一位當行運的凱龍與位於第十宮、處女座的土星形成四分相，並且與位於射手座的出生凱龍形成對分相時，萌生自殺念頭的男士。當時他正要完成正規大學學位，而身為一位已經超過二十五歲，但還在唸大學的人，他也是拚了命努力想要畢業。最後他了解到，他的自殺衝動是來自於害怕失去校園環境提供的那種安全感。也可以說，當時他正面臨了一個挑戰，要再度進入這個世界，雖然方式與他第一次來到世界並不相同。當他終於實現最珍貴的畢業願望，展開在他眼前的似乎卻是一片不知所措的空虛，驚慌失控的情緒於是激起了一連串自殺的想法。正是這時候，他的決心毅力插手，讓他可以柔順平和地面對自己的恐懼。由於整個心理過程在一開始是難以察覺的，所以當初他並不知道自己對校園生活有如此強大的連結。「終結校園生活」於是偷偷轉化為「終結自己生命」的狂想。

安德烈．塔爾科夫斯基（譯註二十一）在他那部非凡的電影巨作「犧牲」（*The Sacrifice*）中，讓我們看到一個明顯「發了瘋」，把全家住的房子燒掉，被強押到療養院，並且就此不再說話的人的內心之旅。在他內心經驗與感受的解說之下，他的這些動作對身為觀眾的我們來說，卻產生了再合理也不過的意義。他是為了設法避免一場核子浩劫，而向上帝提出一項協議：如果祂願意免去這場災難，他願意付出任何寶貴的事物作為交換，不論是他的家庭、他的財產，甚至是他說話的能力。這部電影是在塔爾科夫斯基死於肺癌的不久之前殺青，就在電影完成的時候，凱龍行運到雙子座，並且與他水星的太陽弧推運的位置完全合相，與此同時這個推運的水星則合相於出生星圖上的凱龍。雙子座主宰著人體的肺部，水星莫丘里則是關於溝通的神：占

譯註二十一　Andrei Tarkovsky，1932-1986，俄國人，是俄國電影在蘇聯時代舉足輕重的導演與製片，也是世界電影史上的重要人物。

星學的象徵系統，為這些事實添加了一個深刻而動人心弦的註腳。

某場病痛，可能會來自於上述的其中一種方式，來試圖「向上帝討價還價」；在這場討價還價中，我們在無意識間選擇了犧牲自己的健康，而不是獻出其他東西（而我們心中，對於後者的不願獻出，同樣也可能是在無意識之下所為）。在凱龍強勢的行運期間如果有嚴重的疾患或危機發生，參考一下這個比喻，對我們理解眼前的情況或許會帶來一些幫助。用紀伯倫（譯註二十二）的話來說：「限制住你一切所知的外殼，當它破碎時你不免會痛。（註9）」星盤上的凱龍，可以標示出生命會在什麼領域，又是經由什麼方式，呼喚著我們，要我們放棄對自己的膨脹與誇大，不論它們是正面還是負面；然後找出我們此生所背負的「協議」究竟何在。位在我們種種病症後面的，或許是類似這樣的想法：「我願意每天都確實禱告，或者我願意捐錢給慈善機構，或者是我每天都會對人和氣、熱心助人……」如果我這麼做的話，「可不可以請神讓我逃過這一劫？」然而就是因為這樣，我們才永遠無法從自己招致的痛苦中解脫。

局外人與流亡異鄉的人

從天文學的角度來說，身為半人馬族星體的凱龍，不太算得上是隸屬於太陽系，反而更像是純粹穿過太陽系而行，路線剛好與土星軌道相交，並且幾乎碰到天王星的軌道。他是一隻名副其實的孤鳥、一匹不折不扣的野馬；他流浪、漫遊；置身局外、離鄉背井。如今，有數百、數千萬，不知確切數目的人，出於各式各樣的原因，包括自我的選擇，受戰爭、飢荒、天災所迫，或者政治疆域變更等等，而客居異鄉。「我們屬於哪裡」，或者其實該說「我們屬於什麼族群」，在今日是個非常重要的議題。「誰跟我是『一國』的人？」則是深埋在這個議題底層的疑問。身為局外人，並不表示就會身為「代罪羔羊」，不過這或許就是我們擔心害怕的事，也正是如此，我們下定決心隨時遵循團體的規矩或意思行事。歷史上確實有些時代，人一旦脫離了族人部落，就等於是死路一條。然而時至今日，我們對於「部落」或「鄉里」的理解，隨著通訊科技的逐步問世一直都在改觀，這件事又反過來造成我們更容易受到「大眾」、「人們」的制約；不過，只要付出一些努力，我們又比前人更有能力不理會所謂的大眾、更有能力為自己盤算思考——不得不說，這真是一個特殊無比的情境。

在以前，有人死於非命，或者罹患凶惡異常的疾病，會在許多「原始社會」裡造成嚴重的恐慌；人們認為那不是自然天理，背後多半是有什麼惡靈或女巫在作祟。原因難辨，啟人疑竇的死亡事件，會激發尋找代罪羔羊的行動，找出一個大家可以指責的人，不論他（或她）是直

譯註二十二　Khalil Gibran，1883-1931，當代著名的詩人，著名的詩集作品《先知》，在許早以前便已引進台灣。

接還是間接辦到的。一旦這個代罪羔羊獲得了處置（手段通常很殘忍），就可以暫時解除會有更多人「死於非命」的危險。或許，這類對付「元凶」的懲罰手段，可以緩和當我們站在死亡與災禍面前，心中所感到的脆弱無力感，因為我們是如此義憤填膺的，透過殘害這個我們都覺得他（或她）必須負責的人，來將事態取回自己的掌控之下。同樣廣為人知的是，來自外部的威脅，會在民族或社會內部創造出團結心，或者甚至創造出一些群體的妄想與偏執；這些心態情緒都能夠很輕易地被操弄，用來達成不折不扣的社會控制。看到有許多國家的政府都在利用精巧細緻的手法，將「任何來自外太空的生命，必然是不懷好意的入侵者」這種看法，潛移默化、灌輸到社會集體的意識中，這其實並不讓人驚訝。

無論如何，說到人類形形色色的痛苦，「覺得『自己』很陌生、很遙遠，對它不了解，也不親密」的這種自我疏離感，代表了其中一個非常根本的樣貌。這種自我疏離的痛苦感覺並非憑空發生，它是來自於實在的事實狀態；然而除非我們靠著非比尋常的好運，擁有一對能夠反映出我們真實本質的雙親，否則我們只會學到把本性隱藏起來（程度人人各有不同），變得所謂的「社會化」。不幸的是，有時候我們可能會忘記我們把「自己」藏在哪裡！這點，正是凱龍向我們指出的兩難處境，而突破這個困境的過程步驟，就包含了尋回失落的「自己」——就連勞倫斯也老是覺得自己是個「局外人」（譯註二十三）。

尋回自己，跟「招魂」這個古老的技法頗有異曲同工之妙。在薩滿巫師的治療才能中，這

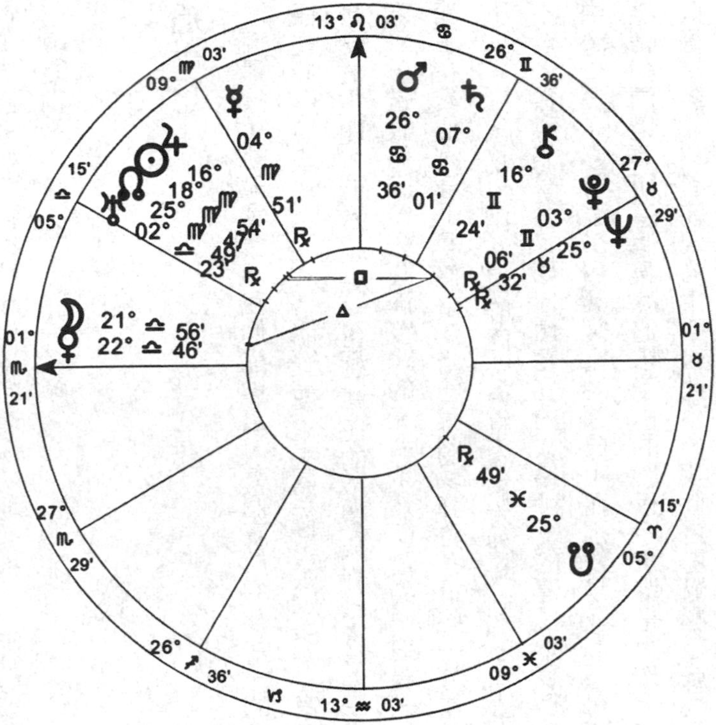

圖二　D. H. 勞倫斯

是一項找出迷途的魂魄，然後用耐心和氣將它們誘導回「失魂落魄」的人身上的能力。「將那些被排除在意識與認知之外的東西，再度包括進來」，的確會是一種有力而直接的療癒方式。那些我們失落遺散的悲傷與快樂、痛苦與平和、拘謹與玩笑、光榮與愚蠢，全是可能正在尋求被我們收回的靈魂面向。在凱龍的教誨裡，這

譯註二十三　讀者可以從D・H・勞倫斯的生平、作品與事蹟，咀嚼作者在這裡舉他為例的意思。

是很重要的一個觀點。被我們從心裡切割、排除、放逐、丟棄的東西，我們沒有辦法「治癒」它；不過，如果它是被我們溫暖而親切地擁抱，它就會得到滋養，成長茁壯，而它的能量也會出現變化。

追尋

最後，凱龍常會為我們描繪出，某個屬於「存在」的性質獲得「具體化」的過程；也可以說是有某件事必須完全按照其要求去履行、去達成或者去探求——因此，它是一個關於「追尋」的主題。關於這點，儘管凱龍的位置或許確實反應了某個畢生的任務，某項「使命或天職」，是我們必須去圓滿實踐的天命；然而這場「追尋」的內在目的，卻不是、也不能在向外面，在其他人身上尋得——儘管我們或許會在這些「外在」對象上，看到我們內在目的的「倒影」。同樣地，內在目的既不會是在書本裡找到，也不能經由購買、借貸或者偷竊來達成。不過，當我們學會了如何傾聽「內在導師」的建言，我們所有的經歷與感受就能成為生命之旅中，一個多彩多姿、內涵豐富的部分；而那便是我們不得不行過的旅程，即使行經的是死亡。無論我們是要與這個靈魂追求了悟的歷程對抗還是合作，可以確定的是這個歷程並不是由我們取得、製作或者完成的東西。此外，我們這場覺醒之旅也會因為路上的妖魔鬼怪太多——諸如恐懼、憂煩、渴望獲得肯定的執迷、企圖隱藏自己弱點的動作，等等族繁不及備載——而困難重重。然而，它們依舊是旅途的一部分！那份從內在苦痛中解脫的強烈渴望，最終會引領我們回到苦難與痛楚本身，並且協助我們終於理解：除了「這裡」以外，沒有「別的地方」可去。半人馬射出的箭矢，它劃過空中的軌跡，會把我們從未來，或者從過去帶回來，落腳在現在。就像艾略特〔譯註二十四〕的詩句所言：

我們不當停下探索的腳步
因為一切探索的終點
將會來到我們的出發點
那才會是我們初次認識這個地方。〔註10〕

譯註二十四 T. S. Eliot，1888-1965，是二十世紀英美最重要的文人之一，1948年諾貝爾文學獎的得主。

原文註

註 1　Rudolf Steiner, *Knowledge of the Higher Worlds*, p. 50.

註 2　凱龍位於土星與木星中點位置的出生星圖盤面配置，可以在以下的期間發現（僅列出一九〇〇至二〇五〇年間；月份表示在前，年份表示在後）：

6/1906 - 6/1907	1/1926 – 10/1928
12/1943 – 9/1945	9/1966 – 6/1967
12/1983 – 5/1992	8/2024 – 2/2025
12/2047 – 10/2048	

註 3　G. G. Jung, *Four Archetypes*, p.136.

註 4　Brian Masters, *Killing for Company*, London, Jonathan Cape Ltd., 1985, p.257.

註 5　我謹介紹讀者們參考Tsultrim Allione的著作*Feeding Your Demons*，以及她的CD「*Cutting Through Fear*」，它們能夠提供在處理這個課題時可資利用的途徑。

註 6　Tad Mann的著作*The Divine Plot*中收錄了一份相當能引起人們興趣的列表，是關於與黃道帶度數有關的歷史時期與日期。如果有人對某個歷史時期特別著迷，或者覺得自己有某段前世是處於該時期，這通常與凱龍在出生星盤上的度數有關。

註 7　Karl Kerenyi, Asklepios, p.99.

註 8　H. Hubert and M Mann., *Sacrifice: Its Nature and Function*, p.97.

註 9　Gibran，前揭書，p.61。

註 10　T. S. Eliot, poem *Little Gidding*, in The Four Quartets, p.48.

【第五章】

關於守護的問題

有人認為，凱龍那種「離經叛道」的性格，讓它不能被劃定為任何星座的守護星。〔註1〕其他一些看法，則分別傾向於將凱龍定為處女座、天秤座、天蠍座或射手座的守護星。我們還能注意到一個有趣的現象，那就是許多與凱龍故事有關的星座，都座落在從獅子座一路延伸到射手座的這段黃道區塊附近——獅子座（代表太陽的英雄）、天蠍座（九頭蛇）、蛇夫座（阿斯克勒皮歐斯，凱龍的弟子）、射手座（弓箭手、半人馬族的一隻），以及半人馬座（凱龍自己的不朽化身）〔註2〕。就天文學來說，由於凱龍這顆星體會在獅子座到射手座之間運行，它的位置於是被定在土星軌道**之內**；關於這一點我們之後會再看到。由於凱龍不是行星，因此我們可以把那個由托勒密所編定，傳統式的「守護關係」概念，拿來延伸發展，以求發揮最好的效用；畢竟，托勒密當初也是取樣借鏡於比他更早的前人資源。所以，此處我們將致力於探討凱龍在「守護關係」中的象徵意義，並且藉由新的方式與角度，參透領悟其中埋藏的意涵。

平均點歲差

在轉變動盪的時刻，凱龍會是一位「幫手」。這句話的意思是，就個人的層次來說，只要透過觀察在行運期間所發生的一切，就可以理解得很清楚；同樣地，當凱龍呈現出似乎將要轉向、將要進入滯留，或者將要開始順行時，這些時間點也會提供很多類似實例。至於就宇宙的層次而言，凱龍於當代發現的這件事，剛好是伴隨著時序從「雙魚時代」推移到了「水瓶時代」（註3）——然而，這種「某星座的年代」，也就是「歲差年代」，不論是就天文學，還是就符號象徵，它實際上的意義究竟是什麼？

歲差年代，是依照恆星倒行運動來定義。觀察倒行的基準點，則是黃道上牡羊座的0度（它是北半球的春分點），因此這種倒行運動就稱為**平均點歲差**（precession of the equinoxes）。平均點歲差的起因，是地球在圍繞著黃道極公轉時，地球自轉軸的角度會有點搖晃偏移所致。在歲差之下，春分點要完全走完黃道一周，需要大約二萬五千八百年的時間，而這個週期就被稱為「大年」。對於水瓶時代確實開始的日期，各家預估結果會隨著使用的測量方法不同而改變。不過無論如何，各種水瓶座的象徵意義，已經出現許多非常清楚的具體實例。

每一個歲差年代，都和當時的主宰文明有驚人的相應之處，在宗教傾向方面尤其如此。譬如，在金牛年代（從大約西元前四千年開始）期間，便盛行著各式各樣崇拜公牛的信仰教派；

另外，雄偉的神廟與金字塔，它們的興建也是要為各種偉大而無形的精神，建造一個以物質構成、擁有實體的代表。牡羊年代（大約西元前二千年）的特徵是征服與探索；而按照描述這段時間的舊約聖經所記載，羔羊會在猶太傳統儀式中作為犧牲的祭品。一些先前在金牛時代受到崇拜的神明開始變化形態，將祂們的特徵轉換成能夠與接續而來的牡羊時代符合一致。便是因為這樣，波斯神米斯拉斯（Mithras）就從原來的「聖牛」，變為「擊殺惡牛者」。而亞述神阿舒爾（Ashur）也是在牡羊時代從原先的「大牛」，變成火星意義的戰神〔註4〕。

從雙魚時代

若採取以西元紀年開始，做為雙魚時代大略起點的說法，那麼打從這一個歲差年代的開頭以來，主宰西方世界的宗教就是基督教。縱觀過去這兩千年的歷史，可以為我們揭露出涵納在基督教裡的雙魚座，以及雙魚座的對立星座處女座。不必說，處女生子的聖母瑪利亞，與處女座的關連性非常明顯。早期的基督徒也用魚的符號來代表自己。許多最初的門徒都是捕魚人家，是耶穌挑選他們出來，要他們成為「人的漁夫〔譯註一〕」。慈悲的上帝，祂唯一的兒子，為

譯註一　這是直接引用中文版聖經的譯法。

了救贖人類的苦難而轉身為人，正是明明白白的雙魚形象。不只如此，《效法基督》（*imitatio Christi*）裡頭的教誨，還有對慈善仁愛與利他精神的提倡，也可以直接解釋為自我犧牲、殉教受難，以及「罪」的意涵，這些全部都是我們熟悉常見的雙魚座主題。更進一步來說，除了雙魚與處女之外，就連另外兩個變動星座的象徵意義在這裡也看得到：耶穌與他那位「黑暗的弟兄」，也就是背叛者猶大，他們兩個可以用雙子座的雙重性來描繪；至於射手座，關連到的則是在那段期間的次文化裡，所呈現出的許多靈視、天啟、預言的元素。

凱龍的發現示意著每一個個人，都有可能在自己的**內在之中**，發現「（處女）聖母」身上具有的基督教原則與精神。而不論是我們自己內心裡的對立面，還是我們在生命中遭遇的對立面，在我們一步步把它們「釘上十字架」的過程中，最後更有可能會催生出一個新的「自己」。就像交出自己半神身分的凱龍，基督也將自己交給了十字架。他們兩個都因此而死，但接下來也都成為不朽。

來到水瓶年代

歷史以及人類學的研究教給我們一件事，某個人類社會，如果想要長久延續，就一定要有某個位居核心地位，一直持續活躍的神話，將社會成員的心理意識都收容在內才有可能。這樣一個神話，替社會中的個體提供了一個存在的理由……〔註5〕。我們當前在個體與社會層面所面臨的痛苦悲傷，造成它們出現根本的原因，正是在於我們失去了這種能夠收容涵納我們心靈的神話。而且除了再找到一則新的核心神話以外，再也沒有其他方法能夠替個體與社會解決這樣的問題。〔註6〕

讀者可能會納悶，一個帶有水瓶座風貌的宗教或社會，看起來、感覺起來是什麼樣子？接下來的二千年，會發展出什麼種類的「神」的形象呢？而凱龍又會以什麼方式與此相關？屬於未來的神話，在我們有生之年有幸參與的這段時代裡，正在逐漸地形塑構成，而這些神話將深深地影響之後的人類與人性。關於這點，如今正浮現的群眾潮流確實顯示出由水瓶座、由它兩個守護星土星與天王星，還有它的對立星座獅子座，所一同烙下的清楚印記。水瓶座與獅子座的互動主題裡，其中非常重要的一個就是「由意識型態和集體理念（水瓶—天王星）所做出的嚴厲壓迫（水瓶—土星），它與個體（獅子—太陽）之間的衝突」，不論這些衝突的性質是屬於政治決定、價值觀、科學還是宗教信仰。從「兄弟情誼」的精神，到對各種專制、迫害的因襲與順從，這中間的變動過程可以進行得非常快速，有時候甚至是發生在不知不覺間。某個團體、某位領導者（獅子座），某種社會革命的理想或是意識層面的變革（水瓶座），有可能會變成許多人的「神」，與此同時，在這個「神」的名義之下，個人的地位就可能會被狠狠地踐踏。水瓶座或許可稱為原始部落意識的最後一座邊境基地，我們在這個星座中，可以遭遇部落形態的自我認同，面臨該如何滿足這種認同感的挑戰，並且在最後超越這種認同感。另一方面，凱龍與獅子座之間的特殊共鳴，則強調在這個即將到來的時代交關，將自己「連結」到我們內在的智慧之光，是多麼重要的一件事。

水瓶座是風相的固定星座，特色是雖然對「理念」擁有熱情，卻與個人情緒感受呈現疏離；此外，水瓶座也經常會獻身於要去把某件事情做到盡善盡美，抑或是對某種遠大的無上計畫、宇宙之道或者神聖秩序擁有直覺式的體認。在古希臘時代的看法裡，天王星烏拉諾斯是偉大的造物之神；然而創造世界，是距離當時人的心靈如此遙遠的觀念，就連一個祭拜祂的神壇都沒有。反觀當前這股對幽浮與科幻電影的熱烈興趣，則是傳達出一種追尋的渴望，想要找出那些令人感覺很奇特、遙遠、異質的界域與我們之間的關連。擁有人形樣貌，並且智慧遠較我們先進的生物，或者是來自外太空有如天使般的生命形式，他們與我們這些地球人的接觸，正是諸如「E．T」、「第三類接觸」、「慾望之翼」等這些電影的觀賞重點。這裡傳達的訊息，不再是「耶穌愛你（雙魚座）」，而是「你們並不孤單（水瓶座）〔譯註二〕」〔註7〕！隨著科技日新月異地進展（天王星），人類腦部的部分區塊也得到了新的發展，而且在這裡「發展」並不是修辭比喻，而是客觀的事實。今日的社會，各種所謂的「系統（水瓶座）」大量的增生，因而意味著對數學、程序和邏輯能力的強調；要在這樣的社會裡運作順利，將會非常要求左腦的能力。不過，科技的發展並不是只有好處沒有危險。用勞倫斯・凡・德・普司特爵士的話來說：

我們成了古往今來，「生命」曾經見識過的人類裡頭，一群「什麼都知道」的最偉大的族群。然而，「我們對一切的理解，是反過來被一個更偉大的、我們是被它所理解的存在形式給包含在內」——像這樣的感覺，已經一去不復返了。〔註8〕

認為「在一切事物的背後，自有某種符合神聖旨意的安排」這種神聖計畫式的理念（裡頭也包括我們這門學科：占星學），或者相信世界上存在著超級智慧的外星人的想法，無疑都是在滿足這個希望被更偉大的存在所了解的需求；因為，**個體的**、**個別的心靈**，沒有能力認識它自己。智慧或者「認識心靈本身」，很大的程度是來自我們察覺到被一個超越我們之上的，獨一無二的心靈所認識；就好像落下的雨滴，也有可能突然之間明瞭，它出發的那朵雨雲，就是

譯註二　這句的原文，同時也有「你們不是唯一的存在」的意思。

它的根源所在。從占星的角度來看，天王星開啟了一條能夠體驗這個宇宙心靈的路徑；另一方面，智慧則是木星代表的屬性——這個在神祕占星學（Esoteric Astrology）裡守護水瓶座的內在行星，藉由它，我們也可以體驗到什麼是**被了解**，除非我們被自己的智性驕傲給阻擋了，或者被過度把焦點放在自己之外的傾向給妨礙了〔註9〕。

在神話裡，凱龍與宙斯是同父異母兄弟。此外，凱龍串連起木星、土星與天王星的軌道，而這三個行星都與水瓶座有關係。凱龍在天文學上以及在自己所代表主題上，與這三個行星所具有的關連性，為我們提供一幅優雅脫俗的畫像，刻畫出對於時序進入水瓶年代這件事，它們彼此的關連性構成的深刻意義，同時也將我們與「內在的太陽」，也就是獅子座的原型意涵，維持連結的必要性也描繪出來。凱龍的旅程所要追求的，不是對自己感到沾沾自喜、心滿意足，也不是追求自我的誇大與吹噓；它所關注的是要如何增進慈悲與體諒。促進我們連結自己中心的內在「英雄之旅」，是需要相當大的勇氣（獅子座）。

射手座與銀河中心

身為弓箭手同時也是隻半人馬的射手座，與凱龍之間有種特別的關係：凱龍補足、落實，並且平衡了射手座誇大膨脹的傾向。凱龍護衛著我們身而為人的性質，提醒我們除了要往上看，也要記得向下看；告訴我們在自身的痛苦面前要知道謙卑；並且叮囑我們，除了要看重我們身上，因為對未來的可能性懷抱著有如奧林匹斯眾神般強盛樂觀的理想，於是散發而出的明亮光輝以外，對於那些潛藏在我們想像力中，神祕而黑暗的隱蔽深處也要同樣地珍視。射手座的半人馬拿著弓與箭，反諷的地方也就在這裡：他握在自己手中的，就是造成自己受傷的武器。此外，如同我們在神話裡曾經看到的，將命運與凱龍深深交織的普羅米修斯給囚禁起來的人，正是宙斯。注意看在神祕占星學裡，射手座半人馬的箭頭會畫成朝往下方，這樣一個象徵手法與某些凱龍的啟示非常合稱，譬如對生命的投入、著重天賜才賦如何在轉世成人的肉身上獲得呈現，以及強調個體性的具體實現。射手座在神祕占星學裡的守護星是地球，而凱龍便是將肉身交給了地球，藉此從他的苦難中得到釋放。請注意，雖然凱龍與宙斯有同樣的父親（土星）與祖父（天王星），凱龍卻身在奧林匹斯的光輝之外。不管怎樣，凱龍都是個「越軌者」，因此借用丹恩．魯德海爾的術語，凱龍也代表著「宇宙授精」的可能性或許存在（那是他用在冥王星上的說法，它的軌道也跨越了海王星的軌道）。

雖然我們所在的太陽系中心乃是太陽，不過整個太陽系本身，則是繞著「銀河中心」轉動。後者在二〇〇九年的位置，以黃道帶為基準的話，是位於射手座大約26度58分的地方，並且每十年會往前運行約8分的距離。一般認為，在我們這一個銀河中無處不在的萬有引力能量，其主要的源頭就是銀河中心。於是，銀河中心就象徵我們這個太陽的「太陽」；如果我們的太陽代表的是個體的中心，那麼銀河中心乃是構成某個更高秩序的組織原則與中心。數十年前，魯德海爾就曾侃侃而談地提出「銀河式的體悟」的說法，並且將哥白尼革命奉為它的前驅。確實，凱龍的發現正式宣布於一九七七年十一月一日，它的事件圖上有著射手座26度3分的上升點，合相於銀河中心所在的度數，剛好與凱龍作為新時代的傳信使這個角色一致，同時也吻合於這個事件所隱然暗示的宇宙能量的匯流與注入。

將追求屬於我們的智慧、信念與意義的這些射手座主題，「收進我們自身內在」的這個過程中，也會得到凱龍的鼎力相助。於是，既然銀河中心目前依舊位於射手座，那麼能夠為我們的生命帶來各種美好，那股來自更高超意義的脈動，就會以射手座的原型作為與我們之間的中介。人類歷史與文化上的重要時刻，如同在「大年」推運裡所反應的結果，都是人類想要與「根源」重新連結的努力在時間裡留下的路標。這個在我們精神生活中位於如此核心地位的主題，也是由凱龍來闡述。

黃道星座與「十字」

「神聖十字」這個符號，與凱龍的意義也有相關。儘管透過基督教圖像學的研究，十字是被用來象徵苦難，以及救世主基督的死亡與復活，不過我們也可以用一種更原始、更追本溯源的方式來理解十字，好比用「水平與垂直之間的關係」這樣的概念。我們的水平關係，是和出現在我們生命裡的人們、動物、物件、地方場所的連結與互動。而從象徵意義來講，一條垂直的軸線，可以連接天上與人間。垂直軸線恰好就是供我們連結到「更高自性」的導管，因為這個「更高自性」所秉持的媒介，就是我們所擁有的自身能量力場，以及這個力場的脈輪——從足根往上升，直到頭頂與頭頂再上方，然後再往下降，直到大地本身。在十字裡，水平與垂直兩個方向被帶到了一起。它是關於啟始與開創的符號。這麼看來，占星學賦予地球的符號，是用一個正立十字加上一個圓圈，象徵著永恆與完美，便不讓人感到意外了。

從占星學來談，我們就能看到凱龍與前面所描述的種種普遍可見的十字符號，有著特別強烈的共鳴。有鑒於我們正在過渡到水瓶時代，我們將會逐漸看到固定星座大十字與凱龍所代表的主題（就如前面在討論水瓶座／獅子座時，所談到的那些），會發生越來越強烈的交互回響。凱龍被發現時，是位在金牛座的3度8分，而且當天王星和冥王星被發現時，或者也可以說，當天王星和冥王星「被賦予實體（金牛座）」的時候，凱龍也是位在金牛座裡。在過去少數幾次凱龍行運經過金牛座的期間裡，誕生了許多人士，我們可以用「以完全符合凱龍風格的方式，擔任不同意識層面之間的橋樑」來描述這些人。他們之中有很多人，極為深刻地影響了我們觀看現實的視角。另外有幾位，則是對東方哲學做出廣泛的涉獵，而讓西方人比較容易接觸與了解。這些人包括：弗朗茲．安東．梅斯墨（Franz Anton Mesmer）：佛洛伊德的老師之

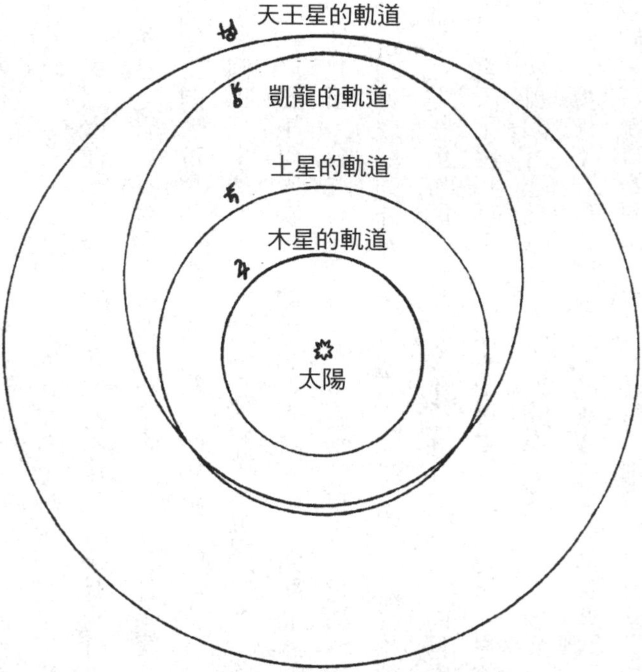

圖一　凱龍的軌道

一，催眠的先驅者；路易斯．卡羅（Lewis Carroll）：《愛麗絲夢遊先境》的作者；愛麗絲．貝利〔譯註三〕；布拉瓦斯基夫人〔譯註四〕；巴布羅．畢卡索〔譯註五〕；保羅．克利〔譯註六〕；詹姆斯．喬伊斯〔譯註七〕；伊果．史特拉汶斯基〔譯註八〕。距離今日比較接近的人物則有柯林．威爾森（Colin Wilson）：《局外人》（*The Outsider*）的作者——多麼具有凱龍風格的書名！珍．羅伯茲（Jane Roberts）：「塞斯」的附身靈媒〔譯註九〕；巴關．羅傑尼斯〔譯註十〕；史坦尼斯拉夫・葛羅夫；拉姆・達斯，也就是理查・阿爾波特（譯註十一）。當然還有愛因斯坦：他的相對論的問世，代表了「物質」（金牛座）再也不是以前我們所理解的樣子了。

凱龍的故事裡，有幾個屬於天蠍座的主題。傷了他的箭毒，用的是九頭蛇的血，而九頭蛇便與天蠍座有關；此外，凱龍因此而經受痛苦折磨，然後死亡，接著重生。各種經由天啟得

譯註三 Alice Bailey1880-1949，英國作家、神祕學研究者（神智學Theosophy的奉行者）。

譯註四 Madame Blavatsky，1831-1891，本名Helena von Hahn，神智學與神智學會的創立者。

譯註五 Pablo Picasso，1881-1973，二十世紀最重要的藝術家之一，立體畫派的創始者。

譯註六 Paul Klee，1879-1940，不只本身是知名畫家，更致力從事繪畫教學。

譯註七 James Joyce，1882-1941，愛爾蘭人，在二十世紀的英語文學世界中佔有重要的一席之地，並對後世有垮領域的影響。

譯註八 Igor Stravinsky，1882-1971，俄國作曲家（後來先後入法籍與美籍）。二十世紀古典樂壇最重要的作曲家之一，作曲風格多變，並勇於革新。

譯註九 1963年時，珍・羅伯茲與丈夫一起從事相關研究，後來他們感受到一個男性「人物」的意識，「塞斯（Seth）」是這個人物的自稱。之後，羅伯茲便常態地，以出神的方式讓塞斯「附身」於她。除了塞斯之外，羅伯茲亦聲稱她可以連結到其他幾位已故的名人。

譯註十 Bhagwan Rajneesh，1931-1990，也就是大名鼎鼎的奧修（Osho），奧修是1989年以後所用，這個則是他在1970、80年代使用的名字。他是印度的神祕主義者，奧修運動的創立者，對新世紀運動有很大的影響力。

譯註十一 Richard Alpert，生於1931年，美國著名的心靈導師，曾前往印度拜師修行，並與學術界有深刻來往。理查・阿爾波特是他的本名。

到，講述「世界終結」的預言，已經出現過很多次，而且的確世世代代以來，已經有不知多少波物種滅絕浪潮，儘管如此，是在我們這個時代，人類終於擁有了確確實實（金牛座）消滅自己（天蠍座）的能力。凱龍在近年於金牛座發現，剛好與日漸增加的保護生態意識符合一致，關於這點在本書第四部還會有更進一步的討論。詹姆斯．勒夫洛克（James Lovelock）在他的「蓋亞理論」（Gaia Theory）（譯註十二）裡，將地球描述為一個活著、有生命的系統，這個系統會自己調整規制，因此能夠從哪怕是最嚴苛的生態危機中存活下來；然而，我們這支「人類」，必須去發現正確運用地球資源的方式，以免人類這支物種也走向滅絕。事實上，根據一則預言指出，我們所認知的生物的生命形態，在第四個千禧年開始的前後，就會離開地球這個行星。

資源的運用是個關於金牛座的主題，與此同時，在我們意識到生命的脆弱性之後，今日面臨的許多議題，它們所呈現的「生與死」的性質，則與天蠍座互相回響。至於關於變動星座大十字，儘管它能帶來靈感啟發、鼓舞激勵以及慷慨大度，它同時產生的負面壓力，我們卻試圖用「把能量分散出去」的方式來因應：訴諸空泛哲理（射手座）、變成工作狂（處女座）、過度注意細節（雙子座）、沉溺成癮或逃避現實（雙魚座）。不過，到了固定星座大十字，我們會比較經得住壓力，耐得住緊張；因為固定星座能將能量聚集，於是為我們帶來不肯放棄、堅持不懈的決心與毅力。

軌道所提供的象徵意義

我們可以在心裡想像著凱龍運行路徑的影像：那是一個橢圓形的環，很劇烈地向黃道傾斜，朝著太陽轉向往內，穿過土星的軌道，然後再次向外而去。請注意，行星軌道的路徑，並不是在太空中一條單純的線，而是在一個把最靠近跟最遠離太陽的點包含進去的區域內，以它行進位置的平均值所構成的虛擬線。由這樣的軌道畫出的範圍，在這裡就稱為行星的「領域」，請不要將它與托勒密所稱的「領域」混淆，後者的意義跟這裡截然不同。實際的情況，凱龍要在土星的領域裡走上好些年；在這段期間中，凱龍會穿過土星的「平均距日距離」（Mean Solar Distance），或者又可說是穿過它的「半長軸」。

用我們熟悉的回歸黃道來做測量方式的話，凱龍在天秤座的中段會最接近太陽（稱為近日點），在牡羊座的前段則距離太陽最遠（稱為遠日點）。在凱龍向著太陽往內，跨過了土星的軌道以後，往自己位於天秤座的近日點前進時，它就成了一顆座落於木星與土星之間的「內行

譯註十二　詹姆斯．勒夫洛克生於1919年，是一位英國科學家，他於1972年提出的「蓋亞假說」，將地球視為一個超級有機體，指出生命與環境的交互作用為生命自己延續的關鍵，並以大地之母女神蓋亞為這套理論命名。

星」。反之，當它來到牡羊座前段的遠日點時，它就是一顆「外行星」。這一點，對於如何解釋星盤上的凱龍而言，是一個非常有意思的詮釋方向。那些出生星圖上的凱龍可視為內行星的人，比較容易會出現自我防衛心重，對事情的反應大，動不動就覺得個人內心受到傷害，而且或許會對「受害者」角色有比較強烈的認同；這樣的人，必須要付出更多的努力，才能學會以更宏大的角度來看事情。相反地，那些凱龍是屬於外行星的人，雖然天生就懂得如何看得更遠更廣，說不定也會有必要去學習如何時時與更為個人的情感及想法「保持聯絡」。每一個獨特的個體都會與宇宙相連相繫，同樣地，凱龍在行運時所做出的移動，對我們全部人的「返回自己」之旅，也都會有所助益。

凱龍向內而行的旅程，是以遠日點所在的牡羊座為起點。這時候，他這趟英勇戰士的追尋之旅，是以靈魂的覺醒為目標；他首先從牡羊座開始，途經金牛座、雙子座、巨蟹座，然後在獅子座進入土星的領域內。由太陽守護，關係到心（臟）的獅子座，正好便是打開內在世界的「門戶」；也是大約在獅子座的中間位置，凱龍會到達土星的平均距日距離。一開始的四個星座剛好一一為四大元素提供具體的形貌，並且標示著這些能量在我們的心靈、情感及意志如何各就各位，以提供在個人層面整合它們的基礎。到這裡為止，可說是為了穿過土星的領域，進行更深入向內的旅程前，所不可或缺的準備工作。於是，這讓人又想起了傳說中守在內在領域之前，當我們準備深入時，就會遇上的「出發點的守護者」。

進到土星的軌道以內，在繼續向內的這段弧線上，無論是虛榮與自負（獅子座），還是貶低、看輕自我（處女座），都必須在通往平衡點（也就是位於天秤座的近日點）的路上予以釋放。以神祕占星學的看法來說，天秤座被認為在我們的精神旅程中，代表著一個位居樞紐的階段。在這個階段，我們會對我們的生命經驗進行反省，從過去的錯誤中學習到教訓，並且將我們的選擇導向支持意識成長的方向。這些都會帶來變形、轉型與重生（天蠍座），最終領引我們釋放自己，重新回到「世界」，以具體實現我們所憧憬的理想（射手座）；而且在我們重回世界之時，將比以前更有智慧，因為我們已經本於平靜與慈悲之心（天秤座），學會了如何面對我們所受的苦難與折磨，也因為我們已經擁有過這樣的體驗與感受：那就是允許自己接受更深層自己的神祕觸動（天蠍座）。在土星軌道路線的「內側」待了大約十年左右，當凱龍向外離去之時，會在剛剛進入射手座的地方，再度來到土星的平均距日距離。**注意這點：所有與我們內在領域有關的黃道星座，都以象徵的方式，在凱龍的神話故事中得到明確具體的對應。**

在返回自己遠日點的路上，凱龍穿過土星的領域往外運行，從射手座中段為起始，順序經過魔羯座、水瓶座還有雙魚座。這時候，它的重點在性質上開始變得越來越「超越個人」；這當然可以是非常啟發、激勵人心的視角，不過同樣也可能意味著會有將自我迷失在外在世界，或者將事物不當地從內在丟到外部去的傾向——除非我們能夠學會適當顯露個人的情感，以及正視自我的想法。凱龍回歸會發生在一個人五十歲左右，到了那個時候，凱龍已經把土星領域內與領域外都走過一遍，並且對它們做出一些連結，所以當凱龍完成回歸之時，下一次更高階層的螺旋迴轉也會就此展開。我們會在行運的章節，對這個主題做更深入的探究。

小結

以當前所處在的歲差年代命名星座為準，凱龍不只對它的對立星座有著特別強烈的共鳴，對同一個「大十字」的其他星座也一樣。

一、**變動星座大十字**

在雙魚時代，凱龍會與處女座的主題特別有關，同樣，與地雙魚座、雙子座、射手座也是。

二、**固定星座大十字**

隨著水瓶時代的逼近，凱龍與獅子座主題的關係越來越密切，與水瓶座、金牛座、天蠍座也是。

三、**開創星座大十字**

距離我們要進入屬於開創星座的歲差年代，還有非常漫長的時間，不過請留意在凱龍軌道的象徵意涵裡，關於「牡羊座／天秤座」的關連。

射手座既身為半人馬型的星座，同時又是銀河中心目前位置所在，因此凱龍在經過它的時候，將會發揮非常強大的作用力。另外，凱龍的近日點與遠日點所位在的度數區域（前者大約是天秤座14度，後者大約是牡羊座5度），都是對凱龍十分敏感的地方，具有同樣特性的還有凱龍進出土星軌道領域的度數區域（進入時是在獅子座的中段，出去時是在射手座的前段）。

原文註

註1　Zane Stein, *Essence and Application: A View from Chiron*, p.44，以及Al Morrison, 轉引自Lantero，前揭書，p.52.

註2　關於各種不同看法的討論，請參見Lantero，前揭書，p.47-57。

註3　Barbara Hand Clow也持一樣的意見，認為凱龍為這次推移提供了一助力。參見：*Chiron: Rainbow Bridge Between the Inner and Outer Planets.*

註4　*Larousse Encyclopaedia of Astrology*, pp.224-226.

註5　Edward F. Edinger, *The Creation of Consciousness*, p.9.

註6　同前註，p.11。

註7　可以參考榮格的有趣觀點「飛碟-一個天空中的現代神話」，Collected Works Vol.10 p.307

註8　van der Post，前揭書，p.50.

註9

神祕占星學裡，跟凱龍有關的星座的守護星，似乎常常與星圖的內容呼應，尤其是在行運啟動其能量的時候。進一步的相關資訊，請參見Alice Bailey, *Esoteric Astrology*。以下是神祕占星學所用的守護關係：

牡羊座　水星
金牛座　工神星
雙子座　金星
巨蟹座　海王星
獅子座　太陽
處女座　月亮
天秤座　天王星
天蠍座　火星
射手座　地球
魔羯座　土星
水瓶座　木星
雙魚座　冥王星

【第六章】從星座與宮位看凱龍

追蹤覓影

在這一章裡，我將把星座和宮位合起來，一齊劃分成十二個主要的占星「特徵」。我的用意並不是要藉此把星座直接等同於宮位，而是出於篇幅的限制，不得不選擇了這個妥協方法。這麼做的同時，意思也就是讀者在讀到接下來的各種描述時，腦筋必須保持彈性，並且在理解的時候要記得運用直覺，不要把它們當成有如公式一般的東西。至於本章想要達成的目標，則是希望你可以從自己本身的星盤中汲取出更深刻的知識；如此，也就能幫助你在自己的內在旅程上取得更深層的進展。

一旦你對於凱龍的進程是如何在你自己的生命中發揮作用有了一定的解析能力，就會有辦法將相關的理解，從自己的星盤擴展到別人星盤上。然而，若有某位知人物，他（或她）星盤上的凱龍位置所傳達出的訊息，乍看之下無論是多麼顯而易見、多麼讓人一眼看穿，我們也要記得一件事：發生在人類靈魂深處的許多體驗與感受，哪怕是最偉大的詩人，都沒辦法將之化為文字言語。就這樣的意義而言，當我們在探究別人星盤上的凱龍時，我們所能做的，唯有亦步亦趨地跟隨它所留下的蹤影，讓它的意義在時機到來的時候自己浮現。你將會發現這其實是件非常簡單的事，而且說不定還會感到驚訝，原來與凱龍有關的象徵意義在現實中的展現，竟然是這麼直接與準確，根本不必做什麼過度延伸或扭曲。

請讀者從談論凱龍宮位位置的章節開始看起。記得要對裡面描寫的基本宮位意義認真考慮，而且在這麼做的時候，要採取一種慎思熟慮、沉澱反思的態度，讓眼前的資訊在內心共鳴回響，從而取得**一個藉助自己的生活與經驗，進行來回對照反思而形成的關注焦點**。注意一下自己對於宮位部分的資訊理解起來感覺如何，接著再去到關於凱龍星座位置的章節，把同樣的工夫對星座的意義再做一遍。給自己充足的時間對內在做出反應；把任何想法、感受、或者心中看到的景象都認真提出來，並且動筆把它們寫下來。雖然，這裡我們所談的，是一套解讀自己凱龍位置的意義的方法，同樣的程序卻完全可以移用到別人的星圖上，對他們的凱龍做出成果豐碩的詮釋。與此同時，這也是一套有用的方法，可以用來理解星盤上任何其他的要素。**留意要素與要素之間的關連性，蒐集不同方向的資訊，然後等待它們自己拼裝成一套完整的意義**。既然，如果我們一開始的前提，就是我們所在的是一個具有意義的宇宙，那麼我們並不需要刻意去發現意義，只需要讓它自然顯現展露就好。

假如凱龍在星盤上特別強勢，可以把「凱龍盤面配置」裡頭涉及的各種因素所形成的複雜交互作用，通通納進來一併思考。舉個例子，如果你的凱龍在第一宮、天秤座，那麼各種凱龍的典型主題，就有可能觸及天秤座的守護星金星。同樣地，身為這一宮本來的守護星，也會受到凱龍的牽連。如同第四章曾經介紹過的，金星和火星於是會構成「凱龍盤面配置」內容的一部分，然後你便能去到以星座為觀點的章節，來進一步拓展相關的主題。

有些人對於凱龍所帶來的能量，反應會比其他人更顯著或更敏感，這種情形在其他行星身上也會有。然而，假如有某一個人，他（或她）生命圖象的主要特色，整體而言可歸結為疾病、意外、虛弱、苦痛與危機，不論這些是發生在這個人身上，還是生命中的他人身上，這時候你可以非常肯定，這個人的星盤裡凱龍必定擔任一個重要的占星特徵，尤其是當這類經驗確實形塑了當事人的生活形態，而且還引領他們發展出更深刻意識的時候。同樣地，如果有人的生命故事的特色是他（或她）和某位影響社會人心的心靈導師的往來，或者是圍繞著某項與醫療相關的職業為中心，那麼凱龍多半就是代表其人生發展過程的意義符號。下面所列出來的要件，如果有任何一項出現在某張星圖裡，我們就足以把凱龍視為是焦點所在，而凱龍的主題就有可能在解讀中扮演重要的角色——尤其是能夠啟動任何凱龍盤面配置內容的行運，我們在這些行運發生的期間內更容易觀察發現到這個道理。

躍升為焦點的凱龍

一、凱龍與任何軸點接近合相（這裡是指在5度之內，不過如果出生時間能夠確定是準確的，這時候容許度可以增加到大約10度）

二、凱龍與任一月交點形成合相或四分相。

三、凱龍與許多行星有相位；尤其是當這些行星中包含了太陽、月亮、上升點守護行星的任何一個，或者是都有。

四、凱龍會隨著出生星圖的圖形種類而躍升為焦點。舉例來說：

（一）當它是「提桶型出生圖」（譯註一）的手把時。

（二）當它是「碗型出生圖」（譯註二）的領導行星時。

（三）是行星三個以上的合相星群的一個。

（四）與某個空半球或空象限的中點，處於強硬相位。

（五）構成圖形相位的一部分，譬如大三角或大十字。

（六）與上升點與天頂的中點處於強硬相位。

五、凱龍位在它的近日點或遠日點附近（兩者分別是天秤座14度與牡羊座5度——可以有往前與往後大約3度的容許度）。

六、出生凱龍的位置，是在凱龍運行穿過土星軌道領域時，進去和出來的度數區域（前者是整個獅子座，後者是天蠍座的中段一直到射手座的前段）。

七、射手座中有行星合相集團，並且與凱龍形成相位。

八、出生日期的前一週或後一週，有發生凱龍滯留——需要去查一下曆書，才能確認這件事。

理查·諾利（Richard Nolle）提出過一個「凱龍的洞穴」的意象，取名叫「凱龍宮」，用來描述發現凱龍所在處的宮位。這樣一個渲染力十足的意象也說出了一個實情，那就是凱龍宮位位置所指出的領域，是在我們生命經驗中一塊我們特別想要把自己隱藏起來的地方，原因或許是因為在那裡受過傷，或許是因為覺得自己在那塊領域中就是格格不入，或者表現不好。雖然如此，無論我們本人是否清楚地意識到這一回事，只要我們真正的個體性有機會在此處發光發熱，我們也可能會表現出某些屬於自己獨一無二的風采。有些凱龍的位置，能是威力十足、反應異常強烈的地方，性質就像是那些曾經接受凱龍啟發教導的英雄們一般。我們還能夠將凱龍

譯註一　出生圖上絕大多數行星都集中在前後不超過180度的範圍內，而有一顆行星落在另外一個半圓範圍；落在另一個半圓的行星，就被稱為「手把」。

譯註二　出生圖上所有行星都集中在前後不超過180度的範圍內。

的宮位位置，視為有如一片「禁地」，一塊神聖的、外人止步的區域；在這片禁區裡，收藏著我們與生命中屬靈的那一面相遇時，所得到的體驗與經歷。在我們將凱龍當成是我們「內在的導師」時，它的宮位與星座便敘說著我們在該處需要學習的重要課題，也描述了我們從生命本身那兒可以得到的教誨；而擋在我們與這些「教材」之間的，只有我們的學習意願。不過在這個地方，我們上的是「大地學校」的教材：想學最好，不想學還是得學！

這是一個發生於我們內在而不是外在的過程；雖然能被包含進持續不斷的覺醒過程的體驗，其實不必刻意區分內外。凱龍與半人馬族星體所擁有的橢圓軌道，象徵著我們偏離中心、失去平衡的處境，然而同時也描繪了我們往內，朝向太陽的光芒，也就是朝向中心而去的渴望。要朝向中心，便與在極端之間找出那條「中道」脫不了關係，而這條中道也是凱龍所能表徵的。往中心前進的渴望，也會帶領我們去尊崇或是彰顯那些，在理解到自身在存在中所扮演的角色這個意義下，當我們每一個人要實踐專屬於自己的**佛法**時，最**適合**我們程度的事物。

在我們開始耐心地爬梳我們的「中道」前，得先繼續探討凱龍的意象。凱龍容易透過一種受到傷害的、不是全有就是全無的方式在現實中向我們呈現，關於這點在之後的章節會有豐富的描寫。然而，如果凱龍的過程達到了成熟，我們會感覺得到某種既是個人又是宇宙，因而是種獨特的精神與靈魂層面的意義；這就是整趟旅途所結出的果實，**是凱龍帶給我們的禮賜**。另外，與凱龍形成相位的行星，代表可能需要我們努力去對付的內在或外在力量，免得它們把我們從正途上拉走。這些力量可能會以我們內心中的「神」或「魔」的模樣現身，需要我們對它們嚴加注意；但是正因為如此，它們也成為了我們旅程的一部分。此外，以宮位為著眼點，我們從凱龍帶來的經驗中所學到的教訓或功課，常常會與我們在那個宮位的特定生命經驗領域中，就「什麼才是**適合的**」這一點，所取得的進展與體會有關。

雖然提到了「適合」，但那不是意味著當我們努力去獲得別人的認可時，我們需要去「做對什麼事」，也不是要我們變得「跟大家都一樣」。如果是那樣的話，就變成是在做一些帶有土星色彩的努力——然而那會是土星負面的展現。這裡我們所談的是靈魂的旅程，以及我們是否願意在日常生活的框架中，去達到這趟旅程向我們提出的要求。凱龍它一次又一次地穿過土星的軌道，這象徵了我們若能保持耐心，整合自己獨一無二的個體性，就可以一遍又一遍地有所獲得，也象徵著如果我們遵循「世界」所發出的指示，就可以重新將個體的完整性收回。此**時此刻我們之所以在這，是為了要真正處於這個世界之中，而不是為了屬於這個世界；我們不要雖然屬於這個世界，卻從不真正處於世界之中**。就像居住在村莊市鎮外圍郊區的神祕半人馬族，他們別的不會，只會賜予人類來自他們的禮物；我們也會用任何可行的方式獻出我們在旅程中收穫的果實，唯獨不會用強迫的方式把它們加在別人身上。

把關於凱龍星座位置的性質也加進來，可以讓上面這段描述更增添豐富與完整。凱龍的星座位置，暗示了是什麼樣的存在方式，能在凱龍宮位位置所代表的生命領域中，為我們提供支持與協助。例如，某個凱龍在處女座、第五宮的人，許多年來都對自己的創作領域，感到某種無路可走的障礙而苦惱不已：原本她想要成為一位舞蹈家，然而太早走進婚姻，加上撫養小孩（第五宮）的擔子，攔腰折斷了她的舞蹈生涯。最後，靠著學習韻律舞，這套用外在肢體的表現，來強調內在發展過程的舞動方式，終於讓她又重拾了自己的創作精神與能力。

凱龍的星座位置，還可以展示出我們會用什麼方式，來嘗試保護我們免受自己內在痛苦的傷害，以及我們會利用什麼，來試圖對我們覺得受到封鎖、阻礙，或者感到痛苦的生命領域做出處理。換句話說，凱龍的星座位置展現出我們特有的，用來對抗痛苦的防禦工事。舉例來說，凱龍在第一宮、射手座的人，可能會在大膽主張自己的權力及意見方面感到頗有困難，於是或許會發展出一種樂觀但消極的人生哲理（射手座），認為「船到橋頭自然直」，一切靜待其變就好。只要事情都照著這樣走，的確沒什麼問題，然而一旦事情沒那麼順利，或者因為抱持著這種態度而帶來的失敗結果，使得真正的危機因此產生，這個人覺醒之旅的步調，就會非常劇烈地加速。又或者，凱龍在天蠍座、第七宮的人，可能會在面對他人的時候，感覺自己非常地脆弱、容易被別人所傷害，於是用她反應激烈、假裝獨立，以及傷害他人感受、破壞心底感情的交往模式，將她內在需求的實況深深隱藏起來。如此說來，如果凱龍的宮位位置，傳達的是關於我們所受的傷，那麼凱龍的星座位置，可以說是我們會為**這個傷貼上的某種「繃帶」**。在凱龍強勢的行運期間，或許我們會有機會撕開這條繃帶。

本書接下來的內容，並不是要描述凱龍一定甚至「必須」透過什麼方式實地展現於我們眼前，因為凱龍的表現方式自有其多變的風貌，就跟你正在解讀的星圖主人所擁有的人生一樣，每個人都是與眾不同。不過，你依然能夠透過探索自己的凱龍盤面配置，仔細深入與凱龍週期一併發生的事件以及心理發展過程，讓你有能力在療癒過程中助自己一臂之力——因為你可以分辨有什麼事情正在努力「想要發生」，並且能讓藏在苦痛或危機背後的目的浮現出來。霍華．薩司波塔斯總是愛說：「凱龍是關於讓我們更有智慧的傷。(註1)」智慧要得到培養與增長，就需透過我們對自己所經歷的體驗，能否有那個能力敞開心胸，誠心加以接納，這樣一來，在面對自己關注的事物時，我們才能得到越來越有智慧的抉擇選項。這意味著我們要在「不承認我們的苦痛」與「流連在我們的苦痛」之間，開拓出一條可以指引方向的道路。常常，是樂意為他人貢獻與服務的心，賦予我們找到這條道路的能力，就像凱龍自願與普羅米修斯交換位置一樣。

在接下來每一節的標題處，都會有一句短語，是與凱龍所在的那個星座和宮位有關。我在這裡邀請讀者，使用這些短語來做為沉思推敲的重點，讓這些文字開闢一條通往更深層意義的路徑。

凱龍在牡羊座或第一宮

存在

第一宮與牡羊座，是關乎「我存在」的這個基礎感受；它是透過征戰後的勝利、透過主張與聲明自我，或者透過主動出擊的行動，以求在生命中能夠展露出自我的一種渴望。「我存在」的感覺，我們內在中那活著的意識、我們的根本認同，以及我們實際存在於世界的方式，都會隨著凱龍出現在這個位置，表現得極為激烈與強勢；然而，這個位置也可能讓我們覺得不知怎麼地，有種受傷的感覺，似乎我們並不是那麼理所當然地有權利存在於此。一旦我們意會到我們所害怕的這種存在的脆弱感，其實是我們的資產，而不會為我們帶來不利，那種一定得去奮鬥打拚，才能向外在彰顯我們生存方式的感覺，就能夠得到疏解與放鬆。伴隨這個凱龍位置而來，那種害怕淪為「不存在」的恐懼，有時候會瀰漫籠罩著當事人的心，但是我們卻不妨把這種恐懼，理解成是一道通往「存在與實存」（Being and Existence）更深層意義的門路。

在遇上關於把持自己的原則、做出正確選擇的關卡時，為了希望能夠免除心裡這種不充實的感覺，我們可能會很想要得到他人的提點或暗示，與此同時卻又或許會埋怨或遷怒向我們提出建言與提醒的人。也就是說，我們可能會在無意識間，覺得自己的存在不過是另一個人的倒影，然後一方面享受這種情形所帶來的輕鬆省力，一方面又在內心因為這樣而不斷批評挑剔自己；我們可能會覺得自己正意氣風發，要去為了某個別人的事情而戰，像一位身穿閃亮盔甲的騎士，但是又覺得在這之中，我們好像沒有了自己的意志。在這種情況下，展示出各種不惜一戰的好鬥精神，不論是虛張聲勢還是出於真實的勇氣，其實是在補償底下的痛苦、恐懼或自我懷疑。這樣下去，足以造成一個反覆的循環，在裡頭我們不停做著徒勞無功、自我毀滅的努力——我們總是忍不住想要把情緒上的緊繃與壓力，直接化為未經三思、草率倉促的行動。

在這樣的凱龍位置下，我們可能會在自滿自足的面向上，擺出一副幾乎可以用「好戰」形容的態度；沒有辦法輕易向別人尋求支援，反而深深地相信自己必須要「單獨行事」。外表用這種方式展現，在底下的卻可能是一種深層的恐懼，害怕去做出任何能夠傳達我們真正想要的事情。有位凱龍在第一宮的人曾經對我說：「任何地方，只要它應該要有個『我』在那兒，都會讓我感到超出我能力可以忍受的，一個巨大無比的空洞與痛苦在那裡。」對人事物的激情與熱愛、自己的存在或者積極與開創的動力，這些自發表現的慾望，可能在當事人的孩提時期就已經被破壞殆盡，他（她）也許是隱微或過度的感知到：「我永遠得不到我要的。」「小孩子有耳無嘴。」各種壓抑式的教養方法，像是排定時間之外不餵食，缺乏身體支撐，以及太早進行程序過度複雜的馬桶使用教學，這些都可能為凱龍在這個位置的人帶來發展早期的傷害。

假如我們天生的節奏遭到嚴重的干擾或排斥，就可能導致我們的困惑與混亂，造成我們以為「我的要求」，或者其實更應該說，以為「我這個人」是不被接受的，因此也就認為我不可以試圖滿足自己的渴望。緊接而來的，就有可能是自我意志的癱瘓，以及可以理解地，某種深刻但常常是弄錯對象的強烈怒氣，開始潛藏在內心底層。再過一段時間，我們可能會覺得，必須把自己真正想要的給隱藏起來，否則「外在的力量」就會把它搞砸或是破壞掉。正因為這樣，我們會發現我們在做的，不是取得自己想要的東西，反而恰好相反，常在努力取得自己不想要的。一旦擁有了自己真正想要的東西時，一開始說不定還會感到不知所措，甚至還會引起恐慌，原因就在於這件事觸及到我們受傷的地方。凱龍在這個位置有一個重要課題，就是學著不要老是把注意力集中在不是我們真正想要的事物上，並且做好準備，慢慢開始把焦點放在我們真正想要的上面。這件事會倒過來帶引我們，對整個關於意志的議題能有更深一層的思維，也讓我們對「想要」與「需要」的不同能有更透徹的思考。我們可以學到，雖然我們不會每一次都能得到我們想要的東西，不過這並不代表我們「失敗了」，也不表示因為這樣我們就在某個意義上是「不好的」。此外，我們也可以開始試著在某個屬於靈魂的層次上去理解這件事：我們只需要去取得我們真正需要的東西，大可不必聽從內心那個比較狹隘的自我意識（ego）的選擇。因為總有一天，這些不同靈魂的層次，將會彼此協同一致。

凱龍在第一宮或者在牡羊座的人，有時候早年的成長環境會讓他們感受到敵意，充滿著壓抑他們個性的人事物，甚至是對他們蓄意而公然地侵犯或攻擊；這於是加重了他們諸如羞怯、認為自己沒有價值，或者欠缺可以主張自己權利的感覺。對那時候的他們來說，要能生存下去，也就等於要學會如何去討好以及安撫他人。有位女士在與我的談話中，曾經說到她發展出一種為其他人或是為眼前的情況說好話，以及時時保持自己不出鋒頭，甚至不被人注意的能力；她剛好把這點表露無遺。與此相反地，有些凱龍在這個位置的人，則是一而再、再而三地努力奮鬥，直到他們自身的意志已經超越於眾人之上，使得他們本身隱然成了關於意志、幹勁、氣魄、活力或者熱忱等這些特質的範例。因此，一副不修邊幅，但卻吃苦耐勞，不畏風雨的開拓者模樣，有時候會是這個凱龍位置的特徵。亞伯特．史懷哲（Albert Schweitzer）既是學術界的博士，也是行動上的先驅，還是宗教上的傳教士，他就擁有這個凱龍位置；領導波爾人游擊隊對抗英國，最終還一路做到南非總理的楊．史穆茲（Jan Smuts），也是一樣。前英國首相瑪格莉特．柴契爾的凱龍位在牡羊座、第六宮（代表工作與服務的宮位），剛好她的綽號就叫做「鐵娘子」（鐵是與火星有關的金屬）。

然而，如此拚命得來的強盛無比的能量，也可以是有如泡泡般脆弱而易碎的。當它爆炸的時候，當事人可能會退縮到只剩下痛苦、不安，甚至還可能有尋死的慾望。涉及到「依賴／獨立」議題的人際關係（這時它可以視為是第七宮的「回音」），讓當事人認為自己極度無能或者一切徒勞無益的感覺，常常會是引爆的來源。這時候，他們可能會出現自殺的幻想或情緒。有時候，這種自殺念頭是一種內心做出的回應，它針對的是由於情況不在自己掌握之中而產生的忿怒與挫敗感；此外，它也可以看作是希望重新握有某種意義的權力，或者單純是沒辦法稱心如意時的直接反應。凱龍在牡羊座或第一宮，像個任性又固執的少年，而且不容許任何人抵觸他（或她）在自己的世界裡所擁有的「權能」，這樣的人常常會有以下這些特徵：顯而易見的畏怯性格、覺得自己動輒得咎的心態，以及對人類生命之脆弱的深刻體會。有位凱龍在這個位置的女士是這樣形容她自己的：她一路活過來，都覺得人一旦死去，就是「什麼都沒有」了，她將就此完全消逝，在這個世界上不留一點痕跡，有如一道稍縱即逝的「鬼火」——這就是她從自己當前的人生中所感受到的「透明」。矛盾的是，這個「透明」，正是凱龍在第一宮或在牡羊座時，當事人可以擁有的一項禮賜。

如果凱龍真的合相於上升點（不論是在上升點之前還是之後），「開始」或許對我們而言充滿了挑戰性。在著手對某件事情展開行動時，我們可能會忍不住過於狂熱，也可能是做不出任何決定，猶豫不決，甚至緊張到生病；又或者，在看起來應該是刺激興奮的全新生命階段，我們卻在剛踏進轉換交關時因為承受不住而倒下或崩潰。在這些現象背後的，可能是發生在母親分娩之時的事件回響。而如果當時的事件，或者如果它所留下的「回音」，實在是帶來特別嚴重的心理創傷，那麼之後我們遇上的每一次「誕生」，也就是各種意義上的「新的開始」，就可能會充塞著恐懼、抗拒，或者騷動混亂的情緒。面對這樣的狀況，當事人會採取什麼性質的奮鬥與對抗，常常可以從凱龍與上升點（或兩者之一）所落入的星座以及所擁有的相位，得到一些描述與說明；而且它們通常還能進一步傳達出當事人實際經歷分娩時的特色。

舉些例子會讓它更加清楚。有位男士，凱龍在第一宮、雙魚座，每當他在進入人生新階段的前後，或者必須要主動對某件事情採取行動時，他就會退縮不前，有如陷入混亂而動彈不得，或者變得渾渾噩噩，有時候甚至還會喝酒喝到不省人事。確實，他的母親在生他的時候曾經接受過麻醉。而他在描述自己的感覺，聽起來就好像是被麻醉的人一樣：麻木、失去知覺、迷惑、混亂，沒有辦法清楚思考，也無法確定自己的感覺是什麼。另外一個例子，有位女士的凱龍與位在水瓶座的上升點合相，她在要做出重要決定的時候，總是要找占星師或通靈者參詳，因為她實在太害怕「搞錯狀況」（請參見凱龍在水瓶座的那一節）。為了要掩飾她的恐懼，同一位占星師或通靈者她都只會找一次，所以總是每隔一段時間就要覺得：不同的人總告訴她不同的說法，那麼這些都是沒有用的說法。我在不知情的前提下無意問她之前是否找過別的占星師，她才向我「招供」。因為那時候她已經做好準備，要好好談談這件事，而且一談就是很久。這終於讓她有能力開始處理自己一直藏在底下的真實感受：長久以來，她都在「促使**那些人**的說法變成錯的」，好作為捍衛自己的藉口，用它來對抗自己那種一直沒有活出自己的權利，以及那種**我這個人**好像不知怎麼從根部就整個壞掉了的感覺。這些真實的感受，其實是她在出生後沒多久，就得出的情緒性的「結論」。因為她的母親原本想要的是男孩，生下來是女孩讓這位母親在心裡就排斥我這位客戶，隨之而來的便是種種撫養上的問題。此處，凱龍在水瓶座所帶有的意思，是一種多少「不符要求」的感覺，讓人聯想起凱龍也被她的母親給拒絕。

有位凱龍位於第一宮，而且身為上升星座的天蠍座，與在第十宮的冥王星呈四分相的人，她在出生當時幾乎胎死腹中，是被醫生用鉗子拉出母親身體才誕生的。日後，面對自己缺乏堅毅的意志力，她將原因連結到自己曾經在出生時「被擊敗了兩次」。一次是她拚命掙扎著想要從母親身體裡出去，但卻做不到；另一次則在這樣的生命威脅底下，她都已經決定放棄後，卻又被人違反她的意願，硬是把她拉出來。她對於「生命」的基本立場，採取的是一種反抗藐視的態度，而且下定決心要用不合作的方式來打敗「生命」。埋在這種態度底下的，是一個極度深切的死亡祈願，不過這個深藏心底的願望，在得到她正視面對之後，就開始出現很大的轉化。

任何在第一宮的行星，尤其是接近上升點的，都會代表在人生的早期就會遭遇到的一股呈現原型樣貌的能量。這股能量常常會發展成某種並不真實的自我認同，從而使得在追尋真正的內在本質時，還必須先擺脫這層虛假的認同。既然凱龍在這裡，形成的認同形象很可能是「受傷的醫者」。這樣的人從很小的時候，甚至於還在媽媽的子宮裡，或者在被分娩的時候，就扮演了家中或是朋友之間的醫者角色；而且他（或她）終其一生都會繼續扮演這個角色，或許甚至就以此為自己的職業。這種特徵，除了作為實際關係到職業的適性以外，它還可能會成為處理某種深層受傷感受的方式，這一點就與知名的「認同攻擊者」心理模式有些類似（註2）。

有著這樣的凱龍位置，我們在一開始的時候，可能會從他人那裡獲得自我認同的內容或方式；就像把我們自己倒進他們的模子中，跟他們站在同一陣線、擁抱同樣理想、分享相同的情緒。這種情況，就好比是聽到從第七宮傳來的回音一般。我曾經聽過有位客戶這樣說：「最近我才漸漸發現，一直以來我總是從外界、從其他人那裡，得到關於自己的事的提示，然後在心底覺得自己一點也不真實，而且非常地孤單。」在此之前，他的人生一直為了明顯缺乏做任何事的動力而苦惱。不過，當行運的凱龍與他的太陽形成四分相時，他開始理解到，原來他心裡覺得什麼事都不值得去做，是因為要去做這件事的這個人（他自己）不真實，那麼無論他做成什麼事，那些完成的事當然一樣也都不真實。

有時候，凱龍在第一宮或在牡羊座的人，要付出非常大的努力，才會找出某件他們不但能**去做**，而且光是去做就能帶給他們所欠缺的存在感的事情。他們或許會讓自己接下一些幾乎不可能達成的任務，而且即便不可能，渾身還是充滿了想要在那裡面找到自己存在證據的熱忱。或許我們需要鬆手，將這種一頭埋入「做白工」的心理因子放下。不過，在各種「原創人」、「開山祖師」或者「天底下就只有這麼一號人物」等這類人的星圖中，也經常可以發現同樣的凱龍位置，原因或許正是在於他們為了連結到自己的內在存在，所做出的那些極端強烈的奮鬥或抗爭。

以卡爾．榮格為例，凱龍在牡羊座，他與佛洛伊德之間的爭執，導致他開創一個關於心靈的新理論模型，基礎就是他針對自己的內心世界首開先河而做的探索工作。伊莎多拉．鄧肯（Isadora Duncan）金牛座的凱龍，合相於她牡羊座的上升點，她獨特的舞蹈風格，引領了舞蹈類型的發展，開創一種以充滿流動感、強調身體本身的吸引力，以及樸實無華（金牛座）的動作為特色的舞蹈形式。薩穆爾．哈勒曼（Samuel Hahnemann）的凱龍在魔羯座、第一宮，他在前人的基礎上做出新突破，奠定了順勢療法的基礎原理（魔羯座）。穆罕默德．阿里（「我是最強的！」）（譯註三），有著在第一宮、獅子座的凱龍，上升星座也是獅子座。儘管阿里最終以一種典型的凱龍方式失去了大眾的歡心（譯註四），他還是**親身體現**了與生俱來有如動物般的能力與特質。有這個凱龍位置，即便是沒那麼有名的凡人，也都會受到一定的驅使，想要搶第一、當最好的，甚至還想要是唯一的那個！本書第四部「時代精神」，有幾則凱龍在牡羊座的人是如何在各行各業裡，以他們作為開創者與冒險家的畢生貢獻而聞名於世的範例。凱龍是在牡羊座達到遠日點，從這裡再度展開下一次向著太陽往內而去的旅程。對比來看，這樣一種急迫的心情，急著想要找到返回「來源」、返回我們更深層本質的道路，可以說在那些凱龍位於第一宮或牡羊座的人身上，得到了非常強烈的反映。

當凱龍落在這裡的時候，我們的身體上可能會有某種唯獨對個人有意義的難堪或羞恥之處。我們或許會對於自己身上，他人搞不好根本沒有注意到的特定特徵，感到非常丟臉；自己覺得那實在是醜到嚇人，或者認為是種畸型。例如，說不定我們會因為自己耳朵或小腿的關係，而在需要展現自己的場合顯得畏首畏尾，因為我們覺得耳朵太翹了、小腿太粗了！我們可能嫌自己太高了、太矮了或者鼻子太大了！在要將身體暴露出來的場合中，例如運動或性愛，我們總覺得渾身不協調、笨拙無用，或者尷尬不安，感覺差到好像接下來晚上會作惡夢一樣。凱龍在摩羯座、第一宮的西索·羅德斯（Cecil Rhodes），其中一隻手有一根非常短的手指，讓他非常引以為恥。即便他為大英帝國立下多少豐功偉業，也沒辦法補償這個身體缺陷；他在拍照的時候，總是把這根短指小心翼翼地藏在看不到的地方。請參考凱龍與火星有相位的那一節，對他的星圖有更進一步的細究。

或許可說是史上最有名的「鐘樓怪人」的朗·錢尼（譯註五），有著在第一宮、金牛座的凱龍。雙親都是既聾又啞的他，從小就熟悉身障人士的痛苦、脆弱與挫折感，這點幫助他在扮演這個角色時，能演出感動人心的形象，而鐘樓怪人確實也是個受害者的原型。身體障礙，或者某種足以令人生為之改觀的疾病——這樣的主題，常常會出現在凱龍位於第一宮或牡羊座。那

譯註三　Muhammad Ali，生於1942年，是知名度最高的拳王，阿里是他歸皈伊斯蘭教後改取的名字，當時雖然不被配合，不過後世漸漸多能接受以這個名字來稱呼他。後面那句「我是最強的」，是因為阿里有著常常極力自我讚美與對自己喊話的強烈自我風格，而這是一句他常常用的話。

譯註四　不只他不誨言對社會上種族歧視風氣的不悅，基於宗教與良知因素而拒絕受徵召入伍參加越戰，甚至歸皈了伊斯蘭教，還參與「伊斯蘭國民大會」（一支美國黑人的宗教抗爭運動），使得許多人對他這些政治價值觀選擇不滿。

譯註五　Lon Chaney，1883-1930，綽號「千面人」的演員，在默片時代頭一個演出像「鐘樓怪人」這樣的恐怖片，是電影史上劃時代的嘗試。

似乎是在請我們要把疾病、傷痛或者殘障，也包含到我們對「自己」的理解中。與此同時，我們接受到的挑戰，乃是如何保持自己不要過度地認同於這些東西，除非我們想要扮演的就是「受傷者」的角色，而且不在意這個角色其實會進一步限制我們自己。有些人會認同自己是受害者，就像有些人會認同自己是醫者一樣。凱龍在第一宮或牡羊座，其實是在邀請我們一齊理解：不論是這兩個極端的哪一個，都不是我們全部的真實樣貌。它們只是一個原型模式整體中的部分，只不過它們可能會在我們生命中，尋求得到展現表達而已。

凱龍在第一宮或牡羊座的人，具有賦予他人權力或力量的天賦，因為這些人很清楚無權無勢或力量薄弱的感覺是什麼。雖然矛盾，但是知道自己的缺點，也能帶來巨大的力量。生機洋溢的宇宙，常是透過那些比較不受控制，或者好像「面上開了幾個洞」的自我，讓它源源不絕的能量滲透流洩出來。擁有這樣自我的人，常是過著危險或緊張的生活，給人的感覺可能十分狂野、難以馴服；他們常常是徹底孤獨的人，即使他們可能擁有婚姻，或者處於一段認真的交往關係之中。他們也可能是為了其他人，將某種特質化為自己的特質而體現於世；看看馬丁・路德・金恩〔譯註六〕，以及伊恩・普雷爾博士〔譯註七〕的星盤例子。有一些有這個凱龍位置的人，會花上許多年用力地尋找一個好像總是抓不住的認同感，最後才發現當他們放棄尋找，接受那種空無一物的感覺後，就會有一股強大的活力、一種存在的觀感隨之湧來，那勢態就如星星之火被風勢所點燃。

凱龍在這個位置的你，可能會有一種自然而然、出於直覺地，在該採取行動的時間採取行動，並且真的可以做出一番成績。這樣一種本領，可能是用一種獨特的比例，融合了愛心與能力、以及創新與動力，尤其是當事情關係到他人的福利。除了征服與勝利，在與難題阻礙的搏鬥中，你也會得到力量，尤其是在代替他人而戰的時候。而且，對那些與你一同競爭的人來說，你會是位光明正大的對手。如果你能成功走出一條既不屈從消極的侵略方式，也不用拐彎抹角的方式實現自己的破壞慾望，你將會感覺到「生命的意志」在當中流動。當然你不是無所不能，也不需要搞定一切。不管你的工作是不是屬於醫療領域，你在工作場合多半擁有擔任活性因子的能力，而且能夠碰觸到其他人的內在存在。雖然你所受過的傷，或許讓你對於自己實際存在的方式存疑，但在別人眼裡，你很可能還是一個頗有吸引力的人，而且他們與你的互動也會很熱絡。這個凱龍位置所暗示的靈魂任務，其中有一項就是榮耀「如何活著」這一件事，當然也就包括了榮耀你所選擇的生命方式，無論它看起來是多偉大還是多渺小。如果你覺得在性格上，有時候自己就是缺乏穩固的自信心，隨著時間成熟，有一天這個缺陷不只會被彌補，

譯註六　Martin Luther King，1929-1968，美國最著名的人權運動領導者，在破除美國種族歧視的努力中佔有至為重要的位置，曾獲頒諾貝爾和平獎，後遭狂熱份子暗殺身亡。

譯註七　Dr. Ian Player，生於1927年，南非人，是世界知名的環保與保育運動人士。

甚至還會讓你得到更多，因為你更能對生命中更為深層的潮流做出適切的回應。

凱龍在金牛座或第二宮

第二宮在說的是給予我們踏實、牢固與實在感的東西；跟第二宮有關的還有：價值、我們會去培植與收成（納為自己所有）的東西、我們的生命中有什麼樣性質的內在與外在資源，以及我們如何跟這些資源發生關係。這裡談到的資源，包括金錢、動產與不動產，也包括聰明才智、信譽、藝術創造能力等等諸如此類的特質。從個人發展的角度來看，從第二宮這裡，我們開始與母親分離，並且不再從她身上，而是從自己的身體開始衍生我們對實體物質的觀感與想法。在這段期間，我們的自我觀感或自我理解，主要還是根源在我們直覺與身體的經驗感受上。如果我們在這個過渡階段受到傷害，我們可能會在之後，將自己的直覺與對身體的感覺，投射在其他人或者有形的物質上。

「實體」在呼喚我們

凱龍落在金牛座或第二宮，或許會讓我們缺乏自我價值，或者感到自己「不值得」；我們可能沒有辦法看重、珍視自己；可能會感覺沒有安全感，或者常有不實在、不牢靠的感覺。從來不會有安心、穩固感覺的我們，可能會因此把具有實體存在的物件、把各種物質財產和金錢，看待得至為重要。「我擁有，故我在」或許就是潛藏在我們心底的想法，不過伴隨這種想法而來的是我們可能會發現：不停攫取攢積財產，其實無法解決我們感受到的不安與憂煩。凱龍在這個位置的人，可能會變得佔有慾極強、極度看重利益或物質；他們會牢牢巴著人或財產不放，因為希望這些人與物可以提供他們缺乏的實在感。

擁有這個凱龍位置的人，可能會覺得自己的身體是不可靠、不完美的，或者「覺得」身體受了傷；他們的身體確實有可能有一些殘缺或功能障礙，有一些真正嚴重的外傷或者是心理創傷，需要他們去面對與處理。有些時候，身體是他們需要去擔心並且要嚴加看管的對象，因為他們的身體會散發出強烈但是無法被社會大眾接受，關於性方面或者是出於自衛的本能反應。許多凱龍在金牛座的人，擁有絕佳的性吸引力。前面已經提到的伊莎多拉．鄧肯和瑪莉蓮．夢露，就是凱龍入金牛座的女性範例。瑪莉蓮．夢露的凱龍在金牛座，並且同時合相於天頂及位在第九宮的金星，而她也從她的大眾形象（第十宮），以及從她的感情關係（凱龍與金星有相位）中，取得她對於自己這個人的本質究竟為何的觀感。

當凱龍在金牛座或第二宮，我們可能會認同那些受到傷害的本能；世世代代以來，整個人類社會對「本能」的排斥以及對地球所做的傷害，這些可能會讓我們有感同身受的感覺。這點能夠刺激我們，讓我們與自己的身體，還有身體它強烈屬於感官與直覺的這部分本質，建立起健全的關係。當這類感官與直覺方面的感受、渴望或驅力，是在無意識下運作時，我們就有可能被它們佔據，甚至是「附身」，或者是要花上好一番精神力氣，才能夠把它們壓抑下去。然而在被壓抑之後，身體可能會透過一些讓人難堪卻生動無比的症狀，來「對我們發聲」。譬如說，有個凱龍在金牛座的男士，一輩子裡有太多太多的話都悶在心裡不講出來，尤其是對那些他所愛的人們；晚年，他就深受喉嚨痛所困擾。另外有位女士，凱龍在第二宮、巨蟹座，她沒辦法「消化」自己過度的佔有慾及想要捍衛地盤的感覺；多半她以後會有吞嚥進食方面的困難：沒辦法吃「固質」食物。另一個凱龍在水瓶座、第二宮的女士，則有腳踝（由水瓶座守護）動不動就受傷痠痛的毛病，而她認為這件事應該與她一直都很難獲得「踏實感」有關。

確實，如果你有這樣的凱龍位置，你的療癒就有可能是從學會信任身體擁有的直覺智慧而來。學著聽從身體的智慧，吃你聰明的身體希望你吃的東西，在你覺得需要睡的時候就睡，而不要讓自己被種種思考模式牽著鼻子走，結果變成對各式各樣的東西沉溺與上癮。如果你有無視身體本能節奏的輝煌紀錄，或者是依照他人的標準來為自己的身體排班表，你可能需要做些和緩的調整與放鬆，或者給自己的想法來個「再教育」。一開始，你可能會覺得所謂的「實體物質」，包括身體，或是整個物質世界，都是你的敵人；而且你可能會付出心力，努力想要擺脫，或者控制、主宰這個物質層面。不過，在學習友善對待這些物質領域時，藉由包括按摩、專門設計來使人愉快放鬆的運動（絕不是追求苗條的那種運動），以及允許自己開心打扮等種種方式，你會從中發現一些療癒的效果。

相反地，有些凱龍在這個位置的人，非常害怕會被自己擁有的東西綁死，於是對於擁有東西抱持一種不情願的心態。有個凱龍在天蠍座、第二宮的女士，不喜歡她雙親的價值觀。她覺得父母關心自己的財產，勝過關心她的感受。她因此而感到受傷，而她在無意識間懷抱的忿怒持續地藉由別的方式顯現於外：儘管她刻苦耐勞、盡心盡力想要建立自己的經濟保障，但是她卻會從中扯自己的後腿。在她明瞭這其中的連結之後，馬上她就轉而開始經由身體性質的運動與活動，來實驗如何才能做到健康的自我滋養，而這也幫助了她，讓她開始改變以往的行為模式。另外有一個男士，凱龍在第二宮、射手座，他對物質生活變幻無常的本質感到非常難受，為此相當苦惱；這也讓他對物質生活感到不屑，但這種不屑可能也是一種補償作用，依舊起因於他對「無常」的恐懼。最終他選擇了一條從精神領域（射手座）著手的法門，參與鼓吹棄絕世俗物質生活的修行。後來，當冥王星與他的凱龍來到合相時，他生了重病，沒多久後便過世了。而在他去世前，他則用「有一種任務完成了的感覺」來描述自己當時的心境。

凱龍位在金牛座或第二宮，會鼓勵我們按照自己抱持的價值觀而活，就算我們必須因此而與主流的價值觀對抗。凱龍在這個位置的人，常常覺得受到那些與自己真實本性相斥的價值觀所傷，然而那些卻是從他們的雙親或者是社會所承接過來的價值觀。他們的內在旅程，任務就在找出什麼才是對自己真正重要的東西。經濟上的困難，對某一些凱龍在這個位置的人來說，足以構成非常強烈的威脅，不過勇敢地面對財務處境同樣也可以為他們帶來內在的力量。有位凱龍在金牛座、第六宮的年輕人，早早就從高中休學，加入「守護天使」團：一個由一群強悍又富有理想的年輕人所組成的團體，團體的宗旨是在全球各大都市的地鐵站巡邏，阻止暴力犯罪、讓群眾安心。他本人是混血兒，小時候深受強烈的自卑情結所折磨。當他提到守護天使團的訓練教他要「有如全身都長了眼睛」、「學會聽從自己的本能與直覺，用身體找出潛在的危險」，這些東西聽起來簡直就是對凱龍在金牛座的能量，一個最有力的實際表達方式——而這股能量，在這個例子中，則是展現在服務他人以及工作場合上（第六宮）。日後，他重拾學校生活，取得社會研究的學位，然後成為青少年的好師長，完全體現了凱龍的精神。

凱龍在金牛座或第二宮，可能會顯示出這個人會有財富或金錢方面的議題。有些坐擁財富的人，覺得自己沒有辦法接受擁有財富時也該負起的責任；另有一些富人，則是發自內心渴望能與其他人分享自己擁有的資源。無論是哪一種，對資源的控制都是這個凱龍位置的主題。負面發展的話，這些人會以強烈的佔有心態，控制他們本能與性的需求，或者對他人展現出強大的控制慾（第八宮的「反射」）；正面發展的話，他們可以對其他人的資源，做出優秀傑出的管理。他們可能會賺得一大筆錢但會通通賠掉；這些人在財務領域可能擁有非比尋常的能力與直覺，但或許同時也伴隨著無法處理自己財務的狀況。舉個凱龍在處女座、第二宮的女士為例，她自己也知道，不讓自己陷入負債與混亂，還真是一件難事；然而她卻把一家債務催收中心經營得很成功！這又為我們顯露一次這個凱龍主題：可以為他人做，但卻沒辦法為自己做。另外還有這樣的情況：這個凱龍位置有時候是表示物質方面的貧困；當事人會對這點感到受傷與屈辱。這種感覺，一開始可能會造成他（或她）過度誇大物質財產的重要性。不過，就像有位凱龍在金牛座的女士，她成長的歲月中，有幾年的時間是待在難民營裡，而且她們家在不得不逃離祖國時失去了所有的家當。但是她說她後來學到：「不是只有麵包才有辦法餵飽肚子。」雖然她一直都算不上有錢，不過她告訴我，她從來都沒有覺得為貧窮所苦。

凱龍在金牛座或第二宮，也可能指出我們沒有能力理解事情的象徵意義，傾向把所有東西都按照表面的意義來理解或解釋。不過，三不五時，在我們必須做出決定，或是必須解決問題的紛亂困擾之下，所謂現實可能不再像原來那麼一清二楚，我們不得已停下腳步，我們會覺得自己身陷泥沼，不能動彈。發生這種情況時，那條通往「決心」的道路，常常就橫躺在我們身體裡面。與其努力要試著去解決什麼東西，或者急著弄懂各種具體細節，還不如把問題擺著，先去整理花園、洗洗碗盤，把注意力從問題身上移開，給心智能量一些時間，說不定是帶來更多靈感與創意的方法。「放手」對凱龍在金牛座的人來說不是一件容易的事，他們經常展現出有如公牛一般的固執與倔強——金牛座最有名的就是這個！雖然說擇善固執，但是擇「不善」也固執，會是另一個凱龍位於金牛座的人會有的金牛座傾向，不過他們自己也擁有強韌的毅力，以及憑藉著耐心來渡過難關的能力。

在史坦尼斯拉夫・葛羅夫的星盤上，凱龍是位於金牛座、第五宮，與位於第八宮的冥王星成六分相，並且兩者都與位於射手座的上升點形成十二分之五相，這個上升點也是他星盤上「上帝手指」圖形的焦點。既是精神科醫師也是學者的葛羅夫，為了研究意識的變異狀態，首創將LSD迷幻藥用在診療工作上，之後也發展出非藥物的技術，來仿效LSD的效果。葛羅夫這些概念性與實驗性的研究，搭起了一座從「本能」一直到「原型」之間，連結各個意識層次的橋樑，同時也鼓勵人們將深層的傷痛經驗，表達與釋放（第五宮）到「超越」的領域去。他其中一本著作的書名，可說是把他的凱龍盤面配置內容濃縮在其中：《大腦之外——治療中的生死與超越》（*Beyond the Brain: Birth, Death and Transcendence in Therapy*）。換句話說，他提供了（第五宮）一個基礎框架，將截止目前為止絕大多數的主要心理治療模型（凱龍），全都包含進去；而這個框架的架構則是由出生（上升點）、死亡（第八宮）以及超越（射手座）組成。

凱龍與工神星的形象有個有趣的相似之處。工神星武爾坎（Vulcan），採自羅馬神話中的鐵匠之神，這個名字也用在一顆據說位在太陽與水星之間，至今為止尚未發現的行星。在愛麗絲・貝利的系統中，工神星是守護金牛座。神話時代的世界裡，薩滿巫師與鐵匠之間也有所關連；在一些早期歐洲社會，一個人常常身兼這兩種角色。希菲斯特斯（Hephaestus）是希臘神話裡的工神，為眾神們打造佩章飾品，以識別祂們的身分。將普羅米修斯束縛在大石上的鎖鏈，就是由祂所打造；祂也製造過宙斯的閃電，以及阿提密絲與阿波羅的箭矢。

跟凱龍很像，希菲斯特斯也受過傷。他也是被他的母親赫拉所拒，因為她覺得希菲斯特斯長得太醜了，在他出生後沒多久，她就將他丟下奧林匹斯山，因為這樣，希菲斯特斯還摔瘸了一條腿。然而，與凱龍不一樣的是，希菲斯特斯有向他母親復仇，他做了一張黃金后座，騙赫拉坐上去，但其實是個陷阱；儘管奧林匹亞眾神都懇求他把鑰匙交出來，他還是拒絕。最後眾神只好答應他的條件：讓他任許一個願望，才讓他同意釋放母親。他的願望是要阿芙羅黛蒂（Aphrodite）嫁給他為妻，而在當時的情況之下，她也沒有辦法拒絕。然而，在這之後，他被人排斥的命運依舊，因為人人皆知阿芙羅黛蒂在外面外遇不忠，而且也不曾好好善待他。但是他對這些都一無所懼，繼續打造美麗漂亮的事物，以此為眾神增光。

就這樣，希菲斯特斯代表的是一股創造的能量。這股能量不會為了報復被排斥的痛苦，就放棄發展自己，或者甚至摧毀自己擁有的潛力。儘管被崇高而偉大的奧林匹亞眾神嘲笑，儘管瘸了一條腿，常年被煙薰黑了臉，又不太好相處，他還是成為了手工精巧的工匠與鐵匠，而且扮演了活化因子的關鍵角色，為古希臘的眾神們提供協助。不過他不會向任何人卑躬屈膝，自甘低下；一旦他覺得自己被冒犯到了，就會做出凶猛的反擊，設下各式各樣的圈套讓對方上當，藉此反過來羞辱冒犯他的人。希菲斯特斯的原型，在於賦予其他人能夠展現自我的需求與地位、表達自身獨立與特殊性的能力，或者也可以說是賦予他人展現內在神性的能力。他無視於自己所受的傷，依舊投身於工藝之中，不願意因為侮辱與排斥就被擊倒。於是他盡量讓自己的創造力得到表現與彰顯，而且主要是用擷取自大地本身的原料，譬如金屬。他所代表的形象，乃是情感能量經過了想像力的啟發，轉換型態而成的一股渴望復仇的新能量——或許可以說是對立星座天蠍座的「回音」。

凱龍在第二宮或在金牛座的人，可能會覺得自己沒辦法將他們的創造力，落實為讓他們覺得滿意的實體，因此深感苦惱。雖然如此，他們常常會有當個好「產婆」的資質，能為其他人在創作方面的努力接生出成果。開始的時候，他們或許既羨慕又嫉妒別人的創作天賦，同時卻過度低估自己所擁有的創作才能。凱龍在這個位置的人，假如能做到好好吸收這種恨己不如人的痛苦，但是不讓它打擊到對自我的價值感，如此一來他們就能發展出一種對「創作過程本身」的崇敬之心。一旦「創造」經由這種方式成了超越個人的事，常常創造力就會開始源源不絕，在我們內外奔流，因為此時「創造」成了我們都參與其中，並且為它服務的過程，而不是由我們「擁有」的事物。曾經有位凱龍在這個位置的人這樣跟我描述：她發現創造的過程還真是非常辛苦費力，讓她在創作的時候總是夢到一些類似希菲斯特斯在熔爐旁邊鍛造的景像。

有位女士，凱龍與水星合相於天秤座、第二宮。她記得以前在學校時，班上同學請她幫忙寫作業。這個作業是要一人交一篇故事，她隨手幫他寫了一則，沒用多少時間。只是沒想到她幫人寫的這篇，卻比她自己交出去的分數還高，這讓她大吃一驚。接下來的人生階段，她一直渴望想要從事寫作，但是在這方面的發展卻屢屢受挫。然而，在她上任了編輯工作以後，無論創造力、主動積極性，還是寬厚大方的性格，都可以很輕易而自然地流露出來。她也能理解作者的想法與需求，並且為共事的作者提供良好的支援。就是這樣的她，曾經帶著凱龍與水星有相位特有的機智與風趣對我說道：「我需要的，就是在人生中能遇上像我自己這樣的人！」

凱龍在雙子座或第三宮

心如明鏡台

在第三宮裡，我們開始經由口語來互相溝通。我們開始探索周遭環境，與它建立、產生關係，拆解分析它，嘗試要理解它。我們的思考能力是從第三宮開始發展，而隨著我們開始區分外在與內在，我們也知道要注意事物的具體內容，然後將它們與我們相應的反應，做出個人化並且帶有主觀意義的連結。這個宮位也和兄弟姐妹（雙子座是雙生兄弟）有關。另外也關係到短距旅程（好比小孩子離開媽媽沒有多遠，就必須返回媽媽身邊）、溝通、閱讀、書寫、學習、說話、資訊處理，以及問題解決。

凱龍在雙子座或第三宮的我們，說不定會覺得我們的頭腦不太可靠，思路好像有崩壞的危險，或者對自己腦海的活動全然不知所以，就像受到暴風雨侵襲一樣整片大亂。在我們力求理解某項自身經驗究竟為何時，卻可能來者不拒地，全盤接收來自任何人的各種意見。也有可能，我們沒辦法篤信與堅守自己本身的想法信念。或許是因為我們實在擔憂，不知道自己是不是對的，於是就用接納、甚至是原封不動地搬運別人的看法，以為這樣就是張起了一面安全網，可以把自己四散碎裂的思考片段聚合在一起。每當混亂不清的情況越來越嚴重，或者事物彼此之間的關係越來越分崩離析，我們也因此變得過於緊張、壓力很大，或者是「情緒有多亂，想法就有多亂」，在這樣的情況下，那想要把一切都搞清楚的慾望，有可能會強烈到成為一種執念。其實在心靈與腦海中，有個可以讓我們從這種慌張與執念中脫身的地方，而我們也有一種深層的渴望想要與之連結，以獲得心裡的安歇——在這種渴望的引領之下，我們就有可能找出那條路徑，進入真正深刻的冥想與沉思。

在擁有足夠的個人安全感與成熟度之下，那些凱龍在雙子座或第三宮的人將會非常願意敞開胸懷，以某種追求創造或療癒的方向，接受各種超越個人框框的資源——在正面的意義之下，接受預言或通靈性的訊息。「基爾達斯」（Gildas）這個靈的媒介者，著名的露絲．懷特（Ruth White），凱龍在雙子座、第七宮。她的著作《七段內在旅程》（*Seven Inner Journeys*），就是在交待她與基爾達斯，存在於她內在世界的關係（凱龍在第七宮）。透過與基爾達斯的溝通（雙子座），使她擁有一種超凡出眾的能力，能夠替那些尋求指引的人，從靈魂的層次釐清他們的本心並且為他們進行療癒。

擁有這個凱龍位置的人，其中有不少也擁有強大的原創力與卓越的聰明才智；他們從不停下腳步的探究與提問，常常能帶領他們來到其他人不願意留神注意的領域。肯恩．凱西（譯註八）的凱龍在第三宮；他介紹許多人使用LSD迷幻藥——或者是直接拿給他們，或者是寫下自己使用的親身經驗（第三宮）。首創將談話作為治療方法的佛洛伊德，同樣也有在第三宮的水瓶座凱龍；他後來罹患了讓人十分痛苦的癌症，整個下巴都受到侵蝕，阻礙了他說話的能力（第三宮）。這些剛好組成了一個鮮明的意象，表現出傷害與療癒才能之間的連結。佛洛伊德對於我們現在稱作「潛意識」的內在世界，做過非常徹底深刻的探究，大大轉變了世人對「現實」的舊有認知，這也是一個關於他水瓶座、第三宮的凱龍的實際表現。我們會在凱龍與冥王星有相位的章節，對他的星盤做更細緻的引用參照。

量子力學的創始人維爾納．海森堡（Werner Heisenberg），有著位於第三宮、摩羯座的凱龍。他那著名的「測不準（凱龍）原理（摩羯座）（譯註九）」，提出於一九二六至一九二七年間，剛好就是在行運的凱龍與他自己位於第一宮、天蠍座的出生水星連續形成多次正十二分之

譯註八　Ken Kesey，1935-2001，是一位特異獨行、反對文化規訓的文人，他的小說作品《飛越杜鵑窩》所拍成的電影，是電影史上的鉅作。

譯註九　principle of uncertainty，有時候也會用「不確定性原理」這樣的說法。

五相的期間。話說一九二六年的六月，當他與同事對於這個原理的討論來到了關鍵階段，他的花粉症突然非常嚴重地發作起來（花粉症會對呼吸和上支氣管膜造成影響，後者正是由雙子座守護）。為了緩和症狀與恢復健康，他來到一座植物稀少、巨石林立的島上「避難」（多麼適合摩羯座的地方啊！）。在行運凱龍與他出生水星的十二分之五相，進入完全緊合的那一週中，有一天夜裡，他經歷了一場「高峰經驗」，讓他深深確定了接下來的研究方向。他寫道：「我有了這樣一種感覺，那就是穿過了原子現象的表面，我看到的是原子它奇異而美麗的內部。一想到現在開始，對於『自然』它如此大方地展現在我面前，這片無垠無涯卻有如數學般精密的內在結構，非得好好徹底探究一番不行，我都覺得自己幾乎快昏倒了。」〔註3〕

海森堡在將這個憧憬化為實在的理論表述時，方式是透過與同事的書信往來——又是一個與第三宮有關的活動樣態。至於其時間點，正好就在行運凱龍與他出生水星，再一次形成正十二分之五相的期間。後來，當兩者來到最後一次正十二分之五相時，他創造出了那個如今前面冠上他的姓的術語：「海森堡測不準原理」。這是一種典型的凱龍經驗：「突破既有的水平」；從意識的更高面向，意外發現到關鍵或解答；對自己的人生目標有了更清晰的看法；以及，最明顯可辨的一點：整個經驗的歷程，是由病痛作為催化劑。注意他那謙卑的態度，以及標準的摩羯座對於自己經驗的責任感：他把自己的遠見看作是一種責任，是必須去遵循以及予以落實的。第二次世界大戰期間，儘管不贊同這個政權，海森堡還是繼續留在希特勒統治下的

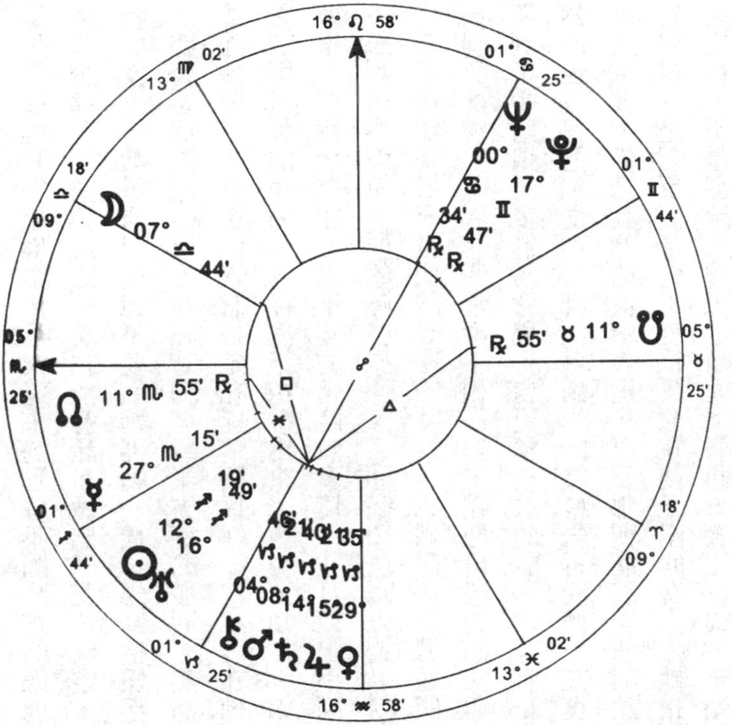

圖一　維爾納・海森堡

德國。他覺得自己有義務留下，好保存德國的科學傳統，而他後來也確實在德國重新建立許多科學研究機構（又是摩羯座的表現）。另外，發現電子的波動性，而得到諾貝爾獎的路易・德布洛伊（Louis de Broglie），也有位於第三宮的凱龍。

如果你的凱龍在雙子座或第三宮，讓自己能夠意識到自己正在自欺欺人，或者自己正陷入「毀滅性的思考模式（迴圈）」，會是一件很有幫助的事。之所以會陷入這種情況，可能是源自於孩提時代的創傷，或者也有可能，它們其實正是你從孩提時的環境中，承接過來的那些不願吐露的態度與想法。你可能在人生很早的階段，就基於痛苦的情緒反應，而在無意識下做出了某些決定。舉例來說，有位凱龍在處女座、第三宮的女士，發誓自己絕對不要像她媽媽一樣，成為枯燥乏味的學者。於是她在成長的過程中，一路否定與斷絕自己本身在智力與學業方面的發展，然而卻一而再、再而三地愛上聰明的男人或知識分子！這情況就有如她在感情關係裡，尋找著在她身上被她自己否定掉的東西。將這些帶有毀滅性的思考模式從底下挖掘出來，會發揮類似「劃出傷口的劍，也是治癒傷口的劍」的效果，讓我們有能力用不同的角度看事情，並且做出不同以往的決定。那條著名的玄學原理：「思想引導能量、能量跟隨思想」，能為凱龍在這個位置的人，帶來強而有力的鼓舞作用。

當凱龍在第三宮或雙子座的時候，我們對自己溝通能力的認知，與我們實際上與他人往來接觸的風貌，兩者之間常會不相一致。在把自己的想法觀念傳達給別人這件事上，我們可能會遇到不少麻煩。我們常會覺得自己講出去的話，不是真正想要表達的意思，於是乎深感挫折。然而也有可能，從別人身上得到的回饋會告訴我們：其實我們已經表達得極為清楚了，甚至於別人還非常仰慕我們的清晰表達，以及那種能將想法與感受化為文字的能力！關於這點，在這裡要舉的是個反面示例：有位凱龍在雙子座的女士，她在闡述自己想法的時候，總是用極富個人色彩，不過卻讓人丈二金剛摸不著頭的表達方式，充滿著不知從何而來的前提與結論，與前後自相矛盾的說法；然而她卻一直對於別人沒辦法理解她的意思，感到十分驚訝。

凱龍在這個位置的人，童年時父母可能不太談論那些真正重要的事，像是個人的想法感受、性、疾病、死亡，其他諸如此類的東西；他們誤以為這樣子就可以不讓孩子心理受到傷害。真是這樣的情況，那麼在我們長大以後，將會完全不知道有任何隻字片語，是可以傳達溝通我們心裡最深處的情感與想法的；我們心智運作的方式，將會與真實的生命脫離關係，而且大多時候都對這方面的溝通採取一種防衛的態度。我們或許善於表達、聰明過人、教養良好，甚且口齒流利，然而每當遇到要表達真實的內在感受時，就會覺得自己好像忘記該怎麼說話了。也是在這裡，我們可以經歷凱龍在雙子座或在第三宮可以提供的療癒方式——對語言文字的力量具有超越一般的敏感度。接受這種療癒，就好像是學習如何去說一種新的語言，又或者那其實是一種感覺既古老又熟悉的語言，正需要我們將它重新喚醒。

凱龍在第三宮或雙子座的人，頭腦的思考運作常是出於本能與直覺，或者採取「聯想」方式，也就是所謂的「原始」思考模式，傾向於將重點放在整體，而不是聚焦在某個局部上。在「邏輯就是上帝」一般的教育體系裡，這些人在童年時代，甚至還有可能被當作是有學習障礙。然而，這種誤會，可能是出於把孩童天生的思考模式，拿來與教育所要求的方式錯誤地對立。若讓孩子置身於主流教育模式以外的非常規環境，常常能有效地帶出孩子的個人天賦，尤其是當他們的天賦是在與言語無關，或是與本能直覺性質有關的領域；這類的環境，常常能讓凱龍在雙子座或第三宮的人在裡頭成長茁壯。

對凱龍在雙子座或第三宮的人來說，找到一個能將事物統整起來的理解框架（這是射手座造成的回音），是件很有助益的事。在這樣的理解框架裡頭，他們擔心自己發瘋的恐懼能夠獲得平息，而他們經由直覺得到的事情，也可以藉此轉化為有條理的概念，以及得到它的確認與背書。譬如說，閱讀當前蔚為風潮的，將物理學的新發現與不同意識狀態連結起來的文學作品，就有可能帶來這種幫助（註4）。凱龍在雙子座的人，他們這種任意聯想或跳出個人的思考模式，在不被接受與認可時，或許會變得極度不信任他人，或者整個人被種種詭異的主觀認知所淹沒；他們可能會覺得自己正身處一個他們沒有辦法理解，但是對他們懷有敵意的迷宮中央，而且既沒辦法對這種局面置之不理，又沒有能力分辨哪裡是裡邊，哪裡又是外邊。面對此情此景，當釐清、辨視、區分以及賦予差別等心智功能好像都派不上用場時，這種感覺可以是非常嚇人的。有時候凱龍在這個位置的人，會將學術表現及邏輯能力出眾的人奉若神明，以求可以保護他們，不致發生他們深感害怕的，這種思考方面的內在失序。

那些凱龍在雙子座或第三宮的人，常常能夠受惠於這樣的認知：「人類本來就不可能知道所有事情，能夠全知全能的，唯有『不可知』的上帝（第九宮的對極）。」他們可以從中得到心理上的平靜。尤其在我們的文化中更是如此，我們不只已經失去了在「宇宙萬物」面前應有的謙卑，而且還將「邏各斯」，也就是我們認定為支配萬物的理性法則的東西，供奉為唯一的真神。於是我們可以看到這種扭曲的觀念，認為「變得有如神一般」，意思就是知道與理解得比人多——目的是為了要取得控制。盡量去認識在資訊、知識與智慧之間的差異，會是對我們很有幫助的。否則我們一定會像浮士德一樣，一不小心就將我們的靈魂，出賣給知識（而不具智慧）這個惡魔。

「靈魂伴侶」或者「我們就好像雙胞胎一樣」，有可能會是凱龍在雙子座的人的生命故事。他們可能會熱切地追尋具有這種特色的關係：對方與自己就像一個模子印出來的，而且在關係裡頭，常常會油然心生「好熟悉」的感覺。舉例來說，有位女士，凱龍在雙子座，而且是她唯一一個風相的行星，另外天秤座的上升點與凱龍形成三分相。她結識了一個與她在所有方面都完全相反的男人（在這個例子裡，是位智力非常聰明的男人），而且還嫁給他；她最不希望男人是什麼樣子，她先生偏偏都是。她說，他們兩個第一次見面的時候，她就覺得「有來自另一個層次的聲音從中介入」（標準凱龍風格的聲明）。後來證明，這段關係就是她生命裡的重點，而且歷經許多衝突爭吵，都還是能夠維持下來。另外，無論是她還是她先生，兩人最終都以醫療者的身分，成就了成功的事業。

有時候，當凱龍在這個位置時，我們兄弟姐妹是真的有具體的外傷；身體可能有缺陷、畸型，或者有些心理上的失常。又或者，他們會基於其他的原因，而對我們具有極度的重要性。這樣的手足關係，若不是特別地傷人，就是特別有療癒作用；彼此之間可能會極為競爭甚至帶有敵意。搞不好，我們會覺得某位兄弟姐妹不知為何特別得父母歡心；然而有朝一日，我們說不定需要處理一件令我們渾身不自在，而且充滿罪惡感的事，那就是我們發現到原來自己才是家裡最得寵的那一位。異性手足之間可能會有強烈的性元素潛藏在他們的關係裡面，有時候還會被實現出來；不然就是，稍長之後我們所找的伴侶，會跟我們心愛的兄弟姐妹很像。有可能手足之中有人會有如一位智者或是心靈導師，對我們的人生帶來正面的影響。兄弟姐妹之間彼此所擁有的，就原型來說，乃是非常強烈的一種關係，尤其是在父母親去世之後。正是透過手足，我們的現實存在才能得到一種最親密的認證；如果這個事實反過來帶給我們傷害，那麼或許這個傷害也會促使我們的防衛機制強烈地運作起來。

這個位置的凱龍所帶來的禮賜，是能夠用語言文字表達感想與情緒；是對爭議問題能大聲疾呼，並且在人心中留下深刻印象；是能去把其他面向的現實經驗，清楚明確地說出來的能力。D・H・勞倫斯有著雙子座、第八宮的凱龍；他這個人就像是一位自告奮勇的代言者，為人類受到傷害的本能與直覺發聲，尤其是關於「性」的本能（第八宮）。他死於肺病（雙子座、第八宮）。當他的病發作嚴重時，他甚至會口吐鮮血——為他的詩風，提供了色彩鮮明的意象，因為他的文字風格，就好像鮮血自傷口湧出一般（凱龍在雙子座）。他主要的傳記作品，最初取名作《聰明的心》（*The Intelligent Heart*），剛好能代表第三宮或雙子座的凱龍所帶來的禮物。語言文字的力量，不論是說出來還是寫下來的，都是凱龍在這個位置的人所擁有的人生重點；他們對潛藏在話語中那些情緒及心理上的細微變化十分敏感，而且也可能對沒有被說出來的東西出現強烈的反應。基於同樣的道理，凱龍在這個位置的人，或許會有非常銳利的聽覺，甚至到了「千里耳」的地步，於是有能力用超越正常的聽覺，接通其他次元的頻率。很明顯地，「字」與「音」會化身為療癒的「媒介」而被他們所體驗。學會如何將所謂「盡在不言中」的那種無形無體的氛圍傳達出來，對於許多凱龍在這個位置的人來說，這件事就跟「清楚精確」在一般語言裡的重要性一樣。

凱龍在巨蟹座或第四宮

渴望屬於

第四宮與第十宮長久以來一直是占星界爭執的對象：哪一個與母親，而哪一個又是與父親有關？就我們這節的內容來說，這兩宮會一起被視為形成一根「雙親軸」，為我們指出在一個人的心目中，雙親的**典型樣貌**為何，因此也會為我們指出他們從父母那兒所經歷到的感受與經驗。更詳細來說，傳統那種將第十宮連結到母親、第四宮連結到父親的說法，在這裡也會延用，因為過去的經驗的確也支持它。在這之外，第四宮敘述了「隱藏的」其中一位雙親（註5），也就是比較少出現的那一位，無論是指實際上不常在身邊，還是情感上欠缺他（她）的陪伴，也就是因此比較不為我們了解，甚至帶有神祕色彩的那一位。二十世紀的社會型態，讓許多父親成天都待在職場。晚近以來，單親家庭型態的出現，讓「主要照顧者」的角色獲得重視；而既然這個角色通常都是由母親擔任，於是乎「缺席的父親」這個主題，甚至變得比前者受到更大的強調。也是在現代，許多小孩的生父其實不是名義上的父親，而是母親的情夫，甚至，有時候就連媽媽都不清楚誰是自己肚子裡小孩的爸爸。另外，隨著人工授精技術的興起，以及環繞著精子捐贈者的身分與匿名性所衍生的複雜法律問題，使得為數眾多、經由這種方式而受孕的小孩，永遠都沒有辦法知道自己的父親是誰。

凱龍在第四宮會突顯出與父親的關係。可能，我們所經驗到的他，是會傷害他人的情感或身體，或者是在某個重要的面向上他不是一個夠格的父親。或者，我們與父親的關係總是充滿著爭吵與衝突。我們也可能根本就不知道或不認得父親；他在孩子出世前就已經過世或者離去了。他或許是位牧師或許是位醫生，換句話說，是一位醫者或者救世主般的人物，使得不論平凡的兒子還是庸碌的（女兒）追求者，全都比不上他。出現在與父親關係裡的傷，表面上雖然有無數的變化，但是傷的「性質」通常可以從凱龍的星座與相位得到端倪。舉例來說，有個凱龍在射手座、第四宮的人，一直都與他的父親爭吵不休，衝突的起源顯而易見都是關於宗教的議題（射手座）。父親這邊是忠誠無比的天主教徒，不過兒子的凱龍既然在射手座、第四宮，代表他會有如停不下來似的，追求能夠超越自己所繼承（第四宮）的宗教信仰（射手座）。在一次差點爆發為肢體衝突的爭執之後，這位兒子決定離家出走。那個時間點，行運的海王星剛好與他第四宮的凱龍完全合相，不只如此，在他出生星圖上，位於第十二宮與凱龍形成三分相的太陽—冥王星合相，能量也被這個行運的海王星活化；這指出了因為他激烈的出走，而產生的那種情緒上隨時會爆發的火山狀態。他的離家出走，對全家來說都是帶來嚴重傷害的事件（凱龍在第四宮）。在這次海王星與凱龍形成相位的行運期間，他還感染了脊髓灰質炎（譯註十）（海王星代表惡化及癱瘓），讓他的腳因此有一點跛。他心中的苦痛，在他日後自己當了爸爸之後得到了治療。而他自己，也不折不扣成了一位「受傷的父親」。為了重新連結到這種與生俱來、追求精神面成長的天性（射手座），他必須放下自己與父親的關係所帶給他的痛苦；兒子的出世在這件事上帶給他很多幫助，從那一刻起，他開始能確實地敞開心胸，誠實體驗究竟什麼是「為人父母」。

女性的星盤上如果凱龍在第四宮，可能會出現對父親有愛慾的主題。無論是否真的有性關係，至少「家裡的浪漫愛情戲碼」是上演在父女，而不是在父母之間；而且這類女性可能會將

譯註十　也就是一般所說的「小兒麻痺症」，雖然常常發生在五歲以下的小孩，不過就連成人也可能會感染。

這種模式延續下去，容易愛上「無法得到的男人」。如果父親是位單親父親，或者是父親比母親更常對孩子展露出情感與同理心，凱龍在第四宮的女兒，日後可能會企圖透過男性伴侶，來滿足一直沒有被滿足的對母親角色的需求；雖然是女性，但是她們一樣可以嫁給自己的「媽媽」，或者更應該說，嫁給她們很想要有，但卻不曾擁有的那個夢想中的媽媽。許多表面上看起來是男女之間或者父女之間的關係議題，其實是根源於母親與小孩的初期關係。

凱龍在這個位置的女性，無論她們自己認為看待父親的態度，是將父親當成最理想的爸爸，還是根本就看不起父親，可能都會有太過注意父親的情況；或者實際上是倒過來，父親也要求女兒對他完全的關注：他就是上帝，他必須得到服從。不論父親投射給她們的形象是強硬、權威、優秀、蠻橫，還是與此相對，是一些「阿尼瑪」（anima，陰性形象）；也不論這些形象的投射是經由明白表示，或者是在不知不覺中被感受到的期待——期待她們應該怎樣又不應該怎樣——無論如何，這樣的女兒有時候必須耗費好一番周章，才能掙脫心裡這種形象認同。對這些女性來說，「內心的英雄之旅」指的是放膽去準備承受那些她們擔心在這麼做之後，即將面對的指責、否定、傷害、不被喜歡以及心理上的排斥。

例如有位凱龍在雙子座、第四宮的女性，父親一直鼓勵與推動她，要重視學業方面的發展。高中畢業後，在父親的同意與肯定之下，她興高采烈地進入大學。不過，就如她的星盤所呈現的，她的水相與火相星座都受到強調，而她最終也覺得自己就好像陷入一種「火力不足」

的慘況；學業讓她深受折磨，相當痛苦。最後，即便休學感覺起來是件多麼可怕的事，因為那意味著「拋棄父親」，她還是在讀完第一年後就離校了。

如果一個女人一直停留在被父親理想化的「聖地」之中，或是為了得到父親讚許而束縛了自身的發展，像她們這樣用諂媚、撒嬌或其他更高壓的手法，好讓事情按照自己意思走的「爸爸的小公主們」，凱龍在第四宮都能為我們清楚地描繪出來。舉個例子，有位女士，凱龍在第四宮、天秤座，一開始認為她的父親缺乏文化素養跟優雅教養，心裡實在瞧不起他。漸漸地，她本人變得自大又勢利眼，讓許多有機會成為她朋友的人都決定對她敬而遠之（凱龍在天秤座，傷害她的人際關係）。最終她了解到，她是在「為她父親做這一切」：她那令人討厭的，自命文化素養不凡的個性，其實是源自她父親心裡想成為更有人文氣息、更有高貴教養，但卻無法實現的渴望。當初她其實感覺到了這種痛苦，從而希望「改善它」，儘管與此同時還是在心裡輕視父親。一旦弄清楚這件事後，她與父親的關係就出現了進展。

第四宮這個地方，借用丹恩·魯德海爾的話，是我們內在「任何一座要起於平地的高樓，它最深的地基、最穩固的基礎所在。」（註6）這一宮，指向我們個人的過去、我們的祖先世系，以及我們繼承自家庭，心靈與情感方面的特質。它是我們的根與歸屬感，而它最終也關係到我們對自己內在核心的歸根程度。植物透過根部從大地吸取養分，根也固定住植物讓它們不會被風吹走。同樣地，第四宮也是與歸屬，與我們的需求，與接收滋養、站穩腳步、牢牢扎根等這些面向有關。然而，對於凱龍在第四宮的人，歸屬的議題經常會被我們投射到他人身上，或者以過於理想化、不切實際的態度來面對，在這樣的情況下，我們可能會犧牲掉自己的情緒、想法與潛在能量，以求能夠歸屬於某個別人或團體。害怕無家可歸、沒有根源的感覺，讓我們努力追尋一個能夠永遠待在裡面，將我們安全地包含在內的「子宮」；「照顧我，我就會一切如你所願」，可能會是我們心底沒說出來的請求。或許，我們會選擇一個摩羯座色彩的結構來隸屬，諸如公司企業、學校或協會社團——一個「構成原則」在裡頭非常重要的地方；雖然與此同時，我們依舊感覺失根。而且，一旦我們選擇的這個「子宮」，有著過於強勢僵硬的疆界，讓我們無法繼續成長發展，就像那副對於不斷長大的「巨蟹」而言已經變得太小的殼一樣，最終我們將會感覺到有出走的必要。就像在鯨魚肚裡的約拿一樣（譯註十一），或許直到我們為了生活，被迫展開進入自己內在深處的「夜海之旅」為止，生命都會讓我們覺得是從一座牢籠移到下一座牢籠，或者都會像是「壞死的子宮」。而若我們能踏上旅程，能終於理解自己，我們就回到了「自己」這個「家」中。

凱龍如果是巨蟹座，我們與母親的關係中特殊、有針對性的創傷，或者突然而意外的分離，會令我們震驚得惶然失措。我們可能會歸結出「一定是我做錯了什麼事」的結論；而日後的我們，可能會變得對於他人的負面意見過於敏感，而且無法應付他人用分離來作為威脅的手段。彼德．芳達（譯註十二），凱龍在巨蟹座、第二宮。他在十歲的時候對自己肚子開了一槍（巨蟹座掌管胃），是他對於母親自殺的反應。另外一位凱龍在巨蟹座、第二宮的女士，有一個很深刻的印象是媽媽曾經對她說過「妳算什麼東西」！日後，不論在感情方面還是在經濟方面（第二宮），她都沒有辦法好好自己獨立。算得上東西的，只有「高高在上的母親」，所以如果她不當個「高高在上的母親」，她就不是個東西——這就是母親「教」給她的事。結果，當她自己的女兒因為與她關係破裂離家出走後，她整個人都崩潰了。然而，這次的分離，終於能夠顯露出她最原始的傷痕，於是也開啟了深層的療癒。

凱龍在巨蟹座所代表的傷，是所有人都會遭遇到的：從子宮那次最初始的「逐出」，以及與母親的互相分離。如果你有著巨蟹座的凱龍，你對他人情緒上的痛苦與難受，會有非常敏銳的感應，而且具有同理對方的能力；人們會發現，在你面前可以很輕鬆順利地說出、或表達出自己的情感，尤其是與痛苦有關的情緒感受。你有從情感方面滋養他人的能力，你能無懼地在他人最脆弱的時候接納他們。然而，不是以「母親／孩子」的模式作為基本模型的人際關係種類，你處理起來就會比較困難。同樣的道理，你會發現自己很難接受分離；你需要被人

譯註十一　這是《聖經．約拿書》裡的典故，上帝故意讓大魚把約拿吞下肚，做為對約拿信仰的考驗。

譯註十二　Peter Fonda，出生於1940年，美國演藝世家芳達家族的一員，也是一九六〇年代，美國反傳統運動的指標人物。

需要，甚至會為了與感覺疏遠了的他人重新建立起「有如臍帶般的連結」，而使出一些詭計心機的手段。要你放手讓他人獨立，並不是一件簡單的事。如果你的養育者角色，或者你身為「好乳房」（譯註十三）的形象受到了威脅，說不定你的脾氣會變得暴躁易怒。同樣地，要是你覺得你的好心被糟蹋了，別人也別意外你將會變得非常尖酸刻薄，甚至還會為此懷恨在心。

凱龍在巨蟹座時，有可能會在接受情緒方面的滋養，或是吸收生理方面的營養上出現某些困難；總是覺得渴望什麼、覺得飢餓，甚至會有「前面雖有滿桌佳餚卻還是餓得要死」的情況。於是你動不動就想要藏在殼裡，覺得自己太容易被人所傷，所以不敢將自己暴露出來，接受他人的滋養；但是與此同時，你也覺得待在這個保護殼裡頭的自己，正在變得越來越乾枯。你的胃可能是你身體容易出毛病的地方，而且它會與你感受到的情緒有非常顯著的關連。你也可能將別種情感上的需要，轉化成生理上的飢餓，每當你需要的是情感糧食時，你卻走向鹹酥雞攤。大自然起伏循環的生命節奏律動，在凱龍位於巨蟹座的人身上，可能沒有獲得察覺，也可能被主動地干擾打亂。去仔細感覺身體能量的潮浪漲退，對你來說會是很有幫助的一件事，讓你不會在不知不覺中違背它，從而也不會因此而變得過於情緒化、變得總愛黏著人，或者陰沉脾氣壞，又或者孤僻不說話。對自然韻律能有完整又深刻的感受，是凱龍在巨蟹座的禮物；許多有這個凱龍位置的人，都與月亮或其他週期性的循環模式頻率相通。我們身處的主流文化，對這些週期循環沒有任何敬意與重視，使得擁有這種調頻天賦的人也一樣對它們不敬重，或者甚至根本就不知道自己擁有這種天生的感應能力。懷著感謝之情對它打開胸懷，這些人就能得到一段開心的童年回憶，畢竟月亮在許多文化裡，都是被視為「萬物之母」。

凱龍在巨蟹座的男性，常常會花上至少前半生的時間「待在子宮裡」——他們會選擇「好媽媽」作為伴侶，或許還會嫉妒自己的小孩從母親那裡得到關注。離婚或分手，會重新開啟他們與母親分離的初始創傷。在他們勇敢地面對這個議題以後，凱龍在巨蟹座的男性會發展出強大的撫育滋養與同理他人的能力，而且還能與他們自己的內在世界建立非常完善的關係。他們常常能憑藉直覺而獲知一些心理層面的事情，譬如即便距離遙遠，都有辦法知道他們所愛的人發生了什麼事。他們可以是非常著重精神層面的人，並且對於情境裡的情感部分有強烈的反應。佩希．畢許．雪萊（Percy Bysshe Shelley），有些人稱他為「英語世界最偉大的抒情詩人」，他的凱龍在巨蟹座、第四宮。此外，他位於水瓶座、第十一宮的冥王星，與凱龍成十二分之五相；位於天秤座、第六宮的火星、木星、海王星合相，與凱龍形成六分相；雙魚座的月亮與凱龍有寬鬆的三分相；最後，凱龍與北交點也有六分相。雪萊對他那位既有錢又是貴族的

譯註十三 一個心理學上時所用到的概念，母親的乳房對幼兒來說是只有好，是幼兒所愛，是「好乳房」；但是隨著人長大，母親的乳房成為禁忌，成為必須分離的對象，成為「壞乳房」。

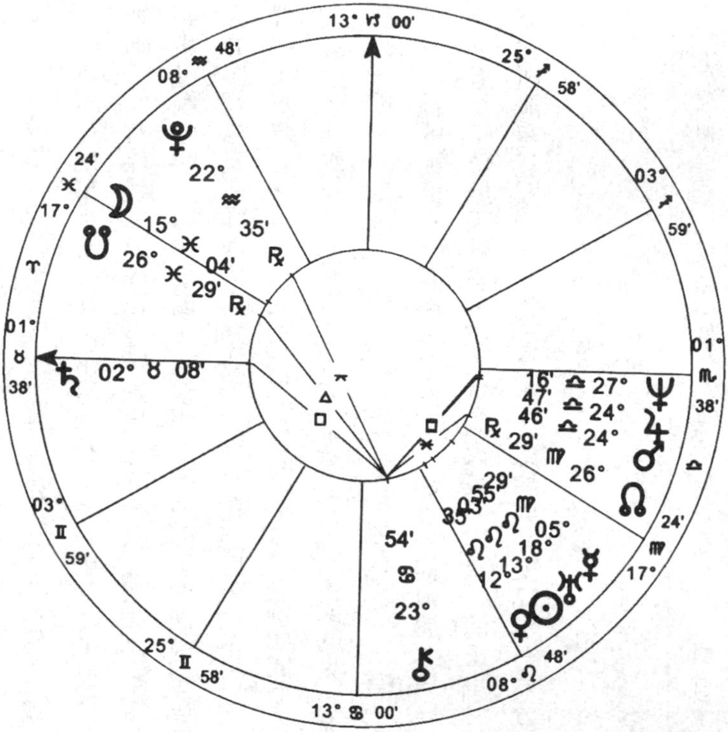

圖二　佩希．畢許．雪萊

地主父親（第四宮）而言，是位不愛聽話還會反抗父命的兒子（凱龍與火星、木星有相位）。由於他拒絕放棄自己反對君主專政的主張，使得他與父親關係破裂。他在一八二二年，也就是他的土星回歸之時，在一場暴風雨造成的事故中罹難；不過有人懷疑，他是因為自己激進的政治主張而被暗殺（凱龍與水瓶座的冥王星成十二分之五相）。

在他波濤洶湧的一生中，曾經在自己妻子懷孕的時候離她遠去；或許這是因為即將成為一位父親，光是想到就讓他無法承受（第四宮），因為他自己都跟他的父親斷絕了關係。

凱龍在巨蟹座或第四宮的時候，原生家庭可能會是個帶來痛苦與傷害的地方：發生著霸凌、嘲笑或者虐待式的情感操控，並以「好玩」或者「這麼做是為你好」的名義為之。另一方面，我們可能會因為在表達自己的情緒，訴說自己的感受時，被人嘲笑或指責說是在灑狗血，於是我們便學到了自己的情緒感受是不被他人歡迎與接受的，所以可能會努力試圖隱藏起來，甚至也不讓自己看見。結果我們不是變得深沉做作，就是有一天出現情緒爆炸的意外，然後要花費更多精力再次控制或壓抑。可能要花上一段時間，我們才能學會如何保衛自己不受到更進一步的情感傷害，尤其是在以依附問題為焦點的親近關係之中。如果家庭與其說是滋養，不如說是痛苦的來源，或許就會創造出一種想要與「母親」重逢的渴望；會激起一股因為出生而被「逐出」的忿怒；會想要追尋一個「家」，一個真正帶給我們歸屬感與安全感的家。當凱龍是在巨蟹座，療癒的旅程會帶領我們向內，去到一種生根立基的感覺，但不是扎根在某個地方或某個家庭（第四宮），而是在我們自己本身，以及我們與宇宙的連結上。力量，是來自於一種內在的知覺，知覺到生命屬於我們，而我們也屬於生命；我們不需要把它占為己有，因為我們原本就已經擁有它。有位凱龍位於這個位置的女士，在經歷過一次強烈的超個人體驗之後跟我說，她因此了解到：「我們全部都是宇宙這個子宮裡的嬰兒。」

華德．狄斯耐（Walt Disney）的凱龍在摩羯座、第四宮。狄斯耐與維爾納．海森堡的星圖，恰好形成有趣的對比；他們兩個的出生時間只差幾個小時，然而後者的凱龍在前面一節有提到，是在第三宮。不同的凱龍宮位，清楚地展示出他們兩人對這個世界同樣無與倫比，但是性質截然不同的貢獻。凱龍在摩羯座、第三宮的海森堡，在科學的領域裡為剛出現的新想法（第三宮）賦予形式（摩羯座）。華德．狄斯耐則是透過他的電影，用後來成為家喻戶曉的卡通人物，為單純與天真的感受情懷（第四宮）賦予形式（摩羯座）、做出表現。狄斯耐的作品，不只是因為將一些原型層次的主題與故事以當代的形式表現出來，才得到普世大眾的喜愛，還因為他有一種天分，能把人類情感中各種精細微妙的變化，用人人都可以理解的手法描繪得唯妙唯肖。雖然常常被人指責太濫情，不過他的電影還是深深觸動了無數人的心，無論是大人還是小孩。在他的卡通角色裡，我們看到了自己內心中，那個情感豐富又容易感動的孩子的倒影，那個恐怕是任何身邊與我們一樣的成年人，都不會有機會看到的孩子。去發現並且照顧屬於**內在的**脆弱之處，正是凱龍在巨蟹座的「道路」。當我們開始踏上返回「自己」這個家的旅途時，也就替「尋找一個願意接納自己的母親」的追尋劃下了句點。

凱龍在獅子座或第五宮

到哪都有光與熱

從發展的角度來說，第五宮關係到的，是我們與具有「母親」意義的角色分離，開始與屬於「父親」的世界面對面遭遇的幼時階段。這是「自己對自己發號施令、做出決定」與「自己是特殊與獨立的個體」這些意識的催生階段。身上既有人性也有神性的孩童，也是能夠代表「自性」的一種意象；而孩童的特徵，是對生命感到開心歡樂，是自然而然、不需要求就會展現自己，是天真無邪、真誠單純，還有打從心底向外發散的愛。這個宮位敘述著我們是怎麼樣開心自處，又會追求何種快樂。我們會在這個宮位邂逅浪漫的情史，或許短暫，但卻深深觸動我們的心，讓我們感到自己的與眾不同。我們也會在這個宮位體驗到內在的本質，透過把自己的本質用獨樹一格的方式表現出來，這種創作過程每每讓我們宛如新生。發生在第五宮的經歷與感受，會讓我們的心放聲歡唱；我們也會試著把這些體驗分享出去，希望從他人對我們這些體驗的理解、評價與讚賞裡頭，看到我們自己的「倒影」。

凱龍在獅子座或第五宮時，我們主動自發的能力可能會有缺損的感覺。很少時候我們能夠做到「放手」，然後輕鬆愉快地享受當下；或許我們會想要走向沒有建設性而且還可能帶來破壞的極端。常常，凱龍在這個位置的人的自發能力，遠在孩童時代就已經遭到破壞；而且對於受到別人嘲笑奚落這件事，也會過度敏感。有些人會用扮演丑角的方式，主動逗人發笑，甚至於是主動引人來嘲笑自己，來「避免」嘲笑的發生。有些人則是發展出高貴、幾乎是不容侵犯的人格面具，不論何時看起來都一臉酷樣，好像一切都在掌握之中。他們可能總有辦法讓別人覺得自己很蹩腳或很可笑，就好像諺語裡那隻盯著女王的貓一樣（譯註十四）。另外，創造力，還有表現自我的能力，可能會是我們的生命裡，需要苦苦掙扎而常感到受挫的部分；或許在我們小時候，曾經不得不放棄某種我們非常喜歡的創作活動，或者是即便我們並不願意，但還是被迫把自己的創作拿出來廣告推銷。又或許，我們的雙親也懂創作，於是我們的創作天分是他們的驕傲，然而他們將我們引以為傲的方式，卻令我們感覺自己好像是被剝奪。最後，有可能因為身體上的傷痛，或者原因不明的挫敗，而使得我們放棄進入，或者半途退出前途一片光明的表演藝術生涯。

有很多凱龍在這個位置的人，當他們表演藝術方面的生涯失敗以後（有時候這種失敗並不一定可以歸咎給他們），會發展出培養、提拔其他人的優異才能；他們能透過適用於整個人，而不是只限於創作活動的技巧或手法，激發他人的創造力與自我表現。譬如，有位從藝術大學休學的女士，後來成了一位藝術治療師。另一位女士則是決定不再以作家為職業，改將寫作當成是連繫自我內在體驗的途徑。還有一位女士，在小的時候很喜歡彈鋼琴，然而當家道中落，她們家必須搬到較小的房子而把她深愛的鋼琴賣掉後，她只好放棄彈琴。當時間來到她的凱龍對分相時，她想起自己過去喜歡彈琴，而對照現在完全沒有創作管道的生活，令她難受不已。於是她試著再去上鋼琴班，不過卻並未因此感到高興——如此辛苦地重拾興趣反而開啟了當初她停下不彈時所留下的巨大痛苦。這促使她尋求治療，也讓她踏上了發現自我的內在之旅。後來，她終於能夠向自己那段不彈琴所浪費的歲月致哀，並且對「創作的可能性」有更深一層的了解與信任。此外她也理解到自己小時候彈琴，主要其實是一種想要博取父母的印象，還有藉此與父母交流的方法。隨著這些情緒上的殘留物逐漸消散，她開始在彈鋼琴這件事上，重新取回那個「我也是一個能散發創意的人」的內在感受。而後她也知道，要做到這一點，不是只有透過彈琴才能辦到。

凱龍在第五宮或獅子座的我們，說不定很早就會學到一件事：我們所創作、所表現的東西，並不受到別人的歡迎。屎、尿，是我們此生第一項「創造成果」，而從父母面對我們的排泄物所顯示的態度，我們可能會從中得到這樣的看法：我們出產的是骯髒、不受歡迎的東西，而且還是個麻煩。之後，當我們努力嘗試，想表達出任何關於「真我」的一切時，在這種創作

譯註十四　取自西諺，"A cat may look at the queen."，「就連貓也可以瞅著女王看。」

過程中，我們可能會遇上各種莫名其妙的恐懼、障礙或者內心的衝突與抗拒。我們可能渴望到無法再渴望，想透過某種形式的創作來釋放自己，卻實在沒有那個天分與能力。在這種表面上的無能為力背後，常常是來自過往的痛苦感受，所以假如我們能夠溫柔地擁抱這些過往經驗，就有可能移除阻塞創作能量流動的障礙，一如前面的故事所示。

有些凱龍在獅子座或第五宮的人，當他們面臨到從事創作的機會時，會變得身體不適或者生病，尤其是攸關要在一群觀眾面前表演的話。那會使得他們陷入一種自己不夠格、沒有能力做好、很尷尬的感覺，這種感覺隨後有可能會以身體病症的形式傳遞出來。不過，雖然一方面或許我們會覺得缺乏自信，然而另一方面，在我們內心深處也懷著一股潛在的渴望，想要成為那個令周遭的一切全都暗淡無光的超級巨星，成為一位存在感十足的英雄！人們通常比較能察覺到自己缺乏自信的一面，而難以察覺到想要炫耀自己的另一面——它被我們藏在心裡，不願向自己或他人承認，於是常會以一些不恰當、不適合的方式滲透出來的。如果你的凱龍在獅子座或第五宮，試著偶爾在鏡子前面自吹自擂，會讓你很受用，畢竟平常你可能一直都要花上許多精力，試著把心裡夢幻的那個超級巨星壓抑下來。與此同時，檢查一下在你的靈魂之中，有沒有某種「這是上天賦予我的……」這樣的想法，對你的幫助也會很大。對於生命提供的一切，願意而且真的能做到心懷感恩地去接受下來，對一個人來說當然是既正面又健康的事；然而，如果抱持的是某種「這是我的權利」的自戀想法，也可能趕跑真正美好的事物。伴隨這種

「我本來就有權」的想法的，是某種想要緊緊抓住的人格特質，以及某種自我正當性的感覺，這些都是源自我們幼年時期的需求。當我們察覺自己抱持這樣的心態時，也無需反應過度；我們只需要溫和柔順地處理它，因為負面而無建設性的自我批判，只會凍結內心成長或療癒的程序。發展出對自己的慈愛之心，其實正是與凱龍在獅子座或第五宮特別有關的主題。

凱龍在獅子座或第五宮的人，他們在表現自我的時候，真的有可能是非常「自然原味」的：直腸直肚、口無遮攔，不怎麼擔心別人的想法，甚至還對於自己膽敢冒犯他人，或者是目空一切、不怕得罪權威的風格，覺得洋洋得意。從一九四〇年年尾到一九四三年年中，這段期間出生的人裡頭，出了幾位深深散發出典型獅子座氣味的超級巨星；他們的冥王星全部都在獅子座，其中有些還與凱龍合相，更是增添了他們不計任何代價，就是要表現自己的慾望與動力。珍妮絲．賈普林（譯註十五）與吉米．漢崔克斯（譯註十六），就是凱龍在獅子座，而以幾乎是超越常人所能達到的力度，來表達自己的最佳範例；他們在舞台上赤裸裸地展露自己的靈魂，他

譯註十五　Janis Joplin，1943-1970，美國搖滾樂手，於一九六〇年代的反傳統時代出現又殞落的巨星，知名音樂雜誌《滾石》於二〇〇八年的評選，仍將她列為史上百大最偉大歌手之一，足見其在樂壇的地位。

譯註十六　Jimi Hendrix，1942-1970，被公認是音樂史上最偉大的電吉他手，個人風格強烈，留下許多劃時代的影響，而成為後世音樂人心中無可取代的先驅者。

們的表演在表達與呈現的，是既屬於個人也屬於群體的喜怒哀樂。他們兩個也都是英年早逝，以飽受折磨的少年天才的身影，永遠活在人們的想像中。

有這個凱龍位置的我們，雖然可能想要發光發熱，受世人喜愛，然而我們可能不曾擁有美貌、得不到自己想要的名氣、聽不到眾人的讚美與奉承；觀眾、掌聲，儘管我們再怎麼渴望，卻好像永遠不可能得到。也有可能，我們老愛把別人放到神桌上膜拜，如此仰慕著他們，卻低估了自己本身在創作方面的成果。接著下來，「嫉妒」這個禍根，就有可能開始打卡上班，就好像《白雪公主》裡的惡皇后，因為不是最美麗的女人而盛怒不已。想要破壞他人的成功、想要帶給他人厄運、想要詆毀他人的藝術成就——這些令人不舒服的感覺，如果我們不願去察覺、不願去承認，它們將會漸漸地在心底發酵，以致於連我們的生活、我們自己的創造，都會一併受到破壞。就算不是這樣，我們也可能會暗中懷恨，於是中傷、陷害那些我們嫉妒的人；學會去發現與感覺到這一點，對我們重新取回內在能量的主控，並且將能量往正面轉化，是很有幫助的一件事。

同樣也很有幫助的是分清楚底下這兩件事：一是為了給他人留下印象、為了獲得權力與名聲而從事創造或自我表現；一是單純為了創造時的快樂與愉悅，所以從事創造。如果我們成天擔心的就是他人的嫉妒，而且覺得自己是「冒險」去活出有創造力的自己時，那麼真的有可能會吸引那些心懷嫉妒與惡意的人來到我們身邊。有個凱龍在獅子座的人，因為把目標設定得太高，根本沒有辦法享受從事創作活動時的快樂，自己的演員生涯也以失敗告終。在她的第二次凱龍四分相形成時，她聽取治療師的建議，開始用在夢裡看到的影像來作畫，從而開始能夠參與到創作過程本身，不再只是努力要去達到某種外在的成功標準。這麼一來，她也感覺自己獲得了療癒，而且到了最後，她開始將整個人生視為一個創作過程，在這個過程裡，我們一方面是創造者，一方面我們也不斷地被創造與改造。像這樣的觀點，確實是這個凱龍位置能為我們帶來的禮物。

如果你的凱龍在獅子座或第五宮，你可能會相信：要是你為人處世，都按照聖賢君子的標準來做，那麼這個世界也會如此待你。然而，如果你一路下來遇到的都不是這樣的對待，你可能會對此感到困惑不解，或者開始心灰意冷。雖然你對人性中基本的善根有信心，與此同時可能你也渴望著，能從這個世界種種差勁卑劣的行為與作風中獲得拯救。在那些需要你推銷自己，或者需要你做出適當的自衛行動、需要你發揮想像力來進行折衝的時刻，說不定你反而會退縮與閃躲，會認為這些雞毛蒜皮的小事不符合你的格調，或者用「不與人爭」的態度作為擋箭牌。要你跟生命中比較低劣可恥、不甚光彩的那一面共處，是件困難的事。你比較喜歡把目光放在事物的美好、戲劇性的轉折變化，或者充滿真心與熱情的原型戲碼等這些面向上。平凡、庸俗、細碎、委瑣，以及違背自己的原則，這些也是屬於生命的一部分，在你看來卻是令人倒胃作嘔，而對於你自己內心中的卑劣想法，你也同樣感到無地自容。面對這種情況，訣竅可能就在於一方面維持你超高的道德標準，一方面嚴格地丟開任何想做出負面評價的慣性，不論那是針對自己還是他人。藉由這樣的方式，就能培育出一種對於世間的愚蠢，也能以溫暖的、寬大的態度來理解與評價；這種態度非但不會鉗制你的心靈，反而會為你帶來滋養。

我們與孩童的關係，不管是自己的還是別人的，當凱龍在第五宮會得到強調，並且可能會成為一個讓我們經由痛苦而學會很多東西的來源。例如，我們可能儘管非常渴望有孩子，卻沒有辦法生育；或者，我們有孩子，但小孩可能出生的時候就有重病或不良於行；又或者，因為各種原因，譬如彼此失和、感情破裂、缺乏對對方的欣賞肯定，或者互相妒忌對方等等，而使得我們與自己小孩之間的關係，為我們帶來傷害。同樣地，凱龍在這個位置時，小孩也可以用他們獨有的開朗率真、他們想到就做的主動性，以及他們流露出的自然天成的智慧，為我們帶來歡笑與療癒；在這個意義上，當我們有著這個凱龍位置，我們的孩子同時也是我們的導師。有個凱龍在獅子座、第六宮的女士，因為沒有自己的孩子而感到痛苦不已，當她停經之後，更是因為這個緣故陷入嚴重的憂鬱狀態。治療的過程，讓她重新發現了自己內心中的小孩，也找到了「這個小孩」所擁有的、能夠主動投入事物的生命能量。她原本就是一位成功的畫家，而在這一段治療期間，她的作品風格與她看待作品的態度都出現了變化；她開始找到能夠治癒自己的藥方，那就是在情感上讓自己更全面、更強烈地參與整個作畫過程，將獅子座那種露骨而青澀的熱情灌注在她的作品裡。

凱龍在獅子座或第五宮的旅程，目標有可能會是在找到屬於我們內在生命的那個發散出創意的中心是什麼；不是叫我們磨練精進某項創作領域的技巧，直到完美的境界，也不是要我們以裝模作樣，追求展示炫燿的態度來看待自己的創造力。「自己是與眾不同、獨一無二」的這種觀感，如果受到了殘害，就有可能驅使我們變本加厲地追求浮誇與虛榮，而且或許也會嘗試從別人那邊，贏得我們自己沒辦法給自己的正面評價，但正因為這樣，那終究只會是徒勞無功。儘管如此，這種困境還是能開啟內在追尋之旅，找出我們失落的自我觀感。為了找回它們所展開的旅程，說不定會帶著我們進出關於「自我表現」的各種領域，譬如戲劇課、歌唱班、塗鴨教室，或者一些發現自我的課程。將情緒釋放出來、將自我展露於他人面前，可以協助我們重新連結上我們失落的自我觀感。而當我們在從事這類相關活動時，如果我們能將重點放在從它們帶來的療癒效果中獲益，而不是非得透過它們來在別人心中留下什麼很棒的印象，反而更能喚醒一股生生不息的活力。

凱龍在獅子座或第五宮，常常會使得女性無法看到男性法則中關於破壞毀滅的那一面。她可能會一而再、再而三地經歷被生命中的男性所辜負、傷害或背叛；很多時候，這種情況是她與父親之間關係的反射面向，一個她一直寄予高度期待的父親，或者事實上反過來也有可能。另外一種可能性是，這類女性學習到的男性法則並不健全，或者是只學到了其中負面的部分，源由可能也是作為她學習對象的父親；這種情況同樣會對她的創造性帶來妨礙。只要她一嘗試創作，就可能會在過程中持續面臨罪惡感，或是欠缺對自我價值的肯定；最後她甚至可能會直接放棄這個可以發揚自己創造性的辛苦過程，而選擇假借丈夫或小孩之手，代替她把自己的創造性活出來。這時候，嫉妒又一次成為可能發生的議題；譬如，她可能只願意鼓勵自己的小孩，往那些當初她想要但並沒有實際去嘗試的方向發展。反過來也是如此：許多凱龍在第五宮或在獅子座的人，都曾經必須在這件事情之上與父母中的一方過招；當他們為了求得「發現自己本身的創造力何在」時，若不是必須按照父母的意見走，就是必須冒上被父母妒忌的風險。

有一個在故事、神話與傳奇的世界裡廣為人知的題材，跟我們這邊談論的東西息息相關：很久很久以前有一個王國，因為某種原因，全國上下的土地都在逐漸失去生機。生了某種病或受到某種傷的國王，等待一個能夠拯救國家的繼承者到來，讓他可以安心瞑目。國王有幾個兒子，不過要繼承王位，他們必須得先證明自己值得。其中有一位王子，他不只跛腳，而且人們都覺得他又醜又笨。他是兄弟們的笑柄，他們也沒有一個當他是合適的繼承人。然而，故事的最後，他才是通過各式各樣的測試與考驗，拯救了國家、繼承了父親的那個人。

他是帕西法爾（譯註十七），這位「天真的愚者」，透過苦難與傷痛學習到智慧，而在時機到來的時候成為王國的拯救者。療癒，不可少的就是去接受位於我們內在之中，這位有如帕西法爾般表面上看起來「不成才的兒子」。他代表了我們感覺笨拙難堪、上不了檯面，又懵懂無知的那個部分的自己。確實，也只有透過接納那些失敗、被拒以及苦難的經驗，因而能以慈悲憐憫之心，對待我們自己與他人的痛苦，才會拯救我們生命裡那座日漸荒蕪的王國。「重病年邁的國王」可以代表在兒時家裡，或者在整個社會中，所遭受的壓抑與負面制約，而它們常常也跟現實生活中的父親有所關連。這些模式，如果被我們吸收成為自身的觀念，它們可能會具體成形，變成一個不停做出約束與懲罰的「超我」，一個身處我們內在，不停製造傷害的批評者，它會拆毀我們在創造方面所付出的努力，它對我們的態度會破壞我們生命的樂趣。事實上，當內在之旅來到某個階段時，我們全都會遇上這種模式，發現它阻礙著我們與內在世界建立真正的連結。不過，那些凱龍在獅子座或第五宮的人，似乎在年紀不大的時候，就已經痛苦地意識到這個「超我」的存在。雖然矛盾，但是這會讓我們擁有的帕西法爾本性能夠浮上檯面。意思是說，我們會渴望負起促進內在自我的健全，以及為它表達發聲的責任；這也代表著一個承諾，我們承諾會將生命裡的王國，建造得適合內在自我的發展。我們的天賜，是有能力在每個人身上發現那閃耀的神性，並且尊敬、助長這種神性。真正的王與后，是為人服務、為了人們而發光，凱龍在獅子座或第五宮的旅程，就是要帶領我們走向讓我們能夠實踐這個高貴角色的精神境界。

譯註十七　Parsifal，是歐洲中古時代騎士傳奇的知名故事，現存作品形式中最有名的乃是華格納以其改編的同名歌劇《帕西法爾》。

凱龍在處女座或第六宮

努力去做，是愛的具體展現

在第六宮裡，我們發展出區別萬物的能力，開始用「非我」來界定「我」（在獅子座與第五宮，生命還是「我」的延伸）。我們開始會從不同的出發點來進行反思，而且我們渴望能夠改善自己。我們發展出各個方面的技巧與能力，也發展出對「應用技能」這件事不可動搖的信念——我們想要成為有用的人。處女座是收割收穫的星座；在處女座，我們對自己勞作後的果實致敬、感謝而後收下。而我們之所以能夠取得這些果實，是因為我們知道，如何就我們所擁有的東西做最大的利用，並且也是因為我們將自己全心投入於勞作之中。這個星座擁有某種深深投入、虔誠獻身的特質。

對凱龍在處女座或第六宮的人來說，「控制」常常會成為一個問題，若不是太過於追求掌控，就是太過於放手不管。譬如，就整體而言的「生命」以及就特定而言的「身體」，都有可能被我們嚴格管控，要它們符合一定的紀律、接受一定的訓練，或者用運動來鍛練它們，此外也有可能是我們會進行特殊的飲食控制。純淨與秩序，對我們來說是很重要的事。我們可能會覺得，有必要持續不斷地對自己的想法、生活或者其他事物，進行整理與組織，以避免陷入混亂。我們透過「試誤法」來得知，什麼是我們能加以控制的東西，什麼不是；這樣的我們，最終會在學著接受混亂的情緒，或接受混亂的實際情況之中，發現這就是放鬆寬心、這就是緩解痛苦的方法。我們可以試試，冒險將責任委派給他人，然後仔細看看這個世界是否因為沒有我們的管理與組織就崩潰？

處女座守護著人體的腸道；於是，當凱龍落入處女座，我們可能在處理資訊、想法、情緒、人生經驗的全貌與整體時遭遇困難——我們有可能蒐集好了一堆片段的素材、照片、構想、資料，卻沒有能力消化它們，提出屬於自己的東西。如果一段經驗還沒經過整理排序，好讓它像一份檔案般收藏在我們的記憶裡，我們會覺得要對這段經驗放手很困難；我們可能會花上很多年來消化一段帶給我們許多傷害的經驗，非得將其中每一個細節都在心裡重播一次才行。面臨到壓力的時候，我們可能會變得過度講究實際、太在意要去分析事情，而且過於專注細節而無法自拔。有一些凱龍在處女座或第六宮的人，似乎完全棄分析式的思考能力於不顧，讓別人看不到他們身上處女座那種過度執著的性質。另外，有這個凱龍位置的人，也可能擁有為他人組織規劃的能力，不過只有為他人，無法為自己！如果是這樣，他們就會給人非常「魂不守舍」的感覺，或是看起來邋里邋遢、亂無秩序，不過在有些例子中，這樣的人卻也相當具有通靈天分。然而，這裡要舉出一個有趣的例子，是關於即使將注意力放在細節，也可能會有幫助療癒的潛力——完形療法（Gestalt therapy）的建立者弗利茲．波爾斯（Fritz Perls），凱龍就在處女座。他這種治療技巧的特色非常具有處女座風格：專注於傾聽屬於此時此地的，由聲音、動作及姿勢所提供的詳細乃至於瑣碎也無妨的細節；透過這種方式，人們可以順利地將互相衝突的自己，辨視、區別並且劃分（這些全都是處女座式的動作）成不同的部分——這些衝突的部分原本常常是陷入沒有成果，又會帶來傷害的內在交鋒，而且衝突的炮火不只會展現於外在，常常也會在過程中釋放出種種深層的感受。有位凱龍在處女座的女性，擅於用布料、羊毛、線繩或其他原料，製作美麗的拼貼飾品。她會深情款款，一片再一片地把原料組合起來，做成一幅幅歷史上重要人物的精美肖像，或者是在她內心世界出現過的一幕幕景像。這些作品有的是作為某些重大經歷與體驗的紀念，或者是當作為她愛的人所做的祈福禮品。她曾經對我說過，製作這些拼貼飾品提供她一個精神空間，能前往她內在世界的更深底層，如此她的內心達到了安寧，也得到了療癒。

當凱龍是在處女座或第六宮的時候，我們的情緒議題常常會用一種異常直接的方式，反應在生理的病症上。我們可能會對生病這件事懷有歇斯底里的恐懼，可能會憎恨自己身體的脆弱，也可能會出現飲食失調症狀。每當來自雙魚座與第十二宮的那些感受，以及它們如海洋般無邊無際、無以捉摸的性質向我們襲來，近到讓我們很不舒服時，我們或許會用吃東西，來給自己某種實在與牢固的感覺，或者是用吃來隱藏我們害怕被雙魚性質溶化消解掉的恐懼，不然就是用吃來止住某些來自深層的感受或出自本能的渴望，因為我們擔心它們會擊垮我們處女性質的掌控與支配。與此對立的可能情況是，我們可能會為了迫使「物質」或「實體」不會逼近而讓自己挨餓：從支配自己的身體中得到一些慰藉。儘管如此，對凱龍在這個位置的我們來說，身體不單只是負責把我們連接到來自過往那些情緒上的苦痛，身體也是我們尋找療癒、擁有活力，以及我們強烈的性吸引力的來源。

這個位置的凱龍可能會帶來某種意義的「不孕」經驗。可能是我們確實沒辦法生小孩，也可能是沒有能力為我們的想法、思考或者創作的靈感，賦予具體而實質的內容；即使在客觀上我們都做得到，然而卻在主觀上覺得自己沒有生產力，而且還因為這樣覺得痛苦萬分。這樣的感覺是我們這個時代的禁忌，畢竟這是個看重、推崇、鼓勵任何「更大、更好、更光明」的時代，苦楚與恐懼所具有的那種緊繃與畏縮的性質，是人人都想迴避的。然而，它們與存在於靈魂內的任何經驗與感受沒有什麼不同，我們如果願意鼓起勇氣，單純就只是去感受它們，不跟隨潮流地排斥與厭惡它們，我們的能量就將得到釋放。能量一旦得到釋放，我們就會重新發現自己的生產力，發現的途徑或許就是從事這樣的職業：照顧、看護、教學，或者為那些前來請求的人們，提供各種協助與明確的指引。當凱龍在處女座時，也有可能出現過度忙碌、幾乎算得上是工作狂的傾向。在這樣的傾向下，我們可能會奮不顧身地去燃燒殆盡、自我犧牲或者受苦受難，而且還伴隨著罪惡感（第六宮與第十二宮的軸線）。這整個可以看作是我們只顧著獻身於服務他人，卻沒有照顧好自己的後果。凱龍在處女座或第六宮所賜給我們的禮物，就是能夠理解如何「養育」出——也就是能夠知道如何培養、孕育出他人與自己最好的一面，而且不會因為是他人還是自己而影響到這種理解。

如果你的凱龍在這個位置，具有第十二宮或雙魚座典型色彩的活動，可能有助於你的療癒之旅，而且很有可能你會因為天性使然，而被這類活動所吸引。釋放堆積起來的緊張壓力，是一種必要。或許可以安排一些時間獨處，靜靜地讓事情消散；或者可以去海邊排解散心；又或者可以經由身體運動來釋放你自己，譬如跳些比較動感的舞蹈或者跑步。照顧好你的身體，弄清楚自己身體需要的飲食，以及它所發出的特殊信號，這些也會對情緒方面的問題有所幫助。生活中的壓力與活動，如果沉重到使你失去平衡，那麼通常用不了多少時間，它們就會要你用身體的健康付出代價。因此，別嫌麻煩，試著與身體正在經歷的體驗，開啟一個可以持續進行的對話管道，或許你會非常驚訝於它竟然能夠做出指引，也為你提供支持。學著去讓身體表達，並且傾聽它所說的話語，這通常會是凱龍在處女座或第六宮的人，所經歷的旅程主題。

將靈與肉、精神與身體、無形與有形之間的裂縫撫平治療，是凱龍出現在此處的重要主題。就原型來說，「黑人模樣的聖母瑪利亞」（黑聖母）的意象與這個星座有所關連，而這個意象便象徵著這種撕裂後的癒合。世界各地的黑聖母像與黑聖母聖壇，都因為能夠帶來奇蹟與療癒而享有盛名。這些黑聖母的塑像與聖地，其中有的座落地點就是許多異教的女神，譬如以弗索斯的黛安娜（Diana of Ephesus）過去曾經被人膜拜的地方。黑聖母代表的是一座橋，連接比較古老的、對「生育力」的崇拜，與比較晚近的、「處女」聖母的形貌相比，後者給人的感覺通常是有那麼一點「不食人間煙火」。類似像墨西哥的「瓜達露佩聖母」（Our Lady of Guadeloupe），就比較像D．H．勞倫斯所說的「生命（血）信仰」〔譯註十八〕（太陽與木星合相於處女座，而且皆與凱龍成四分相）。

有個在個人的心靈中多半會存有的區分，可以用「處女」與「妓女」這組對立原型來描繪。然而，對於凱龍在第六宮或處女座的人，其中一個形象可能會明顯欠缺，也可能是認為它會帶來傷害，或者是將它的價值過度膨脹誇大；不過，深刻而完整的療癒，常是隨著能夠真心認知與接受這兩者而發生。兩者之中，一個可能會被過度強調，這時候另一個就會遁入無意識或潛意識，而後三不五時爆發出來，就像在第九章會談到的莎拉（化名）的故事。對凱龍在第六宮或處女座的女人來說，「異性關係」是個很棘手的問題。「妓女」會以自己的「性」為手段，從男人身上攫取權力，剝削男人而無需與男人真正交心；或者，「妓女」也可能是一個虧待、傷害自己的人，方法就是沒有差別地把自己送給任何人。另一方面，「處女」則是害怕不

譯註十八　相傳1531年冬天12月9日，在墨西哥瓜達露佩這個地方，有個農夫遇見一位少女，自稱是聖母，要在此處新建一座教堂，農夫尋問當地的主教，主教不相信。農夫只好回去請少女給個證明，少女於是讓寒冬荒蕪的土地，轉眼開出一片玫瑰花叢，做為神蹟的證明。所以這裡才會說這是一個比較詠讚生命力的信仰故事。

論是生理還是心理上的「侵入」，而且為了保衛自己不被「侵入」，常常會讓自己轉換成一個「不問事情」或者「不問對象」的慈愛母親形象（這是雙魚座與第十二宮的影子）；她也可能在不論感情方面或身體接觸方面出現「怯場」的情形，一怕之下，說不定會完全逃避性關係。凱龍在這個位置的女性，可能偏好一種「假的」柏拉圖之愛，絕對不會坦率地去承認男女關係中性愛的底蘊；有時候，這帶來的反而是一些對當事人而言都不可或缺、也都足以造成毀滅後果的外遇偷吃，似乎這些私通的情事，能給當事人一種難以言喻的虐待或被虐的快感。這種關係常常形成於工作場合；其實第六宮不只是工作場合，更是代表存在「不平等關係」的地方——譬如老闆與員工。這點我們會在下面做進一步的探討。

正面來講，凱龍在這個位置對女性來說，代表著一個重要的契機，有機會進行一趟靈魂開展的旅程；這契機不只根植於我們的身體之中，也是在身體中攀升浮現，原因無它：肉體正是靈魂展現的媒介。此處，「神殿女祭司」這個古老的意象，足以作為另一個富有指標效果的畫面。我們可以把「處女」與「妓女」這組對立原型，視為是在描繪靈魂的這種能力：既能接受與體驗「處女」所象徵的「精神」，也能接受與體驗「妓女」所象徵的「肉體」。另一方面，凱龍在這個位置的男性，有些會對女性懷有恐懼，從而試圖想要對她們加以控制；或者是他們會展現出對他們來說「分裂的阿尼瑪」的心理模式，當他們面對所愛或所娶的對象時，心裡會不斷在「處女」與「妓女」的形象之間轉變。我遇過有位男士，是虔誠的羅馬天主教徒，總是按照教規向聖母瑪利亞祈禱，然而他無法克制的召妓行為，讓自己身陷債務麻煩之中，使得他最終得向別人求助。

傳統以來，處女座都與工藝、手藝、技藝、技術這類東西有關，這其中也包括醫藥之術，尤其是草藥的學問、同類療法、營養療法、按摩，以及其他同樣基於整體觀念的醫理、要求我們與身體一同努力，提升我們在塵世（土元素）的生命品質的醫療方式。話說回來，秉持著耐心、細心與勤奮，去從事製作、製造的行為，或者去不斷精進磨練某項技藝，這本身就足以是一個非常有力的精神成長途徑，因為在過程中，有許多個人的性格與特質會得到發展，弱點則會面臨挑戰。然而，我們的「自我」卻可能如此反應：覺得好像受到了這個過程的奴役，於是可能會抵制抗議。因此，如果是真正想要如同學徒般，來把某種服務或技藝學到家，就需要奉這個學習過程為師，盡量把我們自己交給它；同時也需要我們有這個意願，去割取我們播下的種子所結成的收穫，也就是要從頭到尾都緊跟著過程的步驟，用它來為我們內在的孩子指引方向，用它來雕琢我們創造的作品成為盡善盡美。

這個凱龍位置代表的另一個問題是：當我們被「把它做對」的執念佔據，原本是「改善、精製」作品的創作衝動，就有可能轉化成追求「完美」的慾望——有時候，某些凱龍在這裡的人，在他們喪失創作生產能力的苦惱背後，正是這種慾望在作祟。其實，凱龍在處女座或第六宮，真正關注的是學會如何與心中的不完美**共處**：學會接受它們、包涵它們。讓我引用馬利安・伍德曼（Marion Woodman）的話：「在我們心中某個地方，會有個完美的形象，有件完美的藝術作品，還有副完美的面具，完美到根本就是用我們臉上的血肉刻成。」〔註7〕凱龍在處女座或第六宮的人容易熱衷於「發展自我」，不過這種渴望也可能會誘惑他們，在不知不覺中把目標轉為追求完美。「治好自己的毛病」、「活出你的真我」之類的話固然好聽，我們還是必須分辨清楚，那究竟是把不符合完美理想的東西通通驅除的漂亮說法，還是真的願意嘗試用整體而且平衡的方式，培養出能夠增進生命內涵的東西。

處女座在傳統上也關連到「僱用者／受僱者」、「奴隸／主人」、「師父／弟子」這種類型的關係。凱龍在處女座或第六宮的人，或許會發現，開啟他們埋藏在內心最深處的傷的人，原來是自己的上司僱主——當然，也有可能是自己的員工下屬。有位女性，凱龍就在處女座，她擔任一位學校老師的事務助理，並且與這位老師發展出戀情，然而在某次大吵一架之後，男方回到了妻子身邊，兩人的關係到了終點。奇妙的是，經由這次痛苦的經歷，她才發現在她與父親的關係中，有一個迄今為止她都一直不曾意識到的面向，而這個發現反過來為她開啟一段療癒的過程。另外，凱龍在這個位置的人，偶爾會在關係中的「平等」上出問題，總愛在兩人之中扮演「老師」的角色，或者深信自己知道對某人來說什麼才是最好的。這麼一來，高傲與優越感於焉而生，只是他本人通常沒有察覺到這一點，反而是覺得相當驚訝，為什麼別人對於他充滿善意的舉動，反應竟然是把那當成是令人討厭的愛管閒事。

有一些凱龍在處女座或第六宮的人，會很習慣地去承擔在他人之下或者服侍他人的角色。然而凱龍在這個位置能帶來的禮賜，其實是服務生命本身的能力，亦即服務的是自己與他人真正的「自性」。太多的掌控與太多的區分，其實是一道又一道的界線，超越這些界線之外，才可能有一種與生命的總體全然而深刻的連結；也是在這些界線之外，我們才能經歷到被這種連結貫穿滲透的體驗。第九章會討論聖伯納德（Bernadette of Lourdes）的星盤，她的凱龍就在處女座；她的人生就是一個色彩鮮明的實例，呈現出一個人是如何全然地獻身於她的天職。

凱龍在天秤座或第七宮

「美」能帶來療癒

在天秤座與第七宮裡，我們與「他者」遭遇。這個他者，可以是有別於我的「他人」；也可以是自己內在的「他我」，是我們本性之中陰暗的，或不被意識到的另一面。行星如果位在第七宮，它們所代表的特質常常是在「我們自己以外」被我們第一次發現與遭遇，而這些特質往往就投射在令我們感受到強烈情緒的他者上。同樣的道理，凱龍在天秤座或是第七宮的人，是要藉由把自己與他者的關係當成一面認識自己的鏡子，而得到許多學習的經驗；此外還有一個途徑，便是尊重他人的差異與獨立。「他者在哪裡，恐懼就在哪裡」，是《奧義書》裡的一句格言。凱龍在這個位置，強化了我們這個傾向：把別人當成有如自身的延伸一般來與他們互動；在這種情況下，我們向他人發出的情緒反應，或許是跟自己的關係比較大，跟他人本身的關係比較小。

對於凱龍在這個位置的我們來說，「與他人的關係」乃是至關重要的事。也是在這裡，凱龍變化多端的面貌，將全部為我們所見；為此，我們或許會感覺有如縱身火坑，會屢屢遭受傷害。但其實，像這類的境遇，可能是在重現我們與異性別父母的早期關係。那些經驗足以使我們深深以為：任何關係都帶有危險，應該加以避免；至少，在準備進入或處理一段關係時，得做好全副武裝才行。直到認清事情一再重覆的根源是什麼之前，我們可能都會因為這樣而遭遇傷心難過、覺得自己與人絕緣，或者變成防衛心很重的人。舉例來說，人與人間負面、否定、有害的交流互動，有可能構成我們早期環境的特色；又或許其實是完全欠缺實質的交流互動，彼此之間一直戴著相敬如賓的面具，好隱藏己身的敵意、復仇心，以及好勝、競爭的心態（這些乃是牡羊座與第一宮的黑暗面）。正因為這樣，可能我們過去所學的，更多是如何保護自己，而不是真正理解什麼是關係。而且，有個我們往往沒有察覺的敵人，常把事情弄得更加複雜難解，那就是藏在心裡，沒有得到向外表達的情緒、感受、看法；大方坦承它們，就算會讓對方不愉快，也不會比「不說出來」傷我們更深。我們或許會試著去取悅每一個人，找出怎麼做好正中他人的下懷，以及該如何巧妙躲開潛在的衝突。換言之，天秤的外交手腕、圓滑得體，在我們身上的含量可能太多了，讓我們每每擔心害怕、脆弱敏感、盡量不讓自己受傷；畢竟，對於凱龍入天秤座或是在第七宮的人，實在是太常遭遇人際衝突的煩惱了，原因或許是在他們幼時的環境中就存在著這一類的衝突，不論那衝突是公然上演還是隱忍未發。矛盾的是，這或許是又一個「解藥就出自於毒藥」的例子：凱龍既然在天秤座或第七宮，我們也就會擁有更好的能力，因為我們知道如何在充斥著衝突的情境裡，依然保持彈性與信心。

凱龍本身的意象，就在描繪將無法調和、互不相容的事物做出連結，讓它們共存並立；而當凱龍位在第七宮時，更強化了我們那種「讓他人代替自己」的方式，來呈現凱龍相關議題的傾向。舉個例子：起先，我們或許會在無意識中，幫自己挑選與凱龍有關的眾多角色之一來擔綱「演出」：受傷者、醫者、導師、學徒、被拋棄的人、拯救者、英雄，或者是傷害別人的人。不過接下來，我們可能會吸引那些剛好象徵相反角色的人來到身邊。的確，擁有這個位置的凱龍，透過觀察那些吸引我們的是什麼樣的人，而被我們吸引來的又是什麼樣的人，將會從中間學到很多關於自己的事，因為他們就代表著我們身上蘊藏的可能性，或者代表我們身上存在的問題。好比說，如果我們總是吸引來一些無能的傢伙，這說不定是在暗示，有個存在於我們這邊，會讓我們感到痛苦的失敗經驗，一直都沒有被我們承認與面對；或者這也有可能是在傳達出，我們需要這些人，來讓我們覺得自己是比較好、比較厲害的那一方。反過來，假如我們只跟有權有勢的人交往，可能意味著我們在彰顯自身權能方面會有一些難關。這類例子很多，不過就讓我們在這裡打住。假設，每一次關係的終結時，我們都覺得自己是這段關係中的受害者，這時就有必要平靜但小心翼翼地，找出我們在不知不覺中設下什麼機制，引發了這個無限迴圈，而我們又是為了什麼目的設下這種機制。假如我們堅持把「傷害別人的人」當成一定是「我們以外的人」，總是責怪他人，忽視或者根本就沒有意識到我們本身在這齣戲碼裡的角色，那麼其實是我們主動任由自己重蹈覆轍。凱龍在第七宮或天秤座的人絕對不是一位旁觀者！話雖如此，確實天秤座的那把天平，同時也是法律工作的象徵，於是我們必須注意自己有沒有養成老愛評判他人的習慣，或者反過來，有沒有很容易就覺得別人對自己有意見。如果我們發現，與某人的關係已經陷入不斷重複的一套「罪與罰」的劇本，表示這就是合適的時間點，該要直接停止雙方的互動，或者我們的思考方向，直到我們能夠做到讓自己與對方，不會被我們心中投射出去的評價給套牢為止。

凱龍如果在這個位置，我們可能曾經經歷過一段非常重要，但也非常傷人的關係；而我們若不是沒辦法從這段關係中脫身，就是得花上很長的時間才能夠從中復原。因為我們正是在這一宮，經由他人遇見原型層次的世界，於是伴隨著這個過程，我們在情感方面承受的力道與痛苦，就有可能成為某個生命階段的重點。儘管我們自己的人際關係，有可能是在重複我們在父母身上看到的關係樣貌，不過當凱龍在這個位置時，療癒的到來，常常要仰賴我們認出眼前這個情勢所代表的原型層次是什麼。舉個實例，有位女士，我姑且稱她是維洛妮卡，她的凱龍在天蠍座、第七宮；她母親的太陽與冥王星，兩者合相在雙子座。她母親以前曾經有過幾次精神崩潰，這時候她會針對雞毛蒜皮的小事，發動宛若暴風雨般的言語傷害與攻擊。所以維洛妮卡後來都活在「別人會不會也這樣？」的恐懼中，而且總是緊張兮兮地擔心接下來會發生什麼事。她確實有過幾段都有類似劇情的關係：平時累積的情緒，就這麼突然爆發出來。後來在治療過程期間，她讓自己那些恐懼與忿怒的感覺，透過繪畫素描的方式抒發出來。在她畫裡有一個原型人物形象，她給它取了個名字，叫做「女死神」，她是生命的大敵，總在你最意想不到的時候，不出一聲就把你擊倒。經由這樣的努力，維洛妮卡漸漸明白，癥結其實在於她還沒有坦然接受死亡這件事，總是認為「死」一直都在「外頭」；它化身為她的母親，以及化身為她後來關係中的他人，伺機一刀讓她就此躺下。在她與這個形象一同努力了一段時間，而且在這期間行運的冥王星與她這個位於第七宮的凱龍形成了合相，讓她開始了一段轉變過程，雖然緩慢，但她終究漸漸地重拾「自己身上其實同時也有正面力量」的這種觀感。

凱龍如果在天秤座或第七宮，在我們的人生中，可能會遭遇一些我們一點也不想要的，與人隔絕、分離或孤獨的時期。它可能是來自一些不斷帶來傷害又不願結束的關係，直到有一天我們覺得「我受夠了」，然後便關上我們的心門，將自己隔絕於其他人之外。儘管如此，這段抽離的時間，對我們來說卻大可是一個相當關鍵並且可能性無窮的人生階段，只要我們能夠好好利用這道無形圍籬所圈出來的空間，做些自我內心的探尋，以及對外在世界的觀察，找出我們真實的處境為何。擁有這個凱龍位置的我們，其實對於獨處有很強烈的需求，但同時也對獨處有同樣強烈的抗拒。每隔一段時間，我們就需要別人給我們一些空間，因為藉由這種空間，我們才有辦法從別人那裡收回我們投射在他們身上的東西；同樣地，我們也得藉由這種空間，甩開自己身上被別人投射的東西。另外，隨著凱龍在這個位置，我們很容易就會將感受與情緒「錯置」。舉例來說，有位男性，凱龍在第七宮，身處於一段讓他覺得自己常常受到傷害、不被對方欣賞，而且讓人透不過氣來的關係。然而，叫他直接面對處理這樣的情況，對他來說卻很困難。於是他動不動就把他的感覺發洩在別的人事物上：一種「遷怒弱者」的心態！就這樣，他忿怒的情緒，蔓延到後來幾段關係中，讓這些關係都因此落難，越來越緊張，而且變得虛情假意，往來不見真心。於是他開始渴望逃離任何關係，想要完全一個人。後來，他真的成功創造出一些空間，讓他有機會在獨處中得到一些成長；雖然一開始歷經了一段強烈的恐懼與害怕，不過他最後終於能與自己內在的空虛感和平共處。這讓他能夠包容一些以前難以面對或處理的感覺，他也因此能在情緒上站定自己的立場——以前的他因為害怕這種空虛的感受，會一直「黏著」對方，與此同時卻又為了沒有空間而責怪她們。

凱龍在天秤座或第七宮的我們，藉由面對關係中比較不令人開心、比較沒那麼和諧的面向，可以學到很多東西。在關係裡，我們說不定會投入潛藏的、隱密的權力鬥爭：只想要用我們設下的條件來與對方交流相處，或者偷偷摸摸地確立或貫徹我們的意志（當然是用我們自以為最溫柔體面的方式）。關係裡，我們可能會是極為爭強好鬥的伴侶，不過幸運的是我們自己並沒有察覺到這一點。我們就是有辦法無意識地激怒他人、挑起衝突，為的只是要讓我們的注意力，從自身的內在苦痛中移開。偏偏，我們自己搞不好也非常害怕這種性格特質，當它們在別人身上出現時，我們也會十分不悅，容易被挑起情緒。然而，既然凱龍在第七宮或天秤座，你就有機會學到這件事：做真實的你，當然就不可能討好每一個人，但是有人討厭你、有人是你的敵人，並不表示你真的很糟糕。對於自己身為一個個體，你的特殊意義、你的獨立性，這些都不需要完全由別人是否欣賞你來決定。

要是你與某個凱龍在天秤座或第七宮的人正在經營一段關係，你得要學會這件事：不要忍不住變成他（或她）的「相反」。凱龍在這個位置的人，雖然渴望可以在關係中面臨到挑戰，因為他們覺得這會帶來成長，但是他們常常讓挑戰不容易出現——他們受到的傷，或者他們的盲點，正好就位在「重要人際關係」這一區，當你的腳步一踏到這附近，搞不好就會遭受怨毒的報復，或者面臨冰冷的沉默。那麼，如果你小心避開這些地方呢？你們的關係就會因為缺乏挑戰而陷於停頓。有這個凱龍位置的人，非常容易覺得別人是在批評他們或是在挑他們毛病，而且一旦有了這樣的感覺，他們的反應也很大。他們有可能把這種分離的感覺視為一種攻擊，或者因此認為你很冷血、疏離。在關係裡他們最怕的，一是變成不講理的人，二是被認為他們對待對方「不公平」；因為這個緣故，他們在表達自己情緒與感受時，可能會變得太小心翼翼，甚至過度圓滑閃躲而不著邊際。他們常常會對自己的負面情緒感到害怕，這樣一來卻讓負面情緒累積堆疊，最後突然爆發出來，造成互相指責的局面。看起來，凱龍在天秤座或第七宮的人，如果沒辦法正視並且滿足在關係中也需要有的獨處需求，就會跳過這些需求，將之化為實際的行動，我們（或者我們的伴侶）或許直接收拾家當，一走了之；但其實只要能在情感上再誠實一點，就足以化解關係裡的這種緊張。話又說回來，能把關係「放在顯微鏡下檢視」，是這個凱龍位置帶來的禮物，它能帶來對於他人以及對於我們自己，豐富、完整、深刻，而又充滿包容與體諒的理解〔註8〕。

凱龍在天秤座或第七宮的人，似乎常常與從事療癒工作的人結婚，或者常常形成密切的關係。甚至於，他們說不定還在關係中擔任「傷患」的角色，這也隱含著關係會轉往破滅的可能性。凱龍在這個位置的人，如果父母當中至少有一方是醫生、牧師、各種治療方式的從業人員、或者是老師的話，尤其容易被這個問題找上門。舉一位女士為例，她的凱龍、海王星、木星與天頂一齊合相於天秤座。父親是醫生的她，後來也嫁給一位醫生。她是那種「危機好像會自動上門」的人，常常出現情緒崩潰或嚴重的生理病症。儘管有著顯而易見的毀滅因子在裡頭，這段關係還是持續了多年。如所預期的，她丈夫的醫療事業，關係中身為「醫者」的那一半，在她將「病患」的角色扮演得十分出色的情況下，有著蓬勃的發展。然而在這段婚姻期間，她有好幾次嚴重的外遇出軌，不過在這些不倫關係裡，她反而通常是導師或醫者的角色，成為催化男人行動的人。當然，每當她在外頭搞三捻四的時候，丈夫這邊就會跌進深深的痛苦裡。最慘的是，當她最後離開丈夫跟了別的男人，而且確定再也不回來之後，這位「前夫」在傷心之下淪為酒鬼——他們兩個人的角色對調了。

「關係的性質」在療癒的樣態裡如果是非常重要的影響因素，那麼凱龍在天秤座或第七宮的人在過程裡可以提供的東西就會很多。確實，凡是與治療有關的情境，個案的人際關係沒有不重要的。不過凱龍在這個位置的人，還是有他們優於他人的地方，特別在治療過程中，透過治療者與個案之間直接而且有意識的交流互動的力量，比如在精神分析治療中的那些移情〔譯註十九〕狀況。這又是另一個「解藥出自於毒藥」的例子。凱龍受傷的故事有另外一個版本是，他把一隻受了傷的半人馬帶回洞穴裡打算醫治，然而這個傷是源自九頭蛇的毒血，所以當凱龍沾染到了傷口，也就因此得到了永遠無法治療的傷。凱龍在天秤座或第七宮的人如果也從事療癒類型的工作，或許會發現經由工作上的「病患」，自己的痛苦也會得到面對。這個位置

譯註十九　transference，是指個案（「患者」）對某個對象的情感，轉移到了另一個對象身上，通常的情況便是轉移到心理醫師身上。

的凱龍，帶來的禮賜是讓他們既能夠接觸到人際關係裡頭屬於真人的層次，也能夠接觸到裡頭屬於原型的層次。能夠被人以這種方式看穿，一直看到我們真實的自己，其實會是非常具有療癒效果的體驗；凱龍在天秤座或第七宮的人就很能讓他人感受這種經驗，不論是因為他們有能力做出這種洞見，還是因為他們願意「保留一點空間給他人」。伊拉．普羅果夫（Ira Progoff）有著牡羊座、第七宮的凱龍。他是「日記寫作法」的創始者（凱龍在牡羊座），這是一套促進個人心理成長的日記方法。普羅果夫一開始所受的是榮格式精神分析的訓練，因而也是在傳統的、二元的、分析式的關係（第七宮）框架下學習。之後，他開始對這種方法的有效性提出質疑；而為了對得起自己在牡羊座的凱龍，他毅然決定走出一條屬於自己的路。而他位在第七宮的凱龍，則表現在他秉持的這個信念：一個人，唯有在不依附於其他人（凱龍在牡羊座）之下，透過私密而且深層地與自己的內在世界（凱龍在第七宮）進行交流往來，才有可能得到真正的精神成長。

最後的主題，讓我從一齣古希臘時期的悲劇《奧瑞斯提亞》（*Oresteia*）說起。在裡頭，雅典娜是以一個代表調停與和解、審判與正義的形象出現，她願意正視負面力量的可能發展，也為凱龍在第七宮或天秤座提供了一個方便回味的意象。雅典娜雖然以她在戰爭中的威能聞名，不過她在承平時期的和善之舉、她對教化文明做出的影響貢獻也一樣著名。她從來不曾主動挑起戰爭，但也從來不曾打輸過任何一場。在這則悲劇故事中，奧瑞斯提亞殺了自己的母親，好為自己的父親報仇。弒母之罪激怒了復仇三女神，從此之後一直無休無止地糾纏著他，直到天涯海角，把他逼得發瘋了。奧瑞斯提亞最終來到雅典娜的神廟尋求庇護，雅典娜召開了一個審判庭，來定奪他的命運：真是適合天秤座的劇情。然而，陪審團的票數是一半一半，雅典娜本人必須投出她的決定票。她決定釋放奧瑞斯提亞，赦去他殺害血親的罪，因為這樣做，她也把復仇三女神的怒火招來到自己身上。不過，雅典娜一點一滴地贏得三女神的尊敬，她對她們說：「我尊妳們為長者，我願意一肩扛起妳們的忿怒。」她肯定她們：「如果少了妳們，沒有一家一戶能夠繁榮興旺。」雅典娜向三女神保證，在「悲傷與痛苦告於終結」的新秩序裡依然會有她們的位置，而且也沒有食言地用行動懇求她們留下來〔註9〕。在雅典娜本於同情諒解、慈悲仁愛的說服下，在她大方承認自己與復仇三女神的相似之處下，以及她包容與尊重三女神的真誠意願下，她們的忿怒終於能夠平息。因此，就像這則故事一般，凱龍在天秤座的我們，是有可能一直在關係中被復仇三女神找上，除非我們能夠學會一方面不落入她們忿恨痛苦的領域中，一方面又能夠包容與尊敬她們擁有的世界。就像第七宮與天秤座是代表著一個關於「分離」的重要起點或「門檻」，同樣地由我們那些被壓抑下去的渴望所滋生出的「復仇女神」，也可能會找上我們，這時候雅典娜的作法，就提供了我們如何與她們共同努力的智慧。一旦如此，天秤座的和諧與平衡，就從單純停留在觀念的層次，拓展到人世間真實經驗的層次，而且不僅只有後者的光明面，還包容了它的黑暗面。

凱龍在天蠍座或第八宮

黑暗也是光慢慢暗淡成的

天蠍座與第八宮，是頭一個有外行星共同參與守護的星座與宮位。冥王星，也就是天蠍座守護星中的外行星，象徵的主題是「通過的儀式」（rites of passage），而這也是我們的靈魂旅程在這個階段的重點。在天蠍座與第八宮中，我們一邊努力克服分離與孤獨的感受，一邊也經歷個人的深層轉變；而我們在這裡的成長推手，則是來自我們與「死亡」的深刻遭遇。在這裡，我們遇上了這些強而有力的主題：性、誕生、死亡、失去、遺棄，此外還有與情緒、情感相關的毀滅性，以及隨後的復活與再生。我們在這裡學到了何謂失去，不論是真實的還是想像中的失去，也讓我們知道自己面對失去時的反應是什麼。我們也從這裡開始感覺到超越肉身死亡的世界。體驗深層的感受與情緒，讓我們重新生出新的自己，也讓我們再一次被誕生；這些深層的情感與經驗，其中有些發生的源頭，時間還早在我們牙牙學語之前，而且它們只在我們與他人最親密的交往，甚至是只在性關係中，才會浮現到表面來。如果凱龍在天蠍座或第八宮，我們的情感生活，就會與這麼早的兒時階段有所連繫，也因為這樣，我們就能對那個階段還屬於本能層次的自己有更熟悉的了解；了解它各種原始本能的極限，譬如忿怒、貪婪、帶來毀滅的嫉妒，各是能到什麼地步；了解它因為愛或者因為罪惡感而發的憂愁與抑鬱；也了解它隱藏在深處的生命力：一種不只能讓自己成長茁壯，還能深刻感受我們情緒生活中比較正面的那一面，以及能強烈體驗我們與他人的連結性的能力。

第一次真正意識到肉體死亡的現實性，絕對會是我們一生中非常重要的時刻。而且，依照當時周遭環境（以及當時我們所處的行運）的情況，它也會是我們對靈魂產生深度認識的時刻。許多小孩對於生死的體悟程度，看起來還比他們的父母更有智慧。直到被後天的教育剝奪以前，有些小孩可能都保有能力，能夠精準地單憑感覺就知道「有什麼事正在另一個人的靈魂裡發生、進行著」，或者是能夠看到天使以及過往死者的幽靈。如果凱龍是落在這個位置，我們有可能在非常小的時候就遭遇過死亡，例子就像在第九章提到的那種嚴重的出生創傷；其他的可能例子還有：我們或許會得過某種威脅到生命的疾病、父母之中或許有一方在非常早就去世了，或者我們曾經有過「瀕死經驗」。

佛洛伊德認為，我們的內心之中，有兩股力量強大但性質剛好相反的驅力，一個是朝向生的驅力（**愛慾**），一個是朝向死的驅力（**死慾**）。如果我們的凱龍在天蠍座或第八宮，我們常常會清楚地意識到自身的破壞毀滅性格，或者那種對於「死亡」的著迷，雖然知道自己這樣也讓我們不太舒服。**死慾**有時候似乎是兩者中比較強勢的那一個，它讓我們對生命的脆弱有非常清楚的認識。我們可能會因為這樣，變得很愛掌控他人，試著要保護我們自己不會失去、不會遭到遺棄；或許有些人會在金錢方面展現出這一點，會害怕自己缺乏物質資源。不過，就跟其他任何受到天蠍座影響的典型情形一樣，我們也很擅於把自己的脆弱本性與依賴傾向，藏在強勢有力或神祕難解的外表之下。儘管如此，因為理解「死亡永遠都會在那裡」的現實性，讓我們能培養出比較有深度的內涵，以及一種對生命的虔敬之心，它們將會是我們精神生活的重要資源。

凱龍在這個位置的人，生命中曾經出現過自殺的念頭，這情形並不少見；對他們來說，對自殺與死亡的幻想或憧憬，經常是伴隨著生命中重大的變遷。這個現象可以當作是對於渴望回到「源頭」的一種表現。不過對於凱龍在天蠍座或第八宮的人，這裡的「源頭」不僅僅是抽象的存在，一個純淨的、超越經驗的精神性的源頭；它毋寧就是指向那個回到子宮的慾望，回到那個最原初的「母親」真實擁有的子宮深處，回到那片濃厚的黑暗之中，以及回到某種「細胞意識」——能從這裡、從這樣的狀態重新再被生出，成為一個新生命的轉世與肉身，而不是像現在這樣漸漸從生命中「離場」。倒是有個好問題值得這些人尋思自問：「為了能夠重生，**我們內在**的什麼東西需要先死去？」

某些原始社會，相信這世上只有一定份量或一定總數的美好與良善，所以如果有人比同儕好過太多，人們會覺得這其實是那個人把其他人的配額拿走了。從心理的角度來看，我們能把這種想法當成是在把令人感到不安的嫉妒感受，轉換成一種可以用理性理解的概念；然而，不可否認地，凱龍在天蠍座或第八宮的人，可能會有某種無益於靈魂成長的念頭，蟄伏在他們的外表之下——任何種類的成功，都會讓他們感到一股莫名其妙的緊張與罪惡感，認為成功之後，隨之而來的就是災難。只要這種想法一直留在當事人的心裡，常常事情就會演變得跟他擔心的一樣！同樣地，凱龍在這個位置的我們，表面上可能是自尊心低落、覺得自己很糟糕、沒有價值，或者某個程度上出了問題；但在看不見的內心深處，我們或許是害怕自己身上潛在的破壞力，而發展出一個嚴格的情感控制機制，目的是在保護其他人不被我們所害。能夠意識到人類本身的破壞潛力，對凱龍在這個位置的人既是一種天賦，也是一種拖累；當我們思考該去「實現」或者「壓抑」自身破壞的衝動之間而試圖找出「中立地帶」時，它是幫助，也是妨礙。

隨著凱龍在天蠍座或第八宮，這種毀滅性或破壞的潛力，也會被投射到他人身上，然後我們便會一心一意地，想要避開對方（也就是這個被我們想像成，或者被我們激發成破壞者的人）的傷害，努力試著去哄騙或安撫對方。同樣地，我們有可能從四周情境中聞到威脅、挑釁或攻擊的味道——實際上那些負面能量並不是針對我們而來，但是我們依然會將它們視作如此。簡單來說，別人所展現出的不好情緒或者做出的攻擊舉動，原因或許跟我們一點關係也沒有，而要等到時候到了我們才會學到，如何不要把這些東西當作是針對我們而來的。在內心裡，我們可能很容易就把產生誤解與不合的責任，歸究到自己身上，或者動不動就認為自己跟他人處不好。我們有辦法對小事情充滿迷信，譬如只要早上錯過了公車，就覺得鐵定要倒楣一整天。這種傾向有時候會被稱為「負面放大」，如果我們能學會讓自己脫離它的擺布，就可以釋放出非常多的能量，這也就是說，我們要學會克制自己的腦袋，不要在心中把某件事情延伸擴充到超過需要的程度。

這些讓人不安的感受，根源可能有一部分是位在我們最初與「母親」這個角色的關係：為了能活下去，我們想要她，也需要她，然而她那能夠滿足我們也能夠剝奪我們的巨大能力，卻讓我們感到懼怕。我們希望能把她整個吞噬、吃個精光，這樣她就不可能再離開我們；這種情緒有時候會讓我們覺得自己完全被佔據、無法抵抗，不論它究竟是以正面還是負面的意義呈現。母親對我們身心上的照料如果「夠好」，這些激烈的情緒感受通常就會得到緩和，不過還是會在我們成年以後重新浮現，當我們強烈渴望某些事物的時候，權力也好、名聲也好，或者是食物、性、金錢以及地位。我們渴望著能與某一個人融合為一，變成一個共同體，而且經由這樣，變成「不再是我，也不再是他（或她）」，有點像在神話裡祈禱變成椴樹（譯註二十）的凱龍之母菲呂拉。假如有人喚起了我們心中強烈的愛恨情緒，我們就會覺得自己被對方牽著鼻子走，或者有一種任由對方擺布、處置的感覺；這時候，我們會試圖藉由「變得像對方一樣」，來重新取回對自己擁有掌控權的感覺。於是我們在關係裡的樣子，會變得極度貪婪、飢渴、索求、消耗、熱烈（但也暴躁）；我們想要將渴望得到的對象，不論在生理上還是精神上，都用吞噬的方式將對方與自己合而為一；有位凱龍在天蠍座的女士，曾經有幾次都夢到她吃掉自己所愛的人。雖然，每個人都因為與自己母親的分離而受過創傷，不過凱龍在第八宮或天蠍座的我們，可能需要學習如何真的、實際地去原諒，才能轉化我們對懲罰與復仇的愛好，否則這種愛好很可能會反過來傷害我們自己。梅蘭妮・克萊恩（Melanie Klein）是位特別專長於挖掘這個層面的精神分析師，她的研究與工作成果雖然富有開拓性，但卻引起不少爭議。透過南茜・弗萊迪（Nancy Friday）的書《嫉妒》（*Jealousy*），她的研究成果才成功打入大眾心理學的領域，而如果你的凱龍在這個位置，這會是本非常值得一讀的書。我們一生中最早出現的關於性、愛、死、破壞毀滅的幻想內容，都是第八宮與天蠍座的典型主題，而隨著凱龍落在這個位置，生命會「邀請」我們與這些強而有力的主題相識，並且進而熟稔，直到我們在內心中與它們反應與互動時，不再是帶著羞愧、恥辱，或者帶著需要幫自己找出正當理由的擔心。也就是說，我們學會對這種能量敞開心胸，並且知道要追溯它的由來直到最終的「源頭」；儘管在這麼做的路上，我們可能會遭遇苦難，然而越是痛苦，我們也要學會用越大的慈悲相待。

譯註二十　此處作者原文為向榕樹祈禱，但與本書第三章之說明的凱龍誕生的故事略有出入。故在這裡根據第三章修正為「祈禱成為榕樹」較符合作者本意。

擁有這個凱龍位置的人，常常會被具有「重生」色彩的治療方法吸引；「出生創傷」有時候會是「傷害」的重要起源，因此也會是療癒的重點。就像在第九章所指出的，各種在出生之時建立起來的模式，會在人生中每一個新階段循環開始的時候重演；而開啟療癒的契機，或許就在於能夠意識到這些模式是什麼，然後試著釋放掉死抓著它們不放的情緒能量。凱龍在天蠍座或第八宮的我們，有可能想像（但也有可能事實的確是，而我們也真的知道）：自己不是別人想要的。例如，我們的出生可能帶給母親非常嚴重的傷痛，或者令家裡陷入經濟危機；為了要生我們，母親可能被迫犧牲原本的事業，雖然她試圖壓抑了心裡的怨懟，不過我們還是痛苦地察覺到她流露出來的忿恨。之後，「離開母親」在深層的含意上也就意味著離開、拋去這些針對自己的負面想法，以及對於生命的負面反應。在凱龍位於天蠍座或第八宮的協助下，當我們放開原本那種將自己視為「不好」的認同模式，就能在我們內在找到那位「好媽媽」；利用埋藏在心靈深處的種種資源，我們就能找到對於自己與對於他人的愛與包容。

擁有這個凱龍位置的人，可能會在自身與「性」相關的領域內有受傷的經驗：亂倫、虐待兒童，或者是天天上演的由性虐、強姦、暴力所組成的駭人戲碼，這些可能是他們真實過往的經驗，也可能只出現在他們幻想的人生故事裡。透過在性方面的經驗，他們既可能是巨大傷害的施加者，也可能是受害者，或者兩者都是；與此同時，他們也可能是驚人療癒的賦予者、或接受者，或者同樣兩者都是，因為性經驗對他們來說，總是能連結到最深刻的感受。有位凱龍在這個位置的女士，總覺得伴侶的陰莖像是一根長矛，帶給她不只生理上也有心理上的刺痛；另一位女士則是在與一位凱龍在天蠍座的男人做愛時，總是大量出血。有位凱龍在天蠍座的男人，成功地與四、五位女人維持性關係；她們都知道除了自己以外他還有別的女人，儘管痛苦，但她們都接受這種情況。他說他下定決心，要當個不被任何女人擁有的男人，然而他卻成功地讓自己成為數名女人的生活重心。確實，有些凱龍在天蠍座或第八宮的男人，不只非常具有個人魅力，渾身還散發著一股天蠍座典型的性吸引力，而且透露出情感受到強烈壓抑的迷人反差；他們每每讓女人無法抵抗，他們也沒有高尚到不去利用這一點得到自己想要的好處。

凱龍在這個位置的男性，可能會覺得他們的「男子氣概」在與母親的關係中受到了傷害，於是他們會試圖透過日後與女人的關係來解決這個問題。他們可能會從挑選比自己厲害或強勢的女人作為對象，然後試著與她們在性方面，或者在工作、專業方面一決高下，以徹底「擊垮」她們；如果沒有變成這樣，他們可能會是遠遠站在一旁，景仰敬重那些女強人的男人。「如何應對自己無能的感覺」，可以說是這個凱龍位置的招牌主題，而男人如果能對無能的感受不感到害怕與畏懼，就能為周遭的人帶來非常深刻的滋養，並且成為讓人喜愛的伴侶、父親、治療師或老師。隨著凱龍在這個位置，我們會在人生中的某個階段，正面面對自己力量強大的慾望與驅力，面對那些我們隱藏起來的動機，以及那些為了試圖控制或主宰他人而做出的手段；若非如此，我們所遭遇到的情況可能會是落入一個典型的天蠍座主題，而感到自己非常無能與無力的情境中，譬如三角戀愛、嫉妒或者權力鬥爭。對凱龍在天蠍座或第八宮的人來說，認識「權力」這件事，知道關於它的使用與濫用，或許是他們生命之旅的重點所在。我們可能會比自己以為的還更富魅力，或者更有性吸引力，並且擁有透過語言文字與強烈的情感情緒，來對他人造成深刻影響的能力。但是這種能力是可以遭到濫用的，譬如有某些未曾被意識到的幼稚心理模式正在暗地作用；或者是因為我們根本就假裝自己沒有這種能力，這也一樣是一種濫用。舉例來說，有位凱龍在天蠍座的女性，在繼承了一筆相當可觀的金錢（一個與第八宮有關的議題）後，覺得自己像受了嚴重的傷害一樣，而且當這筆遺產逐漸地將她舊有的生活型態改頭換面後，她也深深感到痛苦與煩惱。她害怕人們喜歡她將不再只是出於喜歡她這個人。她總覺得男人在面臨她的財富權力時，一定會有一種有如被閹割般的感覺，然後不是一邊羨慕與嫉妒她，一邊吃她的軟飯，就是覺得自己太過無能低下，而對她提不起「性趣」。另一個例子也是一位女性，她的凱龍在第八宮，因為主宰著她的模式一直就是那種無能無力的情緒與感覺，她感到既痛苦又生氣；然而當她試圖把自己生命的主導權拿回來，全身奔流而過的那股權力感卻使她感到同樣的害怕。最後，在她能夠察覺並且承認是自己心中抱持的種種誇大幻想，促使著她連自己的權力都害怕以後，她終於有辦法漸漸對擁有權力這件事感到自在。尤里．蓋勒（Uri Geller）的凱龍就在這個位置；他可以用超能力折彎電視觀眾家裡的湯匙，也就是他扮演了一個可以對物質結構發揮影響的媒介。他也憑藉這項天賦賺取了不小的財富——冥王星，第八宮與天蠍座的守護行星，正好也被視為「財富之神」。

延續這個主題，我有位客戶，凱龍在天蠍座、第八宮。她身上總是背有債務，但是必須四處與人借錢這件事，卻又讓她感到恥辱與受傷（第八宮與他人的資源有關）。然而，在「性」這個與天蠍座相關的領域，這位客戶倒是開放，甚至到了性關係混亂的地步。當行運的冥王星與她天蠍座的出生凱龍合相，她理解到這兩個在她生命裡以很顯著的方式呈現出來的領域，事實上都與她對母親的忿怒有關：負債是在表現她心裡那股「別人（代表她的母親）應該要照顧她」的感覺，而她的濫交其實一方面反應出她渴望肉體的親密，以及渴望得到被母親照顧的感覺，另一方面則是一種要讓她母親感到羨慕與嫉妒的嘗試。有了這些體會之後，隨之而來的就是一些劇烈的轉變，不論是在她與金錢的關係，還是她在性方面的展現。

查爾斯親王（Prince Charles），也就是英國現任的王儲，凱龍在天蠍座、第五宮，與同樣位在天蠍座，但是在第四宮的太陽合相；他的凱龍也同時與在金牛座、第十宮的月亮，以及在雙子座、第十一宮的天王星，分別形成十二分之五相。他來自全英國最有權力的家族（凱龍與天蠍座的太陽合相於代表家庭與先人的第四宮），也是為另類醫學（alternative medicine）及其他爭議議題發聲的代言人（第十宮的月亮與雙子座的天王星形成六分相），一個非常適合為凱龍做例子的角色。不枉凱龍在天蠍座，他擁有那種點燃與消弭大眾情緒熱度的能力，而且既有辦法掀起激烈的批評，又有辦法引發熱烈的支持。我們可以將媒體對皇室家族的攻擊，視為是前面曾經提到過的那種帶有破壞性的嫉妒心，以群眾、集體形式所做的表現方式，而查爾斯親王對此可是一點也不陌生。他前後兩段婚姻都極富爭議性，非但如此，在本書寫作期間，有一個針對黛安娜王妃死因而召開的陪審團，正在受理審查有關她的死亡是蓄意謀殺的指控。他的第二位妻子卡蜜拉・帕克・鮑爾斯（Camilla Parker-Bowles），也有著位在天蠍座的凱龍。她登堂進入皇室家族，激起了許許多多的指責與反對，甚至某些法律也必須為之改變。查爾斯的凱龍在第五宮這件事，這裡或許是與他的兒子們有關：大眾八卦甚囂塵上，有人猜測其中有一位不是查爾斯親生的。與凱龍在第五宮相符相合，查爾斯擁有過的那一段「童話故事般的羅曼史」，將會一直存活在大眾的想像世界裡，儘管事實上它已經結束於私通、陰謀、悲劇與死亡，結束於最體現天蠍座特質的方式。

凱龍在天蠍座或第八宮的人所走的道路，可能會帶領他們直入「黑暗的中心」，因為這些人在體驗與感受事物時總是最深切、最完全。對旁觀者而言，搞不好會覺得他們不知為何，老是沒有必要地停留在那些負面、病態、駭人、邪惡、陰鬱，以及黑暗的生命面向。不過我們必須要尊重他們的這種情況，如果我們強行介入的話，反而會失去他們的友情；即使是滿懷著好意，做些安慰鼓舞他們的嘗試，也有可能會引爆對方的怒氣，或者是換來對方的拒絕與排斥。另一方面，如果凱龍在天蠍座或第八宮，我們內在之旅的路上就有可能遭遇與死亡面對面的情境；或者是，當我們遇上一些原始而又具有潛在破壞性的感受，例如復仇的渴望時，我們也將在情緒與精神面上經歷肢離破碎般的拉扯。然而，假如我們同時也能夠在這些經驗中，認出那些超越個人層次的環節與道理，它們就會引領我們通往內在的新生與安全感；我們對生命，對自我人性的深度有了信任，我們因此得到重生。凱龍在這個位置的我們，會隨著時間慢慢學會如何讓歡樂、希望，以及其他正面的體驗與感受能「觸動」到我們，與此同時又能保留我們與生俱來，能與更為黑暗的面向連結的天賦；另一方面，對於那些比我們「輕盈」、比我們擁有更輕鬆明亮的態度，或者其實也可以說，那些在他們的人生道路上，不需要花費時間在人性與感受的幽暗深谷裡一邊徘徊一邊前進的人，我們也將學會不去懷疑或蔑視他們提出的樂觀憧憬。

凱龍在天蠍座或第八宮的人出現在人群面前時，常常能夠強烈地吸引到在場人士的注意，而且人們會很直覺地就認為可以相信他們，會感覺得到他們身上蘊藏的情感深度，也會對於從他們身上感覺到的內在苦痛覺得有股親切與熟悉。當他們身為提供療癒的人，他們伸出的援手能真正觸及那些困在痛苦與黑暗中無法自拔的人，因為對這個領域的了解以及實際體驗過的經驗，正是他們得到的禮賜。現實對他們來說是無常的，而他們這種體會，儘管與我們這種物質至上的文化所盛行的努力方向並不一致，卻深深影響他們對人生方向的看法，也影響了他們在人生道路上邂逅的其他人。第八宮在傳統上便與「神祕」有關。所謂「神祕」，通常也可以理解為「隱藏起來的東西」。不過，卡巴拉派（譯註二十一）的西蒙・班・哈勒維（譯註二十二）是如此定義「神祕」：「那是被事實所隱藏起來，因為太過於明顯，反而人人都沒有發現的東西。」（註10）凱龍在天蠍座或第八宮的人，擁有一眼就看到狀況核心的能力，能夠知道在表面之下，當事人真正抱持的情緒是什麼；他們可能會成為深受信任、可以為心事保守祕密的知交密友，也適合擔任公眾人物的顧問。

許多擁有這個凱龍位置的人，會因為擁有非常接近死亡的經驗，於是迅速而劇烈地接受某種全新的理想與視野，接下某個過去不曾想像的人生目標，或者轉換出截然不同的態度與傾向。舉例來說，有位女士，在被診斷出得了末期癌症之後，在她最後的幾年歲月裡，都以無比的熱忱與健全的情緒狀態，活出凱龍在第八宮該有的樣子。此外，當冥王星因為行運而在她射手座的出生凱龍前後來回時，她還投入服務其他癌末病友的工作，成為他們的「療癒天使」。她曾經跟我說過，最後這幾年是她人生當中最棒的一段時光。另一個例子，有位凱龍在天蠍座、第三宮的男士，被診斷出只剩大約三個月的壽命。他在這段時間成功地與過去絕裂的家人達成大和解，而且隨之而來的「漣漪效應」在許多地方都產生了正面的影響：連其他已經斷絕往來多年的人，他都能夠和他們重新聯絡（凱龍在第三宮）。這些其實不是特殊的例子。事實上，「與死亡做朋友」可以是凱龍在這個位置帶來的特別禮物；「把今天當成是最後一天來活」，這本身就是能觸及精神最深處的一種練習（註11）。佛教有一種知名的禪修方式，是要在墳場墓地，甚至是骸骨聚集之地住上一段時間，以求能親眼見證生命的無常，並且幫助我們不再執著於肉體的生命形式。

凱龍在射手座或第九宮

遠見，也是一種眼前

我們會在第九宮擴張自己精神與哲理層面的地平線，追求我們獨特的關注與愛好，以及尋覓「意義」在個人生命經驗裡形成的種種樣式與格局。我們會透過旅行以及研究學習或實際體驗別種文化，來拓展自己的視野，不論是不同的宗教信仰，還是它們的風俗習慣與神話傳說。凱龍在射手座或第九宮代表我們擴展自己視野的驅力，追根究底其性質是屬於宗教性的，儘管

譯註二十一　卡巴拉是Kabbalah（通行的拼法有數種）的音譯，是一支主要以猶太文化為根本而發展的神祕學，其思想基礎包括舊約聖經、神祕學、猶太哲學、占卜等等。

譯註二十二　Shimon Ben Halevi，猶太裔英國人，生於1933年，著有介紹卡巴拉傳統的書籍，並創立卡巴拉協會，本身也是星象師。

乍看之下不一定如此。常常是家裡相信的宗教信仰或隸屬的宗教組織，不符合我們內心的需求或要求，於是我們必須踏上一段漫長，有時候也是孤獨的旅程，以尋找屬於個人的意義與人生目的。有時候，這裡所謂的「旅程」，是名副其實的旅行：我們真的成了很了不起的旅行者，並且在前往神殿或聖地的朝聖活動中，覺得自己得到療癒與滋養；而有時候，我們則是把生命本身視為一趟旅程，或一次朝聖。一直以來，人類都會從事一些儀式性的療癒之旅，目的地可能是雄偉的教堂、有名的聖地，或者也可能只是去到一棵自己喜歡的大樹下，單純與它說說話。或者，有人會有一再重複的夢境，或不停浮現的內心情景，內容都是關於某個在想像力的馳騁中，可以一再重遊或回返的聖地。另外，與大自然的交流，特別是身處郊外，也會讓我們覺得身心煥然一新。與這個凱龍位置有關的另有一件事，它象徵我們的父母或祖先可能是「移民」，或者我們是在與本身歸屬並不相同的文化環境裡長大；又有可能是我們的宗教不被其他人認可，使得我們必須冒著被欺壓迫害的風險來維持我們的信仰；又或者，我們居住的國家可能正在經歷一次文化轉型；再不然，我們的父母說不定是外國人、海外流亡分子，或者是他們秉持的宗教信念，會讓我們被隔絕於社會之外。

有個凱龍在射手座、第一宮，並且與上升點合相的人，過去在她隻身旅行時，曾經有過幾次令人毛骨悚然的經歷。仔細回想這些經歷，她覺得當時她幾乎是故意把自己暴露在危險之下——好看看上帝會不會前來對她伸出援手。那時候的她，一直在測試上帝是否存在，如果是的話，又是否站在她這一邊。儘管她確實對「某個對象」擁有某種難以定義的信念，然而這樣子的她卻是由兩個無神論的父母養大的，而她也必須在沒有父母的協助之下，進行這種信仰性的內在連結。另外，凱龍在射手座或第九宮的我們，有可能會出於某些原因而覺得自己「被上帝所傷」。譬如說，我們的父母或許會就宗教議題而激烈爭吵，或者我們對諸如「原罪」之類的觀念非常敏感，又或許是我們會相信這種說法：每當事情開始出問題，那就是上帝在生我們的氣。無論如何，我們會因為這種或那種緣由，背負某個涉及宗教的衝突或難解的狀況，而需要我們去面對與調適。雖然有太多的人都可以在自己家裡或更早的祖先那裡，發現上面這些議題，不過當凱龍在第九宮或射手座，這些議題會強烈地要求我們注意，也會透過我們的知覺與醒悟，尋求自身的解決之道。

與佛洛伊德不同，榮格相信：宗教信仰的本能、對意義的追求，以及連結到「神聖性」的嘗試，這些都是屬於人類天生的慾望與驅力，不能只是單純化約成精神病理學的一環。凱龍在第九宮或射手座的我們，這種信仰的天性通常覺醒得很早：打從孩提時代以來，我們就開始思考種種與生命意義有關的深刻問題，而且我們這些為數眾多的疑問，或許總是得不到令我們滿意的答案。我遇過幾位凱龍在這個位置的人，他們在還是小孩的時候，都曾經在心裡有過「大人很愚蠢」的結論，因為大人很明顯地對「重要的問題」都沒有興趣，也沒有多少理解。有時候，這種追求哲思的渴望、這種敏銳的心智能力，對凱龍在射手座或第九宮的人來說，代表的是一種孤絕無依的感覺：那是源自我們在小時候失去了，被有智慧而且知道很多事情的大人，安全牢靠地呵護的感覺。

隨著凱龍在第九宮或射手座，我們會有一種深刻的獻身意識：一種如同宗教狂熱般的熱情，渴望將自己完全投入某事某物。這種源自於宗教本能的獻身面向，當它被我們錯誤的投注時，就會變成「什麼都可以成為我們的神」的情況；我們可能在不知不覺中，將食物、教育或者是某部最新出品的邪典電影（譯註二十三）等等奉為神，然後就將我們不懈的熱忱，灌注在這些我們願意獻身的對象上。然而，「在神性層面無法滿足」，也就是這個凱龍位置會受到的傷，是沒辦法用這種方式填補與治癒的。有個讓我們省思的問題是：「我生命裡的神（或女神）在哪裡（或者是誰）？」一項我們願意投身的志業，或者一條貌似值得我們獻身的神聖道路，如果針對它們的熱忱與狂熱在心中捲起的浪潮，已經將我們的疑問、我們自主的想法以及我們的視察判斷（雙子座與第三宮）全都掃到一旁，這時候這種想要獻身的渴望，就有可能把我們帶到某個危險的地方。或者，如果我們將心中對於神（或女神）的形象，投射到某位大師或某位領導者身上，就會容易遭到對方利用——一旦我們的辨別力被追求「真理」的渴望給蒙蔽的話。另外，凱龍常會指出我們是在哪裡遇受早期的創傷，縱而每當渴望獻身的能量受到激發或蠢蠢欲動時，它多半也是我們與那些傷害再度相遇的時候。然而，一旦這種情況真的發生，儘管心裡很清楚這有必要，我們還是很難做到與信仰的理念、「志同道合」的伙伴，或者是崇敬仰慕的心靈導師說分就分。

雙子座的理性思考和輕鬆態度，不必太多，只要一些，就有助於平衡我們向某位人生或心靈導師，做出狂熱追隨與瘋狂奉獻的心性——冷靜下來，或許會發現對方只不過是一個經過美化的父親（或母親）形象。隨著凱龍在射手座或第九宮，我們有可能會因為覺得「我終於發現了那個無上的真理」而得意不已。然而，想要告訴每個人這個真理的渴望，則有可能為我們的生活帶來一場浩劫；我們甚至會只跟那些抱持同樣信念的人交朋友。這中間可以看到雙子座的影子：那種「非此即彼」的態度；不過，此時會有一些不同的變型，譬如像這樣子的內心立場：「因為我知道真理是什麼，所以我是對的、你是錯的。那麼我在這邊努力要說服你、或改變你，其實是在幫你、是為你好。因為這樣你才可以成為我們這一群與眾不同的『知道真理的人』……你當然不可能，也絕對不可以是對的，因為那就表示我是錯的。」通常來說，這種態度不會實際向他人表明；不過，覺得自己正確、正當的信念與態度，正是在它不自我宣揚的時

譯註二十三 cult movie，邪典電影是中文通行的譯法。它沒有非常明確與嚴格的類別定義，不過大致上來說，是泛指在特定圈子裡得到強烈喜愛與讚譽的電影，其他可能的特徵則有：小成本、獨立製作、不求高超精製而通俗甚至低俗、融合多種元素、追求次文化展現，以及上映時票房沒有重大成功但在下檔後反而大受歡迎等等。從這裡也可見，在原文使用裡，它並沒有包含像「邪」這個字這麼強烈的負面意義，而且「邪典」兩字也看不出「特定少數人」與「狂熱的喜愛」的定義特徵。

候，更能對容易接受他人觀點的人，施加巨大的作用與影響。

有這個凱龍位置，與宗教信仰有關的問題在當事人的生命中會至為重要。這一點就實際展現在以下的故事裡，我姑且把故事的主角稱為黛安（化名）。黛安的凱龍在天蠍座、第九宮，與位在第七宮的土星和冥王星皆形成四分相。她的受孕與出生，都有第九宮的元素或者環繞或者構成前提與序曲。她的父母都做過傳教士（傳教是第九宮代表的活動）；在她們家族中有三代人，而且甚至還可以上溯到更遠的先人，都曾經在基督教會以及傳教團體裡活躍過。她的父親在第二次世界大戰時，剛好身在局勢極為凶險的緬甸（旅居國外是一種第九宮的經驗）。當時他向上帝提出一項交易（非常有第九宮的味道！），如果他有辦法渡過這次危難，未來他會成為上帝的僕人，去非洲傳教，以回報他的恩惠。黛安就是在他安然返回英國後不久受孕的。她父親返國後便開始修習神學學位（第九宮），好履行他與上帝的交易條件；所以黛安是在他學習神學的時候出生，她一生中第一個家的所在，就是一個典型的第九宮環境：大學。不過，當她父親取得傳教士資格後，全家前往非洲的計畫因為她的原發性結核病而耽擱；時間正好是凱龍與她的天頂依太陽弧正向推運而形成合相，並且與她的上升點構成正四分相的時候；我們不禁好奇，是不是她本能地在對自己身為這場交易的一部分做出反抗。後來，她的母親為了向上帝表示感恩，宣誓將黛安獻給非洲，作為非洲的女兒——她母親的太陽，與黛安的凱龍合相在天蠍座。

黛安自己倒是相信，她人生所要走的道路，是要把從家族那兒繼承而來的信仰動力，變成真正屬於她自己內心的需求。在行運的凱龍與她出生太陽合相的這段時間，這個目標帶領著她一一走過幾個架構大不相同的宗教教派，範圍從以葛培理牧師（譯註二十四）為代表的基督教福音派，到伊斯蘭教下的蘇非教派，最終決定歸依於某支密教宗派。另外，黛安選擇嫁給一個加勒比海那邊的人，這在家裡掀起一陣風暴，迫使她的父母重新檢視自己對待某些種族的態度，以及對待其他宗教的立場。凱龍與第七宮的土星及冥王星都四分，呈現的意象正好代表這段婚姻關係具有的令人轉化的潛能。同樣地，黛安的凱龍也向我們訴說這些主題：與一個來自異國的人結婚（第九宮），因為他的種族的關係，讓她父母的期望受到了「傷害」，從而也讓她父母發現自己心中的偏見（第九宮）。整件事情，讓他們彼此的關係更進一步，彼此之間都有了更深刻的交流與認同。可以說，透過這個奇妙的方式，黛安確實實踐了母親將她獻給非洲，做一位非洲女兒的意旨。

凱龍在射手座或第九宮的我們，說不定會為了我們對未來的可能性，或者是對遠見、願景、夢想的理解，而承受煩惱與痛苦，因為我們無法承諾，或者因為我們找不到一個合適的方

譯註二十四　Billy Graham，生於1918年，是美國當代最著名的基督教人物之一，在美國社會擁有極大的影響力，曾擔任過總統顧問，以及非常多任的總統牧師，立場屬福音派。

向或領域來將它們表現出來。我們直觀的領悟，它的箭矢縱然可以往四面八方飛射，然而光是發現事情不會自己實現時，我們就有可能因此沮喪與氣餒，要說到親自動手去實現它，我們更是缺乏信心，甚至根本就老大不願意。我們對潛在的可能性萬分依戀，對終局的結果則棄嫌不已。另一方面，就像凱龍一樣，我們有可能會被他人的反對給「擊落」。那顆我們出於熱忱而吹出的「氣球」，以及那個被我們過度擴張的自我，都會被人刺破、刺傷許多遍，直到我們終於接受「能夠實現」與「不可能實現」之間，所存在的那條鴻溝為止。要我們對一個不可能成真的願望或夢想放手，那感覺可不是普通的痛；而且要是我們的自我認同感、要是我們能感到自己與眾不同的個體性的來源，全部都繫於這個願望或夢想之上，那麼叫我們對它放手，還真的就像是要我們的命一樣。只不過，隨著凱龍在射手座或第九宮，這種類型的危機恰好就是生命會為我們帶來的考驗。如果我們不再只是按兵不動，終於能夠親手發動攻勢，就會發現不但是願望或夢想可以存續，而且我們還能與它發展出更為健全的關係。所謂的目標，它不只是我們打算要怎麼樣，也是我們決定要怎麼樣；不只是關係到**有沒有**這個目標，也同樣關係到**動手實踐**這個目標。對此一旦有清楚的了解，就能夠幫助我們感覺自己是被夢想所滋養，不是被它驅趕逼迫，而這樣的感覺又能進一步清出一條通往豐碩成果的道路。

凱龍的洞穴是位於佩利翁山的向陰面，這本身就構成一個充滿凱龍色彩的意象，為那些凱龍在這個位置的人，引出他們生命旅程的一個重要面向。我們需要某種能夠將我們的苦難、我們經驗中那些限制自我的面向、還有那終將一死的宿命，通通涵納進去的遠見與理念。我們能擁抱這些性質上彼此衝突難解的事物，我們能同時抱持各種不同的觀點，而不會將它們拆散分開，要它們彼此對立爭伐。為自己找到這種兼容並蓄的內在立場，對於在猶太教／基督教傳統框架下長大的我們來說，會有點困難；我們被教導著魔鬼是上帝與正信的敵人，絕不應該是上帝的一部分。同樣地，女性形象的神聖性質，也被如此一分為二——在「善良」的這一邊，是「神聖的母親」，不論是不是處女；至於其他女性面向，不是被忽視就是被責難。於是，凱龍在射手座或第九宮的女性，可能會有一種感覺，認為必須要擺脫自己身上只因為身為女性就不得不承受的，隨著刻板印象而來的任何負面、敵視的態度，例如「水性楊花」、「最毒婦人心」，色誘男人讓他們失去天下的「紅顏禍水」。凱龍在這個位置的女性，有時天生會擁有超齡的，或者更該說超越實際人生經歷的智慧，而這一點可能在一開始就連她們自己都難以察覺、不願承認，或不知道有多可貴。整個西方文化裡，多少世紀以來絕大多數的女性，都無法取得一個超越個人層次的形象，它既是聰明且有智慧，同時又不致於排除拒斥那個感官慾望的、肉體的自己。除了處女聖母瑪利亞以外，女性就不曾有過任何神聖的形象可以供人崇拜，沒有任何神聖的名號供人呼喊。是以，如果妳是一位凱龍在射手座或第九宮的女性，研究世界上各種偉大宗教裡，女神與智慧的女性所擁有的故事與形象，或許會讓妳覺得心靈與視野都因此而豐富、拓展。而不論男性或女性，這個凱龍位置都會對神聖的形象或意象感覺特別敏銳，或者反應特別強烈，於是也就需要為自己心裡崇拜、敬仰、效忠於「神聖」的渴望，找出合適而符合天性的表現方式。

凱龍在射手座或第九宮的我們，可能會成為狂熱追求「意義」的怪人：不論是何事何物，都可以從中看出與我這個人有關的意義。雖然這樣確實能夠激勵我們、讓我們充滿幹勁，不過當我們懷抱無比熱忱投入的事物，在其他人眼中卻看不出來究竟哪裡「有意義」的時候，不免讓我們面臨到異議、爭論、阻力，甚至是困境。其實，「意義」不是絕對的，而是帶有主觀性質的東西。另外，尋找與發現意義的能力，也可以用作對抗自身苦痛的防禦系統：我們之所以緊張兮兮勉強自己，試著表現出積極自信、外向直接，甚至是一種帶有「擴張」傾向的外在觀感，可能是為了填補隱約潛在的絕望、喪志與消沉。與前面恰好相反，有時候這個凱龍位置代表的是，我們在任何事情上，都難以找到屬於自己的意義。話雖如此，在我們心底依然會懷有某個源自於小時候，就連自己都沒有意識到的夢想；然而它們是沒有辦法實現的願望，就像凱龍身上沒有辦法痊癒的傷。讓自己的意識接納這個事實，這麼做可以為我們帶來很大的解脫。

舉例來說，有位凱龍在巨蟹座、第九宮的男士，整個心思都被家族過去的歷史佔據。對自家祖先在世時的點點滴滴，他都考究到連再小的細節都不放過；先人們遭遇過的慘事悲劇，他會感同身受地難過，還會讓他有一種身上背負了重擔，應該要對那些過往的慘劇做些什麼才對的感覺。到了最後他終於明白，他這樣子是在試圖要把家族裡沒有意識到的痛苦，還有把治療那些痛苦，當作是自己肩頭上的責任。他之所以有這樣的執著，在於過去他曾經覺得父母對他有很高的期望（第九宮），但他卻讓他們失望了。於是，在他還沒辦法坦然面對這件事以前，他已經在無意中指派自己展開這項補償任務（第九宮），讓自己成為所有家族成員的代表，代替他們感受家族過往的痛苦。這份為先人「見證」的差事，在不相干的人眼裡，看起來似乎完全不知意義何在；然而，正是在聽從那獨一無二、只對我一個人發出、叫我付諸行動的呼喚，從這之間才會找到意義，而這無關乎他人的眼光與想法。

許多凱龍在這個位置的人，在他們人生當中的某一刻，會接收到某種來自異次元，強而有力的視見或啟示；這有時候是透過藥物的影響，不過更常是發生在凱龍強勢行運的期間。有過這種經驗之後，日後他們有可能要為此吃盡苦頭，因為他們無法持續地相信，也沒有能力按照那個理想所描繪的一切而活。他們心裡知道有一些東西想要和人分享，卻找不到分享的方式，甚至連把心裡的遠見或理想清楚傳達給他人都做不到，這種困境帶給他們極大的挫折感。然而，要注意的是，隨著凱龍在射手座或第九宮，當我們的意識範圍與內在理解受到外來之助而擴張時，我們天生的擴張傾向和樂觀天性，反而會有種受到局限或阻礙的感覺。這種「熱情被澆熄」的經驗，其實也是「通過的儀式」中的一環。凱龍在這個位置，可能會將通常是往外發散的木星性質轉而朝內作用，而若是我們能夠接受這種發展，就可以培養出樸實無華的智慧、友善的幽默感以及率直、敞開的生命態度。可以說，遠見、理想是意識的一個特殊面貌，它不是一個我們必須要做些什麼來完成的任務，而是為了讓它能被實踐，我們必須克制自己想把它施加於外的衝動，以及要自己「爬得更高、看得更遠」的執念。總歸一句，這個位置的凱龍所帶來的禮賜，或許就是要我們去真正的體會：此時此刻的生命本身，就是神性的一種表現；而一旦我們相信神性確實已向我們示現，我們就不再有特地追尋它的需要。這種信賴說來簡單，要產生卻很難。三不五時，我們或許又會陷入那種雙子座式的二元觀點，覺得有些東西是神聖的，有些則否。我們的追尋不是不能重拾狂熱，只不過需要有所釋放，一次又一次。

有個有趣的主題「與上帝的交易」，也屬於凱龍在射手座或第九宮，如同前面黛安的故事所示。如果生命給了我們一些巨大的難關，或者如果我們接下了實現某種遠見或任務的使命，其困難艱辛只怕將我們所有的時間精力全都耗盡都嫌不夠，像這種時候，我們就有可能用上想像力，定出一份附有條件的協議。這情況就好比是說：「好吧，我做就是了。不過條件是，做到之後你要給我什麼……」吃下眼前的苦藥，是為了待會兒媽媽會准我們吃甜點。然而，一旦老天沒有履行我們這裡單方面開出的條件，我們就因此而失望透頂。如果有這種情況，我們必須要明白這樣的事實：從頭到尾，整個協議只存在於我們這方，而那種因為「被背叛」而產生的痛苦，也是由我們自己一手創造出來的。放下對「條件」的執著，努力嘗試接受事態的實際狀況，如此一來我們自然就會領悟：究竟是哪一部分的我，一直在拒絕接受現實。這既是上天的恩惠，也是一個重擔。一方面它讓我們不停地往正面的事物，以及往隱藏在困難局勢之下的可能性邁進——為什麼反而會這樣？因為我們（射手座）很樂觀；另一方面，對凱龍在射手座或是第九宮的我們來說，注意自己是以什麼方式處理失望的情緒，會是一件非常重要的事情。身在這個如此著重「積極」與「正面」的文化裡，這一類的情緒或許是種禁忌，而對它們的壓抑與漠視，則導致了舉目可見的瘋狂追求——不論是物質世界的目標，還是對精神層面的渴望。其實，比這些都還深刻，並且真正能滋養靈魂的真相與真理，必定會將個人的情緒也吸納收容在其中，而且不會需要仰仗不可違逆的教條與社會慣例；它必定是自由的，是從這樣的自由當中，與這個凱龍位置有關的溫暖與智慧才會出現。

凱龍在摩羯座或第十宮

你的擔子不重，它是你的光（譯註二十五）

前面提過，第十宮與第四宮都在描述與父母親有關的議題。面對那個「外面的世界」，或

譯註二十五　作者原文為Thy burden is Light，改自於聖經原文的my burden is light,故做此譯。

者面對各種意義的權威人物，我們的態度會強烈地被母親帶給我們的經驗所影響，也會經由第十宮的內容來描繪與象徵。土星守護摩羯座，也是第十宮當然的守護星；而這一點，正好反映出我們人生最初的「邊界」，就是母親身體所構成的範圍。以我們的社會與文化來說，一直到最近為止，許多女性都還是經由丈夫來體現自己身上帶有的土星原則，不是藉著承擔丈夫應有角色的方式，就是透過丈夫來與外在更寬闊的世界接軌，比方說她們在婚後通常會冠上夫姓。也就是說，第十宮可以為我們指出這些並沒有被他人（或是她自己）意識到的事：母親的抱負，或亟欲達成的目標；母親對「成功」的渴望程度；從外在世界的角度來看，母親的獨立自主性與擁有的能力、權力。在這種情形之下，我們就可以透過第十宮而發現：母親她那沒有活出來的人生、那沒有機會實現的功成與名就，其實也有它廣泛而深遠的影響力。第十宮也指出我們在這個世界上天生該有的位置；描述了我們承繼自父母或祖先、有形或無形的好處與壞處，以及我們會以什麼方式，將這些繼承而來的東西表現於外。與第十宮相關的，還有法律、社會制度與結構、物質與有形層面的世界，以及若是從更深層的角度來說，我們有多麼渴望，又會選擇什麼樣的理想與志向，來將自身擁有的可能性化為現實；我們會以什麼方式展現自己，又會以什麼方式真正地成為這世界的一分子。總之，第十宮是關於「世界會向我們要求什麼」，同時也是倒過來「我們會向世界要求什麼」，而這種要求或期待，有時候連我們自己都沒有意識到。

凱龍在摩羯座與第十宮的我們，在設定與達成目標上，或者是尋找自己在社會中的位置上，可能會經歷到一些困難。我們渴望能有一份藉由它能夠對世界帶來貢獻的工作，但是我們必須對這件事多點耐心，因為這樣一份工作有可能直到我們晚年才會出現，而且在那之前我們也不免有過許多次錯誤的嘗試。另一方面，凱龍在這個位置的我們，可能會面臨這樣的情況：我們在他人眼裡滿是好評，然而自己卻覺得難以消受這些名聲；無論我們表面上是多麼成功，心裡都充滿著失敗的感覺。去探查隱藏在這種模式背後的深層原因，或許會為我們帶來不少幫助益：我們是否替自己設定了不可能達到的標準，抑或是每一次當我們攀爬一座新的高山，總在心裡希望這就是最後一座。父母的期待可能是我們的重擔，而就算我們一路苦苦掙扎，那些終究是一些不可能實現的期待；或許我們努力設法取得成功的領域是他們當初跌跤的地方，又或許我們試圖達成的是他們當初連想都不敢想的目標。到了最終，我們可能受不了而故意用失敗來讓父母失望，然而事實上這說不定會是我們第一次「成功」。然而，如果完全沒意識到這個過程，我們就會持續像這樣妄自菲薄或者甘於失敗下去，並不是因為我們真的欠缺能力或驅力，而是我們想要藉此「懲罰」父母。另一種情況是，或許我們緊抓著某種外在表象與角色不放，為的是隱藏自己的脆弱易感，遮掩那股「格格不入」的感覺。我們若不是過度強調物質意義的成功、名聲、地位，不然就是對世俗權力與世間地位不屑一顧，結果卻演變成對「體制」完全感冒：接交通罰單像家常便飯，總是被國稅局調查，或者一再地與權威人士發生衝突。巴布・狄倫〔譯註二十六〕那句不朽的話是這樣說的：「沒有一種成功比得上失敗，但失敗再怎麼樣也不是成功。」

與一般觀念相反的是，凱龍在摩羯座的人有時候給人缺乏責任感的感覺。不過，如果你仔細看，就會發現一個截然不同的樣貌：我們擔負起的責任，可能是一些現實上完全不是我們能掌握的事情。這種情況會傷害我們自主獨立於外在世界及為自己負責的能力，一旦如此，接著我們便會希望找到別人來照顧自己。確實，隨著凱龍在摩羯座或第十宮，在「徒勞無功的努力」這個主題上，我們可能會捲入跟自己無關的困難處境中。其實，如果我們背起原本是他人該負的重擔，為得是要取得各種形式的報答與稱讚，結果可能會是失望，失望則會逐漸變成苦澀、怨懟、忿恨，最後我們就變得拒絕入世的生活。不過另一方面，摩羯座原本就有這種天性，會把別人不一定覺得有意義的辛苦重擔拿來放在自己肩上；對他們來說，那裡頭有他們靈魂裡一定要去做的事，這是絕不會錯的，別人沒有資格發表意見。奮鬥與努力是常常呈現在摩羯座與第十宮內的要素，於是靈魂該做的事或許不是如何設法「不吃苦」，而是消化並轉化我們就辛苦經驗所做的回應。只是與此同時，有時候我們也會高估自己的能力，背起太重的擔子，然後在失敗後因為「沒有負起自己該負的責任」而感覺內疚。另外，儘管我們可能害怕太過招搖顯目，並且對於成為權威或身居掌控支配的地位感到不安恐懼，然而或許在心中我們一樣懷著擁有權力的幻想。這些讓自己不舒服的內心戲碼，如果背後的來由與意義未被辨識出來，一直沉浸在羞恥與可怕的氛圍中，我們就有可能在快要成功之前狠狠地從背後刺自己一刀。凱龍在這個位置為我們帶來的一項禮賜，是一種源自於內心深處全然接受真實的自己，所以才獲致的成功——有別於因為對無法接受的自己進行補償作用，而去追求的成功。許多凱龍在摩羯座或第十宮的人，在成熟發展之後會自然散發出一種權威、尊貴的氣息，讓人一見便肅然起敬，不論他們是否真的擁有許多外在的成就。

凱龍在摩羯座暗示著當事人受傷的地方，可能是他（或她）與父親的關係，也可能表示存在著與父親這邊的長輩祖先有關的問題。進一步推衍則是父親有可能不詳；可能是眾人眼裡軟弱無能的人，可能是強硬、高壓、威權的人，不過也有可能是這些特徵的混合體：「是的，我叫你做的我自己也沒做到，不過你還是得照我的話去做」——對許多有這個凱龍位置的人來說，這真是熟悉的一句話。不論男生女生，有這個位置的人可能從小就下定決心：「長大以後絕對不要變成像老爸那樣。」於是在那之後，他們費盡千辛萬苦，來和眼前這個父親的典型對抗，卻在日後發現：原來這個受了傷或者高壓獨裁的父親，在他們的心中竟然隱然盤踞著這麼

譯註二十六　Bob Dylan，生於1941年，美國著名的流行音樂家，六〇年代反抗運動的藝文界代表人物之一，作品*Blowing in The Wind*在反戰與民權運動中甚為流傳。

重要的位置；而且，他們有意識去追尋的目標，以及他們努力前進的方向，能不能有正面的成果，都受到這個內心陰影的威脅。他們之中有許多男性本著「讓我來做好給你看」的心態，卻在自己當上父親後才發現這個恐怖的事實：他們只是以不同的方式，重蹈父親身上那些讓他們引以為恥的特質。

不過，在接下來要舉的例子中，這樣的重複模式因為當事人有勇氣面對自己的傷口而得到了救贖。故事的主人翁是位年輕男性，這裡姑且稱他為羅傑。羅傑的凱龍在摩羯座、第五宮，是他星圖上T型相位的一部分：天王星與木星合相於巨蟹座、第十一宮，對分於他的凱龍，然後一齊與位在天秤座、第二宮的海王星形成四分相。羅傑的父親是個白手起家的男人，優越的社經地位全是靠自己的努力；這為他兒子提供了一個十分切合摩羯座特質的範例。父親總是忙於事業，汲汲追求成功（事實上，其中也帶有為了勝過自己父親的目的），這意味著一年到頭他大部分的時間都不在家，所以羅傑幾乎可說是只被母親帶大的，對父親幾乎一無所知。後來，當他的父親因為開始酗酒（羅傑摩羯座的凱龍與天秤座的海王星成四分相），脾氣變得暴躁乖戾、陰晴不定（凱龍與天王星對分）之後，羅傑也就透過不與父親互動的方式（凱龍在摩羯座）來保護自己免於受傷；與此同時，羅傑也開始拒絕與排斥父親那套成功的價值，還有他擁有的那些物質成就。然而在之後的歲月裡，羅傑發現自己被困在牢籠裡，他拒絕與他人有情緒上的互動；他覺得他的內在已經完全麻木，而且對外在人事物總是做出無情嚴苛的批判。直到行運的土星與冥王星，與他的海王星形成合相，因此也與他的凱龍形成四分相，羅傑終於決定參與這方面的療程。當時他開始會做一些連續而反覆出現的夢，內容是被一群暴力、發狂的男人攻擊與強姦。從這些夢著手，進行無數次的治療之後，有個容易受傷，而且迄今為止都未曾被人發現的小羅傑（凱龍在第五宮）終於現身了。一開始，羅傑對這個兒時的自己只感到不屑與恐懼；展露出感性是種軟弱的象徵，是他從父親那裡學到的事。這之後不久，他妻子發現自己懷了孕，羅傑原本想要她把孩子拿掉，不過卻在最後一刻改變了心意，儘管他確實很擔心自己「沒有足夠的資產」來當別人的父親。故事的最後，在與自己兒子的互動之下，他好不容易能有進一步的練習與實踐，對自己的脆弱易感培養出敬意與重視。

另一個例子裡，有位凱龍在這個位置的女士，父親是軍人，常常不在家裡。從她的凱龍盤面配置來看，第十二宮的冥王星與第一宮的火星，一同與上升點合相於巨蟹座。冥王星、火星、上升點三者都與位在第十宮的凱龍形成五分相；另外，第十宮本有的守護星土星則在射手座，與火星形成八分之五相。她的父親是在她出生那年投入軍旅，而隨著時間流逝，她漸漸相信父親之所以離開都是因為她的緣故。她的母親常常在生氣，很難面對沒有丈夫在身邊的生活，這也強化了「一切都是她的錯」的感覺。此處，凱龍在第十宮，既象徵了帶給她傷害的母親，也象徵不在身邊的父親；與它成五分相的火星，則是代表被忿怒所傷害。原本她這種必須為「父親不在身邊」負責的感覺一直埋藏在心底深處——直到父親在她五十三歲的時候去世，使得「父親不在」成為永恆為止。父親的死，終於促使她去處理這些影響她早年歲月甚為深遠的感受。

另一位女士則是凱龍在摩羯座、第四宮，並且幾乎跟她星盤上每一個行星都形成緊密的相位。她來自一個富裕的家庭，家中男尊女卑、父親至上的觀念非常強烈。她對這樣的觀念甚感排斥與厭惡，使得她耗盡心力，對父親以及父親代表的一切價值全都拒絕接受。最終她也出櫃表明自己的女同性戀身分，並且成為一位立場激進的女性主義者。她對男人有著不加掩飾的恨意，平時盡其可能地設法將男人摒除在自己的生活之外，也參與一個針對強暴犯處罰問題推動修法的團體。然而，隱藏在她這些忿恨不平之下，卻是知道自己的脆弱何在、知道自己需要有人依附（凱龍在第四宮）的痛苦感受，同樣地，還有對她父親強烈而熱切的愛。

當凱龍位在第十宮，反映出的議題通常更與母親有關。有一種可能是，母親代表的是「傷人者」的形象，從而擁有這個凱龍位置的女性，或許一路下來辛苦努力，為的就是不要複製或落入從母親那邊承繼而來的模式。另一方面，凱龍在這個宮位，在廣義的醫療人員身上很常見。他們之中有些人當初選擇醫療類型的工作，就是在試圖弭平因為與母親早年的相處關係所帶來的種種傷害，方式就是讓自己成為一位「好母親」。也有可能，他們是因為對母親在無意識中懷有強烈忿怒，而選擇以這樣的方式作為補償。這個宮位的凱龍也暗示母親可能真的有明顯的生理的傷痛，或者有某種障礙不便、能力欠缺等，於是當事人本身可能在年紀還小的時候，就必須馬上「長大」，讓自己有能力面對這個世界，以及照顧身邊其他人。日後，他們在工作上也可能會取得需要負起極大責任的職位，在能力上也擅於不受情況變化左右，維持應該貫徹與前進的方向。對於那些應該要向別人盡到的責任或義務，他們會看得很重；他們也不怕去面對與處理那些會讓別人膽怯與閃躲的難題。

不過，凱龍在這個位置的人，在「從生命中攝取養分」這件事上，或許也有類似的困難。舉例來說，有位本身經營療養中心的女士，曾經聽人跟她說：「妳好像把自己當成療養服務的『經銷商』一樣。」因為她雖然向別人提供，自己卻完全不採用。她這才發現，她在內心深處原來沒有辦法去利用可以利用的東西來幫助自己，就像為他人提供醫療服務的凱龍，卻找不到能醫治自己的療法。另外，凱龍在這個位置所帶來的禮賜，是一種能成為對他人來說，有如父母一般的存在，給予他人愛與指引，因而促進對方成長的天賦。

凱龍在摩羯座或第十宮的我們，必須在內心之中，挖掘出我們在攀登志向與抱負的高山險阻時所能獲得的樂趣，也就是必須試著理解到：當我們實現了對我們靈魂而言最珍貴的東西時，能感受到的滿足與愉悅，不需要社會或他人對我們這個志向的肯定或認可，而且其實也超越了這些外來的認可。「堅定不移」是我們身上很強的特性，因為我們不會被事物的表象所迷惑，也因為身為「土星之子」的我們，知道任何對靈魂來說很重要的事物，都需要時間，需要持續不斷地投入與呵護。我們會成為他人求助的對象，想從我們這裡聽到建議或智慧的指引。我們了解遭遇失敗或發現自己不足時的痛苦感受，但是我們也了解，生命會受到一些看不見的、從靈魂層次發揮作用的法則所左右，而生命的目的不一定是在取悅與滿足我們狹隘的自我！我遇過一位女士，在摩羯座、第四宮的凱龍，是她星盤上唯一一個土元素的行星。她得了一種會越來越嚴重的自體免疫疾病（凱龍在摩羯座），這種病會讓她非常衰弱，所以她大多數時間都只能待在家裡（第四宮）。在我們的諮商都還沒談到凱龍之前，她就曾經向我傾訴，她覺得自己在家中是扮演一個讓家人彼此之間能夠和諧與互相療癒的角色。這時候的她，正在用語言傳達她自己的凱龍，同時也表現出摩羯座的「隱士」原型。她發現自己有辦法藉由禱告讓他人獲得療癒，而她也需要長時間獨自在家進行禱告。由於深覺自己是「家裡的治療者」（第四宮），她在靈魂深處甚為投入這個祈禱活動，而且非常認真看待自己對它的信念與許諾——不過卻覺得沒有必要讓其他人知道自己的努力。如果從外表，並且按照世俗的標準來看，或許她的人生看起來十分受限又貧乏無物，然而她卻散發出那種在努力耕耘內在生命的人身上，還有在樂於對生命賦予的任務做出正面回應的人身上，才會擁有的平和寧靜以及能夠穿透人心的光明。於是，一點也不必驚訝，每當有這位身體孱弱的女性在場，人們就會打從心底感到一陣溫暖與感動。

凱龍在水瓶座或第十一宮

思想清明，讓我們開闊

在第十一宮，我們會尋找與自己想法相近、志同道合的族群、團體，以求拓展我們的社交圈。我們會在這裡找到自己「靈魂的部落」，他們給我們的感覺會比家人還要緊密，而且覺得彼此之間享有一種共同的宿命。我們會從自己所處的社會中往後站一些，檢視範圍與影響更廣泛的政治、文化與歷史的脈胳。檢視後的結果，可能會讓我們產生想要改變這個世界的企圖，而我們或許就會參與涉入一些以增進社會上多數人，甚至是增進全體人類福祉為目標的社會與政治運動。凱龍位在最後兩個宮位與星座的人，就跟位在第八宮與天蠍座的人一樣，常常會與更深層的心靈以及集體的潛意識，產生極為強烈的連結；不過同一時間，他們也會對此戒慎小心、不敢大意，因為他們天生便知道，要耗費多麼大的努力，才能夠將共同的理念（第十一宮）、集體的感受（第十二宮）或者「轉型的過程」（第八宮）化為具體的表現，然後同時又不會被實際採取的行動給襲捲與吞沒，以致於失去個人的立場。然而，凱龍位在這些宮位與星座讓我們有能力在投身於某項志業時，仍以這種潔身自愛的態度來思考衡量，但我們得因此付出的代價是在追求理想的旅程中，總是懷著某種隔閡、疏離的感受。傳統上，第十一宮是與「朋友、期待、願望」有關的位置，當凱龍落入這個宮位，這些主題將會得到更深刻鮮明的呈現。

土星與天王星兩者共同守護水瓶座。隨著凱龍落入這個星座或第十一宮，這兩個行星的主題也會彼此交織混雜。凱龍在這個位置的人，就他們的人生旅途整體而言上，有些會顯現出比較重的土星色彩，有些則顯示出比較重的天王星色彩；不過，由於發現凱龍的位置就落在這兩個行星之間，所以兩者間的關連性也就得到了強調。出生凱龍位在水瓶座的人，會在土星回歸即將到來時，面臨行運凱龍與出生凱龍的對分相。這通常會為土星回歸的歷程帶來一些問題，因為「凱龍—凱龍」對分相會讓我們對「受到限制」、「存在局限」這些事無法保持耐心，於是抗拒要去面對那些源自於過往，常常在土星回歸前後浮出水面的內心議題。我們或許會試著迴避自己的責任，想要藉此獲得一些自由的空氣，不過這也意味著危機會在下一次「土星—土星」四分相，也就是大約三十五歲的時候爆發出來。另一方面，對有些人來說，「凱龍—凱龍」的對分相，卻是一段創造與啟發性的能量在身上匯聚發散的時期，因而在表現自我，或者在參與社會活動上，有可能會出現長足的進步與發展。

凱龍在水瓶座或第十一宮的我們，容易在理念或理想的領域中受到傷害或打擊。雖然我們的思想富有原創力，能夠推翻陳舊因循的傳統或是對偶像言行的崇拜，矛盾的是，我們同樣也很容易就對事物抱持以偏概全的態度，而且對此沒有自覺。或者，比起冒險說出自己的看法，我們更傾向用有如政治人物的作法一樣，採取某種「黨的路線」，也就是依循我們所屬團體信仰的價值觀或追求的心靈目標。確實，就算是偏離主流文化的族群或團體，都還是有各自不可動搖的意識型態與不成文的規定，要求其成員遵從。我們可能會淪為某位人士理念下的奴隸，卻還不知道自己本身的發展因此而受到了限制；結果我們可能繼續承擔這些觀念，而駁斥掉或者拒絕接納其他不同的信念體系。不過，既然凱龍在這個位置，學著去善用獨立的心智，做出富創造力但具體的思考，再加上以理性為基礎的區辨能力，會為我們提供相當大的益處。不盲從權威與教條的獨立思考以及看穿假相的能力，也是我們能對他人做出貢獻的一種方式。在這樣的過程之中，我們可能會發現有許多必須得怎樣、一定要如何的規範，其實根本沒有意義；過去我們對它們十分信服，如同奴隸面對自己的主人一般，如今再也沒有這個必要了。另外，凱龍在第十一宮或水瓶座，也讓我們能夠將自己那股跳脫傳統與破除盲從的天性轉向內，朝向我們心中的那一套信念體系——讓我們能將自己原本一切的所知，從性質上改頭換面，變革創新。對於凱龍在這個位置的我們來說，如果不加思索，只是單純在一些追求社會與政治改革的群眾運動中軋上一角，我們就是放任自己的覺醒之旅擱淺停滯。無論如何，任何事情都有它的時機，或許在實際行動的方針上，不論是偏向外在還是內在，都不是一種「錯誤」。

凱龍在水瓶座或第十一宮的人，有一些會成為富爭議性的集體理念的宣揚管道，因此也可能被外界給他們的回應所折磨困擾，因為他們的想法說不定遠遠超越自己的時代。他們有可能是作家、詩人、教師或者哲學家，他們為即將能被群眾的心智所認知的觀念或價值，定下清楚

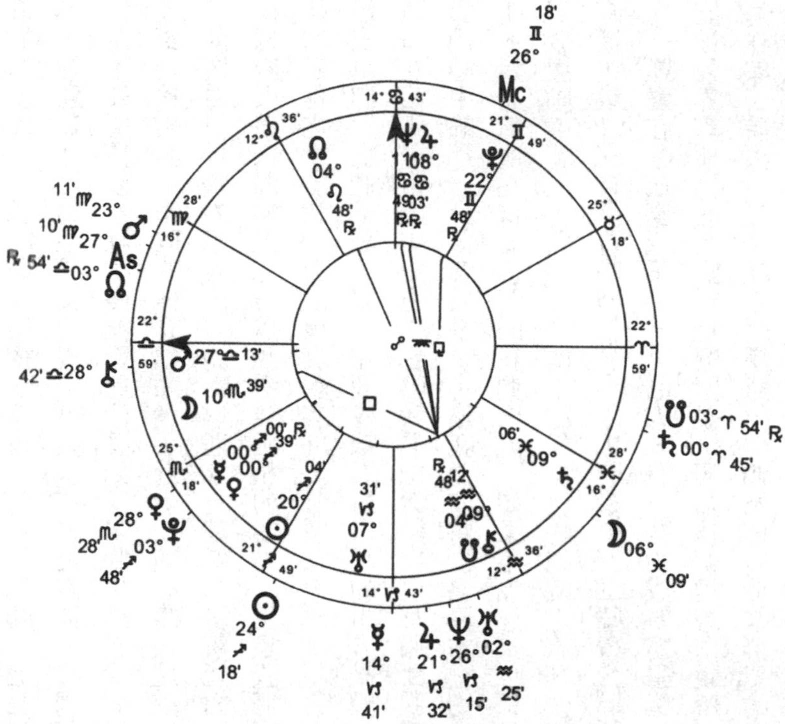

圖三　內圈：勞倫斯．凡．德．普司特；外圈：他去世之時的行星行運

而分明的架構，或做出有條理有系統的說明，因而對社會大眾的思考極具影響力。這當中有許多人物，本身幾乎就是思想史上某些觀念體系的代名詞。舉例來說，法國哲學家同時也是劇作家的沙特（Jean-Paul Sartre），凱龍就在水瓶座；提到「存在主義」，如果只能舉出一位代表的話，那就會是他。同樣的還有英國劇作家蕭伯納（George Bernard Shaw），他的名氣，無論是好是壞，都因

為他對社會主義思想的狂熱支持不脛而走，當然也是因為他尖酸刻薄、熱嘲冷諷的珠璣話語。

是作家同時也是政治家的勞倫斯．凡．德．普司特爵士，凱龍在水瓶座、第四宮。透過他的文字，許多人才了解到，科伊科伊人（Khoikhoi）以及非洲其他即將消失的部落，他們所生活的世界之美。他的凱龍與位於天蠍座、第一宮的月亮形成四分相，為他具有先驅意義的作品，提供了一個合適的意象：非洲有時候也被稱為「世界文明的搖籃」，這裡恰好能以位在第四宮、與月亮有相位的凱龍作為這層意義的象徵。凱龍與雙子座、第九宮的冥王星形成八分之三相，所代表的是他的文字擁有力量，以及他替面臨滅絕威脅（冥王星）的族群擔任發言人的角色（雙子座），向世人講述他們的故事，告訴全世界他們不同的宇宙觀（冥王星在第九宮）。

除此之外，他的作品也有一種「父債子償」（凱龍在第四宮）的意味，是對自己出生的祖國（凱龍在第四宮）南非施行的種族隔離政策，這種極度傷害人心的信念體系（凱龍在水瓶座）而形成的制度，所嘗試做出的彌補與贖罪。注意看當他去世的時候，本命冥王星的支配星水星行運的位置，距離與他的天底完全合相，只有不到2分的差距——說故事的人，終於回到了自己的家中。在他的出生星盤上，凱龍也落在土星與天王星的直接中點，這在先前曾經說明過，是對凱龍反應很敏感的一個點。

透過白紙黑字對這名布希曼人〔譯註二十七〕所做的事情，還有藏在那些事情背後的思維，幾乎已經超出我能忍受的範圍……把活在他靈魂裡的一切，點點滴滴收拾起來，也放到我們的心裡去，這在我感覺起來，就好像是在履行一項逾期甚久的債務般……如果我確實從吾國歷史過去的瓦礫堆中，保存住一些我在這位布希曼人靈魂中看到的神奇魔力；或者，如果由他本人來說的話，應該會這麼形容：如果我真的有「幫助月亮走上這一程」（凱龍—月亮），那麼我當能感到心滿意足。〔註12〕

但丁．加百列．羅塞蒂（Dante Gabriel Rossetti）的凱龍在金牛座、第十一宮，合相於位在金牛座、第十二宮，由月亮、水星、太陽組成的星群。他是十九世紀「拉斐爾前」〔譯註二十八〕美術改革運動的其中一位發起人。這個運動的宗旨，就在於試圖重新回到早期（土星式的連結）繪畫藝術的樸質（凱龍在金牛座）、純粹，與唯心論色彩（第十一宮）。他們透過技巧高超的具象畫法，來表達精密而且具有原型色彩的現實（凱龍在金牛座，合相於第十二宮的星群）。他的凱龍盤面配置恰到好處地將他最常挑選的主題標示出來：神話與田園；而他標榜的原則與理念（第十一宮），則是說明了他所處的時代，對於「重新再將物質賦予精神意義」（凱龍在金牛座）的群體渴望。就像為眾神打造飾品的希菲斯特斯（凱龍在金牛座）一樣，羅塞蒂也用清楚明白的寫實逼真，對自己的理念與原則做具體描繪。

隨著凱龍在水瓶座或第十一宮，我們或許會是個對社會極度抱持批判態度的人，與此同時卻又在心中感受到一股強烈的渴望，想要為社會大眾做出正面的貢獻。這股渴望，如果找不到加以實現的方式，我們說不定會陷入消沉抑鬱、忿怒不平，或者是他人看來激烈的反應。我們很難接受世界的現狀，而為了改變這個現況，我們確實願意做出相當的努力。不過，要是我們只努力擁抱精神面、烏托邦式的理想，只停留在鑽研各種關於政治框架的革命性學說，我們可能會越來越覺得失落與幻滅，而遲遲未能明瞭在這個世界上，沒有十全十美的體制，也沒有十全十美的完人。或許我們打從心底相信自己真的知道「事情該是什麼樣子」，我們還是需要學會謙卑，不然就有如追求光明卻掉進自己的黑影之中，落得跟那些我們所反對的舊體制的人一樣，也是以僵硬死板的態度來擁護自己相信的真理。馬丁．路德．金恩向世人指出：

> 人類救贖的希望，是握在那些有創新思維的、不與世界同調的人……誠實，逼著我一定要

譯註二十七　Bushman，原意即住在灌木叢裡的人，是南非與鄰近地區的原住民族，遺傳學研究指出，布希曼族可能是現存最古老的民族。一九八〇、九〇年代，在台灣享有知名度的電影主角「歷蘇」（「上帝也瘋狂」），就是布希曼族。

譯註二十八　「拉斐爾前」或「前拉斐爾」，都是中文對Pre-Raphaelite的常見譯名，這個字的意思本身就是運動的宗旨：回到拉斐爾之前的繪畫藝術原則；是英國畫界於十九世紀發起的美術改革運動，由羅塞蒂與另兩位同為英國人的畫家：米萊（Millais）與杭特（Hunt）所發起。

承認這一點：進化過的不服從運動，不只代價不菲，整體而言也從來就不是輕鬆舒服的事，而且投身於其中時，就像是要穿越一座由痛苦的陰影所籠罩的漆黑深谷。〔註13〕

凱龍既然在水瓶座或第十一宮，我們在生命中將有機會去平衡各種由土星與天王星所象徵的對立。我們將在新與舊之間搭起橋樑；我們會有能力在擁抱創新的同時，不會一股腦地推翻過去，而是將過去融會吸收，作為個人生活以及連繫社會的穩固基礎。我們示範出「創意的不從眾」，藉此對他人發揮正面的影響；也就是說，我們彰顯自己特殊與獨立的個體存在，向他人提供一個以身作則的典範。簡單地說，我們用身體力行代替高談闊論！我們為自己身處其中的群體做出貢獻，方式或許是讓自己成為「體制外的人」。最後，我們因為接受了一切的限制與不完美，所以願意讓其他人找到他們自己的道路，而不是把我們的想法強加在他們身上。

有一些凱龍在水瓶座的人，會覺得幾乎無法與那些在心智構造方面完全與自己殊異的人，從事內心的交流。在這樣的人的面前，你可能會覺得自己似乎不是活生生的人，因為如果你不支持他們的理想，或者對政治或信仰問題的看法，你對他們來說就好像不存在一樣。就算是身為占星師、心理治療師，還有投身於各式各樣玄學祕術或靈修派別的人，都無法倖免於此。對於有這種傾向的我們來說，生命裡的一切事物，都可以用我們手中這副信念體系的「望遠鏡」來觀看，然後凡是沒有在鏡頭裡出現的東西，都可以忽視、捨棄或是刪除，藉此我們努力地把現實裁切成符合我們眼中該有的樣子，或者說符合我們鍾愛的信念體系的模樣。要知道，一旦有項東西在我們想法裡變成了一種「應該」，就表示我們正踩在「想要控制人心」的危險地帶上；「地圖，不是真實的地貌」，記住這句話對我們會有很大的幫助。每一天媒體都在對我們進行洗腦，要我們以特定的方式思考，保持某些特定的立場，在我們心中栽下某些特定信念的種子——這是非常需要我們去看清的一件事。既然凱龍在水瓶座或第十一宮，這些問題說不定會帶給我們很大的收穫：「我抱持的究竟是從誰而來的觀念？」「我相信的是誰所說的『真相』？」以及「我現在腦海裡的這個想法，到底是從哪裡，或者到底是如何產生的？」源自新聞報導與廣告行銷，群眾的印象與觀念不免創造了我們的世界觀，形塑了我們的立場、志向以及理想。如果我們不發揮水瓶座式的抽離作用退一步觀看，那麼我們其實是任憑自己受到一種手段高超、令人難以察覺的思想控制，這不禁讓人想起喬治．歐威爾（譯註二十九）的名作《一九八四》（他的凱龍在摩羯座，而他摩羯座的守護星土星，則落入水瓶座）。凱龍在水瓶

譯註二十九　George Orwell，1903-1950，二十世紀以降英國最著名的小說家之一，《動物農莊》與《一九八四》是他最富盛名的作品，是位批評政治與社會權力結構，特別是偽裝在社會主義下的「極權主義」不遺餘力的作家，一些他在作品中所創造的名詞，後來甚至成為英文，甚至是其他語言中通用的詞彙。

座所帶來的禮賜中，有一項便是能夠察覺到我們是否將一些觀念、意見及隱而未顯的立場照單全收，而沒有從內在消化吸收。我們會學到如何讓心思從無數的想法之中脫鉤；它們已經佔滿我們心靈的空間，已經遮蔽我們靈台的清明。一旦能做到這樣，看穿事物的洞見便會出現，真正的自由心靈也會得到滋養。

凱龍在水瓶座或第十一宮的我們，可能會對「匡正時弊」的任務太過在意，而把自己綁在設法實現我們「崇高」理想的千千萬萬結裡。或許我們是把心裡的這個企圖轉移到自己的信念體系上去了：想從我們冷漠又疏離的父母那邊，爭取他們對我們的愛。執著於「完美」，帶來的會是破壞與毀滅。因為，如果我們只允許完美的東西存在，人生中許多有創意、有想法、有意思的事業計劃、人與人的關係，以及生涯經歷，都會從此消失不見。另一方面，直到我們能夠確定自己保有相當程度的內心自由為止，我們都會害怕獻身於任何事物。不過，凱龍為我們帶來了一種可能性，那就是在對於生命、對於活著這件事的全心投入**之中**，就有可能獲得個體的自由；而一旦凱龍落在水瓶座，這個主題就會得到特別強烈的呈現。普羅米修斯的故事也在訴說這件事：允許他從痛苦與禁錮中釋放的條件，有一項就是他必須帶著一只戒指，以讓他時常想起自己被鎖鏈束縛的日子——在占星學上，「戒指」就讓人想起土星。

凱龍在這個位置的我們，有可能會對團體或群眾感到恐懼。原因有一部分是因為我們特別不喜歡被影響，或者喪失自己的主控權。我們或許只有在扮演局外人，甚至是異議分子的角色時，才會覺得自在；要不然，就是我們能夠掌控自己、主導自身的事情。我們可能會將「傷害者」的形象，投射到團體身上，然後覺得自己可能會遭到迫害，於是用抽離或者用先發制人的舉動，試圖保護自己。馬丁·路德·金恩曾經說過一句話：「沒有一項東西，能比即將登上歷史舞台的觀念來得更有力。」確實，有些凱龍在這個位置的人，是有意識地與群眾對立，用饒有新意的方式破除人們對傳統或偶像的盲從迷信，促進或催生了社會的變革與發展。為英國婦女爭取到投票權的艾米琳·潘克斯特（譯註三十），凱龍在水瓶座、第十二宮。天蠍座、第八宮的火星與它成四分相，雙子座、第三宮的木星與它成三分相，而處女座、第七宮的月亮則與它形成十二分之五相。當行運的天王星完全合相於她這個出生凱龍時，爭取女性普選權的運動正來到如火如荼的階段，發起越來越猛烈的示威活動。此時她的一位追隨者，因為想要把抗議活動的廣告腰帶拋上一匹疾奔而過的馬匹，卻發生意外而身亡：似乎是一次凱龍神話的詭異回響。無論如何，有些傳記作者認為，這個重大事件的發生讓國會知道，爭取女性普選權的運動人士們改變制度的決心有多麼地堅定，因此讓抗爭能夠提前完成目標而順利落幕。

譯註三十　Emmeline Pankhurst，1858-1928，從十九世紀末就開始在議會推動英國立法施行的女性普選權，並於1903年創立「政治與社會婦女聯會」，改從社會運動著手，最終在1928年終於實現這個目標。

思想的清明、對任何有形無形對象的抽離、對政治或社會議題的高度理解素養，以及能夠察覺當前流行於群眾中的趨勢，並且清楚有力地加以闡述表達，這些都是這個凱龍位置能帶來的一部分禮賜。開闊的思想與胸襟，本身就會成為協助療癒的「工具」，將扭曲的想法化曲為直，如此能讓我們察覺到自己先入為主的偏見、預設，還有隱而未顯的看法，並且願意加以放棄。對擁有這個凱龍位置的人來說，進行某種形式的冥想，譬如像「內觀」，會帶來非常大的助益。培養內心的寬闊無垠，這樣一種能力同樣也能夠讓他們的天賦禮賜獲得發展與成長。

凱龍在雙魚座或第十二宮

慈悲心生

各種「形式框架」，會在雙魚座與第十二宮裡瓦解消散。「過去」在這裡融化，人與人之間的隔閡與分野在這裡消弭；於是新的、包容更廣的生命週期才能夠開始進行，帶著在上個階段所學習領悟的智慧。在這裡，我們與集體結合，也與超越個人界線的、由感情和感動構成的生命面向連繫；我們渴望從塵世生活的癡愚中解放，也渴望能夠返回那種不分人我的一統境界。我們能夠經由許多不同的方式得到這樣的體驗，可以是隨便一場足球賽裡就有的狂亂失序，也可以是從冥想宇宙大愛時所修得的心境之中：因為，集體與超越個人層次的意識、氛圍與感覺，既能是帶著我們向上提升，卻也能是野蠻而嗜血的。針對這個由魚組成的星座，榮格曾經就它的雙重性著墨甚多：雖然被綁在一起，卻永遠都在往不同方向游動的（註14）。事情有可能並不是如同表面上看起來的那樣；不論是欺騙、情緒的操弄，或者確實是體驗與感受到超越一般經驗的層次，都會相互交織混合，讓理性思維難以理解進入。想要重新誕生成一個意識更為寬闊，更無所不包的人，以及想要破壞獨立特殊的個體性，退回到意識尚未萌發成形的狀態，享有猶如身在子宮般的至福，這兩種強烈的衝動與慾望，永遠都在衝突交戰。

隨著凱龍在這個位置，個人獨特的「個體性」，以及區隔自己與他人的分界，可能會是我們難以理解與培養的意識。當我們想要嘗試朝這個方向發展時，剛開始說不定心中還會充滿歉疚，甚至伴隨著生理上的不適或疾病。另一方面，如果我們過度抗拒雙魚座與第十二宮這種有如大海般消融一切的體驗感受，或是我們過度把自己關在拒人於千里之外的防衛外殼裡（這可說是處女座、第六宮的「反射」），我們就有可能退縮回去，自我放逐，借酒澆愁，依賴毒品取得慰藉，活在充滿犯罪與暴行的世界裡。如果你的凱龍在雙魚座或第十二宮，很有可能你會對這類體驗與感受，有著強烈的心理需求：經由狂歡狂喜、著魔入迷的狀態，失去對自己、對「我這個人」的意識，並且產生與全世界、全宇宙合而為一的感覺。此時你將面臨一種兩難，如何在滿足這種需求的同時，又能避免隨之而來的生理上與情緒上的混亂狀態，不讓它成為衝垮、淹沒你人生的浪潮。儘管「秩序與渾沌」之間的擺盪，是萬事萬物的本來樣貌，這個位置的凱龍卻更要求我們，必須學會如何防止這個擺盪朝向過於毀滅的極端。

確實，酒神戴奧尼索斯常常會被拿來與雙魚座相提並論（註15）。不過，波賽頓，也就是涅普頓（海王星）在希臘神話中的對應者，因為同為撒頓（土星）所生，是凱龍的同父異母兄弟，於是乎，對那些凱龍在雙魚座或第十二宮的人來說，出現在他們人生中的凱龍主題，其背後的意義也可以從波賽頓那兒窺見些許線索。例如，馬是獻給波賽頓的祭品。他在征服狄米特女神的時候，也是化為馬形；有些人將半人馬族歸為他們的後代之一。波賽頓與馬的關連性，表明了他原本即具有的月亮特質；馬也是月亮女神的聖物，馬蹄蹄印的形狀，也做成類似新月形。波賽頓的三叉戟，也讓人聯想到月亮女神的武器，**雙頭斧**。這些相關性一脈相傳，來源可以上溯至比古希臘時期更早的神話傳說，直到女神崇拜的範圍去。它們同樣也促使我們回想到馬頭人身的狄米特女神，對她的古老信仰時間可是比凱龍故事的形成更為久遠。

波賽頓這個名字源自於「艾達」（Ida），是一位水之女神，隱隱指向雙魚座的原初之水以及第十二宮的意涵：我們分疏獨立的個體性，被召回那片「大海之鄉」——一座由我們的起源、我們的未來以及我們的歸返，所匯聚成的海；被召回那匹**牝（母）馬**，也就是「女、馬：媽媽」亦即母親的身邊；並且為了在這裡重生而在渾沌之中消解化散。「渾沌」（chaos）這個字在英文裡是用來代表「原始物質」（prima materia）的一個詞，而原始物質正是煉金術在煉成「內在變化」之時的作用對象。有一幅出自馬赫雷（Marolles）的版畫作品〔譯註三十一〕，描繪的是處於渾沌之中，一對對解除了原本束縛的兩兩對極：畫面中，黃道十二星座的各種生物形象，被團團的烏雲所包圍，一齊向各自成對的對手征戰——持有水瓶的水瓶座，正在設法撲滅獅子座的火，射手彎弓搭箭，正要對天空中的雙子發射，以此類推。如果你的凱龍在雙魚座或第十二宮，這幅版畫非常值得你仔細觀察欣賞，不只因為它的趣味性，也為了裡頭暗藏的深刻意涵！〔註16〕它說得不能再清楚：要把內在世界，按照處女座喜歡的樣式，安排整理得井然有序，是不可能的事。凱龍在雙魚座或第十二宮的我們，費心費力、辛苦奮鬥，或許只為了建立起內在的秩序，卻忽略了生活的實際面（處女座、第六宮）；當我們忙於學著如何在內在海洋的渾沌失序，間歇掀起的陣陣波濤裡破浪前行時，也會覺得生理狀態與物質生活的條理與穩定，好像屢屢受到威脅。

波賽頓協助自己的兄弟宙斯與黑帝斯，一同推翻父親克羅諾斯（撒頓）之後，分配到了海洋的支配權。至於宙斯與黑帝斯，則分別統治奧林匹斯山與地底世界。波賽頓心裡對此甚為忿恨不平，因為祂對這些由大地構成的界域甚為垂涎。好戰的個性以及不定期發作的暴躁脾氣，

譯註三十一　是一位喜愛版畫收藏的十七世紀法國神父（1600-1681），這幅畫完成於1655年。

讓祂惡名昭彰；祂偶爾會發起攻佔領地的行動，會送出狂風暴雨與滔天巨浪，沖擊淹沒人類的都市，摧毀他們的城牆。如果其他神不准祂這麼做，祂也有辦法改而引發嚴重的旱災。通常來說，想要免於波賽頓的威脅，必須向祂提出某種形式的協議或交易，為了得到祂的保護，也要獻出某些祭品作為交換，這也就是我們曾經提到，與凱龍意涵有關的「獻祭犧牲」的主題。

米諾斯國王（King Minos）為了避免海洋泛濫摧毀他的城市，跟波賽頓訂下了一筆交易，後者答應會約束大海，條件是米諾斯要獻出他最好的公牛當祭品。然而，當米諾斯國王該履行他的義務時，他決定使出詐欺手段，把那頭高貴又漂亮的白牛留給自己，改用一般的牛獻祭。波賽頓發現自己被騙以後盛怒不已，請阿芙羅黛蒂協助他對米諾斯展開復仇。阿芙羅黛蒂對米諾斯的妻子佩西菲（Pasiphaë）施了魔法，讓她對這頭公牛產生極度的情慾。佩西菲用盡辦法，終於成功地與公牛交合。因為這次結合而產下的那隻居住在迷宮中心的牛頭怪物，需要定期的獻上活人祭品才不作亂，直到被昔修斯在阿麗雅德妮和她那條線的幫助下殺死為止（關於牛頭怪的意象，請參考第三章更為完整的探討）。

自古以來，公牛就被當作一種符號，象徵陽具的威能、生物與生俱來的生殖繁衍能力以及多產的性質。此處，將公牛作為祭品也呈現出一個重要的意象：執行獻祭的人，常常也會希望祭品的能力與性質能轉化到自己身上，成為自己擁有的東西，不論那祭品是人類還是動物。同樣地，如同在第四章提到的，這裡又出現了「食生肉禮」，也就是「食用神的身體」的思維。

昔日每年在克里特島上舉辦的酒神狂歡典禮中，其中有一項儀式，就是將公牛切割分解，然後生吃牠的肉，以向諸如札格瑞斯（Zagreus）、「生食者」戴奧尼索斯（Dinoysius Omadius），或者甚至是宙斯等這些猶如公牛般的神祇致敬，事實上也有人認為，牛頭怪正是這種食生肉禮的象徵；另外，祭奉宙斯的「艾達」神殿建築，也是用公牛的血來強化（註17）。注意，這裡又提到構成波賽頓這個名字其中一個組成環節的「艾達」，而木星朱彼特（也就是宙斯）則是雙魚座的傳統守護行星。另外，隱約埋伏在這種行為與思想背後的，乃是以活人獻祭的遠古「幽靈」，它被後世文明美化成為各種神話，才可以模糊遮掩掉這殘酷的真相，並且把獻祭行動的責任推卸給神話裡的神明與怪物，以逃避那種血淋淋的罪惡感。

像這樣暫時停下腳步，以凱龍在第十二宮與在雙魚座為出發點，來思考上面這些在神話中出現的典型，就能看到「犧牲獻祭」這個主題，在這裡展現出兩種截然不同的形式，南轅北轍，就有如那兩條魚一樣。不論我們準備好了沒，也不論我們願意與否，這個凱龍位置都會要求我們，放下對「個體性」的理解中關於「區別人我」、「孤立隔絕」的部分，進而採取視野更為廣闊的觀點。不過，我們畢竟沒辦法獻出本來就沒有的東西作為祭品，因此在一開始的時候，我們不免發現自己的辛苦努力，就是要取得某種區別並獨立於他人的個體意義。這個星座與宮位，是二元思維的「最後一個崗位」，我們會在這裡獲得許多機會，將我們在「個人的」與「全體的」之間苦苦掙扎的努力與過程獻祭出去；我們會在這裡開始認知到，這兩種觀點能夠在「徹悟的大海」中同時並存。凱龍在雙魚座的人，遇到行運的凱龍與出生凱龍形成四分相的時間點，比凱龍在其他任何星座的人都來得晚，要到大約二十三歲左右。到這個時候，第一次土星週期已經過了大半了；這個週期原本是提供我們各種潛在的機會，讓我們在第一次「凱龍—凱龍」四分相來臨前，能在世界上找到一個屬於自己的穩固「基礎」，或者踩定一個堅定的人生立場；一旦成功做到這點，我們也能更從容地面對出生星盤上與雙魚座有關的主題，它們常常會在這個「凱龍—凱龍」四分相期間突然爆發出來。這個四分相有可能引發我們在如此年輕的時候，就決心走上某條修煉培養靈性的道路，或者全心投入某種靈修的法門；另外，也有可能它帶來的是一段時期的困惑與迷惘，最終促使我們重新調整方向或適應變化。

隨著凱龍位在雙魚座或第十二宮，為自己在世界之中找個特定的基礎與立場的這個過程，或許會讓我們感到非常痛苦，因為最符合我們天性的安身立命之處，其實是在那萬物皆合為一的領域之中。然而，如果不做出這種「犧牲」：放棄對「合一」的渴望、承受「活出自己」的痛苦，我們可能會反而摧毀生命的「外部結構」，一旦如此，由形式固定的物質、由物質組成的現實，由種種土星式的要求與條件所構成的有形世界，對我們來說就會是個辛苦又棘手的麻煩境地。如果對那種不存在分化殊異的一統狀態就是無法忘懷，因而拒絕這個萬物皆有其一定形式與條件的層面，那麼我們的工作、自我規劃、人際關係甚至於就連家庭，都可能會因此而瓦解崩潰、煙消雲散；像這種時候，我們犧牲的其實是我們日常生活這頭「一般的牛」，而不肯割捨那頭「特別的牛」——也就是我們對於「特殊性」這件事，所抱持的那種過於誇張與偏激的看法。我們可能對平凡極為厭惡；於是，儘管這樣做也帶來相應的苦惱，不過或許當我們退到「什麼都有可能，但什麼也都還不是」的地方時，反而會感到某種舒適與安心。這麼一來，我們便在事物的形式還來不及有機會成為具體、固定的現實以前，就已經將它犧牲掉了。這種在某個意義上，「不想讓靈魂成為肉身」的感覺，對許多凱龍在雙魚座或第十二宮的人可說相當熟悉。電影「X情人」（譯註三十二）裡，我們可以看到主角從他所居住的天使領域，真的做出讓我們為之屏氣心跳的縱身一躍，只求能夠成為人類的一分子，因為他愛上了我們其中一位。

於是，對凱龍在雙魚座或第十二宮的人來說，第一個要做出的犧牲，會有如行一場「食生肉禮」：為了取得某種意義的、獨立而特殊的個體性，也為了取得進入具體人生的力量，我們需要讓自己「吃下公牛」，以彰顯存在於我們內在，那種原始的、陽性器官崇拜的力量。這意味著，或許我們會首度見識到自己的自私唯我、自己意志的強盛與堅定的決心，以及當我們遭

譯註三十二　City of Angels，「X情人」是這部電影在台灣的譯名。是一部一九九八年發行的作品，構想脫胎自前面曾經提到的「慾望之翼」（Wings of Desires），改以浪漫愛情的主題呈現。

遇反對與阻礙時，用極其巧妙的手段所施展出來的破壞行動。不論凱龍落在哪個星座或宮位，都會帶領我們認識它們原始的陰暗面；雖然這一次我們所來到的陰暗地帶，乍看之下確實極為陌生，與我們所習慣的雙魚座刻板印象相差甚遠。凱龍在雙魚座或第十二宮的我們，對於周圍那些對自己的獨特性有著堅定看法的人，可能會打從心底感到羨慕與嫉妒，就像波賽頓垂涎覬覦他兄弟們繼承的實體國度一樣。這時候我們的反應方式，可能是對著我們內心嫉妒的人，掀起一波波陰晴不定的心情脾氣，以及虛假閃躲的情緒互動，這種種所構成的巨大「洪水」，目的在於藉此消磨掉對方的「城牆」；而其實，也是在他們的身上，我們投射了自己潛在但尚未顯現出來，那種令我有別於他人、令我成為獨立個體的自我認同形象。繼續下去，我們與他人的關係將會發展出某種複雜與糾結的性質，因為我們總在設法用一點一滴、日積月累的「同化」方式，來將對方的個體性納為自己所有；畢竟，凱龍在這個位置的我們，對個人版圖的爭取可是明目張膽到稀有的程度。

說來奇怪，罪惡感可能會在我們對自己個體性的確立時一併出現。對於凱龍在雙魚座或第十二宮的我們來說，在長成一個超越那個「只會依附於父母的小孩」角色，過程中因此而生的忿怒感受是很難去處理的情緒。話說依照古希臘的禮俗，凡是蓄意謀殺近親的人，必須接受社群全體用石頭攻擊，然後進行一種儀式性的死刑：他會被當成可以淨化或者「解救」邪魔之禍的**祭品**，被逐出城邦的文明生活之外。或許我們的內心會瀰漫著自我譴責以及毫無價值的感覺；這類感覺常常是根源於一些受到壓抑的忿怒。如果發展到極端，我們可能會過度認同孤獨的局外人、團體的代罪羔羊、被放逐的人，或者是身負罪孽的**祭品**等這些形象。

延續之前的比喻，我們面對的第二個「犧牲」，乃是將我們「積極主動的能量及創新能力」的這頭牛，**視為神聖之物**，將它奉獻出來。如此一來，我們不再只是以本能的、不受意識引導的能量，去展現出那種「愛的力量」；而是說我們被「愛的力量」灌注充滿，使得我們願意為了全體的利益，貢獻出自己特有的天賦、生產力以及自我表達力。這種有意識、自主決定的獻出自我，非但不會割裂我們的個體性，反而更能夠實現它。然而，要是我們在這件事情上欺騙了或者侮逆了波賽頓，凱龍在這個位置的另一個主題就會現身，那就是無法實現與滿足的渴望。我們可能會對一位「無法得到」的對象全心全意的著迷，對方可能是電影明星，是書本裡頭一個讓我們暗自啜泣的虛構角色，或者是別人的丈夫或妻子。就好像是米諾斯國王喜愛的那頭特別的白牛，這樣的一個對象是在他（或她）身上實際體現出「個體性」富有的能量威力、自尊自信，以及慾望本能的一個人。然而，就算這麼說也不為過，不論對象是誰，我們這種熱情與渴望帶來的後果適足以「肢解」我們；如此一來，在愛之女神阿芙蘿黛蒂的協助之下（金星在雙魚座時得利），「犧牲」也就獲得應驗。話雖如此，這些讓我們痛苦不已的熱情與渴望，也像身處自己迷宮中的牛頭怪一樣，能夠化身為讓心胸可以對著他人的苦痛敞開的途徑。

凱龍在雙魚座或第十二宮的我們，有辦法把自己想像世界裡的人生，感受成跟真的一樣，尤其是在我們還未成年以前。起初，當我們依然欠缺足夠的處女座式的辨視能力，未能區別並且劃分不同層次的現實的時候，很容易就會感到困惑、混亂，或者因此陷入疏離與孤獨。不過，有辦法興風作浪的波賽頓，也有辦法製造乾旱；於是，有些凱龍在這個位置的人，他們的發展是往反方向去，呈現出一些帶有處女座色彩、讓人感到不安與不適的特質，譬如對一切都抱持懷疑不信任的偏激心態、過度講究實用與理性，而且同時還會呈現出與這些特質相應的性格傾向：極度的刻板僵硬，不知變通也不願放寬標準。這樣的我們，會打從心裡害怕那種任由他人或外界處置，以及「自己」崩消瓦解的感覺，所以會逐漸強化處女座式的邊界設定、心智精神上的分歧隔閡，以及情緒掌控的嘗試。同樣地，這也會導致痛苦與煩惱，因為我們心中那種希望體驗與全人類融合為一的需求，將會一直難以滿足，於是我們會用一種「隔靴搔癢」的方式，假借接觸神祕學、藥物毒品，或者從事其他帶有雙魚座色彩活動的朋友，來為我們滿足這種需求。

凱龍在第十二宮或雙魚座，有時是表示我們可能會需要犧牲那種想要拯救他人的內在衝動。波賽頓的王國是在海面之下，也就是說我們自己的傷痛將會一直不為人所見——如果我們將注意力全都放在外面世界的傷痛的話。一旦如此，我們很容易就會為了他人，而犧牲自身的健康或福祉，具體的呈現可能是從事志工活動、進入看護類型的工作領域，或者是從事與監獄有關的職業。如果我們對人類全體的關懷與憂心，受到某種將自身排除在外的二元觀點的強化，將使得我們在不知不覺中，粗魯地對待我們自身的需求；此時，那種「我必須做點事情來改善某個問題」的內心驅策，就有可能反而是令我們倒下的原因。在雙魚座或第十二宮的凱龍，會要求我們先把苦痛當作本來就是構成生命本身的一部分來接受，不要太想把它拿來扛下承擔，或者不要把自己等同於有如基督一般的人物，為他人承受痛苦以提供救贖。一旦如此，我們想成為的其實是犧牲者、是祭品；那麼我們的命運，就確定是要去背負缺乏原因或者缺乏正當性的苦痛重擔了。如果我們真的對「無辜受難」這件事所蘊含的救贖力量是如此深信不移，而不去考慮別的替代作法，我們就會反覆捲入那些註定將產生更多痛苦的情境之中。因此，儘管我們生命的意義，可能與我們經歷過的苦難經驗脫不了關係，這個位置的凱龍卻請求我們，將兩者之間的感受連結作為祭品獻給它。少了這份我們瞭若指掌，既熟悉又親密的痛苦——沒有了這位忠心的朋友、一直陪在身邊的伙伴，我們會過得怎麼樣呢？雙魚座或第十二宮的凱龍，會邀請我們體驗一種狀態，在這樣的狀態裡，我們不去否認苦難傷痛，但是也不必去用那些註定會加重它們嚴重程度的方式來回應它們。

如果你的凱龍在雙魚座或第十二宮，你或許會出於自我防衛，而從事某種形式的專業療癒工作。很有可能，你會容易吸引到那些需要得到安慰、同情、支持，並且不斷對你提出要求，要你對他們付出時間精力的人。我認識幾個凱龍在這個位置的人，他們處理這種情況的方法，就是決定既然躲不了，那就順著它前進。於是他們用一種非常帶有處女座與第六宮色彩的方式：強烈的範圍與界線劃分，以及具體而特定的技巧，就這樣直接透過他們在從事專業工作時的所做所為來進行調適。既然他們沒有辦法遏阻生命的浪潮，他們決定將這浪潮好好地整理組織，如此一來就可以從中獲利。如果你的凱龍在這個位置，適量、明智，並且以理性與智慧為依歸的自利心，對你來說會非常有用。這利益非但僅為自己，也是為了他人，而堅守事物當有的形式架框與結構組織，對於這個凱龍位置所會陷入的兩難困境來說，有時候會是另闢途徑的解決之法。另一方面，凱龍在雙魚座或第十二宮的你，也會需要一些能為你帶來各種啟發的獨處時間，雖然說剛開始你對於與人隔絕會感到抗拒與恐懼；三不五時，你那高於其他人的敏感度，會使你覺得快被自己的感受給淹沒，所以你需要一些時間來閉關休養。此外，能夠培養清徹思考與敏銳洞察力的種種精神與心靈方面的修煉，以及學會讓你感受力強大的感性有所保留，也都可以為你帶來助益。

凱龍在雙魚座或第十二宮的我們，或許會發現自己難以忍受「分離」；結果，我們可能會慢慢侵蝕掉配偶或子女追求人生的意圖，或者我們會要求他們做出犧牲。我們不會做出情感勒索的行為；當我們所愛之人與我們太過「分離」，我們可能會難受到生病，甚至威脅要自殺。我們擅於攪動他人情緒的湖水，我們就是能夠觸怒周遭的人，然後又從頭到尾保持一種曖昧不明的無辜模樣。有位男士，雙親的凱龍都在雙魚座，每當他想要做一件不在他們期待以內的事，就得遭遇一次這種戲碼。在他奮力主張自己的辛苦過程中，「你知不知道這樣做會讓你爸爸多傷心」（或者媽媽，端看說話的人是誰）的句子總是常伴他耳邊。

凱龍若是在雙魚座或第十二宮，我們可能會身懷某種與「哀痛悲傷」有關的深層創傷。或許是我們習慣性地感到某種「存在主義的悲傷」，常為了看不出來是什麼的原因哭泣；或者我們會為了他人感受的痛苦而哀傷，即便那有可能只是我們的想像，當事人自己根本不覺得痛苦。有時候，我們的感覺感受，更像是「存在主義式的」，而不只是「個人的」，因為我們哀悼的對象，就是那一去不返的、最原初的至福極樂與人我同一，那是當心理一旦開始成熟發展時，就會一併失去的東西。此外，由於悲痛受到壓抑或者哀傷沒有得到完整表達，因而產生的特殊創傷，常常可以在凱龍在雙魚座或第十二宮的人身上看到；因為，只要我們會悲痛與哀悼，就意味著我們在一邊繼續往前走的同時，也承認了死亡、二元與分離。另一方面，凱龍在這個位置，也可能代表當我們首次感受到深切的哀傷時，這個經驗會解開我們內在世界的鎖鑰，將我們送上發現自己的旅程；「二元性」的幻象，有機會在這趟旅程的最後破解消失，屆時我們便會發現，原來自己已經身處在那個渴望來到的所在——對於「生命」來說，我們不再是流亡者或異鄉人了。

凱龍在雙魚座或第十二宮的我們，可能會對他人懷有深切而強烈的同情與憐憫，而有時候我們辛勤努力的目標，就在於建立一個合適的管道，能把這種仁愛慈悲的情感，順利傳達給別人。這個凱龍位置帶給我們的禮賜，是一種可以令其他人也能感受到「一切生命的融合與同一」的能力；畢竟，跟親近的人事物（然而，它們偶爾也是難以捉摸、稍縱即逝的人事物）彼此分離的感覺，我們實在是再了解也不過了。佛家所談的「悟解空相的智慧」，是一種能夠治療凱龍在雙魚座所帶來的「傷」的意識狀態：正因為對於某項事物不斷進行細緻微小的分析，只會挖掘出越來越多的虛空，以及促使事物的形式架構越來越鬆動模糊，所以最終我們該做的或許是退出這場追尋個人層次自我觀感的探索，改將我們安全感的基礎置放在生命整體的神祕進程上。

音樂，它對著我們的情感與感受說話，並且直接說出我們對合一、對愛，還有對救贖的渴望。在幾位著名的作曲家和音樂家身上，都能看到這個凱龍位置。耶胡迪・曼紐因（Yehudi Menuhin）的凱龍在雙魚座、第二宮；在他凱龍回歸的期間，不論是就個人本身還是就音樂方面，他都對東方思想進行了一番廣泛的涉獵。艾拉・費茲傑羅（Ella Fitzgerald）、比莉・哈樂黛（Billy Holiday）、瑪哈莉亞・傑克森（Mahalia Jackson），以及穆迪・瓦特斯（Muddy Waters），這些歌手全都擁有雙魚座的凱龍；延續這個脈絡來談，「藍調音樂」所呈現的，正是許多細節妙處各有巧妙不同的悲傷、痛苦、渴望以及得不到回應的愛。理查・華格納（Richard Wagner）的凱龍在雙魚座、第十一宮，與雙子座的太陽形成四分相，並且與同樣是雙子座的上升點可能也有四分相，此外還與身為星圖焦點之一，獅子座、第四宮的木星構成十二分之五相。追尋救贖之愛是他歌劇的中心主題；無論是他自己的人生還是他的藝術世界，「女性是救牘者」的想法，也就是願意為愛犧牲一切的女性角色，完全佔據著他的思想。事實上，他確實成功地讓他的妻子、情婦、同事、朋友，為他本人以及他想完成的理想抱負，做出巨大的犧牲；不論在情感方面還是經濟方面，他都絲毫不感到羞愧地取用他們的支持，對於凱龍在第十一宮來說是多麼有趣的一種呈現！獅子座、第四宮的木星與凱龍之間的十二分之五相，說明了他在音樂裡對極端情緒所做的誇張與戲劇化處理；凱龍在雙魚座則指出他的音樂對深層潛意識的催眠與呼喚效果。悲慘的故事情節以及沒有辦法得到回報的愛，是華格納作品的特徵，而這類主題也常常在凱龍位於雙魚座或第十二宮的人的生命中出現，因為「普世之愛」或者「原型層次般的愛」這種近乎完美的理想，可能會因為切中他們的天性，以致無法與他們比較個人層次、對於私人自我之「愛」的感受相處融洽，於是迭起衝突。

作為「十二」循環的最後一個星座與宮位，雙魚座與第十二宮象徵的重大事件，與其說是與個人有關，不如說是更涉及全體與更具有普遍性的。每當凱龍行運經過雙魚座，我們便可預期，將會見到相關的主題於世界舞台上演出，這點可說是屢試不爽。晚近以來，凱龍每一次行運通過雙魚座，人類都會經歷類似以像黑人權利（或其他受社會大眾厭迫的群體的權利）這類議題，作為焦點的重大戰爭。種族歧視與侵害人權的主張及行為，會強烈激起我們的忿怒、恐懼、傷心與內疚等情緒，會令人與人互相對立，這是背離我們「人皆同一」的觀感中最惡劣直接的展現，因此也成為雙魚座凱龍的「傷」在集體層次上的代表示例。十九世紀時，凱龍位在雙魚座的時間是從一八六一到一八六九年；美國南北戰爭最激烈的時候就是在這段期間。戰爭的起因，是取消奴隸制這個爭議問題，受到南方各州的堅決反對，它們不願放棄奴隸制帶來的特殊利益。儘管一八六六年時，林肯的「民權法」技術性地解放了黑奴，卻只維持很短的時間。

自一九一〇至一九一八年間，凱龍又一次進入雙魚座。這次發生的是「永遠改變歐洲面貌」的第一次世界大戰。戰爭期間，侵略以及反侵略行動，令各國的疆域有了劇烈的改變。數以萬計的人，被首度用於戰場中的毒氣攻擊，終身背負生理機能的障礙。同一時間，是英國爭取女性普選權的運動人士最為活躍的時期。侵入、氣體以及群眾的苦難，全都是海王星典型的主題中與雙魚座的凱龍符合一致者；而戰爭的殺戮，以及為那些與公牛有關的神舉行的血腥儀式之間，則有一種令人發寒的相似性。儀式裡是將男性陽具的力量用象徵性的祭品獻祭；戰爭做的是同一件事，唯獨那不再是一種象徵。最接近我們的凱龍行運經過雙魚座（一九六〇至一九六九年），世人是在越南戰爭中目睹史上最激烈的一段游擊戰。無數的年輕人在其中失去生命，或失去肢體的完整；他們回到家國以後，有人因為對一切事物都失去了美好憧憬而了無生氣，或者甚至染上了嚴重的毒癮；另有一些人則是無聲無息地消失，不留下一絲蹤影。請注意，這裡同樣出現了雙魚座的主題：看不見的敵人、欺騙、犧牲、幻想的破滅、藥毒癮。同一時間在美國，「愛與和平」的運動開始活躍，攜手出現的則是藉由吸毒的幻覺獲得靈感而創作的音樂；群眾集體幻滅，讓以前人們口中的「美國夢」變成了「美國惡夢」。

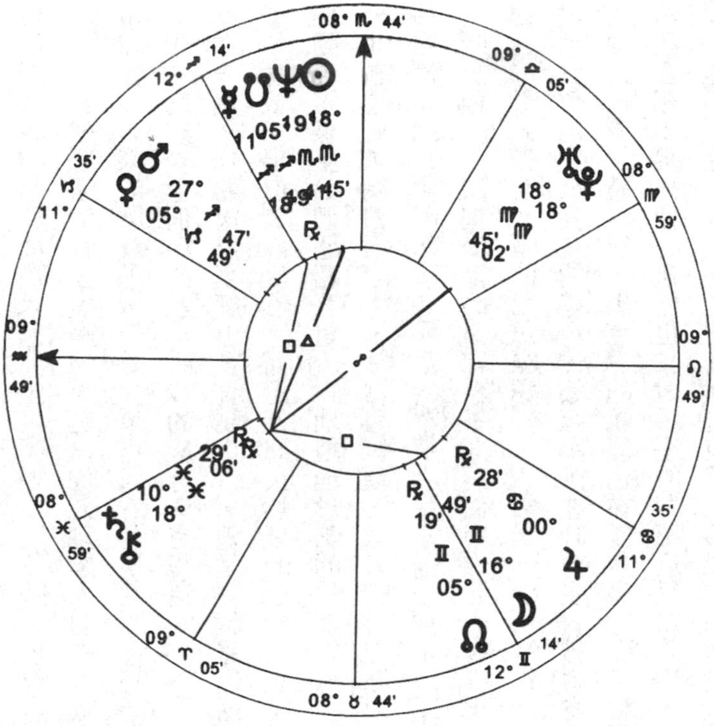

圖四　羅德西亞片面宣布獨立之日

羅德西亞在一九六五年時「片面獨立」，並且拒絕賦予其黑人人民所要求的投票選舉權。聯合國隨即反制，宣布羅德西亞為「非法國家」，對它施以越來越嚴肅的經濟制裁。最後，經過了為期十五年，一場奇特但顯然充滿雙魚座特徵的戰爭後，羅德西亞終於改換重整為辛巴威。在羅德西亞宣布片面獨立日的星圖，凱龍與土星合相於雙魚座、第二宮；凱龍與土星的合相暗示了孤立，也象徵在游擊戰下受到一點一滴、令人難以察覺的侵蝕（凱龍在雙魚座）；至於凱龍在第二宮，在這裡則代表因為缺乏物質資源以及深植人心的核心價值，而承受的苦難與折磨。

同樣對應凱龍在雙魚座的，是一位鼓舞黑人向白人政府宣戰的民間英雄，她本身就是這場爭取自由大業的第一名犧牲者。這位黑人女性名叫蕾杭達（Nehanda），於十九世紀末遭到政府處死。她在步上刑場前說：「我的屍骨會有復活的一日。」據說，從那一天起，她的靈魂就附身在一代一代的靈媒巫師上，直到今日。她是守護這個國家這個民族的幽靈；她為了自己的孩子，忿恨不平但大義凜然，而這個怒火燃燒的面向，也是屬於母親的一個原型形象。這場戰爭期間，靈媒巫師們憑藉著對於在地地理形勢的熟練知識，為游擊軍提供了非常實用的協助；此外，在他們求問祖靈之下，常常可以預知敵人的所在地或者其他重要的資訊，而引導游擊隊指揮官們做出正確的決定（註18）。而為了躲避所謂「禁止散播馬克思主義意識型態」的審查機制，當時那種彼此深刻交織的、綜合不同層面與次元的多重現實，是借由代碼所寫成的歌來傳達。傳達的形式帶有典型的雙魚座色彩——透過「彭威舞會」（pungwe）：一個持續整晚不間斷，盡情歡樂地狂歌狂舞的盛會。靈媒巫師在晚會上會被附身，鼓舞人們將靈魂奉獻給解放與自由的政治大業。請注意，馬克思的凱龍也在雙魚座，而且和羅德西亞片面宣布獨立日的星圖上的凱龍合相！另外他的凱龍也和射手座的海王星呈四分相，然後合相於辛巴威成立日的星圖上的射手座海王星！在這段歷史裡，馬克思主義以一種深具凱龍色彩的方式被人們引用：它成為一套為他們帶來政治轉型的思想，這之外的其他層面，則由靈媒巫師為他們補足。

在羅德西亞片面宣布獨立日的星圖上，凱龍、天王星、冥王星以及太陽，全部都位在自己落入的星座的第18度與19度之間，於是形成了一連串的正相位。此外，太陽與海王星形成不到1度的入相位合相。全部這些緊密的相位，再加上包括凱龍在內的外行星，共同標示出這一天是對全體人民都具有深遠意義的一刻，其重要性甚至超越了這個國家政府本身的命運。最終在一九八〇年，羅德西亞轉型為辛巴威。儘管剛開始的時候，這個新國家的確出現了一些正面的建設與發展，但依然在不久後掉進悲慘深淵，接連遭受飢荒、疫疾以及經濟崩潰的摧殘。羅伯特·穆加比（Robert Mugabe），從獨立以來就擔任總統至今的他，出生星圖上雙魚座的天王星，合相於羅德西亞片面獨立日星圖上的凱龍；確實，他的執政內容經歷了一次激進的，而且讓人意想不到的急轉直下：強烈投向壓迫與專制獨裁的統治。他的海王星，位在那個在片面獨立日星圖上顯得如此亮眼的關鍵的第19度，不過是落入獅子座。果真，他的確是那位人們曾經寄予厚望的領導人，然而一切卻以海王星的風格悲慘地事與願違。有趣的是，有些人將穆加比所呈現出的那種喪失理智的瘋狂性質，歸因於他不願意為發生於一九八〇年代早期的某次大屠殺案件負起責任；而另一個令他發狂的原因，則是在戰爭中喪命，那許許多多無法安息的亡靈所致。依照傳統的紹納文化（譯註三十三），年紀最長的孩子，有責任要為了所有死在異鄉之人執行某些特殊儀式，好帶他們的靈魂回家。因此，戰爭之後，靈媒巫師莫不辛勤的工作，努力為人們帶來穿越各個層面與次元之間的療癒；他們很擔心會來不及避免從靈的領域（astral plane）流洩而來的災禍〔註19〕。他們請願懇求穆加比，甚至登上了國際媒體，但是都沒有效用〔註20〕。

馬丁·路德·金恩率領的民權運動如日中天的時候，凱龍便是行運至雙魚座。凱龍在金恩的星圖中佔據突出的地位；許多人相信，他的死亡甚至比他活著的時候，更加激起舉國上下對黑人平權問題的歉疚感（請參考凱龍與海王星有相位的章節，認識更多關於金恩星圖的細節）。金恩與約翰·甘迺迪（John F. Kennedy）總統一樣，生涯高峰期都是凱龍行運位在雙魚座的時候，他們都以典型海王星的方式激勵全國人民：訴諸人們對理想的憧憬，以及對於擁有超凡魅力的領導者的渴望。他們都將凱龍在雙魚座的「時代精神」，做了最具體的實現；就好像是星座意象裡的那兩隻魚。在約翰·甘迺迪的星圖裡，凱龍位於雙魚座的最後1度；而他的遇刺身亡也標示著一個時代的結束。後人在回顧約翰·甘迺迪的一生時，糾出了他與黑道的交往，與瑪莉蓮·夢露的私下關係，以及據傳與後者的意外死亡有關，讓他的名聲多少有些蒙塵。一如前例，第十二宮、雙魚座、海王星，事情的真相或許跟它表面上看起來的大不相同。

正要來臨的凱龍行運進入雙魚座（二〇一〇年四月至二〇一九年二月）〔譯註三十四〕，將與一九六〇年代出生的這一世代人的凱龍回歸期間重疊。它將引領即將到來的、將會在歷史饒富意義的時期，而關於這段時期的種種推測與思考，為數相當豐富，傳播也十分廣泛，我將在第四部中加以介紹。歐巴馬總統是這個出生世代的人之一，他的凱龍就在雙魚座、第一宮。目前的他，身上已經背負由群眾所投射的醫者、拯救者形象，並且期待他能夠將此形象具體實現（第一宮）。在前一陣子出版的自傳性質的著作中，他以一種觸動人心的誠實不欺，承認自己的困惑迷惘以及心中的天人交戰（凱龍在雙魚座、第一宮）。他對世界的貢獻是如何與先前這些凱龍經過雙魚座的行運相關相繫，檢視起來一定很有趣。事實上，他就是騎在由民眾的期待與夢想所聚集堆積而成的大浪頂峰，登上白宮寶座。而那些將在他凱龍開始回歸的前後（二〇一一至二〇一二年）發生的事件，會為一九六〇年代當時出現的事件或關注焦點，帶來一次非常有意思的回顧反省。對於那些年紀夠大，還記得前一次凱龍行運經過雙魚座（一九六〇至一九六八年），期間發生的種種事件的人來說，這次行運代表的是那些事件本身的凱龍回歸，於是也代表了一個機會，再一次埋首於昔日的那些集體夢想之中——不過，是帶著後見之明的智慧。隨著凱龍在雙魚座，我們需要知道與接受的就是：雖然美夢也有轉變為惡夢的可能，然而放棄做夢也會危及我們的靈魂。是的，到了最後還是這個道理：這就是我們的「兩條魚」。

譯註三十三　Shona，主要便是分布在辛巴威境內，而且佔全國人口數的八成。

譯註三十四　本書本次改版完成於二〇〇九年。

原文註

註1 引自作者與他的私人通訊，1986年6月。

註2 參見Frank Lake, *Studies in Constricted Confusion: Exploration of a Pre and Peri-natal Paradigm*，於該著作中所討論的「胎兒治療師」的驚人例子。

註3 Werner Heisenberg, *Physics and Beyond*, Allen and Unwin, 1971.

註4 參見Ken Wilbur與Stanislav Grof的著作。

註5 「隱藏的」這個用語，是由霍華．薩司波塔斯在他的著作《占星十二宮位研究》中首創。

註6 Rudhyar, *The Astrological Houses*, p.70.

註7 Marion Woodman, *Addiction to Perfection*, P.111.

註8 參見*Embracing the Beloved*，由Stephen Levine與Ondrea Levine所著。

註9 Aeschylus, *The Oresteia*, Robert Fagles譯，pp.266-77。

註10 引自作者與他的私人通訊，2006年。

註11 參見Stephen Levine, *A Year to Live*.

註12 Van der Post, *Heart of the Hunter*, p.13.

註13 Martin Luther King, *Strength to Love*, p.5.

註14 Jung, *Aion, Collected Works*, Vol.9, pp.72ff, 91, 111, 145.

註15 Liz Greene, *The Astrology of Fate*, pp.257-66.

註16 Jung, *Psychology and Alchemy, Collected Works*, Vol.12, p.318.

註17 Jane Harrison, *Prolegomena to the Study of Greek Religion*, p.481.

註18 David Lan, *Guns and Rain: Guerrillas and Spirit Mediums in Zimbabwe*.

註19 根據作者與已故的Basil Chidyamatamba的私下通訊。Basil Chidyamatamba是辛巴威國民藝術委員會的口述歷史家以及田野工作者。

註20 英國廣播公司電視記錄片，發行於1980年代晚期（日期與標題已無記錄）。

【第七章】

凱龍的相位

內行星

傳統上，從太陽以至於火星的這些行星，分別代表個人生活中不同的領域，而木星與土星則將我們連結到社會：木星象徵我們對於「擴展」的渴望，此外還有我們在思想境界上以及社會公眾之中，想要達到的理想與志向；土星則是關係到形式框架與結構組織的問題、目標與成就、以及我們個人的生活是以何種方式嵌合於社會之中。第一章曾經提到古時那種薩滿式的「地圖」，這從前面數來頭七個行星，就代表著裡面的「中間界」，會受時間與空間法則的拘束。不過，每一個可見行星（譯註一）同時也都有它本身精神性的、或者代表著某些原型的層次；而它們的性質，就如同它們名字來源的神或女神一樣。譬如，金星在個人的層次上，代表的是「令我們心動、興奮」，也就是吸引我們、帶給我們「快樂」的事物；當它來到更深刻的層次時，代表的是我們看重珍視、認為有價值的事物。在我們把自己弄得更漂亮、吸引他人、以及藉此豐富我們的生活等諸如此類的本能背後，我們可以看到阿芙蘿黛蒂她那驚人的身影，主管我們這場愛的旅程，其中當然也免不了支配著我們，在我們覺得失去了摯愛，或者被愛慕的人拒絕的時候，會做出什麼樣的反應。

在占星學上，有許多不同的方式可以供我們思量：「對我而言行星是什麼？」對有些人來說，（占星學的）行星是活生生的神祇，那些實際由物質構成的星球，僅僅是祂們在太空裡的「記號」；另外一些人，認為行星代表了一些運作不輟的神聖原則，或者將它們視為種種榮格意義下的原型；還有一些人，認為追根究底來說，行星是一些以別種形式顯現的「振動頻率」，這些頻率在某個微妙而難以察覺的層次裡對人們起著作用。無論我們如何「定義」行星，真正擁有智慧的切入法門，一定不可避免的是，將行星與我們的關係當作活生生的生命內容，而對這種相互關係有所自覺與認識。

英文中「相位」（aspect）這個字，來自拉丁文的*aspectus*，拉丁原意是「去看、所看的範圍或內容、洞察的能力，以及被看見的能力」〔註1〕。從太陽向外直到土星，當凱龍與當中任何一個行星形成相位時，凱龍帶有的原則觀念，就有可能為心靈揭開某種盲點——那些我們為他

譯註一　也就是現在正在討論的這七個占星學上的行星：從太陽開始，扣掉地球，算進月亮，再往外算到土星。

人而做，但卻無法為自己而做的事，或者是我們戴著有色眼鏡在看東西的事實。除此之外，每個行星特有的那些超越個人層次的經驗，也會在它們與凱龍的相位上向我們展露，為我們帶來靈感與創造力、啟發與鼓舞，還有與眾不同的創見或創舉；不過，它們或許也會帶來擔憂、恐懼、危機以及痛苦，因為我們將會正面遭遇那些阻礙我們與更深層的自己順利接軌的事物。面對這類經驗，我們有許許多多、各式各樣的回應方式，從全面抵制它們帶來的任何作用，到完全將自己交由它們處置都是一種「辦法」。凱龍「碰觸」到我們的地方，就是我們受到傷害，同時也是我們有能力去造成傷害的地方；在這裡，我們有能力提供療癒給他人或自己，並且也同樣自然而然就會有遇見超越個人層次的經驗的機會，不論那些經驗是來自「諸重天」或者來自「諸重陰間」。

外行星

在星盤上，凱龍與外行星形成相位透露了這樣的可能性：我們會在某個時間點撞見該外行星所代表的超個人領域；通常，那會是在凱龍的盤面配置內容，被某次重大的行運觸發啟動的時候。屆時威力強大的外在事件或內在體驗，會突然之間向我們襲來；它們深深觸動我們、讓我們在原本的軌道上停下腳步，我們因此有了新的啟發，於是暫時地出現改變——換句話說，這時候的我們，就像進入了另一個面向或次元的現實。然而，這些領域是沒有時間因素、不受時間影響的。儘管它們會透過夢境、心神處於矇矓狀態的途徑，或者是在我們變換既有認知模式的期間，來向我們展現；依舊，相關的經驗與感受，需要耗費一定的時間，才能被我們整合吸收。凱龍與半人馬族，代表的是一種富有彈性的意識模式，它能幫助我們統合帶來強烈刺激的感受和經驗，也能協助我們從中找到有如一條「阿麗雅德妮之線」般的「意義」，引領我們走出由那些過去尚未察覺到的苦難所構成的迷宮，來到宛如新生般的清楚明晰。我們已經知道，凱龍運行時會經過土星公轉的路線，因此代表了一個不停前進的過程；在這個過程中，隨著我們的意識得到了擴展，原本那些構成我們比較偏狹黑暗的「自我」的組織結構，會漸漸轉變成比較光明、輕鬆，不再那麼地偏頗狹隘。不論處於什麼階段，我們越是能放手，我們背負的苦痛感覺起來就越是輕薄。

前面提到的「薩滿地圖」，替這種不同層次的現實互相交織的情況，提供了一個非常實用的整體脈絡。除了由外行星象徵的群體議題，地圖裡的資訊也描述出由內在的、主觀的經驗與感受，所構成的地形地貌；而且它們並不只限於屬於個人層次，還包括**超越個人的層次**——來到這裡，也就觸及了存在於內在生命中的普遍主題。不過，觸動這樣的主題，常常是以將那些極端的苦痛一併釋放為前提：可以追溯至我們還在牙牙學語階段以前，就已經承受的苦痛。我且援引傑克・康菲爾德（Jack Kornfield）給自己的大作所取的書名《悟道以後，更多俗務》

（*After Enlightenment, More Laundry*），來說明凱龍所提供的覺知是在幫助我們理解：「悟道」與「俗務」其實是同一個過程的兩個面向，而這個過程不是別的，正是我們的靈魂於生活與生命中開展的進程。

我們可以將天王星視為「天上的地圖師」，象徵潛伏在我們身上，能直接認識到「神聖秩序」的直觀能力。如果連個類似的地圖都沒有，我們就有可能在內在的荒野中迷途。然而，總的來說，我們對內在世界的理解，將會透過我們對內在旅程本身的感受與體驗而逐漸成長進化。地圖跟實際的地形地貌當然不能劃上等號，因為天王星明知可能失真，也寧可要與深切濃烈的情緒經驗，在心智上保持一段安全距離；儘管如此，天王星依舊能提供觀點與理解。在這樣的意義上，占星學就是一門天王星的學問，是一幅標示著靈魂之旅、年代悠久又極為精緻的地圖；許久以來，即使傳入許多不同的文化，這幅地圖都沒有失去它的準確度。另外，天王星也象徵這些事物：意外地、突然地進入一段具有「開始」意義的發展過程；與日常生活的世界決裂斷絕；一段「外於社會」的時間，以及如果在這段時間我們一併獲得了心智方面的啟迪，天王星也代表了這種啟迪的性質與特色。然而，天王星的「份量」如果太多，會導致我們被不必要的洞見與過於遙遠的眼光所困，失去在現實中的立基之地，猶如被束縛於火輪之上的伊克西翁，無休無止地在天上滾動，脫離人世生活：我們可能認為自己已經通曉最重要的道理，但是手上卻沒有能令我們的遠見成真的資源。我們或許對自己的星盤有所認識，然而這些認識必須有具體的落腳之處，必須運用智慧將它們連繫到我們生命的發展歷程。

海王星以它關於「融合於一」的深刻感受，關於救贖苦難，關於極樂至福，關於神聖而包容一切的「愛」，以及與宇宙其他生命的交流相通，因而象徵的是神聖美好的諸重天。海王星讓如癡如狂的喜樂體驗開始瀰漫滲透，直到無處不在，而我們也陷入狂歡狂喜，失去對自己的掌握，融化於感受的海洋之中。這時，顯而易見的危險就是我們會「不想要回去」，就算我們回去了，也會覺得困惑、混亂以及失落；形式框架彼此區別的有形世界，那嚴格而無情的分際與界線，是如此令我們心生害怕，或許會讓我們開始渴望完全抽離這個世界。

流溢自生命之樹，並且匯集於樹下的原初之水，是一切生命的誕生之處。那是無形無體、不受限制的水；是在自然一切之中流通循環的精華之海。這些水是一切存在的開始與結束，是永遠流動的母體，滋養與維持著生命。至於不斷流出如乳一般的黃金樹液，那一棵「世界之樹」，它代表的是「絕對的真實」，是回到原初的所在與中心，是帶來療癒的智慧的根源〔註2〕。

冥王星代表的是諸重陰間，這裡是供養世界樹的根本的所在。塔爾塔拉斯，在古希臘傳說裡，是地底世界最深層的區域；「塔爾塔拉斯：Tartarus」，跟「陸龜：Tortoise」這個字，來自同樣的字根；而在古印度神話裡，據說大地是由毗濕奴（譯註二）化身而成的烏龜作為支撐。跟這個象徵一樣，我們或許必須下降至塔爾塔拉斯，才能讓我們新生命的樹根扎得夠深、夠牢固。在地底世界裡，我們可能有機會與自己的祖先們會面：也就是說從心靈層面上來看，我們會在這裡看見自己特有的心靈結構，以及它與我們更古早的列祖列宗和目前家庭成員的根源關係，然後慢慢地習慣正面與它們相對，繼而能夠認識、理解它們。薩滿巫師會遇到各式各樣、形形色色的邪惡魔鬼或專事破壞的惡靈，而我們可以將這些魔怪視為是我們未曾意識到的忿怒、忌妒、貪婪、權力慾，諸如此類東西的擬人化。然而，若是來到某個超越個人的層級，這些屬於地底世界的經驗與感受，能給我們特別可怕，而又陌生與異質的感覺；畢竟，生氣忿怒的形象、或者明顯帶有毀滅破壞性質的人物，就連一個也登不上猶太、基督教傳統的神祇廟堂。藏傳佛教中的唐卡（譯註三），或者如朵馬、大威德金剛（譯註四）之類的神像畫，抑或是印度教的卡莉（譯註五），就是這類形象的範例。這些「怒神」的形象，以及密宗那些從藏傳佛教及印度教承襲而來的性交肖像，為冥王星的典型經驗提供了一個超越個人層次的背景脈絡，有助於我們轉化及整合這些相關能量。要藉由上面提到的這些肖像進行自主修煉，一定要有導師隨同。無論如何，它們本身就能提供我們一些強而有力的想法，而且直接對著我們的靈魂訴說，無論我們是否理解它們在自身文化中的意義。

從偏狹而自私的自我觀點來看，任何會威脅到我們「舒適圈」的東西，就會被我們當作

「敵人」，不過更進一步探究我們就會發現，自己這種排山倒海的恐懼，起源只不過是過去遭到我們忽視的悲痛、脆弱或絕望這類的感受，所剩下的殘留遺跡，而我們的害怕，則是它們試著要擠到我們的意識表面來，讓我們察覺到它們的存在。即使是正面的潛在能量，一旦與我們負面的自我姿態起了衝突，因為我們或許沒有能力去正視與承認前者的優越，於是它看起來也會像是「敵人」一樣。在外行星的領域裡，事情常常不是表面上看起來的樣子。逐漸失去原本的天真，是這個領域的特徵；過程中，我們可能會覺得有如在痛苦情緒的地獄中接受烈火燒炙，以及受到各式各樣的酷刑折磨；可能會因為無法實現的渴望而無休無止地苦惱；或者可能會覺得自己被生吞活剝。薩滿巫師在談到他們養成階段的經驗時，敘述中就充斥著上面這些景像，而在我們將原本被遺忘的自己重新誕生、讓自己再度成為它的一員的過程中，像這一類的

譯註二　Vishnu，是印度教的三相神之一，是世界的「維護」之神，佛教稱之為「遍入天」。

譯註三　Tankas，是由藏語音譯過來，本意是松樹，這裡是一種畫在紙上或布上的畫，題材主要是佛像、神像、祖師像，但不以此為限。

譯註四　亦有「怖畏金剛」等許多其他名號，密宗認為他是文殊菩薩的「忿怒相」，正好可以用在這裡做例子。

譯註五　Kali，卡莉為音譯，印度教裡的雪山女神的化身之一。Kali這個字有「時間」的意思，而且她的丈夫，印度教三大主神中的毀滅之神，擁有的其中一個外號Kala也有時間的意思，所以意譯的話就會稱為時母。卡莉的造型通常是擁有四隻手臂，面容極度猙獰駭人。

經驗可不會少見。

一旦凱龍與這些外行星中的任何一個產生相位，我們可能就會與集體的、屬於我們這個時代而關係到全體世代的主題，有著強烈的連結。這種相位的能量，會邀請我們參與、體驗、思考，還有反省那些為我們所處的歷史時期，設下獨特定義的事件、主題以及故事。

凱龍無相位

如果我們將兩個行星之間的關係，理解成從兩者合相開始，行進發展到下一次合相為止，整個是一個階段性的循環，那麼兩者間任何時刻呈現的關係，都只是階段性循環中的一部分，所以整體來看沒有所謂的「無相位」這件事。不過，假如使用傳統的概念，確實有可能發生凱龍在星圖上不與任何行星產生重要相位的情況。這反倒強調了凱龍的重要性，因為這樣的凱龍將會對行運有非常敏銳或強烈的反應。沒有相位的行星，常常會透過非常符合原型模樣的方式，表現於個人的生命之中；它們在意識可以控制的範圍之外，施予個人「全有全無」的作用，就像電源的打開與關上。凱龍沒有相位的人，可能會投入某種形式的療癒工作，或者是致力於教師、精神導師甚至是生態學家的職業。不論是實際上或是在意象層面上，在凱龍無相位的人的生命中，與「馬」的關係都會是重要的；此外，常常可以見到凱龍神話裡的主題，以非常具體的程度顯現在他們身上，例如腿上的傷、以治療他人為職業、對薩滿信仰產生興趣、對動物及野生世界很有感情，等等諸如此類。

凱龍與太陽有相位

太陽那陽剛雄性的原則，以及我們所體驗到的個體性、感受到的「宛如天空中只有一個太陽，地上也只有一個我」的那種孤獨，還有太陽般的活力、通往目的的意志——當凱龍與太陽有相位時，這些事物可能會讓我們感到受傷。此時，「我的世界以我為中心，而且由我來創造」的這種想法會開始動搖，於是我們可能會讓別人成為我們世界的中心，我們會將他們的利益當作優先順序，協助他們發光發熱，然後在他們的榮耀所反射出的光熱中取暖，由他們代替我們活出我們身上凱龍與太陽的相位。我們雖然有能力栽培灌溉他人的天賦，以及鼓勵他們表現自己，卻也可能會低估我們自己的價值，然後覺得毫無信心，並且羨慕或忌妒他人。在缺乏個人內在中心的感覺下，我們會對原型層次的能量特別有反應，無論它們是好壞、善良或邪惡。第四部中我們會分析吉姆·瓊斯（Jim Jones）牧師的星圖，當作一個呈現出這種現象的誇張範例。另外，跟前面的情況相反，我們也可能會是光彩動人、魅力四射的人物，會成功地成為人們注目的焦點，受到許多鍾情與仰慕；只不過我們可能沒有能力發覺、承認或者享受這件事。此處的關鍵主題是：凱龍與太陽的相位會推動促使我們，像是剝洋蔥般剝開許許多多層的「自我認同」後，去察覺出我們內在更深層的自性。我們沒有那種福氣，可以在強盛的自我光輝下取暖，就算不情願，我們只能出發向內去尋得更深處的中心。

童年時，若我們沒有得到父母的重視，或者父母親某個程度上就像小孩一樣需要從我們這裡來確認他們的價值，那麼我們身上就有可能帶著「極度自戀」的傷：我們會不停追逐「成為中心」的感覺，而且只能將他人當作是自己的延伸。另一方面，我們個人的獨特性如果在早期沒有得到外界充分的確認及映射，我們很可能在很小的時候就只知道藉由取悅他人、表現出他們喜歡的樣子以求得生存。我們可能會有非常多種不同的「臉孔」，不同的角色性格，然而卻覺得跟自己非常疏離；無論我們取得了多麼傑出的成就，還是覺得一切都很虛幻，甚至虛假。當虛假的那個自己在台前受人觀看，真實的自己就在背景中的某處暗自啜泣；對於那些能夠自然而然散發真我光彩的人，我們感到既羨慕又忌妒，然後又因為自己的這種忌妒心而苦惱不已。我們需要展示自己，因為只有在表演展出的時候，我們才覺得自己是真的；我們也會對批評及對立過於敏感或反應過度，並且會盡力設法迴避它們。從另一個角度來說，或許我們是在害怕散發自己的光彩，害怕發光發熱，因為我們內在的真我，就是一段由不被接受及不被承認所構成的痛苦過往。我們四處尋找一個明鏡般的典範，結果只看見自己的倒影。「自戀」一詞現在幾乎成為一個貶詞了，供通俗大眾在談及心理現象時指稱對自己著迷的人，並且賦予負面的評價。不過更需要了解的是，值得我們追求的是去了解真正的自性，而在這過程當中，那些早期他人映射給我們的，或者我們缺乏被映射的等等痛苦議題，就會比較容易浮出水面。

太陽，是唯一一個能直接在地球上投射出陰影的天體；雖然滿月也能映照出影子，但畢竟它的光也是反射自太陽。凱龍與太陽有相位的女人，可能會以身邊的男人做為自己的「定義」，成為他們的倒影。透過這種方式，她們讓身邊的男人代替自己，活出她們身上陽性的一面，並且從男女關係中取得「自己」的身分、目的以及成就。這麼做當然不是沒有風險。舉例來說，有位凱龍對分於雙子座太陽的女人，嫁給一位太陽與月亮同在雙子座的男人；她被他猶如莫丘里（水星）般靈敏便捷的機智，以及展現出來的聰明才華所吸引，這些正是她在自己身上感受不到的東西。然而到了後來，她卻因為同樣的原因痛恨自己的先生，並且開始對他施展出自己的毒舌功夫。賈姬・甘迺迪（Jackie Kennedy）的太陽位在獅子座、第十宮，四分於金牛座、第六宮的凱龍；她的凱龍另與北交點合相，而且很可能同時合相於下降點。儘管她是個時尚、擁有自己風格、個性獨立的女人，她的名聲卻更是來於她曾經是兩位極度有權及有錢的男人之妻：甘迺迪總統及亞里斯多德・歐納希斯（Aristotle Onasis）〔譯註六〕。據說，在她還是小孩

譯註六　賈姬・甘迺迪是賈桂琳・甘迺迪的暱稱，年輕時嫁給後來成為美國總統的約翰・甘迺迪，使她成為最年輕的美國第一夫人。一九六三年甘迺迪總統遭暗殺身亡，她在一九六八年再嫁給希臘船業富豪歐納希斯。

的時候，就曾經告訴過她父親，她長大後一定會嫁給美國總統！

有時候，擁有凱龍與太陽相位的女性會成為瘋狂的「追星族」，將英雄、救世主、醫者的形象，投射在她們追隨的男性身上；她們通常不是單獨一個人，身邊還有其他志同道合的「粉絲」。在這樣追隨有魅力的男人，無論是大師、音樂家或者其他公眾人物的過程中，她們的自我觀感會慢慢與身邊並肩「作戰」的粉絲們聚合為一，一齊成為受傷的女人、落難的少女、忌妒的賤貨，或者「成功男人背後的那個女人」。另一種情況是，擁有這類相位的女性會視男人為「受了傷」的人，總是吸引需要情感及經濟支持的女人，可是到頭來這些女人又會再次帶給他們傷害。隨著凱龍與太陽有相位，父親的形象將會沾染上凱龍色彩的主題：衰弱、病痛、無能、受傷、實際或感覺上的「不在」，或者沒有一個父親該有的樣子；此外，父親也可能是個傷人的角色：凶惡、暴力或者粗蠻；然而也有的時候，父親的形象是精神導師、良師亦友或是心靈指南：一位給予支持、智慧，養育栽培孩子的父親。

凱龍與太陽有相位的我們，天生就有能力將他人對他們自己的觀感映照出來，並且予以強化；而這（對自己的觀感）恰好就是一開始我們沒辦法在自己身上體會到的東西。我們或許對他人有非常強烈的吸引力，不過依然感到孤單寂寞。擁有這類相位的男性，有時候會覺得自己有責任去接受治療，或者去解決從父親那兒繼承來的一些事物。也有一些這類相位的男性，擁有當個好爸爸的天賦，無論他們是否自己有小孩；他們有辦法跟小孩子打交道、一起做事，也能夠用一種有如父親般的立場，但在情感上保持適當的距離，藉此協助他人得出新的想法，或者發展出自己的個體性。

蘇珊・阿金斯（Susan Atkins）的太陽在金牛座、第三宮，與在天蠍座、第十宮，合相於天頂的凱龍形成對分相；她的凱龍與同在獅子座、第七宮的火星及土星也形成四分相。蘇珊的父親是個懦弱但暴力的酒鬼，而她本人則在心理上完全受查爾斯・曼森（Charles Manson）擺佈，最終因為她協助曼森在一九六九年進行殺人獻祭儀式，殺害莎朗・泰特（Sharon Tate）而入獄〔譯註七〕。有人以「爛女人的兒子」來形容查爾斯・曼森〔註3〕；而他的太陽也與蘇珊的凱龍合相。蘇珊・阿金斯為自己所寫的自傳取了一個意味深長的名字《撒旦之子、上帝之子》（*Child of Satan, Child of God*）。在服刑的這段日子裡，蘇珊發現自己其實擁有為他人帶來療癒的能力，也曾經有一段時間從自己的囚室裡，進行空中獄中志工的服務（凱龍合相於天頂：療癒性質的志業）。

譯註七　一九六〇年代晚期，查爾斯・曼森以納粹式思想為號召，組成了所謂的「曼森家族」，成員彼此無親屬關係，純粹是以他為首的殺人犯罪集團，成員中有不少崇拜曼森的女性。這個集團在美國西岸連續犯下許多殘殺案件，後來因為蘇珊・阿金斯的被捕及招供才終於瓦解。莎朗・泰特的案件在這其中尤其出名，因為她是前兩年捲入性騷擾疑雲，而引起關注的國際大導羅曼・波蘭斯基（Roman Polanski）當時的妻子。

她向外界提過一些發生在她兒時的令人難過的故事。小時候，她曾經在某座山頭上方，看見一具巨大的十字架，但是當她把這件事告訴父母的時候，卻被他們嗤之以鼻，說那只是她的幻想罷了。後來又有一次，她在就著燭光閱讀聖經時，因為靠得太近，讓手上那本聖經給燭火燒穿了一個洞；這個事件讓她覺得非常不祥與絕望，從那一刻起，她就覺得等在她前面的，乃是一個萬劫不復的悲慘命運，確實是種非常帶有天蠍座色彩的感覺。書本，是與第三宮有關的物品；燒壞書本，以及她因此深信不疑的、毀滅而絕望的命運，則是凱龍與第三宮的太陽形成對分相時，一個令人感到悲哀的例子，因為這麼一個充滿傷害性的想法，就這樣在她的腦海裡生了根。儘管蘇珊·阿金斯很明顯地是位模範囚犯，而且投入各式各樣的社會福利工作，但是她前後總共申請的十九次假釋全部都被駁回；她也是美國史上入監服刑時間最長的女性。加州於一九七二年的修法，讓她的判決由死刑轉換為無期徒刑，以一種有趣的方式反映出凱龍位於天蠍座的意涵——她獲得了「重生」，而這個重新獲得的生命，將是擔任社會大眾嫌惡、憎恨的目標，面對許多居心叵測的讚美，以及想替她洗刷罪名的持續努力（凱龍在第十宮）。那一年，凱龍正好與她的海王星形成對分相。當凱龍、海王星、木星行運進入水瓶座，一同對分她出生的火星，同時形成「凱龍—凱龍」四分相的時候，蘇珊·阿金斯被診斷出末期腦癌，並且於二〇〇九年九月底去世，距離她最後一次假釋申請遭到駁回沒有多久。一直到人生的最後，她都是一個備受爭議的人物；尖酸刻薄的網路部落客們，對於為她末期治療而付出的公家成本

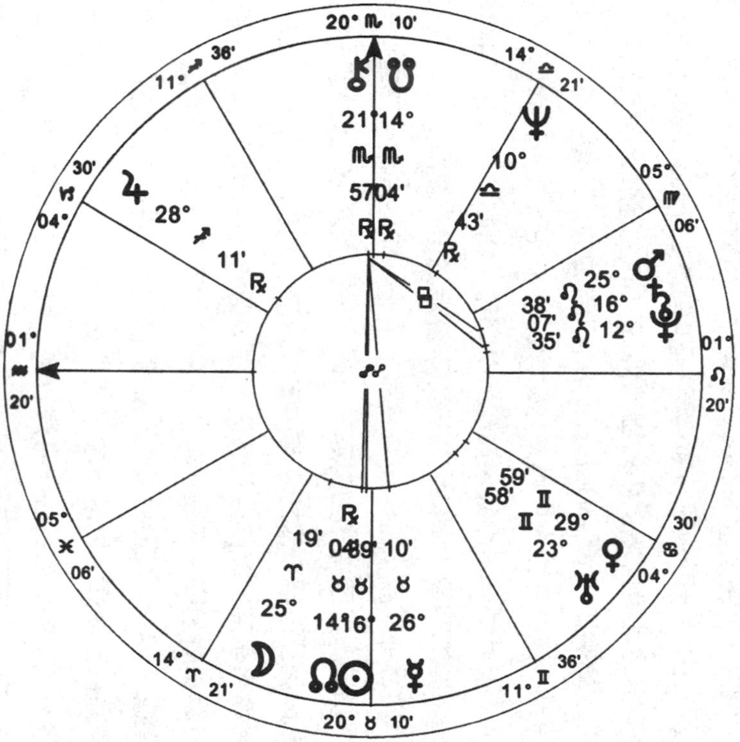

圖一　蘇珊·阿金斯

深表不滿：估計每個月要超過一萬七千元美金。上述提到的種種悲慘的故事與事件，各種報導、書籍及相關作品為數甚多，而且眾說紛紜，甚至是南轅北轍；真相究竟為何，很可能是完全無法得知，或許對阿金斯來說都是個祕密（凱龍在天蠍座）。

D·H·勞倫斯的凱龍在雙子座、第八宮，太陽與木星在處女座、第十一宮，各自與凱龍形成四分相。他一生都與父親處於對立，早年也與哥哥威廉（William）互相競爭——他是才華出眾的兄長，也是運動健將，而且「擁有動物般的外表」（凱龍位於雙子座：兄弟姐妹之間的競爭對抗）。威廉過世以後，母親還曾經催促他，要他接下哥哥「太陽的位置」。勞倫斯的父親是煤礦工人；他其實很羨慕父親的原始、粗野，羨慕父親不必承受「教育」帶來的壓力，而他卻必須深深為此而苦（凱龍在雙子座）。勞倫斯的健康在青春期的時候受過永久性的傷害，原因是長時間的旅行及學業的壓力（凱龍在雙子座）。他的凱龍與太陽四分相，也表現在他對男性雄健體魄的著迷，以及對男性兄弟之情的高度重視；雖然他排斥同性戀，但是他卻認為男性之間迴避親暱言行及身體接觸，會對社會帶來負面的影響（太陽在第十一宮）。從這裡，我們也可以看到呈現出凱龍入雙子座的特徵，渴望遇到自己「雙生的另一半」。父親身上那些令他排斥的特質，正是他筆下最愛描寫（凱龍在雙子座），並且也使勁想要親自活出來的特質。勞倫斯身邊常常圍繞著一群仰慕者（裡頭大多是女性），就好像是有一群行星，環繞著他受了傷的太陽公轉。勞倫斯能像「一位溫柔體貼的園丁，非常準確地看出你適合長成什麼樣子，藉由這麼一看，他也喚醒了你，讓你開始感覺得到在你內中確實有某個東西能夠成長。」〔註4〕——完全符合凱龍那導師及養父角色。

凱龍與太陽的相位，對我們追求成為獨立個體的過程而言，會是非常強而有力的刺激。馬與太陽之間之所以有神話上的連結，除了由於馬是太陽神的交通工具之外，也由於馬的敏捷、力量、活躍，讓它本身就足以擔當太陽的象徵。我們已經看過，馬在許多薩滿信仰的文化裡是如何具有重要的地位，象徵要進行神奇飛行以及進入神遊狀態的工具。在薩滿巫師的養成階段所需經歷的修煉週期中，裘安．哈利法克斯（Joan Halifax）將其中一個階段稱為「令意識成為太陽」；也就是要我們從周圍移動到生命的中心——事實上這就是占星學上太陽的作用。隨著凱龍與太陽有相位，消解苦痛的療癒時刻，將是在當我們體認到自己這個個體，在全體生命這個更為廣闊的背景脈絡下，所在的位置的時候；是當「慈悲笑顏，泉湧自人之心」的時候〔註5〕。我們之所以受到召喚，為的不是叫我們單單為自己發光發亮，而是為了上帝更偉大的榮耀。

凱龍與月亮有相位

凱龍若與月亮形成相位，「與母親的關係」經常就會成為值得注意的主題。母親或許沒有辦法適當回應我們在情感與情緒方面的需求，或者是她可能怨恨當媽媽這件事，可以的話，她寧願能有別的生活。擁有這類相位的我們，就像凱龍一樣，可能會在某個關鍵的成長階段，覺得自己被媽媽拒絕、排斥或拋棄；或者，我們可能在很小的時候，出於種種原因，擔起了母親的角色，但是在那時候我們也都還沒得到來自母親充足的照顧。譬如，由於母親生理上的疾病或心理上的失調，我們可能會需要「當母親的母親」，或者照顧大家庭裡為數眾多的弟妹甚至兄姐。一段日子以後，我們或許就會固著在這樣的角色之中，變成一位「超級媽媽」；原因在於，放下這個角色往外跨出腳步，也許就意味著去感受那些苦痛、忿怒以及心底那些覺得自己受到剝奪的情緒。有位凱龍與月亮形成對分相的女性，覺得受到母親的拒絕，因為她原本想要的是個兒子。這位女性本身在很年輕的時候就自己當了媽媽，然後在成功養大幾個小孩之後，又到老人之家服務。她一輩子都在努力設法「當個比她母親更好的媽媽」，然而當她的大女兒，因為與她的關係問題而尋求心理治療時，她畢生的努力面臨了重大的危機。儘管她所做的一切都是為了相反的目的，但是她的女兒終究覺得自己被她所傷害了，在她了解的那一刻，她的世界幾乎面臨崩解。後來，在她凱龍回歸的期間，她勇氣十足地學習重新建立對自己的認同與觀感，試著將那些原本也在她個性之中，但是過去因為她如此強烈地將自己與母親角色等同，以致於被遺忘在一旁的面向也將之納入進來。

如果擁有凱龍與月亮的相位，很有可能你會很清楚也很容易察覺他人的情感與情緒需求——比起對你自己的還要清楚。你天生就會知道要提供給他人什麼，或者要用什麼方式提供，才能讓他們覺得安心、自在、舒適；不過，一旦你暫停下來，開始想到「又有誰這樣照顧我呢？」的時候，卻不禁感到哀怨。需求不被滿足所帶給你的壓力，足以令你變成一個喜歡操控的人，會為了從他人身上取得你雖然想要但無法直接開口，而使出渾身解數，甚至無所不用其極的手段。為此，你可能會試著找出一個具有母親形象的人，期待她可以不必你的隻字片語，就能知道並滿足你的需求，一如你也是這樣子照顧他人一樣。另外，很有可能你會吸引到那些需要有人給他們母親一般照顧的人；也只有在扮演照顧者角色時，你才覺得自己很「強」。說不定，你甚至會覺得你比對方更清楚對他們來說什麼才是最好的，然後當他們可以在沒有你的協助下也成功找到出路時，讓你驚訝不已。確實，雖然你在這方面天生就擁有非常高超的智慧，有時候你還是可能會過度干涉；放手讓他人「自生自滅」，或者放任他們犯一些需要自己承擔的過錯，對你來說並不是一件容易的事。

有時候，凱龍與月亮有相位的女性，會將她母親本能中好的一面朝向外界，壞的一面保留給自己。她的家好像想去就能去，附近的小孩都可以來跟「阿姨」或「伯母」要飲料喝跟餅干吃，或者如果在玩耍的時候弄傷了，阿姨或伯母會幫忙上藥包紮；她的工作可能跟小孩或嬰兒有關；也可能她很關心社會上受虐或營養不良的兒童。然而，這樣的女性自尊心常常較為低落，為了彌補這一點，她更是特別努力，維持一個好媽媽的形象，藉此證明自己的價值。而且這個好媽媽的角色也起了一個保護作用，讓她能夠不必直接面對在她自己與母親的關係中所受到的痛苦與傷害。有時候相反地，凱龍與月亮有相位的女性，反而是斷然排斥母親性質的照顧角色；她們清楚感覺到自己內心並沒有任何成為母親的渴望、跟嬰兒或小孩子相處對她們來說是苦差事，而且討厭自己成為任何人依賴或倚靠的對象。母性本能在遭到否決、阻擋或者傷害的時候，並非就此消失不見，而是隱身於意識之外，日後還是能以一種令人印象至為深刻的方式現身。另一種情形則是，擁有這類相位的女性，會因為想要透過窄化限縮自己的世界，來試著保護自己免受「外頭」那位壞母親所傷，結果讓自己失去了生氣與動力。

女性如果擁有這類相位，若不是可能無法生養孩子，就是不會想要小孩。就算深切地感覺到其他志向的呼喚，但是唯有主動而且自覺地為這種「無後」的失落哀悼，以及與自己直覺的能力融洽相處，才會真正讓她化解掉「自己無法成為一個完整的女人」的忿怒。如此一來，她將不致於在苦痛之中乾枯凋零，反而有機會與內在世界形成深刻的關係——意識非由理性宰制，有如「月」的那一面；而它也是凱龍與月亮的相位所帶給當事人的禮賜。「月亮型」的意識映照著編織成我們生命的這面織網，那些沒被我們看見的關係網絡；這面織網所使用的織材形式，是種種情感、意象以及精巧細緻的能量力場。與概念、思想這種層層疊加上去的體系不同，月亮型的意識乃是主觀的、直覺的、全體的，並且深植於「部分與全體彼此息息相關」的生命之中。月亮女神有兩張臉，既有明亮也有陰暗的面容。藉著照顧他人，藉著照亮事物境況中情感與觸動人心的元素而對生命做出貢獻，她明亮的那個面相，所映照的是光，所帶來的禮賜是無上的喜樂、是一切皆入於覺知，是憑直觀即能了悟。然而，透過「主觀性」喜歡爭鬥的性質，透過容易陷入針對他人心理投射而發的情緒反應之中而無法自拔的這種傾向，以及透過對秩序及紀律的抗拒，她陰暗的那個面相，則將具有毀滅性的「不理性」也涵蓋進來。

凱龍與月亮有所聯繫的人，他們的情緒化可能會為自己帶來壞處，但是他們卻難以察覺自己的感受。關於這點，榮格為我們做了一個非常有用的區分：「情緒」這個詞，指的是將伴隨著從潛意識浮現上來的事物一齊到來的能量予以釋放，不論那個浮現的事物是記憶、感受、思慮或是新想法。另一方面，「感受」（feelings）這個詞，則是一種能被我們意識到的作用，它讓我們與某個對象彼此之間產生的關連，以及對自己與他人的觀感，都能夠來到此時此刻。凱龍與月亮有所關聯的人，情緒反應常常很強烈，而且有時候還會指控他人冷酷無情。他們情緒爆發的時候可能像個暴君似的惡劣無道，因此搞砸了與人之間的關係。他們情緒上這種索求無度的行為，源頭通常來自於兒時早期；他們當時得到的「母親式」的照顧並不充足，於是直到現在，他們都還對著因此而承受的痛苦做出忿怒的反應。一旦理解了這一點，療癒就能取代「自我批評」的位置。

凱龍與月亮有相位在有些人身上，是呈現於飲食失調的症狀；因為我們會藉著「吃」，來試著「攝取」母親般的照顧。舉例來說，有位擁有提桶型出生圖的女士，凱龍是出生星圖的焦點，位在第十宮，合相於天頂，兩者都在水瓶座。凱龍也與天秤座、第五宮的月亮形成三分相，與巨蟹座、第二宮的太陽形成十二分之五相；至於太陽與月亮則構成四分相。這位女士嚴重超重，身材成了她羞恥的源頭。於是隨著時間發展，她越來越害怕外出（凱龍在第十宮，在這裡象徵害怕這個世界），而且特別討厭被男性觀看。在她明白自己問題的嚴重性時，最初的反應相當具有水瓶座的色彩：她開始去上一些解決飲食失調問題的週末課程。上了這些課的結果，讓她決定以幫助遭遇類似問題的女性做為未來的職志（凱龍與天頂合相於第十宮）。與此同時，她本身的體重倒是繼續聞風不動。她的上升點在金牛座，而當行運的凱龍與上升點合相時，她開始接受深度的心理治療。最後，在她正面面對了一些透過飲食表現於外的深層問題之後，她的體重終於減了下來；就好像凱龍，為了得到療癒，她必須先臣服於自己內在的「地底世界」。

星盤上凱龍與月亮有所聯繫的男性，常常能強烈地（雖然不一定是愉快地）理解與察知母親的感受世界，而且會在有意無意間為母親著想，盡量使母親感到開心，甚至成為母親希望他們成為的男性，或許就像是個替代的丈夫一樣。這類男性，可能會被陰晴不定的情緒所操控，而且對女性懷抱著敵意，不論是公開展現出來，還是隱藏在表面之下。年紀略長之後，凱龍與月亮有相位的男性常會驀然發現，自己在關係裡，無論是工作伙伴、朋友交往還是在婚姻之中，扮演起母親般的角色。他們可能容易吸引「受傷」的女性，或者，他們對於他人正在承受的痛苦情緒非常清楚而敏感，而且還會想替對方做些什麼。另外，因為與自己本質中陰性的一面有著如此強烈的連結，這類男性常擁有傑出的創造才華。《白色女神》（*The White Goddess*）的作者羅伯特．格瑞夫斯，凱龍與月亮合相於天秤座，他針對神話素材採取了歷史性的考察進路，一路追溯，直達它們那些位於母系社會時代、與「月亮」息息相關的根源。另一個有趣的例子是班傑明．史巴克（Benjamin Spock）博士，摩羯座的凱龍與巨蟹座的月亮形成對分相；

他為育嬰技巧所設立的準則（凱龍在摩羯座），足足影響了一整個世代的年輕母親以及她們的小孩，尤其是對美國人而言；我們不得不好奇，史巴克會不會是在試圖當個比他母親更好的媽媽，因為他對無數嬰孩所間接施加的那種不顧大自然節奏的照顧方式，他一定曾經從自己母親那裡體驗過。有時候，凱龍與月亮有相位的男性，展現出來的模樣是除非透過女性，否則他們便與自己情感感受、反思省視的那一面毫無連結互動；然而與此同時，女性卻也是他們試圖主宰與掌控的對象。這個時候，我們所見到的就是一位「大男人」，他男性、陽剛的部分，完全沒有得到自己女性、陰柔一面的任何調合及緩解，便以一種最原本、最直接的方式展現出來。這樣的男性，可能既會把女性理想化，又在心中詆毀她們的價值；如果發展得過於極端，這類男性可能會對女性施加暴力，而且完全瞧不起她們。

查爾斯．曼森就是個例子。他的凱龍在雙子座、第二宮，與他位於水瓶座、第十宮的月亮及北交點形成三分相；同時也四分於處女座、第五宮的那組火星－海王星合相，並且與天蠍座、第七宮的木星形成十二分之五相。他是名為「曼森家族」（月亮）的這個團體的精神領袖（凱龍）。他所宣揚的思想中有一項，就是他相信當白人與黑人在都市裡進行殊死戰爭的時候，他與追隨他的家族將會安居在「死亡之谷」的「祕穴」（月亮＝母親＝子宮）內；這種幻想展現出凱龍位於雙子座所象徵的「彼此交戰的對立」。他把越野吉普車裝備上機關槍，作為「末世錄的駿馬」；他稱呼自己為「位於無底深淵的天使」。他跟某個由一位女性領導的祕儀

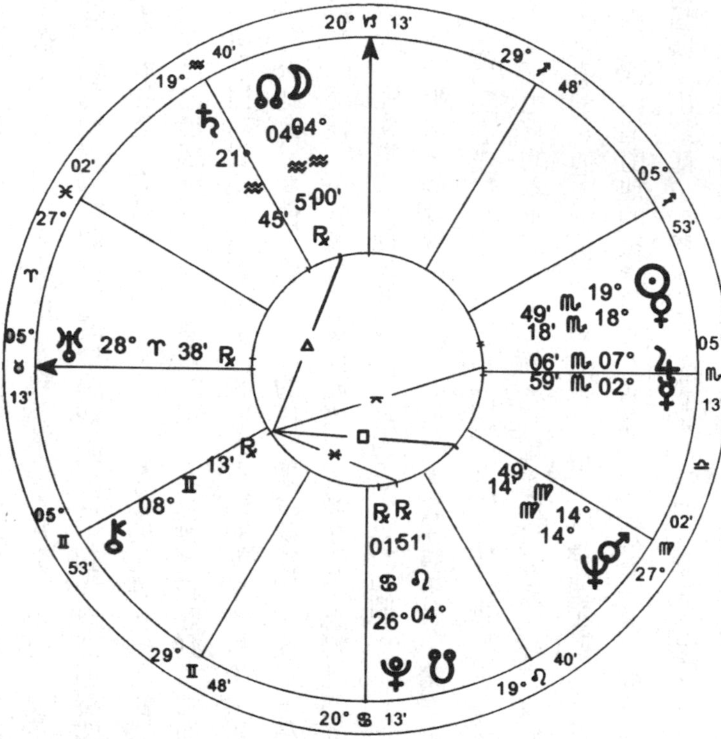

圖二　查爾斯·曼森

信眾團體來往密切，而這位女領導人相信自己是月亮女神瑟爾希（Circe）的轉世；據稱這個團體在新月及滿月（凱龍—火星—海王星有相位）所舉行的祕密獻祭儀式，還有錄影紀錄留存下來。曼森痛恨女性，他認為女性沒有靈魂，因而必須擔當男性的奴隸。他也要求女性應當在任何時候、任何地點滿足他的性需求（凱龍與天蠍座、第七宮的木星有相位）；這一點，大有可能是導因於幼年時期的缺乏母愛。他所寫的歌詞，裡頭充滿了這類的句子：「我是一個機械男孩，是媽媽的玩具」以及「其實我們都存在於某個女人的腦海裡」〔註6〕；這種被母親剝奪、像對待物品一樣被對待的感覺，或者是其中的疏遠、冷淡、遙不可及，甚至是沒有情感、毫無生氣的味道，都可以是凱龍與水瓶座的月亮形成相位的聯想。

現任的達賴喇嘛，凱龍在雙子座、第十一宮，與處女座、第二宮的月亮形成四分相。他在宗教信仰上的領袖意義，是受到國際層級（第十一宮）的肯認。即使是信奉不同信仰的人，也都會受他教誨（雙子座）中傳遞出的悲天憫人情懷，還有呈現出的直接性（月亮）與清晰度所打動。凱龍與月亮的相位，也顯示出他除了宗教信仰之外，對自己人民在政治面上的福祉的關心。這個雙重而且受到爭議的角色（凱龍在雙子座），是當行運的凱龍來到與他出生凱龍對分的位置，並且與出生月亮成四分相的時候，命運所強塞給他的。他不只親眼見證了西藏古老的文化與歷史，如何在中國人入侵的時候遭到大量的破壞與毀滅，自己也一直到今日都流亡海外（凱龍在第十一宮），無法回到自己的家鄉（月亮）。凱龍與月亮的相位也展現在他不平凡的童年生活上：當他還在強褓之中時，就已經被認定是前代達賴喇嘛的轉世，因而從六歲開始，就接受了專門而且嚴格的養成教育（凱龍在雙子座），為他未來的命運做準備。

在他的星圖上，凱龍位在雙子座這個雙重性質的星座這件事，也透過某個爭議問題而展現出來；恰巧，這次爭議事件就在凱龍在天文學上被發現的那幾年間進入高峰。在達賴喇嘛凱龍回歸之後的幾年，也就是凱龍再度回到雙子座的時候，達賴喇嘛領導了一個禁止「多傑雄天（Dorje Shugden）信仰」的運動，在他介入下，運動的主張獲得了強大的力量，持續不斷地往目標前進，也在藏人社會引起越來越多的爭議（譯註八）。有些人認為，雄天是邪惡的怨靈，必須加以安撫；然而，另有一些人則認為，雄天雖然兇猛，但其實是個專門保護修佛之人的慈愛的護法者。在這裡我想強調的是，身為人類，我們會在許許多多並且形形色色的層次上，遭遇各種「雙重性」的難題，即便我們已經在一個更深刻的層次，感知到一個更為根本的生命的合一性。對於凱龍在雙子座來說，這不失為一個一針見血的心得。

加爾各達的德蘭修女（Mother Teresa），雙魚座的凱龍對分處女座的太陽，兩者同時四分雙子座的月亮。她在一九七九年，因為為貧困及無家可歸的孟買民眾所做的偉大服務貢獻而獲頒諾貝爾和平獎。她相信自己是在順應上帝的召喚，而遠離家鄉去服務那樣的人民。她的一生就是無私無我、慈悲大愛（凱龍在雙魚座）的最佳寫照。她的祈禱文以及沉思札記裡，充滿了關於餵養及滋養的月亮式的比喻，並且斥充著談及匱乏與需求的詞句：「基督渴望成為你們的食糧。你身邊滿是讓你活命的食糧，是你讓自己挨餓至此……如今的世人，對主有著飢腸轆轆的渴望。」她還這樣子談到耶穌：祂以「令人望之心痛難過的偽裝」到來——祂就是那些「飢餓的人、孤獨的人、無家可歸的孩子，前來尋求得到庇護」（註7）。近年來，在她留下的日記中，有些部分得到了大眾的關注，並且激起了一些議論，因為裡頭傳達出她心中深深的倦怠感、放棄感以及信仰懷疑。她為他人提供的精神上的、信仰上的營養，滋潤了他人，卻常常漏掉了她自己；這確實是凱龍與月亮有相位的一個鮮明的實例。

凱龍與水星有相位

凱龍與水星有相位時，我們可能會見識到種種稱得上是「超級水星」的類型，向我們展現各式各樣與水星有關的原型形象。潘·泰勒（Pam Tyler）在她關於水星的書中，描繪出這個既是雙子座又是處女座的守護星，所具有的兩張臉龐。她將古希臘神「赫密士」連結到雙子座，將古埃及神「托特」（Thoth）連結到處女座。雖然這兩個神祇只是屬於同一個原型（也就是「養成對於知識與智慧的適當運用」）的不同表現外觀，不過還是讓我們對它們兩者做個簡短的對照比較。

出生才沒多久，赫密士就已經忙著在做些胡亂勾當：祂不只偷了阿波羅的聖牛，而且當事

譯註八　雄天亦有人譯為「雄登」。前面所冠的「多傑」，意思為金剛。相傳雄天是五世達賴時代所產生的惡靈，但後來成為藏人中格魯派的護法者形象。

情曝光時，祂就已經知道使出自己迷人的魅力攻勢，讓人捨不得責怪祂，而這也為祂日後許許多多搗蛋使壞的事蹟設下了先例。祂的狡滑機智，讓祂玩弄自己的長輩於股掌之間。再怎麼叛逆不守規矩，事後祂都可以巧妙地脫身。膽子大臉皮厚的祂，不請自來地擠進奧林匹亞諸神的圈子裡，之後倒也為祂贏得了「眾神信使」的名號，而且祂們之中有許多，都曾在面臨各式各樣危急關頭時得到赫密士的解救、受過祂的恩惠。赫密士能從猶如死胡同般的局勢中另闢蹊徑，或者在難堪的情勢中找到出路，因而常常在其他神祇的宿命發展中，扮演關鍵的角色：在節骨眼上，帶著對當事人而言至關重要的訊息到來，或者是與祂們達成非常要緊的協議。就我所知，赫密士從來沒有在哪個故事裡，曾經被抓住或是遭到懲罰；祂就是有辦法從祂所做所為的後果中脫身。儘管如此，赫密士也是「邊界」之神；赫密士「Hermes」這個名字，來自希臘文的「*herma*」，指的是在古時候，用來標示土地疆界的石堆。身為唯一一個得到允許，可以不受阻礙穿越各界，從奧林匹斯之高，直至地底世界之深，而往返自如的神祇，這個在命名中隱含的矛盾，或許也為我們解釋了赫密士這種無與倫比的行動力與機動性。

托特讓人聯想到地位崇高的大神「拉」（Ra）（是古埃及信仰中，其中一位的太陽神）；祂除了是後者的侍者與文書，也擔任其律法的守護者與貫徹者，高舉與執行這位太陽神的正義。歐希里斯（Osiris）與他邪惡兄弟賽特（Seth）之間的鬥爭，就是托特介入調停，而且他們醫好了各自對對方造成的傷。既然與處女座有關，托特也代表了控制、紀律，以及對心智能量進行可以帶來實效及成果的利用。此外，祂也象徵能夠耐得住衝突與爭鬥，能夠負起日常生活的凡俗本分卻又不失去尊嚴，以及因為這樣所以能在這些紛擾之中依舊產出成果的能力。

然而，當凱龍與水星有相位時，還有一個原型形象經常會伴隨該相位而來，那就是「淘氣鬼」（Trickster）。煉金術中象徵水星的形象人物「莫丘里」（譯註九），在其意象中就包含了許多典型的「淘氣鬼」元素；而「淘氣鬼」這個含意不清的形象，同樣也是史前世界的神話及傳說中的要角。儘管在許許多多的故事裡，他都是以亦瘋亦傻、弄臣丑角、好色之徒或者詭計多端的騙徒等這類角色登場，但依舊不減他身為某一種類型的「文明英雄」，許多人類必備的技巧，例如冶煉金屬、用火以及計測時間等，都可歸功於它。時至今日，「淘氣鬼」的痕跡與餘韻，還可以在節慶與遊行表演活動裡的形象，諸如小丑與搞怪演員、魔王與小鬼、或非洲的慶典說唱者（griot），以及偶戲藝人（pulchinello）等等身上見到。這些搞怪使壞的人物，會把事情弄得翻天覆地，帶來混亂與失序；同時他們也興高采烈、欣喜若狂地打破傳統、違反禁忌。

「淘氣鬼」就跟薩滿巫師一樣，在各種不同的文化裡都可以發現他的身影，兩者之間也有某些共通的特徵。他代表了依舊與動物領域以及直覺能力相連結的意識；他可以任意改變自己

譯註九　Mercurius，也就是赫密士，赫密士是希臘神話的神，對應於莫丘里是羅馬神話的神。

的外形，變成某種動物或者某個他人的樣貌。他的能量在性質上是混亂的、無關道德是非的；他身體的不同部位，可以不聽他的指揮命令，也可以自成一體，甚至獨立自主。舉例來說，在不同的故事裡，他能夠讓肛門跟自己分開，交辦肛門獨自去完成一些任務；他的左手與右手可以互相打架；他的鼻子會長得太長，長到惹出一些令人費解的麻煩。此外，在傳說裡，有些很有用的植物，最先是從他的陰莖生出來，因此使得「淘氣鬼」的形象，也跟開創創造的靈能與生產繁殖的能力連結在一起（還記得嗎？凱龍也被認為是首開將植物拿來做醫藥使用的先河）。「淘氣鬼」一開始象徵的是混亂無序、豐富多產、新生與突進的意識，然而，最後他終於「落入了如來佛的掌心」，被人抓住、鎖定、釘牢，甚至還被拷打折磨一番。經過這樣的苦難，「淘氣鬼」發展出具有善惡之分的力量，並且立誓投入為全人類貢獻的大業（譯註十）。某個意義下，這樣一個從原始而未開化，具有成為惡魔般的天性潛力（就好像那句「像是魔鬼般的小孩」），逐步演進成為一個透過他所經歷的苦難，而變得老成持重、聰明而有智慧，並且富有責任心的人物，一個既藏身在詭計多端的希臘赫密士，也隱藏在認真嚴肅的埃及托特背後的人物，因為他成長發展的完整歷程，包含了上述所有的面向，而且在我看來，一旦我們忘了他的淵源與由來，後果也將會由我們自己承擔。

從心理層面來說，「淘氣鬼」似乎代表了存在於我們內心之中的一種心態，每當我們追求偉大崇高目標的時候，它就往正好相反的方向作用。他最愛看到我們的自尊自豪因為挫敗而被擊落；他也是最天然的解藥，可以解去我們在追尋「意識覺醒」以及「自我整全」時，所中的自大自傲、虛榮做作以及自我膨脹之毒。我們越是努力想要成為「如神一般」的存在、越是盡力想要實踐自己的潛能，「淘氣鬼」這個形象就越會靜悄悄地在暗地裡成形。只要我們膽敢忘記那不好容易贏來的秩序，那難得覺醒的意識以及辛苦統整為一的自我觀感，最初的源頭其實是混亂、無序及渾沌，那麼這位愛惡作劇的「淘氣鬼」就會不客氣地伸出腳來，讓我們跌上一跤。每當有「不湊巧」的情況，或是記憶出了錯、不當的連結、錯誤的理解等等這類事情發生，讓我們無法達成一些比較自私為我的目標時，就是「淘氣鬼」在施展他的手腳。那些最是小心謹慎、仔細安排的意義圖像與行事計畫，以及我們那些矯揉造作的自我觀感，他都有辦法將其化為一團團慘不忍睹的混亂，因為這「淘氣鬼」就是不願受到規約控制，不願被定位，也不願受人支配與主宰。如果我們變得太過「文明」，就有可能招來「淘氣鬼」的騷擾。在孕育出「淘氣鬼」這個形象的史前世界觀裡，他乃是具有原型意義的英雄，是帶來一切重大好處的人，是火的贈予者，是全人類的導師。

譯註十　雖然這是一個西方的概念，而且作者顯然並不知情，不過這個原型形象在傳統中國文化中有個非常完美的典型，那就是一開始大鬧天庭，後來被收服、受刑，然後助唐僧完成萬世德業的齊天大聖孫悟空。

在個人的層次上，凱龍與水星有相位的人，可以看穿各種藉口與虛假，而絕不會輕易受騙上當。就像「淘氣鬼」一樣，他們也很享受發出切中要害、刺破偽裝的言論，來狠狠地奚落對方的感覺。同樣地，他們有時候也很羨慕他人擁有的清楚明白、氣勢神采以及世故圓滑。他們可能會覺得自己老在承受一些具有傷害性的批評，不過通常他們也樂於當個拒絕「西瓜偎大邊」的人。他們可能會有一種類似八卦專欄作家的心態，常常想要找出可以讓他人的美好願景黯淡失色的刺激消息。最擅於「管人閒事」的赫妲．哈波（譯註十二），她的雙子座的水星，就與巨蟹座的凱龍形成半四分相。

無論是透過非語言的方式，譬如音樂或默劇，抑或是透過水星所代表的傳統方式，譬如寫作、演說，新聞、教學，凱龍與水星有相位的人，有能力成為了不起的「訊息傳遞者」，有時候甚至是無法克制自己這方面的渴望。這或許是我們想要挑戰他人，讓他人領悟及反思，又或許是我們真的覺得有重要的事情需要向眾人訴說；無論如何，我們會對爭議問題有敏銳的嗅覺，而且特別喜歡為它們煽風點火，再火上加油。有一些擁有這類相位的人，對語言具有特別的天賦與才能，甚至就算沒有完全懂得字詞的意義，都能夠靠感覺知道說話者的意思。關於凱龍與水星的相位，有個邪惡與悲慘的例子，乃是約瑟夫．保羅．古貝爾斯（Joseph Paul Goebbels）的星盤，他的凱龍與水星合相於第四宮。身為納粹德國的官方文宣大將，古貝爾斯不只協助希特勒獲取大權，有一段時間他還掌控了全德國的媒體網絡。凱龍與水星於天蠍座的合相，在這裡指的是藉著散播不理性，並且充滿傷害與仇恨的思想，來控制他人的思考與想法。納粹政權傾覆以後，吉貝爾斯帶著全家一起自殺；在凱龍落入第四宮的影響之下，他對「祖國」的認同是如此之強烈，讓他無法在祖國「受傷」的情況下活下去。

凱龍與水星有相位的人，通常擁有敏銳而直覺的腦袋，如果可以任它自由發揮的話，就有可能展現出非凡的才華，並且常能擁有別出心裁、充滿創見的看法。他們的頭腦在運作的時候是採取直接而且訴諸直覺的方式，不會受困於過時的觀念與陳舊的偏見。他們擁有直搗事情核心的能力，也有機會成為傑出的調停者、中間人或者是雄辯家。他們生性喜好存在爭議的問題，會對議題提出種種嶄新的看法或者意想不到的解決辦法，而且通常人們也能放心信賴他們。很多擁有這類相位的人，會擅於指出一些明明不足為奇，但卻沒有人注意到的事情。

協助他人釐清自己的思考，以及培養發展他人的溝通能力（包括非言語形式的溝通），都是凱龍與水星有相位的人的強項。舉例來說，那位「無聲的神祕主義者」梅爾．巴巴（Meher Baba）有一個由處女座的凱龍對分雙魚座的水星，然後兩者同時與雙子座的冥王星及海王星形成四分相，所構成的T型相位。在行運的凱龍來到雙魚座，對分於他出生的凱龍，以及合相於

譯註十一　Hedda Hopper，1885-1966，本身也是演員，憑藉其人脈背景，成為惡名昭彰的八卦專欄作家。

他出生的水星之時，為他帶來了一次頓悟，讓他進入長達十三年的不語。這段期間，他廣泛地透過自己沉默無聲的存在，與許多人產生交流，協助他人進行療癒，刺激他們產生靈感，或者是為他們帶來鼓舞。他也會寫下簡單的字句，來表達他正在經驗到的，也就是他正處在的「絕對、純粹」狀態。他終於再度開口的時候，也是凱龍行運至與他出生土星形成對分相的時候——真是適合打破沉默的一個意象。

凱龍與水星的相位，也常會在著名音樂家的星盤上發現。吉米．漢崔克斯、帕布羅．卡爾薩斯（譯註十二）、耶胡迪．曼紐因、瑪莉亞．卡拉斯（譯註十三），這些人的凱龍與水星之間都有所聯繫。他們都擁有值得讚揚的、具備高度原創性的技巧（水星），同時也都有能力激發聽眾，體驗到超越個人層次的、各種不同層級的現實。瑪莉亞．卡拉斯擁有語言學習的天賦，她的星圖有個火相星座的大三角：太陽、水星、上升點合相於射手座，與牡羊座的凱龍，還有獅子座的海王星，共同形成三分相。她的凱龍還與冥王星形成四分相，而剛巧她也在帕索里尼（譯註十四）的同名電影裡演出女主角美迪亞（譯註十五）。凱龍在這齣電影的第一幕就出現，一半是人，一半是馬；在這之後，他則以兩個完整的人類形貌再度出現。這對他來說不是一種進化，相反地，他覺得這根本是對他的褻瀆。電影在說的是，文明的教化絕不可以將「半人馬」的存在空間消滅殆盡，必須要讓「半人馬」在人類的內在繼續存活，並為人類帶來這樣的啟示：「半人馬的思考模式與你們人類是如此不同，依你們的想法實在很難加以理解。」這或許就是凱龍與水星有相位所帶來的思考模式，一種屬於「淘氣鬼」的邏輯。

星盤中凱龍與水星有所聯繫的人，有些會在學校的學習生活中經歷到困難。他們在溝通交流方面的才能，不那麼全然落在口語或理性領域，而是屬於以感受及情緒為主的範疇，或者側重於直覺及非理性的生命層面。也有一些擁有這類相位的人，對於將想法化為書面的動作，或者在需要用語言表達自己的時候，會感到非常害怕、擔憂，或者覺得腦中一片混亂。他們真正的想法，或許是隱藏在表面上混亂的心智狀態之下；這些想法乍看之下可能會相當驚人，因為它們拒絕被強迫塞進任何邏輯性的模式。隨著凱龍與水星有相位，當事人的思考過程會與那混亂、渾沌之源依舊維持緊密的連繫；「淘氣鬼」不睬理性的特質，就偷偷潛伏在近處，而且還會假手我們的腦袋，用創新而意想不到的想法把我們自己嚇到想要逃跑——然而，假如我們願意承擔風險，這些鬼靈精怪的念頭，常常會讓我們獲得非凡而驚人的成果。

譯註十二　Pablo Casals，1876-1973，被譽為二十世紀半前最好的大提琴家。

譯註十三　Maria Callas，1923-1977，被譽為史上最出色的女高音，是受到明星般矚目的古典音樂家。

譯註十四　Pasolini，1922-1975，義大利著名的作家、詩人暨導演。

譯註十五　Medea，美迪亞與伊阿宋的故事，是希臘悲劇故事中非常著名的一則，美迪亞這個主角在故事中呈現出許多冥王星的色彩。

另一種情況是，凱龍與水星有相位的人，有一些反而擁有能夠清楚嚴明地從事邏輯思考的天賦，以及從一團雜亂無章的印象與資訊中建立起秩序的能力。他們擁有可以看穿事物的心智，而且喜歡研究晦暗難解、稀奇神祕的主題。例如，本書從頭到尾所使用的宮位區分系統，其首創者瓦特・寇曲（Walter Koch），就有凱龍與水星合相於天秤座、第一宮（凱龍位於第一宮，在此呈現為改革創新者）。他是位擁有過人智力，以及過目不忘的記憶力的占星研究家。他在第一次世界大戰中腿部受傷，但隨後他依舊在占星領域成為一位多產作家。另一位著名的占星研究家米歇爾・高格林（Michel Gauquelin），他的凱龍位在金牛座、第十宮，非常接近它被世人發現的度數，而與位於天蠍座、第四宮的水星形成對分相。一開始，他是為了要搗毀占星學所奠基的基礎，為了要「傷害」它（凱龍與水星位於天蠍座），而開始對其仔細研究。然而，他那些一絲不苟、小心嚴謹的研究成果，卻為這門學科提供了統計上的證據，進一步讓他對占星學產生越來越大的興趣；他的占星著作帶來不少爭議，對種種基本概念都提出質疑與挑戰，不過依然為其他研究者提供了分門別類的資料，成為一股豐富浩瀚的資源。

凱龍與水星有相位的人，面對心智上的衝突是可以張開雙手擁抱彼此矛盾的想法或事物，而不覺得這有什麼困難；擁有這類相位的我們，非常具有察覺「不協調、不一致」以及欣賞「荒謬、不合理」的能力。我們可能會擁有以尖酸刻薄的話語，或是以插科打諢、搞怪耍笨的方式展現的幽默感，而且有話直說，絲毫不會猶豫或保留，不會考慮誰會因此而臉上發燒、心裡受辱。然而，如果我們的幽默是為了隱藏對深刻感受以及親密關係的恐懼，那麼這種幽默感就很有可能會傷害到人。對於有凱龍與水星相關的人來說，沒有什麼東西是「神聖不可侵犯的」，任何事物都可以拿來談論，讓它成為珠璣妙語的一部分，或者是一針見血的評論對象。就像赫密士的風格，「幽默」能夠釋放情緒，能夠打開死結、突破僵局；幫助我們放鬆，並且看到我們自己矯揉造作中的愚蠢所在。有幾位著名的諧星或喜劇家，凱龍與水星都有關聯，在他們的詼諧言語中，也常常包含對社會與政治的議論。伍迪·愛倫他那機鋒暗藏，但是尖酸刻薄的玩笑話，從他太陽、木星、水星組成的星群，共同對分於雙子座的凱龍就可以反映出來。凱龍與水星有相位時展現的幽默，背後大可以有非常嚴肅的意圖，可以促發覺醒，可以啟發他人，也可以取笑習俗、偏見，以及組成這個社會的體制與制度。

最後，討論凱龍與水星的相位，如果不提到偉大而充滿神祕感的「三重·大赫密士（Hermes Trismegistus）」，就稱不上完整了。祂的起源受到一團謎雲及魔力所籠罩；據說祂活在「時間開始以前」的時候，分別於古埃及和古希臘轉世為前面提到的托特及赫密士的形象。又，據說有道最是古老悠久的智慧之流，流過上述這兩個文明，而祂便是這道智慧之流的化身，也是那神祕難解的《翠玉錄》的作者——傳說，最初的時候，這些祂所留下的教誨，真的就是刻在一塊翡翠之上。這一點正好可以用來提醒我們，在如今這個物質主義掛帥的時代裡，無論人類利用自己智性能力的方法與目的到底變得多麼沒有格調，水星依舊是與這個「三倍偉大」的赫密士所代表的啟發過程有關，清清楚楚，絕無二致。隨著凱龍與水星有相位，這個關於創造與革新的心智面向，一定會試著讓自己展現於世。

凱龍與金星有相位

凱龍與金星有相位的我們，能看見別人未曾注意到的美，並且從他們認為醜陋或無用的人事物身上，發現後者也有不同的價值。我們的價值觀會具有強烈的個人特色，我們也會堅定不移地信奉這些價值觀。這樣一種金星式的熱衷與執著，它貫注、投入的對象也包括思想哲理或者政治議題，譬如我們可能會加入諸如爭取婦女權利、推動族群融合之類的運動，或者我們可能會熱烈支持某些藝術活動。我們可能會尋找與追求極為美麗或擁有極高價值的人事物，或者我們追尋的是富有、魅力、浪漫的愛情這些東西本身。有時候，這個相位會讓我們遇見一些「一見如故」的人，在剛認識時就覺得對方感覺很熟悉，好像已經認識很久了；我們或許會覺得與對方在某段前世就已經認識，因此誇張一點的話，甚至就連關於這個人的一些細節、瑣事，不必先說我們都有點概念。採取這種「相識在前世」的觀點，或許可以有助我們解決關係中棘手的問題，畢竟隨著凱龍與金星具有相位，我們原本就容易透過熱烈，但有時候也可能是痛苦的關係，連結到其他次元的意識內容。另外，與同時代的人遭遇邂逅，他們所帶來的新想法、新點子，他們的提議建言，他們的眼光洞見，以及他們與我們之間不論是精彩豐富的火花交互激盪，還是工作、交易上的往來——透過這些，常讓我們獲得靈感與啟發，或者發現人生下一步的目標。不過，說不定我們一直沒有發現，我們也為他人提供了一模一樣的美好，同樣地也一直都沒有意識到，為此對方可能會有多麼感謝我們。對那些凱龍與金星有相位的人來說，帶給他們療癒，以及帶給他們藝術或關於「美」的靈感與啟發的人，比起跟他們一起走進結婚禮堂的人，與前者之間所擁有的，更是他們生命中最重要的「人際關係」。接續這點而論，依照一段關係呈現出的本色，而不是依照社會角色應有的扮演模式來經營投入關係，常常是凱龍與金星有相位的重要主題。

凱龍與金星有相位的人，對於「不和」相當敏感。他們常會捲入其他人的爭執之中，而且還會主動地「公親變事主」，當成自己的爭執來處理，幾乎就好像是他們覺得自己有責任，要把別人已經搞砸的愛與和諧挽救回來。這種傾向可能根源於幼時的環境：可能他們從那個時候起，就已經擔任家中爭執交戰的雙親、兄弟姐妹、甚至是敵對的本親與姻親間和事佬的角色，發揮調停與中介的作用；也可能他們小時候父母就已經分居或離婚了，使得他們處於必須選邊站的壓力之下。日後，他們會致力於解決人與人的關係中那些無法解決的問題，儘管那些都將是徒勞無功的掙扎——而他們或許需要學會對這樣的事情放手。的確，對他們來說，衝突是非常難以忍受的事；然而有可能他們致力想要達成的，其實是個要求太過，而不切實際的和諧狀態。另一種情況是，他們硬是留在常人幾乎無法容忍的人際衝突情境中而不離開，希望最終還是能夠達成和解，而在這個過程中讓他們自己持續受到傷害。對「正視衝突」這件事採取比較切合實際、具有空間與彈性的理解與評價，並且讓自己精熟於各種處理衝突的方法，不只會是凱龍與金星有相位的人的實質資產，也讓他們有機會學習與培養一種更有深度的和諧觀念。

凱龍若與金星有相位，我們或許會在人生最初的一些男女交往關係中，體驗到一種「烈火般的洗禮」。如果我們不去學著在當中適當捍衛或堅持我們的價值，就會形成一種永遠在遷就對方的模式，而這種模式通常可以在更早以前遭遇的困境中找到其源頭。凱龍與金星有相位的人，可能會極度追隨他人的腳步，對他人的價值觀、審美觀以及由此而生的抱負與志向，全都照單全收。舉例來說，有位男士，他的凱龍與天秤座、第十宮的金星合相，也與同樣位於天秤座的天頂合相。他過去交往的對象，都是從事不同藝術領域工作的女性。而每當他在與對方交往的時候，對方是做什麼的，他就跟著做什麼，沒有一次例外；跟攝影師交往時，他就轉行去當攝影師；跟女演員同居時，他就在劇場工作。他這種個性源自與母親的關係；當初他的母親為了家庭與小孩，放棄了前途看好的歌手生涯，因此也希望兒子能延續她的志向，發展屬於表演藝術領域的職業。

凱龍與金星有相位，常為我們帶來一種能力，可以真誠而由衷地觸動他人內心深處，並且藉此協助他人發展出追求健全關係時所需要的能耐。不過這種能力不是天生就有的，通常是隨時間累積成長，而且剛開始的時候，我們也必須要與自己對於人際交往所抱持的過於理想化或者扭曲偏差的想像，辛苦搏鬥一番，然後才達到將之克服與超越的階段。譬如，或許我們會要求他人要對我們更加敞開心扉或者開誠布公，自己對他們卻不曾如此；又或許，我們明明視他人為反映出自己的一面鏡子，卻又覺得無法接納對方與我們的差異性。於是乎，儘管我們十分渴望人與人之間的和諧融洽，其他人卻可能覺得我們給他們很大的壓迫感；如果對自己帶給他人的壓力與衝擊不以為意，我們終將會沒有能力去處理相關的後續變化。有時候，擁有這種相位的我們，會無可救藥的「浪漫」：當真實的人生跟不上我們心中美好的理想模樣時，隨之而來的是比一般人更強烈的失望或者孤立感。那或許是來自於我們感覺遭受好友或愛人的背叛，然而事實上真正背叛我們的，是自己過於完美的理想性，是它為「和諧」設下了那些不可能達到的標準。或者，我們總愛追求無法得到的對象，享受那種戲劇化的情緒互動、生活中不可能出現的情境、悲慘遭遇以及不被回應的愛，所帶來的各種苦澀又夾雜酸甜的痛苦。就像羅伯特．強森（Robert Johnson）所說的：「浪漫的愛情，有一項嚴重的矛盾：只要它依然『浪漫』，就無法帶給我們屬於真實人生的關係。」（註8）一旦在「維持和諧」或者「創造完美關係」的名義之下，對難以化解與消弭的感受、情緒或想法來個視而不見，這麼做常常只會引來情感上的災難或失敗。

對那些凱龍與金星有所聯繫的人來說，生命最重要的課題就是人與人之間的關係。關係交往的陰暗面，例如性方面的競爭與糾葛、情緒上的操弄，以及檯面下的權力鬥爭等等，常常會是他們不易克服的難關。然而，他們的生命之旅，經常包含了要到這些地方遊歷的行程；如果堅持停留在「天真」的狀態，反而會導致他們容易在情感上、性關係上以及經濟上遭到他人的利用與剝削。在他們反應出金星風格，而不容小覷的魅力與外交手腕以及圓滑得體的表面之下，這些人常常也精於如何得到他們想要的結果；他們知道如何操弄他人的情感，甚至有辦法挑撥人們彼此對立。或者，他們也有可能非常喜愛支配控制他人，用巧妙精緻的方法來拒絕讓步，藉此設法在關係中成為主導者。

凱龍與金星有相位的我們，可能會被「出色的人物」所吸引，羨慕那些經濟富裕、魅力迷人或者有藝術成就的人。這樣的我們，可能會掉進金星設下的外在陷阱，於是我們踏上的考驗之旅中有一部分，就在於要試著重新去連結我們享受感官歡愉的能力，以及重新找回我們對於「真實」關係的需求；而不是到處挑選尋找某個符合心中理想形象的身影，也不是把這種形象當作自己效法的典型。也有可能，我們會多少有些喜好虛榮或炫燿；或者沉醉在自己的身體外貌而無法自拔；又或者是我們非要打扮得能「謀殺相機的底片」，否則便會全身不自在。就算親密的朋友或愛人，也從沒見過我們蓬頭垢面、穿衣隨便；外貌老化的跡象，則會讓我們感到極度的沮喪。或許，暗地裡，我們其實很享受能激起他人的羨慕或忌妒，而我們的美貌、藝術天分，以及對異性有如磁鐵般的性吸引力，就是我們達成這種目的的武器。然而，另一方面，也有可能是，無論別人再怎麼讚美，我們就是沒有欣賞與理解自己天賦或美貌的能力，甚至還會因為自己的不修邊幅，或者為自己不愛打扮的個性深感驕傲。我們可能擔心或害怕來自他人的忌妒，或者覺得自己享受感官之樂的金星天賦遭到了剝奪。在凱龍與金星有所聯繫之下，相關的苦難最終能引領我們將肉體之美、感官的樂趣以及藝術的才能，視為應該也值得去珍惜並且與人共享的神聖天賦。這樣的我們，不是藉由花言巧語來協助他人感受到美麗與寶貴，而是用我們誠摯而真實的理解與珍惜，與他人產生共鳴。

塞姬（Psyche）與愛洛斯（Eros）的故事所呈現的主題，有可能會出現在凱龍與金星有相位的人的生命中。年輕可人的塞姬，讓人目眩神迷的美貌，使得人們寧可崇拜她，而不去崇拜女神阿芙蘿黛蒂，後者因此甚為忿怒與忌妒。然而，儘管有此美貌，塞姬依然是孤單一人，她心中的渴望依然無法獲得滿足。神諭預言她永遠無法在凡間找到夫婿，陷入憂傷與悲痛之中的她，因此決定答應一宗死亡婚約。然而，出乎意料地，期待中的奪命災厄沒有降臨，她反而發現自己乘著風在空中飛翔，被風帶到了愛洛斯的宮殿。她在裡頭得到愛洛斯的殷勤對待，身邊還有許多僕人照看她一切的需求。就這樣，她每天晚上與情人愛洛斯過著無憂無慮，如詩歌般所描述的生活。只不過，愛洛斯總是在破曉前就離去，而且禁止她在白天有光線的時候見到他。塞姬有兩位姐姐，對她的美貌以及她新近擁有的這樁美事，都深深感到忌妒。愛洛斯警告過塞姬，她這兩位姐姐可能會帶來破壞，勸她不要受她們影響。然而，當她們前來參觀妹妹雄偉華麗的宮殿時，依然成功播下了懷疑與恐懼的種子，說服塞姬相信自己所愛的愛洛斯，其實是頭凶惡而醜陋的怪物，叫她必須找個辦法在有光線的時候看到他。於是有天晚上，好奇心以及對自己安危的擔心擊潰了塞姬的信心；她趁愛洛斯睡著的時候，拿燈照著愛洛斯，打算把他給殺了。結果她看見的不是一頭怪物，而是容貌俊美到令人難以抗拒的男子。塞姬完全被這樣的美貌所迷倒，如癡如狂的激情讓她撲向愛洛斯，然而燈裡融化的蠟油滴到愛洛斯的身上，把他吵醒，於是愛洛斯便展開翅膀飛上天，雖然塞姬緊抓著他不放，但最終她還是掉了下來，一個人在地上，看著她的愛人撇下她越飛越高，消失在天際。之後愛洛斯暫時躲藏在他母親阿芙蘿黛蒂這裡，然而在知道兒子對塞姬的愛之後，阿芙蘿黛蒂更是怒不可遏，一氣之下把他逐了出去。另一方面，塞姬帶著猶如自殺般的絕望四處游蕩，最終也來到了阿芙蘿黛蒂的住處。阿芙蘿黛蒂命令塞姬，如果要證明自己配得上愛洛斯，就要踏上她所規定的考驗之旅，然後交給她一連串幾乎不可能達成的任務。然而，一路上她得到了許多各式各樣的動物協助，竟然將任務全部完成，其中還包括一趟往返地底世界的危險旅程。於是，塞姬最後終於如願與情人愛洛斯重圓團聚。

一邊是塞姬代表的心地高尚、為了痛苦的考驗而憂傷的天真少女，一邊則是阿芙蘿黛蒂那種無所不能、報復心重，並且又善妒的形象，兩者的對比是這則神話的基礎。儘管表面上好像是兩個忌妒的姐姐為塞姬帶來了苦難，但其實是阿芙蘿黛蒂，然而也是她促使了塞姬踏上意識的追尋之旅。為了她的戀人，塞姬能夠熬過這段考驗與種種苦難，並且從中獲得了自己的完整性。阿芙蘿黛蒂代表「女性式的家長或老大心態」的負面面向，反對女人與男人擁有個別關係——可以視為「忌妒的皇后」形象，干涉控制自己的兒子，不容許任何女人與她競爭。塞姬的幫手全都是屬於動物世界，這一點象徵了隨著她與自己天性中本能的一面同化，漸漸地也失去了她的天真，如此一來，才能戰勝阿芙蘿黛蒂那具破壞性的忌妒心；而唯有這樣，塞姬才能重新取得她享有戀人與戀人間，那種個別之情愛的權利。

這些對比強烈的角色，常常會出現在凱龍與金星有相位的人的生命中。有時候凱龍與金星有關連的女性，會有善妒而難以相處的母親或姐妹。要出落為一位成熟、不落俗套的女性，過程中的種種考驗可能會讓她們害怕，覺得自己永遠沒辦法完成這種蛻變，於是她們可能選擇走上另一條路，追求一種可悲的「天真」。因此，正視自己阿芙蘿黛蒂的一面，自己在性方面的競爭意識，以及想站在舞台中心的渴望，對她們來說雖然可能很困難，但卻是很重要的事。另一方面，沒有察覺到自己心裡對女兒懷有某種忌妒的母親，可能會在女兒即將跨進青春期的時候，出現心理或生理上的病痛。不管做什麼，她可能都不會開心，並且她會持續向女兒暗示：性吸引力、感官方面的愉悅、享受生命，這些都是禁忌，因為母親已經不再擁有它們。這類母親的女兒長大後會不曉得自己的性吸引力有多麼強烈，但是男性們可不這麼認為；她們常常會招來自己並不想要的異性攻勢，因為這些攻勢視其情況，說不定會使她們深感難堪、害怕或者忿怒。

塞姬的苦難，是要讓關係在一個意志更為自主、認識更為清楚的層次上獲得重建或新生；如同賽姬一樣，在凱龍與金星有聯繫的人的生命裡，因為感情而帶來的苦難將會是個非常顯著的主題。然而，我們需要找出並且正視這些苦難背後的目的，否則我們就會牢牢地固著在「受害者」的角色上。經過人際互動中人性黑暗面的考驗與試煉，或許我們會覺得失去了一部分的無邪與純真，不過卻也可能在慈悲與憐憫，在意識的覺醒之下，我們成熟到不被這一點所困。明明還陶醉在被愛人所愛的天堂裡，接下來卻在一個踉蹌之下掉回地面，也是凱龍與金星有相位的人相當熟悉的經驗。就像塞姬在愛洛斯即將消失在天際時，緊緊抓著他不放一樣，我們也會絕不鬆手地緊抓著我們記憶裡美好的幻象，然後承受著由於我們將某個人當成了自己世界的中心，而種下的傷害苦果。

就像愛洛斯一樣，凱龍與金星有相位的男性，當女人想要依照她自己的意思，做個獨立不依附於他人的個體時，他們也會當著女人的面「一飛了之」。他們可能會找柔順聽話，習慣抹殺自我的女人來交往，結果卻在後來發現對方漸漸變成一個新的阿芙蘿黛蒂，並且用如同後者所擁有的猛烈力量與他對抗。凱龍與金星有相位的男人，在他們生命中的某處，經常會有一位性感、有魅力並且擁有權勢或能力的女人。雙方之間的關係有可能是互相都對對方小心提防，也有可能是心中充滿狂熱的欣賞與愛慾糾葛。他常常會與這樣一位女性保持一段安全距離，那距離與其說是愛人，不如說是紅粉知己。同樣地，如果你是擁有這種相位的女性，或許妳也會納悶，儘管妳心裡清楚自己具有吸引力，但為何男人還是要與妳保持距離。凱龍與金星有相位的男性，在穿著方面通常擁有不錯的風格與品味，對自己或他人的外貌也有一定的眼光，而且喜歡讓人看見自己在最好的狀態。假如妳的男人凱龍與金星有相位，一定要讓他知道妳也有愛與美之女神阿芙蘿黛蒂的一面，但是不要做得太過火而把他嚇跑了。另外，最重要的是，千萬不要當他的老媽子。凱龍與金星有相位的男性，非常能欣賞女性特有之美，而且對那些既獨立而有自信，同時又女人味十足的女性來說，他們常常能成為美好與精彩的伴侶。此外，他們本身的藝術素養與陰性氣質都有機會得到良好的發展，這讓他們在藝術上擁有過人的天賦與創造力。

畫家居斯塔夫．莫羅（Gustave Moreau）的凱龍位在牡羊座的一組星群之間，它們依序是冥王星、月亮、太陽與金星，後兩者也與天蠍座的火星形成十二分之五相。除了以上關係，凱龍也與木星成八分之三相，與土星成六分相，以及與海王星成四分相。「半人馬與死去的女詩人」〔註9〕（Dead Poetess Carried by a Centaur）這幅美麗的畫作就是出自他之手。莫羅一生都居住在巴黎，從來不曾展現出那麼集中的牡羊座能量，一般都會聯想到的那種外放、想要引人注目的豪情壯舉。他終身未娶，並且一直與父母同住。父母雙亡之後，他將自家的房子改裝成展示自己作品的畫廊與美術館，後來在一九〇三年正式對外開放。他對神話與傳說故事所呈現的

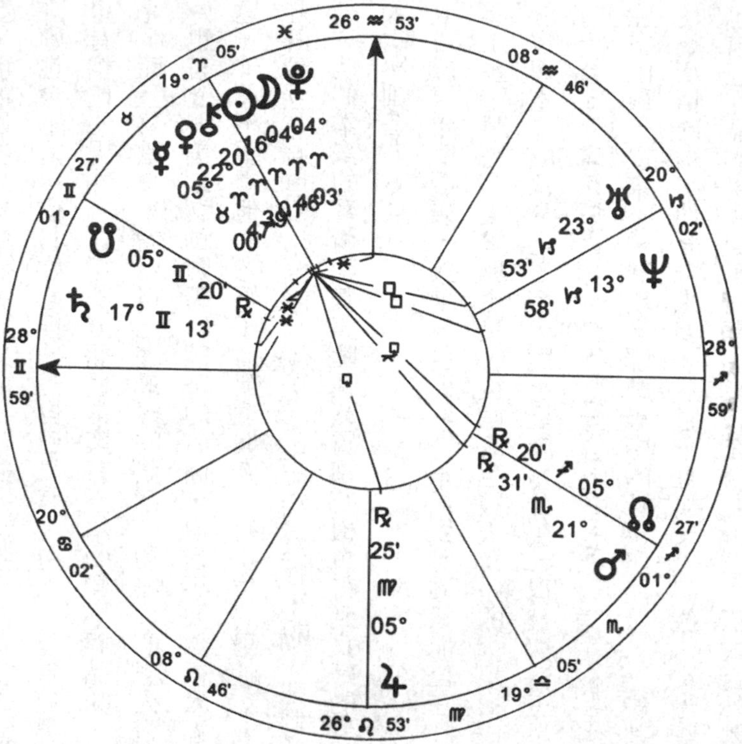

圖三　居斯塔夫．莫羅

各種意象領域，充滿深切無比的熱情；他那些以人類生命的原型主題為題材的畫作，表現出靈巧精美的風格，以及強烈而銳利的色調筆觸。莫羅也是一位完全具有凱龍風範的老師，不論是在術業還是心靈上；許多有名的法國印象派畫家都是他的弟子。他的作品經常描繪脆弱、不幸或哀痛的女性，這點與凱龍合相於金星相吻合。除了上面提到的那幅畫，另有一幅描寫奧菲斯（Orpheus）在尤麗狄絲（Eurydice）墓前哀悼的畫〔譯註十六〕，都完成於他的終身伴侶亞歷珊卓琳（Alexandrine）去世後的隔年。他們兩人相識於一八五九年，剛好就在凱龍行運靠近他的天頂的時候：確實，她就是他的繆思女神、他的靈感來源。他們一直沒有結成夫妻，不過亞歷珊卓琳就住在距離莫羅家很近的公寓。在她去世的時刻，行運的凱龍來到的是巨蟹座，與莫羅出生星盤上摩羯座的天王星及海王星形成對分相，並且與他合相的凱龍及金星形成四分相。莫羅自己則於一八九八年因為胃癌去世（「癌症」在英文中與「巨蟹座」是同一個字），當時行運的南交點，以及推運後的金星，都落在亞歷珊卓琳去世當時，凱龍所落入的相同度數區域——也就是與他的天王星對分，並且四分於他凱龍及金星的合相。他作品所帶來的光，照亮了無數人的心，並且讓他們能夠體驗到與神話世界裡原型角色的神交。在分類上，他的作品獨樹一格，自成一類，這點也很忠於他凱龍在牡羊座的事實。

有時候，隨著凱龍與金星擁有相位，人際關係本身會被抬升到原型層次，跨越了種族、國

譯註十六　希臘神話中，奧菲斯是太陽神阿波羅，與繆思女神卡利歐碧所生，具有極高的音樂天分，擅長演奏七弦琴。關於奧菲斯最有名的一個故事是：他無法接受妻子尤麗狄絲被毒蛇咬死的遺憾，來到冥府向黑帝斯求情，靠著他的琴聲終於讓冥王動容，答應讓他帶走妻子，唯有一個條件，在離開陰間之前，他都不許回頭看妻子一眼。然而奧菲斯卻在即將到達地面前功敗垂成，忍不住回頭看了一眼，於是尤麗狄絲便只能繼續留在陰間了。

籍或宗教的界線或藩籬。受到凱龍與金星之間關係推動，影響逐漸擴散，乃至於到「全球」的領域，像這樣的例子可以參考在第四部中將會討論的伊恩．普雷爾的星盤。許多富有權勢或影響力的人物，不論是男是女，在他們與正式配偶的關係還存續的時候，都有一些婚外情事，有時候配偶本身也知道這一點。如果要寫一部「不為人知的世界史」，它大可將那些對形塑世界的男人造成巨大影響的女人也包括進來。透過對戀愛的激情，使得我們渾身充滿幹勁，甚至令我們改頭換面——愛洛斯的這種力量是無遠弗屆、沒有例外的；而凱龍與金星有相位的我們，非常容易受到這種能量的影響，不論它是以什麼形式表現出來。

凱龍與火星有相位

凱龍與火星有相位，我們生命之旅的挑戰，就在於要去找出屬於我們特殊的一種「戰士能量」，並且加以實現與彰顯。有可能，存在於成年以前的環境裡，以負面及破壞性的模樣所展現出的火星原則，曾經對我們造成傷害過。譬如，假若小時候家中的氣氛情境就有如戰場一樣，不論裡頭上演的是公開進行還是隱而不宣的爭戰，或許都讓我們決定了「將來我絕對不要變成這樣」，然後一直到長大以後，依然畏懼自己會再度有破壞性質的情緒爆發出來。因此一開始我們的反應方式，可能是對自己的情緒表達十分謹慎，結果小心過頭，到了因噎廢食的地步，封閉了以積極正面的方式來向他人表明自己的這種能力，也阻止了忿怒與征服、佔有的慾望得到健康的表達。在凱龍與火星有相位的影響之下，如果我們在長大的過程中，總是害怕對立的情況，而沒有察覺到自身的忿怒與任性，就有可能特別無法忍受他人帶有侵略性的行為，反而更容易陷入衝突。另外，從過去一些情境留存下來的忿怒感受，如果成為我們肩上一直不曾放下的擔子，說不定會讓我們把自己的「破壞力」理解得過於誇大；於是我們會小心翼翼地控制自己的反應，自以為這是在保護他人，這樣繼續下去，我們可能會習慣在相關的面向上讓出自己的職責、影響力或者主導權（具體的方式或樣貌，端看凱龍與火星的相位、星座及宮位），然而卻又在真的有人採取行動，接下原本屬於我們的這些東西時，與他們發生鬥爭。舉個例子：如果有天秤座的火星與巨蟹座的凱龍形成四分相，我們可能會在心理上陷入無助或者是覺得做什麼都沒有用的情緒狀態（凱龍在巨蟹座），透過這樣來逃避與他人產生對立與爭執，或者逃避做出決定（火星在天秤座）；不然就是我們在遇到這類情況時，會生氣地反擊回去（凱龍在巨蟹座），並且拒絕與對方合作（火星在天秤座）。如此一來，我們就以不採取任何積極行動，不表達我們的立場與主張，或者不做出確實決定的方式，而在實際上控制了局面。這種「以退為進」，或者以消極姿態達成侵略性效果的模式，會反過來激起他人的敵意，此時我們當然覺得自己是受害的那一方，但是比起受傷，這樣的想法才是我們真正的損失，因為它讓我們看不清這一切的徵結所在。反而為了反擊或報復，我們會發展出挑釁、激怒他人的技巧，不論是直接了當，或者是讓他人也難以察覺的方式。

「生病」這件事，可以是操控他人的一種手法，也可以是一個出口，宣洩我們不曾表達的忿怒；它還可以是解除局面危機的方法——如果情境中的負面能量因為我們一直不曾表明的立場，不曾表達的真實感受而逐步升高的話。我們的症狀，可能出現在由火星支配的生理功能或身體器官上，譬如像發燒、貧血、出疹、頭痛或者是肌肉無力。按照傳統儀式切腹自殺的日本作家三島由紀夫，凱龍與火星合相於牡羊座；無論讓他決定切腹的信仰或道理是什麼，這都是一個非常深刻的意象，表現出一旦「凱龍—火星」相位的能量反過來攻擊當事人本身時會是什麼模樣。那些星盤上凱龍與火星有所聯繫的人，有時候會在不經意的情況下，點燃他人心中暗藏的怒火。這時候，他們會站在一旁，驚訝無比地看著眼前這位朋友、情人或者工作伙伴，變得大發雷霆，甚至於動手動腳。有一些具備這種相位關係的人，他們擁有一種不沾鍋的本領，總是可以置身事外；此外，如果你正在跟擁有這種相位關係的人交往，別太驚訝為什麼你常常感到生氣——很可能這個人來到你的生命之中，是為了教給你一些關於你自己的忿怒的事！如果你本身有凱龍與火星的相位，試著了解諸如「無意識的攻擊行為」、「任性妄為」、「破壞、毀滅傾向」等這些東西是如何運作的，不論對你自己或是對他人來說都是很有用的事。

與上面情形完全相反的也一樣常見。也就是說，凱龍與火星有所聯繫的人，總是會採取建設性的行動、維持正面的自我要求，而且擁有許多成就。我們可以藉由戰神阿瑞斯來對這種相位做聯想；除了戰爭，祂也代表著嗜血好戰、兇暴殘忍、不受控制的攻擊與侵略性、享受破壞的樂趣，以及渴望挑起衝突與對立。然而，女神雅典娜曾經兩度在對戰中擊敗阿瑞斯。雅典娜代表的是調解紛爭，以及「三思而後行」，她總是能擊敗阿瑞斯這點，為擁有凱龍與火星相位的人提供了某種非常重要的啟示。如果你這兩個行星形成了相位，或多或少的慎思熟慮，可以讓你受用匪淺，尤其是它能讓你避免推卸責任或者認為凡事都是別人的錯的傾向。

受到某種「自己沒有存在的權利」的感覺傷害而出現的補償作用，常常成為凱龍在第一宮（由火星所守護的宮位）的基本調性；而在西索・羅德斯（Cecil John Rhodes）的人生中，我們也可以發現類似於這種補償作用的東西。他的凱龍位在摩羯座，與許多行星都形成相位，包括與火星的十二分之五相。他剝削成性，他對領土疆域的貪慾，或許是為了代替他基本的自我存在觀感（凱龍在第一宮）。透過攻克與占領的行動，他苦幹實幹，榮耀昔時我們的大英帝國與女王，以讓自己成為不朽（凱龍三分於位在金牛座、第四宮的天王星及冥王星）。曾經還有國家以他為名（也就是羅德西亞）：這讓他以確認自己存在為目標的追尋達到了頂峰。與那位「拉茨威爾公主」（Princess Radziwill）的結識，是羅德斯的生命歷程迅速往下跌落的起點。她是一個精神不穩定、覺得自己有通靈能力的女人（凱龍與位於巨蟹座、第七宮的月亮有對分相），還曾經為俾斯麥從事特務工作。這位拉茨威爾公主竭盡全力地糾纏著羅德斯不放，而羅

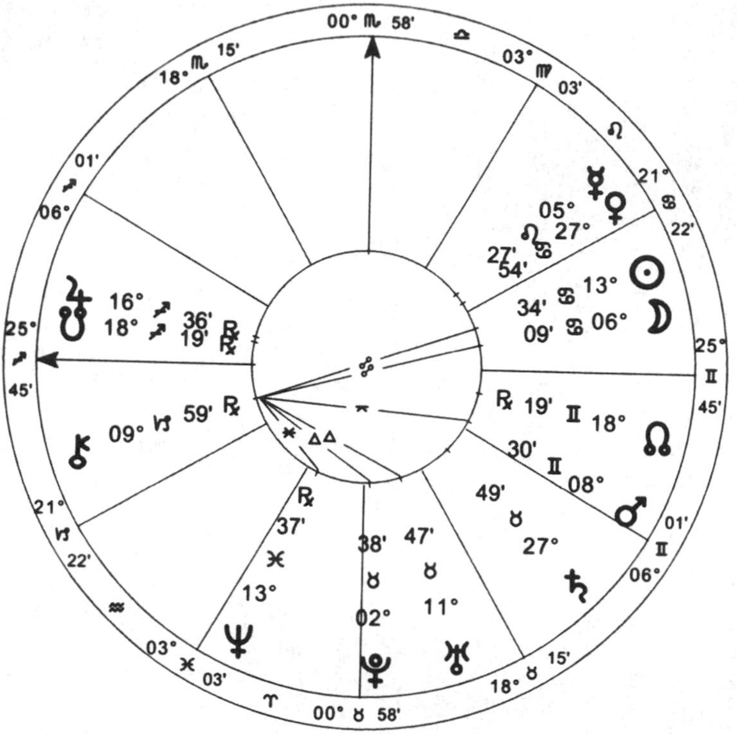

圖四　西索．羅德斯

德斯一開始對她很是推心置腹，連國家大事也跟她說，儘管知道她當時為法國與俄國報社擔任記者——在為大英帝國勞苦一生後，只差一點點，羅德斯就背叛了帝國（凱龍在摩羯座）。後來，她在票據上偽造羅德斯的簽名（凱龍在羅德斯第一宮，在這裡正好代表有人想要竊取他的身分），給他帶來一場財務上的醜聞（凱龍與金牛座的冥王星有相位）。他的名譽因此蒙塵，本人也在之後幾年受到後續影響的騷擾。有些傳記作者認為，這整個事件所帶來的壓力，讓他的健康狀態變得更加衰弱，多少也促成了他的死因。羅德斯一直都是個爭議性的人物，這是凱龍與火星有相位很典型的展現，然而由於凱龍位在摩羯座，自己公共形象的損害，其實讓他深深地感到受傷。

那些在星盤上凱龍與火星有所聯繫，本身又以正面的火星特質著稱的人，譬如坦率直接、領袖氣質以及推崇力量等，如果我們仔細觀察他們的人生，會發現他們在自己的生活背景裡頭，或許擁有一些可以讓他們有如小嬰兒般，被百般縱容與疼愛的人際關係。他們可能會習慣性地將火星負面的一面，發洩在某個人身上，譬如對自己的妻子或情人擺臭臉或說狠話。與「凱龍—火星」相位有關的大男人特質，在西索．羅德斯的一生中明顯可見：他對自己底下的人施行嚴格強力的掌控，對敵手絕不心軟；他秉著堅定無比的意志，還有熱烈忠誠的愛國心，來為榮耀大英帝國的擴張事業奮鬥。

羅德斯極為仰慕羅馬皇帝馬可．奧里略（譯註十七）（注意：羅德斯的凱龍與位在第七宮的太陽對分），對於他著作中所提到的「人生轉瞬即逝，功業流傳千古」，更是印象特別深刻。羅

譯註十七　Marcus Aurelius，121-180，是羅馬帝國五賢帝的最後一位，然而由於在位期間的長期征戰，雖有達成武功，但也造成國庫空虛。身為皇帝而有良好學識，所著《沉思錄》在民國初年亦由著名文人梁實秋翻譯傳入中文世界。

德斯網羅了一群大膽犯險的年輕人擔任他的保鑣；他以絲毫不假情面的高壓統治著自己這支軍隊，不論他突然有了什麼念頭，屬下都只能滿足這些無理要求，哪怕是要做出極大的個人犧牲。然而，曾經也有人這樣形容過羅德斯，說他是個無法自己照顧自己的「大嬰兒」（註10）。羅德斯去世的時間，介於他凱龍回歸的第一與第二次合相之間，原因是肺部積水造成的血管腫脹阻礙住了呼吸——他的火星位在雙子座，前者與血有關，後者則支配肺部。而他的墓誌銘將凱龍與火星有相位這件事，做了如此鮮明的表述：「完成的事如此之少，待做的事如此之多。」

出於習慣以及強迫自己去完成某件事，可能會是那些凱龍與火星有相位的人的苦惱；「徒勞無功的掙扎」這個凱龍主題，與這種情況特別有關。如果你在自己身上發現類似的模式，也就是完成某件工作後不再讓你有成就感，不再讓你覺得自己有用或有價值，帶來的只有挫折感，覺得是無謂消耗，甚至還讓你生起病來——這時候，問問自己這個問題說不定會有很幫助：「我到底在設法達成什麼？」或者：「我這樣做是為了誰？」隨著凱龍與火星具有相位，搞不好你會在這樣的自我詢問之下，揭穿一份足以引發自我毀滅的計畫表，上頭是沒有實益或者根本不可能達成的任務，是一些你最好對它們敬而遠之的目標。比方說：「只要我能做出開天闢地、前無古人的事，人們就會注意到我。」或者「只要我賺了大錢、成了大人物，就可以讓老爸羨慕我。」創立《金氏世界紀錄大全》的羅斯．麥克霍特、諾里斯．麥克霍特（Ross and Norris McWhirter）這對雙胞胎兄弟，他們牡羊座的凱龍就與獅子座的火星形成三分相。名列裡頭那些千奇百怪的項目上，在那些獲勝者之中有多少人同樣也有凱龍與火星的相位，會是個相當有趣的問題。「想成為第一，成為最好，以及成為唯一」的希望，或者「讓我來給他們看看怎樣才叫厲害」的態度——像這類的主題，內中其實穿插交織著某種想要懲罰他人的渴望。如果能有正確的勇氣（火星的正面表現），無所畏懼地去挖掘出心底那些無所不能的幻想、成就大功大業的美夢，將能賦予你原本沒有的選擇權，讓你有機會重新導引這股能量，或者如果可能的話，讓你有機會馴服這股能量，而不是被它牽著鼻子走，做出違背自己限度的事。當火星與凱龍有相位時，這種帶有強迫色彩的「我想要」，在我們追溯它的源頭時，常常會發現有一處傷口、一個特別脆弱之處，那是我們內心需要得到自己同情關注的一個部分；一旦發現了它，也就開啟了能量轉化的過程。

凱龍與火星有相位的人，身上擁有的強烈創造能量，足以發展成狂野、任性、不考慮其他人事物的特質。這些人雖然可能完成相當偉大的成就，不過也可以是毫無慈悲心、完全不在乎他人感受的人物。他們對於競爭有一種出於本能的理解，很容易就知道如何找出並且攻擊對方的弱點；他們也了解要怎麼樣對他人的自信心造成傷害，讓他人無法與之抗衡。擁有這個相位關係，並且也實際在軍事、體育及外在成就上，展現出強而有力的領袖特質以及紀律嚴明的人，可能會是些極富爭議性的人物，譬如像西索．羅德斯，或者像溫斯頓．邱吉爾（Winston Churchill），後者的凱龍在牡羊座、第七宮，與天秤座、第一宮的火星對分。關於邱吉爾在歷史上的貢獻與評價，看法常常因人而異。有些人視他為英雄：在看起來不可能成功的情形下，依然協助拯救了西方文明免於納粹主義的毒手；有些人則認為他只不過是個傲慢自大、性好侵略的好戰分子。

凱龍與火星呈現出相位的我們，其中的絕大多數，都註定不會成為如同羅德斯或邱吉爾這般留名青史的人物，也註定不會像蘇珊·阿金斯或者吉姆·瓊斯牧師那樣因為暴行而遺臭萬年——以上這些人全都擁有強勢的凱龍相位。就算如此，我們還是可以好好利用這個相位帶來的強烈能量，這股既有創造也有破壞潛力的能量；而我們人生旅程中的一部分課題，就將會落在如何努力用最合適的方式引導與指揮它，為自己也為他人謀福利。有位女士，在行運的冥王星啟動了她凱龍與火星相位的能力時，開始連續夢到關於一整群「狂戰士」的夢（註11）。據說這些令人畏懼的北歐武士，在戰鬥時會被殺戮的狂熱與激動佔據意識，而將擋在路上的一切摧毀破壞。這位女士先前一直認為自己是位幹練的女性，是個隨時準備好迎接新挑戰的職業婦女和「超級媽媽」。這次行運為她帶來了觀點的鬆動，讓她放棄已經成為某種負擔的征服與勝利心態。也就是說，這個夢所揭露的，是她即將予以超越的自我形象。

以積極正面的態度與方式，將凱龍與火星有相位的能量表現於外，也意味著我們要習慣沒辦法讓每個人都喜歡自己。人們可能會將他們沒有意識到的攻擊性投射到你身上，然後因此與你對立、對你抱持潛藏或公然的敵意。這時候，你需要找出心裡最想要的是什麼，將自己的能量與注意力導向它；然而，假如你是個比較需要獲得別人肯定的人，或者明明有些事情對你而言根本沒有意義，但只要它們浪潮一起，你就很容易會被捲走——那麼，要做到上面所說的將不是一件簡單的事。試著去察覺自己的敵意與侵略性，然後試著學會一些轉化這種能量的方法，這類成長將會像每年發送紅利一樣，讓你越來越有自信。你的人生課題中，有一項或許會是如何彰顯與發揮你身上追求成就、採取積極行動，以及做出恰當決定的能力。你也可能擁有有勇氣與他人正面對峙，也有能力處理棘手問題的天賦；因此你能夠開啟新的可能性，進而解決關係中的逃避問題或誤會狀態。你有讓他人覺得自己也擁有力量的天分，能協助他們釐清自己所要的東西，幫助他們制定人生的方式，並且激起他們追求成功的能量。換句話說，你有能力幫助那些火星能量出了問題的人！

有些時候，凱龍與火星的相位，會讓女性的當事人處理起來吃足苦頭，同時也指出她們與男性之間常有些棘手之處。「亞馬遜」這個原型形象，與火星具有關聯性，因為這個古代部族也會崇拜戰神阿瑞斯。假如有位女人，將「成就」視為自己所認同的價值，或者她覺得因為想獲得成就，所以不得不與男人競爭——如此一來，在邁向成功的路上，她免不了總是讓男性「尊嚴掃地」。同樣是凱龍與火星有相位的女性，不過與前述情況相反的是，她可能會貶低自己擁有的能力，甚至自己將才幹能耐給閹割掉；而這樣的她，則會容易吸引到帶有火星負面面貌的男性：殘忍與暴躁。克拉瑞妲．佩達齊（Claretta Petacci）是墨索里尼（Mussolini）深愛的情婦，也與後者一同接受死刑執行；她的凱龍位在雙魚座，四分於雙子座的火星。她的火星，與墨索里尼位於雙子座、由五個行星組成的星群形成合相，而這其中也包括了他的凱龍與火星。對他的火星來說，她是迷惑人的美女、是繆思女神，也是靈感源頭（凱龍在雙魚座）；她自己位於第一宮的火星，或許可說主要表現在她對墨索里尼的迷戀：開始於她還是個女孩的時候，從此一直引領著她，走向她的死亡。

殘酷好鬥、喜歡競爭與侵略的阿瑞斯，這樣一個形象代表的是包含著大量生命能量，而且一旦無法得到他人的注意，就會轉為破壞力量的陽性特質（註12）。凱龍與火星有相位的男性，可能會透過讓自己非常具有陽剛氣息的方式，來隱藏自己敏感、感性的一面；另外一種情形是，他們直接給人溫順、優雅、有教養的感覺，並且容易吸引喜歡做主的強勢女性。一旦這位「女強人」掉進這個陷阱，她才發覺自己會收到來自對方不自覺的敵意，然後戰爭就這樣開始了！凱龍與火星有所聯繫的男性需要完成這樣的「英雄任務」：從無到有，在內在建立出一種陽剛力量，以及在兇殘與懦弱的對極之間，找到一塊不屬於它們兩者的中間地帶。

在凱龍與火星有相位的影響之下，諸如競爭性的運動，或者嚴格磨練身體的鍛鍊活動，常常能為當事人強而有力的本能能量，提供一個疏解釋放的管道。不論是男性還是女性，練出強壯或美觀的肌肉，都有助於他們維持這種能量，然後將之導向正面的成就與活動，而不是任由它變質腐敗，反噬自己。星盤上凱龍與火星有所連繫的人，當他們把自己擁有的那些可觀力量，用於支持別人，或者用於不單純以個人利益為依歸的目標時，特別能讓他們成長茁壯。然而，他們旺盛強大的活力，有時候會把事情弄得過猶不及；因此，學會如何調整自己的能量，可以為他們帶來很大的助益。如果這種「衝過頭」的傾向是個慣常出現的問題，它有可能會造成或者也有可能是在暗示身體內的荷爾蒙失去平衡；此外，「腎上腺疲勞」雖然是直到最近才被人們認識的疾病，不過它也被火星的主題所涵蓋。一旦凱龍與火星形成的能量，以強迫的方式施加作用在當事人身上，他們就會對所有事物都過度努力與投入，從而將哪怕是做一頓飯這種簡單差事，也當作是一件只有海克力斯才能辦到的偉業。

羅貝托·阿沙鳩里（Roberto Assagioli）的凱龍位在雙子座、第十二宮，並且與巨蟹座的上升點合相；他的凱龍也與位於雙魚座的天頂，以及天秤座、第五宮的火星，一起形成大三角。阿沙鳩里是「心理綜合學」（Psychosynthesis）的創始人，這是一種從各式各樣，不過皆以「意志的運用」為共通重點的祕教與心理學領域取材，將它們對「心靈」的研究立場與研究路線綜合起來的理論。他寫了一本《意志的行動》（*The Act of Will*），強調個人的意志要與屬於更高自性的超個人意志步調一致。假如，我們自身的火星原則受到傷害，就可能會迫使我們去尋找一個範圍更廣泛的，不論是集體性的還是超個人層次的面向，讓我們的火星原則能在其中施展運作。事實上，隨著凱龍與火星產生聯繫，屬於我們個人的渴望常常會在企圖實現時面臨阻礙，或者遭逢挫折打擊，直到我們找到一種方式，將這些個人渴望連結到更為深刻的、關乎全體人類利益的關懷及考量為止。有一句古老的禱告詞就談過這個道理，它說：「我願將祢的意志也當作我的意志。〔譯註十八〕」

「我想要的究竟是什麼？」這個不斷浮現的問題，可以帶領那些凱龍與火星有相位的人，超越狹隘的自我以及個人層次，進入「金剛菩薩」代表的領域。這個「金剛菩薩」指的是能夠善用勇氣、生命力、意志力等這些火星的正面特質，為靈魂與精神覺醒的過程服務與付出——不是為了自己的利益，而是為了嘉惠每一個人。火星在土星守護的星座，也就是摩羯座裡處於得利狀態，這點反映出一件事：火星要將自己的能量發揮至最好，是要在它得到適當的控制、引導或者組織的時候。在凱龍與火星有相位的情況下，對火星的「剪裁修飾」，能讓它的能量晉升到一個更高的境界。

凱龍與土星有相位

凱龍與土星之間的關係，不僅意味著治癒以及釋放舊有的恐懼，同時也暗示著沿襲而來的疆界與限制若已變得過於綁手綁腳、阻礙發展，將會出現的突破與崩毀。秩序、紀律、規範、責任、社會地位，以及透過堅忍不拔的毅力，透過克服重重阻礙，來完成目標和創造事物的能力——都是凱龍與土星的相位發揮其神奇力量的一些明顯區域。我們學會為自己的生活組織架構，為一路活過來的經歷負起責任，而不是將我們的苦難歸咎於父母、政府、大環境或者其他「外在力量」。我們一方面學會抑制自己，不致於自暴自棄到把什麼都怪罪在自己頭上，一方面則培養出能夠正視與接納他人針對我們的言行所做出的真誠反應，從錯誤中學習教訓。承認自己無法控制事情的發展，練習做出選擇並且為自己的選擇負起責任，如此我們便轉化了自己與自身內在體驗的關係。本著耐心與寬厚，我們可以讓時間為我們所用，而不是覺得無論我們怎麼努力，時間都在與我們作對。我們會學到從靈魂的角度來看生命，了解到事物有它一定的發展時程；這世上並不存在著取巧的配方跟捷徑，能夠符合凱龍與土星相位所要求我們達到的整全與深度——它鼓勵著透過經驗，讓自己變得更深刻、周延、堅忍以及更有智慧。不論是土星還是凱龍，兩者都在尋求「中道」，也都在描述著當我們在開闢挖掘屬於自己的「中道」時，將會遭遇的考驗與試煉。不過，以凱龍代表的發展過程，會對我們正在努力處理的議題帶來多重相位的省悟：它帶著我們看到更深的地方，理解更深的道理，於是超越了「正常的時間維度」（土星）。生命中土星各式各樣令人不快的實際呈現方式，諸如嚴厲、害怕、對什麼都批評（不論是對自己還是他人）等等，隨著凱龍與土星有相位，我們在逐一與這些面向打交道

譯註十八　"I will to will Thy will."

的過程中，會漸次地將其轉化改造為土星正面性質的能量。

針對這個主題，讓我們再深入一些，探討罪惡感、羞愧心以及鄙夷自己這些不容易說明討論的領域。最能夠代表凱龍與土星之相位的原型，是一個嚴酷的、不斷譴責非難的形象，就好像舊約聖經裡耶和華的負面樣貌：祂看照著我們，唯恐我們步入歧途，墮入罪孽之中，而且一旦我們果真如此，就會毫不留情地懲罰我們。對於星盤上凱龍與土星有所聯繫的人而言，原罪、人類的墮落、因為女人的任性妄為而被趕出伊甸園等這類的概念，可能會深深啃噬著他們的內心，侵蝕掉他們對自己的價值認定。一切造物一旦都被視作該被責難的，那麼我們就需要得到救贖，從自身的邪惡中得到拯救；與此同時，我們也會被迫要為自己進行辯護。我們可能會覺得自己需要找個對象來責怪，以平息我們心中的怒火，並且藉此重新拼湊已經四分五裂的自我價值——他人一定要受到懲罰，這樣我們才可以繼續是正義的、是不需要被究責的一方。對凱龍與土星有相位的人來說，這樣一套批評與責難的戲碼假如沒有展演於外，就有可能在他們的內在上演。努力設法理解這種模式，並且將自己從這種模式中掙脫開來，將會讓我們重新找到自己的力量，回復我們在生活裡所擁有的權能與實質。我們要學會滋養內在之中那永恆不變的事物，而不是只知憂愁煩躁，只想試著去修正那些表面上看起來會困擾我們的事物。

因此，用心理學的術語來說的話，凱龍與土星相位反應的是一個強而有力的「超我」（super-ego），它專門挑剔、批評、責難、輕視我們嘗試做的每一件事，或者根本可以說不是針對事，而是針對我們這個人。我們可能對這個機制毫無意識，然後將其投射到伴侶、父母、社會，或者其他就是會讓我們忍不住要投射的對象身上——這種時候，我們若不是順從地將自己生命的責任交給這個「超我」，就是會與它這個外在的權威，進行一場爭奪主導權的權力鬥爭。這樣一場內在的衝突可以癱瘓掉我們整個人，讓人處在消極低落的狀態，既沒有能力享受人生，也沒有辦法展望未來。歉咎、罪惡以及羞愧的感覺，實在讓人難以忍受，於是我們會與之爭鬥，不然也會轉移自己的注意力，試著向世界證明，我們並不是我們也害怕成為的那種壞人。不過話又說回來，若我們本著寬厚為懷，以及不帶批評的好奇心，將注意力好好放在這些罪惡與羞恥的感受上，這樣一個內省的過程大有可能向我們揭露，它們其實是跟隨某種內在誡命而來的後果；一些總是用不可能完成的目標、無法達到的標準以及不可能滿足的期待，來要脅我們的誡命。以此為基礎再進一步地深入查訪，我們將會發現，它們其實是早期我們與各式各樣的權威關係，所殘留下來、已經失去生氣的過往經驗，就像秋天的樹上已經乾枯但還未落下的樹葉，依舊在樹梢上苟延殘喘。如果你的凱龍與土星形成一個強勢的相位，看一下布萊克的那幅「尼布查尼撒」（譯註十九），或許能夠協助你帶著幽默感以及憐憫的胸懷，來看待自己的這個面向。

譯註十九　威廉．布萊克（William Blake），1757-1827，是英國浪漫派詩人與畫家；「尼布查尼撒」（Nebuchadnezzar）則是一位古巴比倫國王，這幅以他為主題的畫，完成於1795年。

如果我們在不知不覺中，變成眼中只見得到外在名氣、成就及地位的人，變得只願從我們的職業角色，或者是只從我們牽涉其中的團體、社會、風俗習慣，來汲取對自己的認同，以及對社會組織的認識，那麼一旦這些東西開始變質，或者失去作用，我們就會感受到類似「從上帝的恩典中失寵」的經驗。但也是在這時候，我們等於得到了一個契機，去學會如何重新將我們的能量，導向榮耀我們的內在生命，從而我們也會以新的方式，重拾讓自己立基穩固的感覺。當我們首度遇上自己內心中的恐懼，發現自己對他人的輕蔑，以及對自己做出負面的批評時候，我們會感到羞愧而無地自容；而我們需要學會認清，這些正是對自己無法「自容」的反應機制的一部分，並且記得「自我接納」正是這趟內在探索的追尋目標。假如我們可以依循這樣的方式，一一拆解這些反應過程，並且不施加壓力，強求改變或轉化，我們就可能找到內在的自由，並且更能在這個由形式框架構成的世界裡覺得自在安適——而這其實就是真正的我們。用紀伯倫的話來說：「假如它是你想從王位上拉下的暴君，請先確認矗立在你內心裡的那張王座是否已經推倒了。」（註13）這句話的意思可以是：我們需要察覺到自己是如何有如一位暴君般，以負面的內心對白，以不可能達到的期待，來欺壓凌虐自己。

對那些凱龍與土星有相位的人而言，與凱龍有關的主題，常常可以在他們的父親身上看見。父親可能在生理或心理上患有疾病、虛弱無力、有某種缺陷或者需要得到某種療癒。另一種是，他也可能是家裡的暴君。在成長的過程中，如果我們覺得深受土星所管轄的範疇所傷害，諸如限制、界線、結構等等，就會給我們帶來強烈而深層的不安全感。或許我們當年的反抗行為，面對到的不是會讓我們往健全方向發展的管教方式；又或者，我們接受的教養內容，可能過於高壓與嚴格。不論是其中哪一種，都可能讓我們變得某種意義上的早熟，而在年紀還很輕的時候，就成了一個嚴肅正經的人，因為我們等於是基於各種不同的理由，而必須擔當起自己的父親。另外，父親可能會是傷害、迫害或者支配他人的人，留給我們的則是恐懼與憎恨。於是我們在長大成人的過程中，一直需要抵制、拒絕這個父親，設法從他的需索無度，從他的暴力相向，或者從他所可能施加的，令人無法忍受的限制下逃離，然而卻在有一天發現，這麼一位「父親」從來不曾離開我們，反覆在我們與權威人物的關係、在我們的私人關係中出現。我們苦苦掙扎，想要和他不一樣，然而在這努力的過程中，我們卻有可能其實是在落實他未曾發揮的可能性，或者在不知不覺中試圖藉著完成他未完成的目標與渴望，來對他做出某種補償。擁有這類相位的女性，情感連結的主要對象如果是父親，長大以後她可能會對那些與她父親截然不同的男性類型特別注目，不過那只是表面上的不同，進一步檢視，那些男人所類似的，有可能就是她父親身上難以被人察覺的另一面；又或者，這類女性結婚的對象，可能會讓人發現原來是跟她祖父，甚至是跟曾祖父同樣的類型。

凱龍與土星相位所暗示的父親議題，涉及的範圍通常要比當事人的父親還要深遠，會牽涉到連貫好幾個世代所傳承的一切，並且融入原型層次的父親形象裡。假如你的凱龍與土星產生相位，查看一下你的家族世譜，挖掘父親這一邊的長輩，其生活模式的樣態以及心理方面的特徵，或許對你會有所助益。譬如，說不定你會發現，你自己正在一無所知下，走上一條由祖先傳承下來的道路；或者，你可能以好幾個世代之前就已經做好的決定，作為建立自己人生結構的基礎，於是也就在不知情的狀況下跟隨著父親的腳步。有一些凱龍與土星有相位的人，會覺得他們生命的目的，就在於補救或改善從父親那邊傳承來的負面事物；可能會有沉重的負擔、過去的責任，或者是家族中不可告人的祕密，期待得到我們的療癒關注。有一些人終其一生都在努力解決這樣的主題。過去無法重來，但是在過去於今的殘餘之中，包含了一部分從祖先處流傳下來的業力，會在旅途上與我們相遇。此時，我們該做的是「擔任見證」，對其加以理解，賦予同情，而不是拚命與之掙扎對抗（註14）。另一方面，我們所繼承的也可能是正面的特質；能夠感覺自家先人的志向與價值與我們同在，這會為我們帶來內心的安穩、自在以及支持感。對於星盤上凱龍與土星有所聯繫的人，祖先的傳承以及我們與長遠過去建立的新關係，都會是重要的主題；它們深化了我們參與到歷史洪流，以及歸屬於「時空」之中的感覺（土星）。

舉個例子，有位少年，凱龍與土星合相於雙魚座，雖然從小就被視為資優生，然而在行運的凱龍進入雙子座期間，他卻開始在各項考試中表現差勁，也搞砸了他的職業性向測驗。這位少年的父親沒有受過教育，是個酗酒的男人，總是板著臉孔，而且也不愛說話。在少年還很小的時候，父親就離家出走了。我們可以看到，這位少年正在變得跟他不在的父親一樣；他在不知不覺中，依然在為父親離去的事傷心（凱龍在雙魚座），也因為這樣，他拒絕追求自身的進步，主動扼殺自己擁有的潛力，就像他父親對待他的方式一樣。在這個案例中，學著去同情他父親本身所承繼的苦難（凱龍在雙魚座），是幫助這位少年翻轉這整套負面模式的關鍵所在。在他深入理解祖父及曾祖父的人生以後，他開始了解父親身上背負了什麼樣的擔子。他也變得有能力本著慈悲與寬厚的同理心，去感謝這些父輩帶給他的一切，而這份心情也非常迅速地發展成一股「代替他們」出人頭地的渴望，讓他不再只是想要自尋失敗，以求繼續讓自己下意識地與他們同一。

在凱龍與土星有相位的情況下，我們與物質領域的關係可能會遭遇一些困難與麻煩：我們可能會遭逢突發的災難、疾病，或有形無形的衰退，或者會在該相位牽涉到的宮位及星座所象徵的生命領域中，感到自己無能為力。然而，重要的是，我們必須謹記藏在這些經驗與感受之下的是什麼：一心想讓事情重上軌道，卻一直沒有用憐憫之心去將那些位於底下的，對自己過度批判、無法認定自我價值等議題，引導到陽光之下——這樣一來，那些嘗試通常也就註定以失敗告終。隨著凱龍與土星有相位，當事人身上可能綜合了兩種相反特質：一方面心理極度容易受到傷害，一方面又發展出令人難以相處的防衛心態，而這又讓他們更是難以容許及認同情感需求的感受。我們或許會在接近他人的時候，先為我們的情感穿上一套密不透風的盔甲，在獨處的時候又深深感覺到自己的脆弱，並為此痛苦不已。表面上看來，我們是那種一個人就可以把自己照顧得很好，能力出眾、獨立自主的人，然而卻有可能會在自己的志向、努力的目標、工作的能力，或者內在的完整一貫性等等方面，經歷週期性的劇烈崩潰。凱龍與土星有相位，也可能意味著當事人很難去設想事情與狀況可以有不同的樣子，這種特徵甚至可以強烈到為這個人提供「自我實現預言」。對於這些人來說，時時提醒自己，情緒上所感受到的一切並不是「事情的全部」，這或許會是很重要的一件事。每當我們坐井觀天，而無法看得比自己內心黑暗的體驗更深更遠的時候，想想這個天文學上的比喻，說不定會帶給我們不少幫助：就我們的體驗而言，地球是平的，而太陽在白天的時候穿越我們頭上的天空，到了晚上就消失不見；然而，我們卻「知道」，地球事實上是圓的，而太陽的發光發熱中間並沒有休息，即使是在我們視線看不到的地方。而土星（梵文稱之為「shani」），在一段古老的吠陀傳說裡的祝禱詞中，則被稱為「太陽的黑暗之子」。

任何對南非政治歷史有興趣的人，一定知道「裝甲心態」（laager mentality）這個說法，而其實它恰好描述了凱龍與土星相位某些實際呈現的樣態。幾個世紀以前，每到夜裡，南非的開拓者會拉著他們的篷車，圍成一圈，以保護自己免受野生動物以及不懷好意的土著所害。日後，這些開拓者的後代，也就是歐裔南非人，更相信上帝賦予他們的任務，以及世界派給他們的職責，就是要保持白種人不受其他種族的污染，於是乎有了種族隔離主義。漢崔克．維沃德（Hendrik Verwoerd）的凱龍在射手座、第四宮，合相於位在摩羯座、第五宮的木星及土星；他是南非於一九五八至一九六六年間的總理，他在任內將上述這種「純淨的祖國」（凱龍在第四宮）的想法奉為最高指導方針，並且化為實際的制度，儘管種族隔離在當時的南非社會已經行之有年。伊安·史密斯（Ian Smith）有著牡羊座、第四宮的凱龍，與獅子座、第九宮的土星形成八分之三相。身為羅德西亞的末代總理，他頑強抵抗游擊軍的攻勢，延緩了辛巴威共和國的成立長達十五年。史密斯少年時罹患了小兒麻痺症，使他左臉癱瘓；這樣的他，倒是堅決地拒絕自己的國家（第四宮）被人來場「改頭換面」。戰敗之後他並沒有潛逃，這也是凱龍與土星相位的正面特質；他繼續為新國家新政府服務了七年。直到於二〇〇七年辭世以前（在他第三次土星回歸之後的幾個月），他一直都是對執政政府不假辭色、有話直說的批評者。

瑪格麗特·米德（Margaret Mead）只比維沃德早幾天出生，她的凱龍盤面配置向我們展示出，類似的占星主題在兩個不同的人生裡，可以多麼殊異。在她的第十二宮，有凱龍、木星、土星所形成的星群，土星並且與摩羯座的上升點合相。身為一位人類學家，米德憑藉她對太平洋玻里尼西亞群島上原住民的研究，幾乎成了某些族群熱烈崇拜的偶像。雖然她的研究成果留有爭議，批評者也認為她受到受訪者的誤導，然而她關於「性自由」以及相關道德責任的描述，確確實實地激起了大眾的遐想（凱龍位於第十二宮）——她為想要恢復或彌補內在原生狀態的集體渴望（第十二宮），賦予了具體存在的形態（土星）。她描述了一個「黃金時代」，在其中天性的本我可以得到健康而獨立自主的表達；她的想法，或許是受到「高貴的原始人」

的形象所影響，而這個歐洲人一心嚮往的形象，將在第四部繼續做進一步的說明。

整個二十世紀，凱龍與土星只有一次合相，時間是一九六六年的四月十三日，位置在雙魚座的23度51分（下次合相將是在二〇二八年）。這次合相發生在瑪格麗特．米德的學術生涯最為活躍的期間，而莎比恩符號系統對這個合相度數的描述，也與米德的研究有著讓人驚異的契合性：「在浩瀚汪洋中的一座小島上，人們緊密互動的生活，如今為外人所見。」島，讓人聯想到凱龍與土星的相位，而雙魚座則是由環島四周的「海洋」加以反映，魯德海爾特別強調這種需要：「在清楚認知之下，接受個人的局限何在，以求將自己的能量集中，活出一個有重心並且能夠實現志向的人生。」他也指出某種層次的自我中心，對於「設定界線，以及賦予意識特定的特色」來說，也有其不可或缺的必要性；另外，雖然我們的職責是在個人的意義上活出自己，但與此同時，「在更廣大的全體裡」我們也都擁有一個「特定的法（dharma），或者位置，或者功能」（註15）。在一九六六年這次凱龍與土星合相的角距容許期間，發生了許多足以成為未來文化的樣板與墊腳石的事件。歌頌怪異，並且為尋常的事物提供新意義的率性演出，紛紛登上檯面。場面盛大的搖滾音樂節，還有用新素材、新音樂或其他新元素，實驗一切刺激手法的電影與戲劇作品，也一一出現。這段時間所形成的乃是反土星式的「規範」：透過包括藥物毒品，以及音樂等等離幻、瘋迷、狂熱的雙魚座手段，個人界線受到了取消與抹除。當凱龍與土星的合相依然維持在容許度內的一九六六年十月，LSD迷幻藥遭到法律禁止，然而在此之前，它就已經廣泛地被用在惡名遠播的「MK-ULTRA」計畫裡，用來進行心靈控制的實驗。也就是說，土星陰暗的、暴虐的一面，在人們看不到的地方（雙魚座），在幕後偷偷起著作用。雖然這個計畫的官方紀錄幾乎全部在一九七三年銷毀，但有些研究者懷疑至今它依然暗中進行著。魯德海爾假如現在還在世，真讓人好奇他會對這些事做出何種評語，又會如何按照當前的背景來界定屬於個體的「法」的概念。

凱龍與土星在前一個千禧年間，一共在雙魚座有過六次合相；有趣的是，在這些合相中，一八一九年所發生的連續幾次中的第一次，過後沒幾天就是維多利亞女王的誕生日。她的志向是為王室建立（土星）一個幸福而快樂的形象（雙魚座），企圖挽救英國貴族長久以來，因外遇通姦以及貪污腐敗而給人惡名昭彰的印象。維多利亞女王有個幸福美滿的婚姻，對象是她的大表弟亞伯特親王，兩人一共育有九名子女。在丈夫去世時，她曾經有頗長一段時間無法參與公共事務，而且終其一生都沒有完全從喪偶之痛中復原（凱龍在雙魚座）。她從那時候起就只穿黑色衣服，而且接下來的四十年，都繼續不斷地為已故的丈夫掛起洗淨的衣服，這也為她贏得了「寡婦女王」的綽號。

她是英國史上在位時間最久的君主，從一八三七年起至一九〇一年為止，期間數度從暗殺行動中倖免於難（凱龍與冥王星有相位）。令人印象深刻的是，她也是王室家族裡可以被確認的第一位血友病帶原者，對她之下的所有女性後裔都造成影響。血友病是一種血液無法順利凝

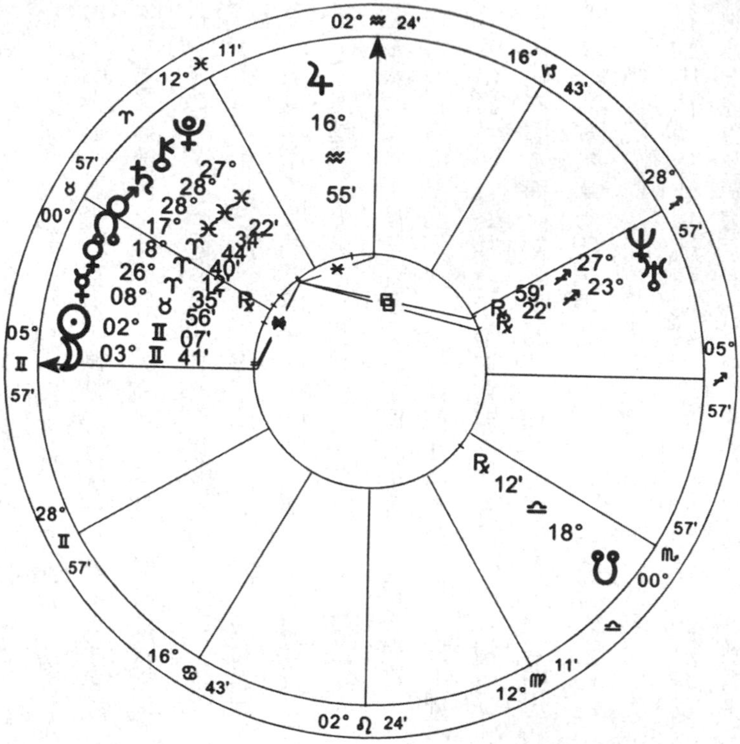

圖五　維多利亞女王

結的疾病，這使得即便是小小的外傷，對患者都有可能致命。在這個例子裡，這種血液凝固（土星）功能受到「損傷」（凱龍）的先天病症（凱龍），即是凱龍與土星的合相象徵。維多利亞女王的氣質風度也非常具有土星色彩。儘管她的名字已經成為「性壓抑」的同義詞，她依然是位深受尊敬與愛戴的君主。在其土星身為天頂的共同守護行星，並且又與凱龍合相之下，她的悲傷與痛苦會直接展現在大眾面前。

有時候，我們也會遇到這種擁有凱龍與土星相位的人，他對權威抱持著輕鬆而自在的觀感，不以財富地位、職業成就等外在條件為依歸。這樣的能量展示出這個人好不容易才贏得的尊嚴，他曾經面對過靈魂的深邃，經歷其中的黑暗與悲傷，也享受過程中的快樂與希望，因而得以淬煉出這樣的智慧，接受此世所轉生的人生，也接納其不完美。這樣的人，會樂於承擔起重要而巨大的責任。而在我們費盡心力掙扎搏鬥時，「智慧的老人」這個形象將會慢慢成形，無論那是令人痛苦的一道傷口，或是限制阻礙。這個形象尊重傳統與限制，但不會將自己等同於它們。智慧的獲得，是經由完全參與於生命之中，而不是完全抽離於生命之外。這樣的「智慧老人」的確是「處在這個世界，但並不隸屬於這個世界」。另外，還有一個原型人物，也和凱龍與土星的相位有關，那就是赫密士——象徵著在進行沉思冥想的工作時，有時候是需要處在能夠令心思貫注的孤獨狀態。有許多凱龍與土星有相位的人，會養成沉思冥想的好習慣，讓他們能夠連結到這個面向的土星經驗，而因此得惠受益。

凱龍與木星有相位

有一條由種種關連性所串接起來的有趣線索，將凱龍與宙斯連結了起來；宙斯就等同於占星學上的木星，因此宙斯與凱龍的關係，正好反映了凱龍與木星這兩個行星的共同作用。至高無上的宙斯，是統領天空以及山巔的大神，也是凱龍的同父異母兄弟，與凱龍一同享有佩利翁山聖域，那裡也是半人馬族的傳統家園。宙斯的聖殿位在向陽的南側，凱龍的洞穴則位在面陰的背側；象徵著儘管宙斯統治著那個永恆光明的所在，也就是奧林匹斯山上的所有男女眾神，但是宙斯所欠缺的事物，則由凱龍補足。在凱龍的洞穴之下有個名為佩勒斯朗尼（Pelethronion）的山谷，這裡生長著種類齊全、數量繁多的藥草。佩利翁山腳下有座玻貝斯湖（Boibeis），是月之泰坦女神菲比（Phoibe）的聖地，她是阿波羅的祖上，而阿波羅則在凱龍被拋棄的時候撫養了他。據說，太初之始，第一位人類的女性就是在這個湖邊，與代表生殖力的陽具之神性交。玻貝斯湖女神別名布莉摩（Brimo），這也是希臘北部方言稱呼波塞芬妮的名字，後者正是在伊魯希斯祕儀（Eleusinian Mysteries）中，將生命誕生予聖子（Divine Child，有時候也被稱做布莉摩之子，Brimos）的女神；這段關連性，我們將在下一章再繼續探討。根據以上，可以知道凱龍這半邊的佩西翁山，在洞穴、湖泊以及長滿藥草的山谷的象徵之下，描繪出與神祕、女性以及月亮相關的性質。因此，占星學上，我們可以認為凱龍平衡了木星（朱彼特、宙斯）膨脹、擴大、驕傲的傾向；此外它也指出了，當我們為了擁抱對自己而言，具有獨特意義的理想及遠見，而拋下在我們的自我當中，那些已經過時的組織構造的這種追尋過程中，將會遭遇到什麼性質的苦難。在它來到近日點的時候，凱龍距離木星公轉的路徑非常靠近，為它們之間的關連性提供了一個一目了然的映象。

星盤上凱龍與木星有聯繫的人，可能多少會有些「彌賽亞」，也就是覺得自己能夠拯救世人的傾向；這時候，他們想傳達給世界什麼樣的訊息，其性質就呈現在凱龍與木星相位在星盤上牽涉到的宮位與星座；他們可能成為偉大的追尋者，尋找著某個永遠變幻莫測的靈心妙悟、解決一切問題的萬靈丹，或者是某項終極真理。朱彼特把凱龍當成是自己的愛馬，沒有正事要做的時候便騎著他出遊，並且非常熱衷地想要招攬共遊的同伴，越多越好；然而對應到我們的話，我們可能會在凱龍與木星的相位所涵蓋的領域中擁有遠大的願望、雄偉的志向，卻對現實的人生有所逃避；就像受到宙斯懲罰的普羅米修斯，我們可能要在那些領域中經受非常巨大的苦難。假如內在的衝突不停攀升，最後我們或許會無法控制與吸收，這時候的痛苦就會促使我們將自己投身於一些關係到全體人類的志業之中。只不過，身為凡人，雖然擁有凱龍與木星的相位，我們依然無法單憑一己之力，就阻止各國的軍備競賽，或者令世界上的飢荒不再發生；這樣的事實，能讓我們願意去正視與承認那些被我們投注在理想志業上的內在苦痛。舉例來說，假如我們虧待或者無視自己身上的動物本性，我們可能會成為替動物權利大聲疾呼的運動人士；或者，假如我們非常害怕自己身上被壓抑住的侵略性，我們可能會為了發生在社區裡的暴力犯罪而走上街頭抗議治安問題。以上所述並不是在說不要將我們的正義感導向我們感同身受的集體志業；而是說，我們在凱龍與木星的聯繫關係裡所抱持的夢想或產生的「幻覺」，這夢想已經擴張到失去均衡狀態；遠見與理想可能會變質與腐化，成為給人帶來傷害的事物。確實，失去寶貴的理想、拋棄偉大的使命，是凱龍與木星有相位的人在生命旅程中常常會經歷的一部分。假如我們內化意義和以象徵手法處理意義的能力受到了傷害，我們就會冒險將內在議題用具象的方式移轉到外在世界；一旦如此，最好的結果是我們依然會感到空虛，至於最壞的結果，則是情感或經濟方面的災難了。

另一方面，凱龍與木星有相位的我們，能夠經歷為療癒與內在成長帶來豐富效果或進展的旅程、探險或者朝聖活動。其中最關鍵的因素，就在於我們是否願意深刻思考自身體驗，以及是否願意用足以達到某種內在的融會貫通（木星）的平靜與內省，來平衡我們的擴張性。如果，我們沒有好好掌握凱龍與木星的相位，我們身後就會留下尚未得到處理的人生經驗，也會使我們脫離原本的根基，失去與日常生活的連結。然而，一旦我們膽敢站在木星面前，擋住它的去路，我們也有可能會像普羅米修斯一樣，受到「被自己背叛」，或是被「否定自己的理想與內心的真理」的感覺所束縛。再一次，這時候位在兩個極端中的「中道」，將是通往療癒的途徑。

有凱龍木星相位的人常常在似乎快要失去一切的同時，突然體驗到一種獲救的恩典。相反地，背叛對神的忠誠的傷痛，可能是擁有這組相位的人生命當中的特色。當凱龍與木星產生相位，我們可能私底下感到自己很特別，認為是被上天特別喜愛的人。這樣的態度可能在一開始，因為內在堅定的相信——這是我應得的對待——而吸引許多美好事物來到身邊。但是隨之而來的，是那種突然的察覺到生命的有限而感到的忿怒。

就在我們沒有準備好要面對失敗的感覺時，厄運可能痛擊我們，我們認為自己被那個以為我們被上天鍾愛的想法給背叛了。回教的先知說了一句溫和又諷刺的句子——對阿拉祈禱，但是要綁緊你的駱駝。

凱龍與木星具有相位的我們，可能會擁有驚人的恢復力，可以從嚴重程度的疾病、悲慘事件以及信念危機中，成功復原過來。在它們的相位所涵蓋的領域中，我們很容易會把事情做得太過火，或者忽略「平常」的事物，只體驗與感受到其中「異常」的部分；我們能清楚地意識到原型層次的生命面向，卻同時也有過度狂熱的傾向。我們可能讓自己完全受誇張之處左右，而錯失單純的真相與道理。喬治·拜倫爵士（譯註二十）的木星與凱龍合相，兩者都位在雙子座、第十二宮。他筆下流露的那種極度豐富激昂的情緒（雙子座），確確實實是第十二宮的特色，像是來自原型層次而非出自個人經驗。另舉一個例子，對於那些凱龍與位在天秤座的木星有相位的人來說，他們的感情關係不會只是「平凡」或「正常」，男女交往將會是他們連結更高意

譯註二十　Lord George Byron，1788-1824，具有世襲貴族身分的英國詩人與作家，是浪漫主義文學的大師。

識領域的媒介，或者是他們進行社會意義與文化意義的擴張時所留下的經驗。另外，凱龍若是與巨蟹座或第四宮的木星有相位，家、家族、根源甚至是國籍或民族，會被我們抬升到幾乎「神聖」的地位。或者是我們會在不張揚的情況下，隱隱然覺得自己很特別：可能是因為有位了不起的祖先，不論那是事實還是出於我們的想像。

克里希那穆提（Krishnamurti）的凱龍逆行位於天秤座、第八宮，與他巨蟹座、第四宮的木星形成四分相。還是孩子的時候，一支以神智學為基礎的教派（譯註二十一）在印度「發現」了他，認為他會是教派未來的領導者，於是將他帶走並撫養長大。不過，他在後來毅然決然地與這個強加於他身上的偉大身分決裂（木星在第四宮），反而自己發展出一套新的哲學觀點（木星）；這套哲學觀點深入觀察（凱龍在第八宮）「衝突」本身（凱龍在天秤座），並且鼓勵人們倚重自己內在的引導源頭（木星在第四宮）。矛盾但或許並不令人驚訝的是，儘管他拒絕接受他人指派的使命這件事是如此廣為人知，他自己終究成為許多人的精神指引。他的凱龍在天秤座、第八宮這件事，表現在他的神祕韻事上，這段維持長達二十五年的關係，對象是一位常作神明降世打扮的有夫之婦。或許很難以置信，不過克里希那穆提說他相信這位女性是他親生母親的轉世，儘管事實上在她出生之時，他的母親還沒有過世（註16）。不論他如何用自己的理論做出複雜的解釋，假設這種說法屬實，便揭露了他在理解心理動力時的盲點，而這正是凱龍在第八宮的領域。

有位女士，在此我稱她為布蘭妲，木星在獅子座、第十宮，與位於金牛座、第七宮的凱龍形成四分相。此外，她的木星還守護著落入射手座的太陽與月亮。她一度想要在與療癒有關的領域工作，不過一直苦於沒有正確的管道。布蘭妲非常迷戀大衛．鮑伊（譯註二十二），後者的凱龍與前者位於天蠍座的上升點，形成完全的合相，兩人的木星則彼此對分。布蘭妲甚至搬到英國，只為了靠近鮑伊；因為她覺得，鮑伊給她帶來了療癒。她搬家這件事，具有凱龍與木星有相位的兩個典型特質：一是「朝聖」，另一則是「落實」。這場存在於想像中的關係（凱龍在第七宮）為她提供了一個原型層次的架構，藉此讓她探索自己的內在世界。她曾經接受一本書籍寫作的採訪，主題為明星與追星族之間的關係，這段採訪後來也有在媒體上播出。諷刺的是，雖然她一開始是用交由他人代理的方式，來活出自己獅子座的木星：由她追隨的明星，為她實現她對名聲，以及受眾人矚目與崇拜的需求；然而最後她得到的，卻是像「偉大人物的小粉絲」這樣的爛名號。另外，就像這則故事所展現的，凱龍與木星有相位的人，能夠為目標做出非常強烈的投身與奉獻。

譯註二十一　中文多稱為「通神學會」，是1875年成立於倫敦的教派。

譯註二十二　David Bowie，生於1947年，是英國極為著名的樂手，涉足音樂種類甚多，地位足可與披頭四樂團比肩。除了音樂外，亦曾參與電影演出。

凱龍與木星的相位，常常標示出教導及啟迪他人的能力，或者是能夠在他人尋找人生意義的過程中，助人一臂之力。有這種相位的我們，可能會有一種天賦，可以光憑直覺，就能對局面有個大概的了解或者抓到事情的含意；或者是我們有辦法將人們身上最好的一面激發出來，點燃他們心裡最真誠的理想與希望。有些人會很欣賞我們對人生所抱持的正面觀點，喜歡我們那種對生命總是充滿信任的態度，相信它會為我們帶來豐盛。然而，有時候凱龍與木星的相位所代表的，是盲目樂觀的傷口：可能是我們所成長的家庭或文化，對任何消沉、憂鬱或悲哀的負面情緒，都會斷然地加以駁斥，要求我們用所謂的「正面思考」來排除它們。改善情緒的處方於我們當前的社會驚人地盛行，剛好為我們是如此無法容忍偏向土星性質的經驗與感受，提供了一項佐證。在學會尊重並珍惜自己的陰暗面以前，我們或許會一直扮演一個其實很容易破碎的「超級木星」，以迴避那個在我們看來，既無意義又沒有希望，而且也無法帶來任何撫慰心靈的觀點：那個存在於我們身上，悲觀、鬱悶、消沉、沮喪的一面。凱龍的住處與宙斯的宮殿，兩者同在佩利翁山的山頂上，這個意象能夠提醒我們，當我們想尋求覺醒了悟的時候，結果找到的大多是自己內在的黑暗。抑鬱消沉一直會與飛揚愉快、熱忱興奮交替出現，直到我們開始走上中庸之道為止，這條中庸之道能夠替我們開啟，超越這種特殊極度二元對立的感受情境。

有時候凱龍與木星的相位，會指出我們對希望、期待的觀感為何，對生命抱持多大的信心與樂觀，以及存在於這些地方的傷口。還小的時候，我們心裡面代表「向外擴展」的大方態度、樂觀的想法，就可能已經遭受過打擊，因此我們學會了隱藏它們。我們的父母可能對我們有過非常高的期待，雖然這些期待差不多落空了，但或許它們也在我們心裡生了根，一直給我們帶來龐大的壓力。又譬如，父母在我們小時候讓大筆財產泡湯，或者身患重病，或者他們覺得自己老是厄運纏身以致於無法成功。他們宗教信仰的理論框架，可能太過於嚴厲，又太過於排他，讓我們的木星感到無法安心自在；或者他們心裡不相信有神，也沒有遵循任何宗教傳統習俗。如果是後者，家族先人歷來受到壓抑的對宗教信仰的渴望，或許會全部由我們來背負，讓我們不得不踏上一段歸依之旅。擁有凱龍與木星相位的人，「凡事外化」的傾向會非常強烈；這些人也常常要在一次又一次美夢破滅之後，才有能力重新找出與內在的精神性連結。他們將學會：不論心中所想像的那個「可能的未來」是什麼模樣——無論它是充滿光明還是一片黑暗，都需要「留在當下」，而不能整個人都毫不保留的被吸引過去。

凱龍與木星有相位的我們，可能會執迷於找出「更高層的意義」；而星盤上凱龍與木星的位置所在的宮位及星座，就代表了我們會在其中進行這種追尋的領域。我們的直覺很強，能夠直接感知到事情；我們可能會看到一些未來，但同時卻又難以把這些看到的可能性，或者來到腦海中的偉大理想，轉變成具體成形的事物。榮格的凱龍在牡羊座，與他天秤座的木星對分。他對於深層心理學的洞見與研究態度，主要都是透過自身經驗與感受而來（凱龍在牡羊座）；他倚賴直覺（凱龍與木星有相位）而不是其他理性能力，來得出自己的思想成果；而他提出的理論，最終也使得他與自己的老師佛洛伊德對立。他曾經就「移情關係」的煉金術基礎（木星在天秤座），以及針對它所具有的轉化變型的可能性，寫過不少的著作。他介紹給世人一個信仰個人內在意義的「宗教」。

D．H．勞倫斯的凱龍在雙子座、第八宮，並且與同在處女座、第十一宮而彼此合相的太陽及木星，分別形成四分相。關於他，有個或許沒那麼廣為人知的一面：他曾經試圖要實現一個典型的彌賽亞般的夢想，建立一個菁英式的宗教教團，一個他稱為「拉蘭寧」（Ranānim）的社群。依照他的計畫，在與世隔絕之下，教團成員將可以經歷個人內在的轉化並且獲得新生（凱龍在第八宮），然後再回到人群之中，灌溉培養下一代的成長，「為西方文明不毛貧瘠的遺跡，撒下新的種子。」（木星位在處女座，處於弱勢）。而當凱龍行運來到他第五宮，與出生時的凱龍位置構成四分相，並且對分了出生星圖上的「太陽—木星」合相的時候，他開始積極地招募人們加入這個計畫。

最開始的時候，D．H．勞倫斯其實也曾想要進入英國國教的教會，不過一想到媽媽曾經灌輸給他，國教那些限制嚴格的道德戒律，他就止步了。在他小時候，他曾經祈禱，希望上帝讓他父親去成為神職人員，或者乾脆讓父親死掉（凱龍與太陽有相位）。「拉蘭寧」這樣一個共同體的夢想，或許是在反應出一種渴望，渴望能治癒他與家人之間那些無法獲得解決的議題（把社群等同於是家庭）；沒有歸屬感的感覺，促使他想出一個可以由他來邀請別人，讓別人歸屬於其中的理想。請特別注意，他談到的是「重獲新生」，而不是「覺醒了悟」，這點正好吻合凱龍落入第八宮。他對西方文明的拒斥，或許也是一種「將事情外化」的作法，也就是說，他激烈地想要掙脫那些在孩提時代，嚴重壓抑他生命原始本能層面的新教倫理教義。下面這段文字，可以視為是他個人的信條：

我想讓這個世界再度擁有那個古老而偉大的異教夢想。……我所信奉的是一門對血的信仰，相信血肉會比頭腦來得更有智慧。我們頭腦裡的想法可能會出錯，但是我們血液裡所感受、所相信、所訴說的一切，永遠都會是真實的。理智，不過只是韁繩與轡頭。知識裡有我真正在乎的東西嗎？我只想回應我的血液，直接向它負責，不想讓理智、道德，或者諸如此類的東西，來浪費我的生命。〔註17〕

注意這段話裡，將血液與理智做了凱龍式的並列。然後也注意到這個尖銳的事實：勞倫斯本人沒有辦法生育孩子（凱龍四分於太陽）——在這個意義上，他並沒有辦法回應他的血液，無能對自己的血液負責，雖然他確實用自己的文字來做到這件事。他一直努力試圖提出一套與眾不同、屬於他個人的對人生與世界的看法（哲學），這也是典型凱龍與木星有相位的特質。

在這種相位的影響下，我們可能不得不需要找出一套符合自身生命經驗，也就是由我們個人的人生意義所構成的「哲學」。能夠誠心隸屬於某個人人都輕鬆接受的宗教信仰，這種舒適安穩的感覺，我們可能回不去了；這既是我們的傷，也是我們的挑戰。往後的歲月裡，勞倫斯在生前不曾出版的文獻中寫道：「我企圖找到上帝；我希望能明白與祂之間的關係。我已不再反對上帝這個字，關於這件事我的態度已經變了。我決定一定要與上帝建立主動的關係。（註18）」

凱龍與木星有相位的人，有一種深層的需求：希望有一個內在根源能提供智慧與指引；一旦我們體認到這一點，我們將能放開對外在事物的執著，並且從膨脹、過度、否定、懷疑等極端中解放出來，而去尋找在內心之中，對我們輕聲低語的那位內在導師。

凱龍與天王星有相位

凱龍與任何一顆比土星更外圍的行星形成相位時，會發揮有如中介、橋樑的作用，帶來一些潛在的可能性，讓這些外圍行星的特徵與性質，有機會以更強烈的方式與樣貌表現在我們生命中。然而，因此而來的劇烈壓力，也可能促使我們對「放寬視野」這件事過度著迷，變得太在意大局、太關注集體的或靈性的事物，而忽略與漠視了自己的個人生活。無論如何，我們終究一定會以某種方式，遭遇到由凱龍與這顆外行星形成的相位所代表，種種影響重大的集體議題，以及超越個人層次的意識內容。就這點而言，若能養成或者擁有某種以藝術性為基礎的表達途徑，譬如繪畫、寫作或其他能有同樣效果的活動，將能協助我們去讓這些強大的能量，以有益而非有害的方式流經我們的生命。

在一九五二到一九八九年之間，一共出現了四十一次凱龍與天王星的正對分相；因此，對於在這三十七年間出生的人來說，這個相位稱得上是他們的「世代相位」。以當下來說，它包含了十九到五十六歲間（譯註二十三）的任何一個人，這可是囊括全世界很大比例的一群人口！考慮到我們所目睹的變遷有多麼迅速，就可以知道這其中所涉及的意涵有多麼深遠：我們正在接近一個時間點，屆時所有行使政治權力與左右經濟力量的人，會就這個相位其中的某個可能性，做出具體而實際的呈現。如果你本身是占星諮商師，你的大部分的客戶都會擁有這個相位，而熟悉這個相位是如何在你自己的生命中發揮作用，也不失為一項明智之舉。某個相位，不論是由兩個還是更多的行星所構成，當它在某段值得特別標記的時間區間內一再重複出現，那麼它的主題及典型特徵，就足以象徵了在這個相位持續出現期間出生的人，他們人生的重要主旨。任何出生在這個期間的人，可說是屬於同一個「靈魂集團」，都在同一個時間轉為肉身，來和

譯註二十三　本書此次改版是二〇〇八年，這個數字是以當年為準，請讀者自行換算與當前的差距。

相同的能量一同努力——當然，相應於個人特殊的命運，每個人都會以他獨一無二的方式完成這項努力。假如，個人行星與這種世代型的模式有所關連，後者的重要性又會更加抬升，因為這表示我們個人的體驗與感受，會與範圍深度更廣大的主題互相牽扯。舉例來說，金星如果捲入「凱龍—天王星」相位，你可能會有一段需要處理跨文化問題的感情；如果是水星跟這相位有關，當代新興的思想、電腦科技或者媒體，這些東西可能會特別令你著迷，也可能反過來特別容易讓你惱怒生氣，又或者是它們會給你帶來難題與考驗。

最晚從一九八九年起，電腦的大躍進就開始劇烈地改變人類社會，所謂的「資訊革命」於是誕生。在那之前的數十年間，世界經歷了一場意識型態的大動亂；各式各樣富有革命性質的次文化，如雨後春筍般在許多國家湧現；恐怖主義廣為擴散；個人權利所衍生的問題，成為社會爭議、群眾抗議，甚至有時候還是激進行動的訴求焦點；許許多多的少數族群，也為了族群權利抗爭奮鬥。另一方面，「新物理學」所取得的發展，粉碎了物質終極完整性的神話；同一時間，許多人也開始駁斥過度唯物的價值觀，並且也開始背離那些社會上既存的（也就是帶有土星色彩的）主流觀念、價值或規範。人們以一種道地的天王星風格，探究了各種更好的選項，嘗試新穎另類的生活方式，其中有許多都是以公有的生活模式為基礎。就連社會騷動的內容與形貌也出現多樣化的發展，範圍從對「體制」的逃避躲藏或消極拒絕，到推翻舊有秩序、挑戰流行觀點，甚至於是採取暴力衝擊，強迫改變發生。天王星確實不是騙人的；改變即將發生，但不一定會如我們所期待！

在個人的星圖上，凱龍與天王星的相位會強化我們掙脫限制的渴望，尤其是感情與人際關係裡的限制。擁有這種相位的人，常常會有如一個「超級天王星」，傾向於做出迅速或突然的轉變，突然切斷原本正在發展的關係或者正在進行中的事業；反過來，也有可能是他們自己容易遇上突然而來、意料之外，而且說不定一點也不希望它發生的事件，因而劇烈地改變了他們原有的生活處境。他們會讓自己跟上未來的節奏，他們喜愛新的思想與看法，也想要嘗試新的生活方式，而且或許還覺得心中有股聲音，促使他們一定要突破既有的限制，要能夠與眾不同。實驗與創新對他們來說十分重要，要是這些能量沒有在他們的生命中獲得充足的表現，也會反過來讓他們心神不寧、坐立難安。凱龍與天王星的相位，常常會為當事人在面對權威時遭遇困難。然而，我們所做的反抗，或者更可以說是我們所受的傷，或許其實是在於我們沒有辦法接受一個比自己的選擇與決定，還要優越的權威命令。不論這個被我們拒絕的「更高權威」，是由國家警察、由我們的父母親，還是由上帝來表現，又或者它其實是一種要求我們心理成長的需求，無論如何，我們的生命旅程會有一個部分，是要我們去學會區別什麼是心態健全、追求創造力與建設性的挑戰，什麼又是任性固執、不分對象的為反叛而反叛——尤其是後者說不定從青春期開始，就一直如影隨形地跟著我們。

曾經與蕭邦有過一段戀情的喬治・桑（譯註二十四），凱龍是她星圖上T型相位的一部分：本身座落於摩羯座、第十宮，與巨蟹座、第四宮的太陽形成對分相，然後兩者分別與天秤座、第八宮的天王星形成四分相。她是個極度我行我素的女性，會穿上男性服裝進出公開場合來挑戰傳統，這在她當時可是驚人之舉。她超前了她的時代；許多凱龍與天王星有相位的人也是如此，而且他們也跟她一樣強烈相信「個人至高無上」的精神：只要這裡的「個人」是他們自己。他們支持言論與思想的自由，卻無法忍受他人的看法，看不到自身行為的矛盾所在，或許這對他們也是一種福氣。為自己「留下紀錄」是他們覺得最迫不及待的事：要讓世人記得他這個人是最重要的事，甚至比記得他的成就還重要。他們很想要讓自己在歷史版圖上留下一個位置、一些意義，其中又以社會與政治議題最引起他們的注意。就算擁有凱龍與天王星相位的，是位比較內省而不外求的人，對於直接涉足社會或政治議題沒有那麼大的動力，他們還是會不動聲色地找出世界中那些詭異不尋常的事物——相對於集體認同的規範，那些才會是他們依循與追求的準則。擁有這個相位的人，有時候也會有一些天王星色彩再清楚也不過的摯友或對頭。

艾德加・愛倫・坡（譯註二十五）的凱龍、太陽與水星，一同合相於水瓶座；他的天王星與北交點合相於天蠍座，而凱龍則與天王星呈四分相。他筆下的故事，由可怕的死亡與陰謀構成（凱龍與水星有相位），而且常常在故事的結尾，出現出人意表的劇烈轉折。他最有名的作品合輯之一，名稱就叫《意想不到》（*Tales of the Unexpected*），對一位擁有凱龍與天王星相位的人來說是多麼地合適！星盤上凱龍與天王星有所關連的人，可能會是才智出眾，而且充滿創見的思想家；他們絕不因襲傳統，不服從各類偶像的權威，喜歡提出質疑與異議，而且常常能以敏銳的洞察力，對事件的情況取得清楚而明白的認識；他們有如雷射光一般的心智，可能會讓別人覺得渾身不自在，況且他們常喜歡用疏離的角度，從保持一定距離的位置，來端詳、檢視人生。欠缺對於個人情緒及感受的連結，可能會是他們的「傷」，而這種傷痛有被他們轉化到群體議題層面，也就是將之「政治化」的可能。自己的人生或者眼前的人世沒辦法符合心中的理想時，會給他們帶來對一切喪失信心與動力的幻滅，有鑒於他們很難接受折衷與妥協，更讓他們難以輕鬆面對及處理這種幻滅感。

凱龍與天王星的組合，還會為當事人帶來一個特色——他們會深信：一切都能加以改變，甚至是應該加以改變。沒有什麼是神聖而不可侵犯；傳統也可以看成只不過是一些需要丟棄的

譯註二十四　George Sand，1804-1876，「喬治・桑」這個男性名字是個筆名，她本人是女性，不過世人更常以她的筆名稱呼她。本身是作家，有人認為她可視為女性主義文學的先驅。

譯註二十五　Edgar Allen Poe，1809-1849，美國知名文人。以懸疑、驚悚小說最富盛名，除開創短篇小說體裁以外，更公認是「推理小說」這個類別的始祖。他也是美國第一位僅以文藝創作為收入來源的作家。

限制。法國詩人夏爾．波特萊爾（譯註二十六）的凱龍在牡羊座、第八宮，四分於摩羯座、第四宮的天王星。他在感官與心理層面的過度追求，最終造成他死於梅毒（凱龍在第八宮）。他是個踰越所有界線的人；他的詩作反轉當時沉溺於情緒、毫無生氣的審美觀，改去讚美墮落、頹廢、扭曲，變態甚至於邪惡，也就是一切為世人所排斥、鄙棄的事物。關於他還有不少值得我們注意的要點：視自己為「局外人」的這個凱龍色彩的主題，他的追尋之旅所呈現出的第八宮及自我毀滅性質，以及他對當時社會容許度的挑戰（天王星位於摩羯座）。

矛盾的是，凱龍與天王星有相位的人，對於深層內在改變也有可能加以抗拒。要他們做到帶來新想法、新覺悟的內省工作，或許會有困難，因為他們常常太過汲汲於向外尋求新的、不同的事物，甚至到了成癮的地步。他們也可能擁有一種不可思議的能力，可以輕易吸收接納意料之外發生的一切，不會因為出乎預期，就有任何的畏懼或有任何的動搖。變動，帶給他們的會是成長與茁壯；他們的人生通常也會經歷大量的變動，不論是不是他們自己主動尋求的。凱龍與天王星有相位的人，常常願意在一定的風險下行事，而且會勇敢地嘗試新的事物，就算是得不到他人的支持，或者甚至要面對眾人的取笑也無妨。然而，確實有可能，他們說不定會難以承認自己的錯誤；每當這種時候，他們也是有辦法變成敏感而難以相處，或是固執不願改變的人。一旦他們找到，並且也接受了他們內心對於「限制」與「紀律」的自我尺度是什麼——換句話說，當他們與自身的土星原則，建立起良好而健康的關係時，凱龍與天王星有相位的人的創造力，就會真正並且完全地湧現出來。

對凱龍與天王星有相位的人來說，想要改善世界的這種衝動常常會非常強烈；於是，與此有關的考驗之旅，將會更著重於找出一個方式，能將我們的個體性用嶄新、有建設性的方法做出實際體現，而不是無法跳脫只限於反應既存「現況」的層次。有些凱龍與天王星有相位的人，雖然需要用上一段時間，最後還是有辦法與生活在這個世界上，那些無法避免的土星式的限制，建立起某種可行的關係；而且在這之中，他們會嘗試一切的可能性，希望可以避免向任何種類的權威與必然性低頭。至於另外一些人則可能要在更往後的歲月，遇到了一些天王星式的刺激之後，才有同樣的覺醒；實際的例子就像是：婚姻破裂、拋棄子女、新戀情、新事業——當這些事件開始的時候，其實也就是這些人開始「實驗」在自己心中新發現的自由的時候。

擁有這類相位的人或許會比大多數人，都還要熱衷於為政治、社會或神祕思想，找出一個新的、替代既存現況的架構，好讓他們身在其中時能覺得安心自在。他們對與集體、公眾有關的想法很敏感，也很容易受到這些東西的影響。他們或許很快就能察覺出他人是如何說一套但

譯註二十六　Charles Baudelaire，1821-1867，近代法國最著名的詩人之一，《惡之華》為其代表作，不論在文壇還是在政治上，都是一位「革命者」（曾參與法國一八四八年革命）。有趣的是，前一段提到的愛倫．坡，是波特萊爾最欣賞的作家之一，他投注了多時間在將愛倫．坡的作品翻譯為法文的工作上。

做的是另一套，但有時候卻難以看見自己身上的雙重標準。凱龍與天王星有相位的人，可能會針對**潛意識**中沒有被自己察覺的想法，出現情緒上的反應；而一旦想法與情緒太過背道而馳的時候，他們的反應就會失去控制。舉例來說，有位平日以「靈視」作為自己職業的女士，她的凱龍在摩羯座、第四宮，對分於巨蟹座、第十宮的天王星。她很害怕那些可能需要自我介紹，並認識新朋友的社交場合，因為她擔心人們，特別是男人，在知道她的職業之後會對她冷嘲熱諷，並且看不起她。發生這種情況時，她內心的忿怒會強烈到讓她整個人變得很不友善；有時候，甚至明明沒有講到工作的話題，她就已經開始生起氣來。她最後終於理解到，她內在情緒反應所針對的對象，是一個她沒有意識到的、屬於集體歷史（第四宮）的想法：像她這樣的女人，乃是「女巫」，也就是危險的、要遭到驅逐的人（凱龍在摩羯座）。一直以來，她所做的都是在將男人，變成這種傷害性思想的「載體」，而且不讓他們有一絲機會違背她這種設定；這樣下來，她所做的事正是在泯除他們「人」的性質，因為倒過來她也覺得被他們泯除了她自己「人」的性質。除了上面的例子以外，其他可能引起激烈反應的天王星式想法，則可能關係到個體權利、政治上的信念及理想、社會運動，還有與個人成長有關的制度。有如烈火燎原般猛烈蔓延，追求「政治正確」的文化發展，正是在凱龍與天王星的這一連串對分相影響下展開序幕！

如果你的凱龍與天王星之間有相位，你的部分旅程可能就在於去發現這類被內化的，足以帶來傷害，或者有損於「人性」（尤其是對於感情與人際關係裡的對象）的集體想法。因而，去檢視在你成長過程中形成你心智環境的看法及信念體系，無論它們是宗教、社會或是政治方面，這對你而言將會是很有益的。基本上，隨著凱龍與天王星有相位，我們會很希望擁有心智上的自由。然而，如果想要獲得這種自由，我們就必須從這些思想的窠臼中覺醒脫身。如果原本存在的背景及設定，我們沒有主動地、醒覺地加以拆解和去除，單純只是對思想的舊有結構「說不」或者只是做出情緒反應，最終是不會有效果的。要擺脫掉將自己等同於自己的思想模式，意思是我們可以「認同」我們秉持的那些想法，但不要以它們為依歸，是一個需要時間以及需要土星原則的協助的。只要我們覺得自己是正義、公正的一方的時候，就是值得我們思考探究的時刻，因為那可能就是一個訊號，代表這類想法正在我們意識的表面下暗地作用著。天王星是代表**照明**與**啟迪**的行星，而凱龍與天王星的相位，則能帶領這道療癒之光，來到我們內在的行動，以及外在所處的情境之處。

羅伯特・摩法特（Robert Moffat）與妻子瑪莉・摩法特（Mary Moffat）兩人皆是十九世紀期間的基督教傳教士，他們是記載上最早深入後來成為羅德西亞，再後來又成為辛巴威這塊領地的歐洲人。他們兩人都有凱龍與天王星的合相，分別是合相於獅子座及處女座；這點反映出「對自身信念的力量」，以這個例子來說，就是他們渴望「照亮、啟迪」他人的信念。另外，他們也確確實實是「改變」的媒介。他們兩人有個女兒，名字同樣叫做瑪莉，只比波特萊爾晚出生三天，從而他們的人生為我們提供了一個非常有趣的對照。兩人的凱龍都在牡羊座，都位在一組由落入雙魚座的兩個行星，及落入牡羊座的五個行星所組成的星群之中。兩個人的凱龍也都與摩羯座的天王星和海王星形成四分相；唯獨瑪莉最後這兩個四分相是正相位。這位女兒瑪莉，後來嫁給鼎鼎大名的探險家大衛・李文斯頓（David Livingstone）；對於牡羊座受到如此強化，而且還與天王星四分的女性來說，真是天作之合！父親羅伯特的星盤上，凱龍與天王星的中點，與瑪莉的北交點合相，象徵他凱龍與天王星相位的能量，併入了女兒的命運，並且由女兒繼續發揚光大。在瑪莉實現於外在以及波特萊爾體驗於內心的事物之間，我們能夠看到它們在主題意義上有某種相似性。瑪莉將自己置於未知的危險之下，懷著她得去「把光明帶給黑暗大陸」的信念，親自在從來不曾有白人女性踏入的地方涉險犯難。另一方面，波特萊爾則是以一種朝向內在的、具有典型第八宮色彩的方式，探索屬於意識與感官的黑暗世界；他也把光明帶到了自己內在，照在居住於他心靈之中那些狂野原始的「先住民」身上，讓所有人都可以看見並且認同它們。

凱龍與天王星的組合會為當事人帶來「心智意識」（mental consciousness）異常擴張的經驗——或許是個沒那麼容易整合的經驗。你可能看到了，也確實理解了你生命的地圖，不過這張地圖猶如擁有生命般，與現實之間靈活、機動而充滿彈性的對應性，卻讓你驚訝到不知所措；或者你可能真的能夠理解某個情境裡層層疊疊的精細奧妙之處，卻沒有辦法將其訴諸言語。這類深刻或高遠的洞見會一直跟隨著你，於是對你而言很重要的一件事，就是別讓它們變成一定要去遵行與達成的命令或要求，否則它們將會為你的內心帶來痛苦與煩惱。我們在本書其他地方也曾經看過這個道理：我們如果任憑思想與理念變得過度堅實、化為不恰當的具體存在，如果困在「要證明自己是對的」這個羅網中而無法解脫的話，將造成非常沉重而悲哀的苦難。關於這裡所談論的事，或許有個可以讓我們思考的有用類比：這些「凱龍與天王星有相位」式的遠見與洞見，是你飛越「你的人生」時所見，而它就好比是當你坐飛機從空中往下看的高空景像；你無法永遠停留在半空中，一如身而為人，你具體的人生必須得要在地表上過活。但是，「返回地表」並不意味著背叛了你的遠見，因為那個在高空中見到的景像一直都存在。你的生命之旅中有一部分，可能就是要學會相信並且信任「舉頭三尺」有某個人或某種事物，為你注意地表上發生的一切，因此你可以放心地過著你身為凡人的生活，並且知道就算你有時候覺得對一切無能為力，這也是旅程的一部分。天王星式的命令，常常會呈現出這樣的形式：「只要我是萬能而完美的，我就可以……」然而，凱龍與天王星的相位，則會鼓勵我們要將旅途中一切的不完美、傷痛以及局限，小心翼翼地接納包涵進來。

凱龍與天王星有相位能為我們帶來的禮賜，其中有一項就是在催生新事物的同時，並不會無差別地排斥或丟棄舊事物的能耐；它是強而有力的天生直覺；是懷著有情之心，從情緒超載的想法及情境中跳脫出來的能力；也是對別開生面的思想與創新必須歷經的過程，所擁有的深切理解。凱龍與天王星的相位，能將我們的思想擴展到超越「非此即彼」的框架，進入嶄新的、更有包容力的思考方式。「能量由思想而生」，是一項廣為人知的祕教基本哲理，而凱龍與天王星的相位，天生就能理解這個道理，深知除非我們能夠鬆手，不再緊抓住那些沒有助益的思考模式（而它們不在別處，正是位於我們內心最深處），我們終將會重複觸發那些我們明知會帶來傷痛的行為反應。關於以上這些，禪修的種種方法可以提供我們一個絕佳的途徑，讓我們開啟與維持在達到這種覺悟時所不可或缺的「空性」。

凱龍與海王星有相位

首先，讓我們探究這個發生在不久以前，呈現出凱龍與海王星有相位的特色，但感覺上有點詭異的例子，那就是在二〇〇九年間，凱龍與海王星正即將進入完全合相（達到完全合相的準確日期及位置，則在二〇一〇年二月十七日，水瓶座的26度14分），發生的「豬流感事件〔譯註二十七〕」。那次的豬流感疫情，可以為我們揭示許多層典型的、關於海王星的「欺騙」意義。你看，披上「公共衛生考量」的外衣，借重頭條新聞鼓吹的疫苗計畫，挾著拒絕接種的高額罰金，以及允許執法單位可以對拒絕接種者進行強制處分，「醫藥法西斯主義〔譯註二十八〕」的幽靈，透過網際網路在全球民眾的想像世界裡游蕩。另外，有個名為珍・柏格麥斯特（Jane

Burgermeister）的記者，聲稱她於二〇〇九年四月，向法院聲請了針對世界衛生組織以及生產該疫苗的百泌達製藥廠（Baxter Pharmaceuticals）的強制令，聲請理由是「從事生化恐怖主義和群體滅絕行動」。但是到了該年的下半年，這位記者的信譽在轉瞬間一落千丈，因為隨著與她有關的消息揭露，事情看來她似乎是在利用大眾對拆穿騙局的渴望，來編織她自己的騙局！

舉目所及，皆是令人混亂困惑的資訊；群眾的情感受到有心的操弄；資源在這樣的過程中被浪費掉。海王星也主宰化學、藥物，延伸解釋的話，也就包括了製藥工業。是否有個邪惡的騙局，作用在不疑有它的大眾身上，讓他們有如被催眠了一般，接受那些據稱加了各種效果足以致命的佐劑疫苗？我們是否被疫病大流行（凱龍）的觀念洗了腦，而實際上那只不過是一種想像（海王星）？當今世上是否真的有個透過偽藥來進行的群體屠殺（譯註二十九）陰謀？另外，

譯註二十七　豬流感是英語俗稱（swine flu），是二〇〇九年時從北美洲開始，發展成一次如火如荼的重大國際公衛事件，台灣當時亦曾受這場風暴波及，在英國也掀起軒然大波。值得一提的是，台灣比較少稱其為「豬流感」，較常直稱「H1N1」，事實上這是比較準確的說法，因為H1N1其實是限於人與人之間的傳染疾病，其病毒株按照後來之研究，共突變自人類、豬隻、鳥類三種流感病毒株。

譯註二十八　法西斯主義（fascism），這個名詞發源於墨索里尼統治義大利時所實施的國家民族主義統治，但後來廣泛地被運用於英文世界中，泛指「個人地位被強迫壓制於集體之下」：其集體壓迫的名義可以是國家民族以外的任何東西，這裡即指公共衛生。

很有趣的是，世界衛生組織是根據一九四六年夏天的聯合國大會決議，於一九四八年成立，而前者的時間點正好落在凱龍與海王星合相的期間。這一次合相同時也是聯合國（世界衛生組織是其下的專門機關）成立日星圖上的重點，它位在天秤座、第六宮：與身體健康有關的宮；而一同構成合相的還有金星與木星。無疑地，無論聯合國還是世界衛生組織，這些「正義的天平」確實制定出一些在諸如疫病大流行（凱龍）這類緊急事件發生時，其效力更優先於國際法的法律。於是，不再是啟蒙式的覺醒，疫病的知悉成了一項政治上的武器，疫情被製造出來，以從中剝取經濟獲利。在本次事件的發展，來到即將淡出世人關注焦點的尾聲之際，我們當可記起：在「公共衛生（公眾的『健康』）」的領域裡，事情的真相確實不如它表面看起來的那樣。

這整個大事件跟某個「半人馬」故事有著奇怪的相似之處。海克力斯所完成的偉業之中，有一項乃是要捉住艾利曼托斯山的野豬（the Erymanthean Boar）。海克力斯保證不會使用武器來完成這項任務（看不見的「大規模毀滅武器」？），不過他在路上倒是做了點別的事情：去了半人馬佛魯斯的洞穴拜訪，喝了他宴請的強壯藥酒。就是在洞穴外頭粗野的半人馬們聞到了酒香，於是發了瘋般想要衝進來的時候，混亂之中海克力斯誤傷了凱龍。後來，海克力斯繼續他的任務，爬上高聳入天、積雪靄靄的群山頂峰，前去捕捉那隻無法無天的山豬。故事的最後，大山豬終於掉進了海克力斯設下的陷阱，被他用雙手抓著後腿，興高采烈地扛下漫天飛雪的山路。這幅異常幽默的場景，將海克力斯的這項偉業與天秤座（凱龍的近日點所在的星座）

連結了起來。雖然豬流感不是可以拿來說笑的大事件，不過這則神話中確實清楚強調出欺騙的元素：「豬」被海克力斯所騙，掉進了圈套。無疑地，整個事件裡，大眾的注意力被聚焦在疫苗的發行上，喚醒人們關心隨之而來的影響。充足的資訊讓人們可以自行深入研究追蹤，自己做出對這次事件的判斷與結論，而不是追隨眾人關於「什麼才有助於衛生與健康（凱龍）」的集體假想（海王星）的內容起舞。

現在讓我們回到個人星盤上。具備凱龍與海王星相位的人，對於夢想、想像或幻想的世界，通常擁有非凡的連結能力。他們可能打從孩提時代起，就一直維持住這樣的連結，而我們之中大多數人在這方面的能力，卻捱不過教育、成長以及物質生活要求的摧殘。這些世界在他們感覺起來是完全真實的，或許比硬邦邦的「外部」現實還更真實，而這正好描述出凱龍與海王星有相位的特色：一項既是禮賜也是拖累的能力，能自然而然感知到那個「一為全、全為一」的「真實」，也就是由形式框架呈現的這個世界所源出，而最終也會歸返的「真實」。在這樣的世界中，我們所思所想、所感受、所需要的一切，跟其他任何事物一樣地真、一樣有形有體、觸手可及；在我們的想像裡，它們也有個性、有脾氣，可以化為充滿故事與劇情的人物

譯註二十九　曾經經歷過納粹經驗的歐洲各國，群體屠殺常存於其觀念中的反省素材，相關的陰謀論於是也容易產生。

形體。當俗世的現實橫加干預，要向我們證明自己的想像並非萬能而不可思議，並不是會與外頭的現實符應，而就算我們的渴望非常強烈也不一定能夠實現——每當這種時候出現，我們都不會感到好過。對凱龍與海王星有相位的人而言，學會區別假想與現實，是個很重要的發展歷程，如此一來，我們在進入這些奧妙的領域時才能夠保持清明，不會被自己在無意識中感受到的內容所迷惑，或者是，不會陷入一種退化的渴望，渴望回到沒有區分的至福狀態，迴避某種「成為大人」的責任。

然而，凱龍與海王星之間的聯繫，確實帶來了於生活中建立與海王星連結的需求，因為它代表的是一股療癒的能量。有些擁有這類相位的人，會被牽引進入與想像力有關的領域，例如電影、電視或者劇場；另有一些則是擷取自己內在世界的意象，用做繪畫或寫作上；還有一些則是在帶有凱龍色彩的療癒或教育領域工作。無論是哪一種，凱龍與海王星的相位都要求我們為它找到某種恰當的形式，讓它可以透過這個形式獲得展現，不然至少讓它可以藉由這個形式，成為固守在我們心中的「真實」，進一步將這種真實性傾注於日常生活中，賦予日常生活神聖性。凱龍與海王星的相位不是要讓我們被自己拖進想像中的桃花源，然後在裡頭因為滯留於幻想裡，耗盡了生氣與活力。

隨著凱龍與海王星有相位，限制、排除、界線，是讓我們煩惱甚至懼怕的事物；而我們珍視的想像世界遭受到不敬的對待與質疑時，我們也有可能因此忿怒生氣、沮喪憂鬱，或者是陷入混亂與困惑之中。而更讓我們害怕，會對我們造成傷害的則是「衝突」，因為衝突強調了殊異、區別、分裂的真實性，而且與此同時，我們也實在難以站出來捍衛自己的立場，或主張個人的需求。凱龍與海王星有相位的人，常常不是將自己就是將他人（也可能兩者都是）過度理想化（或者相反：看輕或貶低）；一旦他們感覺到衝突對立時，就會馬上進入「受害者」或「我最可憐了」的角色，進行某種歇斯底里的防衛；他們會施展自己的「力量」，不過是在精心設計的時機下，用展現自己的情緒、自己的脆弱易感以及生理上的虛弱無力等等；如果可以避開讓他們麻煩的情境，他們並不會恥於裝瘋賣傻或無理取鬧。與這些特徵相反地，有時候擁有這類相位的人，則是容易受騙，動不動就會成為有心人士最好得手的「肥羊」；當他們知道危險的時候，多半都已經太遲了。

二元幻象的消散，常是凱龍與海王星有相位時會有的經驗——如果這麼說過於抽象，那麼讓自己的人生逐漸陷入混亂失序之中，就是上面這句話的具體實現。處於這種時刻的我們，會間歇地體驗到如洪水般洶湧而來的情緒狂潮，並且在它的沖擊之下，感覺自己的完整性全部都被這股浪潮帶走了；我們好不容易才建立起來的自我觀感、對自己的認知，以及好不容易才取得的面對這個世界的能力，好像也被一併沖刷去了。但是，接下來，在我們重新連結到更深層的內在意義的「一統」之前，我們對它的渴望卻可能先展現為借酒麻醉的衝動、展現為迷惑慌亂的心態，或者自我毀滅的行為、對俗世凡物缺乏應有的責任心，以及其他種種典型的海王星色彩的問題狀態。凱龍與海王星的相位會強烈促使我們主動地去認清，並且正視藏在這些狀態背後的渴望，因為如果沒有意識到驅使自己進入這些狀態的能量，所象徵的東西到底是什麼，就沒有辦法彰顯出這些能量所蘊藏的助力。

凱龍與海王星有相位的人，會在自己未曾意識到的情況下，吸收週遭環境中的情緒及感受。當曾經傷害他們的人現身於前時，他們也是那種會當場就掉下眼淚的人。這些特徵都可以更加擴張，來到集體的、群眾的情緒層次。我這裡有個頗為驚人的例子：有位女士，凱龍在雙魚座，三分相於天蠍座的海王星。某天，她突然毫無道理地，陷入無法遏止的哭泣，前後長達幾個小時；在這期間，她的腦海裡一直看到動亂、墳墓、人們在尖叫、痛哭以及死去的景像。過了一會兒，她打開電視之後才發現，正當她在經歷這場奇異經驗的時候，北愛爾蘭那邊的國殤日紀念典禮發生了炸彈攻擊事件，造成多人死傷（譯註三十）；這類一年一度的典禮，原本是要向在戰爭中死去的不知名英雄致意，這一次剛好選在與她祖先有關連的城市舉行。當她一看到這則新聞，情緒馬上出現了轉變，她也變得能夠從原本的悲傷哭泣中抽身，改用為死者禱告來貼近她所體驗到的那些感受。這也讓她開始能夠去連結到一些個人的感受，它們是她一直以來費心費力，卻無法完全加以克服的痛苦經驗；它們受到這次集體性的情緒洪流的感染，程度一路飆高到將她的意識完全擊敗與接管。跟這樣的情況有點類似的是，凱龍與海王星的相位，可以讓我們有辦法清楚察覺到那些未曾得到指稱與描述，而且根本也還沒有被他人感受到的東西，然後或許還能夠進一步以嶄新或是正面的方式將它們表達出來，而不會在過程中經歷自我的崩潰瓦解。藉由這樣，我們也幫助了其他人重獲那種「與自己以及與全體生命連結」的感覺；換句話說，我們以一種個人化的方式發揮出海王星的原則。如果辨視不同現實的能力夠清楚，如果自我的穩定性夠堅固，凱龍與海王星有相位的人，就能很精準地把自己的頻率調整到可以有意識地去感知其他層次的現實，而且還能夠以利他為出發點來運用這種天賦。

我們擁有的這種敏感度，有可能會使我們需要一些與他人隔絕的時候，以試著找出與它「打交道」的方法。不過，即便這類獨處可以為我們帶來療癒，可以替我們充電而讓我們煥然一新，然而要是我們一直無法察覺自己為什麼需要這樣一段時間，我們就有可能在獨處時陷入無能的感受之中，而認定自己就該是個局外人，或者是他人與社會的代罪羔羊或犧牲品，從而一步步退卻到幻想的世界，不願正面與實際的人生接軌。而且，在這個幻想的世界裡，我們或許還把自己當作是位醫者或教贖者，然後由於對想像中自己擁有的強大能力感到擔憂懼怕，又

譯註三十　這場恐怖攻擊發生於一九八七年十一月八日，是愛爾蘭共和軍（IRA）所為，地點在北愛爾蘭的弗馬納郡。北愛爾蘭是英國在愛爾蘭島上轄有的領地，愛爾蘭自英國獨立時，這塊地區選擇繼續留在英國統治下，但之後主權、自治、獨立、統一等問題，依然在這塊土地上發酵。愛爾蘭共和軍是以武力及恐怖攻擊手段，企圖達成北愛爾蘭與愛爾蘭一同成為一個統一的共和國的武裝團體。

更加深了自己在日常生活中的無能。另一種情形是，我們不是退回某個想像的世界，而是縮進某種重裝甲級的自我防衛裡，奮力不懈地將任何威脅要解除我們對自己生命掌控權的事物阻擋在外。這種時候，我們可能對世間的一切只知懷疑與詆毀，在情感層面上呈現出一片荒蕪；或者可能是對任何神祕不可知、難以理解的事物，都一概不信且抱持敵意。我遇過一位凱龍與天秤座、第十宮的海王星合相的人，他對任何關於奇幻的、神祕的、超自然的、常理無法解釋的事物，始終都是「打死也不相信」——儘管他所工作的地方（第十宮），就是一家專攻這些主題書籍而成績卓著的出版社，而且因此結交的許多朋友及工作伙伴（凱龍在天秤座），都會涉足各種具有海王星色彩的活動及領域。換句話說，他其實扮演了這些人與社會大眾（第十宮）之間的橋樑（凱龍）。在他身上，我們又看到一個關於凱龍「能為其他人，但卻無法為自己而做」的例子。

不過情況常常與這個例子相反，凱龍與海王星有相位的人，容易受到神祕的、超自然的事物所吸引；此外，嘗試毒品以及各種迷幻、極樂、喪失邊界等擴展意識的方法，對他們也有很大的吸引力。就凱龍與海王星的相位為我們指出的道路而言，上述這些經驗與感受，的確一方面既符合它的本質，另一方面也是它的特徵；然而這些東西確實也伴隨著不少危險性，而且可能會進一步模糊當事人原本就已經過於飄忽不定的性格。儘管凱龍與海王星有相位的人也許真的相信，自己是基於探索自我的理由，或者賦予其神聖的儀式意義，而使用藥物毒品，但是裡頭通常也帶有某種逃避的成分，渴望能永遠停留在透過藥物達到的領域中，以避免承受由感知所認定的「區別及分裂」所帶來的痛苦。我們將在第四部討論其星圖的提摩西．利里（Timothy Leary），牡羊座、第四宮的凱龍與獅子座、第八宮的海王星形成三分相；而且在他出生的時候，凱龍處於滯留，即將進入順行。他將自己那條名聞遐爾，並且最能代表他個人的口號：「激發、調頻、脫離」（Turn on, tune in, drop out），在《迷幻之術》（*The Politics of Ecstasy*）這本書裡頭做了說明——這是多麼具有海王星色彩的書名啊！

有一位凱龍與天秤座、第六宮的海王星合相的年輕人；他出家成為佛僧，前往亞洲，在難民營裡服務。在那裡，觸目心驚的苦難景像並沒有擊倒他，他依然展現出強大的力量；然而就在他返回歐洲以後，他卻因為許許多多原因不明的病症而病倒（凱龍在第六宮），變得虛弱無力，神智不清（海王星），而且無法進食。不過，他不願意承認自己身上這些病症的現實性，更不用說願意思考可能藏在症狀背後的情感與情緒因素。他的原則是要否定個人的痛苦，認為個人的「我」以及肉體都是虛幻的。他就這樣開口閉口都是佛家的教義，我一邊聽著，一邊有個詭異至極的感覺：面前的他好像是個空殼，靈魂似乎已經不在這裡。的確，當凱龍與任何一顆外行星形成相位，這個外行星的主題，就有可能以某種極端的形式體現在我們的生命中。然而，對於擁有凱龍與海王星的我們來說，絕大多數時候，這個相位都意味著一件事：那就是我們打從心底就感覺到的，那種關於「宇宙之一為全、全為一」的確信，它要求自己可以一路存在於我們分殊的、離異的、一切皆有其區別的個人生活裡，可以遍布於其中各時各處。雖然要擁抱這個自相矛盾的精神並非容易之事，但它會領引我們，找到關於我們所追尋的「統一」與「同一」的線索。

凱龍與海王星有相位的人，常常散發出強烈的個人魅力。他們在待人接物時擁有一種富有情感而值得信任的氣質，特別能夠吸引正在承受煩惱與痛苦，以及急需得到他人援手的人。然而，在關係上，這種優勢可能會腐化墮落為仗勢凌人、爾虞我詐，以及心靈、精神層面的榨取與剝削，讓一方扮演救世主，另一方則永遠受難而需要救贖。如果我們真的想滿足與照顧自己與他人更深層的需求，那麼想要拯救、想要灌注自己的慈悲與同情、想要提供療癒與安慰的強烈渴望，就必須得到控制調節，甚至有時候還要加以抗拒。一旦我們正視自己這種用錯地方、適得其反的犧牲奉獻天性，一旦我們能張開雙臂擁抱自身的痛苦，凱龍與海王星之間的聯繫就會為我們帶來一項能力，讓我們能夠身懷悲天憫人之心，能夠給出無條件的愛，以及能夠深刻而完全地接納自己與他人。在消散崩解以及改變轉換的過程中，這種海王星式的關於感受與情感的能力，或許確實是種不可或缺的特質；因為若是沒有了它，內在的轉化就有可能會變成另一個想要達到的不可能的期待，是另一場徒勞無功的努力，結果反而加深我們的「傷勢」，阻礙療癒過程的發生。

我們可以把海王星設想成，將許多事物兼容並蓄的合一狀態。就跟所有海王星色彩濃烈的人一樣，凱龍與海王星有相位的人，也會尋求與這種「一體性」完全的融合；面對以二元為主軸、存在於這個世界的生活與生命模式，他們非常需要找出藏於那之後，能夠將一切統一、融合的某種精神性的背景脈絡。像這樣凱龍與海王星有相位意義下的「統一性」，與其說是某種知性的哲理或妙語，不如說更是一種情感、情緒層面的感知；這是一種願意包容一切的情懷，因此並不會鄙視物質生活或試圖凌駕於其上，反而是追求最終能以深情將其擁抱於懷中。跟天王星式的夢想不同，凱龍與海王星相位所代表的夢想情懷，與個人的潛在力量或糾葛情結並無關係，它也不關心什麼能夠啟迪人心的宇宙體系；它更是一種大海般的感覺，是我們參與到這個不停展開的宇宙之中，或者是我們浸淫於生命原初的海洋裡的感覺。這是屬於神祕體驗的領地，我們在其中得以認清：「所有人都落在『交互關係』這張逃不出去的羅網中，束縛在『命運』這件獨一無二的衣服裡。直接影響一個人的事物，一定也間接影響了所有人。」〔註19〕這是馬丁・路德・金恩所說的話，他的凱龍與海王星呈三分相，而其凱龍盤面配置如下：凱龍位於金牛座、第一宮；與同樣位於金牛座的木星及上升點，形成緊密的合相；與處女座、第五宮的海王星形成三分相；與雙魚座、第十一宮的月亮，還有雙子座、第二宮的火星，皆形成半四分相。莎比恩符號系統中對應他凱龍度數的句子特別有意思：「跨越深谷的懸臂橋」，魯德海爾將這句話詮釋為：

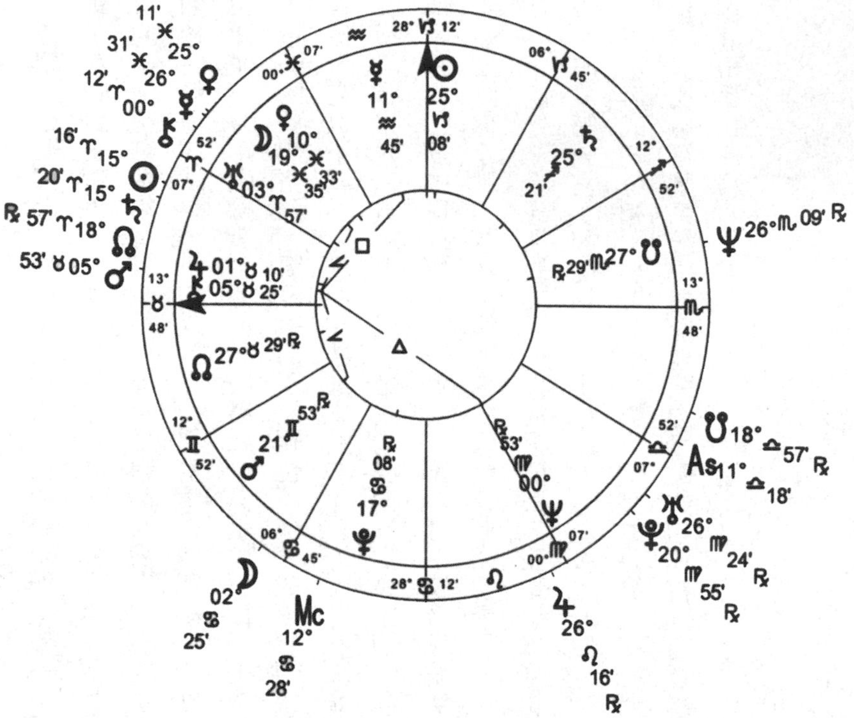

圖六　內圈：馬丁．路德．金恩；外圈：他去世之時的行星行運。

在群策群力的合作之下，克服了隔絕與分離：受到剝奪、承受孤獨的人，因為參與集體的工程，賦予自己的感情生活新的本體。所有偉大的、帶來進化的挑戰，必定也會要求我們克服屬於最基本的困難。跨出這一步是一定要的，不過深淵會找上尋求進步的人。〔註20〕

此外，馬丁．路德．金恩的凱龍也位在他水星與木星的中點，說明了他身為一位演說家的能力。

他最有名的一次演講「我有一個夢」（凱龍與海王星有相位），是關於他種族平等以及免受歧視的理想；而他也以身作則，身體力行地為美國及世界各地的黑人去實現這個夢想。對全人類來說，他是「希望」的象徵（凱龍與木星有相位），也是將理想化為實踐的表率（金牛座的凱龍合相於木星）。在他發表這場演說的時候，凱龍正好行運來到雙魚座12度57分的位置，與他出生星盤上雙魚座的月亮及金星形成合相；此外，行運的太陽、金星、天王星、冥王星（四者都進入處女座不久），也與行運的凱龍形成對分相，同時前三者還合相於他出生的海王星。確實，這場演說也呈現為當時那個時代的「海王星時刻」。

馬丁·路德·金恩遇刺（脖子中槍）的時間點，行運的火星正位於金牛座（支配頸部），通過與他出生凱龍形成完全合相的點，僅僅只有28分的距離。同一時間，行運的凱龍位在牡羊座的0度12分，與出生的海王星形成十二分之五相。注意，金恩的第八宮守護行星是木星，而他出生星盤上的木星與凱龍合相於金牛座，生動無比地描繪了致他於死命的方式。另一方面，詹姆斯·厄爾·雷伊（James Earl Ray），也就是人們所認定的兇手，他位於金牛座的天頂，與馬丁·路德·金恩的凱龍，形成弧度不到1度的合相，而且他的凱龍也合相在這個點上，因為他只比金恩早一年出生。雷伊曾經宣稱自己只是無辜的犧牲品，背後還有個大陰謀；在他死後，金恩遺族也試著要求司法機關重啟調查。不論如何，無庸置疑的是，雷伊在這件大事中獲得了遺臭世年的惡名（凱龍合相於天頂），他的名字將永遠與金恩的天命連在一起：既是先知布道者，又是暴力的犧牲者。雷伊的凱龍還有土星，都與他凱龍和木星的中點位置產生相位，這一點在這裡象徵的是，他被指稱殺害了一個曾經留下比自身生命更為久遠的夢想的人。在這起刺殺行為的事件星圖中，我們可以發現以下關於中點的盤面配置狀況（亦即有哪顆行運的行星，落入出生星圖上哪些行星的中點）：凱龍來到海王星與上升點的中點，以及木星與海王星的中點；月亮來到海王星與木星的中點；天王星來到凱龍與海王星的中點。除了強調出金恩命運中，凱龍與海王星相位所帶來的主題以外，這個時間點為他最後一場演說提供了色彩鮮明的象徵，而那場演說也反過來為這些能量做出如此強而有力的表達，直可讓當時這些話語成為不朽，永遠銘記於人心：

其實，我也不知道接下來會發生什麼事。眼前一定有些苦日子要過，不過那也無妨……因為……我想做的只有一件事，就是完成主的意志。祂曾經允許我登上那座山。於是我從那山上環顧四週。於是我看到了那片應許之地。或許我沒辦法跟你們一起抵達那邊。但是，就在今晚，我要你們知道，我們是一個民族，而且我們這個民族，一定會抵達那片應許之地。所以今晚，我很高興。沒有任何東西可以讓我憂心，沒有任何人可以讓我害怕。是我的雙眼，它們已經看見，主的榮光，正在到來。

凱龍與冥王星有相位

凱龍與冥王星有相位的人，人生中主要的學習體驗通常會以典型的冥王星主題為核心，譬如性、權力的運用與濫用、個人與集體的破壞力、深層而複雜的情緒特質、轉化變型的經驗，以及徹頭徹尾完全重生重建的能力。一旦他們能成功與這類相位具有的破壞潛能，取得某種和諧共處的關係以後，擁有凱龍與冥王星相位的人常常能將強力的療癒效果傳遞給他人。清楚意識到那些超越死亡，超越個人層次的經驗與感受，將能使人發展出一種深刻而直觀的理解，知道在發揮作用的是哪些微妙而不容易察覺的變化過程。它們不只與我們個人肉身的死活有關，更是跟「人類肉身」的意志存續有關，而我們每個人都是後者的一部分。在凱龍與冥王星相位為我們帶來的體驗中，生與死是同一個過程的兩張面孔。一個是讓我們進入，一個則讓我們離開這一世的生命，在生與死這兩個轉換階段的盛大典禮上，我們既是完完全全的孤獨，同時又與全宇宙有了連結與接觸；這讓我們了解，到最後我們唯一要面對、要對其負責的，只有自己的靈魂。

從薩滿信仰的角度來說，我們會在凱龍與冥王星的宮位所暗示的經驗領域中，「遇見自己的惡魔」，而它們關係到的星座，則為我們描述了這些惡魔的模樣。舉例來說，凱龍與冥王星合相於獅子座、第十宮的人，可能會在他們的職業領域遇上困難的處境；然後進一步，在這些困難處境裡頭，則可能被投射了他們本身未曾意識到的忌妒、忿怒、猜忌、貪婪。獅子座色彩的「惡魔」會是諸如極度自大、自我中心以及自戀的性格，無論它們有沒有大量展現於外；另外第十宮這件事，也意味著需要考量幼時與母親的關係。

冥王星類型的人，通常有能力看到隱藏在事態中的潛在破壞力量；不過有一些凱龍與冥王星形成相位的人，在這件事情上卻有盲點，他們會在同樣的情境中，高估他人而低估自己所擁有的權能，然後因為受到自己沒有察覺到的忌妒或攻擊性的影響，而處於不利狀態——不論那是別人對他們投注的忌妒與攻擊，或者他們自己對別人的感覺。凱龍與冥王星有相位的人，常會進入心理上相當緊繃，或者在情緒上過度反應的狀態，而且自己也不知道原因何在。這有可能是，一開始他們不相信自己對人的直覺，堅持把所有美好的一切都加諸在他人身上，而所有糟糕的一切都是自己，或者是正好反過來；然後，事情的發展常常證明，他們一開始的直覺才是對的。凱龍與冥王星相位所帶給人的旅程，其中就有重新連結到這些深層的直覺能力，並且經由辨析與洞察而對這些能力賦予信任。這讓凱龍與冥王星有相位的人「在黑暗中也能看見東西」，甚至讓他們在維護自己這件事上，擁有讓人感到不可思議的深入見解；他們能夠聞到事情不對勁的味道，因此可能會有自動避開禍事的本領，以及光憑直覺就能對危險做出特殊的反應。譬如，我有位朋友，有天晚上正和一位凱龍與冥王星形成十二分之五相的男士，靜靜地享受一頓羅曼蒂克的晚餐。就在這時，這位男士突然衝出餐廳，激烈到椅子都翻了、酒也弄灑了。結果是原來有台機車撞上了他停在隔壁街的汽車，但以那個距離根本就聽不到事故的聲音。但他的及時趕到，不僅多少協助了機車騎士的傷勢，而且還來得及記下肇事者的保險公司。這次事件帶給他本人的驚訝，並不下於我朋友。他形容當時他所感受到的，是生理上的一股無從抗抵的強制力量，推著他向外狂奔到車子旁邊。事情發生的那天晚上，行運的水星對分於凱龍，而太陽則與他的冥王星形成四分相，兩者都只差幾度就成為正相位。

凱龍與冥王星有相位的人，可能會受到危險刺激、性權力的遊戲以及金錢或情感上勾心鬥角的場合或工作吸引。他們會在暗地裡，津津有味地品嘗這類激烈的經驗，測試自己浴火鳳凰般從災難與失敗中重生的能力。明明是同一處火焰，卻忍不住像隻飛蛾般再撲上去一次，這裡頭的刺激感，對許多擁有這類相位的人來說一定很熟悉。不過，更嚴重一點的話，這也是一種上癮的形式，而凱龍與冥王星的相位，最終其實是要驅策我們，去抗拒、理解並且放下這種衝動。比起在不知不覺中，將冥王星的力量引出表面，對我們的生活與生命造成巨大的浩劫與破壞，凱龍與冥王星的相位毋寧更是催促我們要學會放手，要讓自己產生形變；自己過去習以為常的舊方法、認為自己無所不能的不成熟態度，或者「這種事絕不會發生在我身上」的心態——種種這些都要讓它們「死去」。凱龍與冥王星有相位的人一旦有了成熟的發展，就能感受到那種唯有面對過極大的情感痛苦才有的平和與自信；即便是死亡，都會成為我們的「盟友」，而不是一個必須去擊敗，或者要和它賭賭看的敵人。

凱龍與冥王星有相位的人，常會在親密關係裡遭遇到困難；假如有太多他們在情感上的脆弱部分，在太短的時間內被攤開來，這段關係的性質就會淪為權力鬥爭。一開始，他們可能會將自己真實的感受隱藏起來，而且可能透過性關係的隨便，來確保自己在感情上的不依附於人，因此也就繼續在感情上擁有控制權。他們有可能是在不知不覺中，試圖透過這種模式來治療早年與母親的關係中所受到的深層傷害。這種企圖會毫不留情地不停驅策著他們，讓他們永遠都覺得沒有得到滿足，而且隨著時間過去變得越來越忿怒生氣，一直到或許能有某次嚴重的危機，強迫他們去內化這整個事件過程，於是他們最終有可能，從自己的內在得到所需要的療癒。凱龍與冥王星有相位的人，具有非常深厚與深刻的情感深度，並且也會有能夠一眼看穿他人的洞察力。另外，一旦能夠將自己初始時受到的傷痛擁抱入懷，他們也能是極為忠誠的伴侶；在感情關係裡，已經沒有什麼能帶來打擊，因為他們能夠不帶批評地理解並接受自己與他人最糟糕的一面。透過從最深切的層次對**事物的實況**加以接受，凱龍與冥王星的相位啟動了當事人的轉化過程。有時候，許多凱龍與冥王星有相位的人會對自己的情感有所保留，因為他們知道人類具有傷害與破壞他人情感的潛能。他們也可能一邊無聲地說著「走開」，一邊卻又希望你留下，因為他們渴望你可以證明，他們的恐懼其實是沒來由的。

在心理學上，這種模式就叫做負面誇大；那些在人生早期階段缺乏母親正面接納的人，就用這種方式掩飾住自己脆弱與害怕受傷的感受。針對這個在幼時受到的傷害，這些人的回應可能會是這樣：「因為我很壞、很爛、很糟糕、很差勁，所以才會受到這種懲罰。」他們並不一定清楚地意識到，但這樣的想法卻是非常地根深柢固。於是乎，這也有可能使得他們成為「侵略者」，認同或者讓自己也成為那個「壞媽媽」。隨著年紀增長，這個「壞的一面」就必須要藏得好好的，到了這個時候，凱龍與冥王星有相位的人就會開始覺得不論是關於什麼，只要是要把自己的事攤在陽光底下，對他們而言都很困難；表達自己、展現自我創意，對他們都不是易事，因為他們覺得自己內在所蘊藏的一切，本質上都是些「不好的東西」。無論當初從母親那邊所接受到的照顧品質如何，凱龍與冥王星有相位的人，常常會實在真切地感到那種有如「從上帝的恩典中失寵」的感覺，在這一點上，他們跟那些凱龍與土星有相位的人會很有共鳴。此外，「原罪」這個觀念對他們來說，也會真實到讓他們透不過氣來。

有一些具有這類相位的人，青少年以前的生活會有如天之驕子，要什麼就有什麼，完全不管會有什麼影響或後果，這種「無所不能」的感覺一直都沒受到挑戰，而他們也憑藉著有如狂風暴雨般的怒氣，統治自己周圍的世界；他們在年紀稍長以後，常常會有無與倫比的動力與幹勁，想要改造轉化由這個相位涉及的宮位與星座所代表的生命領域。這種要對他人或外在環境的現況動手改變、插手干預，甚至是令其再生重建的內在動機，假如變成一種帶有強迫性的要求，可能會為當事人帶來痛苦、悲慘、罪惡感以及情感上的災難。自覺並且主動地去承認與正視權力議題對自己的意義，將它們置於一個正確合適的觀點平面上來看待，對這類相位的人來說是很重要的事；因為，假如與權力有關的議題被壓了下去，之後它們終將帶來自我毀滅的情狀，帶來充滿負面互動的男女關係或人際關係，甚至會有想要自殺的念頭。此處的關鍵，似乎就在於我們承認與正視以下兩者的能力：自己的脆弱易感，還有對失去與失敗的害怕。在凱龍與冥王星有相位的人裡頭，有一些會對大眾群體做出非常巨大的貢獻，一如我們在維多利亞女王的星盤上所見。相反地，有些人則可能會遭到權勢人士的支配控制，或者剝削宰割，從而需要從後者手中爭取自由。他們從親身經驗中學到關於權力的本質，以及它的運用與濫用究竟是怎麼一回事。沒有力量與權能，無可奈何與無能為力，還有無助以及極度脆弱易感——這些都是凱龍與冥王星有相位的人再熟悉也不過的經驗與感受。然而，最終他們也有機會，用他們身體的每一個細胞體驗到這件事：「生命」一定會存活下來，而無論是生是死，我們都是「生命」的一分子。

有些時候，凱龍與冥王星的相位會透過生理上的遺傳疾病、令人備感煎熬的心理運作模式，或者是涉及權力與財富的嚴重家庭議題，而獲得其實際的展現。就跟我們討論凱龍與土星有相位時一樣，凱龍與冥王星有相位的人如果能對他們的家系族譜下些功夫，常常會帶給他們一些幫助，特別是針對母系；不過父系這邊的女性，同樣也象徵著會對當事人帶來深遠影響的女性形象。某些凱龍與冥王星有相位的人，會發覺自己常常要為了解決自己所繼承的、造成強烈影響的遺緒而付出心力，不論這些遺緒本身是正面還是負面的事物。在不知不覺中，他們可能已經受到驅策，正在努力為他們的母親，有時候甚至是為了母親的祖上先人，實現理想或提供療癒，方式可能是將母親等人未曾發揮的潛能化為實際，或者是在不知情下按照母親等人的生命劇本來演出自己。能夠象徵正面陰性力量的女性典範，也可以在這類人所繼承的家族遺產中發現，不只為他們提供療癒，也是一股帶來信心與動力的鼓舞能量。

有位女士，凱龍與獅子座、第十宮的冥王星形成三分相，一直都記得她曾經在小時候就對自己說：「我死都不要變得跟媽媽、姐姐、阿姨、姑姑她們一樣。」她家族裡的女性，大多是地位卑下，屈從於男人，沒有機會表達出獨立的個體性，更不用說實現自我的理想。然而，她選擇「與家裡女性不同」的方式，卻是墮胎，不想要成為男人與小孩的奴隸；雪上加霜的是，在這之後她屢屢破壞其他能夠展現自我個性的努力，於是也就漸漸落入了她所深怕的那種模式。當凱龍行運來到和她出生凱龍與冥王星的中點，形成對分相的時候，她決定不再**對抗**這個由女性祖先傳承下來的模式，改而追求**代替**她的女性先人活出自己；於是乎，藉著這樣一個立場與態度的轉變，她從先人身上既導出了支持自己的力量，也釋放出大量的正面能量。

在許多非洲宗教裡，祖先扮演了一個至關重要的角色。家族成員彼此之間的關係網絡，可以延伸到超過肉體死亡的界線。生者，會將死者一起納進來，一同作為生命的一分子。生者以典禮儀式向死者致敬，並且無論精神或物質層面的問題，都會向死者請益。更重要的是，死者在生者周圍形成了一層「保護膜」，保護後者不會直接暴露在看不見的、由原型能量構成的世界之下。此外，按照薩滿信仰的說法，如果我們想要進入心靈更深的層次，此時也會需要祖靈的保護。從心理的層面來看，這意味著我們與家族遺緒所達成的和解。即便我們與某些家族成員的關係，在現實中已經破壞到無法進行修復，或者這位親人已經去世了，我們還是可以就家族成員所代表的內在意象繼續努力，如同他們依然活在我們內心之中，就跟那些被我們放在心裡的祖靈一樣。就生理層面而言，祖先身上就帶著我們所承繼的遺傳基因；而他們的心理模型、他們的原型性向，就象徵了位在個人潛意識與集體潛意識之間的介面。凱龍與冥王星在運行時都會跨過鄰近內側行星的軌道面，這個就猶如血液在身體中循環的穿梭過程，能夠為屬於祖先架構內的關係帶來療癒，即使是在肉體死亡之後。對這類議題做出療癒，無論何時都不會太遲。就如魯道夫．史坦納在他數本著作中都曾指出的一樣，對於精神與靈魂之生命所做的省思與考量，除了從出生到死亡這段在世的時間，一定也要將從死亡到重生的這段期間包括進來，才是正確與恰當。

無論我們有沒有要將死者的靈魂視為具體存在，或者是否用心理學的角度來看待父母的形象（*imago*），這些事情或許都比不上我們是抱持什麼樣的態度，來面對那些超越物質生命以外的難解之謎還要來得重要。心理學式的理解途徑，或許可以帶來這種安心感，亦即某個問題已經得到了解釋與說明，因此我們可以放心地在情感層面上處理這個問題。不過，與亡靈的邂逅，卻可以喚起某種足以代表冥王星統轄的領域，令我們恐懼又敬畏的感受及經驗。在我們所處的文化裡，「死亡的真實」與我們之間有著不小的緩衝空間，但正因為如此，凱龍與冥王星有相位的人，更需要對自己身上這種從眾人那裡得來的立場，這種對死亡「消過毒」的態度，做出仔細的審視並且將其轉化，免得對「死」產生過度而病態的著迷，而反過來畏懼「生」。在許多薩滿巫師的養成慣例裡，都會以面對死亡的經驗作為其核心，不論是真實確切還是象徵意義的死亡。同樣地，許多擁有凱龍與冥王星相位的人，都因為疾病或情感層面的重大危機，而在他們的生命中有過至少一次接近死亡的經驗，抑或是曾經在年紀還小的時候，失去過自己親近的人。針對我們在何時、何地，經由什麼方式，而初次意識到死亡這件事，進行一番反省與思考，會是一次切中深處，並且帶來許多啟發的自我練習。問問自己：在那個時候，我們做了哪些決定？又得到了哪些結論？

西格蒙特・佛洛伊德，有著構成T型相位一部分的凱龍：它位於水瓶座、第三宮，分別與金牛座、第六宮，而且合相於下降點的冥王星，以及落在天蠍座的上升點，形成緊密的四分相。此外，他的凱龍還與逆行而位於天秤座、第十一宮的火星形成三分相。佛洛伊德認為「潛意識」主要是個大倉庫，儲藏著被壓抑的直覺衝動（凱龍與冥王星有相位），還有一些不能被社會所接受的面向。他所使用的分析性質的方法（凱龍在水瓶座、第三宮），是在嘗試讓病人與最初的創傷情境或是與受壓抑的感受重新建立連結，是種不折不扣，典型又具體的金牛座風格觀點；而如今這樣的分析法與這樣的觀點，都已經逐漸轉化為一種廣為集體接受的信念（凱

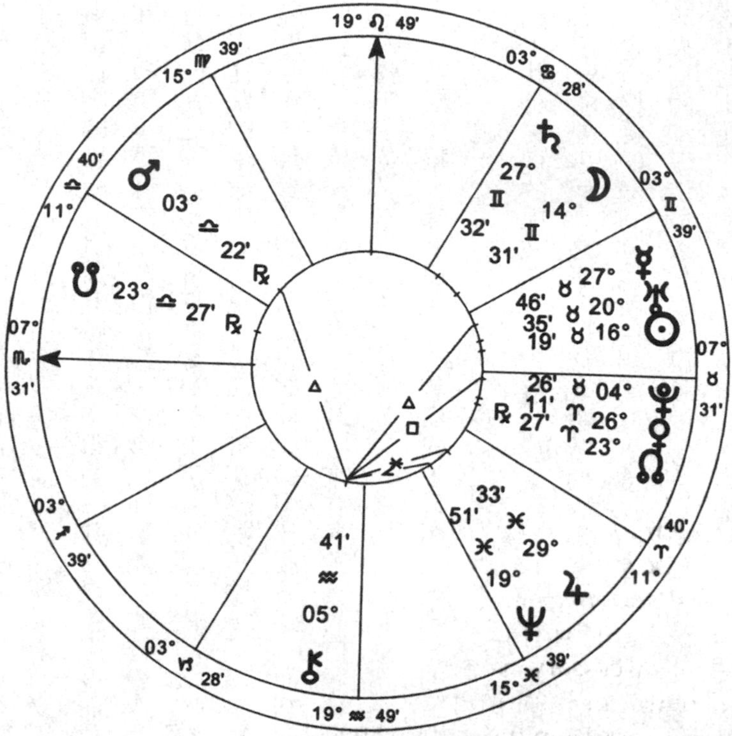

圖七　佛洛伊德

龍在水瓶座）。不過，擁有由凱龍、冥王星、上升點組成的固定星座T型相位，讓佛洛伊德的研究成果對讀者來說確實稱得上是一次與地底世界的近距離遭遇。倫敦有座佛洛伊德紀念博物館，紀念館本身就是佛洛伊德晚年的住所，他在納粹掌握奧國大權，將他的著作列為禁書，並且集中燒毀之後（凱龍在第三宮），離開維也納定居在這裡。他那間諮商室的裝潢擺設，就跟當初他在這裡診治病人時一模一樣；光線陰暗，聲響寂靜，氣氛靜止，房間裡擺滿小型雕像、繪畫以及屬於遠古文明，尤其是古埃及和古希臘的圖象、雕塑及藝品。儘管佛洛伊德否認宗教信仰是人類與生俱來的天性本質，這間房間卻遍地瀰漫著對「黑暗神祇」的崇仰與敬意——「黑暗神祇」這個詞彙，是借用本身就深受佛洛伊德著作影響的D．H．勞倫斯所鑄的術語。一九三九年九月九日，佛洛伊德的朋友兼合夥人麥克斯．舒爾（Max Schur），在佛洛伊德的請求之下，給他施予了數倍份量的瑪啡，協助他自殺。當天下午五點前夕，這位讓「伊底帕斯情結」成為家喻戶曉的男人與世長辭，此時月亮剛好合相於佛洛伊德的凱龍，為他向世界最終的告別提供了一個鮮明的象徵。假如佛洛伊德至今還活著，我們可以非常合理地推測，他一定會支持「他人協助自殺的合法化」——一個在當今的歐洲，掀起如此多爭議的話題。

必須注意，凱龍與冥王星合相於射手座，可以作為目前這個千禧年的正字標記；這個合相在一九九九年十二月三十日達到完全密合，而且在二〇〇〇年的絕大多數期間都處於容許角距之內。本書初版曾經提到凱龍與冥王星合相於射手座，當時它還是未來式，當時本書寫到：「我們將看到，宗教戰爭與教義衝突的激烈程度逐步攀升（射手座），而我們也期望可以看到這種情況能得到解決。北愛爾蘭與南非，都是我想到的可能例子。」〔註21〕在南非的星圖中，天頂是位在射手座的8度5分，並且是包含了太陽、冥王星、凱龍、月交點與上升下降點軸的T型相位的一部分。有趣的是，凱龍與冥王星上一次合相於射手座，發生在一七五二年，位於南非歷史上一個意義重大的階段之間；南非在這個期間的大事，莫過於國土劇烈地向內陸擴張（射手座），擴張最直接的推手則是那些與荷屬東印度公司有所關連的開拓者。而波爾人〔譯註三十一〕與原住民之間首度的重大衝突，就發生在這一次合相的幾年之後。當時，荷蘭一系的歸正宗（Reformed Church），與東印度公司關係甚為密切，而且在那個時候，還沒有任何其他基督教派可以擁有外於教會的崇拜自由。便是從這樣的背景，充滿凱龍與冥王星相位色彩的基本教義論於焉產生：早期的波爾人相信自己是「閃」（Shem）的後裔，而那些黑人則是「含」（Ham）〔譯註三十二〕的後裔〔註22〕。《聖經．舊約》中寫到，諾亞用以下的話詛咒迦南的人民，也就是聖經記載含的後代〔譯註三十三〕：「他們當作他兄弟最低下的奴僕。」〔註23〕正是這個出自聖經的正當化理由，讓信仰之虔誠，可以與奴隸與剝削同時並存（凱龍與冥王星合相於射手座）。最後，種族隔離制度的取消，則是發生在這段凱龍與冥王星合相的週期結束之前的幾年。

本書前一版的最終定稿中，有一小段前瞻一九九九年凱龍與冥王星合相的內容，出版社在進行審查之後決定將其拿掉。話說，一九八九年二月，「阿雅圖拉」何梅尼〔譯註三十四〕發布一道**教令**（fatwa），號召所有穆斯林一同來處決所有參與《魔鬼詩篇》（*The Satanic Verses*）出版工作的人；該書的作者，印度裔的英國作家薩爾曼．魯希迪（Salman Rushdie），更是追殺的主要對象〔譯註三十五〕。企鵝維京出版社（Penguin-Viking）被迫為出版此書而道歉、銷毀既存的本數，並且承諾絕不會再重新印行。隨著教令發布，一連串驚人的激烈抗議、焚書行動，甚至是暗殺攻擊事件也跟著而來；接下來的許多年，魯希迪都必須過著躲藏的生活。在一段二〇〇五年的訪問中〔譯註三十六〕，魯希迪認為這次追殺教令，可以視為另一件大事的序曲，那就是九一一事件。魯希迪（出生日期是一九四七年六月十九日，確切時間不詳）的凱龍與冥王星成四分相。《魔鬼詩篇》出版之時，他雙子座的太陽經過推運，正好來到與他的冥王星接近形成正合相的地方，而且接下來的那個月，推運後的土星同樣也合相於出生的冥王星；至於在《魔鬼詩

譯註三十一　Boer，是歐裔非洲人（Afrikaner，其中又以荷裔為主）的別稱，源自荷蘭語，本意是農民。

譯註三十二　「閃」與「含」都是《聖經．創世紀》中諾亞的兒子。

譯註三十三　含是諾亞之子，又是迦南人之父，含因為觸怒了諾亞，所以諾亞咀咒含的後代。根據聖經，諾亞活了九百五十歲，在五百歲時生閃、含、雅弗三子。

譯註三十四　Ayatollah Khomeini，薩伊德．魯赫拉．何梅尼是首任伊朗「最高領袖」，統治一九八〇年代的伊朗。阿雅圖拉，正確而言，應該是「大阿雅圖拉（grand Ayatollah）」，是何梅尼在什葉派伊斯蘭教信仰中，以身為宗教學者（即「瑪爾札（marja）」）而論的位階稱號。

譯註三十五　事情的起因是，當時以何梅尼為首的伊斯蘭教人士，對於這本書中對伊斯蘭教的「極度侮辱」而甚感忿怒，何梅尼所領導的伊朗甚至不惜為此而與英國斷交；不過，儘管教令確實是對全穆斯林有效，但並不代表所有穆斯林都贊成以暴力及暗殺手段追究這個侮辱真主阿拉的行為。又，本書有中譯，《魔鬼詩篇》即取該中譯本的譯名，而當然中文世界也常稱該書為「撒旦詩篇」。

譯註三十六　1998年，英伊復交，而復交的條件便是伊朗政府宣布「不支持但並不反對刺殺魯希迪的行動」，當時發出追殺教令的何梅尼已經去世一段時間（1989年）。

篇》的製作期間，則是凱龍進入雙子座，與他的太陽合相。

回過頭來，本書前版定稿中，當初被出版社刪去的部分，裡頭就有一段是對於基本教義論將要興起的「預測」，其興起的來源不只是從伊斯蘭教及其他宗教內部而來，同樣也包括在美國已經登上政治舞台的極右翼基督教派系。當時序來到任何一個循環週期的末尾，關於即將來臨的事物其起因與徵兆為何，常常就會變得非常明顯可見——魯希迪本人也曾指出這一點。於是這件相對而言不一定是大事的「魔鬼詩篇事件」便起了這個作用，將我們的目光聚集在許多自從一九九九年以來，就驟然躍升到世界舞台上顯目位置的真正要事上。諸如人口遷移、言論自由、出版審查、宗教情感，基本教義論、恐怖行動、公民權利等等這些議題，它們全都與射手座有關；而接下來的許多年，它們也將繼續伴隨我們而行，或許一直要等到下一次，產生於牡羊座前段，發生於二〇六九至二〇七〇年間的凱龍與冥王星合相為止。

凱龍與冥王星合相，約略每隔五十九到六十年左右發生一次，不過因為它們兩者都有著古怪的運行軌道，合相將形成於哪個星座並沒有規律的模式可循。前一個發生於二十世紀的凱龍與冥王星合相，是在一九四一年（完全合相時是七月十九日），位在獅子座的前段。換句話說，這次合相週期的開始時間，落在第二次世界大戰腥風血雨的時期，就在希特勒開始透過第三帝國的力量，施行種族屠殺的時候。為了執行這樣的滅絕行動，所需要的驚人組織以及隱匿能力，其具有的典型冥王星色彩，就跟行動目的本身一樣強烈。希特勒的「終極解決之道」，是計畫要讓世界免於猶太的蹂躪；這樣的想法，適足以做為凱龍與冥王星合相於獅子座的象徵：只有純潔的太陽英雄或英雌（獅子座）——在這裡，就是那些源自於未受污染的亞利安人的後代，才有資格存活下來，並且統治世界。

出生於千禧年之交的人，在他們的星圖上，同樣也會帶有凱龍與冥王星合相於射手座的特徵。讓我們再針對這個主題做進一步的探討，因為它的能量對我們目前正處在的歷史階段，構成了「啟動」（inceptional）的力量。在這次之前，另有一次令人感興趣的凱龍與冥王星合相於射手座，是發生於一五一四年；這一年，諾斯特拉達姆斯（譯註三十七）十歲，換句話說，塑造形成他這個人的早年階段，深深沾染上凱龍與冥王星合相能量的色彩。到了一九九九年間，當凱龍與冥王星又一次合相於射手座接近之時，世人間掀起了一股對諾斯特拉達姆斯預言的風靡熱潮，其中主要更針對一首四行詩，據說它與發生在一九九九年八月的日蝕有關。值得注意的是，諾斯特拉達姆斯的年代介在哥白尼與伽利略之間，也就是認為太陽系是以太陽為中心的論點，依然被視為「異端邪說」，但已經在當時的知識分子圈暗中流傳的時候，這點也實在符合凱龍與冥王星有相位的風格。射手座關係到對宇宙、世界、人生、至理的想法及理解，而預言

譯註三十七　Nostradamus，1503-1566，堪稱是史上最有名氣的預言家。

也跟它有關；這些合相強調了射手座的主題，並且帶來一個具有典型冥王星特質的側重角度：轉化、變型、隱祕、危險——在這個例子裡，危險正是來自於宗教法庭（Inquisition）。法蘭索瓦一世（Francis I of France），這位在日後對追隨馬丁・路德（Martin Luther）思想的新教徒進行迫害的法國君主，就是在一五一五年，凱龍與冥王星合相仍在容許度之內時即位。

當我們重新回頭考慮最近這次凱龍與冥王星合相，我們或許應該問問自己：「我們此刻所身處的，是宇宙的哪一次『改版』，裡頭有什麼不同的內容？」隨著基本教義思想的興起，一併浮現的還有對宗教信仰，以及對傳統與習俗的質疑，甚至是摒除，而這也引發了人們對真正意義上的精神性、靈魂性或信仰性的感受與經驗，產生亟需被滿足的渴望。其次，冥王星也是「財富與資源之神」，他與經濟、財政、金融問題的關連性，有時候會明白直接到極點；而自冥王星入境摩羯座以來，全世界的經濟有如處在「自由落體」的狀態中。再來，隨著舊有意義的消解崩潰，以及大規模的喪失希望，人們開始變得很容易去擁抱狂熱的信念，甚至是一種泯滅人性的「靈性的法西斯主義」。這樣的背景，對於種種世界末日式的預言來說，正是一片肥沃的生長土壤；關於這個主題，會在第四部再做探討。最後，新的資訊分享方法激增，使得一直以來需要暗中進行的各種「祕密傳授」，可以輕鬆地宣傳散播了，不過與此同時我們也可以看見「靈性消費者主義」也有增加的現象。

話說回來，也讓我們張開雙臂歡迎那些顯著地，強而有力的群眾覺醒現象，讓我們對其支持鼓勵，並且讚揚歡慶。我們此生在世的時間，歷經的是在一個凱龍與冥王星合相週期中，狀況比較激烈的初始階段；在這些初期階段，人類意識的「形態場域」（morphic field）會變化得甚為迅速。當光亮增加的時候，也會賦予我們「在黑暗中看見事物」的能力，而凱龍與冥王星相位的智慧，是在何處尋找與發現呢？正是在於我們對依附執著或討厭排斥的事物放手的能力；在於我們認知到自己所要追尋的，是某個將對立之兩極，既加以超越又予以包含的境界。出於直觀的知覺，人們當能理解到：或許對於我們以一個獨立個體，還有以一支集體物種的身分，要能夠繼續存活並且興盛於這個世界中來說，「擁抱一套合適的內在宇宙觀」將是不可或缺的事；伴隨著這樣的理解，那些迄今為止依舊不為人知的古代宗教及祕儀，也得到越來越多的關注。凱龍與冥王星合相於射手座，為我們帶來了以人類這整個物種為單位的追尋之旅；而人類一直在追尋的，就是一個可以解答「我們位在何處」這個問題的視野。

依照愛麗絲·貝利的體系，在神祕占星學裡射手座的守護星乃是地球。或許，凱龍與冥王星於射手座的這一次合相，將會以一種清楚無比的方式，向我們強調出修正心態並且向地球做出彌補的必要性。如今我們已經知道要教給孩子們關於生態的認知，還有如何保護生態的行動；「拯救地球」的整個觀念也已經進入了集體意識之中。如果我們記得，許多不同的傳統文化裡，其發展過程中的重要啟蒙階段，都是伴隨著面臨到將被滅絕的經驗而一起發生（不論那是什麼意義上的滅絕），這對我們面對當前的處境來說，不失為一劑強心針。基於同樣的道理，儘管在世界各處，還有多到我們連想像都無法想像的苦難正在折磨著人們，然而只要能夠真正體悟我們在地球上的日子的短暫性，就可以提供我們強而有力的動機，要將每一年，更要將每一天，都當作是天上掉下來的禮物！因為感覺得到自己的脆弱，我們也更有辦法感知到人與人彼此之間都共有的人性——而這正是凱龍與冥王星有相位的精髓。

凱龍與月交點有相位

南北月交點會點出一組彼此對立，互為兩極的宮位及星座；雖然出生星盤上的相位組成或者行運影響，可能會強調或者激發兩極中的其中一端，但是由月交點所暗示的整個生命發展過程，卻會完整歷經從一端至另一端，循序漸近的循環交替——而這個循環交替的過程，則由月交點在黃道中緩慢的逆行運動所象徵。月交點代表了我們進行領悟的軸線，如影隨形地跟著我們渴望與厭惡的事物前進，協助我們達到平衡、取得深刻的洞見，並且不致於深陷其中無法自拔。我們可以將月交點所代表的主題，視為一條中心軸線，我們的人生就是繞著這條軸線旋轉；而這些主題，有可能是從我們其他世的人生帶過來的。環繞著這條「交點軸」，我們便處身於一個持續不斷，平衡之後又需要再平衡，定出方向之後又需要再定出方向的發展歷程。

北交點所代表的，是一片沒有在地圖上繪製清楚的領域。在裡頭，我們艱難地前進，試著行使貫徹我們的意志，以及做出我們的決定；我們吸納了覺得不熟悉、不舒服的新經驗，但是由於我們的投入，由於我們能從北交點所象徵的事物中學習到教訓，我們也將得到可觀的回報：身心的幸福與滿足。要將北交點所象徵的事物落實與顯現出來，說困難也可以很困難，但這正是我們在相關領域中受邀去完成的任務。北交點帶來的能量也可以相當強烈，甚至達到可以強迫我們作為的程度；它就像一台不容易發動，然而一旦熱開了，就不會輕易停下來的引擎！相對地，南交點位置所代表的天賜、性質、能力以及需要處理的議題，則是我們本來就已經熟悉，而且通常不需要過分地努力，就會顯現出來。我們會在南交點象徵的領域，找到業力要我們繼承的事物，無論那是從家族的模式遺傳下來，還是來自過去某段前世，抑或兩者皆是。它也是我們最不會感覺到抗拒與排斥的領域，是當我們遇到困難與麻煩時會退回到的地方。雖然南交點可以讓我們休息喘氣，也可以是一個避風港，不過假如我們就此藏身其中，拒絕繼續面對世間的挑戰，我們最終會覺得自己渾渾噩噩，苟且度日。如果是這樣，我們就會需要將南交點所代表的東西予以鬆綁與放手，或者是將那些東西轉換為北交點所代表的新形式，並且將它展現、表露、顯明。

與凱龍有關的主題，在凱龍與月交點合相或呈四分相的時候，會顯現得最為直接。雖然任何一種相位都能展現出一定的重要意義，也必須在探討凱龍盤面配置時將其考量進去，不過本節所討論的範圍將僅以合相與四分相為限。凱龍與月交點處於強硬相位時，它的主題就容易以非常清楚的程度顯明出來，無關乎當事人是否有意識要去實現它們（方法或許是下定決心進行個人的意識之旅，或者從事與療癒相關的職業）。

首先要注意到的是：因為南北交點形成一條軸線，兩個交點形成的軸線兩端剛好橫跨整張星圖，因此若是凱龍與其中一端形成四分相，一定也會同時與另一端形成四分相，構成一個T型相位。這除了會大力強調與凱龍有關的主題，交點軸本身觸及的星座及宮位本身也會得到強烈突顯。四分相，是個關於「示現」的相位，意味著**有某個東西想要發生**。因此，當凱龍與月交點形成四分相，相關主題的強度於是就倍增，我們也將見識到它清楚的，有時候甚至是有如戲劇般激烈或誇張的展現實例。這種時候，不論經由何種方式，凱龍原型層次的主題及能量一定會向我們顯明，試圖成為我們命運內容的一部分。凱龍與月交點有四分相的人，即便覺得自己的傷痛與限制帶給他們重重阻礙，即便在同樣的議題上絆倒跌跤許多次，他們還是常常擁有某種強烈的宿命感，驅使他們繼續前進與衝撞，不讓他們放棄與停歇。例如，有位女士，凱龍在巨蟹座、第十一宮，與位於天秤座、第二宮的北交點，以及位於牡羊座、第八宮的南交點，各自形成四分相。她心裡雖然想要成為一位身體治療師，但是手上這份位居工會高層的職業，不僅待遇甚佳，還擁有不小的政治影響力。因此，儘管她已經完成按摩師的訓練，而且也覺得自己真正的天職應該落在「從事個人層次的轉化（第八宮）」這個領域裡，方式則是透過治療對方的身體（第二宮）；然而，擁有一種在群眾眼中看來（凱龍在第十一宮），能夠帶來改革的力量（南交點位於牡羊座），這件事是如此地讓她依依不捨，使得她一直難以做出轉換跑道的決定——她也知道，一旦改當治療師，至少在相對上就會比較默默無名。不過最終她還是放棄了原本的工作，在該來的時候，以不同的方式，呈現出她那第十一宮、巨蟹座的凱龍：她成為大班制的按摩教師，對成群的學生傳授按摩技術。隨著凱龍形成這個T型相位，「群體、眾人」這個宿命的主題受到了強調，具體呈現為她的專長時，就是能夠協助人們重新與自己的感受建立連結（凱龍在巨蟹座）。除了位在獅子座的冥王星以外，她星盤上的所有行星全都座落於水相或土相星座，天秤座的北交點就成了風元素的唯一代表。做出換工作的決定，既讓她煩惱不已，也花了她很長的時間，或許是反應了星盤上土星與南交點合相這件事。

凱西・歐布萊恩（Kathy O'Brien）的星圖，提供了另一個有趣的例子，這次是關於凱龍在水瓶座而與月交點形成T型相位。她聲稱美國中央情報局（CIA）想要發展某種高階心靈控制技術，而她是該計畫下的倖免者。她把自己出版的書取名為《美國催眠大隊》（*The Trance-Formation of America*）以及《無檢視權限》（*Access Denied*）。據說，指揮審理她所提出的訴訟的法官，曾經說「基於國家安全之理由，法律不適用於本案」；從她為期十六年的復健過程中，所蒐集累積的所有揭弊內容，全都是她自費出版的〔註24〕。歐布萊恩的解救者馬克・菲利普斯（Mark Phillips），凱龍與獅子座的北交點合相，而與歐布萊恩的凱龍對分。注意，另一位著名的虐待被害人：娜塔莎・卡普斯基，同樣也擁有凱龍與月交點形成的T型相位。

同樣地，凱龍合相於任何一個月交點的人，其人生旅程也會強烈反應出種種帶有凱龍色彩的主題；他們的生命將會實地展現凱龍神話中某個形象的樣貌，具體落實該人物代表的能量，從而活出老師、智者、醫者、心靈導師、拯救者、被害人、被犧牲的人、受苦受難的人，或者傷人者、受傷者，另外還有侍從、信徒、助手或者學徒。以甘地為例，他的凱龍與南交點合相於牡羊座；他為自己那套「非暴力革命」（凱龍位於牡羊座，可以代表以被動方式進行侵略）的理念以身作則，讓自己這個人成為思想與精神的具體象徵。他所推行的運動改變了國家社會的歷史，儘管他自己以及數以萬計的其他人，都為了這個大業付出生命。勞倫斯・凡・德・普司特的凱龍與南交點合相於水瓶座、第四宮；他在不同的文化之間，搭起交流的橋樑；他的作品也讓南非的原住民得到世人的關注，破除先前既存的無知與偏見。凱龍與任一月交點合相的人，對凱龍領域的職業可能會有非常強烈的感覺，譬如像教學或醫療；另一種可能是，他們會跟這樣的人擁有極為親密的關係：治療師、牧師、患有生理或心理疾病的人，或者以某種方式呈現凱龍故事中出現的主題與神話形象的人。舉例來說，珍・羅伯茲的凱龍合相於金牛座的北交點，是她位於金牛座的星群中的一部分（這個星群總共包含凱龍、月亮、太陽、木星及北交點）。她是一個名為「賽斯」的靈體的靈媒，賽斯透過她來和這個世界接軌；人們還從賽斯所說的話，整理出許多具有教育意義的書籍。她自己則在書中提到，她常常是在做一些簡單而實際的家務（凱龍在金牛座）時接收到賽斯的訊息，雖然之後他們的溝通逐漸轉變成比較正式的模式。

凱倫·安·昆蘭（Karen Ann Quinlan）的凱龍與北交點合相於摩羯座、第二宮，它們是她星圖中T型相位的頂點，而這個相位的其他部分，則是牡羊座、第四宮的金星，對分於天秤座、第十宮的海王星。她的凱龍也和巨蟹座、第八宮的天王星形成鬆散的對分相。一九七五年，凱倫開始陷入長期的昏迷，當時行運的凱龍，剛好與她出生的金星形成完全的合相。接下來這十年，一直到她去世為止，這段期間她的生命狀態就是凱龍神話活生生的翻版：求生不得，求死不能；又，她的T型相位，也強烈讓人聯想到「睡美人」的故事（註25）。在她終於能夠死去的時候，水星來到與她射手座、第十宮的出生火星完全對分的位置，這樣的行運或許是在象徵一位白馬王子的到來，喚醒她，讓她展開超越物質領域的新生命。昏迷的第一年，她的狀況就已經必須戴上氧氣罩，從這時候起，她的父母就提起一件具有歷史意義的訴訟，而且還獲得勝訴，取得了可以關掉人工呼吸器，讓她自然死亡的許可。可以看到：法律體制受到了質疑與挑戰（凱龍與月交點在摩羯座的合相，對分於天王星與月交點在第八宮的合相）；拒絕醫療干預的權利，以及可以選擇自然死亡的權利，隨著大眾對這個訴訟案件的日漸關心，開始變成一個十分具爭議的議題。然而，在合法地關閉人工呼吸器之後，凱倫並沒有馬上死去，而是又多活了九年！在她去世的時候，凱龍當時正位在雙子座，對分於她射手座的上升點；與此同時，她的星圖還為我們顯示出一個很有意思的九分相，是由行運的凱龍與她巨蟹座、第八宮的天王星所構成，而第八宮正是傳統上認為與死亡有關的宮位。魯德海爾將九分相（40度）描述為「磨難的時期與內部的形成」〔註26〕，就像那具有原型意義的「曠野裡的四十天」〔譯註三十八〕。麥可・邁爾（Michael R. Meyer）則指出九分相與「內省的或尚未顯露的成長」有關。我們永遠都無法知道在這十年間凱倫活的是什麼樣的內在生命，過著什麼樣的內在人生；不過她所留下的遺緒，讓「死亡權」這種觀念廣為人知，並將會一直流存下去。她的生命連同她的死亡，一起為體制帶來了挑戰（凱龍與月交點合相於摩羯座）。

凱龍與任一月交點合相的人，需要嚴肅看待他們的內在生活，對「成為個體」的內在驅動力認真以對，而且不能只看到自己的天賦，也必須看到自己的傷痛；如此一來，才能在自己了然於心的情況下，擁抱凱龍所代表的能量，並且以能夠帶來療癒的手法導引此能量。擁有這種相位的人，有一些會宣洩出強大或劇烈的破壞力，成為「造成傷害的人」；有一些則是無法克制自己，就是想要試著去「治療」眼前的問題，去改善事情的狀態，也總是會吸引到那些需要得到支持、肯定、救贖、彌補以及療癒的人。這些人也可能會去認同受害者或犧牲者的形象，或者成為「代罪羔羊」或是「局外人」。希特勒的凱龍合相於巨蟹座、第九宮的北交點，而與一齊合相於摩羯座、第三宮的月亮、木星、南交點全部形成對分相。凱龍與月交點的相位，突顯了他抱持的信仰思想（第九宮）；他所高舉的種族屠殺的使命（凱龍與月交點的相位落入巨蟹座），可以視為是位於歐洲人集體心靈的底層中，那種對閃族人（Semite）的反對與排斥，在哲學性的說法支持之下，理直氣壯地表現出來。希特勒相信了如此誇張的一套思想，竭盡全力要藉由消滅另一個種族，來「治療」以及捍衛自己的種族（凱龍在巨蟹座）。希特勒的祖先家系無法獲得完全確認，不過晚近的研究有人指出，他的祖父有可能是猶太人——或者是希特勒認為如此（註27）。因此，他之企圖消滅猶太人，就可以看作是他渴望親手對自己整個家族進行報復的一種抬升與擴張（凱龍與木星有相位），因為他在兒童時期，曾受到他們殘酷的對待（凱龍與月亮有相位）。不過，就原型的層次來說，希特勒在一些人的眼中，幾乎被神話（凱龍與木星有相位）為「反基督」這個形象的化身。值得注意的是，上一次凱龍與冥王星的完全合相產生於獅子座，時間是一九四一年七月中，它在希特勒的星圖上出現於第九宮，與天頂形成緊密的合相；這真是令人毛骨悚然的一個指標，告訴我們他擁抱的那項冥王星式的「天職」。一九三八至三九年間，在他凱龍回歸發生時，冥王星剛剛進入獅子座不久，與他金牛座的太陽形成四分相。凱龍回歸可以代表我們與自己真正的天職，產生深刻連結的一段時期；也就是我們會專致於一條即將佔據我們此後餘生所有心力的道路之上。在凱龍週期中具有重要意義的時間點上，其他的行星於當時所處的位置，對我們理解實際所發生的事而言，也會是具有重要性

譯註三十八　語出《聖經．馬可福音》第一章第十三節，取耶穌在曠野四十天，接受魔鬼誘惑之考驗的典故。

的因素；在這個例子裡，是冥王星在呼喚希特勒做出回應。

由於交點軸也象徵重要的人際關係，當凱龍與其中任一端點合相時，有很大的可能性，當事人會與生命中的老師、醫者或精神導師，發生一段「宿命般的、註定般的情誼」。另外，擁有這種合相的人，常常會自然而然散發出一股迷人魅力，甚至吸引來一群跟班或追隨者；不過這種特質的陰影面，會讓當事人沒有辦法接受任何人對他們提出的建議、啟示或指導。反之，那些會成為某位「大師」的狂熱信徒的人，在他們的星圖中，常會發現凱龍與月交點中的其中一個產生合相。要從這種依附、崇拜、忠誠或愛慕關係中掙脫出來，對當事人而言是很困難的事，因為月交點所代表的連結，其深度絕對不容小覷。只不過，雖然擁有這種合相的人，一開始的時候會強烈需要有一個外在的師者形象，來協助他們與自己內在的引導源頭建立連結，但是周遭情境的開展，通常也會強迫他們找出屬於自己的道路。於是他們與師者的關係，一旦隨著過程變遷而變得敗壞（原因或許會是與父母之間未曾解決的議題所致），有時候他們也會同樣狂熱地反過來排斥與攻擊他們原本服膺的信念、信仰或道理。「與一位高壓強勢的導師關係緊密」，這種經驗絕對改變一個人的人生方向，而如果採取一種業力論的觀點，那麼我們便可以說：擁有凱龍與月交點的合相，就代表我們已經準備就緒，願意接受這樣一種經驗。

凱龍與四軸點（譯註三十九）有相位

一張星圖是由四個軸點，也就是四個基本點設下基本結構，就好像骨架之於人體一樣；從而一旦凱龍貼近某個基本軸點，凱龍的主題在當事人的生命中就會有如「結構性」的要件，通常會展露、顯示地非常清楚而明白。同樣的道理，假如凱龍與某一對基本點形成了緊密的強硬相位，這對基本點在當事人人生中的展現內容，就會強烈沾染上凱龍所在的宮位與星座所具有的色彩。與任何一個基本點產生10度內合相（位在基本點的前後都算）的「合軸星」，在星圖上具有相當重大的意義。不過，它們的力量究竟有多麼強大，有時候並非那麼容易評估，因為這類「微調工作」的成功與否必須以出生時間的準確度為依歸。

用太陽弧的正向推運法（directions）、實際推運法（progressions）以及行運，與當事人生命歷史的時間線做比對，會是個可以用來調校與逼近準確出生時間的好技巧。另外，有一條最基本的經驗法則：行星的位置距離特定基本點越近，該行星的主題就越有可能為我們提示當事人生命中實際發生的事件，以及實際呈現的主題，而且其間的相關性通常會一望即知，昭然若

譯註三十九　原文Angles指的是上升下降軸線與天頂天底軸線的兩端，故做此譯。

揭。這一點，對凱龍而言也沒有例外。如果你不確定你自己，或者你想研究的對象的出生時間，我會建議把位在你正在推敲思考的基本點前後兩邊的宮位章節一併閱讀，例如：研究上升點的時候，請看凱龍位於第一及第十二宮；研究天底的時候，請看凱龍位於第三及第四宮；研究下降點的時候，請看凱龍位於第六及第七宮；研究天頂的時候，請看凱龍位於第九與第十宮。

做好這樣的功課，有時候可以提供關於凱龍落入之宮位的線索，或者是證據；從而也可以協助你限縮出生時間的可能範圍。舉個例子：如果你不確定凱龍是在第六或第七宮，而你的職業是醫療行政人員（譯註四十），這一點就已經大力指出：你的凱龍事實上是落在第六宮；相反地，如果你的伴侶是位醫生或治療師，那它就多半是在第七宮了。然而，若要達到確定，很顯然地你需要進行一些更徹底、更完善的考究；雖然這樣，占星基本的符號意義體系，常常會以讓你感到驚奇不已的清楚程度向你展現。凱龍進入十二個宮位的各個章節，也可以供你研究當凱龍與某個基本點合相時，將會呈現出的主題為何；因為，相關宮位的主題，也會受到合相的強化。

譯註四十 這是存在於英美醫療制度中的一種職業，我國可能沒有完全對應的職務。

原文註

註1 Cassell's *New Compact Latin Dictionary*, 1963 edition, p.22.

註2 Joan Halifax, *Shaman: The Wounded Healer*, p.21.

註3 Bradley Te Paske, *Rape and Ritual*, pp.59-62.

註4 Keith Sager, *The Life of D. H. Lawrence*, p.100.

註5 Halifax，前揭書，p.94.

註6 Charles Manson，引自Te Paske，前揭書，pp.59-62。

註7 Mother Teresa, *A Gift for God*, pp.22-23, 27, 32.

註8 Robert Johnson, *The Psychology of Romantic Love*, p.133.

註9 這幅畫收藏在巴黎的莫羅美術館，也可以在網路上搜尋到。

註10 Gordon Le Sueur, *Cecil Rhodes, the Man and His Work*, Johm Murray, London, 1913.

註11 狂戰士（Berserker）這個字，來自冰島語中的「björn（熊）」以及「serkr（衫）」，所以字面上的解讀就是「化為一隻動物的模樣（衣衫）」。感謝Carole Taylor提供我這則關於字源的資訊。

註12 關於這個重要的主題，完整的討論請參見Eugene Monick, *Phallos: Sacred Image of the Masculine*。

註13 紀伯倫，前揭書，p.57。

註14 關於與這些洞見相處及共同努力的方法，可參見Pema Chödrön的著作，特別是關於「自他交換法」的修行。

註15 Rudhyar, *An Astrological Mandala*, p.284.

註16 參見*Stripping the Gurus*，http://www.strippingthegurus.com/stgsamplechapters/krishnamurti.asp，作者為Geoffrey D. Falk。

註17 Sagar, 前揭書，pp.241, 60.

註18 同前註，p.243.

註19 馬丁．路德．金恩，前揭書，引言。

註20 Rudhyar, *An Astrological Mandala*, p.74.

註21 在1801年的英國的星圖中，凱龍位在射手座4度7分，冥王星則是在雙魚座2度42分；因此，這個行運的凱龍與冥王星合相，發生的時間點是接在凱龍回歸之後不久。

註22 N. E. David, *A History of Southern Africa*, pp.20, 21.

註23 《創世紀》9:25-27。

註24 DOB 12.4.1957, Muskegon, Michigan. 時間不詳。參見其個人網頁：http://trance-formation.com.

註25 這部分觀察結果，是由Richard Nolle在他的著作《凱龍》中首先提出。由於昆蘭在該書出版之後才去世，此處可說對昆蘭的故事做與時俱進的更新，以及增加補充占星方面的討論。

註26 Dane Rudhyar, *The Astrology of Personality*.

註27 Alice Miller, *For your Own Good*, Faber & Faber, 1983.

【第八章】

契機：凱龍的行運

而假若在人生階段的變化無常裡，
我落入了病痛與苦難的折磨，
於是手腕好像扭斷了，心似乎已死了，
力氣，已經離我而去，
於是我的人生，不過是某個生命的殘渣在苟延，
那麼屆時我一定會了悟到：
我依然在那不可知的上帝掌心中，
是祂在摧毀擊潰我，因為這是祂的赦免，
要讓我在迎接新的早晨時，是一個全新的人。——D．H．勞倫斯〔註1〕

我們已經見識了凱龍的**歷程**能夠促進意識的覺醒，而這樣的覺醒又對個體化的開展及其在生活中的展現有所助益。最能代表這種歷程的**空間**，是孔洞、出發點、通道、橋樑或者門戶；最能代表這種歷程的**時間**，則是與凱龍有關的行運：當它與自己在出生星盤上的位置以及與其他行星，因行運產生了有意義的聯繫——而這個意義以希臘文的「kairos」描述得最為貼切。「凱洛斯」（Kairos）是奧林匹斯諸神之一〔註2〕，是擬人化的「機運」。因此這個字的意思就是機會——也就是當那不受時間影響，是剎那也是永恆的「天王星」的領域，進入我們熟悉的、屬於「土星／克羅諾斯／時間之神」的時間長流中的那一刻契機。在療癒與覺醒的旅程中，會有層出不窮的同時性發生，事件與事件會以各自的章法排列出現，在外顯表象下核心的原型或心理意義，也會在意外之時自行揭示，釋放原本凍結或阻塞的過程。藉由如此，我們獲得指引，頭腦有了清晰的見解，情勢得到鬆綁。凱洛斯所代表的契機，是一種會讓你在心裡大喊「啊哈！」的體會，帶給你全新的觀點或是行動的可能性。或許是我們終於可以從已經不合時宜卻又陷於其中的自我形象中順利出走；又或許困住我們的，是因為對眼前人事物有錯誤的看法。在毫無防備之下，我們舊有的信念受到挑戰，這種過程有可能為我們帶來許多震驚與訝異。換句話說，這個覺醒會將我們帶回到自己。它與純粹天王星式體驗的不同之處在於：**凱龍的歷程要讓我們去正視我們正在對抗的事物，是那些原本就存在於自身內在，需要加以吸收、理解或解決的阻礙。透過這相關的經驗與感受，我們才有辦法真正成為自己的一部分。**

發生於凱龍行運期間的經驗，要是它們以令人痛苦的形式呈現，很可能我們就會將之當成是煩惱憂患。就像半人馬手上的弓箭，凱龍的路徑是切過土星的軌道而行，發生於凱龍行運期間的經驗，也以同樣的方式對我們僵化設限的自我結構提出質疑與挑戰。與此同時，凱龍也帶來理解與釋放這些固有反應模式的契機。我們或許會在這之中遇見過去未曾得到處理的經驗殘餘、來自父母與社會不知不覺中所給予的制約，以及承襲自家族先人或是自己某些前世的深層內在心靈結構。這時我們該做的是見證和放手，而我們也會經歷到過程中必須要經歷的一切。土星乃是關於「展現」的王者，當我們逐步從原本借助它來進行自我防衛的各種面向，一一收回它的能量之時，也就取得了它積極正面的特質，讓我們有能力在自己的生活中，創造滿足我們更深層目的的結構。

我們越是能落實在存有的地基上，我們就更知道如何活在當下，也更有能力接觸深層的療癒。凱龍的行運就像「剝洋蔥」，由層層意義與內容構成的洋蔥，在我們抽絲剝繭之下一層又一層地顯露；於是，行經生命之旅的這個人究竟「是誰」，也就跟著越來越清楚。在跨進人生不同階段的出發點處，我們都有可能遭遇來自社會的壓力，畢竟社會有它一定的慣例規矩、想法信念；而凱龍的行運會強調我們自身旅程的獨特性，在我們做出需要割捨或脫離「部落身分」的決定時支持著我們。在凱龍帶來的旅程中，我們是與自己所**追求**，而不是所**抗拒**的事物站在同一陣線，例如：我們是為了**更加健康**而努力，不是為了**不要生病**——在這個好戰若渴的世界裡，這是一種革命性的觀點，具有甚為深遠的意涵。不要忘了在神話裡，海克力斯的死，是間接導因於一隻半人馬（涅瑟斯）的傑作。在凱龍所呈現的療癒之旅中，我們所需要的勇氣，正與我們和內在世界的接觸聯繫息息相關，那些原本存在於個人深層且又具有獨特意義的事，將隨著我們的發現與接納這些全人類都有的人性體驗時，轉向呈現在超個人的領域。

凱龍的滯留

一年之間共有兩次，凱龍會出現轉向的情形：轉變為「逆行」或者是「順行」。這也就意味了每一年凱龍的能量都有兩段時間會達到頂峰，每一段的長度都是將近三個禮拜之久。請注意每年的凱龍「滯留」或是轉向發生於何時，無論它們有沒有在你的星盤上產生完全吻合的行運相位。從滯留發生的準確日期，往前起算大約一個禮拜或十天左右，你就可以開始認知感覺「正要來臨」的能量，並且試著讓自己與這些能量和諧調頻。在這段時間觀察你所做的夢境，對任何在身體或情緒方面出現的徵兆特別加以留意，注意任何同時性的發生，然後向即將展開的過程敞開心胸。一旦凱龍滯留確實啟動了你星盤上的某個主題，這些事前所做的準備就會帶來相當大的好處；這並不是說我們預測到什麼具體的事件，而是我們為這個療癒歷程空出時間與空間。於是，在滯留期間前後，可以試著設法在行程表上騰出一段日子，不過就算沒有辦法做到這點也不必擔心，只要願意和那些即將發生於內在的一切互相接軌就好——事實上，就任何一種凱龍的行運而言，這都會是一個良好的處理方式。關鍵就在於：要給整個過程一些空間，不要因為苦思著它的涵義而阻斷了過程的發展。將自己的心神集中在冥想沉澱上，讓過程本身展示揭露它自己。總歸一句，追溯凱龍的滯留，對試圖認識凱龍來說，是能夠為我們帶來豐碩成果的一項訣竅。

強硬相位及柔和相位

在我們透過學習行運來認識凱龍的時候，一開始先將注意力集中在強硬相位會是很有益的方法，因為強硬相位的影響通常是容易察覺辨視的。這些相位（0度、45度、90度、135度、150度以及180度）經常意味著壓力、衝突與緊要。掙扎奮鬥、競爭對抗、努力追求、進退兩難的情境以及緊張拉扯的狀況，這些都是關於四分相常見的感受與經驗，因為四分相是關於「顯明」的相位：有東西想要發生，想要以實際的樣貌成形、塑造。這些相位會培養出有力的性格，也會增進我們面對衝突狀況，實現目的的能力。對分相也可以視為是緊張相位，不過種類不同，它尋求的是透過察覺與了悟，而不是經由行動來讓緊張局面獲得解決。強硬相位通常是會堂而皇之，公開而直接地顯現出來，相關的人與事件會成為該相位特質在現實中活生生的化身。它們是凱龍行運週期中最顯而易見的觀察點，極有可能顯現在事件與經驗中，清楚地表現出蘊含於凱龍盤面配置中的符號意旨。在行運形成強硬相位的期間，我們非常有可能必須與自己的經驗及感受進行一番辛苦搏鬥；可能是我們對於生活中或者重要關係裡正在發生的事感到抗拒、生氣，希望事情可以跟實際的發生有所不同；也有可能我們抗爭的對象是內心正在體驗的事物，它觸動了我們敏感的神經，讓我們對它很有意見，並且試圖加以壓抑。這種對自己的拒絕與排斥就好像凱龍所受到最初的傷：被自己的母親拒絕與排斥，是造成我們受苦最主要的來源；它讓我們寸步難行，而為了能夠繼續前進，我們不得不一點一滴，努力將可能是問題的東西一步步解決透徹。這股動力是每個人在這樣的過程中都會自然生起的，並不是「有什麼東西出了錯」！對我們正在體驗的事物，一方面誠心地接納，一方面不過度投入其中，或者避免用不恰當的方式將那些體驗展演於外，如此一來，就可以更加擴展與豐富我們的靈魂。

另一方面，柔和相位（60度、120度、五分與倍五分相，以及七分相系列（譯註一））常常會將凱龍的特徵和主題，用一種更偏向「質性」的方式表現出來，亦即更帶有某種個人味道，或者更帶著存有意義的色彩，而不是指向某個實際生活經驗或事件。不論是以更有建設性，還是更具破壞性的方式，柔和相位的能量相對來說更容易流動。此外，由於在外觀上沒有那麼明顯，它們作用的傾向可能會需要相當時間才有辦法清楚得見。行運形成的三分相與六分相常常代表在這段時間中，可以更輕易、更流暢地整合某段經驗與感受；療癒和釋放更容易發生，腳下的路感覺走得更順，而且我們還可能有機會跟別人分享我們所得到的美好體悟。比較典型的情況是，原本難以察覺，但是拜三分相和六分相的期間所賜，被我們感受到正在流動泉湧的療癒能量，其源頭可能可以歸結到是與某些發生在前一段強硬相位期間的議題有關。舉例來說，某個在凱龍與月亮行運形成的四分相期間，嚴重程度達到頂點的棘手衝突，有機會在行運形成三分相的時間點前後獲得解決。

「凱龍—凱龍」的循環週期

由於凱龍的軌道非常地橢圓，當它運行的時候，在某些星座裡所待的時間會比在其他星座要長上許多；它在雙魚座與牡羊座要待個七、八年，到了處女座跟天秤座最多卻只有兩年。也因此，行運凱龍與出生凱龍首度形成四分相，會發生在每個人大約五歲（凱龍行運至獅子座、處女座、天秤座）到大約二十三歲（凱龍行運至水瓶座、雙魚座、牡羊座）之間，究竟是哪一年則因人而異。如此一來，凱龍的週期沒辦法像土星週期那樣，簡單方便地就劃分為莫約相等

譯註一　亦即包括兩倍、三倍七分相。

的四等分。不過，凱龍回歸一定會在我們滿五十歲起第一年內到來，沒有例外。

仔細研究自己過去凱龍行運時的遭遇，你會發現凱龍行運常常會對應到那些對你人生方向造成顯著影響的重要轉捩點、危機或轉機、重大的事件或人生經驗。一直沒有解決的個人議題以及未被完成的夢想，可能都會在人生路上的下一個轉角突然出現——或許，這是要讓它們有機會被整合成某個全新的形式；這是要讓過去的舊傷口重新得到療癒。未竟之事的重現，將透過寬恕、原諒、理解或行動，帶給我們真正去完結它們的機會。「凱龍—凱龍」的循環，代表的是覺醒了悟、重新取得平衡，以及讓自己強化的週期。在這整個過程中，我們會經歷一切對促進覺醒有所幫助的事物，從開心、舒服到糟糕、討厭一切。這段療癒的過程會一邊帶領我們經過各種不同的精神領域，一邊讓我們學會如何與自己的經驗建立真正的聯繫，而不只是替受苦折磨的自己感到痛苦。

行運凱龍與出生凱龍所形成的「凱龍—凱龍」循環，可以讓我們有機會對各個更加深層的，精神性與靈性的現實層次，擁有全新的醒悟；除此之外，隨著新體悟、新理解逐漸被統合融貫入自身，相伴而至的還有我們對自己深刻而強烈的重新調整。我們眼中所見的世界，以及在我們感知到的這個自己，都會因為新的體悟而有所變化；有時候，去擁抱這樣的改變並不困難，有時候則恰恰相反。靈魂有專屬於它自己的時機，有它自己的智慧，這也就是為什麼任何一套標準萬用的作法，都沒辦法用在療癒的旅程上。不論是心理還是靈性的領域，都不會有一個單一的方法或學派，能提供「應有盡有」的療癒；也沒有任何一位治療師或醫者可以為我們正在著手努力的議題，提供盡善盡美的解答。凱龍象徵的是將我們與存在於**我們內心的智慧**，加以連結起來的那條線索、那條唯一的「大道」。它讓我們有能力找出自己需要的是什麼、能夠就自己所擁有的東西努力、能夠信任這個過程，並且在需要的時候能夠毅然決然放下與前進。療癒無處不在，一旦能做到虛心請求，它就一定會發生；也有可能我們必須要擁有了後見之明的智慧之後，才能辨識出它的模樣；換句話說，它可能深入到超過我們有限的能力所能控制與理解的程度。這類療癒的過程常常會異常精準地為我們展現出，發生在靈魂之內與天空之上的活動，兩者之間是多麼地密切相關。凱龍較早的行運所帶來的內容，可能會在後續的行運期間為我們所體驗；同樣的心靈成分將會聚合成不同的形式，不過依然傳達相同的意涵。但這並不是一個機械性的重複過程，而是靈魂智慧的具體展現方式：同樣的「教訓」會重新出現，直到它所提供的理解與見識真正被我們所吸收為止。為了讓我們得到能夠放下與前進的智慧，我們的靈魂一定得要先走過這一遭不可。

雖然早先的經驗會對我們後續的行為與性格帶來影響，乃是不爭的事實，不過就占星學的觀點來說，我們在進入這一世轉世的時候，就預先對特定種類的經驗特別敏感或「有緣」，而這種天生傾向會反映在星盤上，於是星盤上的種種又可以倒過來提供一些可利用的原始素材，協助我們靈性上的覺醒。在這個意義上，星盤與其說是反映出**我是什麼樣的一個人**，更應該說是**我來到這裡有什麼事要做**；此外，也是展現出我們在生命旅程中會有什麼樣的遭遇，而這些會協助我們在內心中找出「我是誰」的答案。我們曾經受過的折磨，就有如是經過非常準確的剪裁，為的是帶給我們一種除了我們的親身經驗之外，無法透過其他方式取得的量身訂作的智慧。其實，儘管在人生旅程的某個特定階段，我們很容易就會「認同」或者把自己「等同」於自己的星盤以及星盤所顯示的一切，但最終我們會明白，更重要的是用一種開放的心態和方式，吸收這些由星盤啟發的洞見；這種開放與不設限同時會進一步支持一種釋放的過程：釋放那些我們緊抓不放、不過其實存在著許多局限的對自己的「定義」——不論這些定義是得自占星學，或者其他來源。

第一次到來的「凱龍—凱龍」四分相，常為生命帶來一種具指標性的體會；在這類經驗中我們會感到自身靈魂的需求，更優先於土星所代表的、與社會化與教育主題有關的事物。隨著某些事情的發生，我們將可能短暫地從熟悉的環境中抽離，舉例來說，假如我們遭受一次創傷的經驗，然後生了病，病中有一段超越個人範疇的記憶，讓我們有如想起自己從何而來，想起我們遇到的誰或發生的事，對我們的人生方向產生了影響——於是突然之間，我們知道了自己「長大以後」想要做的事。無論我們是把這當作正面還是負面的經驗，或許都比不上把它想成是要去感受貫穿於其中的「命運之流」還來得重要。譬如，有位凱龍位在出生射手座的少年，在他第一次「凱龍—凱龍」四分相期間，因為一場嚴重的意外傷害，而必須穿上軀部石膏固模。儘管復原狀況相當良好，不過他就此對自己身體的脆弱性留下一股殘留不去的感覺。雖然如此，他在為期不短的復健期間閱讀了大量的書籍，那些書的內涵深度遠超過學校的教材。經由這樣所培養出對哲學研究的熱情與興趣，終其一生都伴隨著他。

如同這個實例所展現，「凱龍—凱龍」的首次四分相如果出現於一個人的早年，特別是如果它比「土星—土星」的首次四分相還要提早到來，它就有可能標示出當時發生於家庭環境內的創傷、痛苦或不幸；而有時候，身體會透過生理上的疾病，試圖去穩定，或者是容納相關負面經驗所促成的心理加速成長。在疫苗大規模接種落實以前，相當常見的各種幼兒疾病，就是可能的例子。不論正面或負面，這些早年感受到的經驗可能會進入某種休眠狀態，然後在凱龍週期裡稍晚的階段再浮現到表面——或者是在某個外行星在行運之下，與凱龍盤面配置上的某個關鍵部分產生聯繫的期間。

首次的「凱龍—凱龍」對分相，會提供關於當事人人生目標或人生意義的某種提示。對某些人來說，這個行運就是一段以生病或者是面臨必須轉型的危機，為其階段重點，而且他們會在這段期間重新造訪在首次「凱龍—凱龍」四分相時遭遇的經驗，不論他們自己是不是清楚。對分相這個相位常常涉及人際關係的議題，因此這個行運相位發生時，可能會帶來覺得自己被他人傷害的感受，對象可能是父母、兄弟姐妹、學校老師或是其他權威人物；然而，這個行運也是生命中的心靈或精神導師可能出現的時刻，又由於我們在這段期間處於非常容易受他人影響的狀態，因此這位導師帶來的作用將是既深且遠。對於這些影響我們深遠的對象，我們常常會有一種不知為何就是覺得對方很熟悉的感覺，好像在更早之前就已經認識了一樣。的確，這種「因果業力熟成」（karmic ripening）的感覺，常是伴隨上述這類人際交往時出現，也確實深深影響我們的人生方向。不過，有件非常重要的事也不可忘記：那些我們覺得最難相處、最令人不舒服的人，反而有可能讓我們學到最多東西——人生導師有時是以不同的樣貌呈現。

「凱龍—凱龍」的對分相以及接下來的第二次四分相，都可能為我們帶來一段療癒的階段。不只如此，常常是隨著凱龍的行運，讓我們擁有重新平衡自己本質中「上半部」與「下半部」的機會，於是能讓自己再次與自己的「性」，以及自身感官面向的生活進行連結；而假如我們有偏廢一方的傾向，這個相位也可以緩和這種失衡狀態。占星學為對分相定立的主旨是「覺察」，於是對分相的行運期間常常也就代表我們與內在「知」與「見」的源頭，有了越來越深刻的連結。

「凱龍—凱龍」形成第二次四分相的期間，通常非常具有創造力與建設性，因為人生到了這個時候，我們變得比較成熟、對自己有更多的理解、更知道自己在世間的位置。然而，假如我們一直以來都是活在承襲先人的生活結構，或者是集體性的、土星式的組織制度裡，從來沒有認真嚴肅地思索過自身靈魂的生活，那麼這個相位帶來的可能是一段包含危機與重整的過程。過去種種對我們「自性」的背叛，必須得到我們的正視，正面地哀悼及放手；否則我們就有可能需要面臨一些內在缺點的挑戰，例如自己的冷漠無情、頑固僵硬，以及對內在本質的不負責任。如果要對這種痛苦做出回應，可以從認真地踏上自我發現之旅開始；而承認自己過去浪費了無數的時間與機會，也會增強我們追尋之旅的動力與強度。這段時間也可能會出現「徒勞無功的努力」這個主題，因而讓我們明白慎思熟慮比衝動行事更有益，於是學會用較有成效的方式將能量導向別處。有許多人會覺得很難感覺到自己，為此付出了不少努力，可是其他人卻好像都沒有這個問題。在「凱龍—凱龍」對分相之後的凱龍行運，會帶來一種比先前更加透澈清明，而令人感到舒服愉快的自我觀感，它會讓人開始覺得自己沒有以前那麼固化、那麼結構分明，比較流動而有彈性。在這一段時間，許多人會焦急地想要找出各種可以支撐「自己」的方法，而變得更想要主張、確立自己，更想要採取行動。這時候，維持一定的判斷力將是明智之舉，因為衝動有可能是源自於恐懼；與其如此，倒不如學會理解發生在這些後期凱龍行運期間，這種「清空自己」的奧妙過程，其實是這個階段賜給我們的贈禮。

下一站回家：凱龍回歸

凱龍回歸發生時，我們如果還沒有對死亡，也就是我們肉體在這個塵世間的終點，做好心理上的調適，那麼這個行運會促使我們開始去面對這件事。無可避免地，這會將我們帶向構成自身存在的基底，那些屬於靈性世界的層層現實，會讓我們與它建立一個更加深刻的連結關係。當這個行運出現時，幾乎可以確定我們已經通過人生的中點。如果是女性，可能不再會有身孕，許多人更是在這個階段停經；隨著兒女日漸獨立，展現自我母性的需求也會跟著改變。凱龍回歸向我們提出的問句是：「我打算怎麼過人生的後半段？」在這個「凱龍—凱龍」的循環週期，與前面階段有關的經驗會再次浮現，要求得到新的理解，或者進行更深層的新陳代謝，以便可以用一種新的方式看待整體生命。疾病、消沉、抑鬱或者與自己的內在衝突，可能再度發生於這段期間，而這一次它們想要達成的目的，是整合目前為止的全部人生，也就是自我的回顧與重建，並將其精髓帶入人生的後期階段。凱龍回歸，完結了我們所能經歷最長的一個行星循環週期，前一次的經歷大約是二十年以前的土星回歸。

許多人會在自己凱龍回歸的前後，更加想要獨處的空間，遠離與他人的連繫，這代表了靈魂內部正在進行的作用有多麼激烈。事實上，對我們本身最有助益的作法，是確保在這段期間我們擁有足夠的時間，可以深思或甚至哀悼這個循環週期的尾聲：我們帶著善意迎向生命最後的年月，我們對過去做出充足的整理和消化，使之成為豐富未來的肥料。無法具體實現的希望和夢想需要得到釋放，因為投注在它們之上的能量在接下來的階段必須用在其他地方。第二次土星回歸會在我們接近六十歲時發生，它也象徵著一個契機，讓我們可以從凱龍回歸開始到第二次土星回歸為止，將這段期間所經歷的過程化為支撐我們站穩的基礎。在這個意義上，**凱龍**

回歸就有如是第二次土星回歸的預備階段。

對許多人來說，這個過渡階段的特徵是積極投入各種形式的靈性生活。假如一個人還沒找到屬於自己的，與生命的靈性層次相連的內在意義，此時對死亡的恐懼就可能讓人產生一切了無意義的感受，因而不自覺地消耗掉身心能量。這類經驗提供一些非常重要的線索，就是關於我們是如何受到集體態度與主流立場的影響，特別是有關老化這個議題。從文化的角度來看，人們往往是在這個階段，在害怕變老的焦慮驅使下，拿著大量的錢去犒賞整型醫生，或者任何能協助他們防老抗衰的人。我們在這個階段做出的選擇，將決定我們會變成哪一種老人，以及我們會投入何種天職、對人世做出何種貢獻。凱龍回歸時，會讓我們對那種「自己是全體人類一分子」的感受，有特別真實的參與感，而由於生與死就包含在這個整體之中，因此我們將不會為了讓自己安心滿意而竭盡所有永保年輕。

印度傳統社會將人生劃分出清楚的階段，當一個男人已經完滿履行了他身為丈夫、身為一家之主的社會責任之後，他可以棄絕人世，選擇成為一位**聖者**（sadhu）、冥想修行者或是教團僧侶。時至今日，很多人則是在非常年輕的時候就受到了靈性覺醒的召喚；然而也是在今日這樣一個世俗基本教義如此盛行的時代，他們在回應這個召喚時，必定得要找出專屬於自己的道路才行。凱龍之發現於一九七七年，正好反映出眼前的這項挑戰。我們必須為自己決定要踏上哪一條覺醒之道，不過與此同時我們也會發現，就跟凱龍一樣，我們身邊有許多旅途上的同行者與我們相連相繫。

在我們經歷五十年的人生之後，凱龍回歸邀請著我們進入一個同時享受成果，以及全新開始的時期。三不五時，我們會覺得自己好像一腳踩在希望，一腳踩在恐懼上，不知該往前看還是往後看。過去生命中所承受的任何怨恨、忿怒與責怪，如果我們遲遲沒有面對，那麼它們有可能會在這個時候以苦悶、疾病、絕望或憂鬱等形式現身。然而若能抱持某種療癒的態度，將之當作契機，讓我們能去處理這個內在議題，那麼漸漸地我們便能輕鬆地釋放掉它。將我們的局限與苦難都包含到自身以內，但不是去認同它們，這樣能有助於我們連結自身最精要的本質。另一方面，在這一段時期，常常會有一股強烈的驅力推動我們投入某種更新的行動，因為我們會覺得這是自己最後的機會了。不過，紀伯倫直指核心地寫到：

> 當我離此城而去，靈魂裡怎能不帶一絲傷痕。
> 那城垣裡，有我多少苦痛之日，又有我多少孤寂之夜；
> 而誰，在告別自己的苦痛和孤寂時，能不帶悔恨？〔註3〕

曾經非常接近過死亡的人，據說不少在當時都經驗到自己的一生在眼前重播，那些重要的事件在短短數秒的時間一一閃過腦海。然而消化這次「重播」經驗帶給他們的深遠意涵，卻可能要花上許多年。類似這種人生回顧的過程，常會在凱龍循環週期的最後自然而然地發生，尤其是以回歸階段的第一次合相發生前大約九個月起，會最為強烈。許許多多同時發生的現象，會讓我們在這段期間重新與自己的過去連結；這些現象就有如是要來喚醒我們的記憶一般，或者是要將某件過去的事情帶來讓我們重新思考，得到我們的完整感受，使我們有機會以新的方式對它進行反省深思、理解體會——甚至於，是要我們首度對它敞開心胸，允許它進入我們的意識。

孕育與重生

凱龍回歸前後的期間就像是一個「重生」階段。我們在子宮內的經驗領域，有可能在行運凱龍逐漸與出生凱龍形成第一次正合相的期間，向我們的知覺能力敞開。當我們還在子宮裡時，會依照父母雙方的DNA基質形成我們的肉體，基因的遺傳或者是先人的因果業力，也會在這個時候傳交給我們。能將個人的天命聚焦的靈性能量，同樣也是在這段期間特別活躍，對我們的靈妙體以及肉身體都發揮了強烈的作用。從先人的「靈魂身體」還有從其他次元承襲而來的印記，也在我們於母親體內暫時逗留的這段期間深深影響著我們。

這些出生前的經驗，有時候會在凱龍回歸前的序幕階段開始活化。這是一塊完全處在主流心理學（以及占星學）考量之外的領域，不過關於出生經驗的重要意義，目前已逐漸受到重視與接納。第二章曾經提到，「個體的發展會反過來創造形塑群體的發展」，可以說當我們的意識穿透我們已然具體化的經驗，層層深入甚至直到細胞的層次，凱龍回歸時所帶來的轉化的可能性，將會得到實質的收穫。如此一來，我們的靈性生活也能有更深的立基之處。我們的意識歷經動物、植物、礦物的領域，前進直達物質內細胞的架構中，連結上瀰漫在這些層次之中、無所不在的宇宙能量脈動。不只如此，在我們重演這段出生前的體驗的時期，將有可能帶來深遠無比的療癒。遺傳性的好發疾病或生理缺陷，會在這個時期展現出來。當身體因為這樣而處於容易受到靈性的能量匯流所影響的狀態，有時候這些生理問題反而能夠得到完全的療癒；療癒的成功與否，則取決於我們獨特的人生之旅的需求為何。此外，有些浮現於這段時間的知覺與生理方面的經驗，它們之所以讓我們感到「詭異」，可能正代表了我們動不動就把眼前發生的事情「視為病態」的事實，在不知不覺中替它貼上標籤，然後設法要對它加以治療，認為治好了就沒事了。許多所謂跟更年期有關的「症狀」，都值得放在這個觀點下重新看待。如果我們知道，該怎麼輕柔地承擔我們正在經受的一切，它們就不致於被恐懼給無限上綱，成為某種被醫學認為的疾病。當我們察覺出某個過去的既定模式，消除它對我們帶來的傷害，因此重新出現的能量活動，還有如此而得到的開啟空間，事實上就代表了一個**契機**，一個帶來釋放的時刻。

這段期間還有一個神祕要素：在深入查訪某段苦難經驗的過程中，假如我們能夠給這個經驗一個正確的「位置」，常常就可以讓它在非常短的時間內化解消散。當中的能量獲得了釋放，而我們也能繼續往前進。假如我們的確正在與自己出生前的「存在」樣貌進行聯繫，只要能在這個脈絡下理解上述道理，就已經足夠帶給我們很大的助益。同樣地，我們也必須對這個過程保持冷靜與謹慎，在適當的時候尋求恰當的醫療幫助。不過，我倒認識不少女性，她們在經歷更年期這個人生重大階段的時候，並沒有碰到一般所謂的「常見症狀」。她們對這個過程的深刻理解，似乎提供了足夠有力的背景，支持她們可以容由自己的經驗順利顯露展開。這種將自己交給生理自然過程的信任意願，可以為我們意識的擴張設下穩固的基礎，讓意識能深入更加玄妙深奧的領域，讓我們再怎麼孤身深入自己的內在，也都覺得像是「回到家裡」一樣地放心。

在凱龍回歸往前的幾個月裡，許多人會感覺到一股與自己家族先人的強烈連結，這對他們來說可能是生平第一次。不論是夢境內容、發生的同時性事件、沒有特定目標的空想，或者是對家族系譜所做的研究，都可能在這段期間，為我們自身與「從祖先處承襲的業力」之間的關係，帶來更深一層的認識。我們可能會覺得自己受到不知名的感召，而開始發掘這些更深處的根源，或是開始投身於特定的療癒工作，譬如薩滿式的旅程，又或者是開始為我們終於察覺到的、尚未得到解決的苦痛來禱告。這種朝向內在根源的深層連結，對於發生在凱龍回歸前後的重大轉變階段來說，具有非常重要的互補或對應功能。為了找出人生的下一步，我們要收回原本投注於外在世界的能量，轉而用它們來表彰我們的內在根源，其中就包括與祖先之間這種寶貴的連結，還有由他們贈與的、供我們走過這世的肉身。

隨著凱龍回歸的發生——尤其是度數來到完全合致的時候，「重生」這個原型也會隨之出現，而且會比我們所預期的還要容易辨視。此時，了解你出生時的周遭環境會很有幫助；畢竟，那就設定了你是以什麼樣的開場來進入這個人世，而他人又是如何看待與迎接你的到來。別忘了，星盤本身就是「出生時」的星圖，指向的是一個開始、播種的時刻。假如原本你對此並不熟知，而這卻又對你的旅程甚為重要，很有可能你會在這段期間突然受到推動，要去找出相關的資訊。如果你的母親，或者家中年紀較大的長輩依然在世，現在就與他們聊聊你出生時候的事，免得一切變得太遲！記得要將情緒層面的脈胳也一併納入考量，也記得在你蒐集到資訊之後，對它們進行沉澱與深思。想像一下，當你進入的世界裡頭，每一個人都是驚慌失措或者是爭執不休的，那會帶給你什麼樣的感覺。又或者，你投身的這個家庭儘管正處於極大的困難挫折，卻依舊為你的到來而感到開心，用愛來迎接你，那又會是什麼樣的感覺。你其實可以將**整個星盤**都視為是反映你抵達人世之時的情境，不過通常來說，上升點是它更加特定的象徵。留意你的凱龍盤面配置是以什麼方式與它應和。問問自己：你來到「這裡」，是為了處理什麼、療癒什麼、體會什麼？

你在凱龍回歸期間所經歷的人生經驗，會替你出生經驗的種種提供豐富的資訊，可以為你帶來深刻的療癒與新生感受。事實上，在凱龍回歸期間，我們每個人都是自己「重生」階段的產婆。舉個例子會更清楚。有位女士，她出生時是非常迅速有力地衝過各個分娩階段，然而她卻在最後關頭被卡住了，因為她母親的子宮口一直沒有張開到足夠的寬度。而這位女士在自己的凱龍回歸期間面臨到好幾個狀況，一開始她都是滿懷熱情迅速地投入，最後卻只換來環境局勢的種種限制，甚至有幾次還會遇到明顯扮演「壞媽媽」角色的人。一旦明白這與她出生經驗之間的連結後，她不只能夠為這個模式本身帶來療癒，也開始懂得如何控制自己的能量，三思而後行。

這個精密巧妙的重生過程，在凱龍回歸之後同樣會繼續發生，**因為凱龍會依循它在我們生命開始時的行運順序重來一遍**。換句話說，我們在凱龍回歸後會進入一個時期，這其中我們所見到的任何凱龍行運，往前推大約五十年前通通曾經發生過。那些根源於認知能力發展出來之前的經驗，或許首次能為我們的內心所接觸。在這些最初的歲月，在學會走路、學會說話之前，我們所感受到的自己和這個世界，都是「直接的」，沒有經過概念和語言的中介與調整，扎根在感覺與官能之中。我們不記得這段時間的種種，一部分也是因為這個原因。另外則是隨著我們來到第一次的土星四分相，也就是大概七歲的時候，「簾幕就被拉了下來」，蓋在它們上面；來到這個時間點，我們開始越來越社會化，學習如何用一種排除掉這類「直接」經驗的方式來思考。凱龍回歸之後的頭幾年，對任何人來說都代表一個非常強烈的轉變階段；甚至可以說，這段期間我們是擔任起自己的新父母。就算是那些平時就已接觸療癒工作，或者是對自身經驗做過非常深刻探索的人，都有可能會對凱龍回歸後兩、三年間浮現出來的經驗及其蘊含的力道，感到驚訝不已。

有個故事可以將這狀況說明得更清楚。二〇〇二年八月，我跟一位叫做「曼蒂」的女士有過一次交談。她是我的客戶，先前我們就曾聊過幾次。她母親在幾個月前過世，儘管曼蒂也是位治療師，對自己的內在已有充分的認識，但她依然對自己悲哀反應的強度感到震驚不已。為此她打電話給我，想看看占星學是否可以給她一點啟示，讓她弄清楚究竟發生了什麼事。曼蒂的星盤上有著凱龍與月亮的合相，在她打電話給我的那一天（二〇〇二年八月一日），行運凱龍於摩羯座內逆行，而它唯一擁有的重要相位，則是與行運月亮之間的寬鬆三分相。這項特徵吸引了我的目光，而且我還知道曼蒂的凱龍在同一年的稍早完成回歸——這是很明顯應該繼續往下追的線。我做了一張列表，列出從她凱龍回歸以來，凱龍所形成的行運相位，並且注意到一件事：有個行運凱龍與她出生天王星形成的正對分相，發生在她母親過世的三週之後，這是距離她母親實際死亡日期最接近的凱龍正相位，而且剛好大約就在這個時候，曼蒂開始產生極端激烈的悲傷反應。

在曼蒂的出生星盤上，凱龍也是逆行落入摩羯座，位置是2度39分，與同是摩羯座，位在

3度26分的月亮合相，而且兩者都在第十宮（母親），一齊對分於巨蟹座6度11分的天王星（分離）。在我們進行這次電話交談的那一天，這個出生凱龍及月亮的合相，就跟行運的凱龍合相，而她這通電話打來所要談的，恰好就是關於她喪母的悲痛。占星符號的象徵意涵，此處看來似乎完全切中了要害。從她凱龍回歸以來曾發生過的凱龍行運相位，涉及的對象首先是月亮，接著是天王星，分別形成合相及對分相；這點進一步強調了「凱龍—月亮」的這個主題：不只是痛苦的分離，或許同時還是個徹徹底底的分離。這些再清楚不過的暗示，突然之間讓我明白了，這悲痛的「結果」，其實早在五十年前，早在曼蒂人生的起始階段就已經發生了！於是我便以曼蒂生日開始起算，製作了一份凱龍在這幾年間行運相位的列表，然後發現一九五二年，當曼蒂大約九個月大的時候，行運的凱龍的確就曾經與她出生的天王星，形成過一次正對分相。

我向曼蒂提到這個橫跨五十年的共鳴，然後跟她說：「我知道這不大可能，不過還是問一下，妳該不會還記得一九五二年一月九日那一天發生了什麼讓妳印象深刻的事吧？」曼蒂想也不想就給了一個讓我說不出話的回答，以下就是她當時所說的話：

喔，當然，事實上那幾天我都記得很清楚。你說的日子是我媽媽的生日，而且我知道我媽就是在差不多這段時間懷了我妹妹的。知道有另外一個小孩的存在，對我來說就是代表了我要失去我媽媽，因為她不會，或者是我覺得她不會有足夠的愛來分給兩個小孩。確實，懷了我妹以後，她的心就不在我這裡，我也開始壓抑我的感受跟需要，好為她省去一些麻煩。雖然這一切都不在表面的意識，她應該從來沒有告訴過我，那個時候她還想要再生一個小孩，不過我相信那就留在某層潛意識之中，隨著她懷孕，那個過程也開始進行，我被我媽冷凍的過程，失去她的過程。誰知道一個還在喝母乳的小孩，當母親的心思已經不在她身上的時候，她喝下去的是什麼東西？在那段時間，我經歷到的是完全失去與她之間的情感連結，因為她所有的注意力都從我身上移開了。

五十年後曼蒂母親的去世，觸發了這些充滿強烈感受的回憶，雖然當事人對它是如此熟悉，但是也不曾減損它浮現於意識表面時的異常清晰程度。因為喚起了曼蒂在九個月大時所感受到的那種被遺棄感，一般對於喪母的哀悼，在她身上因此受到大幅度地增強。一旦掌握到這個原因，似乎也就直接、不做任何調整轉化地，為曼蒂當時的情緒經驗提供了一個理解背景，也讓我們兩個頓時都震驚到幾乎不知如何反應——這，就是**凱洛斯**的時刻，是契機展現的一刻！靈魂會知道我們情感經驗的真相，而當我們正確地認知它的真相，內心的平靜也會跟著產生。

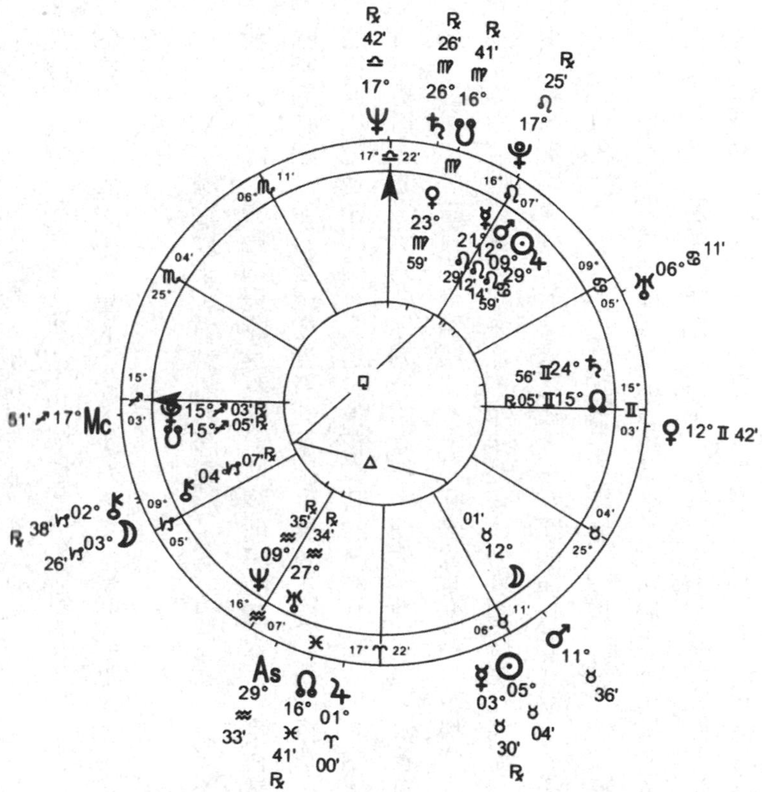

圖一　內圈：契機展現的一刻；外圈：曼蒂的出生行星位置

這個契機展現的一刻跟曼蒂的出生星盤之間，在占星學上有許多緊密的相關性可以觀察。另外值得注意的是，她的水星位於凱龍被發現時所在的度數，恰好象徵了在這段期間來到的「從凱龍那裡捎來的消息」；冥王星與南交點的正合相，跟先前探討過的凱龍發現日星圖，裡頭的冥王星與南交點正合相也互相呼應。而我們這次電話交談，也就是「凱洛斯」時刻的星盤，也擁有某種奇妙的中點盤面配置，強調出這次談話經驗中那個「啊哈！」性質；這也讓我對凱龍回歸過程有了革命性的理解。這個中點盤面配置如下：凱龍與下列中點有相位：天王星與海王星的中點、月亮與天王星的中點、太陽與天王星的中點、火星與天王星的中點。冥王星與下列中點有相位：天王星與凱龍的中點。

從那次經驗以來，對於凱龍回歸帶來的這種過程會多麼明白與直接地展現，這點依然讓我驚訝不已；療癒過程所具有的通情達理與慷慨大方，實在是無窮無盡。假如你正處於凱龍回歸後的時期，誠心建議你查看一下出生後幾年間的凱龍行運，然後比對一下哪些跟你目前階段的行運相位是相同的，又是發生在當時的什麼時候。這其中呈現的關連性不只將會讓你大感驚奇，更重要的是能夠在你的療癒過程中助你一臂之力。儘管凱龍回歸帶來的這種過程會一直持續下去，不過當我們來到第二次土星回歸的時間點時，那些「再次出現」的情景常常已經沒有那麼強烈地吸引我們的注意，除非是有什麼具體特定的創傷經驗，直到那時候都還需要進一步的療癒。簡單來說，五十歲之後，每當凱龍與我們星盤上的任何一點形成相位，那都是「一回生、二回熟」，於是可以帶給我們先前沒有的清楚知覺，而正是因為這樣，也會帶給我們療癒。

再舉一個關於凱龍回歸之後稍微久一點所發生的事，同樣呈現出這種鏡像過程的例子。有位男士，在行運凱龍與他位於第二宮的出生海王星形成四分相的那一年，被診斷出罹患了慢性疲勞症候群。這個行運相位前一次發生，是在他大約五歲的時候，當時他的祖父剛過世，接著他的父親得了結核病，家中頓時陷入困境，因為父親是家裡唯一的經濟支柱。請注意，海王星就位在他象徵資源的第二宮。在中醫理論裡，「肺」與「哀」有關，而在這裡所出現的，是一種哀傷發生在身體的層面，或者可以說哀傷轉化為生理症狀的模式；此時他覺得自己好像會就這樣消瘦下去，直到乾枯為止，至少他父親當初就真的是這樣。不過，在明白了這中間的關連性，同時也對自己承認他對失去祖父的感受有多麼深刻之後，這讓他移去了身體所感受到的悲傷重擔，於是讓身體在相當短暫的時間內就得到復原。畢竟當年在他父親開始生病的時候，他並沒有多餘的時間可以哀傷：他是家中的長子，也覺得必須負起家庭的責任，儘管當時他只有五歲而已——那個時候，他已經「走上了父親的路了」。同樣地，從這裡我們也可以看到與摩羯座有關的責任感要素，而且還令人印象非常深刻；摩羯座就是他出生凱龍的所在位置。

當疾病是受到某個源自凱龍的因子主導，那麼一旦其中屬於情感、情緒方面的成分得到了理解與釋放，這樣一場病痛就有可能極為迅速地痊癒。然而另一方面，我們也不可不知，許多人身患的種種器質性機能障礙，並不會因為這樣的原因而消失，更不可枉顧身體的確會因年紀而退化的事實。在這種情況下，與疾病、障礙、長期慢性症狀的折磨打交道，處理它們、與它們一同努力——這本身就是我們的旅程；從而我們有多麼能夠在不妄加否定，或是不自怨自艾的前提下，去處理自身的苦痛，就成了對療癒來說非常重要的面向。在我看來，處理嚴重的、慢性的、長期的疾病與失能（凱龍的傷，不也是比任何人，都還更加長久不癒？），這本身就是一條真實無比的靈性之路；而即便病痛終究無法被**治癒**，但我們卻有能力得到**療癒**。有許多人為了盡力當一個「正常人」而承受了非常巨大的痛苦，直到他們有一天發現，原來只要誠心正意地對待自己獨一無二的人生過程——包含其中內含的各種局限與阻礙，就已經是足夠的了。在疾病給我們帶來的「空間」裡，我們可能反而會找到上天給予我們的禮賜，或許是能帶來療癒的禱告祈福能力，或許是更加深刻的冥想工夫，於是我們無形地嘉惠自己，造福了他人。在當前這個「美麗新世界」裡，不論在生理上還是精神上，一些原本算是正常的經驗，因為商業理由都被歸入了需要被醫藥治療的對象；「比健康更健康」的這種「英雄」模範，也被推銷給不夠警覺的人，讓他們覺得這是自己需要的、這才是「正常的」。然而不是非得這樣如此。凱龍的過程便是在鼓勵我們，聽從自己的智慧，走出眼前這座迷宮。它是在叫我們注意傾聽靈魂的低語呢喃。

轉換儀式

對「心理—生物」（psycho-biological）觀點的生命來說，各種不同重要階段的開端，都需要由儀式、慶典或者典禮來加以表彰；這在那些被稱之為「原始」的社會裡，已經行之有不知幾千萬年。透過這種方式，個人的經驗取得了一個帶有神話色彩的背景脈絡；全體社群共同參與到這種儀禮中，則可以強調出它們本質上是屬於社群的、部落的事件，而且就連祖靈，或者其他存有面向的「存在」，也都將一併包含進來。在這樣的社會裡，一個人生命的生物面向，它的連續性與發展過程被視為是神聖的，應該加以慶祝的。當代西方文化只有少數人有幸從這類儀式中獲益，其餘的人大體上都失去了自己身體的靈性意義。許久以前的基督徒在大約青春期的時候，有著受領「基督的身體」，以「確認成為教會的一員」的慣例。直到前一段時間，這個儀式內容都還包括要宣誓棄絕「俗世、肉身以及魔鬼」的程序，而這句誓言甚至直到今日都還有部分教派繼續使用。

於是乎，當「性」開始浮現於許多年輕男女的心中時，他們在這段非常脆弱而且容易受到影響的階段，就被「接引」到一個督促他們去將「肉體」妖魔化的宗教立場。這無疑對世俗化的基本教義論，或者根本可以說是全球化的宗教，有著推波助瀾的效果。從青春期開始，我們就對超個人層次的面向有了可以與之連結的通道。隨著我們不論是在性方面還是在原型方面察覺到「他者」的存在，我們益發受到偉大人物形象的激勵，對宗教的意識觀感也都更被啟發。事實上，在諸如初經來潮、結婚成家、第一個小孩的誕生等等，在「心理—生物」觀點上的重要階段轉變發生的期間，心靈似乎需要、也會主動尋找超個人層次的脈絡，讓這個重大階段轉換的經驗能被這個脈絡所容納。

因此，在這段期間進入心靈的人物形象，可能會對這個人接下來的人生產生廣泛而深遠的影響，甚至是在無意識的狀況下。如果沒有轉換儀式的協助，缺乏恰當的超個人形象來讓當事人歡慶自己的成年之禮，那麼居於主宰地位的原型形象就會趁虛而入。最近幾十年來，我們可以看到電影明星、搖滾巨星、革命分子（譬如切．格瓦拉或奧薩瑪．賓拉登），以及其他各種公眾英雄（或反英雄）形象，成為年輕族群心目中強大原型形象的承載者，是阿瑞斯、戴奧尼索斯或阿芙蘿黛蒂在現世舞台上的化身，讓人歇斯底里般的狂熱、效法以及崇拜愛戴。然而，缺乏公開的轉換儀式，年輕的心靈就在沒有指引的情況下，盡其可能地釋放著強烈的情緒。當人困在這種將一切外部化的時候，就有可能發展為沉溺、成癮、訴諸暴力，或者背棄自己的潛力。

然而，在世界各地有越來越多人開始以典禮及儀式，來景仰與實踐這種與生俱來的、精神性的「本能」。不少國家都已經有持有證照的跨宗教神職人員，可以主持自創的結婚儀式、葬禮，或者其他各種彰顯人生的重要階段（譯註二）。與親朋好友分享重要人生階段的時刻，並且與「自然」達成和諧一致，這樣的行動同時也是在召喚存於我們內在之中，既不會壓抑本能也不會被本能佔據的「薩滿之靈」。可以說，我們確保了自己在這個世界的位置。

有別於生物及社會性的發展階段有著清楚關連的土星週期循環，伴隨著凱龍的行運到來的，則可能是**「心理—生物」發展的明顯中斷**。凱龍行運如果與具有重大意義的發展經驗同時發生，譬如換乳牙、初經來潮、進入更年期、懷孕、或者男生的變聲，這些行運將會意外地與個人特定的生命模式產生連結，而不僅僅是反映出某個「社會—生物」的標準樣態而已。此時，凱龍的行運會與我們的靈魂覺醒更有關係，甚至會對應到那些難以處理的創傷經驗，讓我們無法看到生命的其他面向。外險的直接路徑已經關閉，於是過程便轉向另一個層次；而由於這個過程此時被本能的慾望或者被生命的能量加足了燃料，我們的發展可能會因此而加速，偶爾出現不穩定的狀態。同樣在這個調整期間，也會有深具意義的通道連結著種種超個人的層次；隨著這些突如其來的經驗的逼近，我們的內在天賦以及靈魂的任務都會得到清楚的闡示。

對「奇異」的壓抑

因為欠缺適當的支持，或者出於恐懼害怕的緣故，我們同樣也會抑制一些浮現於凱龍行運期間，屬於靈性層面或是超個人層次的心理意念。就如羅貝托．阿沙鳩里所指出：會受到壓抑

譯註二 以基督—猶太信仰為主的西方世界，這些儀式必須要由該教會的牧師主持，才有宗教上的合法性，因此作者才會提出這樣的例子。

的不僅限於我們的性或本能衝動，許多人也會對「奇異」（Sublime）加以壓抑〔註4〕。小孩子對於經由直覺而對其他次元所得到的認知，有很高的敏感度與接受性。譬如，小孩子能有想像出來的玩伴，而且對他們來說，這種玩伴還比有血有肉的人更真實；他們在半夢半醒的意識微明中，所做的夢以及經歷的感受，同樣也可能再真實不過。假如父母沒有辦法支持與肯定孩子這些經驗，沒有協助孩子去區分不同層次的現實，那麼孩子在屢次受嘲笑、害怕恐懼之下，或者是在理性化的教育過程中，就會將這些經驗壓抑下來。於是長大以後，我們也許是對非理性的世界感到非常懼怕，或者也許是很容易就讓自己被非理性佔據，而毫無辨別現實的能力。在物質主義的文化裡，這種凱龍行運的實際展現方式在一個人的生命中發生得越來越早，要有足夠的幸運，我們才能夠活在一個充滿靈性世界知識的環境裡。

凱龍與出生行星之間的行運

傳統上在描述行運時，說法常常暗示著運行得比較慢的行星，會對較快的行星「產生作用」。比方說，行運土星與出生金星產生相位，將會讓當事人經驗到有如是土星對金星「做了什麼」，例如金星歡愉的能力似乎受到了抑制，生活變得索然無味、感情關係失去了魔力，以及其他諸如此類的情況；當然也有正面的例子，譬如藝術創作的計畫開始具體成形，並且腳踏實地地進行，或者愛情長跑有了開花結果的機會。這種理解模式就類同於牛頓式的物質觀：物質是由粒子的彼此作用形成。儘管這樣的觀點在某些情況下發揮地非常完美，但它同時附有許多限制，於是也會反過來造成許多局限。不過，要是我們將物質理解為是由「能量波」構成，行運也就能視為是一種存在於動力之間的交互關係。雖然當事人或許還是會有「被它的作用給影響」的感覺，不過從凱龍式的觀點來看，只要我們選擇擁抱這個過程，或許就會體驗到兩種行星的能量，彼此進行一種如同煉金術般的交互作用。而且，即便它是呈現在對於個人生命來說極具特殊意義的事件中，我們還是會在同一時間感知到自己參與的是一個更為普遍與廣泛的過程。魯德海爾的話可以為這段討論做個總結：「重點不是發生在當事人身上的事件，而是遇到事件的當事人」〔註5〕。

在凱龍與其他行星發生行運，而帶來以該行星特質為主的經驗中，不只限於具有療癒性質者，也包括會造成傷害的經驗。舉例來說，行運的凱龍如果合相於我們出生的火星，我們的確有可能會感受到他人對我們的敵意，不過也有可能這個行運會讓我們開始察覺到自己過去內心不願承認的攻擊性、侵略性，或者是自己過去受到壓抑的追求獨立與成就的渴望。相關經驗具體而特定的細節內容，將會和凱龍及該行星分別所落入的宮位和星座互相符應。譬如說，假設凱龍與火星的行運相位，發生於雙子座、第四宮，那麼它所帶來的經驗所採取的顯現形式，有可能會是發生在家庭環境裡（第四宮），或者對象是兄弟姐妹（雙子座）的言語爭吵與不和（雙子座）；至於伴隨爭執事件而來的情緒發洩與展露，可能對應到兒童時期與具有侵略性的父親之間的遭遇（火星在第四宮）；此外，也有可能是我們發現自己本身對於「我是對的」這件事的需求（火星位於雙子座）等等。由於發生在凱龍行運期間的傷害性經驗，常常會是先前某種狀況的再度出現，正因為這個緣故，它也是一次進行療癒的契機，一個讓我們重新來過，或者是讓我們擁有比先前更深入的體會，又或許是可以實踐不同選擇的機會。基於這樣的道理，在上面所舉的例子中，認識這個凱龍行運的療癒潛能，或許也可以帶給我們一些想法，譬如它可能意味著待在家裡（第四宮），進行一段將注意力導向自己的閉關靜修，或者挪出時間認真寫作心理日記（雙子座）；這個行運也可能是代表一段良辰吉時，適合就家庭事務（第四宮）進行具有療癒目的的對話（雙子座）。各種不同的可能性之多，可以是無窮無盡，然而不變的是我們可以看到它們將與星座、宮位、相位的基本象徵意涵相互吻合與呼應。

對於牽涉到凱龍的相位，我們無法斷定它一定是「造成傷害」，同樣也不能說它就是「帶來療癒」；真正的情況是它兩種潛能都有包含，而且有時候甚至是將兩種性質同時展現。某個重大生理疾病的過程，在當時儘管有如身處地獄般難受，卻有可能導致深層療癒的發生。受到拒絕排斥的情感或情緒傷害，當我們於日後認知到這樣的傷害又再度浮現時，也有可能代表此時是離開這個情境的最好時機。傷害性的經驗也有可能提供我們一面鏡子，映照出我們一直拒絕接受的自身潛意識的某個部分。類似的例子不勝枚舉。跟行運的凱龍產生相位的行星，由這個行星所象徵的生命經驗與特質，可以在此時得到療癒、釋放，或者首度被帶進當事人的生命當中。有位女士，已經有很長一段時間沒有跟男人發生性關係了；她在凱龍行運與她的出生金星合相期間，經歷了一次重大的覺醒。她首次在同一時間同時擁有兩、三個戀人，這對她來說是個全新而相當刺激的經驗。在凱龍行運期間，療癒與傷害，都會經由他人來到我們這裡。從心理學來說，這是由於與凱龍有關的原型模式，有部分被投射到了他人身上，於是乎這位他人便成了「凱龍在這個世上的代理人」。

因此，我們可能會遇見扮演著我們的凱龍的人，或者他們是代表目前與凱龍行運構成相位的行星。舉例來說，某位凱龍位於天秤座、第五宮的女士，當行運的凱龍來到雙子座並且行經她的上升點的時候，她連續與兩位太陽都在天秤座的男士外遇，而難以置信的是，這行運於雙子座的凱龍為她帶來的，同時也是兩位療癒者。因為這兩段外遇關係，她體驗到了自己上升點在雙子座的覺醒，當然同時還帶上了一段出生凱龍位於天秤座，也就是由金星所奏出的弦外之音。她因此而重新燃起對文化活動的樂趣，譬如參觀畫廊，或是觀賞戲劇演出；此外她也開始因為打扮自己而得到很大的樂趣。這兩位都是知識分子型的男士，他們激發了她的心智（行運的凱龍位於雙子座），從而讓她重溫自己對於快樂及主動出擊的感覺，這是她在痛苦的婚姻裡（凱龍位在天秤座）已經失去許久的感覺。雖然這兩段關係都只是萍水相逢（出生凱龍位於第五宮），她依然從中獲得了大量的自信，並且覺得整個人煥然一新。

療癒經驗

凱龍的行運常會為我們在追求個體化的過程，帶來一陣強烈的活化作用，而在我們的生活風格上、個人的重新調整上，激發出一些重大的改變。在生理面或情緒面（又或者兩者皆是）出現嚴重危機之下，或許我們會首次決定要尋求幫助，又或者對我們意義重大的人生導師或教誨就出現在眼前，而我們也強烈經歷到相關行運相位所描述的經驗。對個人意義的全新想法，或者對自我天職的重新理解，將隨著我們重新在生命中連結上某種「目標」意識而浮現蹤影。當初錯過的轉捩點，我們可以在這段時間有扭轉的機會；而假如一切終究太遲，這也是一個讓我們正式對其哀悼並且放手的時機。有位出生凱龍與她的月亮形成四分相的女士，一直要到接近自己凱龍回歸，使得這個相位因為行運得到重現，才開始真正感受到自己具有正面意涵的母性本能。到了那個時候，她已經錯過可以擁有自己小孩的時機，不過她決定開始擔任義工，在一個跟兒童醫院有關的慈善基金會工作。唯有在經歷了一段為了逝去與錯過的機會，深深感到哀痛惋惜的時期之後，她才有辦法走出來，而這種椎心之痛也開啟了她的心胸，讓她對那些經歷喪子或是患有重病的小孩的父母，感到真心的同情與憐憫。

由於凱龍的行運有時候帶有一種推動、開啟的特質，所以如果它的力道很激烈的話，將為當事人帶來相當的挑戰。我們會經歷重新校準的過程，好比彎曲的脊椎要加以打直，在肌肉與肌腱的調整過程中，不免會有不少疼痛。我們可能會直接而殘酷地與內在的對立和衝突正面相遇，或者是透過與我們關係密切的人際互動而發生。對於過度偏向一方的狀態予以重新平衡的過程，有可能會十分劇烈，也有可能會隱約難辨；無論是去認識自身陰暗面中那些受壓抑的、惹人厭的以及帶有毀滅性的東西，還是只是難以接受正面的轉變，我們可能會樂在其中，也可能發現它對我們構成某種威脅。不管正面還是負面，各種超個人層次的經驗都會伴隨著苦痛及療癒。超個人層次的領域也可能向我們開啟，帶來一次認知的轉換，或者是層次的突破，隨之而來的則是一種「神聖的體現」，或者是對於超越一般所謂「現實」的二元世界，那位於生命根本之處的統一性，有了真正的體會與欣賞。這類的經驗會促進療癒的發生，而對它們的否定與排斥則可能是造成一些病症的成因。疾病的經驗將我們帶到身體的脆弱性的面前，就如親近之人的死亡要我們正視有生就有死的不變事實；接受自己終歸一死，這本身就可以為我們的生命態度帶來療癒的作用，這就好比凱龍所得到的療癒，是在他前往地底世界一遊後才會發生。在經歷了對當事人具有深意的凱龍行運之後，常常可以讓原本沒有辦法好好「活在當下」的人，深刻而清楚地明白到自己擁有的這個塵世生命的無常本質，進而讓他們重新燃起熱情。

啟動凱龍的神話主題

就跟傳統行星一樣，當凱龍的能量受到行運的點燃之後，我們就可以看到一些非常顯著的例子，說明它的神話主題是如何在個人生命中現出具體的形貌。譬如，有位太陽位在牡羊座，與天秤座的凱龍形成對分相的男士。他在自己的「凱龍—凱龍」對分相時，開始如癡如狂地學起弓箭和馬術，投注了大量的金錢、時間與精力，然而他過去的人生跟這兩項活動完全扯不上關係。當這個行運相位消逝以後，彷彿大夢初醒一般，他開始問自己：這段時間我究竟在做什麼？確實，隨著出生星盤上凱龍對分於一個牡羊座的太陽，他會因為缺乏男性角色的楷模，而覺得自己男性氣概「受了傷」；他的父親在他五歲的時候就過世，時間正是上述行運的對分相依太陽弧計算達到完全合致的時候。儘管他渴望當個英雄人物、男人中的男人，不過他卻有個位在天秤座的海王星，合相於凱龍，並且與太陽形成寬鬆的對分相；他對他人的情緒狀態相當敏感，非常在意不去傷害他人的感受，而他自己對於界線的認知也不怎麼強烈。他太陽星座的守護行星：火星，是落在巨蟹座，因此常常陷入依賴性比較強烈的感情關係，還容易受到女人的操控；雖然他對這一點也感到很生氣，但卻無能為力。凱龍行運的對分相給他帶來一股高漲的渴望，要向外界主張代表那男性氣概的牡羊座的自己；在他過去的人生中，似乎一直沒有屬於自己的一片天空，因此它為自己的第一次展現，選擇了這個充滿神話味道的形式。不過，在出生的凱龍位於天秤座之下，他漸漸明白到，自己真正的挑戰不是當個「真男人」，而是如何在一個平等的立場下與他人建立關係。意思也就是，對他來說，要克服這個自我挑戰需要做到兩件事。一是他要去認識自己那些受到壓抑的慾望（火星位在巨蟹座）；壓抑這些慾望，讓他總是在不知不覺中陷入任由他人左右的情感奴役關係，也剝奪了他在許多方面原本擁有的能力。另一個則是他要認清自己心中也有「支配他人」的這種屬於地底世界的渴望（天秤座的凱龍對分於牡羊座的太陽）。於是，透過他新近產生興趣的這些休閒活動，他開始體會到由自己散發以及維持極為集中的能量，可以給他帶來多少助益。這對他而言是種嶄新的體驗，日後他也成功地將從這兩項技藝中學到的精髓應用在生活其他面向上。

再舉另一個例子。有位凱龍位在雙子座尾端，而與射手座的上升點形成對分相的女士，她在青春期只發育了一個乳房，因此她的身體可說是亞馬遜形象的實際化身。此外，她對馬有過敏症狀，嚴重的話甚至可能會致死。當行運的凱龍進入雙子座不久，合相於她的南交點，並且與她位在射手座、第十二宮的太陽形成對分相時，她開始非常熱衷於參加各種付出及接收療癒的活動。這段時間，她曾去到一座鄉間的休養院，在那裡待了幾天後才知道，這裡同時設有一座育馬場，也就是這幾天來她其實受到馬匹的包圍，但卻沒有出現過敏症狀。接下來的一、兩年間，環境促使她這輩子以來第一次要在經濟上獨立，於是也讓她開始仰賴自己本性中亞馬遜的那部分。她開辦了一家地方上的報社，發行日剛好就在她凱龍回歸的時候（凱龍位在雙子座），而報社業務的成功，不只讓她精神與自我實現上得到滿足，也為她提供養家活口的經濟來源。與「凱龍回歸」這件事的意義相符，她的報社採取「社區導向式」的核心企劃，以建立一個住民網絡，讓人們可以在其中互相交換資源、服務與技藝為發行目標。在凱龍行運於雙子座的期間，她那顆不曾發育的乳房竟然開始長大了，換句話說，在她體內沉睡的亞馬遜醒了過來，開始一展身手。

凱龍與順勢療法秉持的原則相連相通，尤其是其中的「以毒攻毒」，譬如極微量的蛇毒可以用來治療被蛇咬的傷。當重要的凱龍行運發生時，我們就能觀察到這項原則發揮作用：被存放在潛意識中、過去痛苦感受的殘餘，會特別容易在這個時候，將能夠開啟舊傷口的當前情境給吸引過來。然而，這些重覆出現的循環之所以會發生，正是因為還有傷口在尋求療癒，或者是因為某種不同的態度在設法得到我們的接納，意識在設法透過我們擴張。簡而言之，直到我們「學到教訓」為止，事情會一再地重現。最終我們會發現，那些痛苦的經驗可能是我們的靈魂所選擇的方式，為的是要教給我們一些事情、鼓勵我們轉向，或者是要我們從無可救藥的情境中逃離開來。

薩滿巫師的養成階段以及「招回魂魄」

前面曾經討論過薩滿巫師的養成階段，將它作為一個原型模式在心中牢記，可以替處於凱龍行運中的我們帶來不少幫助。它能在必要的時候為我們解說神祕性的背景脈絡，光憑這一點就能協助我們深化自己的經驗。在疾病與危機、在與目前的人生情境斷裂分離之後，進入的這趟遊歷地底世界的旅程，或者也可能是在一段由苦難與死亡交織的時期之後，進入的新生與回歸階段——這些聽起來都誇張到好像是戲劇情節。然而，這種模式的強度就是這樣變化多端，它可以隱微到讓人幾乎無法察覺，但那漸進變化的過程卻依然豐富我們的人生；它也可以強烈到充斥著許多重大的分裂與崩潰，於是對當事人的人格甚至人生目的，都產生深層的轉變。這是個原型意義的模式，卻也是非常活躍於當前，畢竟我們都正在經歷一個在許多方面都呈現集體性崩解的時代。

光是透過這個比喻隱含的精神，來觀察一些還算不上嚴重的危機，就已經足以讓我們連結到自己的「內在導師」，因為這麼做就會讓我們注意到，有個重要的學習經驗正在向我們展開。因此，這種觀點可以將危機轉化為轉機，化為一個可以讓我們重新平衡人生、釐清某個麻煩問題，或者讓我們學會放手、放寬視野的機會。我們能夠多麼認真嚴肅地面對它，並且接納這個收斂、內求，最終達到歸返的過程，我們便能對著那些一直都在等待我們開口請求的幫助、指引以及內在轉化，敞開我們的心胸。

除了這些以外，凱龍行運的期間，先前曾經受到壓抑的一切，可以有機會重新回到我們的意識之中，而這並不只限於未曾獲得解決的苦痛。無論是幽默感、對藝術或音樂的欣賞、還是大方、聰明、勇敢等正面特質，都有可能出於各式各樣的理由而受到埋沒，於是我們就暫時性地「失去」它們。有許多人會在凱龍行運期間，夢到帶有「重返」意義的夢境，之後不知為何，他們就是感覺比以前踏實或者變得完整。

在薩滿巫師所行的療癒中有一種手法，通常被稱作是「招魂」。對於這裡所談的「重返」過程來說，「招魂」是個非常貼切，也能夠幫助我們有所體會的比喻說法。不過也有可能是我們奧妙的靈體，確實因為受了傷害，因為想逃避什麼，或者因為遭到了玷染，使得它的能量有所損傷，就如同是有一部分的我們「在外頭遊蕩」，試圖要把它自己找回來一樣。此外，同樣的比喻說法也可以用在心理討論的層次：如果基於某種原因，有某個東西受到壓抑，當它重返時，經常會伴隨著巨大的能量釋放。依照我的觀察，經歷過嚴重驚嚇的人，如果受到的打擊還沒有得到釋放，他們常給人一種有如「少了什麼東西」的感覺。在他們身上常有種呆滯與停頓，經常可以感到某種不願表現出來的焦慮，同時他們表面上卻可能用堅定的「向前走」的態勢，來掩飾自己的脆弱易感。然而，在往前走的同時，可以說就是拋下一部分的自己。

這情況足以比我們所設想得還要直接了當，就像已故的大衛．葛洛夫（David Grove）的生平事蹟，所為我們所顯示的一樣（註6）。葛洛夫是紐西蘭毛利文化所培育出的一位了不起的薩滿巫師，他將原生文化傳承的智慧，跟包括神經語言學（NLP）在內的當代心理學理論方法結合起來。他曾經提到自己在進行創傷復原工作時，常會遇到這樣的情況：需要幫助在車禍中被拋出擋風玻璃的人，「收回他們碎掉四散的片段」，或者幫他們「從車底下把自己挖出來」。靈魂的部分，可能會「寄宿」在意外或受傷故事的事發現場，或者是附在現場附近的物體上。同樣地，我們可能會與在現場的某人產生心理認同，甚至於是傷害我們的人。葛洛夫有著射手座的凱龍，而它的守護星木星，位在水瓶座的最後一度，亦即在神祕占星學裡木星所守護的星座。他去世的那天，行運的平均交點軸與這個木星有了完全的合相，而冥王星則是來到射手座的最後一度。很多人聚集到紐西蘭參加他的喪禮，在這之後聚落裡還繼續為他舉行為期多天的傳統儀式，是一場完全合乎木星在水瓶座風格的盛事。在葛洛夫的出生星盤上，凱龍與水星同在射手座，並且彼此合相；水星更與交點軸形成T型圖形的正相位——這是一個探究現實之本質以及心靈在人類經驗中之角色的人，身上所具有的印記。

近年來，創傷後壓力症候群的情況逐漸為世人所知，不過社會大眾對這項心理傷害還是缺乏廣泛的認識，對於協助患者療癒也沒有足夠的智慧。不過，若是我們努力與自己正在經歷的真相保持貼近，我們的知覺能力就會引領我們，通往療癒該往的方向前進（註7）。假如對於特定的創傷經驗，譬如某次讓你身受重傷的意外，或者是嚴重疾病的首次發作，你手上握有它的確切時間與地點，建議你依此製作一份星圖，來對它做些努力。如果沒有，也可以注意在那段期間內行星座落的位置，記得在考量月亮的時候要有比較大的彈性，因為它在一天之內就可以移動不少度數。假設在當時凱龍跟任何主要行星產生合相，尤其跟外行星，你多半會發現，隨著經驗的開展深化，療癒的過程也隨之開啟。

要找回某個我們失去的東西；取得某個我們尚未擁有的東西；去到某個更好的地方；找個新的男女朋友、新工作、新車；或者擺脫讓人不舒服的東西——類似上述這些「需要」的感覺，在凱龍行運期間會特別地強烈。有時候，這樣的需求是個提醒，要我們學習耐心等待，如此靈魂就能順利回到它的「家」，就好像動物會在薄暮之時歸返，就著泉水湧出的洞口吮飲一樣。我們越將自己帶到自己的面前，越是能將自己向著自己呈現，在迎接自己這個「客人」的時候，就越能覺得有種「賓至如歸」的自在感。

與凱龍有關的推運

要是凱龍經過推運而與某個出生行星形成正相位，有頗長一段時間凱龍的主題會對這個人造成影響；所在宮位會決定這些主題將會具體顯現在哪些人生領域，顯現的方式則取決於星座。內行星推運而與出生的凱龍形成相位，大約會帶來一年左右的影響力，實際則取決於該行星的推運速度；這個推運在當事人那一整年的人生中，會構成一部分的重要發展背景；另外，如果這個相位的能量還額外受到推運月亮的啟動，它將會有一段更加明顯的顯示期間（大約是一個月）。推運下的天頂或上升點，基於同樣的道理，在與推運的或出生的凱龍形成正相位的期間，凱龍所代表的主題也會得到示現。我看過許多人在推運的天頂跟出生凱龍形成相位時轉換跑道，而且多半是改為選擇具有凱龍色彩的工作，諸如療癒性的專業技術、教學或者輔導等等。

在凱龍的推運所呈現的特徵裡，其中最強而有力的一個是發生在它轉向的時候。依一般日曆年來算，凱龍每一年會轉向兩次。而由於在推運計算上，一個日曆年被算成是出生當年星曆中的一天，因此一個推運下的凱龍滯留，不論接下來它是順行或逆行，都代表會有為期幾年的時間凱龍的能量特別強盛。它就有如是存在於背景之中慣常不見的主題，其他的推運及行運都是在這個主題的襯托下登場亮相。它的作用就像樂器合奏裡的「基礎低音」，賦予聲調的整體性實在的質地。它們是非常有利於療癒工作的時期，不論是哪一種療癒——閉關、靜養、勒戒、個人日記治療法，或者任何你選擇投入的過程。整個運行期間大約會是五年，影響力最強烈的時候是在它真正轉向的那一年。這是一段被祝福的過程，或許會是一個人精神生活的轉捩點。

對凱龍冥想

凱龍代表的療癒過程有個重要的面向，乃是如何能在經歷我們所必須經驗的同時，也能夠做到包涵與接納自己，對這個療癒過程既不會高調重視，也不會排斥否定。有時候，冥想可以為我們帶來不小的幫助。因此，我特別提供以下的心得，來供讀者抓住它的精神：

凱龍代表的過程，也就好像是鑽石形成的過程。鑽石，用來代表深層自我的「多面性」，是人們多麼熟悉的一個象徵。鑽石的成分是遠古礦藏裡的碳，是在巨大的壓力下，歷經千百萬年才形成。曾經是髒黑的元素，經過了漫長的時間，成了所有寶石中最透明清澈的一個，同時也是人類所知最堅硬的物質。鑽石是種具有極高市場價值的珠寶，然而它激勵與淨化人類心靈中心的特質，也廣為所知。其他所有寶石都無法對鑽石造成損毀，因此鑽石也被用來代表我們內心不會受到傷害或減損的事物。另外，據說有一些鑽石是形成於星際之間，它們經由隕石或小行星撞擊的方式來到地球……〔註8〕

當凱龍在行運下與其他行星產生聯繫時，這種生成鑽石的過程就會開始進行，藉著將我們原本可能連結到的黑暗與扭曲被帶到知覺與意識之中，這個過程的能量也就為我們淨化了它們的能量。更進一步來說，假如我們將行星視為是彩虹上的各種顏色，每一個都有它自身獨特的精神或心靈性質，那麼凱龍行運的動作，就可以想像成是一顆鑽石，因為用自己某個獨特的一面散放出那個顏色的光線，而觸動了與它相關的行星所擁有的更高層的能量。真我的本色，一定可以發出讓我們能注意到的光芒。

療癒的過程

在進行冥想的過程，以下的理解會很有用處。以「平靜祥和」為例，當我們在冥想這個主題的時候，我們反過來會對自己的躁動不安、易怒或者愛好爭執，有更深一層的察覺。這不是說我們在冥想時有什麼地方做錯了，它其實代表在我們連結到屬於「平靜祥和」的美好能量時，同時也打開了一個空間，而我們將會在這樣的空間中，察覺到自己狹隘自利的自我結構以及根深柢固的惡習，換句話說，也就是認識到阻礙我們與美好能量連結的心魔。出現這種情況時，沒有什麼特別需要採取的反應，我們就是繼續保持對自己清楚的知覺，不論是借助「平靜祥和」還是「衝突爭執」所呈現出的面向。時常回顧底下列表中所提醒的相關性質，可以取得一些援助，也有助於讓我們的想法更加踏實穩固。

太陽	發光發熱
月亮	感受、接受
水星	智力、訊息
金星	喜好、愛情
火星	意志、意圖
木星	寬大、慷慨
土星	確實、誠信、信賴
天王星	覺醒、認識
海王星	慈悲、同情
冥王星	空、無

某些由行星能量在個人身上予以象徵，但本質上是屬於超個人層次的性質，也都列在表中。歡迎讀者運用這個方式，來思考當凱龍行運而與各個行星產生聯繫時，在相關期間所發生的經驗。舉例來說，如果行運的凱龍與你的出生土星形成了四分相，而此時你也遇到了工作上的瓶頸，或者是跟父親的相處出現問題，那麼就可以思考一下，是不是「誠實、信賴」這類特質，正設法在你的靈魂中甦醒，而在這個過程中出現的經驗，它們選擇的現身形式，說不定就是那些你正在努力嘗試加以去除的障礙。因此，為自己找些可以安靜沉澱的時間，來針對這點做沉思冥想，輕鬆而溫柔地把「誠實信賴」這個特質，一方面透過你的呼吸「送給」任何在凱龍四分於你土星期間所發生的經驗，一方面則記得完全敞開心胸，接納在這期間所浮現的一切經驗。

或許你有更偏好的關鍵字，儘管去使用它。你可以在本書相關的章節段落裡，搜尋各個可以呼應該行星的關鍵字。記得這樣的呼吸法：將各種棘手的難處（挫折、壓力、恐懼、受限，凡此種種）吸進去，將「我感受到『誠實信賴』（或其他任何的正面特質）的感覺」吐出來。將任何造成麻煩的、帶來痛苦的、令人討厭的事物吸進去；把那些可以帶來療癒與滋養的事物吐出來。

痛苦的或討厭的，就吸進去；將可以帶來療癒的呼出來……

我們遇到的障礙，就在這一呼一吸之間，成為供我們行走的道路。這個呼吸心法，是從一種名為「自他交換法」的古老療癒方法改造而來，是源自藏傳佛教的傳統修行方式，佩瑪・丘卓〔譯註三〕對這套方法做過清楚而深入的介紹，她的文字提醒著我們：「眼前的契機，就是我們完美的導師。」

譯註三　Pema Chödrön，生於1936年，是藏傳佛教金剛乘的比丘尼，國內亦已出版她著作的譯本《不逃避的智慧》（心靈工坊）。

原文註

註1　Lawrence，節錄自*Shadows*一詩，收於*The Complete Poems of D.H. Lawrence*，London，Heinemann，頁726。

註2　西元前490年，在Ion of Chios一首可能是為了凱洛斯信仰而寫作的讚歌裡，他稱呼凱洛斯為「宙斯最小的兒子」，意思是「機運」是神的恩賜。在繪畫裡，凱洛斯常被畫成背面看是禿頭，正面看卻有長長額髮的男人。也因為這樣，英文中才會有「抓住時間的額髮」這句話。（Herbert Jennings Rose，此處引自*The Oxford Classical Dictionary*）

註3　紀伯倫，前揭書，頁1。

註4　Frank Haronian, *The Repression of the Sublime*, New York, Psychosynthesis Research Foundation, Inc. 1972.

註5　Rudhyar, *The Astrology of Self Actualization and the New Morality*, p.27.

註6　關於葛洛夫各種事蹟的進一步資訊，參見：www.cleanlanguage.co.uk

註7　參見Peter Levine, *Waking the Tiger: The Innate Capacity to Transform Overwhelming Experiences*, North Atlantic Books, 1997。在www.soundstrue.com也可以找到該作者的語音資料。

註8　取自作者本人的日記條目，二〇〇六年。

【第九章】

真實人生的故事：凱龍的具體呈現

莎拉的故事：祖先一脈相傳的根由

為了講述這位我稱為「莎拉」的女士的人生歷程，以及檢視整個歷程在星盤上呈現的映照，我們且聚焦在其凱龍的盤面配置上，看看相關的主題如何在她內在與外在的生命裡一步步開展。凱龍有時候會揭示一些主題，這些主題產生的根源，或者落在屬於祖先的範圍，或者落在某個文化或歷史的具體脈絡中，不論那是屬於過去或現在——莎拉的故事正可以用來說明凱龍是以何種方式揭示這些主題。在理解凱龍所代表的過程時，若能將這種跨越不同世代的觀點涵納進來，無疑可以為我們提供一個非常有價值的思考面向。今日，已經有越來越多人願意去了解自己與「深層而遙遠的過去」的關聯性，並且了解到若能將「祖先」包括進來，對他們自身的療癒之旅的重要性。或許，我們並沒有如此嚴重地受到「過去」的束縛；我們只是受召來擔任它的見證。

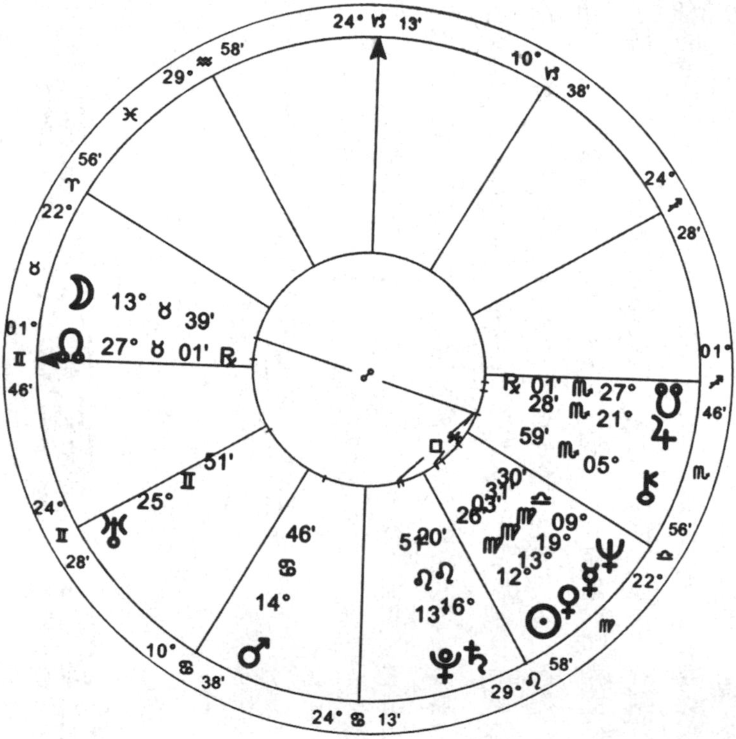

圖一　莎拉

莎拉出生圖上的凱龍盤面配置情況如下：她的凱龍位在天蠍座、第六宮，對分於金牛座、第十二宮的月亮，四分於第四宮的冥王星，並且與巨蟹座、第三宮的火星形成鬆散的三分相。位於獅子座、第四宮的土星，在這裡也要一併考慮，因為它與冥王星合相。除此之外，月亮對分於凱龍和木星的中點（記作：月亮＝木星／凱龍），而且度數完全切合，再加上凱龍與木星落在同樣的星座與宮位，這使得木星的主題變得相當重要，這點在後面我們就會看到。除了以上談到的行星所落入的宮位之外，第八宮、第九宮以及第十宮，在凱龍的盤面配置中都受到指涉，因為它們各自原來的守護行星（依序是火星、木星、土星），全都與凱龍產生相位。同時在她的星圖上，木星與土星所守護的星座，剛好也是這三個宮位的界線所落入的星座，正如圖一所示。

莎拉出生在一個有許多活躍的基督教傳教士的家族裡。她們家在她四個月大的時候，為了傳教的任務，全家從英國搬到西非，當時行運的凱龍正好與她出生的木星形成完全合相。非洲那狂野而美麗的大自然，那充滿豐富情感氛圍的環境，在莎拉的內在生命裡扮演了一個重要的角色；這時候，非洲反而象徵了她真正的根源，是她內在追尋之旅的目的地。凱龍與第四宮的冥王星有四分相，後者並且合相於土星，這件事非常充分地描述了「失根」的感受。莎拉的「傷痛」，同時也是莎拉有別於他人之處，乃是她身受彼此無法相容的兩個文化和國家原型的影響，從而覺得自己無法真正歸屬於其中任何一者。英國這個國家的土星性格已經是臭名在外，而我們可以無庸置疑地將非洲認定為具有強烈的冥王星色彩：遍地盡是原始的自然環境以及野生動物，其中的土著社會在那時，依然過著與自然及一切生命融合互通的生活，比起絕大多數的歐洲社會都更貼近生與死。

從莎拉的T型相位中：天蠍座的凱龍與第十二宮的月亮對分，又各自與第四宮的冥王星四分——我們可以預期，包括祖先、集體還有個人層面的「女性」，都是需要考慮的因子，因為第四宮與第十二宮都牽涉在內。莎拉凱龍盤面配置裡的祖先層面，反應在底下這件事情上：她母親那邊的祖先中，有兩代都出過首度進入處女地開疆擴土的傳教士；而且不論叔伯還是母舅，也都與傳教這個典型凱龍色彩的活動有所牽連；值得一提的是，木星在傳統上，被認為與「父親或母親的兄弟」有關。前往異域及外國的行旅、宗教信仰與終極哲理，以及透過教育及傳授福音來從事思想觀念的傳播與擴張，這些主題就跟「職業」（第十宮）以及「母系的家族祖先」（凱龍與第四宮的冥王星有四分相）一樣，都成了解讀她凱龍盤面配置時的焦點。

讓我們接續下去，探究這些主題是如何發展和演進。莎拉的媽媽從三歲到十歲間，被家人單獨留在英國，接受監護人的照顧，這段時間她媽媽自己的母親（也就是莎拉的外祖母），則是持續在非洲進行傳教工作。當外祖母終於回到英國探望自己的女兒時，莎拉的媽媽很清楚地記得，她的母親已經不認得自己這個女兒了。當年雙親在她還不懂事的時候撇下她不管，之後當母親再度出現時，精神已經崩潰，整個人無法正常的運作也無能照顧家人。莎拉的媽媽便擔起了照顧弟弟妹妹的責任，而我們將在莎拉自己的人生故事中，看到這個照顧角色的反射映像以及「分離」的模式。

依照這樣的盤面配置，我們同樣也可以推測，莎拉與她母親之間的關係，會帶來互相傷害的經驗與感受，而且冥王星那種生死搏鬥的主題將會充斥於其中。事情也的確如此發展。莎拉在出生時差一點死掉（凱龍與冥王星的相位，在這裡代表由於面對死亡而造成創傷）；她的母親罹患了妊娠毒血症，在分娩的時候由於發作得太過嚴重，醫生必須替她施打嗎啡，使得她在接下來的分娩過程中不省人事（凱龍與第十二宮的月亮形成對分相）。由於這種藥會抑制胎兒的呼吸，因此有致命的可能性。對於莎拉的誕生過程，醫學上的決定是：一旦事情到了最糟糕的地步，就犧牲她的生命以保全母親的生命。雖然這是很正常的醫療方針，但是一種永遠都必須為了存活而奮鬥的感覺，卻就此伴隨著莎拉的一生，而這感覺同時也代表了她在與母親的關係之中所感受到的衝突的深度：那也是一種非生即死的搏鬥，並且由月亮、凱龍與冥王星的相位敘述得一清二楚。而關於這一點還有一個值得留意的地方：莎拉後來成為護士，剛好吻合凱龍落入第六宮的意象。回到原來的故事，莎拉最後終於被醫生用鑷子夾出來，可是大約有半個小時之久她都沒有呼吸。完成分娩之後，她的母親身體虛弱到無法在頭一週與莎拉待在一起。凱龍與月亮的相位，在這裡象徵的是受傷而且不在身邊的母親，同樣也象徵著過早的分離，以及欠缺最初的親情羈絆。

生產同樣也對莎拉的媽媽造成傷害，醫生告訴她，如果還想要再生其他的小孩，就必須在整個懷孕的過程都待在英國才行。或許是因為覺得傳教的工作比較重要，她決定不再生育——這又是一個讓她對莎拉感到憤怒與愧疚的原因。莎拉渴望有個玩伴，在知道不可能擁有弟弟妹妹時，她深深覺得這真是不公平。注意一下月亮守護巨蟹座，而她星盤上代表手足的第三宮宮首就落在巨蟹座，在這裡表示「與不曾擁有手足這件事有關的痛苦」。對於母親所受到的傷害，莎拉或許也認為自己在這件事情上多少該負點責任，並因此感到歉疚；這同樣也是凱龍與月亮對分的一種表現。各種與這個嚴重的出生創傷有關的模式，在莎拉的人生裡還會再度重現好幾次，這點我們將在後面看到。總之，關係到這次創傷的生理與情感上的痛楚，就此深埋在她的生命背景裡，每當任何一種形式的分離對她構成威脅，或者從占星學上來說，每當她那包含了凱龍、月亮、土星、冥王星的T型相位能量被引動的時候，那些痛楚就會強烈地浮現到意識的表面。我們每個人在誕生之時都會「失去」自己的母親，只不過在莎拉的例子裡，她所失去的差一點就是自己的生命，而這就等於即將發生的分離，會在她心中喚起多麼深重的絕望與無助。

莎拉擁有過的重要感情關係，很容易就會走上跟她出生一樣的模式。隨著凱龍對分於月亮，感情關係將會掀開那些由凱龍盤面配置所象徵的傷口。莎拉有著只專心關注他人需求而忽略了自己的傾向，一度還必須試著學習如何去察覺、主張以及維護自己的感受（凱龍與第十二宮的月亮對分）。莎拉的這種傾向，會促使兩人的關係開始變得無趣而讓人生厭，變得有如中毒一般（嗎啡）。她自己在這樣的關係裡也覺得無法呼吸，沒有辦法做自己。於是她開始受到別的男人的吸引，這讓她覺得重新與自己的「性」以及那個充滿生命力的自己，再度有了連結（凱龍與冥王星有相位）；接著而來的就是一場生與死的鬥爭（凱龍與冥王星有相位，她誕生過程的第二階段）——為了要與別的男人在一起，所以必須奮力擺脫現有的關係（為了脫離原來的狀況，以進入一種活著的感覺；為了得到誕生）。然而，一旦她從原來的關係中「出來了」，強烈的痛苦也隨之而來，而且那痛苦還會受到圍繞在原初分離事件的恐懼、悲傷與脆弱感的影響，被強化與擴大。她形容自己和原有的關係有如是「一分為二」，這意象讓人聯想到將她拉出子宮，而救了她一命的鑷子。

莎拉七歲時，行運的凱龍與出生的凱龍形成四分相，這時候她經歷到一個深深影響她的事件。她記得有位年輕的黑人，領著她來到某間傳教士的臥房。他讓她躺在床上然後對著她手淫，不過並沒有真正插入她。她對這次經驗的種種細節記得一清二楚；她同樣也還記得自己答應他下次還會再過來，雖然到了最後她還是決定告訴他：以後再也不要靠近我了。在這之後有很長一段時間，她都飽受一股令人痛徹心扉的罪惡感折磨。她心裡有個意象一再反覆出現：在時間的終結點，在審判的庭廊間，她站在上帝面前，當她的名字被叫到的時候，她的罪即將暴露在全世界眼前，而她將會受到公開的羞辱與控訴。請記得，她當時只有七歲，就這樣一個人暗中忍受這種罪行即將敗露、懲罰馬上就會到來的折磨。而當時的她，非常認真地向上帝祈禱，希望可以得到祂的原諒與寬恕。

當時行運的凱龍與她出生的海王星正處於三分相，在這整段行運期間內，罪惡、歉疚、渴望贖罪、渴望得到拯救與原諒等等這些深具海王星特色的感覺，就成了她的感受與感情世界的主要經驗。最後，她終於確實能夠感覺自己獲得了原諒，那就好像上帝免除了她所背負的重擔一樣。然而，雖然在某個層面上她覺得心裡的大石頭已經放下，事情看起來卻像是癥結的議題只是從意識表面往下沉，融合進其他的意識內容，等待日後伺機浮現。莎拉一再地幻想她向母親「告解」，然而一直到十三歲為止，她都沒有發覺實際上她從來沒有向母親說過——要等到自己意識到這一點之後，她才終於能告訴母親當初發生的事。這個時候，行運的凱龍來到與出生的海王星形成十二分之五相的地方，行運的海王星則與出生的凱龍完全合相。也就是那個時候她清楚地知道，自己真正不可原諒的罪過是在於她心底其實喜歡發生在房間裡的那件事，還願意回去重溫那種感覺。莎拉所經歷的經驗，其實不是生理上的強暴，儘管她自己在談論那次事件時的確用了這個字眼，因為她找不到其他的詞語代替。

莎拉十歲時，也就是這次關於「寬恕」的內在經驗發生過後不久，父母親送她去讀一所位在威爾斯（譯註二）的寄宿學校。那時候，行運的凱龍與她的冥王星形成完全的對分相，並且四分於她的月亮，不久之後即將與她的木星也構成四分相；另外，在莎拉全家搬到非洲時，凱龍則是與她的木星完全合相。十歲的莎拉很討厭英國，更痛恨要被送走；她還記得，那是種被從所屬的地方逐出的感覺，也記得那時候她多麼渴望回到她深愛的非洲。日後，在深究這件事時我有一種感覺，莎拉似乎有可能在無意識中，覺得她之所以被送回英國上學，是要懲罰她對那次性遭遇的內心喜悅，她害怕這是因為她的罪孽和犯行，而將她放逐。

就原型而論，她的凱龍位置就已經描述了上述的模式。儘管透過這次性遭遇，還有透過稍後她在記憶上和幻想中對那次事件所做的「裝飾」，讓她經驗到也表現出自己身上那種與生俱來對性的好奇心，那種她在生理與本能層面正含苞待放的女人本色；然而，在她所受到的教養內容裡，一切的一切都是要求她，身為一個女人要純潔、守貞，要與性無關，以及要獻身於完成基督的理想而服侍全人類（凱龍在第六宮）——就如同她家中的女性所呈現的樣貌。年紀稍長以後，為了「服侍」他人（凱龍在第六宮），她常常要把自己交給存在於她本身狂野、性感、情慾的那一面（凱龍與火星還有凱龍與冥王星有相位），然後又必須運用相當可觀的意志力，讓自己在意識面不會變成僅僅只是他人的奴隸，以及不會只是一廂情願、自顧自的犧牲。

在寄宿學校時的日子，莎拉與一位監護人同住，重演了她母親的生命模式。這位監護人在莎拉到來的十八個月後因癌症去世，不過一直到監護人去世以後，莎拉才知道她生病的事。在監護人去世前的這段期間，莎拉逐漸變成那種難以管教的問題小孩；當時，凱龍行運至她的第十宮（與母親有關的主題）、進入水瓶座，與她位於第十二宮的出生月亮以及第四宮的出生冥王星，三者形成一個度數完全密合的T型相位，稍後，當時間來到她監護人去世的時候，凱龍則行運到與土星形成對分相的位置；同時間，行運的土星正在做它最後一次與她出生凱龍的合相，生動地描繪出「進一步的損失與分離」的情境，同樣也描述了她天蠍座的出生凱龍，所象

譯註一　是組成一般所謂「英國」的王國之一。

徵的關係到死亡的創傷，是如何地化為具體現實。就是這樣，圍繞著她誕生情境的情感要素再度群聚在一起，不過這一次，「生與死的搏鬥」在她監護人去世這件事達到頂點。行運的凱龍在當時也構成了「上帝手指」圖形相位的一部分，它與她的出生火星，還有她的太陽和金星位在處女座的合相，同時形成十二分之五相，暗示著她情緒、情感面的激烈反應，也象徵著她當時身在該處，其實是違背她的意願。

凱龍位在天蠍座的她，能夠成功扮演環境中負面情緒的「媒介」。她感覺到即將走到生命盡頭的監護人的感受，將其表達出來，但同時也對那些感受感到生氣（行運的凱龍來到金星與火星的中點），這其實也是她對充斥崩潰與死亡的情緒氛圍所做出的反應，那喚起她對自己誕生時的回憶，於是她的反應雖然自己並沒有自覺，但卻十分真誠。同樣地，重現她母親的生命歷程，這種與祖先有關的要素帶來一份冥王星型情緒的傳承，也增加了她當時所感受到的情緒衝擊的力道。她的監護人去世以後，在心底某個，莎拉覺得這都是自己的錯，因為自己的難以管教才害死了她——也就是莎拉自己的親姑姑。姑姑的死，深化了莎拉的罪惡感，跟她在出生時傷害了母親的原初罪惡感互相呼應。

當莎拉第一次遇見未來的丈夫，是在凱龍行運到與她出生的天王星形成完全的四分相。她在結婚之前就懷了孕，而且令人難以置信的是，她跟男方甚至沒有插入的性交。莎拉決定要接受墮胎手術，進行手術的時間就在凱龍與天王星兩者都因為行運而改換所在星座，分別進入牡羊座及天秤座，因而彼此形成對分相的那個禮拜。當時，相關的中點關係如下：凱龍與天王星就位在月亮與土星、月亮與冥王星，還有土星與冥王星的中點位置，所以後面這三個行星也都躍上了凱龍盤面配置的舞台；這三個行星生動地描繪了墮胎這件事。這種在醫學上雖然可能但極少發生的「處女懷孕」，不單單只是呈現出凱龍位在第六宮（以及她有三個行星落入處女座）這件事，它還強調出「處女」與「妓女」這組兩極對立，而這組對立形象，莎拉在自己身上都感受得到。接受手術的兩週後，凱龍逆行來到了與水星（處女座）和海王星（天秤座）的中點形成完全合相的位置，這時候她父親發現了墮胎的事，為此他備感震驚；而這也說明了這次懷孕是如何永遠傷害了莎拉在父親心中，純潔、無瑕以及聰明的形象。這次經驗也以一種不可思議的方式，呼應了她那次發生於許早之前，與那位年輕黑人之間的性遭遇，同樣是沒有實際的插入。而我猜想，莎拉可能在無意識中，將自己所懷的這個「不想要的孩子」，看作了是她跟那位黑人不存在的交合結果，也就是她「妓女」那一面的現實象徵，因此成了一個不斷提供罪惡感的來源，當然也就不被她所接受。

值得注意的是，這段期間莎拉的媽媽極度支持她，讓她們之間的關係得到了非常好的癒合。莎拉也第一次有辦法在母親面前表達自己心中的忿怒。這也是凱龍的一個典型特徵：由它所代表的主題會彼此交織在一起。儘管構成這些主題的材料是反應在星盤上別的地方，我們還是可以發現凱龍的盤面配置能在一個人的一生中，將重要的原型主題準確地定位出來，並且能指出不同層級、不同領域之間，會在什麼時候出現真正的橋接點；在這樣的橋接點上，只要當事人願意留心，二元對立式的世界將可消融，原型層次的模式將可於事件和經驗中成形，而且通常是以一種朝向療癒與整合前進的反覆週期出現。

當行運的凱龍與海王星形成對分相，也就是莎拉二十三歲的時候，她終於與第一任丈夫結婚。頗有意思的是，他們在結婚之後去了非洲——或許也可以說是去了那個「案發地點」；去的時候，凱龍與海王星的對分相達到了完全合致。她在這段婚姻中，過了七年非常幸福快樂的時光，讓她覺得自己終於做了一件可以讓家人接受並且肯定的事情。莎拉的人生，是如此被凱龍與海王星的相位突顯，真是非常耐人尋味。我的看法是，這與她的凱龍跟位在第十二宮的月亮形成對分相有關：第十二宮原本的守護者是海王星及雙魚座；除此之外，就如先前已經說明過的，凱龍在星盤上的位置解讀，常常也適合將其正對面星座以及（或者）宮位的「共鳴」也一塊包含進來。

與祖先有關的深層主題，會在凱龍的落點中得到描述。查看父母雙親以及祖父母、外祖父母的凱龍位置，常常也會帶來許多幫助。從這些地方，我們會發現有什麼樣的主題可能會被傳遞到下個世代去，不論那會變成後人的福氣還是難題；有些時候，則會出現療癒的需求。將莎拉小時候圍繞在她四周的特殊影響力考慮進來，我們可以看到：是那些由冥王星代表的、關於性與本能的能量，每隔一段時間就會爆發出來。這些正是莎拉的祖先一路下來予以壓抑的能量，而且這些能量或許需要為她外祖母在返回歐洲時所出現的精神崩潰負一部分的責任。畢竟，長久以來歐洲各個種族一直都把他們否定的、不願接受的人類本能與天性，投射到「其他」種族身上，然而當莎拉的家族住在非洲的時候，這種能量卻「就在那裡」，平安地存在於周遭的環境中。由於凱龍暗示的是一個人與生俱來的本質，還有這個人與跨越個人層次的領域之間的個別連結，於是莎拉的凱龍也指明了，當她與關於「神聖」的一切在交流接觸之時，她所需要站定與採取的位置，勢必要包括她的身體以及她的性。早先時候，她試著要去控制、壓制，並且曾經為它感到歉疚的那種強烈的情緒性，在她療癒的過程開始進展後，倒是逐漸變得更像是一位朋友，慢慢不像是個敵人。

在這段婚姻走了七年，也有了兩個小孩之後，凱龍行運與它在出生星盤上的位置形成了對分相，而再度引發出生星盤上固定星座T型相位的能量。在最後一次對分相完全合致的時候，莎拉去了一場派對，認識了一位男人，接著開始和他來了一段毀滅性的外遇。她形容自己在這段期間就好像是一位應召女郎，儘管她對身為人妻以及母親的生活其實感到非常地愉快（凱龍在第六宮）。她在某種報復心態下，重新發現了自己的狂野性。莎拉的婚姻在這樣的拉扯之下開始崩毀，雖然外遇的對象最終也拋棄了她，她跟丈夫還是決定要分居。

就是在這個時間點上，莎拉決定要開始接受心理治療；凱龍當時與她出生的水星形成完全的三分相，這個水星是她太陽與上升點所落入星座的守護星，因此是她星盤上一個重要的行星。從接受療程起，她開始養成書寫心理治療日記的習慣，自此以後，寫日記就成了一件對她很重要的事。寫作是屬於水星的活動，而在心理治療日記的寫作中，當事人可以表達出自己最深層的個人想法、情緒及感受（天蠍座），可以記錄自己內在旅程的經歷，也可以反省過去與當下生活中的細節（一個由第六宮所象徵的活動）。

既然凱龍在天蠍座，與月亮對分，並且四分於冥王星，治療時的其中一個主要議題，就是她與母親的早年關係。她在療程中不只感受到也表達出長久以來深藏心底的原始情緒，也因而對自己的人生有了全新而深刻的理解。另一個主要議題，則與凱龍行運來到跟她位於第四宮的土星形成四分相這一點相吻合；那就是學會如何發覺、認出，並且放下那些令她動彈不得、不停鄙視、批評、懲罰自己的內在聲音，開始慢慢建立對自己紮實穩固的敬意和正面評價。此外，凱龍在第六宮常常也會帶來一種對完美的苛求，那完美的標準根本不是當事人能達到的。

凱龍在治療開始的這幾個月間，先是即將與她金牛座、第十二宮的北交點合相，並且與土星形成四分相，然後再準備經過上升點。與此同時，在渡過了與丈夫分居，搬到新家，開始承擔照顧兩個小孩的煎熬後，她那雖然多少還有一些試探、一些不知所措，但終究不停在成長的獨立能力，漸漸從這場危機中浮現。凱龍行運而與土星形成的四分相，為她帶來了土星領域的考驗與挑戰，例如負起親職、自我情緒以及經濟上的責任，還有強迫自己學習獨立。而在凱龍行運合相於她第十二宮、金牛座的北交點的影響下，也使她不得不在強烈深切的內心情緒的翻騰下，硬是要處理那些柴米油鹽的問題。

這段時間她所釋放出的情緒與感受，不單只是與她當下的處境有關，同時也是對她早年生活以及與父母間的關係，所發出的朝向過去的吶喊。努力處理那些因為出生創傷而形成的模式，也在此時變得越來越重要。這些當然與凱龍的行運狀態一致：它來到與她第十二宮的月亮合相，因此也與第四宮的出生冥王星形成四分相的位置。每當凱龍行運通過第十二宮，人們常常會在這段時間尋求各種治療，因為那些將潛意識中的材料阻絕在一定距離外的屏障，在這時會變得特別細薄；而曾經受過的傷，在凱龍行經上升點時，也會變得清楚無比，讓人好像忍不住又要痛起來，於是療癒也就特別有機會發生。

距離凱龍行運抵達莎拉的上升點前不久，她決定要接受健康訪視員（health visitor）（譯註二）的課程訓練。她覺得自己已經可以獨自迎接這個新生活的挑戰，以及面對她正在開始認識的這個全新的自己。整個療程在這個階段的尾聲，都偏重在許多跟她出生經驗有關的素材（這點非常足以代表凱龍合相於上升點的行運），而她在這個階段結束前，最後一個帶來分享的夢境，是她正要生下一個混血兒，每個人都說這個孩子活不了，不過她卻打從心裡知道這孩子一定可

譯註二 這是英國公衛制度下的一種專職人員，負責到府訪查家中老弱、病人、孕婦的健康情況，並且提供資訊、衛教及諮詢。

以活下來。可以說，這個夢將她生命裡許多條線索都交織在一起，包括她自己生理上的誕生；出生時與地底世界的邂逅；誕生時半死不活的狀態；她過去的非洲生活，以及與那年輕男人的性遭遇。這個夢也象徵了她分為兩半的自己有了統一，新生的自我觀感；以及她堅信無論別人怎麼說，這個自我意識都將會生生不息地存在下去。

在凱龍行運經過她上升點第二次的時候，莎拉正式開始健康訪視的課程，這課程將讓她取得護士資格，正是一個由凱龍象徵的專業，負責為社區所有人（月亮），當然通常是那些久病在床，或者在家獨居的老人（第十二宮），提供實用的照護服務（第六宮）。而就在最後一次凱龍行運合相上升點後，莎拉的父親去世了，距離她的生日沒剩多久。就這個行運所引起的「誕生／重生」而言，又一次吻合了她的模式，而且這一次所具體化的事件，更顯示出整個過程實際發生時所達到的深度。過去我常觀察到，在出生時假如經歷過呼吸方面的生理創傷，譬如絞勒（strangulation）、呼吸延遲、臍帶過早切斷等等，當事人似乎在日後會在某個深層的原型層次上，面臨與父親有關的議題。榮格也為我們指出在靈性、呼吸（「空氣的流動」）以及父親或智慧老人的形象之間，存在著原型與字根字源上（亦即「*pneuma*」這個字根）的關連性。莎拉剛出生的時候沒有呼吸，這是為了保護母親的性命所做的犧牲。而在這段「心理上的重生」即將達到終點之際，也就是莎拉將要被這次療程給「生出來」的時候，她的父親卻過世了。就這樣，在父親死後，因為出生時與母親分離而產生的那種深層悲傷所留下的傷口再度被挖開。於是又一次，她在進入生命的那一刻就直接遭遇到死亡，而且同樣必須非常孤獨地面對這種傷痛，這也吻合凱龍在天蠍座的象徵。

父親死後的三天，她認識了喬伊。喬伊有數顆行星同時落在雙子座：太陽、水星、金星、土星、天王星；同時，凱龍正要開始展開通過雙子座的行運。事實上，後來莎拉才知道，原來喬伊的父親在她生日的隔天去世了，時間也正好是莎拉父親去世的同一年。這是個很典型的由同時性所織成的羅網，它會隨著潛意識內容重要的「再次重現」而出現，特別是那些常在凱龍行運時發生，與出生創傷有關的內容。兩人在初遇之後一段時間再次重逢，並展開一段熱烈的交往，直到行運的凱龍與莎拉的天王星合相為止。原因又是同樣的模式：關係又開始讓她覺得窒息，促使她最後決定要分開。

稍後在思考這一段關係時，莎拉了解到這個男人吸引她的部分原因是，他讓她想起剛過世的父親。父親的死帶給她的哀傷還沒有完全過去，使得她很容易就陷入過去的模式，也就是將喬伊的願望當成模子來形塑自己，讓自己符合喬伊認為她應該成為的樣子。隨著行運的凱龍與喬伊在雙子座的那些行星一一合相，讓他就成為好比凱龍在世界上的代理人一樣，既發揮他傷人的能力，也提供了療癒的力量。喬伊所提供的療癒，是在莎拉回想這段關係的時候開始浮現，而凱龍當時則來到與她的天王星合相的地方。莎拉明白了先前父親與她的關係留下了什麼樣的潛意識成分，也明白了它們在她與喬伊的關係中再度呈現，於是她開始理解自己在這段關係中所感受到的痛苦。請留意凱龍在他們交往期間行運經過雙子座，而與莎拉處女座的太陽、金星、水星一一形成四分相。由於她對於「失去」一事懷有根深柢固的傷，使得父親之死令莎拉感到的悲傷是如此地深切，讓她在那段時間沒有辦法完全消化為父親致哀的過程；雖然生命為她帶來了某個人來填滿這個空缺，不過那終究並非沒有代價。

喬伊擁有月亮與冥王的四分相，莎拉也一樣；最後就是這個相位的特質——它的具體呈現是好妒、佔有慾、掌控慾，讓莎拉覺得有如脖子被人勒住一般沒辦法呼吸，也沒有辦法做自己。她開始看到喬伊身上有兩個面，一個是反應出她父親光明、有趣、愉快的一面，另一個則是她母親身上陰沉黑暗的那一面。莎拉說道：「這就好像為了要『重新擁有父親』，必須得與我母親的黑暗面戰鬥。」這句話指出了這個狀況中所含有的伊底帕斯式的意味，而在莎拉的例子裡，其深藏的根源則是出生時的創傷。在他們交往期間，冥王星與她出生的凱龍有過一段為期十八個月的合相；莎拉在這段期間決定結紮，她已經有兩個小孩，喬伊有四個。凱龍在第六宮或處女座，有時候會關連到生理上的不孕，而凱龍在天蠍座更常常與「自我毀滅」有關；另外，讓自己變得無法生育，這也是一個具有強烈象徵性的宣言，代表一種「殺死母親」的渴望，這點在先前已做過詳細的說明。在她還有資格提出手術申請時，母親已經沒有跟她一起住了，而最後莎拉也打消了結紮的主意。然而，這時候她的子宮頸已經發現癌症前期的惡性細胞。雖然由於及早治療而沒有讓它演變成癌症，莎拉還是為此大受驚嚇，促使她決定與喬伊分手；她知道，自己身體中可能惡化為癌症的病變細胞，是跟隨著她在關係中被他傷害的感覺而生長的。如果沒有這突如其來的轉變，她差一點點就用結紮來實現「殺死母親以得到父親」的渴望，而在這裡，「得到父親」也就意味著擁抱自己對父親之死的哀傷悼念之情。

莎拉與喬伊在交往期間發展出一種權力鬥爭關係，而莎拉明白，如果要從中得到釋放，她必須放棄在這場鬥爭中她想要的東西。莎拉在雙方的關係中，其實掌有相當大的支配權，因為他對她的「性致」極為強烈，而且在其他方面都倚仗莎拉擔任他的「供養者」。這無疑呈現出一個非常具有冥王星色彩的主題，時間點上也和冥王星行運來到與莎拉的凱龍合相一致。值得注意的是，就當時的行運而言，這是典型冥王星式的情緒主題唯一可見的具體呈現。他們的性關係非常令彼此滿足，性是這段關係的強烈動力，不過這讓莎拉容易掉進她以前的模式，屈就自己，成為對方的供養者，為他服務，並且樂於成為對方想要她成為的人；而這又一次充分展現了她位於天蠍座、第六宮的凱龍。同樣值得注意的是，在這段關係所帶來的情境中，一次要照顧四個小孩的她，成了一位「超級媽媽」；這是典型的凱龍、月亮、冥王星有相位的主題，這個主題還同時反映在她健康訪視員這個職業上。至於，對凱龍位在天蠍座來說一樣深具代表性的，則是這次模式的重現其實有可能會要了莎拉的命。凱龍與冥王星因為行運而產生聯繫，尤其是形成合相，常常會迫使我們與死亡面對面，不過真正會成為一個議題的，常常是我們自己的死亡，以及我們對它的接受態度如何。

一段時間之後，凱龍與莎拉的天王星形成一連串的合相。在它們第二次合相達到度數完全合致的那個星期，莎拉讀到我手上這一章的初稿，然後給我寫了一封信。她第一個反應是恐慌失措，因為她覺得自己被攤在眾人的眼前：「大家都會馬上猜到我是誰，然後因為那些事情而看不起我。」她還提到她在那次「強暴」經驗之後，就反覆夢到的夢，或者進入的幻想：「我相信當末日來臨，我們一定會把天堂裡上帝的審判庭給塞滿，然後主會在成千上萬的人面前叫出我的名字，將我的『罪』揭露出來，然後再將我逐出天堂。」閱讀我的初稿，又觸動了她這個幻夢，將它帶到了意識表面。不過這也讓她能夠再次擁抱那個驚懼又害怕不已的小女孩；這也一併帶來了一種解脫：那些最可怕的惡夢雖然都已成真，但是她終究熬了過來。我們在此也可以看到凱龍進入雙子座的作用如何實際展現：文字書寫、言談說話以及閱讀，都是她進行療癒的方式。

另外也請留意，若是就「誕生／重生」這組交替出現的主題而言，這個幻夢的重新浮現，標示的意涵不僅僅是關於兒時感受與經歷的回憶重新來到意識表面而已；它在原型意義上的強度，以及它那將整個人都佔據的激烈程度，對於構成「終於被生出來」這種經驗的心理與情緒成分來說，是最具代表性的特質。從子宮中脫出的最後一步，感覺有如一場將發生而未發生，規模之大簡直無邊無際的災難，並且伴隨著內容是極度恥辱、道德挫敗的幻想，或者借用史坦尼斯拉夫．葛羅夫的話，「超越經驗程度的責難」〔註1〕。這個經驗發生在莎拉與那位黑人的性接觸之後，暗示了莎拉的出生創傷在那個時間點重新啟動——與分娩的最後階段相連結的意象，其特色常常是包含了強烈的性的成分。幾個禮拜之後，行運的凱龍第三次也是最後一次與她出生的天王星合相，她終於割斷她與喬伊之間強烈的情感糾結，這與「誕生」主題的重新出現符合一致，一如上面所述。

當冥王星準備要與她的月亮形成對分相，並且四分於她出生的冥王星時，另一個由凱龍盤面配置所象徵的轉折於此出現。這一次，她對她的模式已經有了深刻的認識，也更能夠順利接納自己了。這時候的她知道，自己即將經歷一段在心理層面重生的循環週期，並且感到自己擁有足夠的智慧，讓她有辦法將這次的經驗置於她人生更宏觀的架構之中。她的勇氣、堅毅以及樂觀態度，賦予她力量，讓她猶如浴火鳳凰，從灰燼中重生——對於凱龍位在天蠍座來說，真是一個適切的意象。

露德的伯納德：為幻夢中所見而活

露德的伯納德（Bernadette of Lourdes），她是世間少有，在某些關鍵的行運將超越個人層次之事向她開啟時，就義無反顧完全對其獻身的人，並且會為她所投入之事帶來開創性的結局。凱龍在她的星盤裡，位於處女座、第四宮，座落在「上帝手指」相位的端點上，與位於雙魚座尾端、第十一宮的天王星，以及位於水瓶座、第九宮的水星，分別形成十二分之五相。此

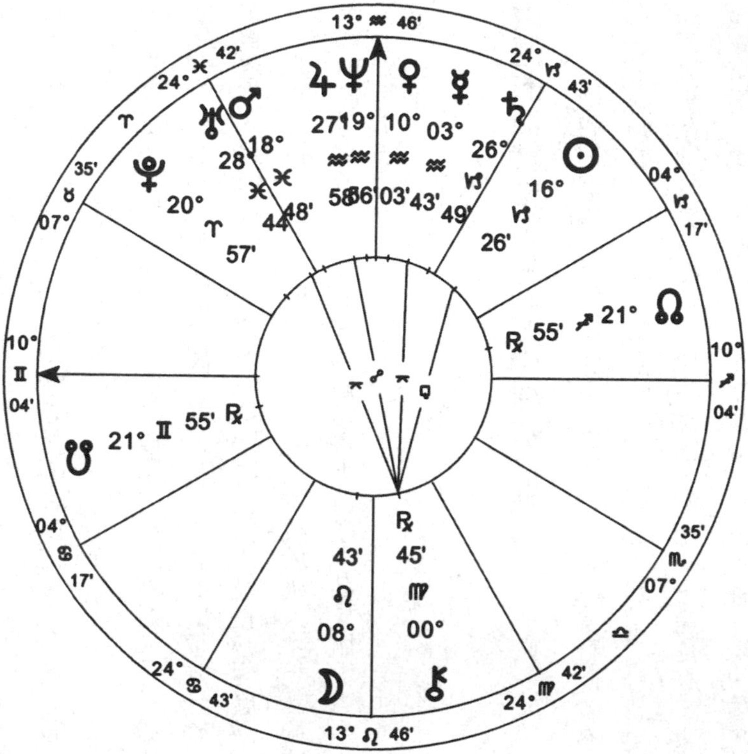

圖二　露德的伯納德

外，她的凱龍也對分於水瓶座、第十宮的木星，還與摩羯座、第八宮的太陽構成八分之三相。

十四歲那一年，伯納德看過一個「異象」的體驗：一位身穿白色長袍，腰繫藍色腰帶，雙腳之下各踩著一朵玫瑰的女子；後來，這個人物對伯納德表明了她的身分，她是「處女懷胎」者，也就是聖母瑪利亞的顯像。伯納德聽從她的指示，在山腳下洞穴的底部，也就是這位白衣女子現身的地方，挖了一個小洞，等到時候到了，原本只有涓滴細流，泥水難分的地方，竟然湧出一道具有奇蹟般治療效果的泉水。直到今日，這位「露德聖母」的神龕，每年依舊吸引數百萬的朝聖者，前來尋求身心疾患的療癒和慰藉。請注意，伯納德的出生凱龍在處女座，而處女聖母瑪利亞，正是對著伯納德的年少心靈展現的超個人形象。她星盤中的「上帝手指」圖形，直接指向位於處女座的凱龍，而其對向「釋放點」的位置，則是由水瓶座的木星佔據。這提供了一個驚人寫實的圖象，反映了她之身為一個媒介，一條連結天界與塵世的開通水道，沿著這條水道，恩典之流從那時起就一直泉湧至今。如此透過處於對分相的木星，凱龍也活化了水瓶座那「水」之持有承載者的形象。

從處女聖母瑪利亞的圖像符號，可以比對出古代的女神形象乃是她的神祕源頭，例如古埃及的艾希斯〔譯註三〕、蘇美的天上女帝伊南娜〔譯註四〕，或者「阿絲塔特—伊絲塔」（Astarte-Ishtar），在稍後的古希臘文明裡現身為「聖潔身阿芙蘿黛蒂〔譯註五〕」。基督徒強佔了這些古代

譯註三　Isis，古埃及的受胎生育女神，並且另職司一些守護事項，是歐希里斯之妻。

譯註四　Inanna，蘇美神話裡的聖女，有人認為後面所談的Astrarte及Ishtar都是她，如此一來，她可以視為是一位集希臘神話裡的阿芙蘿黛蒂（金星維娜斯）和雅典娜的元素為一身的女神，並且也沒有如後者般區分愛神的精神面與性慾面。

譯註五　Aphrodite Urania，也就是與「肉慾身阿芙蘿黛蒂」（Aphrodite Pandemos）互相區別的愛神形象。

女神的神廟，於是像是亞馬遜部族的守護者，同時也是她們的豐收女神、兇猛的處女獵戶，亦即「阿提密絲—黛安娜」這類早期神祇的圖像，就這樣直接被處女聖母瑪利亞的圖像取代。這是一個很有趣的發展結果，因為聖母瑪利亞象徵的是信仰的激情狂熱、原諒寬恕以及救贖，就好像正是她的子宮孕生了轉世成人的基督。一樣地，在個人的層次上我們受到的感召是要超越比較原始的，但無疑是屬於我們自己存有樣貌的層次，與此同時卻又要體現那些原始層次的強力能量，如此一來我們的心才會向更為精煉的現實敞開。

在由崎嶇不平的層山疊嶺所組成的巴斯克（Basque）區域，有個當地民眾深信不疑的古老傳統，那就是山裡會有女性神祇以人物塑像的外形，現身於人們眼前，而人們便會在其現身的地點建造神龕。事實上，在伯納德居住的地方（譯註六）就有這樣的神祇，她的名字叫「瑪利」（Mari）。從這裡，我們將可以看到那「半人馬式」的過程，它會為我們帶來古老的風俗習慣，以及萌生自大地的神祕儀禮，不過與此同時，它也將這些東西加以重新詮釋，套入當代盛行的宗教信仰之中。於是乎，一個單純天真的姑娘，為了在荒郊野嶺的石洞裡向她現身的奇蹟人物而虔誠奉獻，其成果在時機成熟之後，就被天主教教會給接收下來。

伯納德星盤上的北交點，落在射手座這個半人馬性質的星座，並且與「銀河中心」的位置（在當時是射手座24度41分）合相。此處，它反映了伯納德此生命運與宗教信仰脫不了關係的性質，以及她將為那些源自更高階現實的能量，擔任流通傳達管道的事實。第十宮的出生木星對分於第四宮的凱龍，同樣隱含了強烈的信仰意味。木星是超個人占星學和神祕占星學所定義的水瓶座守護星，因此這是一個強勢的木星位置；在這裡，它也象徵了對母親之照顧庇護（第十宮）產生精神性的願景或心像。伯納德念茲在茲、全心關懷的是多數的群體（凱龍與木星有相位，擴展她的眼界），而不是自己的孩子，如果她有機會生育的話。她的命運在於當眾人的母親，而不是某個人的母親。

她出生的天王星位在雙魚座、第十一宮，在這裡代表的是對於整體群眾（第十一宮）在精神層面的渴望（雙魚座），以個人的身分做出回應（天王星）；她因而立下的掘泉夢想，其中蘊含的療癒和救贖性質，則是由海王星守護的雙魚座加以描述。凱龍在第四宮，反映出伯納德童年時期令人側目的赤貧生活；厄運、疾病、貧困、斷糧。還是小女孩的時候，伯納德就需要在父母外出工作的時候，負責照顧兄弟姐妹，儘管她自己的健康狀況十分糟糕。水瓶座、第九宮的水星為我們指出：從原型層次之現實所得到的靈感鼓舞，讓她得到非常好的心靈調適。

伯納德的凱龍與她摩羯座、第八宮的太陽形成八分之三相，這點除了反映出她父親的身體狀況欠佳，也象徵家道的運勢。第八宮與「轉換階段的人生大事」有關；我們會在這樣的大事

譯註六　也就是法國的露德，正是屬於這裡所提到的巴斯克地區。

件中被「推到極端」，而且它們也將提醒我們，世事均無例外的無常性質。摩羯座色彩濃厚的小孩，通常會比較早熟，展現出超越他們年紀的智慧；伯納德也充分展露這種特質，譬如縱使在受到教會當局反覆不休，而且常常是帶有惡意的調查訊問時，她依舊也只給人誠摯與謙卑的感覺。第八宮雖然時常象徵一個人的生存受到威脅，不過它因此也是通往靈魂深處的門。就像伯納德透過她與聖母瑪利亞的內在連結，以及透過她將接受到的異象表達於世，促成了許許多多人的療癒，讓他們有機會能夠讓自己沐浴於恩典之中。就個人的層次而言，這讓人聯想到她的凱龍對分於第十宮的木星，也就是伯納德內心仰望的超凡的母親形象。在超越個人的層次上，至福的聖處女召喚她，與她分享自己所領有的一切；爾後再由伯納德，成為他人眼中分享恩典的聖處女。

我們可以看到，伯納德看見異象得到啟示的那一天，凱龍是位在水瓶座、第九宮，幾乎與她的天頂形成完全的合相。魯德海爾如此描述這種情形的深層意義：「『支配』找上我們，以求我們可以實現命運的傑作，踐行我們與生俱來的權利。」在我們專注於目標意識之上（第九宮）——要求我們不斷放棄自私的個人考量（第十宮）的目標意識，從而培養出相當的心得體會之後，這種人格的變化（「變形」）就可能發生（註2）。

我們的心思是如此被第十宮，也就是我們與雙親的複雜情結，以及要在世上找出自己位置的辛苦努力所佔據，以致於要理解魯德海爾的這段描述可能會有一點困難。儘管如此，魯德海

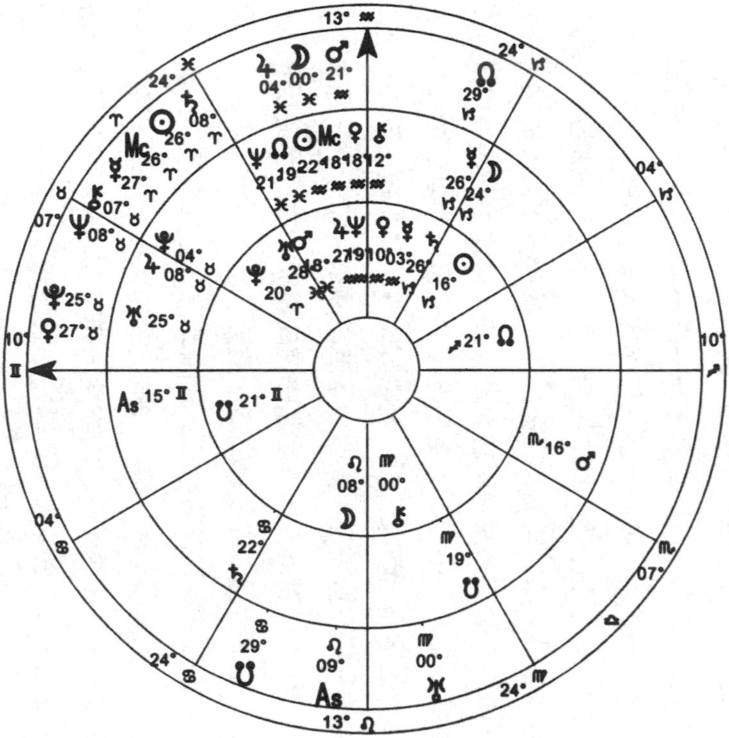

圖三　內圈：露德的伯納德，中圈：首次見到異象之日，
外圈：伯納德去世之日

爾想法中的真知灼見，正好就展現在像伯納德之類的人身上，他們的人生註定要實現靈魂的目標，為的是嘉惠全人類，是以直接而不容任何妥協。魯德海爾的話還指向一種個人**內在的**過程，不過並不是每一個人都必須將這種過程外顯地活出來。個人光明與啟發的誕生，並非一定要伴隨什麼戲劇化的神奇事件才會發生，記得這一點對於我們思考天頂的意義會很有幫助。確實，天頂描述的是我們的目

標，這目標可以但不一定非要關係到某個舉世可見的功業。

在伯納德見到異象的那一天凱龍是位在水瓶座，同在水瓶座的還有金星與太陽。當天凱龍還與伯納德的出生金星合相，此外它的位置離出生水星與金星的中點，差距還不到45分。金星也是超個人占星學或者神祕占星學中雙子座的守護星，而伯納德的上升點就在雙子座。於是，代表她上升點兩個層次的行星都有受到凱龍觸及，暗示了一次**機運**（kairos），一個連接永恆世界與人類世界的時刻。此處，與這次事件有關的行運，包括了金星與水瓶座、第十宮的海王星發生緊密的合相，重複這個相同的主題：成為一個導管，為集體精神面的復興做出貢獻。在第九宮的出生金星，搭配行運的對分相（由來到天蠍座的火星，以及金牛座的木星和冥王星構成），形成T型相位，並且擔任其頂點。從心理上的觀點來看，在這樣一個有這麼多行星在水瓶座和雙魚座被凸顯的星盤上，那些由「金牛—天蠍」座所代表，常常偏向於原始，並且激烈地展現於性方面的能量，也就被轉化為夢想、理想、遠見，憧憬之類的經驗，在這裡更是與神聖事物的融合同一。命運交給伯納德的病弱身體，恰好有助於她完成自己的宿命。經由反思，我們常常能發現同樣的原則也作用在自己的人生上，而這是個絕對值得接受的療癒想法。

行運的火星也四分相於她出生的海王星，同樣地，行運的海王星才剛剛經過與出生火星全然合相的點，於是重複強化了火星與海王星這組行星組合所暗示的內容：身體、生理上的生命力表現受到減損，以及本能驅力對精神、信仰方面的渴望受到弱化，或者相反地得到昇華。伯納德在經歷過這些異象經驗後，確實開始患病，而且得到的病症種類，多是特別能夠代表火星與海王星的影響，其中包括發燒（火星）、暫時性的癱瘓（火星與海王星有相位），以及體力衰弱（海王星）。此外，火星與海王星的相位還描述出因為她的事件，而燃起的那些狂風暴雨般的爭議與騷亂。教會當局對伯納德進行質問，因為散播關於治療神蹟（關於這點，伯納德本人從來沒有如此主張過）的謠言是不被允許的；至於報紙新聞則說她根本就是神智失常了〔譯註七〕。在她見到異象的那天，太陽與她出生的海王星合相；可以說，那個時刻具有核心符號象徵意義，透過海王星被「輸入」了她個人的生命中。莎比恩符號系統對那個位置的描述是「背負重要訊息的大白鴿」〔註3〕。在基督教文化中，白鴿的意象，常用來在「天使報喜」（Annunciation）的圖畫中，象徵「聖靈」（Holy Spirit）的示現。此外，鴿子是女神阿芙蘿黛蒂的聖物，而海王星一般被視為是金星（維娜斯即阿芙蘿黛蒂）的「高八度音」：海王星關心的是超越個人的，或者所有人與所有人之間的愛，相對於金星代表的是比較偏向個人之愛的性質。

我們還可以發現水星，也就是伯納德她處女座凱龍的守護星，行運來到只差7分，就會與

譯註七 伯納德的生卒年為西元1844至1879，報紙是當時的主要大眾媒體，與其他大部分存活在中世紀及啟蒙時代以前的封聖者對比，尤其是那些與聖靈顯靈及神蹟事件有關係者，生存於十九世紀中後期的她，年代之晚近頗為令人驚奇（或許這也部分解釋了為什麼教會及大眾一開始對她採取不相信的態度）。

摩羯座、第九宮的出生土星，形成度數完全合致的入相位合相。此處，土星（也就是伯納德摩羯座太陽的守護星）象徵的是伯納德將自己強烈憧憬的夢想（第九宮），化為實際（土星）的能力。它也暗示猶太／基督教上帝的嚴厲形象，視女人為肉慾之邪惡的承載者。伯納德在異象發生後受到教會當局大量的「關照」，然而她對自己所經歷之事物的真實性，從來沒有一絲一毫的動搖，表現出誠正如一、冷靜嚴肅的土星性質——在這裡，這些性質是由水星，這個「諸神的信差」灌注予她。在她願將個人完全投身於自己那段經驗（凱龍位在處女座的禮賜）的結果之下，她豐富了無數人的生命，直到今日依然如此。

伯納德見到聖母瑪利亞的異象經驗持續大約三個禮拜之久，這段時間，有越來越多的人聚集到露德，想要一睹她出神入迷的狀態，也想要一沾能治百病的泉水。前面所提到的行運相位，有幾個都在這段期間形成正相位。行運的火星與海王星形成正四分相，凱龍也剛好與天頂相交，這些象徵的是實現帶來療癒的天命；另外，行運水星與出生水星合相，然後依序經過金星、天頂、海王星，扮演了這些行星之間的「信差」；還有太陽運行到與木星合相，並且對分於出生的凱龍，再一次重申這兩個行星組合的理想性質。除了這些之外，推運的火星和推運的天王星，在一八五八年二月十八日那天在雙魚座的最後一度（29度10分）上形成了完全的合相，因此兩者都落入出生星盤上所顯示的那個「上帝手指」圖形相位之中。

一八五八年三月二十五日，運行到她射手座、第六宮的火星，與她出生的凱龍構成正四分相；這天，伯納德在異象中所見的女士，聲稱她就是「處女懷胎」者。凱龍與火星的相位在這裡象徵的就是懷了來自另一個層次的胎兒，由「聖靈」而受孕，於是從中我們也可以看到鴿子的「報喜」，亦即莎比恩符號傳統對伯納德海王星的描述。伯納德也信守了保密的約定，即使對教宗她都不願洩露。這點呈現出她出生星盤上凱龍與太陽的相位：她服從的是自己內在的命令，即便這會為她帶來藐視教庭的危險。另外，一八五八年六月的時候，她推運的凱龍逆行回到獅子座，而她也成為世人注目的焦點；她不依賴外界，只憑藉自身，就成為信仰來源的媒介者，以及內在啟示的背負者：當凱龍位在處女座時貫注在她內心的啟示。伯納德所見到的啟示，最後終於在一八七二年得到教會的背書，認定為真實；當時，行運的凱龍對分了出生的凱龍。

一八七九年四月十六日的行運，也就是伯納德去世當天的行運，也同樣的耐人尋味。我們可以發現，行運的凱龍與行運的海王星產生合相，共同來到金牛座，並且皆與第十二宮宮首合相。這個凱龍與海王星合相，還同時跟她位於第九宮的金星，以及位於水瓶座的水星形成四分相；而且如果把對比的對象從出生圖改成她首次看見異象之日的行運圖，也會呈現出同樣這組行星位置與相位關係。她去世當天的凱龍位置，也跟看見異象之日的木星位置在一樣的度數。海王星再次默默成為要角；個人的自我犧牲、救世的宗教熱情，以及將自己與集體的信仰渴望調合一致，這些突顯海王星特質的主題，無可避免地交織在伯納德的命運中。她出生凱龍與出生海王星的中點，落在天蠍座的25度23分；而在她看見異象那天，行運的天王星來到金牛座，與這個中點形成角距不到4分的對分相；然後在她去世當天，行運的冥王星合相於行運的金星，並且也跟這個中點形成緊密的對分相，同時還和她土星與天王星的中點，這個「對凱龍很敏感」的點（水瓶座27度46分）有相位。

這一連串的相位所帶給我們的暗示，首先是聖母瑪利亞這個海王星型的人物被尊奉為神（天王星），然後是伯納德在圓滿完成她被指派的宿命之後去世（冥王星）。其實伯納德的生日，就在「冥王星滯留」的數日之後；一個人的星盤上一旦帶有這個明顯特徵，就會為這個人的人生染上非常強烈，並且能夠造成轉化變型的能量。在伯納德過世那天，太陽合相於水星，並且與她出生的土星形成四分相。考慮到水星是她土星的「信差」（這點在上面有所說明），或許它們兩個最後的交談會是像「要捎給世界的訊息已經確實帶到，妳可以『回家』了」之類的話。另外，行運的天王星與她出生的凱龍，形成一個差距不到43分的正合相，而且就在那天的正午過後，月亮對分了這個點。在她的靈與肉之間，那個我們或許可以假定原本已經很薄弱的連結，此刻終於斷了開來。行運的火星在當時與出生的海王星合相，這裡標示了生理的生命力終局的消逝（海王星）；同時，也請讀者回想，這個火星與海王星的組合，在伯納德看見異象之日的星圖上也有出現。這一天，也只在伯納德第三次木星回歸剛剛發生不久，而這個行運的木星還與她出生的凱龍形成對分相：或許在她將「任務完成」時，她那「看見他人所不能見之事物」的能力，已經擴張到超過她的肉身「容器」所能承載的程度了。

伯納德在只有五歲的時候就經歷了她第一次「凱龍—凱龍」四分相。這之後，一直到她於幻境中見到聖母瑪利亞的這段年歲間，凱龍行運分別與她出生的火星、天王星、冥王星形成對分相，隨後又分別與它們形成四分相。每當凱龍因為行運而對分於某個行星，就有可能為當事人帶來傷害性的事件；這個時候，造成傷害的媒介力量，就存在於那兒，而當事人若不是讓自己認同於凱龍形象所代表的「被害者」，就是選擇化為其「醫者」的面向。另外，在行運的凱龍與伯納德雙魚座的天王星構成四分相的那一年，她的父親在一場意外中失去了左眼的視力。而當行運的凱龍合相於她的太陽時，父親則丟了工作，全家也變得日漸窮困起來；最後她們連房租都付不出來，只好住到一座因為衛生與健康條件不適於人居，而遭到廢棄不用的小屋裡。

上述對於凱龍在處女座、第四宮，也就是與父親有關的宮位來說，真是個準確而慘烈的象徵連結；受到糟糕的健康和運氣聯手打擊的父親，反過來也對家庭的狀況帶來不利影響（第四宮）。這種苦日子所帶來的壓力，或許也對伯納德的自我界線造成在結構上相當程度的脆弱性，讓她比一般人更容易招致，也更容易接受來自超越個人次元的各種能量，可以匯入她的內心。光憑外表就可以知道，伯納德是個體弱多病的小孩，生理發展也有些退化（凱龍在處女座）。在我們對她早年這些行運關係有了相當了解之下，或許可說她之犧牲自己個人生活，以及她後來的英年早逝，裡頭確實有種命中註定的感覺。

起初，懷疑人士迫不及待地指出，教宗庇護九世宣布「處女懷胎」之「聖母無罪」論乃是正式信條才不到四年，就有這個伯納德見到幻象的事件，暗指這是天主教教庭精心策劃的劇本，要讓這則教令取得一個實體的支持事蹟。然而，一九〇九年，當行運的凱龍來到水瓶座，而在她死後合相於她出生的木星及海王星之時，伯納德的遺體挖掘出土，世人才發現她的身體竟然沒有腐化。目擊者指出，就連臭味都沒有聞到，更沒有見到肌肉有任何腐敗〔註4〕。「不腐敗」這件事，至少在理論上，被認為是封為聖徒的一項必要條件，於是下葬後再出土的手續，接著又進行了四次，每一次出土後，她的身體外觀都沒有腐化的跡象，最終伯納德就在一九二五年接受宣福禮。如今她的身體展示於內維爾（Nevers）的一座玻璃棺內，每年都有成千上萬的朝聖者前來參觀。「不腐朽之肉體」，對於在她去世那天，行運的天王星與她處女座的出生凱龍完全合相這點來說，無疑是個極度引人注目的意象。儘管有著達到迪士尼樂園規模的商品化活動持續進行著（另一個處女座主題），但這一連串非凡事件所呈現的精神至今依然存在於露德：與當地有關的醫療奇蹟事件，其登上醫學文獻的紀錄依舊給人深刻的印象〔註5〕。

關於瑪利亞的現象事件，自一九〇〇年以來出現的數量非常驚人。光是得到記載的就有超過三十起，其中有部分也得到梵蒂崗方面的肯認〔註6〕。在雙魚座年代來到尾聲之際，「處女」逐漸向我們露面。與大地之奧祕，以及女神崇拜有關的信仰，在當前的這股復興勢態，已經在各地激起了強烈的興趣，並且催生出許多與處女聖母，也就是與「一為全、全為一」這樣的女性大神的形象有關的文獻。芭芭拉・韓德・克洛（Barbara Hand Clow）提出「凱龍守護處女座」的觀點，她指出「處女聖母與處女座，就是『大母神』，處女聖母之生出基督，就如處女座之生出雙魚座」（註7）。確實，猶如聖母瑪利亞那邊的獻身於大眾，這種行止在當前無疑有增加的趨勢。一九五〇年，梵蒂崗教廷宣布「聖母升天」論為正統教義，認定聖母瑪利亞的肉身在死後也一併升上天堂，因此與基督本人一樣成為神聖。到了一九八三年，教宗若望保祿二世進一步提出稱呼瑪利亞為「同救主」（Co-Redemptrix）的教義（譯註八）；許多人猜想，最終這將會成為天主教官方的正式教義，而賦予瑪利亞實質上等同於基督的信仰地位，更加擴大她原本已經爭議不休的「*Theotokos*」（譯註九），也就是「上帝之母」的角色。

卡普斯基的故事：誘拐與釋放

為了要探討娜塔莎．卡普斯基戲劇化地從禁錮中脫逃的故事，除了凱龍以外，我們還需要將一些半人馬族的意象囊括進來，因為在半人馬族之間，以及它們與其他一般行星之間，有一

譯註八　如此處所述，瑪利亞為「同救主（協同救世主）」的教義在基督教中其實存在頗大的爭議，現任教宗本篤十六世本人便持反對立場；其實，即便是「聖母升天」教義，主要支持者也限於天主教，新教多數是加以排斥。

譯註九　這是聖母瑪利亞的希臘文稱號，故而基本上是基督教中的東正教及東方正統教在使用，原義為「懷基督肉身者」、「誕生基督者」，「上帝之母」已經是略為偏離原義，但廣為流傳的理解。

	娜塔莎	普利克羅皮爾	綁架	逃脫
凱龍	逆行雙子座23度11分	雙魚座10度27分	逆行天蠍座18度47分	逆行水瓶座5度46分
佛魯斯	金牛座24度15分	水瓶座16度35分	逆行天秤座20度40分	天蠍座29度48分
涅瑟斯	處女座13度0分	金牛座29度33分	射手座23度23分	逆行水瓶座4度28分
凱莉克蘿	逆行雙子座10度42分	水瓶座19度18分	逆行獅子座12度36分	天秤座20度1分
海拉娜米	逆行獅子座29度45分	雙子座2度1分	逆行天秤座19度56分	天蠍座23度59分

圖四　重要半人馬族行星的位置

些數量超乎人們想像的交互面向值得思考。藉由透過鑽研天體所呈現的模式，來追查某特別戲劇化、特別引人注目，甚至是特別詭異的事件時，這些行星之間的聯繫關係所具有的精細詳盡程度，能夠很貼切地象徵我們所發現的心得。當地底世界向我們打開，各種原型的過程似乎散落到具體現實中時，凱龍與半人馬族的符號意義體系，常可以為我們緊緊抓住事件中，那些同時代表療癒過程中的轉捩點的意義。

二〇〇六年的八月，有位名叫娜塔莎・卡普斯基的年輕女性，從長期的拘禁中脫逃成功，而囚禁她的男人在這之後隨即自殺；這起特別的事件隨即引來了大眾的注意。在第一章我們曾就她的星圖曾經做過簡短的討論，而在本章末也會再提供一次她的星圖，不過上頭會標示此處額外提到的半人馬族行星。娜塔莎之所以遲至當時才逃走，是因為兇手普利克羅皮爾威脅她，如果她試圖脫逃，他就會自殺；的確，最後他也沒有食言。話說，海拉娜米（Hylonome）是一隻女性半人馬，與男性半人馬希勒洛斯（Cyllarus）是一對戀人，而且他們向對方傾注心靈的程度，使得他們彼此都是對方的「靈魂伴侶」。正是因為如此，所以當希勒洛斯在戰場上喪生時，悲痛過頭的海拉娜米將自己迎上愛人的劍自殺。在娜塔莎的星盤上，海拉娜米位在獅子座29度45分處，與普利克羅皮爾星盤上位於29度33分的涅瑟斯形成正四分相。而在娜塔莎脫逃之時，不只佛魯斯來到天蠍座的29度48分，與上述關係組成一個T形相位（「將蓋頭掀開」），行運的天頂也來到29度27分，與娜塔莎出生星盤上的海拉娜米形成精確的合相。

我們永遠都不會知道，這裡頭上演的是何種根源於遙遠過去（或者，更毋寧說是衍生於集體的當下）的自殺、挾持人質以及酷刑折磨情境。據稱娜塔莎是「斯德哥爾摩症候群」的患者，也就是被挾持囚禁者，反過來認同兇手的情形。這在某個層次上是受害者的自我存活機制，保護自己不會完全感受被俘狀況下的所有恐懼壓力。不過這不足以完整說明娜塔莎的情況：她對普利克羅皮爾的愛與激情似乎是貨真價實的，而且在聽到他自殺的消息後是哀痛逾恆。同樣地，我們無

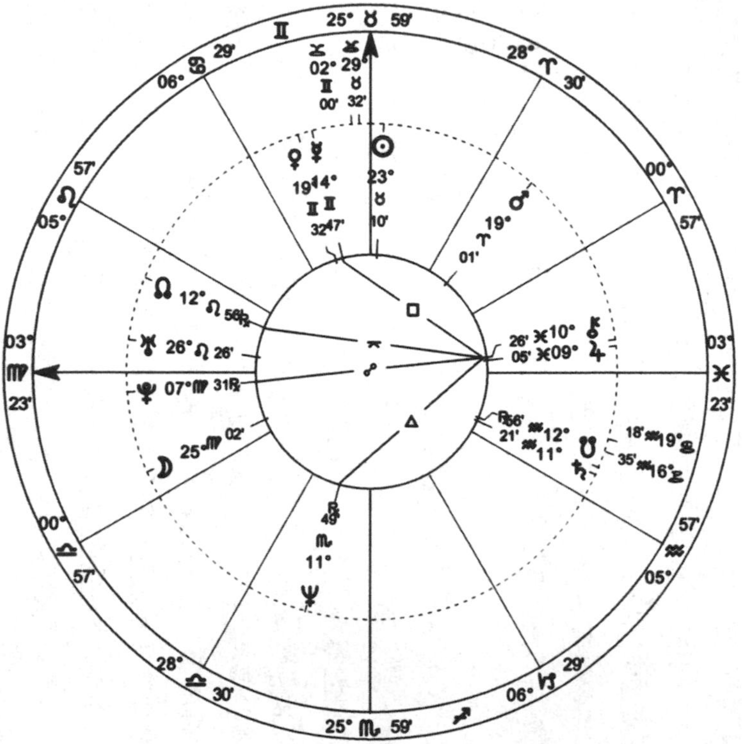

圖五　內圈：普利克羅皮爾（正午位置）；外圈：半人馬族行星

法得知，在這些事件有什麼不為人知的故事得到了撫平或救贖。我們沒有資格去論斷這一切，畢竟有許多層次的療癒都有機會在這場悲劇裡頭嘗試得到實現。這個極端情境也讓我們一瞥「有別種東西在發揮作用」的徵象，而在我們研究凱龍與半人馬族行星時，常會發現類似例子。以下便是沃夫岡．普利克羅皮爾的星盤（僅以正午為準），並且附上有助深入討論的半人馬族行星：

普利克羅皮爾有著與雙魚座的木星緊密合相的凱龍，而且對分於冥王星。它還與雙子座、第十宮的水星形成四分相（此外它也與金星有著寬鬆的四分相），另外與位於第十二宮的北交點有十二分之五相。涅瑟斯在他星盤上金牛座的29度33分，並與他的太陽合相。佛魯斯在水瓶座的16度35分，與他的土星以及南交點合相；一同合相的還有名為凱莉克蘿的女性半人馬行星，也就是凱龍的妻子，它位在水瓶座的19度18分。傳說中，凱龍住在佩利翁山的山洞裡，而有鑒於凱龍身中無法痊癒的傷，或許我們可以想像，是凱莉克蘿在照顧他的傷勢，好讓凱龍有能力從事他日常的工作〔註8〕。「在洞穴中祕密照料傷勢」這個情景的意象，正好相對於普利克羅皮爾抓住年輕的娜塔莎作為人質不放的傷害性情境。我們可能永遠無法知道，在後者的情況中，到底是誰在照料誰，照顧到什麼程度，用什麼方法，又是出於什麼理由而照顧對方，也難以得知他們是否有性關係，是否存在任何侮辱或傷害。同樣可能永遠無法知道的，是普利克羅皮爾的內心，究竟含有什麼樣的苦痛，促使他做出綁架娜塔莎這種亡命的行為。不過，半人馬涅瑟斯合相於他的太陽，這一點的確讓「誘拐」這個意象得到落實，與我們先前曾經介紹過的神話主題產生共鳴。

在普利克羅皮爾的星盤中，還有更多值得關注的半人馬族的影響。前面提過，當占星學上的佛魯斯在行運之下對出生星盤上的行星起了積極作用，或者因為其他因素使得能量獲得觸發，這時候由其所代表的「四個世代以來」的主題就會浮上表面，猶如「瓶口被打開」了一

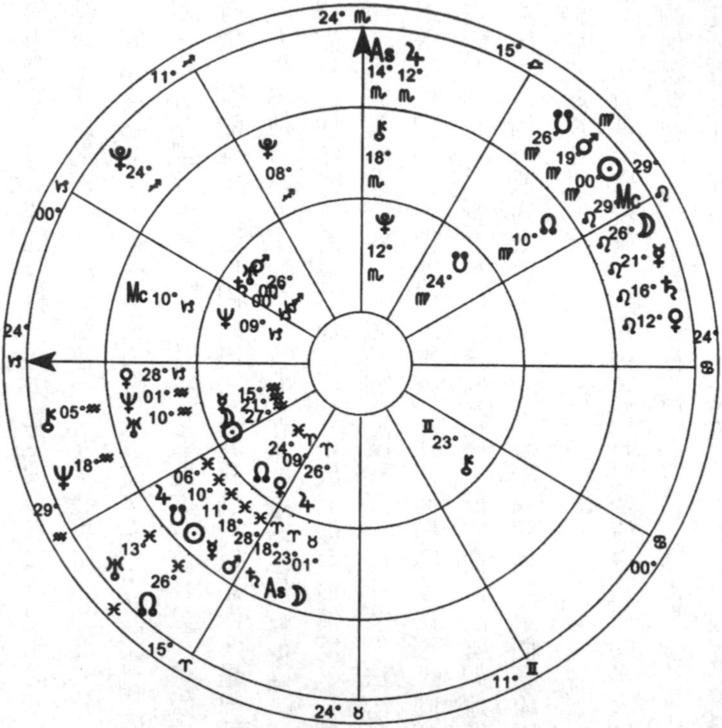

圖六　內圈：娜塔莎；中圈：誘拐之日；外圈：脫逃之日

樣。換句話說，植根在家族過去與歷史中的種種主題、故事、苦難、才賦以及遺產，為了讓療癒、覺知、釋放能夠發生，便紛紛浮上表面，而這股浮現的浪潮是源自於四個世代之前的推動。祖先傳承的業力也深埋在我們的基因序列之中，而見證此業力的作用，對某些人的療癒過程中有可能是很重要的一個面向。

娜塔莎脫逃的時間點，行運的海王星已經經過普利克羅皮爾的土星、南交點，還有佛魯斯，即將與凱莉克蘿形成彼此連續五次合相中的第三次。另外，行運的海拉娜米來到天蠍座的23度59分，恰好對分普利克羅皮爾位於金牛座23度10分的太陽，並且合相於娜塔莎的天頂（在天蠍座的24度35分）。在普利克羅皮爾的出生星盤上，涅瑟斯（象徵「到此為止」）與海拉娜米合相，兩者也都合相於他的太陽；代表了他的囚徒身上的道德力量，引領他走向自殺。娜塔莎的涅瑟斯與海拉娜米都落在第八宮，它們彼此沒有合相，不過倒是合相於普利克羅皮爾獅子座的天王星以及處女座的冥王星；自殺的威脅，在抑制她脫逃的渴望上扮演了一個很重要的角色，娜塔莎也因此被拘留在一個由第八宮代表的「地底世界」中。

這樣一路考量下來，我們不得不感到納悶：普利克羅皮爾展演出的究竟是什麼東西？我們確實知道的是，那間普利克羅皮爾在裡頭建了一個地牢，好用來囚禁娜塔莎的住家，是由他的祖父奧斯卡（Oscar）建造的。第二次世界大戰結束後，奧斯卡跟兒子，也就是普利克羅皮爾的父親卡爾（Karl），一同在自家的地下室造了一個防空洞；據說它就是那座地牢的前身。普利克羅皮爾在他祖父死後接手這間房子，時間是一九八四年，行運的凱龍在那一年與他金牛座的涅瑟斯完成了一系列的合相：「一切到此為止」。是不是有什麼一脈相傳的恐懼或創傷，也在這個家族的心靈的地下室裡延續著？會不會有什麼不好的事情，是他的（外）曾祖父母曾經承受或者犯下的？普利克羅皮爾曾經設法解決或補救什麼嗎？這些問題的答案我們或許永遠無法得知了，不過之所以要將他的故事提出來的原因就在於，這正是那種你可以在圍繞於凱龍和半人馬族周遭，那帶有冥王星色彩的領域中找到的故事題材。「父親的罪孽」確實也存在於孩子身上，甚至是在孩子身上得到懲罰。然而，這種情況下，那並不是誰的過錯，單純就只是「發生的現實」。在我們活出的命數底下隱然進行的療癒任務，內容也包括了這樣的挑戰：要在我們自身當中找出這種能力，讓我們可以秉持慈悲與憐憫，來見證任何我們所面臨，不論是好是壞的祖先遺緒；而或許可能的找尋地點，就位在我們治療自身疾病或苦難的過程之中。身為「地底世界之領主」的密使，凱龍與半人馬族常會為我們揭示這種可能的區域；正是藉由這樣，它們也教會我們如何「看見黑暗中的事物」。

綁架的那一天，行運的南交點和普利克羅皮爾的凱龍產生緊密的合相；或許是某個承襲自祖先的傷痛被觸動，隨之被付諸實現了。天王星在此之前已經與他的土星有過兩次合相了，此刻正往他的南交點而去；突破了某個東西，並且將某個東西「帶到光線之下」，展現於外。本人是水瓶座的娜塔莎，或許就代表了普利克羅皮爾試圖要拿來，照在他自己內在的混亂迷惑以及強迫衝動上的光芒與希望；對他來說，她可能就是那位「水的持有者」，為他困於涸轍之中的雙魚座凱龍帶來活命之水。

如今娜塔莎有她自己的官方網站，收錄的影片和照片在在展現出她在當個正常人上做了多大的努力。曾經她是媒體極度關注的焦點人物，接受過幾次專題訪問，也設立了慈善基金會幫助遭受誘拐綁架、強暴與虐待的受害婦女。世人的眼光，在她成長為成年女人的路上，當然會一直注視著她。唯有時間才能告訴我們，她究竟會如何完成生命帶給她的角色：從暴行的受害者轉型為那些跟她有類似受傷經驗的人請命的保護者〔註9〕。然而，在娜塔莎重獲自由後不到一年，她的母親收到法院的出庭傳喚，身分是「本次案件的嫌疑共犯」，檢方認為這起綁架案是用來掩飾利用娜塔莎來拍攝色情圖片的事實。也有人提出質疑，依照娜塔莎的情況，是如何得到如此可觀的財力。負責保護娜塔莎的精神科醫師，對於媒體關注可能對娜塔莎造成的影響，不難理解是非常地憂心（凱龍在雙子座：受到媒體傷害）；她們這邊也曾經打算要針對媒體的粗暴對待提出法律告訴。無論如何，在經過為期十年，被他人藏匿於這個世界知覺之外的生活後，娜塔莎進入了所有媒體火力全開的鏡頭與鎂光燈下。首則報導問世的第一週內，她就接到超過四百份專題訪問的邀請。在她成功脫逃屆滿一年的時候，娜塔莎對普利克羅皮爾做出了聲明：「我所能說的只有這一點：隨著時間過去，我越來越對他感到難過。他是一個很可憐的人。」〔註10〕有一份報紙的報導下了這樣的標題：「從黑暗到聚光燈下」，為她雙子座的凱龍做了一個生動的表達。與此同時，媒體報導娜塔莎對於弗利佐（Fritzl）案〔譯註十〕感到極度痛心而難受不已；而這個同

譯註十　伊莉莎白．弗利佐，從十一歲起被她的父親約瑟夫．弗利佐監禁、虐待、強暴，長達二十四年，期間還產下七名子女。本事件揭發於二〇〇八年，伊莉莎白獲得自由時已經四十二歲。

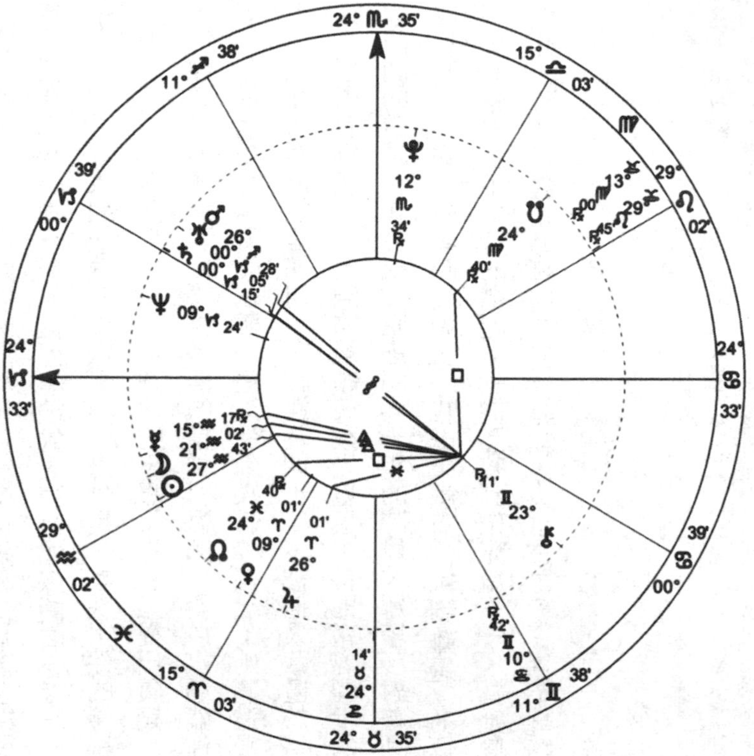

圖七　娜塔莎・卡普斯基

樣發生於奧地利的案件得到揭發之時，距離娜塔莎自己獲得自由的時間還不滿兩年。可以說，當她待在地牢的時間，每天只能透過電視來認識學習這個社會，而正是這個社會與這個媒體機器，又再度將這個勇氣過人，找得出辦法逃離兇手囚禁的娜塔莎給「綁架了」。

從這個故事中，我們看到波塞芬妮和黑帝斯的故事被實際的演出；年輕的波塞芬妮被黑帝斯給綁走，他架著黑馬所拉的馬車，突然衝進陽光之下，把她帶到地底世界。最終波塞芬妮得到允許，可以回到陽光的地表，但是由於她曾經吃下石榴樹的種子，所以她必須每年花一段時間回來地底世界陪伴黑帝斯。在有些神話版本裡，波塞芬妮與黑帝斯是戴奧尼索斯的父母；有一些則把重點放在波塞芬妮被害者、被犧牲者的身分；另有一些則強調波塞芬妮成為地底世界之王后的角色。不過無論如何，在所有的版本裡，全都呈現出波塞芬妮「往來行走於地底世界，以及比其更上層之世界中」的主題，使它成為一個適合用來象徵「凱龍位於雙子座」的故事，因其強調黑暗與光亮、下與上的對比。

誘拐與逃脫，是當今透過媒體擄獲世人注意力的報導中經常出現的主題。它是一種具有特別形式的權力鬥爭，人在其中變成了商品或者變成棋局裡的卒子，任人擺布。就某種個人的層次而言，凱龍與半人馬族是在警告我們，要留意那些我們可能在不知不覺中做出的類似行為：某種意義上的恐嚇勒索他人、強迫他們變成某種有利於我們的模樣，或者要他人去做其實是在滿足我們個人目的的事。而不論原因為何，每當我們沒有能力在內心放下某個特別的痛苦或悲傷時，就會容易進入這種情況。學會如何「沉降」到能與自己的「地底世界」接觸，會是一項非常值得培養的珍貴技巧：如此，我們將能擁有一種信任感，可以放心相信生命中進行的種種過程，作為辛苦學習這項技巧的回報。

原文註

註1　Grof, *Beyond the Brain*, p.123.

註2　Rudhyar, *New Mansions for New Men*, pp.77-81.

註3　Rudhyar, *An Astrological Mandala*, p.261.

註4　David Sox, *Relics and Shrines*, p.123。

註5　Patrick Marhham, *Lourdes: A Modern Pilgrimage*.

註6　Sox，前揭書，頁194-201。此外亦可參見占星學家Courtney Roberts所著之*Visions of the Virgin Mary*。

註7　Barbara Hand Clow，前揭書，頁39-40。

註8　在所有已知的半人馬族小行星中，凱龍的軌道是最不穩定的一個，可以說有「混亂」的傾向，然而另一方面，凱莉克蘿的軌道卻堪稱是最穩定的。關於這個有趣現象的進步資訊，可以參見附錄一。

註9　http://www.natascha-kampusch.at

註10　http://news.bbc.co.uk/2/hi/europe/6958733.stm

第四部

時代精神

【第十章】

凱龍與群體

事物並不像是表面看起來那樣。同時也不存在著⋯⋯功業存在著，但卻找不著造業的人。

——《楞嚴經》

我們既創造時代，也被時代所創造。不論就哪種方式而論，我們都是「時代的小孩」。我們身上都帶著群體共有、來自過去的遺產，而在我們發展過程中的某個階段，這些遺產有可能變得特別明顯，而透過特定的行動與覺知，要求我們接下與它們有關的特定療癒任務。於是，那個階段的重點便在於：在被集體籠罩的影響下，在一個有如巨大「母體」的包圍之下，我們猶能得出個別獨立的了悟與覺醒。傳自祖上的、種族的、國家的、政治的、價值觀的、宗教信仰的種種主題，構成了我們個人特殊性的隱藏基層，我們則在追求了悟自身內在外在的努力之下，讓自己從這些東西的奴役與綑綁之中獲得釋放。

如今，凱龍代表的種種主題已經明顯至極，而且足以描述某種「時代精神」，標示出某個特定時期下集體的，並且是心理與歷史脈絡下的特徵。對於正在情境中作用的原型模式有所認識與察覺，能夠幫助我們集中心思，在我們個別而獨有的經驗上，做出更好的反應、採取更好的行動。

本章將從集體層面的事件與潮流，觀察與凱龍有關的主題如何在其中展現，同時也會分析檢視特定人士的星圖，他們所實現的天命，傳達出的各種層次與範圍，顯示出的超越個人、崇高與廣闊的主題。有些事件的發生點與凱龍的發現幾乎同步，形成某種巧合；而有些事件為我們提供的則是些不愉快的例子，是對「反文化」（counterculture）運動做出接近於鎮壓的行為。在這些例子中，我們看到了「土星—天王星」的主題得到了清楚無遺的表現。雖然許多其他行星也是這些事件與潮流的因素，不過凱龍所代表的種種才是我們當前主要的關注焦點。如果我們能謹記半人馬族與冥王星之間的關連性，就能清楚地看到前者是如何地幫助我們，去辨析那些屬於後者領域的經驗與感受。同樣地，本章提出的題材與內容有許多都可以視為只是冰山一角，有興趣的讀者將可從網路上發現許多更深入的主題與線索。

療癒與健康

在最近這一、二十年來，世人關注的重點已是全人的治療，而非過去僅僅追求抑止症狀的醫療方法。這些療癒手法的源頭，許多都是來自古老薩滿信仰的傳統，譬如花精、煉丹、藝術與音樂治療、特定儀式以及冥想等。盛行於絕大多數「對抗療法」〔譯註一〕執業者之間，將身體看成一具機械的看法，如今有了其他種類的身體圖像觀點與它分庭抗禮；這些觀點將連結身體與外在宇宙的奧妙能量，也包含了人類經驗之心理與靈性的面向——這些都與凱龍「癒合身體與靈魂之間的撕裂」的主題精神一致。

除此之外，在療癒領域中也開始興起新的學說，它們既植根於上述這種全體論觀點，也樂於採用最尖端的科技。這就讓人想起魯道夫．史坦納所留下的貢獻，以及各種為數眾多的創新技術，諸如電子針灸，或者使用量子力場的機器等等，所帶來的那些異常精準的診斷結果。然而，在另類療法〔譯註二〕的運用上，也需要有一套恰當的典範，否則就會有一些人只不過上了兩週順勢療法的課，卻開始自稱是順勢療法的「醫生」了；他根本沒有經歷對真正的療癒志業來說，至為關鍵且不可或缺的養成過程。與此同時，在歐盟與美國有越來越多的法令開始打壓維他命及營養品的製造商，以及許多採行全體論醫療的執業者。關於「病理模型」（pathology model）的政治面、心理面與經濟面的力量，確實是十分巨大。

至於正統醫學這邊，種種新的治療方式的泛濫，讓人們誤以為身心的極限、缺點以及脆弱性，是一種應該要去治癒的傷，或是應該要解決的問題。類似停經、分娩，甚至是死亡本身等這些常態經驗也成為醫療的對象，就是這種「英雄式」的模式，入侵了不適合它的領域。正統的醫療思維其傷人的一面，在這樣的地方看得最是明顯：像沙利竇邁（譯註三）、歐普蘭（譯註四）等等，原本應該是奇蹟般的療效，竟帶來如此駭人的副作用。醫藥科學「加工製造」的奇蹟，確實曾讓世人目眩神迷，然而時至今日，我們已經無法期待正規醫療體系下的醫生或牙醫，能夠提供給人確實所需且毫無疑義的醫療了。這在神話裡有個有趣的類比故事：凱龍有個名叫阿斯克勒皮歐斯的弟子，他因為讓死者復活而觸怒了黑帝斯；為了不讓地底世界的人口逐漸減少，黑帝斯找了他的兄弟宙斯幫忙，阿斯克勒皮歐斯最後就死在宙斯的雷擊下。這故事讓我們想起

譯註一 allopathic medicine，是另類療法支持者用來稱呼西方正統醫學的術語，有時候帶有貶義。

譯註二 中文中也可以看到替代療法、替代醫學、另類醫學等等譯法。

譯註三 Thalidomide，一九五三年合成之藥物，中文另有「反應停」這樣的藥名。原本號稱是「無副作用的抗妊娠反應藥」，卻在一九六〇年代確認它會造成新生兒畸型而全面停用。不過近來醫藥界又發現它的化學成分，可以用在抗癌方面，於是又重新開始對其進行研究實驗。

譯註四 Opren，化學名Benoxaprofen，歐洲的Opren，美國的Oraplex，乃是開發此藥之藥廠所取的商標名。作為新一代的抗關節炎藥，一九八二年大張旗鼓地在歐洲與美國上市，卻在五個月後發現有腎衰竭等嚴重副作用，最嚴重並可致死，因而下市。

今日正統醫學的境況：硬是想要突破它本身該有的限制。現在，環境毒素的影響範圍與致病的可能性，**還有由醫療行為而引起的醫源性病症**，已經達到有史以來的高點。用神話的語彙來說，我們或許可以將那些由企業利益所推動之醫藥的逞英雄的壯舉，視為是要讓黑帝斯發怒的舉動，而這位冥王也一定會用其他方法繼續為地底世界增加子民。

想要得到並且維持健康，我們需要在態度上有所革命，也必須全心相信更深層的療癒力量，不只是人云亦云。我們可以看到整個療癒旅程的觀念在許多人的生命成為具體的真實，因為他們不論是追求生理與心理的健康，都是求助於自己內在的指引。個體與那盈滿於宇宙遍處的療癒能量，兩者間的連結在巨大的醫藥工業面前縱然顯得薄弱無力，然而還是能為我們引導方向。在占星學上，凱龍就在反映這樣的過程：它挑戰我們的觀念，讓我們從主流的世界觀中移步出走，而非持續被集體擁護的騙局所矇騙。許多偉大的醫者和療癒的執行者，都受到當局的迫害，讓我們對其中一些人做點深入的認識。

麥克斯．葛森（Max Gerson）

葛森生於一八八一年的德國，孩童時期的他住在大自然的懷抱裡，當時他從親身的經驗中就已經察覺到，人工肥料及化學藥物會對昆蟲生態造成有害的影響。長大後的葛森成為一位醫生，為了治療令他身心衰弱的偏頭痛，他開始實驗自己發明的食療法。在這種療法獲得驚人的成功後，他著手對包括癌症在內的慢性病進行更深入的研究。由於他是猶太人，為了逃避迫害，他們全家在一九三三年時被迫逃亡，然而由於逃得太匆忙，葛森把所有東西都留在德國，包括他的研究成果。當時，葛森的凱龍回歸才剛剛發生；行運的凱龍在一九三三年間，分別合相於木星及冥王星，提供一個鮮明生動的意象，既有為了活命而逃亡（木星），也包含失去（冥王星）研究紀錄（木星代表知識學問）。這之前的那一年，在葛森的推運圖上，木星與凱龍有過完全合相，而且從那時起一直到葛森重新安頓下來為止，這個合相都維持在緊密的角距範圍內。三年之後的一九三六年，葛森全家終於在紐約定居。在這裡，他的研究成果日漸受到醫界的阻撓，許多期刊拒絕刊登他治療成功的文章。葛森前後總共被調查了五次，最近的證據也揭露出，一九四六年因為他所召開的國會聽證會，當時提交給官方的紀錄都遭到銷毀。這可以視為一九三三年發生的事件的翻版，當時他的研究成果都被「丟下」了。那些消失的資料中包括他的個案研究，那些病患原本已經由醫生做出末期診斷，卻在葛森的療法之下得到治癒。一九五九年三月八日，麥克斯．葛森與世長辭，官方的說法是死於肺炎，不過砷中毒說不定才是真正的主因。他的研究由女兒夏洛特（Charlotte）加以延續，直到今日。

麥克斯．葛森的凱龍位在金牛座的大星群內，這個星群除了凱龍，還包括土星、海王星、木星以及冥王星。他的天王星與金星在處女座，月亮可能也是。金星支配所有落入金牛座的行星，而金星又與天王星這個「發明家」合相於處女座，一個與「淨化」關連甚深的星座。葛森創造了一套風格激進的去毒解毒飲食療法，目的是要讓身體自癒（凱龍在金牛座）。他的凱龍相位中，角距最為緊密的是與天蠍座水星的對分相，這裡代表著對療癒之道（凱龍）孜孜不倦的研究者（水星）；同樣也代表了至今為止依然圍繞著他的研究成果的爭議（天蠍座）。「國王的新衣」這個寓言故事，是關於某個人冒著風險指出某個一眼可見，然而所有人都假裝沒看見的事實（水星與凱龍有相位）。葛森關於「環境可以損害健康」的論點完全是革命性的看法，直到今日依然如此。他的研究成果蘊含相當深遠的意義，它挑戰我們的觀念，讓我們得以清楚地看見，醫界藥界的壟斷情況，是如何令工業、醫藥以及農業都受到特定的控制，帶來對人類有害的影響。更重要的是，葛森所採取的立場提供給我們的，是能夠**重新**帶來活力，而不是消滅活力的生活方式。一九七七年六月二十日，也就是凱龍被發現的同一年，有一間名為「榮光」（La Gloria）的診所在墨西哥開業，為病人提供葛森發明的食療法。這可說是一間具有凱龍色彩的診所，流亡，從美國到墨西哥，就像凱龍在神話裡的故事一樣；而診所的開業時間，剛好就在葛森死後第二次凱龍回歸前夕。同樣地，這個位置的象徵意義也提醒著我們：有可能，我們在天命的感召之下必須要踏上「流亡」之旅，要走上專屬於自己的道路，以得到療癒。儘管沒有任何聯邦法律禁止施行葛森療法，加州確實立法規定，除了外科手術、放射線以及化學治療之外，任何其他對癌症的治療方法都是違法。這裡我們可以看到一個赤裸裸的例子，說明在這個「美麗新世界」裡，當一個人做出個別的、能夠明顯有助他們健康的決定，是如何

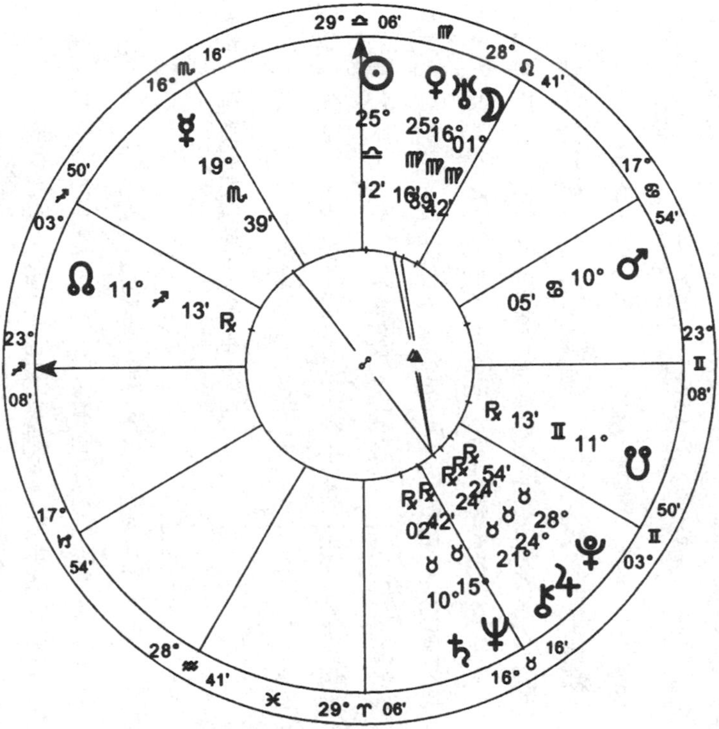

圖一　麥克斯·葛森（正午的位置）

被放逐於國家法制之外。

二〇〇八年十月，在葛森的推運圖上可以看到水星與太陽形成一次死後的合相。這是一次發生在水星逆行，並且與太陽及地球都位於同一側時的合相。在推運或行運上來說，這會是一段非常重要的「播種期」。而就在這個秋天，一部由史提夫·克羅謝爾（Steve Kroschel）執導，名為「美麗的真相」（*The Beautiful Truth*）的電影發行了，裡頭收錄了麥克斯·葛森與夏洛特·葛森的鏡頭。劇情是關於一位少年選擇葛森療法做為學校研究報告的主題，直接了當地談到與葛森療法有關的環境及政治議題。這個太陽與水星的合相落在雙魚座的前段，幾乎可與葛森推運圖中的交點軸，構成一個度數完全合致的T型相位。這個時間點確實暗示了這些理念的「時候已經到了」，不過會蔓生如暴風雨般的嘲笑與誤解，而這些反應或許並不令人感到意外。

威罕・芮克（Wilhelm Reich）

威罕・芮克也是猶太人，而且跟葛森一樣，在一九三三年時逃出納粹的統治。他首先來到斯堪地納維亞，之後才在一九三九年定居美國。在我們推敲他的凱龍盤面配置的時候，他的生平故事就成了令人印象深刻的輔助教材。芮克是個深受佛洛伊德影響的心理分析師，他最為人所知的就是提出「奧根」（orgone）的說法；奧根指的是一種生命能量，是健康的基礎，產生於諸如性高潮之類的極度興奮的經驗。隨著自己的研究，他逐漸相信一個人享受感官快樂的能力，等同於這個人的健康狀態；他還開發了著名的「奧根產生器」，打算用來為病患補充奧根，藉此提升病患的健康。芮克留下的成果影響了後繼一些知名的醫者與治療師，例如亞歷山大・洛溫（譯註五）、弗里茨・波爾斯（譯註六）、蘭恩（譯註七），以及亞瑟・詹諾夫（譯註八），此外還有一些作家，諸如威廉・柏洛茲（譯註九）、索爾・貝婁（譯註十），以及諾米・梅勒（譯註十一）。

芮克位在天蠍座的凱龍，有著與金牛座金星的正對分相，加上交點軸，一起構成一個度數非常緊密的固定星座大十字。這一方面巧妙地象徵他對於與「性」相關的能量，抱持著它們可以具有療癒能力的信念；另一方面它也是芮克在早年家庭生活中，一部分創傷經驗的縮影，這在他的傳記裡有詳實的描述，而該本傳記也擁有一個非常引人注意的書名：《大地之怒》（*Fury on Earth*）——此處的「大地」或許指的是他金牛座的金星，而「怒」則可以看作是他天蠍座的凱龍。芮克早在四歲時就給家裡的女傭教會了性事。另外，他的母親與他的客居家庭教師外遇的事情東窗事發後，於一九一〇年九月二十九日自殺（譯註十二）；火星，既守護芮克的天頂（也代表母親），也是他天蠍座凱龍的共同守護行星。母親自殺的那個命定之日，當時行運的凱龍

譯註五 Alexander Lowen，1910-2008，美國心理治療師，賴希的學生，發展出「生物能分析治療法（Bioenergetic analysis）」。

譯註六 Fritz Perls，1893-1970，同樣是納粹迫害而逃到美國的德國猶太人，同時具有心理醫師及心理分析師資格，發展出「完型治療法」（Gestalt Therapy）。

譯註七 R. D. Liang，1927-1989，全名Ronald David Laing，蘇格蘭心理醫師，著有很多探討心理疾病的書籍，但所持的理論與正統心理學大相逕庭。

譯註八 Arthur Janov，生於1924年，美國心理醫師，發展出「原始治療」（primal therapy）。

譯註九 William Burroughs，1914-1997，美國小說家，以諷刺挖苦政治、經濟、道德與時事的荒謬最為著名。

譯註十 Saul Bellow，1915-2005，美國小說家，1976年諾貝爾文學獎得主，部分作品在台灣已有譯本。

譯註十一 Norman Mailer，1923-2007，美國小說家，作品主題多為呈現美國社會及政治的病態。

譯註十二 芮克本人生於1897年，是以該年他正值十四歲。（他逝世於1957年）

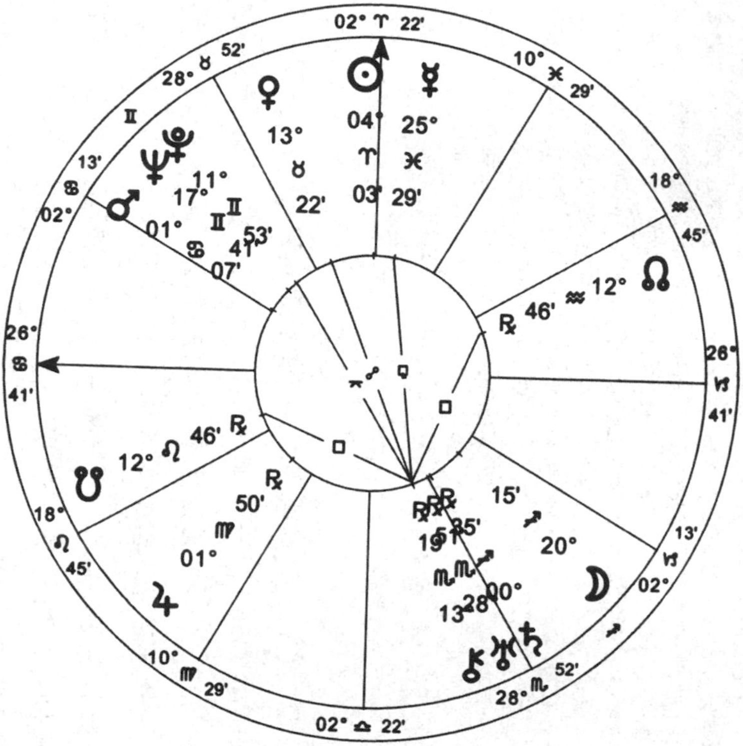

圖二　威罕・芮克（正午的位置）

位在水瓶座，與芮克天蠍座的出生天王星形成正四分相，既說明了事件的震撼程度，也說明了其中性的因素，或許還可以代表母親死前曾遭受的家庭暴力。行運的月亮當時合相於芮克的南交點，於是觸發了整個大十字的能量，其中包括與它（行運月亮）成四分相的（出生）凱龍。芮克的海拉娜米，也就是那位自殺的女性半人馬，位在摩羯座的21度5分；令人難以置信的是，在他母親自殺的那一天，有個度數幾近完全合致的「天王星—海王星」對分相，啟動了海拉娜米這個點的能量：當天，天王星逆行來到摩羯座的21度16分，而海王星來到巨蟹座的21度22分，兩者都與芮克出生星盤上的海拉娜米形成正相位。

芮克的人生，被這起自殺事件撕裂的程度，同樣也尖銳地映射在他自己身陷的理念衝突之上。意識型態、政治體系、群體理念，這些事物的興起和衰落，與天王星和海王星的演變循環，兩者之間有種極為有趣的對應關係，而在芮克的例子裡，它們正處於最兩極化的情況。芮克是柏林這裡少數膽敢大言不諱反對納粹的心理分析師，納粹也禁止他從事醫療與研究。然而稍後他也被共產黨〔譯註十三〕以及國際心理學協會（International Psychological Association）除名，原因是他太過招搖。在關於個體與社會之間的關係這個議題上，與佛洛伊德意見相左之後，兩人也就分道揚鑣。芮克的星圖上，凱龍與水星之間有個寬鬆的八分之三相，凱龍與冥王星之間也有個十二分之五相。我們在麥克斯．葛森的星盤上曾經看到的「水星—冥王星」主題，又在這裡再次相遇。

當芮克終於在美國重新站穩腳步，並且繼續自己的研究後，他的研究成果開始引人注目，

譯註十三　芮克於一九二八年加入奧地利的共產黨，而納粹對共產黨的態度是很敵對的。

同時他也致力於興建成立一個中心，寄望打造一個最佳的研究與教學環境。一九四六年，因為一篇充滿冷嘲熱諷以及錯誤資訊的文章，芮克遭到了美國食品藥物管理局的調查，接著禁止他提供奧根產生器以及其輔助刊物給病患。到了一九五六年八月，無以數計的芮克著作和其他資料被集中焚毀，因為芮克以及他一位學生被判定違反了上述禁令，然而根據傳記中的說法，他本人對那次違法行為並不知情。行運的冥王星在這段期間，四分了他土星和天王星的中點，一個對凱龍很敏感的點。他被上了鎖鏈出庭，並選擇不委請律師辯護；一九五七年十一月三日，芮克死於獄中。在他去世那一天，凱龍與他水瓶座的北交點形成了正合相，因而也同時四分相於他出生的凱龍；另外，行運進入天蠍座的太陽也即將與出生的凱龍合相。水瓶座的凱龍在這裡為我們提供了一個極端案例，顯示出當一個人的努力成果，冒犯了當世盛行的看法時，會為當事人帶來什麼結果。芮克在死前要求，將他留在家裡的研究資料封存，五十年之後才公開——剛好就是一個凱龍週期。二〇〇七年以來，這些資料逐漸公諸於世，整理歸檔後以博物館收藏的標準予以保存。不過，芮克的畢生貢獻或許是透過那些受他影響的人，能得到最為強而有力的延續。這也許最切合凱龍在天蠍座的意象，天蠍座的守護行星冥王星代表的冥王，就是頭戴一個神奇的頭盔，讓他身處地上世界的陽光之中時，可以隱身不見。

相信與懷疑靈性的人

接下來的例子呈現出關於療癒經驗的意涵，可以多麼具有爭議性。巴西有個小鎮阿巴迪安尼亞（Abadiânia），是喬・鐵薛拉・德・法利亞（João Teixeira de Faria）進行療癒的地點。他有個外號叫「上帝的約翰」（John of God），葡萄牙文稱他「基督的喬（João de Deus）」。他或許稱得上是現存最了不起的療癒者，也很有可能是得到最多文獻記載的。從十六歲（他第一次「凱龍—凱龍」對分相）起人們首度發覺他的天分以來，這位「上帝的約翰」已經幫助了來自各地、男女老幼、各行各業的人們，為他們治療任何疑難雜症，所有人數加起來就說超過百萬也不為過。這樣的奇人奇事背後帶有的意涵既深且遠，而它所歸屬的「靈性」傳統，也與當前盛行的那種過度「物質主義」的世界觀形成尖銳強烈的對比。了解到這一點，或許就不會訝異於過去數十年來每隔一定時間，「上帝的約翰」就會受到權力當局的騷擾逼迫。這個沒有受過教育的年輕人，過去經常帶張椅子在任何一個他恰好經過的村莊外頭坐下，然後當地的人們就會過來尋求他的治療。不過現在想要求他幫助的人，是要到阿巴迪安尼亞，這個不久前還只是個沒沒無聞的的地方，進行一次以上千上萬人為單位的療癒工作。

「上帝的約翰」會親自引導這個療癒的大集會，由他進入完全的出神狀態，讓許多不同的靈體透過他發揮作用，其中包括內外科醫生與治療師；肉眼可見或不可見的「通靈手術」在這裡是家常便飯，而且還有許多影像紀錄。位於處女座的海王星是他星盤上唯一一個土元素行

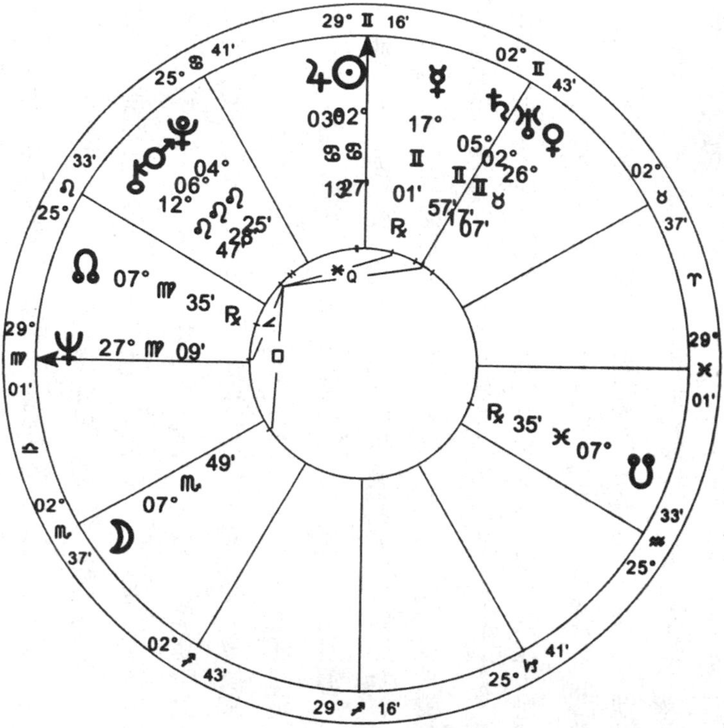

圖三　「上帝的約翰」（正午的位置）

星。凱龍在整張星盤留下了強烈的記號，它與火星及冥王星合相於獅子座，很有可能也與天蠍座的月亮有四分相，此外也與天王星形成五分相。「上帝的約翰」這個稱號直接了當地說出：所有的療癒力量都來自於上帝，並非出自於他；這對「凱龍—火星—冥王星」的相位來說，或許是個最為有力的表達。

自二〇〇五年美國廣播公司新聞台（ABC News）製作的紀錄片播

出以來，「上帝的約翰」的行為就受到越來越多「專業」懷疑者的注意，其中有一位就是本身備受爭議的詹姆斯．蘭迪（James Randi）。蘭迪的凱龍位在金牛座，與木星有緊密的合相，並且落入第十二宮。他一開始的名氣是來自於舞台魔術師的生涯；他曾與胡迪尼（譯註十四）比劃，挑戰後者驚人的逃脫術演出（第十二宮）。當我們把以下這件事也列進來一起觀察時，事情就變得非常有趣：十八歲的時候，蘭迪在一場意外中折斷了脊椎骨，造成他至少有一整年都必須做軀幹石膏鑄模固定（凱龍與土星有十二分之五相）。他能不能再重新走路，一度都還是個疑問，不過最後他成功從脊椎傷勢中完全康復。這場意外發生於凱龍與海王星四分並且與火星合相（依太陽弧推算）的時候。跟在這段關於「受到限制」與身體不穩固（第十二宮）的人生後頭，是他日後成為魔術師與逃脫表演者，給人操弄或傳遞神奇力量的印象。

蘭迪後來成為一個名叫「超自然現象科學研究委員會」（The Committee for the Scientific Investigation of Claims of the Paranormal，簡稱CSICOP）的組織的創始會員，而且致力於「破解

譯註十四 Houdini，1874-1926，是史上最著名的魔術師及逃脫表演者。除此之外，胡迪尼另有一項志業，就是揭穿所謂的靈媒，很有可能蘭迪後來的作為就是受到他這位前輩同業的影響。有趣的是，據說胡迪尼在這方面的作為，打擊到他與「福爾摩斯」的作者柯南．道爾之間友誼，因為後者深信世上有「靈」的存在，柯南．道爾甚至在前者死後為文指出胡迪尼自己就有超自然能力，他揭穿靈媒的作為是為了要「保護」自己。

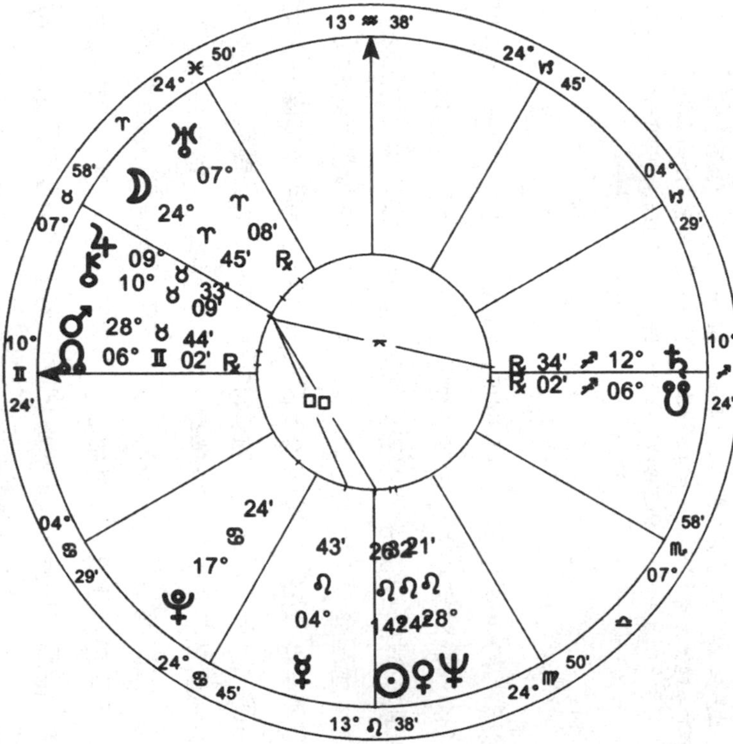

圖四　詹姆斯．蘭迪

神棍」（凱龍與木星合相於金牛座）的志業。有趣的是，蘭迪自己也受到欺騙大眾的指控，有人說他其實是用靈異能力來表演魔術；在第十二宮的影響下，事物常常不是它們表面上看起來的樣子！蘭迪他金牛座的凱龍與木星合相，牢牢依附著唯物（金牛座）的世界觀（木星），已經到瀕臨迫害他人的程度（凱龍）。同樣值得留意的是，這張星圖上沒有任何行星落入風象，在這裡既反映出他的才華（根據報導，他的ＩＱ有168），也呈現了他熱切偽裝成理性的不理性特徵。不過，將這一切反應在他的凱龍盤面配置上，以及對他未曾解決的苦痛經驗的理解，就會浮現出一個不同的觀點：眼前我們所看到的，或許是一個一直都沒有完全從脊椎傷勢的「經驗」中完全復原的人，他曾經被迫身處其中的物理上的鑄模，在某個意義上一直持續存在於他的心靈中。那個束縛於鑄模之中，身受創傷、年輕而脆弱的少年形象，後來被他投射到外界與他人身上，然後再加以猛烈攻擊。

與他對比，「上帝的約翰」有著得利的木星位在巨蟹座，並且與太陽合相，象徵他所接觸到的生命以及從他那裡得到療癒的人，數量是如此之多。儘管有些商業化的現象正在發生——許多人都開始辦理起前往阿巴迪安尼亞的旅行業務——然而「上帝的約翰」以及他的所做所為，肯定會在歷史上留下記載，成為無論在靈性還是哲學層面上，都具有重大意義的療癒事蹟。唯一希望的，就是他日益升高的國際矚目程度，不會帶來無法容納負荷的壓力。

針對療癒進行「科學式的調查研究」，這樣的作法與想法，無可避免會錯失的重要事實，就是**療癒不必然等於治癒**；同樣地，在統計數字、測量結果以及臨床試驗所能達到的領域之外，依然有著深奧而難以察覺的情況與因果。針對靈性層次出現觀點上的變化，如果進行實驗的人不試著開始接受類似的觀念，如果採取的研究方法隸屬的根本是錯誤的典範體系，是要如何去加以量測及論證？**同樣的道理，完全可以適用在占星學上**。我謹期許同道中人，不會掉進試圖在公共

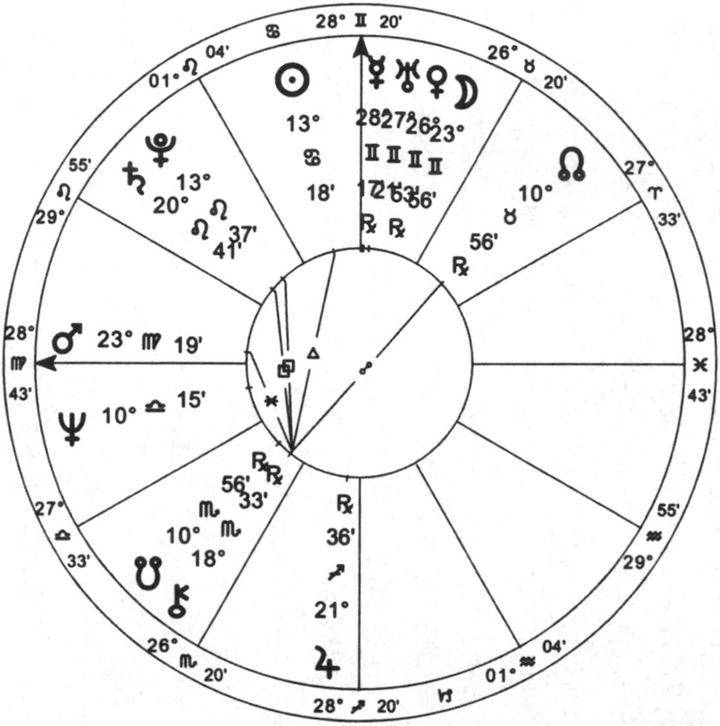

圖五　國民健保制度（英國）

領域或是在統計方面，去證明占星學有多麼「正確」的陷阱，抑或是想要代替占星學做出多麼熱忱與強烈的主張；最好還是韜光養晦、不露鋒芒，讓人們以為這邊什麼東西也沒有。

國家制度化的醫護（健保）制度

現在讓我們來研究政府健康照護機構的星盤，一個所欲完成的目標越來越超出機構本身能力的公共制度。預算的刪減以及公共衛生弊病的浮現，許多所謂「已開發國家」，在醫護制度相對於國民的「可用性（availability）」與治療內容的選擇性上，都出現了朝令夕改、反覆無常的情況。在這種情況上，再加進藥廠藥商的寡頭獨占，以及比例甚高的醫源性疾病，結果就像是那位被騙子裁縫戲弄的「沒有穿衣服的國王」！在英國，國民健保制度（National Health Service，簡稱NHS）〔譯註十五〕持續吸引眾人的注意，關切著當初建立這個制度的理想，以及理想獲得實現的程度——或者是失敗的程度為何。因為無論如何，一個自身基礎都已經變成「以疾病為核心概念，行銷與販賣各種周邊商品」的制度，是不可能實現「公共衛生」的目標的！

國民健保制度創辦日星圖的凱龍盤面配置如下：凱龍在第二宮，逆行而落入天蠍座；它與同在獅子座、第十一宮的土星及冥王星，皆形成四分相；與巨蟹座、第十宮的太陽呈三分相；天秤座、第一宮的海王星跟它有寬鬆的半四分相；此外，這個凱龍也合相於在天蠍座的南交點。國民健保制度是一個非常具有理想性的計畫（凱龍與海王星、土星有相位），目標是要改善全體國民（凱龍三分於巨蟹座的太陽，這裡代表「國家民族」）的健康（凱龍與冥王星有相

譯註十五 為了閱讀起來的熟悉與親切度，此處取我國有的「健保」制度來為NHS「取名」，而且這也是我國提到英國這個制度時的常見習慣。但必須指出實際上它不是一種「保險」，原文也根本沒有稱它為保險，就如我國的「健保」制度本質上也不是保險一樣。

位）。它計畫為每一個國民，不論其經濟狀況為何，皆提供醫療服務，成為一個大眾的「好媽媽」。如此一來，在階級體系的區分得到醫療制度的連接之後，就可以期待社會本身也會出現轉型（土星與冥王星合相於第十一宮）；此時需要注意落入雙子座、第九宮的四個行星，在這裡正代表了這個遠大的理想。英國的國民健保制度應該要是全歐洲都欽佩與羨慕的對象，要成為國家醫護制度的楷模（凱龍三分於第十宮的太陽）。

國民健保制度的創辦，就在第二次世界大戰剛結束之時，乘著英國戰勝的欣喜浪潮而生。凱龍與天蠍座的南交點合相，象徵著戰爭留給世人的一種具有冥王星深刻意義的「毀滅」；這組合相位在第二宮，代表的則是價值觀的轉變與資源的運用——物質資源（第二宮）接下來是要被投注在療癒，而不再是傷害了，這是一個典型天蠍座色彩的變化。如此來看，國民健保制度的建立，或許是奠基在一股代表某個集體渴望（凱龍與海王星有相位）的浪潮之上，渴望對那些在這場戰爭中，情緒、心靈與身體受到嚴重傷害的英國人民，做出某種補償。這也與凱龍的故事產生奇妙的呼應：凱龍那無法痊癒的傷，是由英雄海克力斯在無意間造成的。

本書寫作之時（二〇〇九年），國民健保制度受到政府定下的「生產力指標」層層圍攻，裡頭的措辭還將病患改稱為「顧客」！同時，醫院院內感染的發生率節節高升，嚴重到甚至必須關閉病房。除此之外，要將全國人民的就醫紀錄以及個人資訊全都存入資料庫的爭議計畫也正在進行中。就跟其他許多在英國以及世界各國出現的「老大哥（譯註十六）」計畫一樣，這個政策最初的階段，是在民眾不知悉的狀況下偷偷進行的。這段期間，冥王星在與木星、火星以及雙子座的那個星群，形成一些強而有力的行運相位之後，跨過了創辦日星圖上的天底，而與此同時天底的行運則剛好與它自己在星圖上的位置合相。從這些行運相位，再加上近來發生的醜聞——部分儲存於電腦的敏感性個人資訊竟然遺失（行運的冥王星，對分於雙子座、第九宮逆行的水星），讓人不禁懷疑這些留存個人資料的計畫是否能夠完全執行，或者大眾是否對之發動示威抗議（土星與冥王星合相於第十一宮），又或者在經過由雙子座星群四分於處女座火星所清楚代表的電腦與網路亂象之下（在這張星盤上，這個火星就位在「打亂秩序」的第十二宮裡），這個計畫是否會突然喊停？還是，這個火星所描繪的，是希波克拉底（譯註十七）自己走向墳墓的一幕？

毒牙醫

最後，對這段時期的健康議題及其政治意涵進行思考時，如果沒有提到重金屬物質以及它們停留在人體內的毒害影響，就稱不上完整了。這是個牽涉非常廣泛的主題，關係到所有種類

譯註十六　喬治．歐威爾在小說中發明的著名詞彙，用來形容極權統治。

譯註十七　Hippocrates，約西元前460-370，據載是古希臘首位將醫學從巫術及哲學中分離出來的醫生，故而在西方被尊為醫學之父，並且流傳以他為名的醫者誓言。

的環境污染問題，不過我們在這裡的主要焦點，將放在牙科醫學上，長久以來醫界對於補牙的毒害一直有共識地隱而不彰。補牙時逸洩出的重金屬，以及諸如根管治療與植牙這種高度風險的治療，它們會造成臨床上難以發現的感染，然後隨著時間慢慢惡化，侵蝕身體的健康，加重免疫系統的負擔。記得英雄海克力斯，他的箭端是有毒的，而毒這個主題本身，則與半人馬族息息相關。

各式各樣的重金屬毒害，是許多現代疾病的成因，或者是促使其惡化的因素；這些疾病的類型各有不同：包括慢性疲勞症候群、肌痛腦脊髓炎、甲狀腺失調、腎上腺疲勞、亞斯伯格症候群、阿茲海默症等等。此類議題中，最令人震驚的或許是汞（水銀）的問題。水銀是填牙「銀」粉的主要成分，然而與此同時，牙醫的正統主流，卻對於那些早有大量文獻備齊證明，有關水銀毒性對人體造成之可怕影響的研究結果，維持一如往常、無可動搖，並且高度的「不知道不清楚」。面對這般的證據卻是這樣的態度，當然會讓人忍不住懷疑，這是不是腦袋每天都浸淫在水銀蒸氣裡的人會有的反應。世上多數地區對於水銀的使用，至少在工業領域，都設下了詳盡的法規與保障措施，因為它是目前在這個地球上毒性最烈的金屬之一。**然而，在絕大多數的國家，牙醫師將這種金屬放進人體內卻依然是合法的**。

「西方文明」散播到何處，水銀毒害就跟著去到何處。它會累積在人體內，世世代代延續，因為它能經由胎盤，跨越人體的血腦屏障，由母親傳給嬰兒。這實際上就意味了會有許多

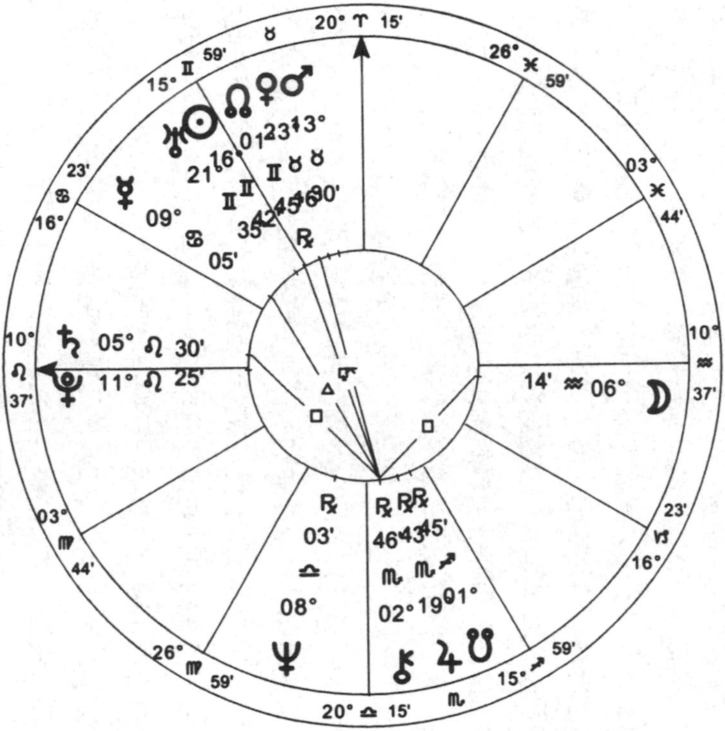

圖六　葛瑞米．門洛哈爾醫生

世代的子孫，他們打從卵子受精起，就要與水銀的毒性搏鬥。他們遭受毒性侵襲的程度，超出了人類免疫系統原本能夠承載的範圍，於是到了最後，免疫系統敗下陣來，種種疾病也隨之而來。

葛瑞米．門洛哈爾（Graeme Munro-Hall）是一位牙醫師，他對牙醫界使用水銀，不論在金權政治角力還是在醫藥學術層面上所引起的爭議問題，有徹底的了解；他發展出獨特的醫療手法，讓他有能力提供不含重金屬的治療，也能幫助病人從先前毒性環境所造成的不良影響中康復。葛瑞米．門洛哈爾醫生在二十八歲那年被診斷出心肌病變，這是一種嚴重時足以致命的疾病，而且醫生說他的狀況以當時的醫學來說其實無力可施。正是因為想找出他心臟疾病的病因及治療方法，讓他算是意外地開啟了關於高劑量維他命C的實驗；當時行運的天王星正與他的凱龍合相，預示了他這一生擔任創新者以及推動改變的生涯。後來，他便用這些成功的實驗作為基礎，為他同樣也是牙醫師的妻子莉莉安（Lilian），設計出一套極為有效的排毒程序。後來發現，原來他的心臟疾病，起因是早年他在當牙醫時所使用的汞化合物裡頭的水銀。經過了一次土星循環，門洛哈爾醫生的治療方法已有數十年完全不含重金屬，而他本人還健健康康地活著，當初的心臟問題如今完全無跡可循。

身為德國政府的顧問，關於填牙銀粉的水銀的危險性這件事情上，門洛哈爾醫生發揮了不小的作用。除此之外，對於環境議題及牙醫產業中化合物的毒性問題，他也致力於提高大眾對它們的認識與關切；不只限於歐盟境內，也及於世界各地。有許多非常常見的牙科治療手法與用品器具，即便再好也依然帶有風險，最糟的情況是會逐漸惡化，最後危及到生命安全。自網路時代以來，每一個人，包括正統牙醫本身，都有能力為自己提出正確問題然後找出滿意的答案。現在，在某些與牙科醫學領域有關的高度爭議問題上，門洛哈爾醫生夫婦都是勇於指出弊病，向大眾發聲的代言人；近年，他們也共同出版了一本書《揭穿牙科之毒》（*Toxic Dentistry*

Exposed）。他們這種不管自己得失也不顧他人情面的努力，無疑會讓自己置身於他人的嘲笑、攻訐、厭惡之下，甚至是遭受牙醫界內部的官方審查。

不過這對他來說也不是第一次。在門洛哈爾醫生凱龍回歸後的第一次凱龍四分相，他就在一次受到許多既存利益團體關注的紀律審查訴訟中獲勝。這場猶如「瘋狂帽師的茶會」〔譯註十八〕的聽證，將來自司法、牙醫界與媒體直接了當的迫害行徑展現在世人面前。「瘋狂帽師」是路易斯・卡羅（Lewis Carroll）筆下的人物，他在書裡也提到了這個令人噓唏的實情：製帽時所需使用的水銀，讓這位製帽師傅暴露在人體無法承受的劑量標準下，而這樣的毒害讓他變得瘋瘋顛顛。事實上，有些製帽工匠確實出現精神錯亂的情況。或許有一天，能有針對牙醫師從事自殺和出現憂鬱症狀，以及那些曾經在牙醫診所工作的女性，產下多少比例的畸型新生兒的統計資料〔註1〕出現。或許時候未到，不過早晚會出現的。

讓我們參考一下凱龍的盤面配置；門洛哈爾醫生的凱龍位在天蠍座接近起點的地方，並且與許多行星都有相位。他那個無法經由治療治癒的心臟問題，在這裡是由位於獅子座的土星代表（獅子座守護心臟）。凱龍在天蠍座，通常所反映的情況，是當事人能走上更深層療癒之路

譯註十八　《愛麗絲夢遊仙境》中的一個著名場景。

的契機，會由面臨到生死交關的經驗加以標示。有趣的是，由於他的土星位在第十二宮，門洛哈爾醫生經歷的療癒過程，也有可能是他自己家族先人的療癒之旅的一部分；第十二宮乃是種種「與當事人間存在一段長久淵源」的主題，凝具成形、化為具體的地方，在變得更為清晰、更能為人所見以後，它們也會變得更願意接受療癒。獅子座守護心臟，這個心臟可以指真的心臟，也可以指各種象徵意義的「心」；它既讓人聯想到生理上的器官，也讓人想到真心、誠心，於是它也與心碎或失望有關。存於我們內心之中的寬大精神，在沒辦法獲得滿足的時候，就會有心碎的感覺。門洛哈爾醫生的母親，是一位業餘表演藝術的狂熱愛好者（凱龍與落入獅子座的行星形成四分相）。他的父親當年也曾經想要成為醫生（凱龍），但是因為無法負擔接受醫生訓練的開銷而放棄，於是他對兒子的成就非常在意（凱龍位於天蠍座、第四宮）。門洛哈爾醫生的母親、父親以及祖父，全都是死於心臟病；此外他的父親在戰爭結束從軍旅返家之後，也為嚴重的創傷後壓力症候群所苦。

門洛哈爾醫生的凱龍分別與水瓶座、第六宮的月亮，以及獅子座、第十二宮的土星形成四分相；在這之外還有跟土星合相的冥王星，而它也與凱龍有著寬鬆的四分相。凱龍還三分於巨蟹座的水星，並且與第十宮的北交點形成十二分之五相。另外，它也和金牛座、第十宮的金星有著非常寬鬆的對分相。值得注意的是，圖中沒有顯示出的半人馬族行星涅瑟斯，是位在金牛座（第十宮）的10度4分，同樣沒有在圖中顯示的佛魯斯，則逆行落入摩羯座（第六宮）的26

度11分。兩者形成一個寬鬆的對分相，並且分別與凱龍形成三分相。佛魯斯常常會指出與毒害以及毒害的化解有關的議題，亦即「掀開它的蓋頭」。而第六宮與手藝、程序、技巧等事物有關，它也是第六與第十二宮這個療癒之軸的一端。可以確定的是，門洛哈爾醫生的確把許多關於牙醫執業準則的嚴肅議題的蓋頭給打開了，同時也幫助許多人對自己身上累積的毒性進行療癒。他是國際口腔醫學與毒物學學會（International Academy of Oral Medicine and Toxicology）的成員，這個組織的重要宗旨之一，就是收藏針對這些議題而從事的研究與實驗成果。

涅瑟斯在他的星盤上與金牛座的火星合相，這個火星是他第十宮的守護行星，而第十宮是職涯、事業與專業工作的宮位，這使得這個半人馬族行星成為星盤上最受到擢升的行星。火星入金牛座會讓它具有一種絕對沒有人可以將其打敗的特質，這種特質是得自於完全同化於自己所擁護的價值觀（金星），並且為保護捍衛它而培養出來的堅強，而不是從好鬥好戰或競爭敵對中得到。它是金牛座慣有的頑強，被提昇到一種堪稱為「高雅藝術」（金星）的境界，並且被拿來運用在比起維護偏狹的自我，還要偉大崇高的目標上。有趣的是，星盤上中點的盤面配置，有一項是水星位在太陽和凱龍的中點上，在這裡所談的整體脈絡下，可以視為一個判斷指標，告訴我們水銀（水星，它們在英文中是同一個字）是如何對最根本的生命能量（太陽）造成傷害（凱龍）；與此同時，它也代表著對於主要是與療癒領域（太陽與凱龍）有關的資訊、觀念與事實狀況，進行交流溝通（水星）。

雖然牙醫業是給人類身體，也是給自然環境帶來重金屬污染的重要兇手，但它當然不是唯一一個污染源。悲哀的是，如今大型魚類及海生哺乳動物，體內常常含有高濃度的重金屬廢物，種類從水銀到各式各樣的有機磷酸脂以及多氯聯苯，都是牠們身體沒有辦法代謝的。人類食用了這些動物之後，本身也會中毒。而任何一種哺乳類，陸生或海生、人類或動物，都沒辦法完全處理當前環境中所含有的毒素。我們已經身受「生物性累積」之苦，而這處境又是另一個許多人裝作沒看到的「沒穿衣服的國王」。人類「集體的免疫系統」已經受到嚴重的危害，為數不少的自體免疫疾病，也就是免疫系統弱化的結果，就在告訴我們這一點。在很多「已開發」國家中，不論男人女人的生育能力都已受到減損；當然，也有許多人可以從這樣的困境中大賺一筆。

喚醒慈悲心

總結來講，且讓我們牢記這點不要忘記，那就是生病和生理痛苦的經驗，它的歷史就跟人類的歷史一樣久遠，以這個物質性的身體在這個次元中生活時，這是一定會有的部分；同樣地，這也不是史上第一次出現物種滅絕的浪潮。儘管如此，對於我們自己還有他人的苦難來說，所謂有技巧的面對方式，指的是將這份苦難轉變為促進我們靈性覺醒的輔助，而不是妨礙。這樣一種態度，可以直接引領我們感受到，對人類全體而言、對我們這個物種，以及我們所處的這個星球而言，什麼才是更廣闊高遠的全貌。此外，雖然表面上這樣很矛盾，不過它也可以讓我們有能力去放下該放下的東西。

在所謂「自他交換法」，也就是在前面行運的章節中曾經提到過的療癒方法，師父會鼓勵我們將個人苦痛的經驗看作是一顆丟進池子裡的石頭，而我們不斷發展的慈悲心就是那一層層的漣漪，當它往外擴散時就會接觸到其他不論我們認識或不認識的生命，他們或許也與我們有類似的苦痛經驗。於是我們不再是被放逐到個人苦痛的可悲世界去，成為人類處境的局外人；相反地，我們個人的痛苦，本身就包容到那個將宇宙萬物涵納於其中的慈悲之洋裡，而從這樣的立足點出發，我們就會是更能夠伸出援手去幫助他人的人。凱龍帶領我們的旅程會提醒我們：正是在苦痛的經驗之中，可以尋得療癒的能量。如此，到了最終，這場旅程會帶領我們超越生與死這個停留在事物表面的二分法。

先前也曾經提到，在藏傳佛教的「施身法」（「餵食供養妖魔」）裡，我們可以與自身的折磨苦惱建立一種非敵對的關係。這裡所謂的「魔」就外在而言，可以呈現為情況、環境、個人的病痛、危機；就內在而言，也可以呈現為心中的想法、情緒；或者「魔」也可以是代表其他事物，諸如氣候、空間，凡此等等。村莊裡遭受傳染病襲擊時，或者某些疫疾發生大流行時，會請來能夠行使施身法的法師「恰得帕」（Chödpa）；**恰得帕**具有照料病患，以及處理死者遺體的知識與能力，本身卻不會受到病魔的侵襲。查爾群・阿利昂（Tsultrim Allione）在她《供養自己的妖魔》（*Feeding Your Demons*）一書裡，提到一則有幾百上千年歷史的預言，預言說這個時代會非常需要施身法的幫助，而施身法也會在當代廣為人知。依照阿利昂的解說，施身法可以帶領我們超越「與妖魔爭鬥」這種英勇無比的境界，後者可以海克力斯，還有他跟半人馬族劍拔弩張的關係為縮影。也正是半人馬的涅瑟斯，間接促成了海克力斯之死，這一點適足以強調以下這件事：凱龍與半人馬族帶給我們的過程，能引領我們從「成為英雄」的殘酷要求中解放出來，並且重新連結上我們在覺醒之旅中一定會需要的，屬於自然的、大地的智慧。

末日來臨了嗎？

近代西方文化有一個特徵，就是壓抑人們對死的認識，也可以說，在這個議題上，西方人所信奉的，是一個否定死亡以及盡可能貶低其價值的「教派」，它還以一種特有的英雄模式，在醫藥科學與技術的唆使和幫助之下，努力嘗試征服死亡。許多小孩在成長的過程中，只有在電視上見過死人或死掉的動物。我們的文化欠缺恰當合適的哀悼儀式，這意味著會有許多人由於悲傷受到壓抑，而在生理或心理上生病；因為假如我們沒辦法與死者好好地分開，就可能在不知不覺中步上他們的後塵。近年來，伊莉莎白．庫伯勒-羅斯（Elisabeth Kübler-Ross）、史蒂芬．雷凡（Stephen Levine）以及其他人的努力成果，已經促使大眾更加意識到將死及已死之人的需求，針對這個關鍵的人類經驗改變原本的態度。接受自己會死，結束凱龍身受的痛苦，死亡這個主題在當前是如此地顯要，也就不需要訝異了。

然而，值得注意的是，與這種對死亡的否定與拒絕正好相對的想法，就出現在各種末日式的信念裡；這些末世信仰認為，死亡雖然不免令人感到畏懼，卻大可以視為一個值得熱切期待的契機，藉此體驗到「極樂」，或者「超越原有的，而進入更高的層級」。哥倫布（1451-1506）是個非常熱衷於讀經的虔誠信徒，他深信世界將於一六五〇年終結，而他畢生的任務，就是及時為世人發現「新世界」，好為即將到來的末日浩劫找到一個安全的避風港。有趣的是，天王星與海王星在一六五〇年有過三次合相，意思也就是說確實有個「天王星—海王星」的週期在那一年前後結束。而諷刺的是，當這個天海週期開始時，哥倫布正好在經歷他自己的土星回歸！哥倫布不是史上頭一個將土星回歸感受成「末日即將到來」的人，況且就他的情況來看，在他土星回歸之前，他還是個日子大半時間花在海上，攻擊摩爾人商船的海盜，於是在一四七六年時，他在一場海戰中沉船落海，要靠自己在那樣的困境中游泳上岸——的確，那感覺起來一定就像是末日一般。這個小故事為生活在今日的我們展示了一個重要的道理：我們那些未曾獲得解決的創傷，會非常容易就被投射為一個將成為末日的未來。在這種情況下，我們其實不是在向將會發生的東西做出反應，而是對著那些**已經發生的事**有所反應。

如同上面所述，末世思想可以作為一個國家「創建的衝動」，或者更確切根據聖經上所說，是一種我們必須極力去避免的卻即將來到的未來，末世思想的信仰模式有著相當大的影響力。我們在當代文化中也可以看到它，並不只限於美國；種種末世論的教派，如雨後春筍般四處蔓生，相信那最後的審判已經迫在眼前。自古以來，末世論教派或者創造出自己的天啟預言，或者盲從於最終總是名聲掃地的先知——當世界末日沒有如同先前所說的時候來臨，那些先知終得被迫修改所謂「最後終點」的預測，像這樣的例子實在是不勝枚舉；儘管對他們來說，世界末日可能確實已經來了，因為他們已經失去了自己的信譽。也有可能，那些接受到預言訊息的先知，所傳達的是發生在其他現實層次的事件，而這一點正是包括占星學在內的預言的習俗中，盤根錯節，而無法加以解決的麻煩問題。唯有真正具有超越正常範疇的銳利心靈能力的人，才有辦法知道究竟是在**哪個現實層次**上將會發生某些大事。對於這樣的情況，或許那句古老的諺語還是最貼切：「知的人不說，說的人不知。」接受到預言訊息的人，如果不遵守這樣的智慧，就得冒著成為代罪羔羊的危險，當個受到詛咒，不會有人將她的預言當真的「卡珊德拉」〔譯註十九〕。

「末世」概念通常與預言和天啟息息相關，內容多在預期將會發生某個在聖經上面或是對信仰而言，具有重大意義的大災難。它描繪著在有如淹沒世界的大洪水般的毀滅中，對立的兩者發生終極的碰撞，而「善」最終將戰勝「惡」。如果我們把那些披著虛假信仰外衣，但本質上是涉及政治觀點或與民族關係的思想觀念也包括進來，就可以發現一些「歷史」在向我們逐步展現的主題。事實上，國與國、民族與民族間的戰爭，可以視為是以「英雄」模式的筆法，將末世這個概念做出具體的呈現。「國家需要你」是世人耳熟能詳的美軍募兵海報。隨著死亡被移出現實領域，變成一齣由光影映像構成的皮影戲，人類的脆弱性也消失在對虛假的勝利光榮所做的炫耀裡。「崇高」的信念保護著我們，免於個人經驗破碎的恐懼。

我們與「失去」及「悲傷」之間的關係，還有處理這些感受的能力，是一項非常重要的生命技巧，能帶領我們走向生理與靈性層面的復原與重生。拒絕正視自己的悲傷會帶來更大的傷害，不論是對自己還是對他人，因為我們會在不知不覺中促使他人去感受我們所感受到的痛苦。凱龍在一個人的星盤上行運來到具有意義的位置，常常會提供當事人一些契機，能意識到有些「未竟之事」需要我們去察覺，或需要我們對其採取行動。像這樣把注意力吸引至內在領域，去到那些尚未解決的苦痛，正是這些行運提供給我們的療癒機會。凱龍所帶來的過程，協助我們與當前自身所擁有的經驗維持聯繫，幫助我們穿越由雜亂的群眾意見和立場組成的迷宮，為我們顯現靈性生活的基礎，那些不受時間影響的永恆原則。一個人的過去如果沒有得到療癒，就會構成集體瘋狂的一部分；不過，如果能以慈悲之心細心照料，就會產生出智慧。

譯註十九　Cassandra，是希臘神話中一個著名的女預言家，是特洛伊公主。阿波羅賦予她預見未來的能力，想要得到她的人。卡珊德拉不願意接受阿波羅，因此被他詛咒，她將受到沒有人相信她的預言之苦。日後儘管她警告特洛伊人不要接受希臘的木馬，果然沒有人相信，而特洛伊的敗亡也把她推向悲慘的命運。

吉姆．瓊斯與人民殿堂

集體自殺的事件（常常是受到末世信仰的刺激）雖然絕不是什麼新鮮事，不過近年卻出現了一些非常引人注目的案例。就在凱龍被發現後的一年，在圭亞那（Guyana）發生了一件舉世震驚，疑似集體自殺的事件，共有超過九百名吉姆．瓊斯牧師的追隨者，一同服下足以致死的氰化物。他們之前演練過好幾次，以證明自己的忠誠，不過這一次瓶裡裝的是真的毒物。最初的相關報導讓人不得不相信這是一起集體「謀殺」事件，然而近來的研究發現那些報導有許多地方啟人疑竇。截至本書寫作之時為止，這起謀殺的兇手是誰，原因又是為何，都是尚未解開的謎題〔註2〕。

對瓊斯的出生星圖，還有發生這起悲慘事件當天晚上的行運狀況，光是簡單的一瞥都可以帶來不少啟發，尤其是用他的凱龍作為我們觀察時的特殊鏡頭。首先要注意到的是，在他的星圖中，沒有任何落入風象星座的行星，風元素唯一的代表是他的天頂；他的南交點位在第九宮。星盤上缺乏某個元素，並非表示該元素所象徵的作用就此欠缺或不存在，不過的確顯示出當事人心靈裡的哪一塊地方是沒有那麼容易加以馴服，而且是強烈地以一種「全有全無」的風格在作用。星盤上沒有風元素的人，雖然經常是才華出眾、擅於創新，並且深具遠見，但是這類人也有可能會是死抱著自己的看法不放，以管窺天，無法處理不同事物之間的細微差異，因為他們容易把一切看成非黑即白，沒有灰色地帶的存在。由於無法忍受模稜兩可的狀態，他們的想法常會充斥著

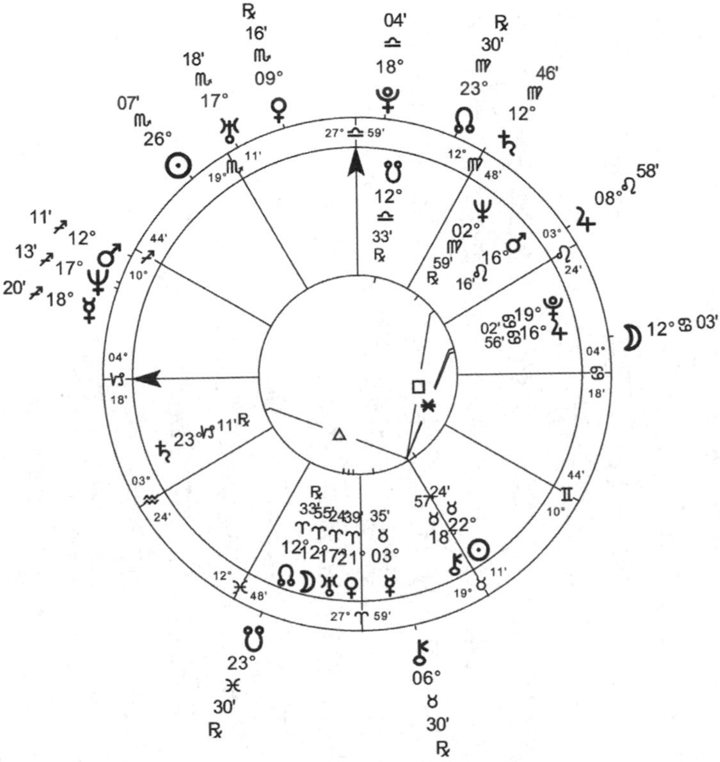

圖七　內圈：吉姆．瓊斯牧師；外圈：集體自殺當天的行運

原始單純，而缺乏風元素的反思性。

吉姆．瓊斯的凱龍盤面配置如下：凱龍位在金牛座、第四宮，與同樣是金牛座，但在第五宮的太陽合相。凱龍另與合相於巨蟹座、第七宮的木星及冥王星形成六分相；與獅子座的火星有四分相，並與處女座的海王星有倍七分相，而這兩者都是在第八宮。此外，他的凱龍還與摩羯座的上升點形成八分之三相，並且三分於摩羯座、第一宮的土星。

太陽、兩個第八宮的行星，以及「土星─冥王星」對分相的兩個主角，它們之與凱龍有相位，在這裡所反映的是瓊斯在他身為「彌賽亞」（救世主）的角色身上，所具有的那種黑暗與毀滅的調性。至於火星守護落入牡羊座、第三宮的星群，則見證了他說服信徒的能力；同時，落入第八宮、構成他凱龍盤面配置其中一個角色的火星，在這個例子中也增加了瓊斯被火星非理性的、帶來破壞與毀滅的這些特質所「佔據」的可能性。

瓊斯出生的海王星跟凱龍有倍七分相──麥可．梅爾（Michael Meyer）用「命運、天命的外部化」來形容這個相位（註3）；瓊斯確實是位居一個海王星式的、集體迷魅體制的中心，而他用來操弄這個體制的手段策略，在他除去這個相位以外的凱龍盤面配置內容中，也得到非常充分地說明：性與金錢方面的勒索十分常見（金牛座的凱龍六分於冥王星），同樣地還有在公開場合下侮辱以及毆打（凱龍、火星、冥王星有相位）；負擔繁重的工作起居制度、不當的飲食，還有頻繁舉行、人人都需參加，而以洗腦空談和暴力行為為內容的例行儀式（在這裡，凱龍與土星的相位，意思就是透過紀律和剝削來傷害人），在在削弱體制裡的個人力量與價值。瓊斯熱衷於追求政治性的權力，是個相信為了要讓人們戒除對宗教信仰的「鴉片」的毒癮，就要滲透進入宗教內部的馬克斯主義者。他信奉一種所謂「使徒社會主義」（Apostolic Socialism），而相對於那在日後一步一步走向最高潮，也就是將一個集體自我犧牲的奇觀實現於外部世界，讓我們知道原來這才是他命運焦點的悲慘結局；當初一開始對他的正面報導，如今看來真是個悲哀的對比。行運的海王星在事情發生當時正來到射手座，在這裡所代表的是人命為了宗教和政治信念的緣故而犧牲（海王星），而且這些信念乃是在夢想、展望一個更美好的未來（射手座）；此外這個行運也象徵著這起事件的後續發展，陷入了一團它到底是不是集體謀殺的疑雲。瓊斯出生於海王星進入滯留的前一天，意思是說海王星的能量將是他一生的主要色調；他對多種藥物的濫用，就頗為人所知。

若對凱龍與海王星有相位的相關主題繼續進行探討，我們還可以發現：瓊斯的父親在第一次世界大戰期間，當凱龍位在雙魚座的時候，遭受到戰爭毒氣的攻擊，他因此灼傷了肺部，而且據稱在一九二〇年代於一所精神療養院待了五年。他的父親有著位於雙子座的凱龍與火星合相，而肺部即是由雙子座守護；他也是酒精成癮者，這一點在星盤上的象徵則是他的出生海王星與他的交點軸有四分相。按照傳統占星學的說法，海王星支配氣體物質，如此一來海王星也就代表了他父親受傷的直接物理成因。同樣地，瓊斯是用液態的氰化物（由水星與海王星相位象徵的物質），帶領超過九百人，完成看起來像自願的死亡，就好像故事裡誘拐孩童的花笛手（譯註二十）的

譯註二十　德國傳說中，有個鼠患為虐的哈梅恩鎮（Hameln），某日來了能夠用手中的花笛聲吸引生物的神奇笛子手，在得到村民許諾的報償後，吹笛將老鼠統統引至溝中淹死。沒想到村民反悔，不願支付他的酬勞，於是他便用同樣的方法，將村中的小孩全部引誘至山裡，然後與小孩們一起消失蹤影。

海王星版本。此外，在這裡我們也可以看到「繼承自父親之遺緒」這個由凱龍、土星、太陽的相位所代表的主題。凱龍之位在第四宮，也意味著父親、家族、民族或祖國，在這裡即是「存在於根部的傷痛」。

於是我們不得不感到好奇，從這位受到戰爭的集體瘋狂所傷害的父親身上，瓊斯究竟在無意識間承襲了什麼東西。他的成長過程中欠缺一個強壯的父親形象，可供他效法與模仿；他的父親確實是個傷患，一如我們在太陽與凱龍的合相中所見。另一方面，也有傳聞指出，他的父親支持「三K黨」，並且是個兇暴的人，甚至瓊斯在小時候曾經被他殘忍地性侵犯（註4）。就這樣，既沒有一個安全的自我個體感（太陽），也沒有合理恰當的界線的觀念（土星），讓瓊斯的心靈完全受到這兩個行星能量的「佔據」而毫無抵抗能力；同樣可以任意左右他的，也包括那些日後將顯現於他的人生之中，存於他凱龍盤面配置上的種種其他能量。對他的信眾而言，瓊斯是個「超級父親」；他也有一個親生的兒子，此外還領養過幾個小孩。然而在他種類形式眾多的性剝削及性虐待之下，他所扮演的角色逐步失去控制；在瓊斯的人格完全崩潰瓦解，以及他正面價值的自我膨脹（凱龍與太陽有相位）轉趨為負面（凱龍與土星有相位）之後，悲劇的發生就變得不可避免了。

瓊斯在一九五〇年時曾經加入一支主張聖靈降臨（Pentecostal）教義的教派，而且在他父親死後不久，行運凱龍與摩羯座的上升點合相的時候，瓊斯開始以牧師身分傳教。他在一九五三年成立自己的教派，當時行運凱龍即將來到與他位於摩羯座的出生土星形成合相。一九六五年，當凱龍位在雙魚座時，他有了一次關於核子浩劫的靈視異象經驗，而他認為發生的時間將是一九六七年七月十五日。他的父親被毒氣害成廢人，就是在**凱龍前一次位於雙魚座的時候**，從而他所見到的異象，或許是突然爆發的一段「先祖傳承的潛意識」。無論如何，它開啟了瓊斯此後將自己命運實現於他人及外部世界的過程。我在這裡做個推測，瓊斯的異象內容中，也包含了在他父親的戰爭經驗中一些沒有遭到消化的環節，這些元素就這樣完整無損地移交給瓊斯，等待下次浮現到意識表層的時機；類似的情況，在深層心理治療中很常見。這場被預言的核子浩劫並沒有如期在一九六七年發生，然而浩劫的確有發生，只不過是在更早之前，受到傷害的是瓊斯的父親，被波及的則是瓊斯本人。一九六〇年代同期，越南戰爭正如火如荼地進行著，這也為當時的集體心靈，增添了更濃厚的末世色彩。

注意，一九六七年的七月十五日，凱龍的位置不偏不倚，剛好就在雙魚座的最後一度，在本節這個末日主題的脈絡底下，確實是可以視為「一個週期的末尾」。莎比恩符號系統對這個度數的描述，提到了排列成看起來像是一張臉的石塊群，這裡指的是：影響我們的想像內容，並且因而形塑我們未來基本模樣，這種種原型因素所具有的力量。悲慘的是，瓊斯所預先看見的，很有可能是他自己的神智，以及他自我的範圍界線，通通不再存在的未來。同樣也是在這一天，行運的土星與瓊斯牡羊座的月亮完全合相，顯示出某種意義上的無能與挫敗（受到抑制的火星）。行運的海王星也與他出生星盤上凱龍及太陽的合相對分（距離它們中點位置的角距只有1度2分），再一次呼應了「逐漸累積動能，一直到發生帶有終結意味的巨大災難」這個與海王星有關的主題。

美國在一九六七年的七月發生一系列與種族問題有關的暴動，受到社會大眾的矚目。種族議題深深地觸動了瓊斯的心，他也將反對種族隔離的主張放在傳道的內容裡，展開他在種族歧視問題上的個人運動。據報導，他曾經說過，儘管他是白人，卻有個黑人的靈魂；他也受到信眾中黑人成員毫無保留地接納與認同。從這點來看，瓊斯在內心中或許完全連結到黑人同胞的集體忿怒不平，後者已經受到長久的虐待與歧視，而這說起來又非常有可能是瓊斯內在之中，那個受傷小孩的形象投射。

當凱龍行運穿過他位於牡羊座的星群，依序與其中每一個行星合相時，瓊斯也以典型的牡羊風格，鼓吹推動他投身的社會工作，成為全國人民注目的焦點。藉由他的福音音樂、社會福利規劃以及他對立場激進的政治團體的支持，瓊斯在舊金山地區吸引到為數頗多的追隨者。這段時間，行運來到第九宮的天王星，正與行運來到牡羊座的凱龍形成對分相，強化了瓊斯身上早已被灌注的使命感，以及在信仰領域的天命（第九宮）。他創立的教派積極購入不動產，聚積出可觀的財富（出生的凱龍位於金牛座），其中有一塊是座落於圭亞那喬治城（Georgetown）附近的土地。值得注意的是，在瓊斯的地點置換（relocation）圖中，他的火星與下降點形成了完全合相，而火星與凱龍的相位組合，則是該行星投影交會緯度（parans）〔譯註二十一〕的重點所在。瓊斯極為執迷於要在歷史上贏得一個他理應擁有的地位（凱龍與土星有相位）；想想他父親在歷史的「詭計」之下，成了一個傷殘無能的人（凱龍與土星有相位），他這般的執著或許並不讓人感到訝異。隨著行運的凱龍與他的出生天頂，於一九七五至七七年間形成對分相，瓊斯獲得了大眾的擁戴以及諸多殊榮，其中還包括極為諷刺的「馬丁・路德・金恩人道精神獎」。**就在凱龍被人類發現的一、兩個月前**，瓊斯將超過一千名信徒移居到「瓊斯鎮」，也就是他那個位在圭亞那，鄰近喬治城的聚落。

然而，事情的走向已經開始出現轉變。一九七七年稍早之時，從前教團成員之處得來的，關於種種暴虐與勒索行為的報導已經開始出現；這些前任成員是經過相當努力才得以脫團離開，他們也將可能發生集體自殺的警訊傳達給美國政府。與這些資訊相對的，則是下面瓊斯本人所說的話：

譯註二十一　在占星學中有一門應用行星投影在地球上的技巧，稱為「Astro-Catro-Graphy」，這門技巧分別利用行星與四交角的關係進行投影，每一行星都有上升、下降、天頂、天底四條線，隨著時間的移動經過地球上不同的位置。當兩行星的投影線交會在某一地點時，占星師認為這一地點就會擁有這兩個行星的能量，同時認為與這個地點同樣緯度的地方，都會受到這一組行星能量的影響，而這個技巧就稱為Parans。

當你不抱持任何理想時，你活著也感孤獨，死了也會被主給拒絕……我們之所以來到這裡，是要為了要避免成為共犯，避免助長生育我們的國家，對較為不利的民族繼續施加迫害……在集體共產式的生活制度中，我們找到了安全與保障、滿足與成就，而且還能在建立一個以農立命的民族上，盡我們的一臂之力。〔註5〕

瓊斯的遠大願景，雖然充滿了讓人忍不住想要相信的理想性，不過同樣也帶有欺騙誘導的性質。這是個崇尚自然簡樸，以及在彼此互相照顧的社群中，享有田園生活的純潔夢想——他位在金牛座、第四宮的凱龍，為這個夢想做出諷刺、令人毛骨悚然的敘述。不過，這段高談闊論的浮誇之詞，並沒有涉及凱龍與火星、土星與冥王星的相位，這些最終將在那起慘案中獲得實際的展現。

一九七七年晚期，就在凱龍被世人發現以後的一、兩個月，瓊斯的母親莉內塔．普特南（Lynetta Putnam）逝世於瓊斯鎮。母親對瓊斯一直有著深厚的影響，她是一位聰明活潑有朝氣的職業婦女，一肩扛起全家的家計。瓊斯鎮按月舉行對她的紀念儀式，而有不少人都注意到，在她過世之後，瓊斯不論是生理還是心智狀態上都出現明顯衰退，有一些人並將此事發表在公開刊物上。在關於集體自殺那一晚的最後紀錄中寫道，他們聽到瓊斯曾經說道：「媽媽、媽媽、媽媽……快別這樣。」這句懇求很明顯是對著他的妻子所說，她當時正設法阻止信眾裡的母親，用分發給她們的劇毒來殺害她們自己的小孩。不過，考慮到瓊斯當時的心理狀態，這突顯出一個沉痛的事實，那就是當時他已經是個沒有媽媽的孩子。雖然我們無法確認瓊斯母親的出生資料，不過她有可能也擁有一組牡羊座的星群。而莎比恩符號系統對瓊斯的凱龍度數所做的敘述也饒富深意：

> 一塊新大陸自大海中升起。
>
> 當腦海清空，當靈光受召前來淨化從執著與塵污中獲釋的意識時，新生命的自由，就能從潛能的無限大海，從聖處女般的空間中茁生。它可以做何用處？……「手法」很簡單，**就只需要任由**沒有邊際的潛能，**不受限制地**自然運作。這意味著達到這樣一個境界：以表層的意識、以有限的理性為主的自我，再也不是一個能施行掌控的因子。〔註6〕

瓊斯一定深深相信，他跟他的追隨者正在創建一個新國家。在連串堆疊的壓力之下，他以理性為本的自我無疑不再是負責管控他的因子，而他的腦海確實也已清空。於是，我們或許會問：這一切所為何來？在集體自殺的前一天，行運來到射手座的海王星能量，受到行運的水星跟它形成的正合相所啟動，而這個正合相就落在瓊斯的第十二宮。這兩個行星構成了瓊斯出生星盤上至少三組圖形相位，其中有兩組包含凱龍在內。

傳統上，有毒的液體、歇斯底里的狀態、欺騙與受騙，以及集體的迷魅妄想，這些都與海王星有關；水星守護肺部、支氣管以及神經系統，這些是會被氰化物癱瘓，造成人窒息死亡的部位。是以這個水星與海王星的合相，準確地表示了集體自殺的執行手段，而且就如先前提到的，它跟瓊斯父親在第一次世界大戰時所受的傷，也有著詭異的對應關聯。水星也標示著新聞輿論與大眾媒體在這起事件中佔據的角色。瓊斯跟他的追隨者們建構了一個精心設計的公關騙局（水星與海王星有相位），讓外界無法得知這個位在圭亞那的公社實情；新聞記者，或者教團成員的親戚，如果太過深入打探消息或擔心關切，會在返回美國時遭受攻擊或恐嚇。值得注意的是，最近出現的調查報導證實了由水星與海王星相位代表的「欺騙」主題的確存在——事情或許不像表面上看起來那樣。據說中央情報局以及其他政府單位在後來都已經著手介入，似乎可以說瓊斯以及公社內部日益升高的「被害妄想」，也不是完全沒有根據的。

發生集體自殺的那天傍晚〔註7〕，這個水星與海王星的合相，跟瓊斯的出生星盤上牡羊座、第三宮的天王星，以及獅子座、第八宮的火星，構成了一個能量激烈無比的大三角相位。同一時間，它還另外完成了兩個「上帝手指」相位。第一個上帝手指是由這個合相，加上在瓊斯的出生星盤上，凱龍與巨蟹座、第七宮的木星和冥王星之間的六分相所構成。而第二個上帝手指則是行運的冥王星六分於這個水星與海王星的合相，然後共同與位於第四宮的出生凱龍形成十二分之五相。瓊斯無疑地是在「扮演上帝」，最終則成了帶來死亡這個「好消息」的彌賽亞。行運凱龍與出生水星的合相，完成了又一個大三角：上升點在摩羯座，分別與處女座、第八宮的海王星，以及金牛座、第四宮的水星有三分相；是個土相星座大三角。「集體情緒」是由第八宮及第十二宮所代表，在瓊斯的出生凱龍盤面配置上，火星位於第八宮，與位於第七宮的木星及冥王星合相一併考量下，得到暗示的是「報應」的主題。很清楚地，不論是瓊斯個人的，還是他家族先人的過去，都讓他成為一個在不知不覺中，讓集體的因果報應得以浮出湧現的渠道。報應的內容是什麼、對象是誰？這些或許沒有那麼清楚，不過依照我們的探討所展現的線索，這些問題可以容許不只一種或多重意義的解答。

我們先回到那兩個彼此有關的上帝手指的相位。其中一個的手指（也就是它的水星和海王星合相）指向第十二宮，強調出透過集體的情緒，完成「自我的解散」以及「犧牲」這個主題；構成這個上帝手指的其他行星，一邊是出生的凱龍，一邊是出生的冥王星及其合相的木星。另一個的手指指向第四宮的出生凱龍，也就是關於父親、先祖、根源以及國族身分的宮位。第十二宮也象徵著深遠的過去、不受時間影響的原型世界，以及作為個人生活的基礎，由所有人類經驗所累積而成的原始素材。或許，多少也是因為他父親既沒有辦法讓自己重新成為自身過去的一部分，也沒有辦法整合自己的體驗，才使得他的過去與體驗都傳給了瓊斯，不只是透過精神來傳達，可能還包括透過性侵的形式。就是被這股起頭距離還算遙遠，那片名為「祖先的傳承」和「集體的影響力」的大海上，但到了瓊斯這邊時就已經成了滔天的巨浪，將瓊斯的人格與他的個人生活給沖得支離破碎，最終並在他的藥物依賴症狀的協助之下，正式瓦解在他個人生活的岸邊。至於第二個上帝手指，是以出生凱龍作為其指尖，再加上由行運水星和行運冥王星，兩者之間所形成的正六分相而告完成。正相位的能量，不但足以提供一個非常強而有力的「正字標記」，對於這件即便到目前為止都還在進行中的爭議也會有所著墨，並且也會持續向我們顯露這起悲劇的隱藏面向（水星與冥王星有相位）。

將瓊斯出生星盤上的凱龍與土星三分相，放在他與「既存體制」之間的關係上看，也別有一番意思。一個男人的父親如果是一個身有殘疾的廢人，對這個男人來說，要正確經驗到許多在正常發展過程中，可以提供給他的關於景仰與競爭的經驗，就變得不是那麼容易。他會拒絕效法這個弱者，他也不能真正地與這樣的傷殘人士競爭；對這樣一位不健康的父親，他只會感到難過、怨懟、愧疚，或許還有想要做些事讓他更舒服開心的渴望。與此同時，瓊斯可能從父親那裡受到的殘酷對待，無可避免地造成他的忿恨以及想要報復的渴望。這種許多人在瓊斯身上所觀察到的「變身怪醫」（譯註二十二）性格，根源或許就在瓊斯對他父親的病態狀況所感受到的經驗之中，而他父親的狀態復又源自於他個人的傷痛。在這個三分相來到天頂時，瓊斯的生平志業也完全展露在大眾的目光之下，得到所有人的認許，就和三分相給我們的印象一樣（既存體制與土星有關，土星又與父親有關）。身為一位受到正式任命的牧師，瓊斯優秀的工作內容還曾受到教會的讚揚及褒獎，這一切都令發生在圭亞那的悲劇更加讓人無法理解；不過他確實

「傷害」了以教會為首的「既存體制」。

事件發生後，隨著與「宗教信仰自由」有關的法律遭到質疑，緊接在後的是美國大眾的憤慨。有鑒於瓊斯歷來的紀錄，人們沒辦法單純把他當作怪人看待。比起怪人發瘋，還有更邪惡的東西造成這個悲劇的發生：瓊斯的狂熱與暴虐，就是他那位「怪物父親」的狂熱與暴虐，而「怪物父親」這層陰影般的存在，就隱隱存在於任何土星色彩的體制內，沒有例外。這也是土星負面的形象：因為害怕自己的小孩終有一日會推翻他，所以把他們全部吞噬。在瓊斯想要達成的目的，一路擴展成「要殺死在主流的政治與宗教體制中，專門從事鎮壓迫害的『糟糕父親』」之後，他本身也變成這個抽象「父親」形象的真人化身。他將他人個體性的觀感與意識破壞殆盡（太陽與凱龍有相位），如此接著下來他就成為那個讓他人繞著打轉的太陽，而這陽光所含有的陰影，也就把這些人吞沒至死。中央情報局可能存在的介入，或者關於其他政界或政府裡頭的「體制內人物」的線索，更是用一種最為繪聲繪影的方式，強調出這個事件原型

譯註二十二　Jekyll and Hyde，由英國作者Robert Louis Stevenson所創作的人物，也是該部小說的篇名，小說本身於1886年出版。Jekyll跟Hyde其實是同一人，善良的Jekyll在喝了實驗中的藥水後，變身為邪惡的Hyde為亂，他本人於是陷入完全的矛盾與掙扎之中。日後這個人物變成雙重人格或者善惡衝突的代名詞。除了「變身怪醫」外，中文亦有譯為「化身博士」者。

層次的符號意義。請牢記，這起事件發生的時間，距離越戰正式結束還不滿四年；越戰是一場「對抗共產主義」的戰爭，而瓊斯的妻子在她親手所寫的便條中提到，他們這個「人民殿堂」（People's Temple）所遺留的資產都指名捐贈給蘇聯共產黨。看到這裡，我們也不得不納悶，究竟是什麼樣的歷史潮流，悄悄地穿過這起悲劇。

事件發生後，在瓊斯臨時將就的「寶座」上方有一句標語，為前方一望無垠的浮腫屍體，做了無聲的見證。這句標語說著：「忘記過去的人注定會重蹈覆轍」，殘酷地描繪出當凱龍位在第四宮的意涵，也幫助我們聯想起既是屬於個人、是先祖，也是國家民族等各個層次的主題。不過在這裡，肯定有關的則是他自己未曾痊癒的「過去」。另外，就這政治層面而言，這起事件則是一次黑暗的見證，為免於宗教迫害之自由，也就是當初驅使美國的立國先賢前來尋找新生活的渴望，做出一次負面的佐證。美國，是創建於所謂「啟蒙時代」的一七七六年，而美國有著牡羊座20度8分的凱龍，這位置剛好落在瓊斯出生星盤上那個牡羊座星群之中——或許我們不必訝異於有些評論家，將瓊斯鎮事件與美國的立國精神做了直接的連接。即使是過了超過一次土星週期的現在，該事件的複雜內幕依然沒有完全解開。

就算只是對交織在這則悲慘故事裡的議題，做一些僅僅觸及皮毛的思考，都可以看見一些與凱龍有關的主題，是如何展現其驚人戲劇化的一面。《蛇之舞》（*Snake Dance*）這本引發不少爭議的書的作者勞莉·艾弗琳·卡哈拉斯（Laurie Efrein Kahalas），在一篇與這些事件的原型背景有關的文章中，特別提到普羅米修斯和凱龍的故事〔註8〕。卡哈拉斯本人在一九七四年時得到了一個靈感，她打算把這靈感寫成長篇而具預言性質的寓言故事，內容是關於即將到來的死亡與毀滅——的確，是一篇末世錄。當她終於有機會把這故事拿給吉姆．瓊斯看時，瓊斯卻對她大發雷霆。這則軼事跟凱龍那個擁有預知能力的女兒的故事，兩者的相似之處十分引人注意。確實，從瓊斯鎮事件樣貌多重的性質中，不難看到半人馬族的獨有特徵：既描繪出人性理想志向的高遠，亦呈現了獸性墮落與殘忍的深淵。

> 我們並非真的想要這種結局；我們也想要繼續活著，想要發光發熱，想要把光明帶到這個極度渴望哪怕只是一點點愛的世界……（我們的行為）不是要造成「新聞」。它應該比新聞具有更多意義。我們彼此與彼此融合了，我們被包含在原型之中。〔註9〕

天堂之門

太平洋時間一九九七年三月二十六日下午一點二十四分，聖地牙哥警局接到了一通報案電話，通報有人從事集體自殺〔註10〕。有個名為「天堂之門」（Heaven's Gate）的教派，在領導人馬歇爾．亞伯懷特（Marshall Applewhite）的安排之下，於海爾．波普慧星（Comet Hale-Bopp）

抵達至離地球最近時，他與三十八名追隨者一齊「啟程離去」。他們相信地球在當時即將被「回收」，於是決定要藉由他們認為藏在慧星後面的太空船先行離開。部分報導指出，他們還相信耶穌也在這艘太空船上，其他報導則說他們主張船上載有「爬蟲類異形」，將要來佔領接管地球。在他們公開發布的「離開新聞稿」裡，還附上一份呼籲其他人一同跟隨他們的邀請，而一些只知有樣學樣的人，還真的跟著一起自殺。以下是《約翰福音》第十章第十五至十八節的內文，這是他們邀請文的焦點所在：

我父愛我，因我將命捨去，好再取回來。沒有人奪我的命去，是我自己捨的。我有權柄捨了，也有權柄取回來，這是我從我父所受的命令。

里歐・狄安傑羅（Rio DiAngelo），一位仍然生存的成員，在一九九七年稍早就脫離了教派；他是第一個趕到現場的人，在這之前他收到了一封附有影像紀錄的郵件，通知他教派的成員們有集體自殺的計畫。他拍下當時現場的可怕狀況，還出版了一本書，繼續宣揚他們的信念；「天堂之門」的網站至今依然在運作。

亞伯懷特跟吉姆・瓊斯出生於同一年，生日相差沒有多少天。值得注意的是，他們兩人的海拉娜米，這個與自殺有關的半人馬行星，都在位在牡羊座前段，並且與近來被命名為伊莉絲的海王星外星體（Trans-Neptunian Object）形成正合相（未顯示於星圖上），而伊莉絲正是希臘神話中的不和、紛爭女神〔譯註二十三〕。儘管這兩起自殺事件相距幾乎有二十年之久，兩者的日期都有令人矚目的、與太陽、海拉娜米、艾莉絲，及佛魯斯（代表「蓋頭掀開」）有關的星盤型態〔註11〕。亞伯懷特有一位在長老教會擔任牧師的父親，他自己本人則曾經在大專院校教音樂，但是在捲入與學生有同性戀情事的傳言下離開教職。他其實深為自己的性向所苦，甚至尋求種種治療，試圖改變自己的性向；而日後，在他的教派中，有數位成員也接受了「自願的」去勢手術。一九七〇年代初期，亞伯懷特因為精神崩潰而住進精神病院療養，在那裡他與一位名叫邦妮·內托斯（Bonnie Nettles，1927-1985，出生日期不詳）結為好友。內托斯對占星與神祕學很有興趣，當時她還參加了一個小團體，進行與「無肉身之實體」的聯繫靈通；她認為有位名叫法蘭西斯的十九世紀修士，在協助她進行占星學的修業。很顯然地，亞伯懷特曾經請她幫忙看自己的星盤，這一看之下，讓他萬分確定在他們兩人之間〔註12〕有著非常特別的精神連結。

這兩個人開始視自己就是在《啟示錄》第十一章所提到的，唯二兩名見到「時間終結」的見證人。他們在一九七二年成立「天堂之門」，接下來兩、三年的主要工作就在於招攬信徒，

譯註二十三　在占星及天文的中文翻譯上，也有人取「不和、紛爭、衝突、爭吵」這些Eris所象徵的意義，而用意譯的方式替它取名為「鬩神（鬥神）星」。

並且散播他們以幽浮降落地球為主題的教義。內托斯於一九八五年六月十九日死於肝癌，行運的土星在當天剛好與亞伯懷特的月亮形成正對分相；行運的凱龍則來到雙子座——有鑒於他們稱彼此為「兩位使徒」，內托斯之死，確實讓亞伯懷特失去了他的「另外一半」。亞伯懷特顯然沒辦法面對這個打擊，他開始熱切地展開一場在「更高的層次」上找尋內托斯的探索之旅，這場追尋越演越烈，最終終於形成一起精心設計的集體自殺。

在他們「得主蒙召」的時間點上，剛進入天蠍座的凱龍，與行運的天底剛好完全合相。它同時也合相於月亮，與此同時位於牡羊座的星群，也因為與射手座的冥王星形成三分相，增加了它們影響力的強度。依太陽弧推算的凱龍，在亞伯懷特剛滿三歲的時候與他的月亮合相；另外，時間跳到一九八七年年中，內托斯剛去世不久，亞伯懷特的出生凱龍在推運之下，來到與他這個出生月亮形成完全合相的位置，而這個合相在這之前應該有數年都處於入相位的狀態。根據這些相位，我們不得不好奇，亞伯懷特幼時與他母親之間究竟發生過些什麼事；他失去內托斯、失去與她之間這段緊緊相依的關係，或許也成了對那些早期經驗的回響；內托斯之死，大有可能觸動與引發了他對某件早年事件的回憶。此外，他們集體自殺之時，共有三個行星與亞伯懷特的月亮形成正相位：推運過後的凱龍（正合相）、太陽弧推算的凱龍（正六分相），以及太陽弧推算的冥王星（正十二分之五相）。

這個悲慘的事件為我們突顯出一個事實狀態：這世上有相當多的人相信幽浮或外星人的存

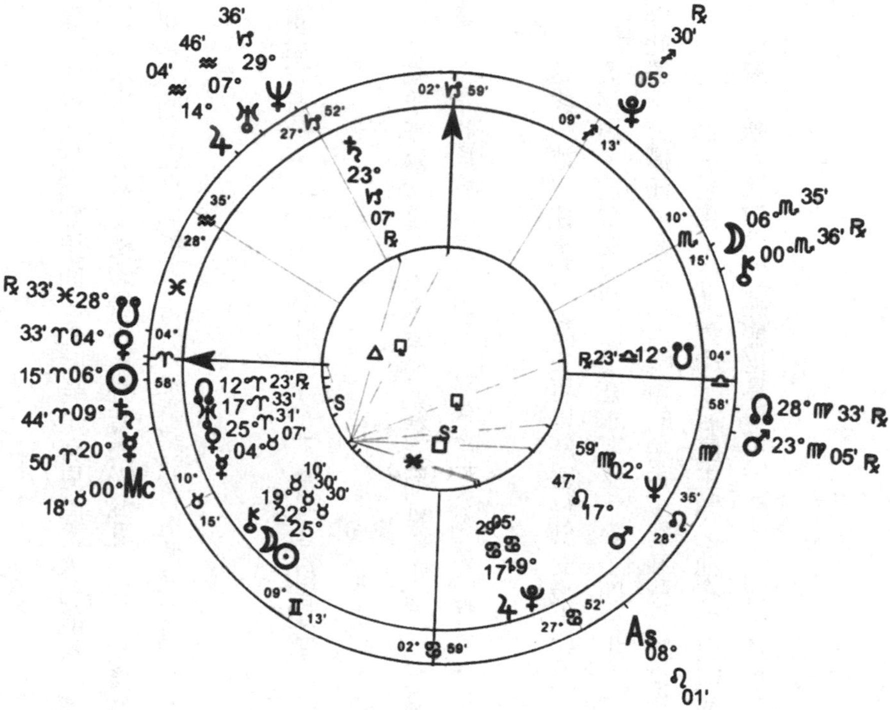

圖八　內圈：馬歇爾．亞伯懷特；
外圈：「天堂之門」集體自殺時的行運

在，不論他們是否認為那些是善良可親的外星生命。爭論是否有外星人的存在已經超過本章節所要處理的範圍，不過就此處而言，我們可以把焦點放在這類信念、經驗以及感受，足以令人非常容易受到毀滅性的概念左右，譬如任何以其他形式出現的基本教義式論述。就像一些在本章節中會提到的故事一樣，「天堂之門」的集體自殺事件也為我們展示出，當一個人因為沒有去照料自己過去受到的苦痛，使得人格因此扭曲，此時若是有更高更大的能量，通過這樣一個人所建立的有形無形的體制時，會造成甚麼樣的後果。心智變得混亂不安，然後為了想要「修理」這樣的不穩定狀態，而執意固著在一個地方，最終更訴諸於將這個執念具體實現於外部世界，以求得內心的安穩。

種族主義、「高貴的原始人」、「黑即是美」

幾乎可以確定，在未來的某個時間點——若以「百年」為尺度的話，距離現在就不會很遠，文明的民族將會消滅然後取代全世界各地的野蠻民族。〔註13〕

這段引述自達爾文的話，可以為盛行於前幾世紀間，歐洲人對非歐洲文化所抱持的心態提供一個縮影。達爾文的凱龍是在水瓶座，除了四分相於南北月交點之外，就沒有其他的相位，因此達爾文擔任了某種為人喉舌的角色，為某些已經足夠成熟、希望獲得表達的集體想法發聲——為我們呈現出一個典型的水瓶座主題。他在自己凱龍回歸的期間寫下了《物種源起》，而莎比恩符號系統對他的凱龍位置所做的註解，則是既相稱又形成了強烈的對比：

巨大的台階上有許多不同類型的人，一級台階站了一種類型，層層向上。平等主義的理想，必須由這樣的理解來加以平衡：階級分層，其實是自然狀態的實況。身為特殊而獨立的個體，的確每個人**在潛質上**都是神聖的，不過「意識」本來就會有層層的上下位階，這是個無法避免的現實，需要從社會思維的層次加以接受。〔註14〕

達爾文這種看法的前例，可以在「萬物位階序列」〔譯註二十四〕的概念中看到；這是一個在生物科學中，對全體造物加以分類，形成一個階級序列的嘗試，在十五、十六世紀歐洲的知識界，這是個廣為流傳的預設。而這個概念又以古典時期的看法為基礎，例子就像是亞里斯多德那有名的說法：整個世界可以分為「希臘人」與「野蠻人」。從古至今，所有自視「先進」的文化，全部都沉浸在這樣一種態度裡，也就是凡是異質的、不相容的、無法理解的事物，就是

譯註二十四 Chain of Being，雖然這裡所說的是生物科學上的概念，但在根本上依然是基督教的一個神學觀點：歐洲在十五、十六世紀，亦即科學革命以前的生物學，是以教會所認可的內容為依歸，譬如後面提到的亞里斯多德的（異教）學說。當然，不可否認的是，類似的萬物階級觀點，在絕大多數的人類文明中可能都可以發現。另外，達爾文本人事實上是否接受這個觀點（雖然沒有公開表示反對基督神學，但是他的宗教立場，一直是基督教世界的「痛」，尤其鑒於像他這樣一位原本鑽研神學，取得牧師資格的學者，最後竟提出內容與《聖經》劇烈矛盾的學說），以及他上面那段引言所要表達的想法，是否具有跟「萬物位階」一樣屬於「應然」的意義，都是個非常值得討論的問題。

低等的，甚至是危險的東西。於是它們就成了驚疑恐懼、批評鄙視、侮辱謾罵的對象，而假如情況可行，就用「保存我們偉大親族、部落以及制度習俗」的名義，消滅異族。

其實，一旦我們認真檢視這類階級思想的基礎，其荒謬與危險之處馬上就會浮現眼前。在魯德海爾的詮釋裡，階級制的基礎就落在「意識」本身，然而這種詮釋明顯可見的危險在於，靈性層面的「升級」被等同於要盡全力去追求一種菁英的、有如奧林匹亞諸神意義下的「優越」境界。十八世紀末，「萬物位階序列」獲得科學家的進一步發展，將其運用在透過臉部內外結構特徵，譬如膚色或頭蓋骨的寬度，來建立出一套不同人種間的階級排序。歐洲人在這個排序上被擺在最高位，黑人則跟猿猴猩猩一同被擺在最下面。這種偽科學的論述模型，不只是被用來合理化已經存在的偏見，更是要協助合法化奴隸制度及種族屠殺。另外，種族歧視的思想甚至還被擺到語言的神聖殿堂裡，一直到如此接近今日的一八九九年，牛津英文字典都還是這樣定義「hottenhot」（這是一個現在已經滅絕的南非黑人部族）這個字：可以用來比喻「一個人的智能低落或文化低等」〔註15〕。

在人類發現外行星以前，也就是土星還代表宇宙最外面邊界的時候，關於那失落的「黃金時代」〔譯註二十五〕的神話，以及與那個神話並行的「高貴的原始人」的想像，是廣泛流傳於歐洲人的心靈的。羅馬神話將「黃金時代」與土星連結，而這個難以接近的伊甸樂園，最初是被神話置於時間久遠的過去，並且距離遙遠的地方。然而，當天王星於一七八一年被人發現以後，漸漸地世人深信，這個夢想的樂園不在過去遠方，根本就存在於地球上。法國的社會思想家盧梭，為「高貴的原始人」勾勒出一副圖像，認為他們是天性善良的野蠻人，不受文明帶來的苦痛折磨，不受壓抑人性的性道德束縛，生活在烏托邦式的純真狀態中。這種慕古情懷之後大大影響了十九世紀以降，法國與英國在文學與藝術領域中熱烈激昂的浪漫主義運動。恰好，盧梭的凱龍就在雙魚座，與獅子座的土星形成八分之三相，為我們描述出這種「想要回到失落的黃金時代」的渴望；凱龍位於雙魚座，在這裡更象徵了盧梭他表達自己想法，並因此對當代人的想像內容造成影響的能力。

就人類心理而言，「高貴的原始人」是一個受到人們向外投射，然後又得到具體強化的意象；而找出這種「高貴原始人」的渴望，正是諸如瓦斯科・達伽馬（Vasco da Gama）或庫克船長（Captain Cook）這些探險家，在投身從事地理大發現之旅時，位在自身潛意識中的原型背景。至於從占星學的觀點來看，我們可以發現，自從天王星所代表的意識狀態，於十八世紀末期進入群眾心靈以來，思想觀念就逐漸地以一種典型的土星方式，受到向外投射與得到具體實

譯註二十五 Golden Age，西方文化中，「黃金時代」這個內涵廣括的概念，最初的源頭是來自希臘神話，它將人類歷史分成五個期間，黃金時代是時間上最原初，而一切都最美好的一個時代，依序下來的銀、銅、鐵，以至於古希臘人所處的當代，就越來越是衰敗。

現。雖然「追尋之旅」這個主題位居凱龍意涵中的核心地位，但這種「被外部化」被判定是失敗的，它限制了我們內心當中被「放錯了地方」的事物，無論是正面或負面的。或許，發現了運行於土星與天王星之間的凱龍，正是在預告這類「被外部化的」形象的解體。今日的世界變化得如此之快，通訊科技的運作網絡是如此地廣闊，我們有非常多的機會可以重新檢視自身種種非理性的偏見。

當然，大發現時代的探險家找到的不是原型形象裡描述的「高貴原始人」，而是外表相貌與風俗習慣完全迥異於他們的「凡人」。隨即，這些「野蠻人」就成為「高貴原始人」這個投射形象的陰暗面，如今他們所象徵的是一切屬於動物的、卑賤的、不夠格當人並為真正的人類所不齒的特徵；他們也象徵著維多利亞時代最可怕的惡夢：受壓抑者的回歸；於是，他們經常讓這些「文明人」感到噁心厭惡，甚至動手進行大規模屠殺。關於這種集體性的現象，在個人的心理層面中有個非常清楚的對應情況：當我們往外尋找其實是位於自身內在的某種特質，那麼我們再怎麼努力也是找不到的。例如：我們發現身邊的伴侶、情人、師長、朋友等等，不只是會犯錯、有缺點的凡人，而且對於我們希望他們成為的形象，他們不僅毫無興趣、一無所知，甚至於仍然堅決地要當他們自己——這時候我們的反應，常常就是毀滅性的忿怒。

一六〇七年，愛德華・托普塞（譯註二十六）是如此形容他眼中的「黑色人種」：「他們的男性對女人的慾求就跟猩猩一樣頻繁，嘴唇很厚，上唇突出蓋住下唇，看起來就像些傻瓜笨蛋……

蠢驢、猴崽子，就是在說他們。」〔註16〕探險家為他們遇到的這些從未見過的民族畫了圖畫，從這些圖畫中我們可以清楚地看到，在這些黑人身上究竟是被投射了多麼誇張的幻想。對某些塔斯馬尼亞〔譯註二十七〕的早期開拓者來說，殺害原住民是一項娛樂消遣；出於類似的心態，一些美國人大拍特拍的電影中，殺害原住民成了小孩們愛玩的遊戲，名字就叫做「牛仔與印第安人」。而在非洲南部，不論白人或黑人，都對說科依桑話（K'hoi San）的人，也就是那些「叢林地人」，進行過等同於種族屠殺的征伐。

我們不禁要問：所以，歐洲人所追尋的究竟是什麼？包含在「高貴的原始人」這個意象裡的，是人們想要返回純真狀態的渴望，以及重新與原初狀態的自己連結的需求。用一種象徵性的比擬來說，這是一種回到「母親」子宮的渴望，而正是這個歸返，最終為凱龍被自己親生母親拒斥所留下的無法癒合的傷痕，帶來了療癒。「高貴的原始人」也提供了一個與下述這種最能代表十九世紀對理想人性的想像模樣，正好相對的形象：人類，該是要「不受情感左右地勇

譯註二十六 Edward Topsell，1572-1625，英國人，本身是神職人員，不過也是當時著名的生物研究者，不過當時的生物研究在今日看來有些地方跟神話傳說差不了多少。

譯註二十七 Tasmania，是位在澳洲東南方的大島，面積約當台灣的兩倍半。英國人於十九世紀初開始移入，三十年內當地原住民從至少超過五千以上，銳減至約三百人，並於十九世紀末絕種。

往直前……大步邁向最高的峰巔，也就是西方文明在勤勉不懈之下登上的光輝頂點」（註17）——真是一個完全秉照海克力斯般的英雄模式灌製而成的理想鑄模，同時也反映了凱龍所受的第二個傷。

如果再牽連到宗教信仰，這一切就變得更加邪惡了。「基督徒戰士們，跟在耶穌的十字架後，向著戰場行進」的這幅景象，依然多少都還留存在前述所介紹的西方優越觀裡頭。「是不是所有種族都是由上帝所創造，都源自亞當及夏娃？」是十九世紀中期激烈進行的神學爭辯，諸如聖西蒙伯爵（譯註二十八）之類的思想家，深深影響了大眾的觀點，在他的想法裡，就算所有人類都以亞當及夏娃為共同祖先，「文明」依舊是唯獨歐洲白人才擁有的禁臠，而達爾文的學術成果，為這條思想路線提供了理論彈藥。同類思想的不同形式，則成為「兄弟會」（Broederbond）的構成基礎。這是由一群狂熱的基督徒，於一九一八年在南非組成的協會；在種族隔離的年代，這個協會的成員控制了南非幾乎所有領域的法人、組織、機構以及企業，而他們全都用基本教義式的方式來解讀《聖經》——種族隔離制度，就是這些信仰的具體制度化。

十九世紀期間，傳教的熱潮也在世上許多地方達到了頂點。這股傳教熱的想法是，上帝所創造的自然天地是要供（西方的、白種的）人類來征服，讓人類最終成為整個地球的主人。如今，全世界只有寥寥可數的地區沒有受過人類的染指。我相信，就這個層面的集體運動而言所呈現的「靈魂衝動」，是我們希望與「自然原始」重新連結的迫切需求，這點在薩滿信仰的章節已做過說明。不過，一旦這樣的衝動與需求，沒有得到人們清楚的認知，它就會往相反的方向作用，成為追求「優越」的風潮，然後導向對其他民族進行奴役、剝削以及統治；因此而來的後續迴響，直到如今都還依然伴隨著我們。

與凱龍的發現同時，我們也目睹對原住民文化的關注與興趣再次復甦。就宛如十八世紀晚期的情況，一九六〇年代期間，群眾常見的共同態度是對西方社會的拒斥，包括它的價值觀、傳統思想與規範，並且想要找到比它更好的東西。然而，其他文化的外衣儘管可以借來穿上，但是內在的態度卻有可能沒有任何改變。「高貴的原始人」這個意象繼續存在著，只不過換了一個滿足我們這個時代物質主義需求的修正形式：當今社會的高物質生活標準，它之所以可能，靠的依然是非西方族裔的廉價工資。「高貴的原始人」以薩滿巫師的形態歸返，這或許透露了人們對於「靈性復興」的需求。不過在這裡，「殖民化」的形式更加微妙，一旦我們試圖用強制的手段讓靈魂的能量受到控制，可能會令不夠謹慎的人掉入陷阱。對發生於我們內在陰暗地帶的一切，堅定但溫柔地持續關注，將有助於我們認知這種內在「奴隸制度」的存在，並且從中得到釋放；否則，我們就會將它投射到他人身上。

譯註二十八　Comte de Saint-Simon，1760-1865，原名Claude Henri de Rouvroy，法國早期社會主義思想家，不只參與過法國革命，還在理想感召下投身北美獨立戰爭。

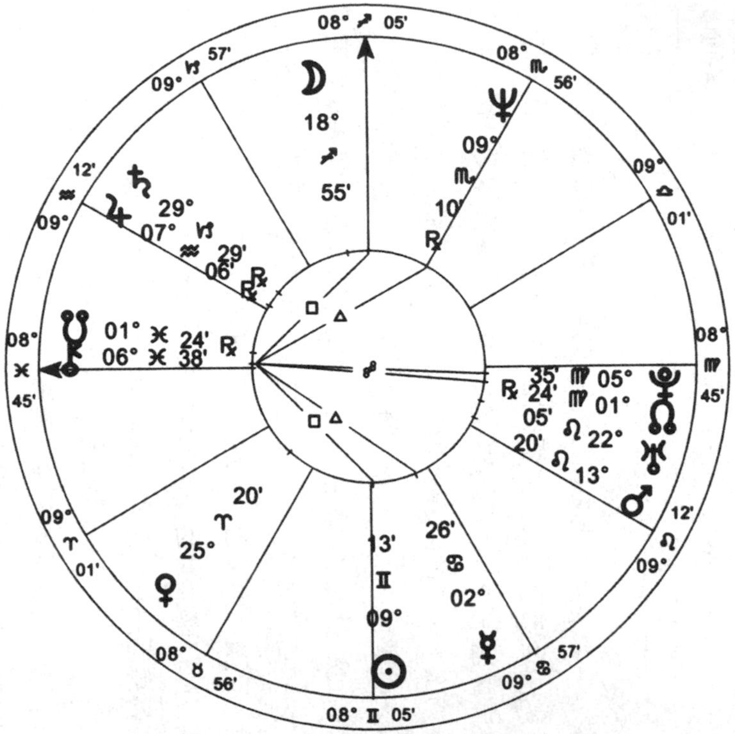

圖九　南非共和國

南非

「南非」一度是最能代表「分裂的自己」的一個詞。種族隔離制度的不公不義，非但挑起人們激烈的情緒，或許還成為一個活生生的提醒，不斷讓人回想起，一旦自己內在那個「擁有自然本性的人」遭受粗暴虐待與禁錮束縛時，所受到的那種劇烈痛苦。在這樣的意義上，尼爾森．曼德拉（Nelson Mandela）無疑是承受這種苦難的「最平凡」的化身；他從獄中獲釋所具有的深刻意義，不僅限於政治、歷史的層面，還包括了原型層次。仔細檢視南非的星圖，將可讓我們清楚看見在世俗占星學（mundane astrology）中，凱龍的盤面配置是如何地告訴我們，關於一個國家之「國族個體性」（national individuality）的點點滴滴。這個詞雖然是自相矛盾，卻有助於我們理解與討論；它能展現是什麼原型模式發揮了最首要的作用，以及沿著歷史發展的轉折與變化展開的是什麼主題；它追蹤的是屬於「群體靈魂」的旅程。

南非「共和國」星圖的凱龍，有著非常引人注目的位置，它在雙魚座、第十二宮，與上升點合相。所謂的「種族隔離基礎」是由種種法律規定累積加總而成，很有意思的是，這些法律中有許多是在二十世紀前期，也就是凱龍之前某次行運通過雙魚座的期間通過制定的，以一種扭曲的方式展現出它對宮的特質：「進行區別」的處女座。南非的「聯邦」身分（一九一〇年）得來並不容易，是兩次波耳（Boer）戰爭的結果。歐裔非洲人認為自己是神所挑選的民族，就像那些以色列人部族一樣；同時他們也覺得黑人和「外來人」（操英語的南非白種人）都在欺壓他們。這種想法讓他們認為上帝要他們達成的使命，就是緊守基督徒純正性的理想以及自我紀律的維持；他們相信那些迫害者是沒有辦法做到這些的。

就在聯邦迎來了凱龍回歸之時，南非從聯邦變成了共和國。在這張一九六一年共和國成立的星圖上，凱龍是其變動星座大十字的一部分，一同在這個圖形相位中的還有四個基本點。詳細來說，處女座、第六宮的冥王星及北交點，它們與凱龍的對分相，以及雙子座、第四宮並且合相於天底的太陽，與凱龍的四分相，構成了一個T型相位。位在射手座、第十宮的月亮，與這張星圖的天頂形成相當寬鬆的合相，這個月亮雖然並未直接成為大十字的一部分，本身依舊是和太陽有對分相，因此會受到行運行星的牽引。此外，它的凱龍也是星盤中水象大三角的成員，大三角的其他兩個端點則是天蠍座、第九宮的海王星，以及巨蟹座、第四宮的水星。凱龍在第十二宮，在這裡象徵的是南非曾採取的「孤立主義」，以及流放及代罪羔羊的角色；國際社會對南非施壓時的「放逐」動作，是這些象徵意義的實際呈現。凱龍位在雙魚座，則是代表這樣的情境與局勢，在無論南非內外的社會大眾心中，激起了許多極大的痛苦與歉疚。

在世俗占星學裡，太陽象徵「統治階級」，而在南非共和國星圖上的，是一個雙子座並與天底合相的太陽，再加上與凱龍的四分相，這些都清楚地代表了構成當時南非社會之基礎（第四宮），那種存在於對立雙方間的衝突與不睦，還有所謂「區分與支配」的這種政策方針。第十二宮這個凱龍位置，暗示了深埋於其下的歷史傷痕或歷史衝突，這一點也確實反映在南非這個地域長遠的歷史：部落之間，以滅村滅族為目標的戰爭，早在進行人種劃分，並且不斷為整個社會造成傷害的殖民地政策到來之前，就已經間或不斷地肆虐。凱龍與太陽的這個四分相，加上它與水星的三分相，象徵著對出版物及媒體的嚴格審查制度；換句話說，資訊的系統與體制，是既受到傷害也帶來傷害。強迫人民「無所知」，永遠都是國家施行控制的一副好武器。太陽與水星這兩個落入第四宮的行星，標示著狂熱的國族主義，或者一種對「家國」的熱愛，充斥於南非國民之中，不論是哪一個種族。由冥王星與凱龍的對分相加上第四宮的太陽所構成的T型相位，也象徵了遭到強制移居的黑人族裔，以及隨之而來因此而發生的家族、血族等族群被消滅的結果。

冥王星加上海王星，象徵了被剝奪的階級，在南非的情況，指的就是除了白人以外的所有人。在南非的星盤上，凱龍對分於處女座、第六宮的冥王星，兩者且分別合相於南北月交點，這是一個意義非常顯著的組合，敘述著以剝削利用為方針，冷酷而不帶人性的實用原則（冥王星與北交點合相於第六宮），以及想要從這一切解脫的來世觀（凱龍與南交點合相於第十二宮）。在害怕被「黑禍」推翻（第十二宮）的恐懼驅使下，政府定下了包括審問（凱龍、太陽、水星有相位）與刑求（凱龍與冥王星有相位）在內的違背人道的嚴刑峻罰（冥王星與北交點有相位）。基督教理想、種族的純正以及自我紀律的要求，在這裡是呈現於第六與第十二宮這條軸線，與此同時第六宮的冥王星則象徵著有越來越多勞工階級投入武裝抗爭：被剝奪的人（冥王星）堅決地站出來對抗統治階級（凱龍與太陽、凱龍與冥王星有相位）。改革，甚至革命性的活動，無論其源自黑人還是白人社群，以冥王星典型的那種隱密作風，逐漸在「地下」策劃醞釀；這些活動將令參與其中的當事人，在個人關係的層面上付出慘痛的代價（冥王星與下降點有相位），並且對其日常生活的所有面向都造成影響（第六宮）。

一九八五年年中，行運的凱龍與南非星盤上的太陽形成合相，觸動了變動星座大十字的能量：國內抗爭的情勢越演越烈，已經演變為國際注目的焦點。政府宣布國家進入緊急狀態，施行資訊傳播管制（凱龍進入雙子座）。另一個與雙子座有關的大事：教育，也受到非常嚴重的阻擾。此外，那份引起相當爭議的文件「契機書」（Kairos document）也在這個行運凱龍與星盤上的太陽合相來到結束之際被發表出來。的確，由神所賜予的機會現在來敲門了。這份以末世思想為重點的文件，由一群黑人基督教神學家合著，訴諸《福音書》及《啟示錄》的內容，替使用武力來反抗鎮壓援引來自《聖經》的支持。與種族隔離基礎這個「魔鬼」進行暴力的戰爭，被視為是履行一個人身為基督徒的職責。是以，這個「契機」的性質就鮮明地表達於凱龍位在雙子座的意涵裡：這則末世將至之天啟，乃是由對立的兩端所進行的終極之戰。這次行運儘管削弱了種族隔離制度對南非社會所施加的箝制，卻也增加了某種兩極對立的激烈程度：一邊是堅持要求讓不同種族彼此在政治上完全分離的新法西斯路線，一邊則是願意接受內部改革既是必須進行，也是必然之勢的人。

一連串的變革，在凱龍進入巨蟹座的時候開始迅速發生。對某些人來說，這些變化不免帶給他們熟悉的家園受到傷害的感覺；然而對另一些人來說，這卻是療癒的開始。在這個凱龍週期之間，隨著一九九〇年尼爾森．曼德拉的獲釋，整個政治架構在一九九四年戴克拉克總統的任內，就整個讓人難以置信地瓦解與終結。

弗瑞德列克．威廉．戴克拉克（Frederik Willem de Klerk）的太陽、土星、水星以及金星全

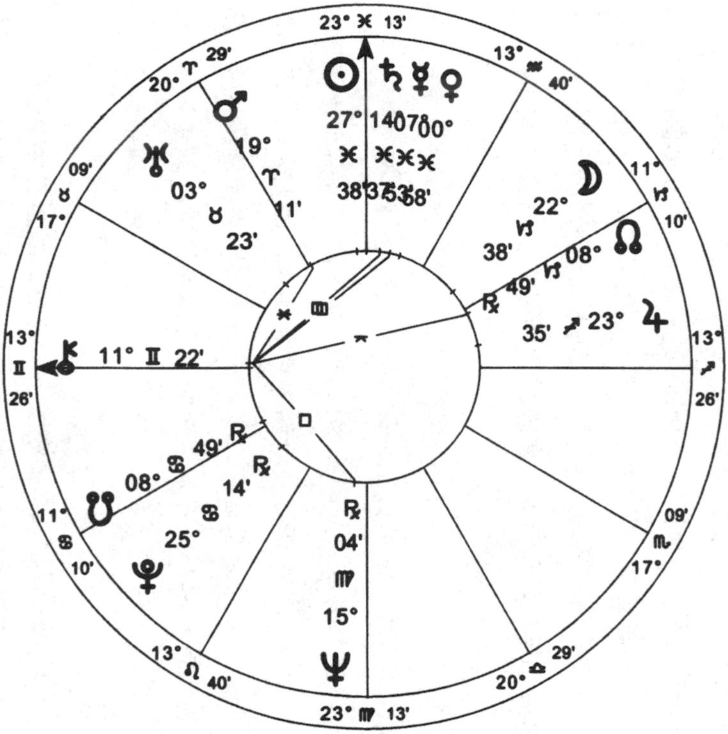

圖十　威廉．戴克拉克（正午的位置）

部都位於雙魚座，後面這三個行星還都跟南非共和國的凱龍合相。不只如此，他雙子座的凱龍也與共和國的太陽合相。戴克拉克於一九八九年八月十四日接任南非共和國的總統，當時的木星正來到巨蟹座的前段，合相於尼爾森．曼德拉的木星，為後者在數個月之後的獲釋，提供了一個很有意思的預告。「新南非」的星圖以及曼德拉宣誓就職繼任總統之日的星圖，都有著位置在處女座第2度到第3度之間的凱龍。這個度數在莎比恩符號系統中的詮釋，會讓人強烈地聯想到無論是南非聯邦還是南非共和國的星圖上，那個憂患動盪的雙子座太陽。

> 兩個守護天使：
>
> 當人類感受得到天使的存在，就表示在當時，他們正處在絕望與孤獨的時刻……（這個符號）會降臨在那些亟需從它這裡得到信心與保證的人身上。它是「受十字釘刑之難」這個符號的對應物之一。個人那種以自我為中心的感受，有可能被它一分為四而破壞碎解。於是在原來的位置上，可以發展出自己也能察覺意識到的深刻慈悲；這慈悲心雖然完全不同於心靈之平靜，但平靜的心靈卻要有這慈悲心來加以補足。到了這個時候，個人就可以真正理解何謂「內在的力量」。〔註18〕

仔細看看這張「新南非」的星圖，我們可以看到它與共和國的星盤，既有一組奇特的相似處，又呈現為是後者的「進展」。凱龍不再與太陽、月亮、冥王星以及交點軸形成大十字相位，現在它是與太陽、月亮還有土星，構成一個「神祕矩型」（Mystic Rectangle）。太陽還是在第四宮，月亮也還是在第十宮，不過這次它們是分別落在金牛座和天蠍座；與此同時，由凱龍與土星的對分相所構成的另一條對角線，則是分別落在第七宮和第一宮。與大十字不同的是，角與角之

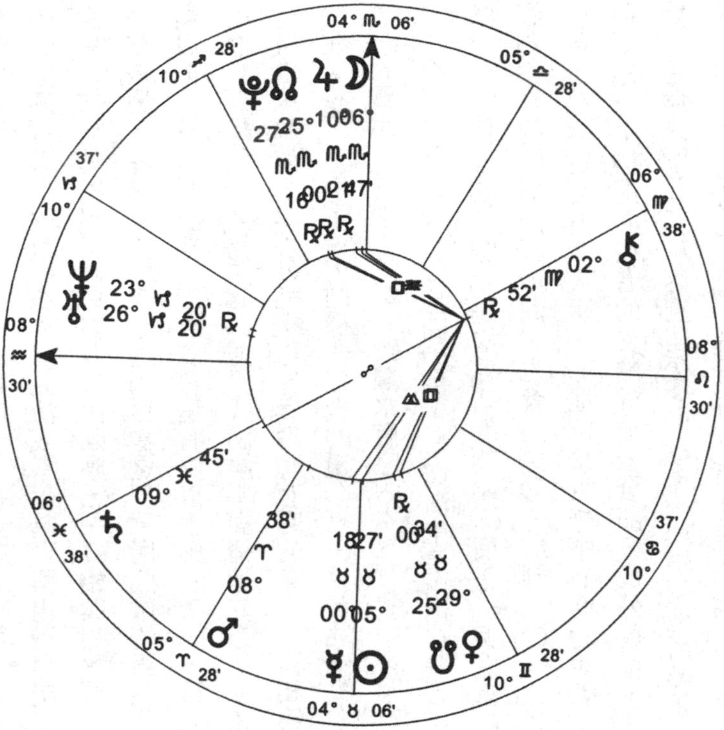

圖十一　新南非：「彩虹之國」

間彼此形成的都是柔和相位，而不是四分相。另外，新盤面的土星與共和國盤面的上升點合相，同樣地凱龍與其北交點合相。至於兩個盤面上的凱龍位置，則是彼此對分！

這些都強調出一九六一年那張星盤留下的凱龍遺緒。其中的療癒面向即由「真相與和解委員會」表現出來。儘管有著諸多缺點，這個委員會依舊以一種實事求是的態度（一九九四年時，凱龍位在處女座）嘗試來對社會集體的苦難（一九六一年時，凱龍位在雙魚座），做一次開誠布公的處理。雖然，存在於靈魂之內的療癒行動，沒有辦法加以立法或者化為實體組織與制度，但是這些療癒行動還是感應得到立意良善的意圖，也因此會對其做出回應。「真相與和解委員會」的模式，例如受害者與加害者在帶來療癒，以及尋求解決之道的目標之下，所開啟的對話及面質過程，也成為世界各地日後許多類似情況遵循的典範。這也許會是有史以來第一次，「官方」認知到有這種必要，要去對社會中的歷史傷痕公開加以承認，並且找出撫平與彌補的方法。在南非共和國的星盤上，雙魚座的守護行星木星及海王星，分別座落於與理想有關的第十一宮和第九宮，而在新南非的星盤上，木星是位在天蠍座、第十宮，同樣在這裡的還有冥王星及北交點。另外，新南非的上升點，是其星圖中唯一的風元素代表，也跟共和國水瓶座的木星有著緊密的合相，象徵著邁向新希望的開始。

除了這些以外，新星圖中天王星與海王星出現於第十二宮的合相，與其是在訴說「過去的議題」，倒不如解讀成是描述新的開始。而下一個關鍵的重大時刻，將會發生在以共和國星圖為標準的凱龍回歸期間，也就是二〇一二到二〇一三年之間。在本書寫作之時，尼爾森．曼德拉已經過完九十大壽，而他位於巨蟹座25度的太陽，會在新南非星圖上形成又一個「神祕矩形」，搭配著後者的交點軸加上全部三個外行星，傳達出一個相當生動的宣告，告訴我們：這個人的存在以及他所承襲的天命，與這個他所熱愛的國家之間，究竟有著多麼深切的關連。最後，非常值得我們注意的是，新任美國總統巴拉克．歐巴馬（Barack Obama），出生於一九六一年八月，只比南非成為共和國晚十個多星期，而他的凱龍是在雙魚座5度19分。這兩者在時序上是如此接近，當然會有不少行星處在類似的位置。不過，歐巴馬的月亮是位在雙子座、第四宮，與南非共和國那個雙子座、第四宮的太陽合相，因此歐巴馬星盤上的T型相位，是由冥王星、凱龍，及月亮組成。歐巴馬總統將會以什麼方式，來療癒存在於世界靈魂中的隔離政策所造成的傷，這還有待我們繼續觀察。

生態

今日的地球受了傷，也痛了心……我們剝削、破壞、蹂躪大地的一切，是因為我們自己本身失去了和諧與平衡……而除非我們能敬仰曠野，敬仰內在那懵懂於文明的人，否則就沒有辦法達到均衡。

——勞倫斯・凡・德・普司特爵士〔註19〕

隨著人類在智力方面的理解能力，還有對外在世界在物質上的支配程度擴張至今日這個地步，人也失去了能看到自然整體性的視野，更看不見自己與自然的連結。正式公布發現凱龍的當天，凱龍是金牛座、第四宮，為我們指出了上述這種人類處境的傷痛，而這個傷處就位在當前這個歷史時期的基礎（第四宮）裡頭。某種從生態意義出發的觀點正在試圖匡正這種失衡狀態，它以不同物種間的相互關連性，以及對物種生存來說不可或缺的交互依存性，作為關注的焦點，人類自然也是其中一種物種。「生態」這個字「ecology」，字根源自於希臘文的「oikos」，意思是「家」，無論是有形還是無形的家；所以這個字的意思就是「了解我們的家」，這裡指的就是地球。「曠野之人」憑藉著天性本能就可以認知到他在整體之中所處的位置，並且依此而過活；另一方面，薩滿巫師則透過他經歷的苦難折磨、養成過程以及順應天職，而獲得靈視以及意識覺知。既然「曠野是靈魂原本的群落生境」（譯註二十九）（註20），它也就會以一種獨特方式滋養人類的精微能量。就如勞倫斯・凡・德・普司特指出的：隨著曠野遭受侵蝕，「曠野之人」也跟著消失，而這將是我們的損失。

從這裡頭，我們可以看見阿提密絲這個原型人物的身影；這位「野生動物的女主人」（potnia theron）呈現出大自然原始、尚未受到糟蹋或馴服的特質，而且要求以「所有母親的母親」的地位得到尊重。當我們在內在之中，尋找那位「曠野之人」時，這過程便有可能將我們連結到自己身上那種可以像小孩那樣感到快樂的能力；同樣地，那也可能讓我們感覺到人類所受到的無法言喻的苦痛：原生的純真受到社會化、教育制度以及其他東西的扭曲而生的苦痛；這些過程的目的，就是要確保我們符合體制的要求，而這個體制對於反映於自然之中那生命的靈性源頭，則是一絲一毫的尊重也沒有。

一九七七年，第一屆世界野生環境保護大會（World Wilderness Congress）召開舉行，時間正好就在從凱龍首度為人類發現，到不久之後獲得正式公布的這段期間。對生態保護而言如此重要的一個國際論壇，其創立構想的來龍去脈，為我們清楚展示出凱龍在其中所發揮的作用力。大會創立背後最初的推動力，源自兩位南非人之間的友誼，他們是伊恩·普雷爾醫生，以及他的良師兼益友昆卜·瑪庫布·恩通貝拉（Qumbu Magqubu Ntombela），這兩人也是在保護區與禁獵區的長年工作伙伴。在凱龍行運分別與他出生的月亮和海王星產生對分相（一九五八至一九六二年間），普雷爾醫生產生了一個構想，而這個構想日後則發展成「荒野領導學校」。計畫中，他和瑪庫布可以開拓、維護並且導覽南非荒野中的步道，帶領參觀的小團體任意邂逅非洲的精神與靈、和自然相遇，以及讓成員面對他們自己。藉由這樣的方式，成員不論是在個人的成長，還是在認識野生保育的重要性上，皆可獲得促進；確實也有成千上萬的人在這些步道上改變了人生。即使是在種族隔離依舊存在的當時，這個計畫的目標也是向各個種族

譯註二十九　biotope，群落生境是生態學上的專有名詞，它與「棲息地」是依據不同標準而定義的不同概念，是指一個生態系統中，依照生物群落對非生物環境的適應性，而劃分的空間單位。不過，當然這個詞在這裡或許只是借用一些引伸、象徵意義。

開放，可說完全是一座充滿凱龍色彩的橋樑，連接由政治劃分的區隔；同時也是一次革命性的嘗試，企圖重新向不論黑人還是白人介紹，並且讓他們重新連結到在他們繼承的曠野遺產中，所具有的那些療癒力量。簡單來說，它為人們提供體驗曠野療癒力量的機會。

普雷爾醫生星圖上的凱龍盤面配置如下：凱龍在牡羊座的29度26分，合相於金星，三分於第五宮的海王星，並與摩羯座、第九宮的土星形成倍七分相。就他的例子來說，凱龍與金星合相於牡羊座，顯示了會培養出能夠跨越集體的偏見、連接文化隔閡的某種開拓者、先驅者性質的關係，並且經由這樣的關係為他人帶來療癒。「荒野領導學校」突顯出人與神靈、人與人、人與大地一共三種關係，為凱龍與金星合相下得到擴展的相關視野，提供了相當有力的表達方式。另一方面，普雷爾醫生的星圖還有一組位於雙魚座的星群，包括木星、水星、太陽、上升點以及天王星；除了天王星之外，全部都位於第十二宮。這暗示了在潛意識中，對於集體的苦難，還有想要得到救贖、想融為一體的集體渴望，都有高度的敏銳性；同時也進一步強調了那已經很強勢的海王星——與太陽互融（mutual reception），並且與凱龍及射手座的天頂成三分相的海王星。至於星圖上總體而言的支配行星，則是位於雙魚座的木星。另外，雙魚座的天王星合相於上升點，顯示出成為改革者、創新者或者成為思想領域變動媒介的能力；與此同時，牡羊座的凱龍則賦予他採取行動，做出正面的、具有建設性的推力。最後，他的凱龍盤旋在第一與第二宮的邊界上，而我們可以從這一點中看到：在發起推動一項志業時，還能一併融入對正

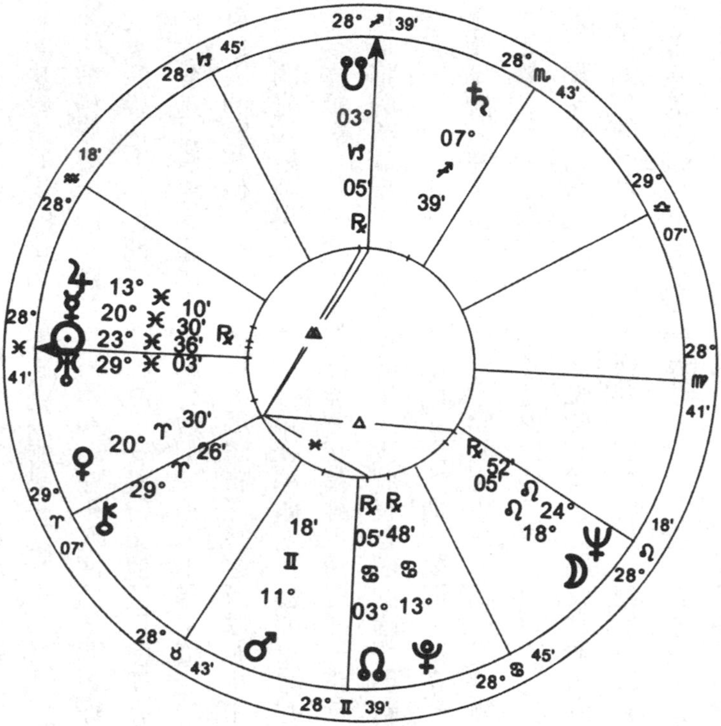

圖十二　伊恩·普雷爾醫生

確價值觀的關切。

「荒野領導學校」於一九六二年成立，當時行運的凱龍正好開始與木星合相，也就是他位於第十二宮、雙魚座星群中的第一顆行星；象徵某個具有海王星特徵的理想與遠見，獲得了擴張與具體實現——在這個例子中，這同時也是一個教育性質的理想（木星）。普雷爾醫生雙魚座的木星還與南非共和國星盤上的凱龍合相，描述了他在處理自己國家那段歷史時期的傷口上，也扮演了一個角色；他雙子座的出生火星，也就是牡羊座凱龍的守護行星，則是與南非共和國星盤上的太陽合相，象徵著化解對立、傳達療癒旨意的行動獲得了採納與推行。

普雷爾醫生的良師益友瑪庫布，在一九四〇年間曾經被一隻毒蛇咬傷，為此他陷入了長達三天的昏迷。昏迷期間，他經歷了一段帶領他看見種種異象的內在旅程。隨著這起意外，之後的兩年他都身受嚴重的疾病所苦，促使他踏上尋求療癒的追尋之旅，因為不論是自身的傳統還是白人的醫藥似乎都幫不上忙。瑪庫布最終之所以能夠完全痊癒，是在得到引領之下，接觸到祖魯的先知謝姆貝（Shembe）；雖然瑪庫布信奉的是基督教，但是依然維持著他祖魯族傳統的生活方式——換句話說，他是一個在精神生活層面，跨越並且銜接兩個對立文化的人，是個不折不扣的凱龍型人物。可惜的是，我們沒有辦法確認瑪庫布的出生資料，可以確定的是，他出生於一九〇〇至一九〇二年之間，因此他的凱龍會落在射手座中段到摩羯座中段之間的某處。儘管不夠清楚，但是從這麼一丁點的資訊裡，我們就能夠看到某些很有意思的凱龍模式，在瑪庫布於世界野生環境保護大會的發展演進中，所扮演的角色身上呈現。

瑪庫布的全名意思是「惡化的怨忿」，因為當他出生的時候，家族內部正好為了牲口問題發生劇烈的爭執，當事人是他的父親和伯叔（註21）。從一九〇〇年十一月到一九〇一年十二月，凱龍接連分別或同時與木星及土星合相，發生合相的位置從射手座的後段到摩羯座的前段。木星在傳統上就有「叔伯」的意思，而土星則通常和父親聯想在一起。值得注意的是，在普雷爾醫生的星圖中，天頂位於射手座的28度39分，與第一次世界野生環境保護大會召開日星圖中的上升點，形成完全的合相；這也暗示著我們，瑪庫布確實有可能就出生在這段期間。無論如何，瑪庫布的凱龍與木星或與土星（或同時與兩者）合相的可能性是非常之高。又，我們的名字有可能會透露一些關於我們命運的訊息，因為父母常會在沒有意識到的情況下，為孩子取個象徵需要得到解決的需求、「未竟之事」或者對未來的期望等名字，讓這樣的意念被帶到下一個世代去。而所謂「惡化的怨忿」，在瑪庫布那場帶領他進入另一個境界的長期疾病中得到了具體實現：他整個人腫脹到無法自行移動，如果沒有別人幫助，就連四處走走都有困難。木星與腫脹有關係，土星則是跟無法行動和無助有關——而這當然會讓人心懷怨忿。在他尋求療癒的旅程（凱龍）之中，瑪庫布十分徹底地跟屬於父親（土星）的傳統宗教習俗決裂，而最終他是經由自己獨一無二的方式，融合（木星）非洲與歐洲的宇宙觀，才尋得了完全的療癒；於是可以說這全都得到凱龍、木星、土星的清楚表徵。

一九七五年初，就在普雷爾醫生第一次度數完全合致的凱龍回歸形成之前，他跟瑪庫布一起有了召開一個論壇大會的構思。他們的想法參考自祖魯人的**印達巴**（indaba），在祖魯話中，這個字的意思就是討論重要事情的集會，一次聯歡會，或者有如北美印第安人的那種跨部落大會。他們構想的這個大會，可以讓世界各地的人聚集在一起，引起世人注意並且認識荒野的重要性，進而催生保護荒野的行動。就這樣，創立大會的具體計劃開始逐步推動，經過了二年半，剛好就在人類發現凱龍的幾天之前，這個理想成為了現實！首先與會的國家，乃是南非、澳洲、美國以及加拿大。在這些國家的「國民良心」上面，全都有過迫害原住民的慚愧紀錄；當時這些原住民的風俗習慣與宗教信仰，沒有得到真誠的認識與理解，他們對土地的權利也沒有得到保障與尊重。就跟所有從事征服的民族一樣，這幾個國家的過去都招來了集體的業障。世界野生環境保護大會的活動，其努力的方向就在於償還業障，希望可以癒合這種裂痕，藉由這種方式達成「父債子還」。從這之中可以看到的主題，與連結到「父親」概念的祖先議題有關，從而直接告訴我們「凱龍—土星」相位在其中發揮著作用。所以，就讓我們再對這個主題做更為深入的探討。

在世界野生環境保護大會的星盤中，凱龍三分於土星；此外，前面我們已經看到，瑪庫布的凱龍很有可能若非是合相於土星，就是落入摩羯座，或者根本就是同時符合這兩點。另一方面，普雷爾醫生的出生土星位在射手座、第九宮，與凱龍形成倍五分相；五分相象徵「有建設性的轉化」，倍五分相則是「表現於外」的五分相（註22），這在普雷爾醫生的生命中可以清楚地看到。他在牡羊座的凱龍，象徵的為了解決問題而採取行動：既關於連結到「父親」（土星）形象的祖先主題，又關於宗教信仰與深層哲理（第九宮）的問題。而他位於雙魚座的木星則是在第十二宮與土星形成四分相，意味著擴張了行動關係的範疇，將群眾全體包括進來。普雷爾醫生是南非人，這些集體議題的性質內容，讀者在前面章節南非星圖所顯現的資料中，已經可以有清楚的了解。另外，普雷爾醫生在十二歲時被一顆石頭刺傷一個膝蓋（由土星守護），讓這個膝關節永久的變形，而且三不五時就為他帶來劇烈的疼痛；這場意外就發生在行運的凱龍對分於他第四宮的出生冥王星，而行運的土星合相於他的出生凱龍之時。這項殘疾雖然讓他成為一個比較內向的人，卻沒有阻止他成為南非獨木舟競速運動的先驅者，真是不枉他牡羊座的凱龍！

世界野生環境保護大會的星圖，有著在金牛座、第五宮的凱龍，它三分於獅子座、第九宮的土星，象徵著想要帶來療癒的意圖（凱龍）得到了表現與傳達（第五宮），以及與過去的議題（土星）達成了和解，另外還代表了遠見與理想（第九宮），還有構思規劃某個在世界上發揮作用的有形實體（土星）。世界野生環境保護大會提倡實事求是的理想主張，支持在它預設的基礎架構中追求個人的意義，另外也負起跨越國家、民族、種族藩籬的教育功能——這些都可見於凱龍與土星的相位。它的凱龍也與位在天蠍座、第十一宮的星群形成對分相；星群的成員有太陽、水星、天王星。同樣的組合，也出現在普雷爾醫生星圖上的雙魚座，可以說：經由世界野生環境保護大會這個媒介，他那深深展現出雙魚座色彩，對集體議題感同身受的同理心以及無法對其漠視的熱情，在天蠍座中得到了聚焦，也得到了可供其應用的力量。另一方面，在世界野生環境保護大會的星盤上，凱龍代表的是為了強而有力的理念（凱龍與水星有相位）所做出的表現（第五宮），而且這樣的表達具有改變群眾態度（凱龍與第十一宮的天王星有相位）的能力。連結內部與外部，是非常具有凱龍性質的概念；為文化、種族、民族、國家的分歧對立搭起橋樑也是。此外，它的凱龍也與巨蟹座、第八宮的火星有四分相，暗示著治療（凱

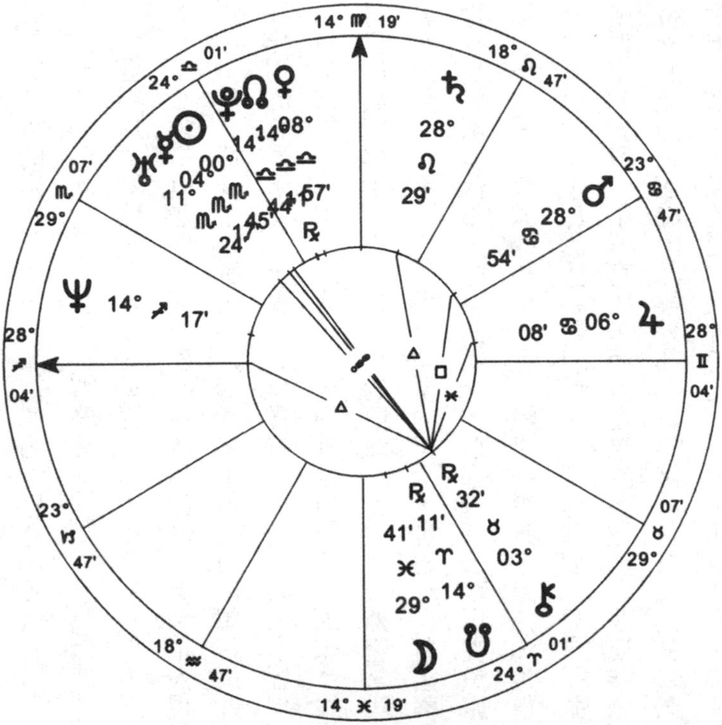

圖十三　第一屆世界野生環境保護大會

龍）因侵犯（火星）「大地母親」（巨蟹座）而帶來的傷，以及提高世人對於自然資源所受剝削（第八宮，意思是「他人」的資源）的認識（凱龍）。處於由滯留轉入順行，並且在巨蟹座得利的木星，它與凱龍之間的六分相則是代表理想與遠見（木星）；它也代表著能再度在這個地球上「找到自己的家」（巨蟹座）這個具有生態意義的需求，以及因為滿足了這個需求，而重拾了我們與生命靈性的、奧祕的面向（木星）連結的能力。普雷爾醫生的天頂，合相於世界野生環境保護大會星盤的上升點，這個合相的位置在射手座，顯現出一個關於個人的遠大志向（天頂），是如何催生（上升點）一個嘉惠全世界之計畫的漸進發展過程。這一切，都發生在普雷爾醫生凱龍回歸的期間，為我們提供了一個極好的例子，讓我們見到一個人的個體性，如何在為了更廣大的集體關懷而奉獻之下，得到了滿足與實現。

地球的改變與「二〇一二」

氣候變遷在當前已是一個越來越被關切的議題，甚至還產生了複雜程度前所未見的跨國際立法，比如那惡名昭彰的「碳交易計畫」。修正原本浪費資源的生活模式，並且意識到人類對環境造成的衝擊，這些都是必要之事；而提升世人對這些事情的認識固然是件好事，但問題在於相關的爭議可能比檯面上的情形還要複雜得多。人類認為自己對大自然有無上的權利，有鑒於這種扭曲的想法構成整個議題所在的背景，或許當代將關注焦點放在這個議題上的方式，就類似於昔日那位卡紐特國王（譯註三十）一樣，對著海洋大聲叫罵，就想要讓浪濤為他停下來。也

譯註三十　King Canute，995-1035，是征服英格蘭，而繼承英格蘭王位的丹麥王子，隨後又繼承丹麥王位，並且最終再取得挪威王位（他還佔有瑞典一部分的領土），同時成為這三個王國的國王。

就是說，若是沒有在心境上有所轉變，沒有重拾對「神聖造物」的尊敬，以及讓自己重新參與其中，就算我們真能成功阻止環境日漸惡化，到頭來我們還是什麼也沒有學到。心存恐懼的人就是最容易控制操弄的人，所以就讓我們發揮自己的辨別能力，檢視一下別人「塞給我們的說法」，與此同時記得一件事：各種物種，或者更毋寧說是這整個一世又一世更替的世界，原本便是來來去去。按照魯道夫．史坦納的說法，地球本身不只一次經歷過「造化」；維利科夫斯基（Velikovsky）也用著作向我們介紹，神話裡末世意象是什麼樣的一種理念，並且指出包括《聖經》在內，在許多各式各樣的神聖經文裡可以發現的末世說法，那並不是一種比喻，而是實際發生過的事。換句話說，在人類收集的故事遺產中，就有關於大災難的參考線索，就有說法指出，過去曾經發生過改變許多天體運行軌道的大事件——聽起來確實很有可能。

在當前這個時代，有許多與各種「地球的變化」有關的「預言」，包括地球自轉軸的偏移、光子帶的理論，以及跟馬雅曆書、赫必（Hopi）族預言、幽浮、外星人拜訪等等有關時序終結的說法。這些預言不只將我們拉出原本舒適的世界，已經有可觀的證據指出，地球上的氣候變遷不只是發生在太陽系，更確切來說是發生於太陽系之外，一個更廣大過程中的一部分，於是我們的疑慮跟慌亂也就越發嚴重。尋求一個足以信賴、可以牢牢依附的信仰體系，是人類面對焦慮的常見反應，然而比起費盡心力設法想出一切的答案，或者是死守著這個、那個解釋不放，更有用的常常是擁有安然處於矛盾之中，不會失去方寸的能力。為數眾多的人，對種種末世與終結的說法深信不疑，而且還將其內容當作自己重大行動的指引，這在歷史上已經有過許多次前例〔註23〕，我們也已經探討過其中一些。

「積非成是」的概念可以幫助這裡的討論；某個東西儘管不是真的，不過借用了「真實」外貌，然後透過不停地反覆流傳，讓越來越多的人相信，於是就得到了真實的效果。許多時候，在決定要不要接受某個新想法的關頭，我們常常不抱任何存疑，然後才因為實在難以從這些想法中檢出菁華，而受到誤導欺騙。甚至於，我們有時候還混淆了「資訊」與「靈性」。無論是關於可見或不可見的事物，各種新的、令我們心跳加快的資訊，確實有可能為我們帶來啟示之光，然而它也可能會讓我們誤入歧途。因此，凱龍代表的過程，就是在幫助我們保持與自身體驗的連結，跟隨我們內心認知的軌跡，並且接通源自我們肉身的智慧，還有那來自生生不息的地球能量。如此一來，我們便能懷著誠摯之心，參與新事物的誕生，並且知道這將會是延續得比我們的生命還要長久的過程，而且這個過程的存在可能同時跨越了許多我們並未察覺到的次元與面向。相信過程本身，保持與它逐步展開變化的聯繫——這即是過程帶來的「結果」。對於未來，我們其實沒有加以預測的需要。

我們的子孫所要繼承的世界，將會是一個受到滅絕的幽靈糾纏的世界。唯有接納這個可能性，而不是排斥否認或者想要「修理」它，智慧才有可能生成；無法想像的壓力恰足以帶領我們深深進入當下；正是在當下，屬於我們的「天命」才能從一切紛擾中發聲及行動。無論有沒有意願，參與其中都是必須的。理解無常，才能促成真正有意義的行動——明白到了最後全都終將失去，依然願意付諸實行的行動。這樣的性質，確實截然不同於那些主要是由恐懼，或者由無限擴張自我的渴望，作為其動力的行動思維。

有些人認為，大衛．威爾考克（David Wilcock）是艾德格．凱西（Edgar Cayce）的轉世。後者就是當年那位號稱「睡夢中的先知」，因為能在睡夢中收到詳細的醫囑來治癒嚴重疾病，而逐漸變得聲名大噪。威爾考克的作品針對許多當代特殊的現象，提供了一個頗有意思但也招致爭議的觀點。威爾考克本人那種「能見到常人不能見之事物」的能力，已經發展到非常高的層次，針對那些對於我們要理解這個「快速變化的世界」而言關係密切的重要議題，他也做過非常大量的鑽研。他跟艾德格．凱西一樣，都有著位於雙魚座的星群，凱龍也都在牡羊座（而普雷爾醫生也是，我們在前面看過他的星盤）。凱龍公轉運行的模式在這裡必須一併納入考量，並且注意到凱龍的下降點是位在牡羊座的27度：凱西與普雷爾在牡羊座後段的凱龍，都與這個度數合相，而威爾考克出生的時間，則是剛好比凱龍被發現早了四年——當它快要抵達本身這個下降點的時候（註24）。這些巧合，為凱龍公轉及其軌道形態的意義（一如第五章所說明的），做出了一個非常深刻的映襯，因為威爾考克的「天命」，目前看起來就是融會貫通數量龐大的新資訊，並且為其做出詮釋。在他的支持者心中，威爾考克宛如是某種已經「獲得提名」的先知人物。

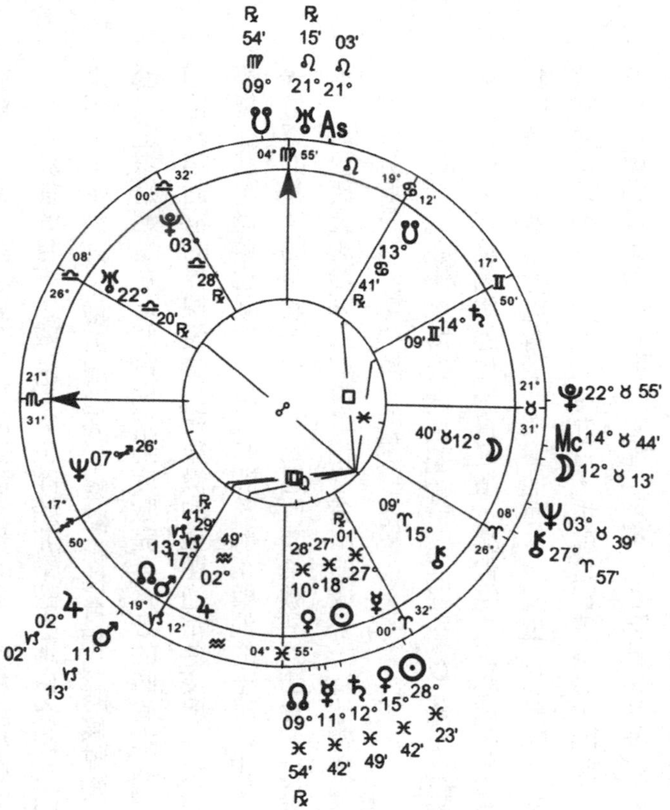

圖十四　內圈：大衛．威爾考克；外圈：艾德格．凱西

請留意，凱西與威爾考克下列的行星都落入同樣的星座，而且大多數都形成了合相：太陽、月亮、水星、金星、火星，還有凱龍！凱西有著雙魚座的北交點，並在進入無意識狀態時，行使他的超自然能力；另一方面，有著摩羯座的北交點的威爾考克，則是透過辛勤不懈的努力（摩羯座），來讓自己能夠在意識完全清醒的狀態下，接觸到各個更高的層次。凱龍在威爾考克兩歲時，行運來到與天

王星完全對分的位置，而他記得當時他曾夢到，有許多巨大而實心的金屬圓柱漂浮在天空中。五歲時，當冥王星對分於他的凱龍，他有過一次靈魂出竅的體驗；至於七歲時，隨著行運的凱龍合相於他的月亮，威爾考克也開始非常認真地研究起所謂「超感官知覺」。他的父母在凱龍來到金牛座後段、依舊與他的下降點維持合相的時候離婚。我們可以很確定地做出這樣的推論：這場婚姻是在這個合相來到度數完全合致的時候進入困境，因為在人生早年階段，有重要相位於第七宮的界線發生，所象徵的議題通常會反射在父母的關係上。接下來的數年，他出現憂鬱症狀，體重也暴增，這段時間凱龍正與他的土星合相，而當凱龍開始穿過巨蟹座，這個代表滋養的星座的時候，他則開始進行非常激烈的節食。也是在凱龍行運穿過他第九宮的期間，他在自己研究的範圍內取得了相當傑出的成果，為他帶來全新的自信心。光是觀察這些事件，我們就能清楚看到凱龍擁有的象徵功用。

威爾考克在十九歲時開始記錄自己的夢境以及製作日誌，這樣的習慣直到今日到不曾中斷。對形上理論的興趣也一直延續，讓他完成了心理學正式學位。某日，當凱龍接近它的近日點的時候，威爾考克有了一次對他而言至關重要的體驗：他進入一種與自己意識無關的自動書寫狀態；然後在一九七七年九月，也就是凱龍被發現的前一個月，他在直覺促使之下，搬到艾德格．凱西基金會所在的維吉尼亞海灘（Virginia Beach）〔譯註三十二〕。就在凱龍經過他的上升點之時，他有了一個新的身分——凱西的轉世。隨著他的木星位在水瓶座，他追求的是思想的清明，並且期望可以透過提出問題、進行永不自限的研究，以及協助人們的「串連」等方式，來與他人分享他的智慧。他對自己的缺點與過錯有著令人感動的誠實，也不會去角逐那種雙魚座式救世主的角色；也許，雙魚座的「救世主」原型在水瓶座這裡的版本，乃是協助他人了悟的「喚醒者」。威爾考克所提供的，的確就是一個獲取資訊的管道，這些資訊可以幫助人們，能夠在這個關鍵時刻，從自衿自滿以及務求合群的迷思中「醒過來」，以一種天王星的方式，挑戰那些「結群」心態，那種暗藏於個人潛意識中的迷惑與慌亂。凱龍所代表的個人旅程，甚至在當前這個資訊的年代還更為重要；它為我們提供了一個足以和集體情境的壓倒性勢力相互抗衡的東西。不過，在歸結出屬於我們自己的結論的過程中，牢記並且好好思考這句話，也許會帶來很大的幫助：「事物並不像是表面看起來那樣，除此之外也不存在。」

藥物濫用與意識的追尋之旅

在凱龍發現的時間點往前大約十年左右的這段期間，有為數眾多的西方人進行自己的東方

譯註三十一　這是美國維吉尼亞州的一個行政區，是該州人口最多的城市，不只是「一面海灘」。

之旅，目的在於尋找啟發、靈感、了悟、內心的平靜，以及有別於西方物質主義價值觀的其他選擇。當音樂界的代表人物開始吸取東方宗教的觀點以後，藥物的領域以及對意識的追尋也無可避免地與大眾文化連成一氣。稍後有一些人，由於無法消化經過提升與擴張的意識（天王星），便在理想與現實生活之間的分歧來到再也無法忍受的時候，放棄了這場追尋之旅，帶著某種愧疚感以及懷疑的態度，返回物質主義的懷抱（土星的負面展現）。另一些人則嘗試要「維持這種高度」，繼續找尋心靈成長的技巧（冥王星），跟隨各式各樣的精神導師（海王星），或者是與為了代替上述方案所陷入的成癮狀態苦苦奮戰。

更晚近以來，對於極易上癮的烈性毒品濫用，像是海洛英、古柯鹼，或者樣式越來越多的「合法製造毒品」（designer drug），已經達到了有如傳染病般蔓延的程度。海洛英的英文「heroin」是一個雙關語：由「hero」跟「in」合起來的這個字，意思就等於「英雄上身」；這也強調出與凱龍有關的神話背景：意外造成凱龍受傷的，就是他的朋友兼學生——英雄海克力斯。對英雄的崇拜一直都活在我們對顯目亮眼、對英俊美麗，以及對勇猛神奇的渴望之中；於是同樣地，為了維持這種感覺，對於能夠改變心智的藥物的需求，也會一直存在下去。除此之外我們還能看到，種種屬於即將離去的雙魚年代、由海王星所代表的主題，反映在諸如全球性的毒品走私業、相關政治角力的混亂狀態，以及對於人性弱點的利用和剝削。諷刺的是，佔全球海洛英供給量很大部分的鴉片原料，是源自於阿富汗的罌粟種植區；軍方已經對改變心智的藥物進行了幾個世紀的實驗，有多少「墮落的英雄」在從戰場返鄉以後，需要面對的不只是戰爭中受到的創傷，還有無法戒除的藥物成癮。

對許多人來說，藥物替他們開啟了或者是陪伴著他們，進入一場認真嚴肅的，為了理解不可思議的「異世界知覺」而展開的旅程，因為通往「另一個世界」的大門需要由藥物來為他們打開。在儀式中，使用能夠令人產生幻覺的植物成分，是許多薩滿文化中自古即有的一部分。確實，運用植物來改變人的心智狀態以及對此的相關知識，自古以來就是人類文化與宗教發展的輔助工具，其歷史或許就跟人類的意識本身一樣古老。羅伯特．格瑞夫斯曾提出一種說法：半人馬族因為常食用毒蠅傘（amanita muscaria），所以變得狂暴、難以駕御〔註25〕。毒蠅傘是種年代極為悠久的常見迷幻食物，吃了之後會感到渾身充滿活力，因此可以用來禦寒，也能刺激狂歡經驗以及幫助進入薩滿式的出竅境界。在某些文化中，這種植物本身就被視為是具有宇宙原始意義的象徵物品〔註26〕。女神阿提密絲賦予凱龍關於植物的知識，讓他精通於植物的療癒效果，凱龍再將這些知識傳授給他的學生，其中又以既是英雄也是醫師的阿斯克勒皮歐斯特別值得一提。我們沒有正當理由可以把這段傳說提到的「療癒效果」，範圍縮小到不包括「心理治療」的效果；事實上，關於凱龍的故事也有一個版本提到，他最終找到了一種植物，可以治癒他身上無法治療的傷，於是這種植物便以他為名：取「半人馬」的英文字根「centaur」，來稱它為「矢車菊（centaury）」〔註27〕。

在薩滿文化的典禮儀式裡，使用能令人產生幻覺的物質是一種深具代表性的手段，被視為能夠藉此直接體驗到經由該儀式而召喚的神祇。有鑒於此，這些迷幻物質的使用，總是環繞著種種儀禮規定，以及不可違背與一定要遵守的規矩禁忌，而且在接近和取用時一定要帶著敬畏之心。相反地，要是由偏狹的自滿之心以及逃避現實的渴望，主導了尋求以藥物改變意識狀態的動機，那麼過程中那些超越的、正信的能量，就會被當事人丟在一旁或者甚至根本不會存在；於是，結果反而可能會是對心靈的扼殺，無論之後有沒有出現成癮症狀。又或者，內在原本固有的疆界會在過程中無意識地敞開，任由任何種類的負面能量從其他領域長驅直入。上述這些經驗，其實超出大多數心理治療師所能處理的範圍——假如他們只接受過傳統心理分析理論的訓練的話。

半人馬族是古希臘神話裡的酒神戴奧尼索斯的跟班之一；戴奧尼索斯跟凱龍的同父異母兄弟宙斯及黑帝斯，也有親戚關係。分析祂的名字「Dionysius」：「Dios」是宙斯的另一個名字，而「Nysa」則是黑帝斯將波塞芬妮綁架至地底世界的地點。於是乎，「Dionysius」這個名字就意味著「地底世界的宙斯」；而戴奧尼索斯的狂歡也就擴及了宙斯統轄的天界之高，以及屬於冥王領域的陰間之深與恐懼之可能。另一方面，馬頭人身的狄米特（對她的古老崇拜我們已經在前面提過），人們有時候也會以「Demeter Melania」的名號稱乎她，意思也就是「黑暗者」。她就是因為哀傷於失去女兒波塞芬妮，而在極度痛苦與憤怒下四處遊走奔波，威脅著假如黑帝斯不放波塞芬妮回來，就要讓大地以及在其上生長的一切草木全都乾枯荒蕪。伊魯希斯祕儀，也是以狄米特為其中的要角。

有說法指出，黑帝斯綁架波塞芬妮的動作，象徵了迷幻感開始要奪取正常心智時的那種襲擊而來的感覺〔註28〕。伊魯希斯祕儀也包含喝下一份特別藥劑的儀式，該藥劑名為「混飲」（kykeon），裡頭含有具有心理治療效果的麥角類生物鹼，由真菌寄生在大麥之類的穀物中產生，不過古人誤以為「混飲」就是由該穀物製成。賴以合成ＬＳＤ迷幻藥的麥角酸，則是多數麥角類生物鹼中常見的核心結構。在這樣的淵源之下，當初在伊魯希斯一地，用來刺激經驗進入超越層次的物質，可以說在效果上就跟ＬＳＤ相類似。當時的人們認為這些祕密儀式至為神聖，以致於光是任意談論它們，就是足以召來死亡懲罰的冒犯行為。確實，時至如今，關於當時當地所發生的事，還沒有一種完整與準確的說法，雖然學者們已經盡力去拼湊那些拐彎抹角、閃閃躲躲的代稱、暗示以及破碎片段的證據，而重建出對其中一部分儀式的說明。還在入會階段的申請者，就必須完成非常大量的準備工作，能夠親眼見到祕儀執行，則被認為是至高無上的精神賜福。伊魯希斯祕儀進行了大約有二千年之久，直到西元三九六年狄米特的聖域遭到破壞為止。

過了幾近一千五百年之後，亞伯特．霍夫曼（Albert Hofmann）醫生合成出ＬＳＤ；他在一九四三年因為親身服用，而明白了ＬＳＤ的心理治療效果。之後，ＬＳＤ由桑朵茲實驗室（Sandoz Laboratories）負責，作為精神化學藥劑分發至英國及美國的精神病學研究單位。然而，當時間來到一九六〇年代，ＬＳＤ的相關狂熱現象席捲了社會，對它的使用已經達到如傳染病般猖獗的程度，得到深具影響力的人物的鼓勵提倡，譬如肯恩・凱西（Ken Kesey）、理查・亞伯特（Richard Alpert）以及提摩西・利里，後者堪稱藥物次文化的大祭司，也就是那句著名口號：「激發、協調、脫離」的主人。

亞伯特・霍夫曼

讓我們檢視一下亞伯特・霍夫曼和提摩西・利里星盤上的凱龍；一位是LSD的「造物主」，一位則是它的「使徒」。霍夫曼的凱龍盤面配置如下：凱龍位於水瓶座、第八宮，對分於獅子座、第二宮的月亮；與雙子座、第十二宮的冥王星形成八分之三相，而這個冥王星則與上升點合相。這個配置情況，非常適切地象徵出那項為霍夫曼在歷史上留下一席之地的發現——無論是性解放（第八宮），或是社會改革（水瓶座）的年代，都是尾隨著LSD，這個當初自某種有機物質（凱龍與月亮有相位）合成而生的迷幻藥問世而來。冥王星則也暗示著，經由二元對立性（雙子座）的消失（第十二宮）與一般知覺內容（雙子座）的解離（第十二宮），大眾的意識出現了轉換變化。在前面所提到的伊魯希斯祕儀的啟發下，莎比恩符號系統對霍夫曼的凱龍度數所做的詮釋，呈現出幾乎難以置信的契合：

神祕的戲劇裡，頭帶面具的人，正做著儀式性的動作：

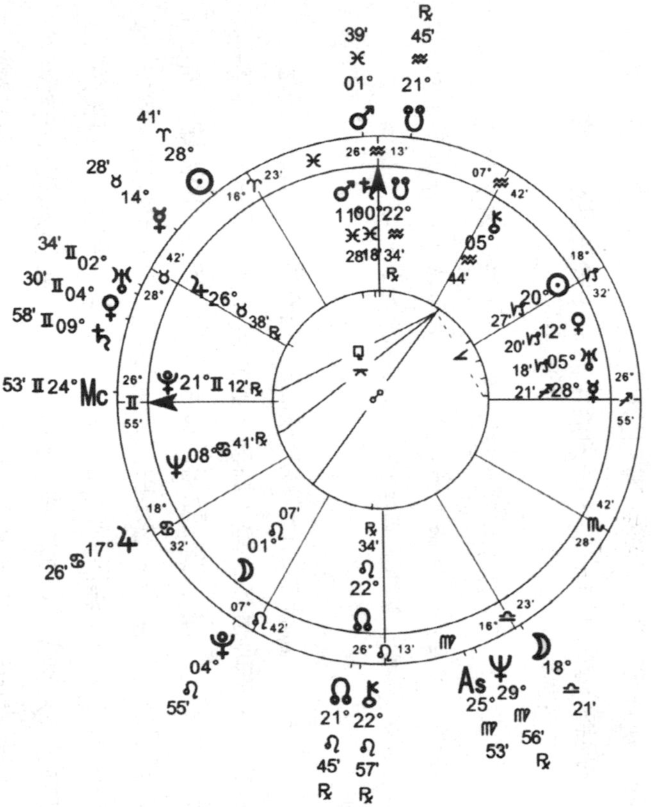

圖十五　內圈：亞伯特・霍夫曼；
外圈：霍夫曼進行第一次LSD之旅時的行運

「來自過去的偉大祕儀」，是設計來將本能天性的能量，轉化到可以由心智加以意識的層次。這樣一來，生物性和宇宙性的能量，就能用來確保人類社會性的過程，不至於與全地球和全世界的生命，更深層的現實層面失去接觸。個體，在接下了跨越個人性質的責任後，而為人所見。〔註29〕

當還是個小孩，對希臘文化一點認識都沒有的時候，霍夫曼就已經深深著迷於古希臘雕塑的圖畫〔註30〕。這面讓人感到有趣萬分，由象徵聯結所構成的關係網絡，提供給我們明顯的暗示，指出這乃是一個屬於前世的連結：霍夫曼醫生在這一世中，或許是在「做著他之前做過的事」，不過採取的是符合今日歐洲文化的作風，用他所發現的LSD緊緊吸引住大眾意識的擴張。在霍夫曼用自己實驗的那一天，也就是史上第一次有意識引導的LSD迷幻之旅，行運的冥王星即將要與出生凱龍，完成兩者間的最後一次對分相，此時這個對分相的角距，離完全合致僅有不到46分的差距；另一方面，還有三天將進入滯留的行運凱龍，這時候與他位在獅子座的出生北交點，也有不到24分的合相。這些相位全都描繪出一項帶有冥王星色彩的天命得到了它的實現，用霍夫曼自己的話來說：

我看到了LSD的重要性，它有替冥想提供實質幫助的可能性；對來自更深層、更完整之現實的神祕經驗，所進行的沉思冥想。作為一種神聖的藥物，這樣一種使用方式，完全與它的精髓、它的本質，以及它的實用性質協合一致。〔註31〕

霍夫曼的出生土星位在雙魚座、第十宮，這帶給他會注意、考慮其他經驗面向的保留立場與審慎態度。他願意承認他的研究，帶有某種從他人宗教信仰中視為神聖的物質中「盜火」的不敬意涵。他本人也曾經隨同墨西哥的薩滿巫師參與這類神聖儀式，而當時行運的凱龍正與他出生的土星及火星合相，行運的土星則與他出生的凱龍合相。這個雙重的行星相位組合似乎可以告訴我們：由自我疆界構成的私人世界（土星）與永恆不朽的領域（凱龍），兩者之間得到了銜接。與利里不同的是，霍夫曼從來不曾展現出那種身為彌賽亞般的狂熱，而是一直維持住理性的區辨能力（雙子座的上升點，與他射手座、第七宮的水星對分），還有對社會的責任感（水瓶座的凱龍對分月亮，土星在第十宮）。不過他也都一直非常熱忱地提倡自己的信念：在做到事先通知以及認真負責的使用方法下，迷幻經驗會帶來正面的成果。

當他第二次凱龍回歸時，霍夫曼正在瑞士的巴塞爾（Basel）參加一場國際研討會，隨後於二〇〇八年四月二十九日安詳地去世。當天，行運的海王星與行運的北交點，在水瓶座的24度3分形成完全的合相，兩者間分開才不過2分的弧度，同一時間，凱龍也只以幾度的距離緊跟在後。就跟霍夫曼進行他首次LSD迷幻之旅的時候一樣，交點軸是此時行運盤上的重點。行運北交點與海王星的合相，其度數在莎比恩符號系統裡的標題是：「一隻蝴蝶，右翼比左翼的形狀更完美」〔註32〕，作者對這句話的詮釋內容也明白談到「運用直覺與想像來得到超越」。

提摩西·利里

作為對比，接下來讓我們探討一下備受爭議的提摩西·利里，這位迷幻文化大祭司的星盤。他的凱龍盤面配置如下：凱龍位在牡羊座、第四宮，對分於處女座的天頂，並且與摩羯座、第一宮的火星，還有巨蟹座、第八宮的冥王星，分別都有四分相，於是形成了大十字相位。凱龍也與第十二宮的水星有八分之三相，與天蠍座的北交點有十二分之五相，更與射手座的上升點和獅子座、第九宮的海王星，構成一個火相星座大三角。除此之外，在星圖所呈現的中點盤面配置中，木星位在土星及天王星的中點，這使得由凱龍代表的主題，將成為利里的天命與使命。

當凱龍行運從水瓶座移動到雙魚座，與利里位於第三宮的出生月亮及天王星形成合相時，他有了第一次嘗試神菇（sacred mushrooms）（譯註三十二）的體驗：一般狀況下的感覺與知覺（月亮在第三宮），面向「超越」的心靈世界敞開（天王星在雙魚座）——透過這樣，意識的領域於是得到擴張。經過這次體驗之後，利里全心投入於進行對迷幻藥物效果的開拓性研究，完整的研究計畫在他來到哈佛大學任教後更得到具體的執行。當利里遭到哈佛大學開除的時候，行運的凱龍與他第九宮的木星形成完全的對分相，行運的冥王星則與這個木星形成完全合相，象徵了他在高等教育領域（第九宮）正式教職生涯的終結，不過對他本人來說，這同時也是就任迷幻文化的精神導師（凱龍與木星有相位）的一刻。在這裡我們還看到進入第九宮的冥王星，想要更深地認識「個人擁有的能力」，而這有可能會達到過於著迷的程度，尤其是當我們一併考量到利里的出生土星、木星及海王星都位在第九宮！

利里在行運的凱龍來到雙魚座，與他處女座的出生土星完全對分的時候，前往印度歸皈印度教。諷刺的一點是，他想要向世人傳遞的「拒絕社會、轉向內在」，這種深具全有全無式性格的訊息，其源頭正是那個他本人還有其他無數人想要逃離的物質主義精神，尤其是其中所表現出的二元性思想框架。就在凱龍接近利里的天底位置時，他建立了一個名為「靈性探索聯盟」（League for Spiritual Discovery）的組織，組織英文原名縮寫，正是「LSD」；這正可視為是第十宮的事物對這次行運的呼應，同時或許也是利里對自身內在世界的一次逃離。隨著出生凱龍落在牡羊座與第四宮，可以推測有可能存在著與父親之間的衝突，而且衝突在這裡更延伸到「社會」這個對象；除此之外值得大膽推論的，還有非常能夠代表凱龍落入牡羊座的，深植於心靈底層的不安全感，不過這點倒可以經由火星與冥王星的對分相得到補償或抵銷。

利里的凱龍回歸，有很大一部分的時間是在牢裡渡過——既是被當成代罪羔羊（凱龍與海王星有相位），也是被拿來殺雞儆猴。就在他凱龍回歸將要形成的逆行合相逐漸接近發生，利里成功逃獄，隨即開始他的流亡生涯（凱龍與海王星有相位）。近來有人宣稱，利里在牢裡可能曾經遭受洗腦，甚至是酷刑虐待，而他的逃獄是在政府幹員的「協助」之下順利成功，因為他答應了要替他們做事〔註33〕。他逃獄當晚（一九七〇年九月十三至十四日之間的夜晚）的中點

譯註三十二　「神菇」、「魔菇」（magic mushrooms）等說法，都是對有迷幻效果的菇類的泛稱，這類菇種（主要為「裸蓋菇」）分布在墨西哥、印度、東南亞及澳洲等地，許早就被土著發現，在廣義的薩滿文化中發揮作用。

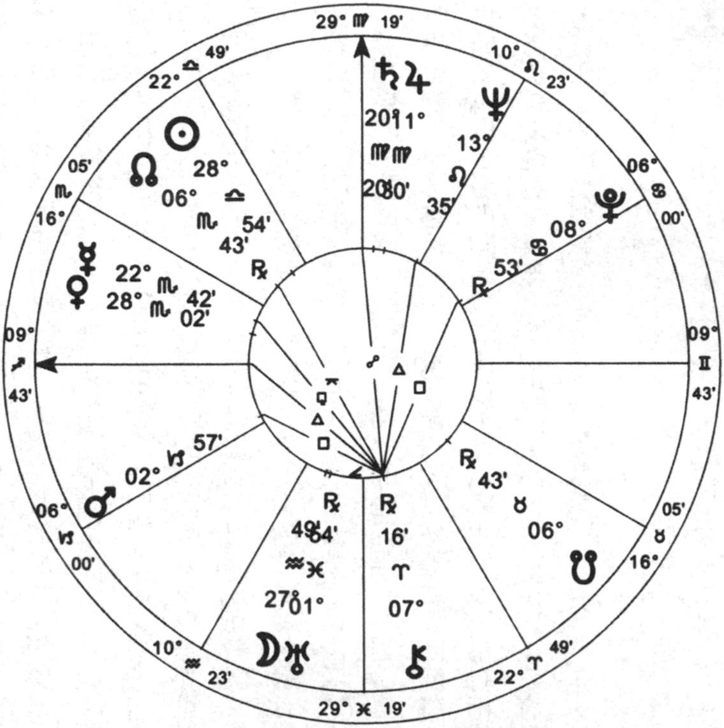

圖十六　　提摩西・利里

盤面配置很有意思：行運的凱龍，來到與行運的天王星構成完全合致的對分相，距離只差不到1度的位置，並且與行運的土星形成半四分相——又是一個凱龍位在土星及天王星中點的組合！

利里在自己的凱龍回歸確定完全經過不久，行運的土星四分於他出生土星及木星的中點位置時，又再度入獄，然後在行運來到射手座的海王星，剛經過他的上升點，而與出生的木星形成四分相的時候，終於獲得自由。就在這第二次的入獄期間，行運進入第十宮的冥王星，持續不斷地與他的凱龍形成對分相，開啟、觸動了整個凱龍盤面配置的能量。請注意，在利里逃獄以及他死亡的時刻，行運的凱龍，還有行運的土星與天王星，是如何依序逐一與他的凱龍形成合相或對分相。

有時候，一個強勢的土星可以抵銷由第四宮的狀況所暗示的難題與困境；附帶一提，在利里的星圖上，第四宮是由木星及海王星守護。利里的土星與天頂有寬鬆的合相，然後除了六分於天蠍座、第十二宮的水星，以及與同樣位於天蠍座的北交點的半四分相，就再也沒有其他的相位。利里的父親是位陷入酗酒問題的牙醫，在他十四歲的時候就離家出走，當時行運的海王星與利里的木星合相，將他這兩個守護天底的行星帶到了一起；同一時間，行運的天王星也對分於他的太陽，行運的凱龍則與出生的天王星形成四分相；此外還有行運的土星正從水瓶座移動到雙魚座，途中經過他出生月亮與天王星的合相。一九五六年時，利里的父親在窮途潦倒中過世；當時凱龍位在水瓶座，與出生的海王星對分。

利里的活躍度如日中天的一九六〇年代中期，行運的凱龍與他這個出生的土星，在這段期間形成了一系列的正對分相。土星位於第九宮所代表的「神的形象」，大有可能將我們對現實的看法抹上黑暗陰鬱的色彩，而在利里的例子裡，則是被投射到他人身上。情況如果是像這樣，我們就會在外在世界裡的某個地方「與魔鬼作戰」。另一方面，位在處女座的土星，會以對他人盡責任以及為他人提供服務來實現它自己。利里或許還必須以現實上的「服刑」，也就是履行（處女座）他的刑期時間（土星），來讓這股土星能量實際發生，就如在他先前向世人所傳達的宣言所示，「土星」確實就是敵人，一個被投射於外在，並且痛加斥責的敵人。話又說回來，考慮到利里的中點盤面配置中，土星位在凱龍與天王星的中點上，他的土星可能還有一個更加黑暗的面向。有研究者聲稱，他們發現利里與中央情報局有非常深刻的關係，利里在哈佛大學的著名LSD實驗，可能有得到後者的資金贊助。據稱，利里會提供LSD給那些中情局希望「去影響」的人。〔註34〕利里那句有名的話：「絕對不要相信我說的任何事」，在這些資訊曝光之後有了全新的意義。或者，這些其實是刻意要誤導世人的資訊？要令二十世紀的「迷幻大師」（土星與木星合相於第九宮）失去他的可信度，而這可以對這個閱讀利里著作長大的世代，在心理與政治層面上發揮重大的「效果」。利里在獄中成為心智控制實驗的對象，則是更加令人不安的說法。無論如何，有許許多多的疑問，依然沒有得到回答。

土星在第九宮而與天頂有寬鬆的合相，說不定也跟他的母親有關。所有的說法都指出，這位母親是一位嚴厲的羅馬天主教徒，總是要利里聽話守規矩。或許位在利里的叛逆色彩背後的就是這個身影。他出生的凱龍，與海王星及上升點共同構成的火相星座大三角，有可能為已經很容易在凱龍身上發現的彌賽亞色彩加油添醋、搧風點火，而海王星在傳統上也與藥物連在一起。由他自己的凱龍盤面配置所描述的「迷幻之旅」，內容也包括了對那些由土星代表的社會結構與價值觀所做的拒絕排斥，以及提倡藉由藥物手段來提升意識的層次。許多人認為利里急躁而輕率的作風，為認真的迷幻實驗招來了負面的眼光，造成政府對迷幻藥物越來越嚴苛的立法行為，而且還導致軍方對LSD是否可以用在軍事情報用途的興趣——這些又都是土星所代表的事物。利里對社會集體的影響層面相當深遠：他大膽探索（凱龍在牡羊座）人類內在空間的各種區域（水星在第十二宮），而且還號召其他人也一起這樣做。

莎比恩符號系統給利里凱龍位置（牡羊座8度）的標語很有趣：**一陣東風，吹起一頂大女帽的飾帶**。而底下的詮釋特別提到了東方哲學，並且說到依然需要得到保護，大體上還沒有發展完全的心智過程：「若是在『靈性』的層次上，對來自上天的能量過度敞開，也有可能會被各式各樣的事物給佔據、附身。」〔註35〕

然而，究竟是什麼使得利里像這樣失去控制？讓我們對他紛擾不堪的情緒生活做更深入的觀察。一九四四年，利里娶了一位名叫瑪莉安妮（Marianne）的女人，並且跟她生了兩個小孩。進入哈佛任教以後，他開始酗酒以及出軌外遇，最後終於與瑪莉安妮陷入彼此攻擊的爭吵關係。在他一九五五年的生日那天，瑪莉安妮在家中自殺；她的死，為利里的水星做了一個悲哀的表達：身為他第七宮的守護行星，位在天蠍座、第十二宮，並與凱龍形成八分之三相。就在她自殺當天，有個冥王星與木星的行運合相，剛好對分他水瓶座的月亮，因此強化了天王星潛在的「絕裂」能量（利里的天王星與太陽和月亮都有相位）。利里的父親也死於這段冥王星行運有相位的期間，於是他成了一位有兩個小孩需要照顧的單親父親。隨著土星與他的火星、海王星與他的北交點，以及天王星與他的海王星，在一九五九年的一月形成合相，並且在經過一段非常嚴重的憂鬱狀態後，他的身心都變得非常不健康，並且經歷了一次他如此形容的經驗：「就好像突然間『啪』的一下，那個社會性的自我身上的所有繩索全都斷開了。那時我正在『茫』，那時我是完全自由的。」〔註36〕

利里是在下一年的夏天首次試用「西洛西賓」〔譯註三十三〕，並且開始指導備受爭議的哈佛大學研究計畫，將LSD分發給參與實驗的學生服用。到了一九六三年，他因為廣大的輿論壓力遭到解聘。一九六五年的聖誕節剛過不久，海關官員在他當時十八歲的女兒蘇珊（Susan）身上，搜出一個裝有大麻的小盒子，當時她與利里正要試圖從墨西哥穿越邊境進入美國。利里馬上向官員主張大麻是他所持有的，之後他遭受到史上因為持有大麻這項罪名，而曾經宣判過的最長刑期。這件事對蘇珊造成非常沉重的影響，有些人認為終其一生她都沒有從這個衝擊中調適過來。一九九〇年，蘇珊在牢中自殺；先前她謀殺了自己的男友，入獄服刑。同樣地，有些人認為利里一直都沒有從女兒自殺的悲痛中復原。一九九〇年那年，凱龍合相於利里的冥王星，而且六月時，木星也過來湊了一腳，另外天王星也來到和他這個位在第八宮冥王星形成對分相的位置。悲劇、慘事、死亡，這些第八宮的主題在這段行運期間，以色彩最為劇烈的方式將自己展演出來。一九九五年五月三十一日，在行運凱龍以同樣的度數對分於出生凱龍，以及行運來

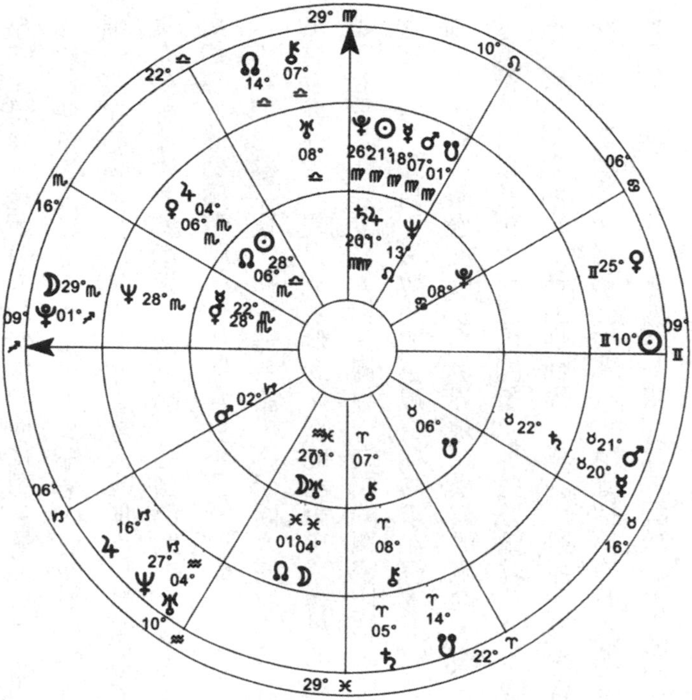

圖十七　內圈：提摩西．利里；中圈：逃獄之日；外圈：死亡之日

到牡羊座的土星合相於出生凱龍之下，提摩西．利里與世長辭。一九九七年四月二十一日，隨著凱龍與他出生的太陽來到同樣的度數，他的骨灰被射上太空地球公轉軌道上：對一個背負了這麼多「傷」的人來說，真是個在象徵意義上非常合適的安葬方法。

回到藥物爭議的神話背景，瓦森（Wasson）針對這一點提出了這樣的說法：

譯註三十三　psilocybin，是從上面提到的「魔菇」菇類提煉出來的迷幻藥，效果與LSD類似。吸食者常還稱它為「魔菇」，較正式的名稱為「裸蓋菇素」。

普羅米修斯所偷的火，其實是某種可以令人產生幻覺的物質。埃斯庫勒斯（Aeschylus）就曾經這樣描述道：「絢麗如花朵一般，能變出任何樣貌的火」〔註37〕，也就是說這裡的「火」，可以是花、是藥，是所有人類科學的催化劑〔註38〕。古希臘的採草人，在採集時會用茴香的塊莖，作為收集藥草的工具；而傳說中，普羅米修斯從奧林匹斯偷火的時候，就是把那塊「還在燒的火種」藏在茴香莖裡面帶出來。普羅米修斯從眾神處盜火，並且把它還給人類，或許也是在替採集有精神療效的藥草做一個隱喻：人類與眾神之間失落的聯繫，透過儀式性的參與這種進入如癡如狂、迷幻極樂的經驗，而獲得重新建立。

我們已經見過，凱龍與普羅米修斯兩人的故事是如何地連結交錯，現在再加上前面所介紹的交互關連性，更是讓我們有了新的認識：大規模的藥物濫用，或許是在過度迫切又無計可施下，想要重新建立個人與「靈界」之間的親密連結，所鋌而走險的「盜火行為」。在採取藥物的途徑時，如果不去認清與正視這種需求在根本上的信仰性質，而沒有採取相應並且適切的準備工作，就會有過度向原型世界敞開暴露的風險，這風險一旦真的發生，便會釋放出往負面發展的傾向，以及摧毀自己的能量；那些心懷僥倖、不謹慎以對的人，最後發現自己像普羅米修斯一樣被鐵鏈綑綁，被酷刑伺候。或許，凱龍的發現就象徵一種已經被人忘記的態度得到了重新點燃：對於宇宙無垠之廣闊巨大所應抱持的敬畏態度；我們在這樣的「廣袤」之中只佔據了極小的一部分，而若是能夠真正了解這一點，對生命的敬重也會跟著油然而生。

恐怖主義

讓我們來思量一下二〇〇一年九月十一日，那件改變了全世界，並且為新千禧年的「時代精神」提供了如此有力，又具有多重意義的大事。那一年，從進入夏天以來，冥王星、凱龍以及火星依序在射手座形成三重合相，當時三者都是處於逆行狀態。上一次這三個行星全都逆行而合相於射手座，是發生於西元一〇二三年。即使是流行於當時那段歷史時期，針對世界大事與潮流而做的屬於迷信性質的研究，也都能顯示出它們與今日事件之間，有著令人驚訝不已的相似之處。當時乃是「中世紀盛期」，在這段歷史時期之間，阿富汗攻克了喀什米爾以及部分的北印度，而南印度的坦米爾人（Tamils），則是因為某位吠陀教的學者而「改邪歸正」；耶路撒冷的「奪回」發生於這時期；什葉（Shiite）教派的王朝也於此時興起，為隨之而來伊斯蘭世界內部，什葉與遜尼（Sunni）派之間的爭端播下種子。除了這些以外，還有哥德人與瑞典人曠日持久的戰爭和宗教衝突；全世界最早的紙鈔於中國印行；於帕維亞召開的那次主教大會，為「獨身法」的施行鋪好了路，訂下神職人員如有子女，必須賣為奴隸的法令。以上只是一些例子，這張大事表的項目還有太多可以添增的，確實是族繁不及備載。

也是在二〇〇一年間，雙子座的土星（「雙子星」大樓〔譯註三十四〕）與上述三個行星都曾形成對分相。回溯來看，這一切給人有點「該來的躲不過」的感覺；立場態度趨於強硬僵化（土星位在雙子座）、宗教上的分歧對立，以及對信仰的狂熱主義，這些似乎皆是造成這場悲劇的核心因素（冥王星與凱龍有相位而落入射手座），看來冥冥中已有暗示。儘管已經有太多著作文獻探討九一一事件，但真正令人感到好奇與驚訝的是，乍看之下星盤並沒有展示出事件的災禍本質。原因或許是在於，這起事件是精心安排的設計，讓我們誤以為它就是我們所相信的樣子，而真相在種種錯綜複雜的力量交織之下，可能已經永遠無法清楚顯露了。換句話說，占星學不會說謊，然而其他來源就不一定了！

本章的主旨並不是繼續深入追蹤九一一事件，不過倒是可以建議有興趣的讀者，參考「時代精神」〔註39〕（*Zeitgeist*）這部紀錄片，它對已然成為社會大眾共識的現實，提出許多直接而嚴厲的質疑挑戰。有趣的是，電影的第一部提到了一些精彩的占星資訊，作為對宇宙現實狀況的梗概說法；而對宇宙的理解內容，正是世上所有宗教的內在基礎。這份支持占星學的背書，是在冥王星行運通過射手座的期間問世；而它之於大眾對占星學的態度，相信會有相當程度的重要性。它所要傳達的「啟示」在於：即便那些天體通通掉下來，它們的軌道與週期仍舊是種象徵，為人類呈現宗教以及哲學方面的「原始素材」，此外就其本身而論，它們無疑也會催化「新生」的程序。

「雙子星大樓」事件發生前後，行星的位置關係清楚地示意我們「事情或許並不是如它們表面的樣子」。請注意水星的位置：在第十二宮而與上升點合相，並且與土星、天王星、海王星形成「大三角」相位（與土星之間是正三分相）。這樣的盤面，當然反映出誤傳、誤報的可能性，而且事實上也發生了：例子就像據說英國廣播公司（BBC）在七號大樓實際上受到損毀前，就已經先報導出它之後發生的倒塌了。面對這個星盤與相位，顯而易見的結論就是「預先知道」。行動者、行動對象、行動目的——是預先知道這些東西嗎？且看，第三與第九這組對宮在星盤上得到強調，這顯示出這起事件在「左右大眾的想法」上所具有的力量。九一一事件為後來迅速在全球各地得到通過的，各式殘酷不仁的立法和監控程序，提供了一個最直接的正當理由。此外也請注意，二〇〇一年時，在美國的星盤上，行運來到水瓶座的海王星合相於南交點，如同附圖所示——許多人都在問這個問題：「我們是不是一群被欺瞞的人民？」

九一一發生當時，冥王星與美國的上升點合相，而且它跟發生於一九九九年十二月三十日，那個在占星學足以擔當新千禧年特徵標記的凱龍與冥王星合相之位置（射手座11度22分），相差只不過剛好超過一度的距離。不過，請注意行運天頂的守護行星是當時進入雙子座

譯註三十四　是九一一事件中，遭受飛機攻擊的紐約世貿中心，其特徵樓身的稱號。

的月亮；這個月亮乃是無相月（Void of Course），它在離開雙子座前最後一個主要相位，就是與射手座、第三宮的凱龍所形成的對分相。在時辰占卜占星學（Horary astrology）中，這樣的月亮或許是在指出「事情不會引發任何後續結果」。放在九一一事件的脈絡底下來看，它可能代表的是不論是什麼惡毒的意圖位在這起事件背後，或許完整的真相已經永遠無法得知；這個月亮的守護星是水星，它之落入第十二宮，同樣也在暗示這一點。

這整件事也是冥王星、凱龍以及半人馬族行星「入侵」太陽系的具體表現：平時我們擁抱的假象泡泡被刺破了，這激勵我們去尋求真相，儘管那說不定會讓我們自外於大眾輿論的觀點，或者將自己置於吃力不討好的處境。我們已經知道，「局外人」的主題與凱龍有關，而事實上不論是「恐怖主義」還是「反恐戰爭」，都是從「對局外人的恐懼」得到成長茁壯的力量，本質上都是種恐外或仇外，也都符合「地底世界」的主題。冥王所戴的頭盔，可以讓他在身處於陽光下時隱形，對於隱蔽行動、機密以及無法察覺等，都是很切合的意象。相反地，數量豐富的調查性報導文獻，讓我們對戰爭的人命與人性代價有了新的認識；在那些不論兇手是軍方還是民間人士，而使得受害人遭受生理與心理上創傷及虐待的情事被揭發出來後，諸如英雄、愛國、理念等這些「主義」與概念，也得到了新的省思。隨著新資訊科技以及「公民記者」觀念的出現，許多人都有機會去挖掘和目擊那些原先隱藏在大眾目光底下的重大事件與政治勾當。現在，我們有能力去問出關鍵的問題，去運用我們的洞察能力，去認出應該為事件負

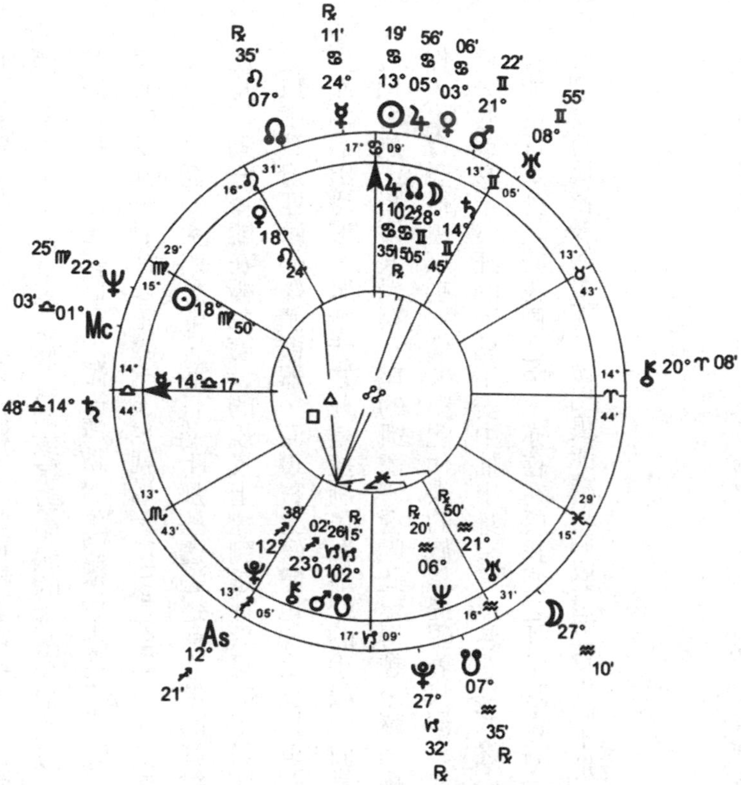

圖十八　內圈：第一次「雙子星大樓」事件；外圈：美國

責的人——那由政府認可的暴力所打造的「地底世界」，已經暴露在世人眼前了。那位「國王」也許會一直努力假裝自己穿得體面恰當，然而事實真相依舊會揭露他一絲不掛的實況。

英文中，「ism」這個字尾，接在另一個詞後面，就會意指某種特定的立場、態度，某個種類的團體身分認同，或者它暗示的是某種偏見已經被擁護標榜到了相當的程度。於是我們可以有歧視老年、歧視性別、歧視種族，凡此種種、依此類推的許多不同的「ism」。而除此之外，某個「ism」也可以是指某個政治或宗教領域的主張、信念以及運動；它受到信奉者的高度崇敬、甚至崇拜，像是我們在天體「運動」、極權「主義」、印度「教」，或佛「教」〔譯註三十五〕上所見到的那樣。恐怖「主義」，也就是「Terror-ism」，在這個脈絡之下，就意味著「培養灌溉出個人與集體層次的恐懼，並且催生那些透過這種恐懼的濾鏡來觀看世界時，所會引發衍生的想法及行動」。能在極為廣大的規模上達到這種效果的工具如今已經存在，那就是就影響力方面足以跟政府匹敵的媒體機器，而事實上媒體也經常直接或間接地為政府想要達成的目的服務。生產創造出恐懼，眾所皆知乃是控制民眾最好的手段；而當我們往水瓶時代邁進，也就是如第五章所述，將要通過獅子座的凱龍，會因此變得越來越活躍的時候，個人「靈知」體驗的必要性，也會變得越來越迫切。凱龍代表的旅程提醒著我們，要是我們可以花些時間，從各種令我們分心或甚至發狂的困惑不安中抽出身來，以慈悲憐憫之心陪伴我們自己經歷的感受與體驗，就能接近那既在於我們之中，亦存在於我們之外，珍貴的「恩典」之所在。居於這樣的位置，我們就有比較多的可能，做出更能讓我們成為解答，而不是成為問題的行為舉止。

譯註三十五　英文中，印度教（Hinduism）與佛教（Buddhism）的字尾，有加上這裡所提到的「主義」：ism，作為造字的方式。

原文註

註1 關於具體案例研究，以及其他相關資訊，請參見www.mercurymadness.org此一網站。

註2 參見http://Jonestown.sdsu.edu。這個網頁隸屬於聖地牙哥州立大學宗教研究學院的重大檔案蒐集整理計畫。其中收藏的資料，還包括一些近年來透過資訊自由法（Freedom of Information Act）取得的文件。

註3 Michael Meyer, *A Handbook for the Humanistic Astrologer*, p.102.

註4 參見Laurie Efrein Kahalas所蒐集的資料：http://Jonestown.sdsu.edu。

註5 Meyer，前揭書，頁205-210。

註6 Rudhyar, *An Astrological Mandala*, p.82.

註7 在Charles A. Krause的*Guyana Massacre*第167頁提到：「下午五點過後不久」。這個時間應該是準確的，因為這起事件在幾個小時之後曝光。

註8 http://Jonestown.sdsu.edu

註9 語出作者身分仍有爭議的遺書性的字條。可能的作者是瓊斯的妻子或者Richard Tropp。該字條由聯邦調查局發現，可於http://jonestown.sdsu.edu上查看。

註10 資料出處：Clifford Data Collection。

註11

	瓊斯鎮事件	天堂之門
佛魯斯	雙魚座19度04分，逆行	天秤座09度13分
海拉娜米	巨蟹座23度36分，逆行	天秤座13度56分
太陽	天蠍座26度07分	牡羊座06度15分

註12 資料來源：http://en.wikipedia.org/wiki/Bonnie_Nettles (未載明文章來源)。

註13 Charles Darwin, *The Descent of Man*, London, John Murray, 1871, p.660（轉引自Brian M. Fagan, *Clash of*

Cultures, New York, W. H. Freeman and Company, 1984）.

註14 Rudhyar, *An Astrological Mandala*, p.256.

註15 Tompson, *The Political Mythology of Apartheid*, p.74.

註16 Fagan，前揭書，頁24。

註17 同前註，頁127。

註18 Rudhyar, *An Astrological Mandala*, p.152.

註19 Van der Post，前揭書，頁55、56。

註20 同前註，頁2。

註21 引自作者與普雷爾醫師的個人通訊，一九八八年二月。

註22 Meyer，前揭書，頁100。

註23 關於各種「時間終結預言」的完整條列，請參見：http://en.wikipedia.org/wiki/End_of_the_age。

註24 更多的資訊，請參見附錄一。

註25 Graves, *The Greek Myths: Vol 1*，前言。在該書企鵝出版社的版本封面上，有一幅西元前五世紀的希臘浮雕，雕刻的兩個人物手上各自都拿著一朵蕈類。

註26 參見John Allegro, *The Sacred Mushroom and the Cross*，以及Gordon Wasson, *Soma*。

註27 學名Centaurium umbellatum的一種矢車菊，是巴哈花精療法（Bach Flower Remedies）的項目之一。針對的對象是那些無法拒絕他人要求，以及過度屈就他人，而遭到利用甚至奴役的人。雖然這些所描繪的乃是「典型」症狀，不過憑直覺來舉一反三，我們也可以得知相關症狀內在一貫的標準即在於：擁有強烈而真誠的服務渴望，然而卻對何謂「服務」有著扭曲理解的人。這些人身上於是一併會有著強盛、狂熱而難以控制，以及忿怒的能量，讓人不禁聯想起半人馬族的能量；同時通常也表示在表面底下，有著受到壓抑，沒有得到適當表達或主張的自我。

註28　Wasson、Hofmann、Ruck合著，*The Road to Eleusis*，頁38。Wasson並不知道，他隨同薩滿巫師Maria Sabina參加魔菇典禮，並且帶回一些樣本的實地考察行程，被寫入中央情報局針對藥物與心靈控制實驗的研究計畫「MK-ULTRA」檔案裡。另外，關於迷幻劑的使用如何軍事化的討論，請參考：
http://www.erowid.org/general/newsletter/erowid_newsletter12.pdf

註29　Rudhyar, *An Astrological Mandala*, pp.252-253.

註30　出自作者與他的私人信件往來，一九九八年。

註31　Hofmann, *LSD: My Problem Child*, p.209.

註32　Rudhyar, *An Astrological Mandala*, p.263.

註33　參見W. H. Bowart的文章：
http://www.mindcontrolforums.com/hambone/tlcia.html
以及http://news.bbc.co.uk/1/hi/world/americas/380815.stm（以及其內附「Smoking Gun」的連結）

註34　http://home.dti.net/lawserv/leary.html

註35　Rudhyar, *An Astrological Mandala*, p.55.

註36　出自Mikal Gilmore的文章 *Timothy Leary: High Priest*。原於網路上取得，不過已經不存在於原來的連結。

註37　Aeschylus, *Prometheus Bound*, p.20.

註38　同前註，頁34-35。

註39　目前可以在www.zeitgeistmovie.com網站上免費觀賞。

尾聲

檢視完足以代表當前世界的「時代精神」，既錯綜複雜，又使人不安的議題與事件後，在本書最末且讓我們回到史蒂芬・雷凡所稱的「療癒的誕生」，將焦點放在自己的生命歷程中，以及對整個世界而言，那個「尚未獲得療癒的過去」。這種療癒與所謂的診斷或技巧無關，它不屬於任何專業，無法被購買，也不能有目地的去操作。反之，它是由恩典所完成的，那恩典一直都無所不在地環繞著我們。當我們遭受苦難，無法感覺到「存在」之時，我們依然能盡可能地，承受著自身經驗的顯露。我們依然想望著療癒與喜樂，然後訴諸那個我們身居其中的「深層根源」的現實，藉由它所賜予的恩典，使我們能辨識出所謂恩典，正是與苦難共生共存。

就像凱龍一而再、再而三地穿梭進出土星的軌道，我們也會一次又一次地與自身的恐懼、固執以及綿密的苦難正面遭逢；我們也會發現不論是往內還是往外，自己面對的是一個難以置信的濃密世界。不過，「恩典」進入的小小門戶也一樣座落於此，就在當下，我們注意力的所在。我們所擁抱的，就是出現在這個所在中的東西，無論它是苦痛還是歡喜。隨著時間流過，我們的經驗會變形，我們會往前進，而醒悟的旅程也會持續，一直一直下去……

【附錄一】

天文資訊

以下所提供的天文資訊，有的不容易找到，有的能為凱龍提供在占星學上非常值得參考的象徵意義。此處建議讀者自行瀏覽美國航空暨太空總署（NASA）的網站，因為隨著對凱龍與半人馬族小行星繼續深入的研究，這些天文資料也有可能出現變更：http://nssdc.gsfc.nasa.gov/planetary/factsheet/chironfact.html

發現凱龍：相片

首次取得凱龍影像之幻燈片，其幻燈片資料如下：

時間：一九七七年十月十八日，上午九點〇八分（UT）

地點：美國加州帕洛馬

影像識別

該幻燈片上之新天體獲得確認時之資料：

時間：一九七七年十一月一日，上午十點（PST）（有幾名占星學家建議應該將其訂正為九點五十六分）

地點：美國加州帕薩第納

發現者

查爾斯·柯瓦（Charles T. Kowal）：生於一九四〇年十一月八日，紐約州水牛城。

除了凱龍以外，柯瓦所發現的天體還包括木星第十三及第十四號衛星，一顆慧星、數顆小行星以及八十顆超新星。以個人所發現的新天體數量而言，柯瓦排名史上第二。

直徑

目前的推估為148-208公里。

公轉週期

平均為五〇·七年。凱龍的運行非常沒有規律，深受它的鄰近行星，土星及天王星的攝動影響。有人認為，最近到距今只有七百五十年前，凱龍的軌道都還沒有與土星的公轉路線交錯。（由狄特．寇曲於私人通訊中告知，寇曲為「占星服務」〔Astrodienst〕程式的設計者）。

離心率與傾角

若將圓的離心率定為0.0000，直線定為1.0000；那麼凱龍軌道的離心率將是0.383。在此之前，冥王星是軌道離心率最大的星體，有0.2482；至於在冥王星發現之前，則是水星軌道的0.2056為最大。近年來的天文發現，讓許多高離心率的天體相繼問世，而同時它們的軌道對黃道也有非常大的傾角。凱龍軌道的傾角是6.93度。

北交點座落的位置

（以「Solar Fire v5.11」程式計算）

任何行星（或其他星體）座落於它本身其中一個交點的主題，將會得到強調。請注意，凱龍軌道與黃道的兩個交點位置，目前所座落的星座都是由戰爭之神火星守護；將有許多療癒過程會是關於如何對那些我們用作攻擊自己或他人的能量，進行淨化或加以重新導正。

	上升點（北交點）	下降點（南交點）
1800年1月1日	天蠍座3度52分	牡羊座24度26分
1850年1月1日	天蠍座4度10分	牡羊座25度 4 分
1900年1月1日	天蠍座4度51分	牡羊座25度48分
1950年1月1日	天蠍座4度44分	牡羊座25度46分
2000年1月1日	天蠍座5度16分	牡羊座26度21分
2025年1月1日	天蠍座5度37分	牡羊座26度40分

近日點與遠日點

（以「RIYAL v.3.1.3」程式計算。隨著日後能夠取得更準確的資料，較近版本的計算結果與此處或許會有不同。）

凱龍在近日點時，距離太陽有十二億七千萬公里，等於八．五個天文單位（AU）。近日點的位置在土星與木星之間，在朝向太陽運行時會跨入土星的軌道。在遠日點時，它距離太陽二十八億公里，等於一八．九個天文單位，位置靠近天王星的內側。

	近日點	遠日點
凱龍	1846年5月12日	1870年10月3日
	1895年3月16日	1920年6月2日
	1945年8月29日	1970年12月7日
	1996年2月14日	2021年5月27日
佛魯斯	1718年10月12日	1764年5月25日
	1810年3月4日	1855年7月20日
	1901年2月4日	1946年7月8日
	1991年9月24日	2037年6月22日
涅瑟斯	1628年8月22日	1688年9月25月
	1748年6月21日	1809年5月24日
	1870年3月9日	1931年1月1日
	1992年1月27日	2052年11月10日
海拉娜米	1619年11月2日	1682年2月26日
	1745年1月29日	1807年10月28日
	1870年2月11日	1932年8月23日
	1995年5月24日	2057年11月14日
凱莉克蘿	1816年6月25日	1847年8月18日
	1879年1月6日	1910年4月1日
	1941年6月12日	1972年10月24日
	2003年12月17日	2035年2月20日

代表符號

本書中所提到的所有半人馬族，其代表符號如下：

＝凱龍

＝弗魯斯

＝涅瑟斯

＝海拉娜米

＝凱莉克蘿

軌道的不穩定性

根據璜．雷密拉（Juan Revilla）的研究，凡是會跨越其他軌道的星體，如果沒有跟被它們跨越軌道的星體「鎖定」，發生產生交互共振的平均點運行狀態，其軌道形態就將呈現為不穩定，因為這表示最終它們與被它們跨越軌道的星體彼此接近時，會來到非常靠近後者的位置。當微型行星與較大行星交錯時，相距在一天文單位以下時，特別稱作「交會」。因為有交會的發生，對微型行星的軌道進行準確的計算是不可能的事。會發生交會的軌道屬於不規律的軌道，或者可以用「混亂」來形容它，而大多數半人馬族小行星的軌道都有這種特徵。因為這個緣

故，對於距離現在遙遠的過去或遙遠的未來，它們的公轉行為都只能在將它們大幅接近土星、天王星、海王星時的變化納入考量下，進行一定概然率下的預測。以下是對凱龍以及其他在本書中提到的半人馬族小行星的軌道註解，考慮的時間段落是從西元前四五〇〇年到西元五二〇〇年。

凱龍與土星的交會

西元七二〇年以前的凱龍位置無法認定為準確無誤，因此有許多曆書不會提供比這個年代更早的資訊。凱龍的軌道是所有半人馬族小行星中最不穩定的。

西元七二〇年的交會：距離〇．二個天文單位

西元三五四四年：距離〇．九個天文單位

佛魯斯與土星的交會

佛魯斯從來沒有靠近天王星到低於二一．七天文單位的距離，不過曾在西元前八〇三年與海王星有過緊密的交會。

西元前三九七四年：〇．八個天文單位

西元前三〇三三年：〇．九個天文單位

西元前二〇三〇年：〇．七個天文單位
西元前七六三年：〇．九個天文單位

涅瑟斯

從來沒有接近不論天王星或海王星到夠近的距離，因此在我們所考量的時間段落內，可以視為具有穩定的軌道。

凱莉克蘿

從來沒有接近過土星，不過跟凱龍一樣，它也會進入天王星軌道的內側。凱莉克蘿的軌道可以視為這段時間段落內最穩定的一個。

【附錄二】

出生資料細節與來源

以下將依「羅登分級法」（Rodden ratings）的級別，以括號附於人名之後。其分級代號之意義如下：

（參見http://www.astrodatabank.com/RoddenRatings.htm）

AA　由家人或政府所記錄的準確資料。

A　當事人、親人、朋友或同事等，曾引述的準確資料。

B　取自傳記或自傳。

C　警告：來源不詳。

DD　有問題的資料：有兩個以上彼此衝突但皆無合格來源的資料。

X　欠缺出生時刻的資料。

XX　缺乏出生日期或日期無法肯定的資料。

本書全書皆採用回歸黃道、寇曲宮位制以及中點位置法。

譯註：以下依英文姓氏字首字母順序排列，中文版省略出生資料及其來源。

馬歇爾．亞伯懷特（AA）

蘇珊．丹妮絲．阿金斯（AA）

露德的伯納德（AA）

艾德格．凱西（B）

弗瑞德列克．威廉．戴克拉克（X）

西格蒙特．佛洛伊德（A）

麥克斯．葛森（X）

大衛．葛洛夫（X）

維爾納．海森堡（C）

亞伯特．霍夫曼（A）

吉姆．瓊斯（AA）

娜塔莎．卡普斯基（A）

馬丁．路德．金恩（DD）

大衛．休伯特（D．H．）．勞倫斯（A）

提摩西・利里（AA）
尼爾森・曼德拉（AA）
查爾斯・曼森（AA）
居斯塔夫・莫羅（C）
葛瑞米・門洛哈爾（A）
伊恩・普雷爾（A）
沃夫岡・普利克羅皮爾（X）
凱倫・安・昆蘭（C）
詹姆斯・蘭迪（DD）
詹姆斯・厄爾・雷伊（AA）
威廉・賴希（X）
約翰・西索・羅德斯（DD）
羅德西亞片面宣布獨立日（DD）
「莎拉」（AA）
佩希・畢許・雪萊（A）
南非共和國（AA）

南非聯邦（AA）
安德烈．塔爾科夫斯基（X）
喬．鐵薛拉．德法利亞（X）
維多利亞女王（AA）
勞倫斯．凡．德．普斯特（A）
美國（AA）
西蒙．威森塔爾（B）
大衛．威爾考克（A）
九一一事件（AA）
世界野生環境保護大會（AA）

【附錄三】

臺灣時間凱龍星星座查詢表（西元一九三三～二〇四九年）

附錄三資訊引用自「丹尼爾的神祕學世界」網站（http://www.taipeidaniel.idv.tw/）

日　　期	時　間	狀　　態
1933年06月07日	10:54 am	凱龍星順行進入雙子座
1933年12月22日	02:43 pm	凱龍星逆行進入金牛座
1934年03月23日	10:55 pm	凱龍星順行進入雙子座
1937年08月28日	02:10 am	凱龍星順行進入巨蟹座
1937年11月23日	09:01 am	凱龍星逆行進入雙子座
1938年05月28日	09:09 pm	凱龍星順行進入巨蟹座
1940年09月30日	12:50 pm	凱龍星順行進入獅子座
1940年12月27日	11:37 am	凱龍星逆行進入巨蟹座
1941年06月17日	03:15 am	凱龍星順行進入獅子座
1943年07月27日	07:30 am	凱龍星順行進入處女座
1944年11月18日	12:41 pm	凱龍星順行進入天秤座
1945年03月24日	08:43 am	凱龍星逆行進入處女座
1945年07月23日	01:56 am	凱龍星順行進入天秤座*
1946年11月10日	04:16 pm	凱龍星順行進入天蠍座
1948年11月28日	10:03 pm	凱龍星順行進入射手座
1951年02月09日	10:57 am	凱龍星順行進入摩羯座
1951年06月18日	07:01 pm	凱龍星逆行進入射手座*
1951年11月09日	01:47 am	凱龍星順行進入摩羯座
1955年01月28日	01:32 am	凱龍星順行進入水瓶座
1960年03月26日	10:44 pm	凱龍星順行進入雙魚座
1960年08月19日	01:03 pm	凱龍星逆行進入水瓶座*
1961年01月21日	10:51 am	凱龍星順行進入雙魚座
1968年04月01日	03:46 pm	凱龍星順行進入白羊座
1968年10月19日	05:34 am	凱龍星逆行進入雙魚座

日　期	時　間	狀　態
1969年01月30日	05:05 pm	凱龍星順行進入白羊座
1976年05月28日	07:31 pm	凱龍星順行進入金牛座
1976年10月14日	06:21 am	凱龍星逆行進入白羊座
1977年03月29日	03:22 am	凱龍星順行進入金牛座
1983年06月21日	09:55 pm	凱龍星順行進入雙子座
1983年11月29日	09:16 pm	凱龍星逆行進入金牛座
1984年04月11日	12:18 pm	凱龍星順行進入雙子座
1988年06月21日	05:34 pm	凱龍星順行進入巨蟹座
1991年07月21日	11:49 pm	凱龍星順行進入獅子座
1993年09月04日	01:32 am	凱龍星順行進入處女座
1995年09月09日	10:36 pm	凱龍星順行進入天秤座
1996年12月29日	07:43 pm	凱龍星順行進入天蠍座
1997年04月05日	12:12 am	凱龍星逆行進入天秤座
1997年09月03日	11:45 am	凱龍星順行進入天蠍座
1999年01月07日	06:58 pm	凱龍星順行進入射手座
1999年06月01日	05:00 pm	凱龍星逆行進入天蠍座
1999年09月22日	11:07 am	凱龍星順行進入射手座
2001年12月12日	07:33 am	凱龍星順行進入摩羯座
2005年02月22日	02:09 am	凱龍星順行進入水瓶座
2005年08月01日	10:52 am	凱龍星逆行進入摩羯座
2005年12月06日	09:44 am	凱龍星順行進入水瓶座
2010年04月20日	03:17 pm	凱龍星順行進入雙魚座
2010年07月20日	04:49 pm	凱龍星逆行進入水瓶座
2011年02月09日	04:23 am	凱龍星順行進入雙魚座

日　　期	時　間	狀　　　態
2018年04月17日	04:24 pm	凱龍星順行進入白羊座
2018年09月26日	07:53 am	凱龍星逆行進入雙魚座
2019年02月18日	05:22 pm	凱龍星順行進入白羊座
2026年06月20日	05:05 am	凱龍星順行進入金牛座
2026年09月18日	10:07 am	凱龍星逆行進入白羊座
2027年04月14日	10:47 pm	凱龍星順行進入金牛座
2033年07月19日	08:47 pm	凱龍星順行進入雙子座
2033年10月24日	07:15 am	凱龍星逆行進入金牛座
2034年05月06日	05:19 am	凱龍星順行進入雙子座
2038年07月22日	12:59 pm	凱龍星順行進入巨蟹座
2039年01月09日	02:29 am	凱龍星逆行進入雙子座
2039年04月26日	01:16 pm	凱龍星順行進入巨蟹座
2041年08月28日	05:12 pm	凱龍星順行進入獅子座
2042年02月10日	02:05 pm	凱龍星逆行進入巨蟹座
2042年05月17日	05:16 am	凱龍星順行進入獅子座
2043年10月23日	11:18 pm	凱龍星順行進入處女座
2044年02月10日	06:57 pm	凱龍星逆行進入獅子座
2044年07月01日	11:56 pm	凱龍星順行進入處女座
2045年10月25日	03:53 am	凱龍星順行進入天秤座
2047年10月22日	09:36 am	凱龍星順行進入天蠍座
2049年11月09日	05:32 pm	凱龍星順行進入射手座

* 編按　臺灣地區曾實施過幾年的日光節約時間，請見725頁的表格。在此期間出生的人，在計算星盤時請將出生時間提前一個小時。

臺灣地區實施日光節約時間表

中華民國	西　元	實施日期
三十四年	1945	05/01－09/30
三十五年	1946	05/01－09/30
三十六年	1947	05/01－09/30
三十七年	1948	05/01－09/30
三十八年	1949	05/01－09/30
三十九年	1950	05/01－09/30
四十年	1951	05/01－09/30
四十一年	1952	03/01－10/31
四十二年	1953	04/01－10/31
四十三年	1954	04/01－10/31
四十四年	1955	04/01－09/30
四十五年	1956	04/01－09/30
四十六年	1957	04/01－09/30
四十七年	1958	04/01－09/30
四十八年	1959	04/01－09/30
四十九年	1960	06/01－09/30
五十年	1961	06/01－09/30
六十三年	1974	04/01－09/30
六十四年	1975	04/01－09/30
六十八年	1979	07/01－09/30

【附錄四】

延伸閱讀

*《土星：從新觀點看老惡魔》（2011），麗茲．格林，心靈工坊。

*《冥王星：靈魂的轉化之旅》（2011），傑夫．格林，積木。

*《占星十二宮位研究》（2010），霍華．薩司波斯塔，積木。

*《占星相位研究》（2010），蘇．湯普金，積木。

*《人際合盤占星全書》（2009），魯道夫&Jupiter，春光。

*《當代占星研究》（2009）蘇．湯普金，積木。

*《占星、心理學與四元素》（2008），史蒂芬．阿若優，心靈工坊。

*《心理占星全書》（2008），魯道夫&Claire，春光。

*《占星流年》（2007），魯道夫，春光。

*《占星全書》（2007），魯道夫，春光。

*《神聖占星學》（2006），道維．史卓思納，生命潛能。

* 《靈魂占星筆記》（2005），瑪格麗特．庫曼，生命潛能。
* 《占星、業力與轉化》（2007），史蒂芬．阿若優，心靈工坊。
* 《榮格與占星學》（2001），瑪姬．海德，立緒。
* 《靈魂占星》（1999），Jan Spiller，方智。
* 《靈魂的符號》（2005），吉娜．蕾克，麥田。
* 《生命歷程全占星》（1999），韓良露，方智。
* 《寶瓶世紀全占星》（1999），韓良露，方智。
* 《人際緣份全占星》（1998），韓良露，方智。
* 《占星學》（1996），Geoffrey Cornelius，Maggie Hyde，立緒。
* 《占星玩家手冊》（1995），Frances Sakoian，Louis S. Acker，方智。

【附錄五】

參考書目

Here is a selection of books consulted for background research, for those interested to follow particular themes or deepen their understanding. Material specific to astrological Chiron is listed separately, with Internet resources for information and ephemerides. There is also a subsidiary list of books which offer self-healing practices.

GENERAL

Aeschylus, *The Oresteia*, transl. Robert Fagles, Middlesex, England, Penguin Classics, 1979.
Prometheus Bound, transl. by Philip Vellacott, Middlesex, England, Penguin Books, 1961.

Bailey, Alice A., *Esoteric Astrology*, (Vol. III of *A Treatise on the Seven Rays*), London, Lucis Press Ltd, 1951.
The Labours of Hercules, London, Lucis Press, 1974.

Bateson, Gregory, *Mind and Nature: A Necessary Unity*, New York, Dutton (Penguin) 1979.

Begg, Ean, *The Cult of the Black Virgin*, London, Arkana, 1985.

Bennett, Florence Mary, *Religious Cults Associated with the Amazons*, New York, Columbia Studies in Classical Philology, 1912.

Bryan, Dr. Elisabeth, *Twins, Triplets and More*, St. Martin's Press, 1992.

Buhrmann, Vera, *Living in Two Worlds*, Cape Town, Human and Rousseau, 1984.

Burkert, Walter, *Greek Religion, Archaic and Classical*, transl. John Raffan, Oxford, Basil Blackwell, 1985.

Campbell, Joseph, *The Masks of God: Primitive Mythology*, Penguin Books, 1982.

Campion, Nicholas, *The Book of World Horoscopes*, Wellingborough, Aquarian Press, 1988.

Carey, Ken, *The Starseed Transmissions*, Edinburgh, Starseed Publ. Co. Ltd, 1986.

Here is a selection of books consulted for background research, for those interested to follow particular themes or deepen their understanding. Material specific to astrological Chiron is listed separately, with Internet resources for information and ephemerides. There is also a subsidiary list of books which offer self-healing practices.

GENERAL

Aeschylus, *The Oresteia*, transl. Robert Fagles, Middlesex, England, Penguin Classics, 1979.
Prometheus Bound, transl. by Philip Vellacott, Middlesex, England, Penguin Books, 1961.

Bailey, Alice A., *Esoteric Astrology*, (Vol. III of *A Treatise on the Seven Rays*), London, Lucis Press Ltd, 1951.
The Labours of Hercules, London, Lucis Press, 1974.

Bateson, Gregory, *Mind and Nature: A Necessary Unity*, New York, Dutton (Penguin) 1979.

Begg, Ean, *The Cult of the Black Virgin*, London, Arkana, 1985.

Bennett, Florence Mary, *Religious Cults Associated with the Amazons*, New York, Columbia Studies in Classical Philology, 1912.

Bryan, Dr. Elisabeth, *Twins, Triplets and More*, St. Martin's Press, 1992.

Buhrmann, Vera, *Living in Two Worlds*, Cape Town, Human and Rousseau, 1984.

Burkert, Walter, *Greek Religion, Archaic and Classical*, transl. John Raffan, Oxford, Basil Blackwell, 1985.

Campbell, Joseph, *The Masks of God: Primitive Mythology*, Penguin Books, 1982.

Campion, Nicholas, *The Book of World Horoscopes*, Wellingborough, Aquarian Press, 1988.

Carey, Ken, *The Starseed Transmissions*, Edinburgh, Starseed Publ. Co. Ltd, 1986.

Hume, R., (transl.), *Upanishads*, London, Oxford University Press, 1974.

Johnson, Robert, *The Psychology of Romantic Love*, London, Routledge and Kegan Paul, 1984.

Jung, C.G., *Aion*, CW Vol. 9, Part II, London, Routledge and Kegan Paul, 1959.
Four Archetypes, Bollingen Series XX, New Jersey, Princeton University Press, 1969.
Man and his Symbols, New York, Dell Publishing Co, Inc., 1968.
Psychology and Alchemy, Collected Works Volume 12, London, Routledge and Kegan Paul, 1980.

Jung, Emma, and Von Franz, Marie-Louise, *The Grail Legend*, London, Hodder and Stoughton, 1971.

Kerenyi, Karl, *Asklepios: Archetypal Image of the Physician's Existence*, Bollingen Series LXV, New York, Pantheon Books Inc., 1959.

King, Martin Luther, *Strength to Love*, Glasgow, Scotland, William Collins and Son, (Fount Paperbacks Edition), 1977.

Krause, Charles A., *Guyana Massacre*, London, Pan Books Ltd, 1979.

Lake, Frank, *Studies in Constricted Confusion*, Nottingham, England, Clinical Theology Association.

Lao Tzu, *Tao Te Ching*, London, Routledge and Kegan Paul, 1978.

Lawrence, David Herbert, *The Complete Poems of D.H. Lawrence, Vols. 1 and 2*, ed. Vivian de Sola Pinto, London, William Heinemann Ltd, 1964.
The Man Who Died, in *Short Novels, Vol. 2*. London, Phoenix Edition, William Heinemann Ltd, 1959.
Apocalypse and the Writings on Revelation, ed. Mara Kalnins, Cambridge University Press, 1980.

Lovelock, James, *Gaia: A New Look at Life on Earth*, London and New York, Oxford University Press, 1979.

Malamud, Rene, *The Amazon Problem*, article in Journal *Spring*, transl. from the German by Murray Stein, Zurich, Spring Publications, 1971.

Marnham, Patrick, *Lourdes: A Modern Pilgrimage*, London, Heinemann, 1980.

Meier, C.A., *Ancient Incubation and Modern Psychotherapy*, Evanston, Northwest University Press, 1967 (reissued under the title *Healing Dream and Ritual*, Zurich, Daimon Verlag, 2003).
A Testament to the Wilderness, Zurich, Daimon Verlag; Santa Monica, Lapis Press, 1985.

Meyer, Michael R., *A Handbook for the Humanistic Astrologer*, New York, Anchor Press/Doubleday, 1974.

Miller, Alice, *For Your Own Good*, London, Faber and Faber, 1983.

Monick, Eugene, *Phallos: Sacred Image of the Masculine*, Toronto, Inner City Books, 1987.

Muggeridge, Malcolm, *Something Beautiful for God: Mother Teresa of Calcutta*, William Collins and Co. Ltd, 1975.

Neumann, Erich, (transl. Ralph Mannheim), *The Great Mother*, Princeton, NJ, Princeton/Bollingen Paperback Edition, 1972.

Roberts, Courtney, *Visions of the Virgin Mary*, St. Paul, MN, USA, Llewellyn, 2004.

Rodden, Lois M., *The American Book of Charts*, San Diego, ACS, 1980.

Rudhyar, Dane, *New Mansions for New Men*, Wassenaar, Holland, Servire, 1971.
The Astrological Houses, New York, Doubleday and Co. Inc., 1972.
The Galactic Dimension of Astrology: The Sun is Also a Star, Santa Fe, NM, Aurora Press, 2004.
The Astrology of Personality, The Hague, Servire, 1963.
The Lunation Cycle, London, Shambhala, 1971.
An Astrological Mandala, New York, Random House, Inc, 1973.

Sagar, Keith, *The Life of D.H. Lawrence*, London, Methuen, 1980.

Sanford, John A., *Healing and Wholeness*, New York, Paulist Press, 1977.

Sasportas, Howard, *The Twelve Houses*, Wellingborough, Aquarian Press, 1985 (republished 2007 by Flare Publications, London).
The Gods of Change, London, (Arkana) Penguin, 1989.

Smith, Keith Vincent, *The Illustrated Garden Herbal*, London, Elm Tree Books, Hamish Hamilton, 1979.

Sox, David, *Relics and Shrines*, London, George Allen and Unwin, 1985.

Steiner, Rudolf, *Knowledge of the Higher Worlds: How is it Achieved?* Forest Row (UK), Rudolf Steiner Press, 6th ed., 2004.

Tarnas, Richard, *Prometheus the Awakener*, Putnam, CT, Spring Publications, 1995.

Te Paske, Bradley, *Rape and Ritual*, Toronto, Inner City Books, 1982.

Thompson, Leonard, *The Political Mythology of Apartheid*, New Haven and London, Yale University Press, 1985.

Tyler, Pamela H., *Mercury, The Astrological Anatomy of a Planet*, Wellingborough, England, Aquarian Press, 1985.

Van der Post, Sir Laurens, *The Heart of the Hunter*, England, Penguin Books, 1961.

Verrier, Elwin, *The Hobby Horse and the Ecstatic Dance*, article in *Folklore* Journal, Vol. LIII, London, December 1942.

Von Franz, Marie-Louise, *Projection and Recollection in Jungian Psychology*, Illinois, Open Court Publishing, 1978.
Puer Aeternus, Santa Monica, CA, Sigo Press, 2nd ed.1981.

Walker, Barbara G., *The Woman's Encyclopaedia of Myths and Secrets*, New York, Harper and Row, 1983.

Weaver, Helen (ed.), Brau, Jean-Louis and Edmands, Allan, *Larousse Encyclopaedia of Astrology*, English transl. Librairie Larousse, New York, New American Library Inc., 1982.

Wilber, Ken, *The Atman Project*, Illinois, Theosophical Publishing House, 1980.
Up From Eden, London, Routledge and Kegan Paul, 1981.

Wolff, Toni, *Some Thoughts on the Individuation of Women*, article in *Spring*, 1941.

Woodman, Marion, *Addiction to Perfection*, Toronto, Inner City Books, 1982.

Yeshe, Lama, *Introduction to Tantra*, London, Wisdom Publications, 1987.

CHIRON SPECIFIC

Alexander, Marianne: *The Centaur Pholus*, Pandora Publishing, P.O. Box 641294, Kenner, LA 70064-1294.

Clow, Barbara Hand, *Chiron: Rainbow Bridge Between the Inner and Outer Planets*, Minnesota, Llewellyn Publications, 1987.

Gainsburg, Adam, *Chiron: The Wisdom of a Deeply Open Heart*, Soulsign, 2006.

Lantero, Erminie, *The Continuing Discovery of Chiron*, New York, Samuel Weiser, 1983.

Lass, Martin, *Chiron: Healing Body and Soul*, Minnesota, Llewellyn Publications, 2005.

Nolle, Richard, *Chiron: The New Planet in Your Horoscope, the Key to Your Quest*, Arizona, AFA, Inc., 1983.

Pottenger, Maritha, *Chiron in Houses, Signs and Aspects*, ACS Publications, 1996.

Reinhart, Melanie, *Saturn, Chiron and the Centaurs*, London, CPA Press. 1996/2001.

Stein, Zane, *Essence and Application*, New York, C.A.O. Times, Inc., 1986.

Von Heeren and Koch, Robert and Dieter: *Pholus – Wandler zwischen Saturn und Neptun* (German language), Chiron Verlag, Mossingen, Germany, 1995.

心靈工坊 PsyGarden
Holistic 067

凱龍星：靈魂的創傷與療癒

Chiron and The Healing Journey

作者—梅蘭妮・瑞哈特（Melanie Reinhart）
譯者—魯道夫

出版者—心靈工坊文化事業股份有限公司
發行人—王浩威
總編輯—徐嘉俊　特約編輯—祁雅媚
內頁編排—李宜芝　封面設計—陳瑪聲
通訊地址—10684台北市大安區信義路四段53巷8號2樓
郵政劃撥—19546215　戶名—心靈工坊文化事業股份有限公司
電話—02）2702-9186　傳真—02）2702-9286
Email—service@psygarden.com.tw　網址—www.psygarden.com.tw

製版・印刷—中茂分色製版印刷事業股份有限公司
總經銷—大和書報圖書股份有限公司
電話—02）8990-2588　傳真—02）2290-1658
通訊地址—248新北市五股工業區五工五路二號
初版一刷—2011年11月　初版九刷—2023年08月
ISBN—978-986-6112-25-6　定價—880元

Chiron and the Healing Journey by Melanie Reinhart
Copyright © Melanie Reinhart 1989, 1998, 2009.
First published by Penguin Books 1989
2nd edition – reprint with minor revisions 1998
3rd edition – major revision, published by Starwalker Press 2009
Traditional Chinese edition copyright © 2011 by PsyGarden Publishing Company
All rights reserved.
Cover painting: 'The Journey' by Melanie Reinhart, 1988

版權所有・翻印必究。如有缺頁、破損或裝訂錯誤，請寄回更換。

國家圖書館出版品預行編目資料

凱龍星：靈魂的創傷與療癒 / 梅蘭妮.瑞哈特（Melanie Reinhart）作；魯道夫譯. -- 初版. --
台北市：心靈工坊文化, 2011.11
面；　公分. -- (Holistic ; 67)
譯自：Chiron and the healing journey
ISBN 978-986-6112-25-6（平裝）

1.占星學

292.22　　100020265